에드워드 챈슬러 Edward Chancellor

모두가 저금리에 열광할 때, 곧 찾아올 경제 위기를 예견해 미국과 영
국에서 화제를 모았다. 세계 경제의 물밑에서 커지던 신용 거품을 먼
저 알아채고 경고한 전작 《금융투기의 역사》는 《뉴욕 타임스》가 선
정한 '올해의 주목할 책'에 이름을 올렸다. 이후 《월스트리트 저널》
《파이낸셜 타임스》 《머니 위크》에 칼럼을 기고하며 금융의 원리와
경제의 향방을 제시했다.

저자의 주장대로 신용 거품은 결국 세계 경제 위기로 이어졌다. 마침
내 미국 연방준비위원회가 자이언트 스텝을 선언했으며 전 세계의
중앙 은행은 새로운 금융 환경을 맞이했다. 《금리의 역습》은 세계 경
제에 닥칠 다음 위기를 말하는 책으로서 세계적인 언론과 금융계의
큰 주목을 받고 있다.

임상훈 옮김

서강대학교 영문과를 졸업하고 같은 대학원에서 영문학 박사 학위를
받았다. 동료 번역가들과 '번역인'이라는 작업실을 꾸려 활동 중이다.
《재즈로 시작하는 음악여행》을 썼고, 옮긴 책으로는 《자본주의 대전
환》 《데일 카네기 성공대화론》 《침묵을 보다》 《10% 적은 민주주의》
《트라우마 사전》 《건축 다시 읽기》(공역) 등이 있다.

금리의 역습

THE PRICE OF TIME

에드워드 챈슬러
Edward Chancellor

금리의 역습

임상훈 옮김

금리는 어떻게 부의 질서를 뒤흔드는가

위즈덤하우스

상거래에 대해 거의 모르고 능력도 없으면서 아는 척하는 사람들이 이자라는 주제로 만들어놓은 여러 시대의 법과 규칙보다 더 재미있는 것은 없다.

—리처드 캉티용 Richard Cantillon, 1730

이자라는 문제는 오랫동안 경멸과 무시의 대상이었다.

—오이겐 폰 뵘바베르크 Eugen von Bohm-Bawerk, 1884

금리를 낮추지 말라. 진짜 금리를 제시하라. 그래야 내 집을 어떻게 질서 있게 유지할지 파악할 수 있다.

—햘마르 샤흐트 Hjalmar Schacht, 라이히스방크 총재, 1927

요즘 세상은 타락하고 있다. 뇌물수수나 부패가 흔하다. 아이들은 더는 부모 말을 듣지 않는다. 모든 사람은 책을 쓰고 싶어 한다. 세상의 종말이 분명히 다가오고 있다.

—아시리아 태블릿, 기원전 2800년경

헨리 맥시에게
기다림에 대한 보답으로.

목차

3부 | 파워 게임

5000년간 금리 변동

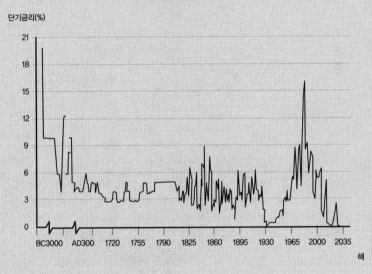

단기금리(%)

21
18
15
12
9
6
3
0

BC3000   AD300   1720   1755   1790   1825   1860   1895   1930   1965   2000   2035

해

서론

공포의 금리

1849년, 사회주의 언론《인민의 소리 La Voix du peuple》지면에서 프랑스 국회의원 두 사람 사이에 논쟁이 벌어졌다. 한쪽은 이 언론에 정기적으로 기고하며 "재산 소유는 도둑질이다"라는 주장으로 잘 알려진 자칭 무정부주의자 피에르 조제프 프루동Pierre-Joseph Proudhon이었고, 반대편은 자유무역 옹호자로서 수많은 선전물을 써서 발행하던 프레데릭 바스티아Frédéric Bastiat였다. 바스티아는 경제 풍자 비유로도 유명했다. 가령 〈양초업자들의 청원〉이라는 책자에서는 양초업자들이 초를 더 많이 팔기 위해 햇빛이 나면 블라인드와 덧문까지 닫는 법이 필요하다고 청원하는 상황을 풍자적으로 묘사해 비생산적인 국가 개입에 반대하기도 했다.

프루동-바스티아 논쟁의 주제는 이자의 정당성이었다. 프루동의 관점은 고리타분했다. 이 무정부주의자의 주장에 따르면 이자는 '고리대금 약탈'이었다. 고리대금이란 자본을 빌려주고 그 대가로 제 권리 이상을 요구하는 교환으로, 채권자가 채무자에게 부과하는 불평등한 교환이라는 것이다. 이자는 '게으름에 대한 보상이자 불평등과 가난의 원인'이다.[1] 프루동의 가장 유명한 말을 빌려와 표현하자면

"이자는 도둑질이다"라고 말한 셈이다.[2]

비판은 거기에서 끝나지 않았다. 프루동은 시간이 지날수록 이자가 부채를 악화시켜 결국 빚이 지구 크기만 한 금덩어리보다도 커질 것이라 주장했다.[3] 그는 대출에 이자를 부과하면 돈의 흐름이 느려져 '실업, 농업의 곤란, 그리고 전반적인 파산 위험을 앞당겨 경제 정체'가 나타난다고 했다.[4] 이자는 계급 적대를 부추기고 제품 가격을 높여 소비를 제한한다. 자본주의 사회에서 노동자들은 자신의 손으로 생산하는 물건을 구매할 만한 경제적 여유가 없다. 프루동은 "이자란 양날의 검과 같다. 어느 쪽으로 맞든 죽는다"라고 결론 내렸다.[5]

프루동의 독설에는 독창적인 요소가 없다. 그와 비슷한 주장은 오래전부터 있어왔다. 심지어 그는 이자를 나타내는 히브리어 낱말 nescheck을 인용하기도 했다. 이 말은 어원상 사람이 뱀에 물린 상황을 가리킨다.[6] 프루동의 수사는 고루하고 반복적이었으며, 경제 분석 역시 심오하지 않았다. 조지프 슘페터Joseph Schumpeter는《경제분석의 역사》(한길사, 2013)에서 프루동의 분석 능력이 정말 형편없다고 개탄했을 정도다.

그렇다 해도 프루동의 제안 중 몇 가지는 제법 독창적이었다. 프랑스 은행을 국유화하고 통화 공급을 확대하며 금리를 제로에 가깝게 낮추자는 제안이다. 이 정책에 필요한 비용을 충당하기 위해 인민은행이 청구하는 금리는 0.5% 정도면 된다. 금은 지폐로 대체한다. 프루동은 한 걸음 더 나아가 자본에 대한 세금을 요구했다(역금리에 해당한다). 그는 이자율 삭감이 '공화국은 물론 유럽 전역에 당장 막대한 효과를 미칠 것'이라 예상했다. 부채는 사라지고 지급불능 및 파산은 감소할 것이며 소비가 증가하고 노동자는 고용을 보장받을 것이다. 일단 대출자라는 기생 계급이 이자를 독점하지 않는다면 노동자 소득은 증가할 것이다.[7]

바스티아는 생각이 전혀 달랐다. 그는 이자가 도둑질이 아니라 상호 서비스 교환에 대한 정당한 보상이라고 주장했다. 돈을 빌려주는 대출자는 채무자에게 일정 기간 이용할 수 있는 자본을 제공한다. 이 시간에는 가치가 있다. 바스티아는 벤저민 프랭클린Benjamin Franklin의 《젊은 상인에게 보내는 편지》(두리미디어, 2008)에 나오는 "시간은 소중하다. 시간은 돈이다. 시간은 생명을 만드는 물질이다"라는 유명한 구절을 인용했다.[8] 따라서 이자는 "자연스럽고 정당하며 합법적인 동시에 유용하고 이익이 된다. 이는 이자를 내는 사람에게도 적용될 수 있다."[9] 바스티아에 따르면 자본은 생산량을 감소시키기는커녕 오히려 노동 생산성을 더 끌어올렸다. 자본은 계급 적대를 부채질하지 않고 모든 사람, '특히 오랫동안 고통받고 있는 계급'에 이익이 된다는 것이 바스티아의 신념이었다.[10]

바스티아는 프루동의 계획이 실행에 옮겨지면 재앙이 초래되리라 예견했다. 대출에 아무런 보상도 없다면 대출은 사라질 것이다. 자본에 대한 이자 지불 제한은 자본을 없애게 될 것이다.[11] 그렇다면 저축도 사라질 것이다. 프루동의 국립은행도 대출을 하겠지만, 은행이 담보를 요구한다면 담보가 부족한 노동자들은 대출을 이용한 더 나은 삶을 살 수 없을 것이다. 이자를 폐지하면 결국 부자들만 이익을 누릴 것이다. 바스티아는 프루동에게 편지를 썼다.

당신의 체제에서라면 부자들은 돈을 사실상 공짜로 빌릴 것이고, 가난한 사람들은 어떤 대가를 치르더라도 돈을 빌릴 수 없을 것입니다.

부자는 은행에 가면 "당신은 지불 능력이 있습니다, 그러니 자본을 무료로 빌려드리죠" 같은 말을 듣겠죠.

하지만 노동자가 감히 은행에 모습이라도 보이면 "담보가 어디 있죠? 땅은요? 집은요? 물건은요?" 따위의 말이나 들어야 할 겁니다.

그러면 노동자는 "저는 두 팔과 정직함이 있어요"라고 대답하겠죠.

그러면 이런 대답을 들을 것입니다. "그런 걸로는 안심이 안 됩니다. 저희는 신중하고, 단호해야 해요. 당신에게는 무료로 대출해줄 수 없습니다."[12]

"무상 대출 선전은 노동자 계급에는 재앙입니다." 이것이 바스티아의 결론이었다. 사업체 수는 줄어드는데 노동자 수는 그대로 유지된다면 임금은 줄어들 것이다. 자본은 국외로 빠져나갈 것이다. 은행이 무상으로 대출한다면 돈이 넘쳐날 것이다. 시장 질서는 사라져버리고, 국가는 나락에 빠지게 될 것이다. 바스티아는 "무상 대출은 과학적으로 볼 때 비합리적이며, 기존 체제에서 이익을 얻고 있는 사람들에 대한 반감, 계급 혐오, 그리고 야만성을 낳을 뿐입니다"라는 말로 편지를 마무리했다.

하지만 최소 한 가지에 대해서만큼은 프루동과 바스티아의 의견이 일치했다. 무상 대출은 자본주의의 종말이라는 점이다. 프루동은 화폐개혁으로 1848년 혁명의 목표를 실현할 수 있다고 믿었다. 그는 1%의 4분의 3인 이자로는 혁명도 4분의 3만 이룰 수 있다고 말했다.[13] 바스티아는 "무상 대출은 사회주의의 최후진술, 최후의 구호, 궁극적인 노력이다. 무한하게 지폐를 찍어내는 공장, 그것이야말로 프루동의 해결책이다"라며 프루동의 말에 응수했다. 자본에 붙는 이자의 폐지는 '신용 파괴'와 더불어 자본의 죽음을 낳을 것이다.

두 사람 이전과 이후 이자를 놓고 벌어졌던 많은 논쟁과 마찬가지로 프루동과 바스티아의 논쟁 역시 귀가 막힌 사람들 사이의 대화였다.[14] 어느 쪽도 상대방의 말을 들으려 들지 않았다. 편지의 어조는 갈수록 신랄해졌다. 프루동은 마지막 편지에서 바스티아의 지성이 잠들었다고 단언하면서 "바스티아 씨, 당신은 죽은 사람입니다"라는 말로 글을 맺었다.[15] 틀린 말도 아니었다. 바스티아는 결핵을 앓고 있었고 1년 후 로마에서 사망했다. 향년 49세였다.

| 보이는 것과 보이지 않는 것 |

바스티아가 죽던 해에 그의 마지막 책자인 〈보이는 것과 보이지 않는 것What is Seen and What is Not Seen〉이 발간되었다. 여기서 바스티아는 상인 자크 본옴므Jacques Bonhomme(우리말로는 '보통 사람' 정도의 의미다 ─옮긴이)에 관한 우화를 들려준다. 이 상인의 부주의한 아들이 아버지 상점의 유리창을 깨뜨리자 이웃들은 그것이 나쁜 일만은 아니라고 생각한다. 창문이 깨졌으니 동네 유리 장수에게 일이 생겼고, 그는 유리를 판 돈으로 음식과 생필품을 살 수 있게 되었으니 말이다. 하지만 바스티아는 자크 본옴므에게는 쓸 수 있는 돈이 줄어들었다고 지적한다. 여기서 핵심은 경제 행위가 특정 수혜자에게 미치는 영향뿐 아니라 광범위한 효과를 고려하라는 것이다.

경제학에서 습관, 제도, 또는 법은 하나의 결과뿐 아니라 여러 결과를 연쇄적으로 발생시킨다. 이러한 결과 가운데 즉시성이 있는 것은 첫 번째 결과뿐이다. 다시 말해 첫 번째 결과는 원인과 동시에 드러난다. 눈으로도 볼 수 있다. 나머지 결과는 순차적으로 발생하기 때문에 눈에 보이지 않는다. 순차적으로 일어나는 결과를 예견할 수 있다면 운이 좋은 셈이다.

이 대목에서 나쁜 경제학자와 좋은 경제학자를 쉽게 구분할 수 있다. 나쁜 경제학자는 눈에 보이는 효과에만 의존하지만, 좋은 경제학자는 볼 수 있는 효과는 물론, 예견해야 하는 효과까지 고려한다.[16]

바스티아에 따르면 나쁜 경제학자는 당장 얻을 수 있는 작은 이익에 급급해 미래에 큰 불이익을 당하지만, 좋은 경제학자는 가까운 장래에 작은 불이익을 당할 위험을 무릅쓰고 미래의 큰 이익을 추구한다. 미국의 저널리스트 헨리 해즐릿Henry Hazlitt은 바스티아의 깨진 창문 비유를 정교하게 다듬어 자신의 베스트셀러 《보이는 경제학 안 보이는 경제학》(디케이제이에스, 2020)에 실었다. 이 책에서 해즐릿도 바스티아와 같은 이유로 탄식한다.

사람들은 어떤 정책의 즉각적인 효과, 혹은 특정 집단에 미치는 영향만 볼 뿐, 그 정책이 다른 모든 집단에 미치는 장기적인 영향을 따지지 않는다. 이러한 태도는 이차적 결과를 간과하는 오류이다.[17]

해즐릿은 당대의 '신' 경제학을 비판했다. 그가 보기에 '새롭다'는 경제학은 정책이 특정 집단에 미치는 단기적인 영향만 고려했지, 공동체 전체에 미치는 장기적인 영향은 무시했기 때문이다.[18] 그는 완전고용을 '페티시fetish'(성적 집착을 불러일으키는 물건이나 집착 대상—옮긴이)라 부르며 공격했다. 해즐릿은 슘페터의 '창조적 파괴'를 방해하지 말고 실천에 옮겨야 한다고 주장했다. 그가 보기에는 산업의 성장을 허용하는 것처럼 죽어가는 산업도 죽게 내버려두는 것이 중요했기 때문이다.[19] 해즐릿은 경쟁 경제 체제의 가격 체계를 증기기관의 자동 조절 장치에 비유했다. 물가 하락을 막으려는 모든 시도는 결국 비효율적인 생산업자들을 시장에 남겨놓는 결과만 초래할 뿐이라는 것이다.[20]

해즐릿은 자본의 수요와 공급을 금리로 조절할 수 있다고 주장했다. 그러나 "'과도한' 금리에 대한 정신병적인 공포" 때문에 정부는 저금리 정책을 택할 수밖에 없다. 해즐릿에 따르면 이러한 이지 머니(금융 완화, 손쉬운 저금리 대출—옮긴이)는

경제적 왜곡을 낳는다. (…) 이지 머니는 그것을 낳은 인위적인 조건에서만 지속되는 대단히 투기적인 사업을 장려하는 경향이 있다. 공급 측면 입장에서 볼 때, 인위적인 금리 인하는 정상적인 절약, 저축, 투자를 저해한다. 그렇게 되면 자본 축적도 감소한다. 결국 저금리 대출은 '진보주의자'들이 그토록 열심히 홍보하는 '경제성장', 다시 말해 생산성 향상을 둔화시킨다.[21]

해즐릿은 윌리엄 그레이엄 섬너William Graham Sumner가 1883년에 쓴 유명한 에세이를 인용하며 결론을 내렸다. 이 글에는 A와 B가 X를 돕기 위한 계획을 꾸미는데 그 계획이 C에 미치는 영향은 무시하는 이야기가 나온다. C는 '잊힌 사람' 또는 "생각하지 못했던 사람이다. 개혁가, 사회 투자가, 자선가들이 간과하는 희생자다." [22]

┃ 프루동의 꿈이 실현되다 ┃

2008년 9월 리먼브러더스 파산 이후 신자유주의 경제학자들은 무정부주의자 프루동의 혁명적인 계획을 실행에 옮겼다. 각국 중앙은행은 금리를 5000년 역사상 유례없는 최저 수준까지 끌어내렸다. 유럽과 일본에서는 금리가 마이너스로 돌아섰다. 그러나 결과는 프루동의 예상과는 달랐다. 오히려 무상 대출에 대한 바스티아의 암울한 예측이 더 진실에 가까웠다.

중앙은행 총재들은 월가가 평온을 되찾았다며 자축했다. 디플레이션이라는 하찮은 두려움은 무시해버려도 좋은 듯했다. 실업률은 급격히 떨어졌다. 모두 제로금리의 '눈에 보이는' 효과였다. 제로금리의 이차적 결과는 거의 보이지 않는다며 도외시되었다. 그러나 정말 보려고 했다면 충분히 볼 수도 있었다.

2012년 캐나다 경제학자 윌리엄 화이트William White는 〈극단적인 이지 머니 정책과 의도하지 않은 결과의 법칙Ultra Easy Monetary Policy and the Law of Unintended Consequences〉이라는 제목의 짧은 논문을 발표했다. [23] 이 글에서 화이트는 급속한 금리 인하로 소비가 증가하고 저축이 감소했다고 진단했다. 미래의 소비를 앞당겨서 하게 만드는 금리 인하의 단점은 이미 정해진 목표액을 달성하기 위해서 저축량을 늘려야 하는 데다, 저금리가 지배적인 상황에서는 충분한 종잣돈을 모으는 데 시간도 훨씬 더 오래 걸린다는 것이 그의 논지였다.

당국은 낮은 금리로 기업 투자가 촉진되리라 믿었다. 그러나 화이트는 기업들이 실제로는 투자를 줄이고 있다는 사실을 보여주었다. 게다가 초저금리 대출로 인해 자본의 잘못된 분배misallocation of capital가 일어났다. 창조적인 파괴는 좌절되었다. 화이트는 "이지 머니라는 조건은 자본을 덜 생산적인 자원에서 더 생산적인 자원으로 재분배하는 과정을 촉진하기는커녕 오히려 그 과정을 가로막았다"라고 결론 내렸다.

초저금리는 차입 비용을 낮춤으로써 투자자들이 과도한 리스크를 감수하도록 동기를 부여했다. 동시에 보험 회사와 연금 제공자들은 저금리 체제에 대처하기 위해 고군분투하고 있었다. 정부는 국가 부채를 늘리는 데 아무런 제약을 받지 않았다. 결국 이지 머니는 대가를 치러야 하는 최후의 심판일을 계속 연기해주는 역할을 했다. 화이트는 "경기 침체기에 적극적인 양적완화 정책은 '공짜 점심'이 아니다. 가장 좋은 경우라도 경제를 재조정할 시간을 벌어줄 뿐이다. 하지만, 우리는 조정 기회조차 날려버렸다"라고 말했다. 월가에서는 이미 '깡통 찼다'라는 말이 나온 지 오래였다.

화이트는 또 통화 정책 입안자들이 초저금리 정책에서 벗어나는 데 어려움을 겪고 있을 수 있다고도 했다. 2012년 화이트의 논문이 나오고 몇 년이 지난 후, 연방준비제도이사회Federal Reserve Board, Fed는 잠정적인 긴축 사이클에 들어갔지만, 얼마 지나지 않아 금리를 정상 수준으로 되돌리려는 시도를 포기했다. 연준은 돈을 찍어내 금리를 낮추는 정책으로 다시 돌아갔다. 코로나19 팬데믹 사태 이후, 정책 금리는 다시 제로로 내려갔다. 화이트는 중앙은행들이 신용공여에서 더 큰 역할을 할 수밖에 없을 것이라 예상했다. 이 또한 실현되었다. 2020년 팬데믹 사태가 벌어졌던 한 해 동안 중앙은행들은 화이트의 예측대로 정부 지출에 직접 자금을 조달했다(이 책의 〈후기: 세상이 뒤집혔다〉를 보라).

무상 대출이 노동자들에게 재앙이 되리라던 바스티아의 예측은 터무니없는 생각이 아니었다. 서브프라임 모기지 사태 이후 은행들은 신용도 낮은 개인과 소기업의 대출 금리를 인상했다. 반면, 월가의 사모펀드 포식자와 그 외 연줄이 좋은 사람 들은 쥐꼬리만 한 이자로도 대출이 가능했다. 위기 후 10년 동안 소득은 거의 증가하지 않았지만, 저임금 일자리는 급증했다. 가난한 사람들은 더 높은 금리로 대출을 받아야 했으므로 예금에 대한 실질 수익은 마이너스였다. 반면 부유한 투기꾼과 기업 들은 저렴한 대출로 큰 수익을 창출했다.

이 책은 현대 경제에서 이자가 담당하는 역할을 다룬다. 사실 이 책을 써야겠다는 생각이 든 것은 하나의 확신 때문이었다. 그것은 생산성 증가 붕괴, 구매 불가능한 주택, 불평등 심화, 시장 경쟁 소멸, 금융 취약성 등 지금 우리가 마주하고 있는 많은 문제의 원인이 바로 초저금리라는, 바스티아와 흡사한 생각이다. 섬너가 말한 '잊힌 사람'이 더는 참지 못하게 되면서 포퓰리즘이 부활한 것도 일정 부분은 초저금리 탓으로 보인다.

이 책의 2부에서는 초저금리의 의도하지 않은 결과를 살펴본다 (7~16장). 1부에서는 금리 이해에 필수적인 기본 정보를 제공한다. 이 자의 기원을 고대 근동 지역에서 찾고(1장), 중세를 거쳐 유럽의 자본주의 탄생에 이르기까지 이자의 이야기를 추적한다(2장). 그리고 이자와 자본주의가 분리될 수 없는 이유를 설명한다. 이러한 원리는 1776년 애덤 스미스가 《국부론》을 출간했을 때도 이미 하나의 법칙이었지만 과도한 금리에 대한 '정신병적' 공포는 언제나 항상 존재해 왔다.

17세기 영국에서 가장 저명한 저금리 지지자는 부유한 상인 조시아 차일드Josiah Child 경으로, 차입 비용 절감 혜택을 가장 많이 받았다. 차일드의 주장을 반박한 사람은 위대한 자유주의 철학자 존 로크였다(3장). 다음 세기 초, 스코틀랜드인 존 로John Law는 프랑스에 지폐를 도입했고 금리를 2%까지 낮췄다. 이 위대한 금융 실험은 재앙으로 끝났다(4장). 하지만 로는 초저금리와 양적완화(자산 매입)라는 현대 중앙은행의 정책들을 이미 실천에 옮겼다.

19세기에 이미 일부 금융 전문가들이 보기에 투기 광풍은 저금리 시기와 분명히 일치하는 경향이 있었다. 빅토리아 시대 가장 유명한 금융 저널리스트였던 월터 배젓Walter Bagehot은 "존 불John Bull(영국을 의인화한 이름이다—옮긴이)은 많은 것을 견딜 수 있지만, 2%는 견딜 수 없다"라는 말을 즐겨 하곤 했다. 그는 금융 공황기에 중앙은행이 무상 대출을 해야 한다는 규칙을 만들었던 사람이다(5장). 하지만 이러한 구제 금융은 질 높은 담보에 대해서만 벌칙 금리로 제공해야 한다는 조건이 달려 있었다. 현대의 최종 대출자(중앙은행—옮긴이)들은 이러한 조건을 무시하고 있다.

현대의 중앙은행은 인플레이션과 디플레이션이라는 쌍둥이 악마 때문에 안달복달하고 있다. 중앙은행의 목표는 물가 안정이다. 그러나 지난 100년 동안 1920년대 신용 호황(6장), 1980년대 일본의 거품 경제, 2008년 리먼 사태 이전에 발생한 전 세계적 신용 거품(7장)과 같은 몇몇 커다란 신용 호황은 인플레이션이 잠잠했던 시기에 일어났다. 이런 일이 있을 때마다 중앙은행들은 인플레이션이 일어나지 않은 상태에서 경제성장률보다 낮은 금리를 유지했다. 그 결과 이 모든 신용 호황은 재앙으로 끝났다.

3부에서는 초저금리가 신흥시장에 미치는 영향을 살펴본다. 세계의 기축통화인 미국 달러 금리를 제로까지 낮추자 개발도상국 시장에 자본 유입이 빨라졌다. 그 결과 상품 가격이 치솟았다. 식량 가격 상승은 아랍의 봄이라 알려진 2011년 중동 지역 민중 봉기에 커다란 영향을 미쳤다. 몇 년 후 연준이 긴축 정책을 시작하면서 상품 가격은 급락했고 신흥시장은 침체기에 접어들었다. 개발도상국 중 가장 커다란 두 나라 브라질과 튀르키예가 특히 심각한 경기 침체를 겪었다. 중국에서는 저금리가 역사상 가장 규모가 큰 투자 흐름과 부동산 거품을 만들어내며 비정상적 신용 호황을 부채질했다.

| 이자의 복잡성 |

여기서 잠깐 경고를 하나 하고 넘어가야겠다. 금리는 대단히 복잡한 주제이므로. 수 세기에 걸쳐 그 존재를 설명하는 많은 이론이 제시되었다. 19세기 오스트리아의 경제학자이자 세 번이나 재무상을 역임했던 뵘바베르크는 《자본과 이자Capital and Interest》라는 권위 있는 저서에서 '결실 이론fructification theory'부터 사소하게 취급되는 '무색의 이론들'에 이르기까지 대략 20개에 달하는 다양한 학파를 다루었다.*

뵘바베르크가 볼 때 이자는 자본 배분을 규정하고, 그가 '생산 기간'이라고 부르는 시간의 길이에 영향을 미쳤다. 다른 학자들은 저축을 위한 이자의 중요성('절제의 대가'), 금융에서의 역할('레버리지 비용'), 투자 가치('자본화율')의 중요성을 강조했다. 이자에 대한 가장 포괄적인 관점은 이자를 '돈의 시간 가치' 또는 단순하게 시간의 가격으로 보자는 것이다. 대부분의 이자론에는 일말의 진실 정도는 포함되어 있다. 그래서 예일대학교 경제학자로 《이자론The Theory of Interest》을 쓴 어빙 피셔Irving Fisher는 "적대적이며 상호파괴적이라고 보았던 이자 이론들은 사실 조화롭고 상호보완적이다"라는 현명한 견해를 내놓기도 했다.[24]

또 한 가지, 이자가 건물이나 토지 같은 유형 자본과 연결된 '실물' 현상이냐, 아니면 '금융' 현상이냐 하는 문제가 있다. 이 질문은 또 다른 질문을 낳는다. 이자율, 즉 금리는 동산 같은 '실물' 경제 요인에 좌우되는가, 아니면 조작할 수 있는가? 이러한 질문들에 대해서는 무조

---

* 이자는 토지 임대료에서 '유래한다'라는 '결실 이론' 외에도, 잉여 가치(또는 이윤)론, 생산성 이론, '사용 이론', '절약 이론(저축 자극)', '보상 이론', 착취 이론, 재생산 이론, 그리고 뵘바베르크가 보기에 수많은 '무색의 이론들'이 있다. 이 목록에 존 메이너드 케인스John Maynard Keynes가 《일반 이론》에서 주장했던 자본 비축을 막기 위해 이자가 필요하다는 관점을 추가해야 한다. 뵘바베르크는 이러한 설명을 배제하고 이자가 등장한 이유를 인간이 미래보다 현재의 소비를 선호하는 선천적 경향 때문이라는 '시간 선호' 이론을 제시했다. 물론 이러한 '시간 선호' 이론을 부정하는 경제학자도 있다.

건 둘 중 하나를 지지하는 것보다 폭넓은 입장을 취할 수 있다. 실물 요인은 중요하다. 그러나 돈이 더는 특정 실물 상품에 묶여 있지 않고 '명목화폐'를 발행하는 중앙은행과 시중은행의 대출 활동에 따라 생산되는 제도에서는 통화 정책이 시장 금리에 분명 엄청난 영향을 미친다. 최근 몇 년간 채권 수익률이 마이너스로 돌아선 것은 중앙은행이 단기금리를 제로 아래로 내렸을 때뿐이었다는 사실을 명심하라.

금리가 경제성장과 관련이 있는가 역시 아직껏 의문의 대상이다. 역사적으로 경제 발전 속도와 차입 비용 사이에는 통계적으로 약한 관계가 있다. 인구와 금리의 관계 또한 논쟁의 대상이다. 오늘날의 통념에 따르면, 인구 증가세 둔화는 금리 하락의 원인이다. 이 주장을 지지하는 사람들은 최근 몇십 년간 일본의 경험을 근거로 들고 있다. 하지만 일부 경제학자들은 일본은 특별한 사례이며, 세계 인구 고령화에 따라 금리는 오히려 오를 것이라고 주장한다.[25]

저축 수요와 공급에 따라 금리 수준이 결정된다고 믿는 주류 경제학자들은 '자연 이자율'을 이야기한다. 이 아이디어를 처음 지지했던 사람은 17세기 로크였다. 하지만 1930년대 케인스와 그의 추종자들은 완전고용 상태에서 경제의 균형을 맞추는 자연 이자율 개념을 반대했다. 자연 이자율은 관찰할 수 없으므로 확인할 방법 또한 없다. 그러나 애덤 스미스 이래 경제학자 대부분이 믿어왔듯이 이자율이 수익성과 연관이 있다면 이자율과 경제성장 속도(즉, 전체 경제 수익률) 역시 연관이 있어야 한다.[26] 따라서 논리적으로 경제성장 추세는 자연 이자율의 대용물이라고 볼 수도 있다.

실제로는 무한에 가까운 다양한 금리를 단수형으로 말하는 것은 말이 될까? 단기 이자율과 장기 이자율, 정책 이자율과 시장 이자율, 무위험 이자율과 사채 이자율 등 이자율의 종류는 많다. 대기업은 엄청나게 다양한 유가증권을 발행하며, 수익률은 종목마다 다르다. 나라마다 인플레이션과 디폴트 이력에 따라서도 금리는 다르다. 금리 차이는 대체로 리스크와 관련이 있으며, 둘 사이의 관계는 시간의 흐름에 따라 달라진다. 그러나 무수한 상품과 서비스의 가격으로 구성되는 '물가'를 그저 '물가 수준'이라고 말한다면, 금리 또한 넓은 스펙트럼을 일반적으로 논하는 데 필요한 줄임말로 받아들일 수 있다.

이 책에서 다루는 가장 중요한 질문은 자본주의 경제가 시장이 결정하는 금리 없이 제대로 기능할 수 있는지 여부다. 프루동처럼 금리는 근본적으로 정의롭지 못하다고 주장하는 사람들은 금리의 필요성을 믿지 않는다. 현대의 통화 정책 입안자들은 금리를 주로 소비 물가 수준을 조절하는 지렛대로 본다. 이러한 관점에서 디플레이션이라는 악마를 물리치기 위해 금리를 제로 아래까지 내리는 것도 가능하다. 하지만 인플레이션 조정은 금리의 여러 기능 중 중요성이 가장 떨어지는 기능일 것이다.

이 책은 자본 배분의 방향을 감독하기 위해서는 금리가 필요하고, 금리가 없다면 투자 가치를 매길 수 없다고 주장한다. 이자는 '절제에 대한 보상'으로써 저축을 장려하는 수단이다. 이자는 또 레버리지 비용이자 리스크의 대가이기도 하다. 금융 시장 규제 상황에서 은행가나 투자자 들이 과도한 리스크를 감수하지 않도록 해주는 것도 금리다. 외환에서 금리는 나라 간에 오가는 자본 흐름의 균형을 맞춰준다. 금리는 소득과 부의 분배에도 영향을 미친다. 바스티아가 파악했듯이 지나치게 낮은 이자율은 가난한 사람들보다는 신용을 쉽게 얻을 수 있는 부자들에게 더 많은 혜택을 준다.

바스티아는 프루동과의 논쟁에서 시간에는 가치가 있다고 지적했다. 이자라는 주제를 파고든 주요 학자인 뵘바베르크와 피셔는 이자란 인간 본성에 내재되어 있다고 믿었다. 인간은 선천적으로 참을성이 모자라므로, 이자율은 이러한 시간 선호를 반영한다는 것이다.* 피셔와 동시대의 스웨덴 경제학자인 구스타브 카셀Gustav Cassel은 이자라는 주제로 초보자를 위한 훌륭한 입문서를 남겼다. 카셀 역시 '이자가 무조건 필요하다는 주장'을 펼쳤다.[27] 자, 독자들의 인내가 한계에 다다르기 전에 서둘러 이야기를 시작해보자.

---

* 뵘바베르크는 이자율이 시간 선호의 문제라는 주장을 고수했다. 현재 쓸 수 있는 돈이 오랫동안 묶인다면 그 시간만큼 이자율이 올라간다는 것이다. 반면 피셔는 개인의 시간 선호가 부정적으로 돌아설 수 있는 상황도 가정했다. 예를 들어 수입이 급속히 줄어드는 시기, 화폐 역할을 대신하는 음식이 하드택(군용 비스킷으로 값싸고, 오래가는 대표적 음식—옮긴이)이 아니라 쉽게 상하는 무화과뿐일 때, 이자율은 마이너스가 될 것이다. 무화과는 시간이 지날수록 가치가 떨어져 이자율을 좌우하는 화폐 역할을 하지 못하기 때문이다.

1부

금리의
역사

1장

이자의 고향 바빌론

이자가 붙는 곳에 재산을 두면 몇 배로 돌아올 것이다.

— 애니Any라는 이름의 이집트 서기, 기원전 제1000년기 초

이자라는 문제를 그토록 많이 생각해본 사람은 나라 전체를 통틀어 없었을 것이다. 마르가야의 머릿속은 온통 그 생각뿐이었다. 그는 밤낮으로 앉아서 곰곰이 생각했다. 이자는 생각하면 할수록 가장 경이로운 창조물이었다. 이자에는 탄생과 증식의 신비가 결합해 있었기 때문이다. 그렇지 않고서야 저축은행에 넣어둔 100루피가 시간이 흐르면서 120루피로 늘어난 사실을 어떻게 설명할 수 있겠는가?

— R. K. 나라얀R. K. Narayan, 《금융 전문가The Financial Expert》, 1952

태초에 대출이 있었고, 대출에는 이자가 붙었다. 아마 그랬을 것이다. 최초의 거래는 물물교환이 아닌 신용 거래였을 것이다. 메소포타미아인들은 수레에 바퀴를 다는 방법을 발견하기 전부터 이미 대출에 이자를 부과했다. 이자는 기원전 8세기에 만들어졌다는 화폐보다도 훨씬 더 오래되었다. 일부 사람들은 이자가 사람을 죽이거나 상해를 입힌 것에 대한 보상, 즉 '속죄금wergild'이라고도 알려진 일종의 위자료로 처음 등장했다고 주장한다. 그렇다면 '이자'는 상해 가치 이상의 벌금이었던 셈이다.[1] 반면 프랑스 인류학자 마르셀 모스Marcel Mauss는

《선물The Gift》(1925)에서 부족민들 사이에 선물을 주고받는 관행에서 이자가 시작되었다고 주장한다.*

선사시대 사람들은 아마도 옥수수와 가축을 빌려주며 이자를 부과했을 것이다. 이자와 대출의 연관성은 고대 언어에 숨어 있다. 고대 세계 전역에서 이자의 어원은 가축의 새끼와 관련 있다. 이자를 뜻하는 수메르어 낱말 mas는 원래 어린 염소(또는 양)를 뜻한다.[2] 고대 이집트의 이자라는 낱말 ms는 출산이라는 의미다.[3] 고대 그리스의 이자를 가리키는 낱말은 송아지라는 의미의 tokos다. 이자를 나타내는 히브리어의 여러 단어 중에는 증가 및 증식을 의미하는 marbit와 tarbit가 있다. 라틴어로 이자를 뜻하는 foenus는 다산을 의미하고, 돈이라는 의미의 pecunia는 가축 떼를 뜻하는 pecus에서 유래했다. 영어 단어 capital은 소머리 caput에서 유래했다. 시드니 호머Sydney Homer와 리처드 실라Richard Sylla는 이러한 어원을 통해 이자의 기원을 설명한다.

이자는 씨앗과 동물을 빌려주는 데서 비롯되었다. 이는 생산적인 목적을 위한 대출이었다. 씨앗은 더 많은 수확을 가져왔다. 수확기가 되면 씨앗은 이자와 함께 돌려받았다. 동물의 새끼 일부 혹은 전부도 동물과 함께 반환되었다. 정확하지는 않겠지만, 현대적 의미의 이자 개념은 바로 그러한 생산적 대출에서 비롯되었다고 추측할 수 있다.[4]

---

* 모스는 이러한 사람들이 '상인, 은행가, 자본가의 냉정한 논리'로 동기 부여된 것이 아니라 오히려 이자로 보답한다고 생각했을 것이라 주장한다. 하지만 이러한 이자에는 '지연된 소비'로 인한 손실 보상은 물론 처음 선물하거나 교환한 사람에게 굴욕감을 주기 위한 목적도 있었다. Marcel Mauss, 《The Gift: The Form and Reason for Exchange in Archaic Societies》(London: 1990), pp.96~97.

가축을 빌려주고 그에 대한 이자를 받는 관행은 현대에도 계속되었다. 19세기 초 미국의 개척지에서 소와 양은 보통 신탁 판매되었다. '4~5년 후, 이전된 수의 두 배가 반환되어야 한다는 조건'이었다.[5] 19세기 독일 경제학자 카를 아른트Karl Arnd는 자연의 생산성과 이자 사이의 연관성을 설명하며, 이자율은 "유럽 숲의 목재들이 매년 늘어나는 비율인 (…) 100그루 중 서너 그루 정도로 설정되었다. 그 결과 이들 나라에서 이자율은 이 비율 아래로는 떨어질 수 없다"라고 주장했다.* 비슷한 맥락에서 피셔는 이렇게 말한다.

> 자연은 재생산성이 높다. 농작물과 동물을 기르면 현재보다 미래가 더 풍요로워진다. 인간은 숲이나 농장에서 나무가 자라기도 전에 베거나 토양을 고갈시키지 않고 기다리기만 하면 더 많은 것을 얻을 수 있다. 다른 말로 자연의 생산성은 강력하게 이자율을 유지하려는 경향이 있다.[6]

시간이 지나면서 대출과 자연의 다산성 사이의 언어적 연관은 더욱 추상적으로 바뀌었다. 고리대금업이라는 낱말은 '사물을 사용하지만 소유권은 없는 사람'이라는 의미의 라틴어 usuarius에서 유래했다.[7] 17세기까지도 대출은 여전히 돈의 '사용'이라는 뜻으로 활용되었다.

---

* 마르크스는 아른트 이론을 '원시적 숲의 이자율'이라고 부른다. Karl Marx, 《Capital 3》(London: 1974), p. 363fn.

│ 바빌론의 이자 │

초기 금융에 관해 추측 이상의 해석이 가능했던 것은 점토판에 대출 내역을 기록한 메소포타미아인들 덕분이다. 현대의 대출 문서와 마찬가지로 이 점토판에는 채권자와 채무자의 이름, 대출 금액, 대출 날짜 및 상환 기한, 그리고 청구 이자 금액이 기록되어 있었다. 주택, 토지, 노예 등 다양한 담보물도 적혀 있다. 심지어 채무자의 아내를 담보로 삼아 자기 집에 살게 하는 채권자도 있었다. 채무노예debt Bondage의 초기 사례였다.

신용 거래는 기원전 3000년에서 2000년 사이 고대 근동 지역에서 흔했다. 이자는 대출과 같은 상품으로, 보통은 은이나 보리로 지불했다. 또는 (야자나 땔감 등) 다른 상품이나 노동 용역 같은 현물로도 지급되었다.[8] 점토판마다 도장을 찍고, 목격자도 기록했다. 이는 대출이 연체되면서 채무자와 채권자 사이에 종종 법적 분쟁이 발생했다는 방증이기도 하다. 부채가 상환되면 점토판은 파괴되었기 때문에 지금 남아 있는 고고학적 기록은 미상환 부채와 관련된 것이다. 이로 미루어 당시 대출은 대단히 많았을 것이다.

기원전 24세기의 한 대출 문서를 보면, 다양한 사람이 각각 720리터에 달하는 보리를 빚졌다. 문서엔 '징수원' 루기드, 대장장이 이기지, 카카 출신 문지기 우우, 사제 에키, 목자 키쿨리 등 여러 이름이 등장한다.[9] 당시 사원이 남성에게 한 달에 보리 60리터(여성은 30리터)를 배급해주었다는 기록을 고려하면, 이 대출금은 1년 치 식량에 해당하는 액수로 적지 않은 금액이다. 이 채무자 중 한 명인 '하인 감독관' 구기시는 13년 치 배급량에 해당하는 9,360리터를 빚졌다. 엄청난 양이다. 대출 공여자는 우르누의 아마레젬이라고 기록되어 있는데, 이 사람은 궁전에 속한 신용공여 대리인이거나, 혹은 개인일 수도 있다.[10] 이 사례에서 이자는 언급되지 않았지만, 아마도 대부분의 점토판에 나타난 보리 대출 표준 금리인 33.33%였을 것으로 추측한다.

이 사람들이 대출받은 이유는 알 수 없다. 수확에 실패했다면 기아를 피하려 했을 것이다. 역사학자들은 대출한 보리가 소비 목적으로 사용되었으리라고 추정한다. 아니면 이를 씨앗 작물로 활용했을 수도 있다. 메소포타미아에서 신용 대출의 목적은 매우 다양했다. 보리, 갈대, 나무 보, 나무 구상부球狀部를 포함한 많은 상품과 가축이 신용을 기반으로 매매되었다.[11] 부동산과 노예 구매를 위해, 소비뿐만 아니라 사업을 위해서도 대출받았다.

메소포타미아 지역에는 부족한 원자재가 많아서 삼나무, 대리석, 구리, 석고를 수입해야 했다. 대신 직물, 참기름, 곡물, 대추야자 등을 수출해서 수입한 물건 값을 갚았다.[12] 도기 제조, 갈대 짜기, 장식 짜기, 보석 제조 같은 국내 공예 산업은 국제 무역에 의존했다.[13] 국제 무역 역시 신용 거래였다. 기원전 3000년 후반에 이미 무역 상대에게 은을 대출한 기록이 있다. 상업 대출에는 더 높은 이자가 부과되었지만, 사업에 실패해도 원금을 상환할 필요가 없었다. 이러한 종류의 신용은 고대 그리스와 중세시대에 흔했던 대차 대출bottomry loans(배의 용골, 즉 '바닥'에 대한 대출)과 닮았다(해상사업이 위험이 매우 큰 일종의 모험이었을 때 선주가 선박 또는 싣는 물건을 담보로 자본을 차입하고, 항해를 무사히 마치고 귀항하면 투자한 원금과 고율의 이자를 되돌려주되 만약 항해 중 사고가 나면 이자와 원금의 상환을 면제해주는 제도로, 해상모험대차海上冒險貸借라고도 한다 — 옮긴이).

이자를 계산하려면 시간과 가치를 표준화해야 한다. 수메르 달력은 한 달 30일, 한 해 12개월로 이루어졌다.* 시간, 거리, 무게, 그리고 돈과 이자는 모두 60을 기준으로 측정했다. 이 60이라는 숫자는 1, 2, 3, 4, 5, 6이라는 정수로 나눌 수 있는 가장 낮은 숫자로, 간단한 계산에 적합했다.[14] 하지만 이자 계산은 여전히 쉽지 않은 작업이었다. 학생들은 원금과 이자를 모두 합친 대출 이자율을 계산하는 방법을 공부해야 했다.[15] 구 바빌로니아 시대 학생이 풀었던 문제를 하나 보자. "이자가 1구르라면 자본과 이자가 같아지는 때는 몇 년 후인가?"** 이 '골치 아픈 계산'이야말로 '바빌로니아 수학의 특징 중 하나'다.[16]

채권자는 채무자, 채무자의 가족 구성원 또는 노예가 수행하는 노동 서비스로 이자를 받을 수도 있었다. 이를 안티크레틱anticretic('반反신용' 정도의 의미) 이자라고 불렀다. 토지 등의 담보를 점유해 이자를 받는 방식은 현대의 임대나 금융리스와 같다. 바빌로니아 사람들은 이자와 임대료에 같은 낱말인 mas를 사용했다. 고대에 시작된 이자와 임대료 사이의 연관성은 이자를 뜻하는 독일어 zins에서도 찾아볼 수 있다. 이는 원래 인구 조사나 임대료를 의미했다. 프랑스어로 공채를

---

* 은 대출은 무게가, 보리 대출은 부피가 기준이었다. 보리 1미나는 60셰켈의 가치가 있었다. 은에 대한 이자는 미나당 1셰켈 비율(월 60분의 1, 혹은 연 20%)로 지급되었다. 보리와 은 사이에는 고정 환율이 있었다.

** 리먼스는 매년 지급되고 자본화된 이자가 20%라고 가정하면 대출 원금은 3년 283일과 3분의 1일 후 두 배가 된다고 계산한다. W. F. Leemans, 《The Old Babylonian Merchant: His Business and His Social Position》(Leiden: 1950), p.15.

의미하는 rentes라는 낱말은 프랑스 군주가 파리 시청사의 임대료를 기반으로 공채를 발행한 데서 유래되었다. 여기에서 '렌티에rentier', 즉 이자에 얹혀사는 사람이라는 낱말이 파생되었다.

　바빌로니아의 채무 가운데 일부는 양도와 상속이 가능했다. 역사학자 모리스 실버Morris Silver는 "기원전 14세기 아시리아에서는 증서판deed-tablet이 시장에서 사고 팔렸다"라고 기록했다.[17] 대출 기간은 다양했다. 상환 시점은 보통 수확 후였지만, 몇몇은 콜론call loan처럼 채권자가 상환을 요구하는 즉시 지급해야 했다. 기원전 제2000년기 초 시파르시의 한 예를 보면, 대출금은 '채권자가 요구할 때 바로' 갚아야 한다고 되어 있다.[18] 이 시대의 또 다른 채무 상황에서는 한 상인이 빚을 갚기 위해 다른 상인에게 약속 어음을 요구하기도 했다.[19]

　기원전 제2000년기에는 일종의 신용 네트워크가 발견되었다. 라르사에 사는 발무남혜라는 이름의 상인이 동료 상인 푸쿰, 누르-쿠비, 와라드-시비 등과 함께 여러 문서에 기록되어 있다. 이 중 마지막 문서는 발무남혜가 와라드신 통치(기원전 1770~1758)[20] 11년이 되는 해에 집을 구매했다는 집문서였다. 이 상인-은행가 대부분은 라르사의 같은 지역에 살고 있었다. 발무남혜는 이자를 받고 돈과 보리를 빌려주고 노예를 거래했던 중요한 인물로, 노예들에게도 대출해주고, 심지어 그들 자신을 담보로 잡기도 했다. 그는 배도 임대했다. 이 거물 상인은 자신의 이름을 딴 마을을 세울 정도로 넓은 땅을 확보했다. 이처럼 뛰어났던 발무남혜는 전형적인 구 바빌로니아의 탕카룸tankarum, 즉 상인이었다. 물론 다른 상인에 비해 스케일이 상당히 크긴 했다.

채권자와 채무자 중에는 여성도 많았다.[21] 한 우르 여성은 세 명의 동업자에게 보리와 은을 빌려주었고, 그 덕분에 그들은 배를 빌리고 선원을 고용해 항해할 수 있다는 기록이 있다.[22] 기원전 13세기 아수르에서는 한 여성 사업가가 신용장을 써서 벽돌을 주문하고, 대가로 양모 공급을 약속했다.[23] '여성 방앗간 일꾼들'에게 보리를 빌려준 대출도 있었다.[24] 시파르에서는 태양신 샤마시Shamash의 여사제들이 은과 노예를 빌려주고, 상인들의 여정에 자금을 대주고, 대출 계약의 증인이 되는 등 여신 업무에 폭넓게 관여했다.[25] 나디타nadita라고 알려진 이 제사장들은 남성 상인들을 대부업에서 몰아내고 근사한 집과 정원, 땅을 포함하여 막대한 부를 쌓았고, 다시 그것을 임대해 더 많은 수익을 올렸던 것으로 보인다.[26]

"금융은 신성의 그늘에서 태어났다"라는 말이 있다.[27] 사원은 처음에 고대 근동 지역에서 주요 대출자였다. 왕궁 역시 신용을 제공했다. 이 기관대출자들은 대출 이자를 받아 이를 미망인과 고아 등에게 식량을 배급하는 식으로 자원 재분배에 사용했다. 시간이 흐르면서 세금 징수나 대출 같은 업무는 중간 상인들의 일이 되었다. 이들 중 일부는 엄청난 부자가 되었다. 기원전 제1000년기 신바빌로니아 시대에 에기비 가문은 예금을 받고 대출을 제공하며 고객 부채를 청산하고 상품에 투자하는 등 일련의 상업 은행 서비스를 제공했다. 이들은 넓은 영지를 차지하고 고위 관직을 부여받았다. 고대 근동의 로스차일드 가문(독일-유대계 혈통의 국제적 금융가. 18세기 최초의 국제은행을 설립한 후 막대한 부를 축적했다 ─옮긴이)이라 할 만했다.[28]

| 세계 8대 불가사의 |

메소포타미아인들은 아인슈타인이 세계 8대 불가사의라고 부른 것을 발명했다. 바로 복리다.* 한 점토 원뿔에는 메소포타미아 남부의 두 도시 국가인 라가시와 움마 간 국경 분쟁이 설형문자로 기록되어 있다. 이 문서는 기원전 2400년 이전 라가시를 통치했던 엔메테나의 이름으로 발행되었다. 문서보다 약 40년 전 움마는 라가시 소유의 농경지를 점령했고, 그 땅에 대한 대가로 매년 300구루(리터)에 달하는 보리를 라가시에 지불하기로 합의했다는 내용이다. 그러나 움마는 약속을 지키지 않았다. 엔메테나는 분쟁 지역을 되찾은 다음 밀린 곡물을 갚으라고 요구했다. 엔메테나는 부채가 복리로 연 33.33%씩 늘어났으니, 이제 총 4조 5000억 리터의 보리를 갚아야 한다고 주장했다. 움마로서는 상환이 불가능한 양이었다.** 움마는 요구를 따를 수 없었고, 결국 두 도시 사이에는 전쟁이 일어났다.[29]

엔메테나 문서는 이자와 관련해 초창기부터 지금까지 지속되는 문제를 지적한다. 빚이 복리로 늘어나면 결국 상환이 불가능하다는 문제다. 수메르인들은 복리를 의미하는 매시 매시mash mash라는 표현을

---

* 실제로 아인슈타인이 이런 말을 했다는 증거는 없다. 쿼트 인베스티게이터Quote Investigator 웹사이트에 따르면 복리를 세계 8대 불가사의라고 한 최초의 언급은 1925년 오하이오주《클리블랜드 플레인 딜러Cleveland Plain Dealer》에 에퀴터 세이브 앤드 론 컴퍼니Equity Savings & Loan Compnay가 게재했던 "세계 8대 불가사의는 복리입니다. 돈에 엄청난 영향을 미칩니다. 에퀴터는 14년마다 당신의 돈을 두 배로 늘려 드립니다"라는 광고문에서 나타난다. https://quoteinvestigator.com/2019/09/09/interest/.

** 윌리엄 괴츠만Williman Goetzmann에 따르면 이 요구는 미국 연간 보리 수확량의 580배에 해당한다. 윌리엄 괴츠만,《금융의 역사》(지식의날개, 2019).

썼는데, 이는 가축이 새끼를 낳듯이 부채가 무한정 증가한다는 의미였다.[30] 복리 문제는 사람들의 뇌리를 떠난 적이 없다. 영국 철학자 리처드 프라이스Richard Price는 18세기 말 "예수님이 태어나셨을 때 5% 복리로 1페니를 저축했다면, 지금쯤(즉, 1773년이 지난 후) 지구 크기만 한 통 1억 5000만 개를 순금으로 가득 채우고도 남을 만한 양으로 증가했을 것이다"라는 계산을 내놓았다. (프루동이 바스티아와의 논쟁에서 그랬던 것처럼) 마르크스 역시 프라이스의 계산에 동의하며 자신의 책에 인용했다.[31]

복리의 공포로 악화하는 부채 위기는 메소포타미아 역사에서 주기적으로 나타나는 특징이었다. 라가시의 엔메테나가 고대 세계 최초로 채무를 탕감한 통치자였던 것도 우연은 아니었다. 이 최초의 탕감이 있은 지 약 50년 후에 또 다른 탕감이 이어졌다. 레위기서는 이 50번째 해를 고대 이스라엘이 '부채 탕감의 희년debt jubliees' 또는 '새 출발의 해clean slate'로 선언했다고 기록했다. 이후 바빌로니아의 채무 탕감은 새로운 정부가 들어설 때마다 실행하는 관례가 되었다.* 부채 탕감의 희년은 그 후 고대 그리스와 로마에도 생겨났다. 기원전 594년, '입법자Lawgiver'로 불리던 아테네의 솔론은 '부담 떨치기'를 발표했다. 그는 부채 자산을 표시한 주택담보대출석horoi을 부수라고 명령했다. 이자율 또한 낮췄다.[32] 아리스토텔레스에 따

---

* 빚을 탕감해준다는 의미의 '클린 슬레이트clean slate'는 채무자들이 빚의 굴레에 빠지거나 채권자들에게 땅을 압류당했을 때 발생하는 사회적 혼란을 막았다. 클린 슬레이트와 관련된 미사룸Misarum 법은 소비자(곡물) 대출에만 해당하며, 상업 부채는 영향을 받지 않았다. 이는 통치자들이 과도한 개인 부채의 사회적 결과에 관심이 높았다는 의미다. Michael Hudson, 〈Reconstructing the origins of interest-bearing debt and the logic of clean slates〉, 《Debt and Economic Renewal in the Ancient Near East》(Bethesda: 2002), p.7.

르면 이러한 개혁 이전에는 "가난한 자와 그의 자식은 부자의 노예가 되었다."**33**

기원전 1750년경에 탄생한 가장 오래된 법전인 함무라비 법전에 이자 규제에 관한 내용이 중요하게 등장한다는 사실은 매우 흥미롭다. 바빌로니아 왕 함무라비는 관례적인 이자율을 적용한 기존의 신용 관행을 성문화했다. 이 법전은 설형문자로 현무암 석판에 새겨져 후세에 전해지고 있다(영어에서 '성문화하다'를 뜻하는 set in stone, 즉 '돌에 새기다'라는 숙어를 이용한 말장난—옮긴이). 은銀 대출의 최고 이자율은 20%, 보리의 최고 이자율은 33.33%로 정했다. 최고 이자율 이상을 부과하거나 원금에서 상환액을 빼지 않거나 무게를 속이거나 복리를 요구한 채권자들에게는 벌금을 부과했다. 대출 담보로 사람을 이용할 수 있는 조건도 구체적으로 명시했다. 홍수나 가뭄으로 인한 농작물 피해가 있을 때는 이자에 차등을 두어야 한다고도 지시했다.**34**

규제를 만들기는 쉽지만, 사람들이 법 정신을 따르게 하는 일은 만만치 않다. 우리가 '규제 차익regulatory arbitrage'이라고 부르는 행위, 즉 금융 실무자들이 규제를 피해 거래를 시도하는 행위는 법 자체만큼이나 오래되었다. 함무라비는 가장 높은 규제 비용을 부과했지만, 그 기간을 명시하지는 않았다. 따라서 대부업체들은 법정 최고금리를 한 달이라는 짧은 기간에도 적용함으로써 연이율을 크게 높이기도 했다. 현대의 몇몇 신용카드 업체처럼 연 260%의 연체료를 요구하는 대출업체도 있었다.**35** 이스칼리의 한 대부업체 회계장부에는 조건을 명시하지 않은 대출, 즉 '이자를 부과했다는 것과 진짜 이자율을 왕의 시장 감독관에게 들키지 않게 잘 숨겨놓은' 대출 사항이 기록되어 있었다.[36] 금융 규제를 피하려는 시도는 더 많은 규제를 낳았다. 예를 들어, 기원전 17세기 한 칙령은 이자 대출을 상품 구매 선금으로 위장하려는 시도를 법으로 금지했다.[37]

| 이자율 수준 |

이자율 규정 방식은 경제 분야에서 여전히 가장 골치 아픈 문제다. 일부 전문가는 금리가 실물 자산 수익, 즉 농지에서 산출되는 잉여 생산물, 기업의 수익, 일반적으로 경제 전체에 걸친 생산성 성장에 따라 도출된다고 믿는다. 반면 인구 증가율이나 국민 소득의 변화(인구와 생산성 변화로 인한 연간 GDP 변화)를 금리 수준의 원인이라고 보는 사람들도 있다. 이자율이 사회의 집단적 조바심이나 시간 선호도를 반영한다고 주장하는 쪽도 있고, 주로 금융 요인에 영향을 받는다고 주장하는 쪽도 있다.

이렇듯 다양한 금리 이론 중 어느 것도 고대의 경험에는 잘 들어맞지 않는다. 바빌로니아 대출 금리의 두 가지 표준 형태(은 20%, 보리 33.33%)는 우르 3세 시대 초기부터 함무라비(기원전 2100~1750년경)가 사망할 때까지 수 세기 동안 변하지 않았다. 이 놀라운 안정성으로 짐작하건대 바빌로니아 금리는 경제적 요인만으로 결정되지는 않았을 것이다.[38] 고대 그리스의 금리도 수백 년 동안 안정적이었다. 기원전 5세기부터 2세기까지 아폴로 신전이 델로스에 지급한 대출 금리는 10%였다.[39]

수 세기가 지나며 고대 세계의 금리는 상당히 하락했지만, 이러한 추세는 경제적 요인보다는 측정 기준 변화에 더 많은 영향을 받은 것으로 보인다. 60진법 제도가 정착되어 있던 바빌로니아에서 은 대출 이자는 매달 60분의 1 비율로 부과되었다. 그러나 10진법을 도입한 그리스인들은 연 10%의 표준 이자를 부과했다. 로마는 12진법을 채택했기 때문에 이자는 보통 원금의 12분의 1인 연간 8.33%였다.[40] 《화폐론Treatise on Money》을 쓸 당시 케인스는 바빌로니아 금융사를 연구하며 금리는 시장의 힘보다 관습에 따라 결정된다고 주장했다. 그의 제자 조앤 로빈슨Joan Robinson의 말을 빌리자면 금리는 "체셔 고양이의 웃음과 같아서 과거에 그 금리를 설정한 환경이 완전히 사라진 후에도 남아 있다(체셔 고양이의 미소Cheshire cat grin는 《이상한 나라의 앨리스》에 등장한다. 앨리스가 고양이는 사라졌는데 미소는 남아 있다며 신기해하는 대목이 나온다 —옮긴이)."[41] 마르크스 역시 비슷한 관점에서 "관습, 법률 전통 등은 경쟁 자체만큼이나 평균 금리 규정에 중요한 역할을 한다"라고 썼다.[42]

기원전 제3000년기부터 제1000년기까지의 대출을 근거로 보면 마르크스의 결론은 타당해 보인다. 현대사회에서도 관습은 계속해서 금리 수준에 영향을 미쳤다. 호머와 실라는 이렇게 말한다.

최근까지 미국에서는 다양한 금리가 매우 느리게 변동했다. 6% 전통은 적어도 2세기 동안 지속됐다. 고리대금 한도는 1960년대까지 대체로 거의 변하지 않았다. 금융 시장 중심지와 '거대기업'으로부터 멀리 떨어져 있는 은행들이 부과하는 대출 금리는 오랜 기간에 걸쳐 안정적이었다.[43]

최근 국제결제은행Bank for International Settlements, 이하 BIS 연구에 따르면 지난 100여 년간 금리는 개인 저축이나 투자 결정 같은 경제적 요인보다는 금본위제Gold Standard, 금환본위제Gold Exchange Standard(금본위제와는 달리 본위화폐를 발행하지 않지만 중앙은행이 금본위제를 취하고 있는 나라의 금환을 일정한 시세로 제한 없이 매매하며, 금본위제와 마찬가지로 통화와 금의 연결을 유지한다―옮긴이), 브레턴 우즈 체제Bretton Woods System, 달러 본위제Dollar Standard 등 다양한 통화 체제의 성격에 더 많은 영향을 받았다.[44]

하지만 고대 금리가 관습과 법만으로 규정되지 않았다는 사실 또한 명백하다. 실버는 고대 대출 시장은 수요와 공급에 따라 변했다고 주장한다.[*] 이제껏 살펴보았듯이 메소포타미아에는 사채업자가 많았다. 아마도 그들은 상당히 매력적인 보상을 제시받고 마지못해 대출했을 수도 있다. 사원에서 주관하는 대출은 대체로 개인 대출보다 이자율이 낮았다. 공공 대출의 초기 사례일 수도 있고, 사원의 채무자가 다른 채무자보다 더 높은 계급이어서 그랬을 수도 있다. 어쨌든 감히 신에게 채무불이행을 저지를 정도로 배포가 큰 사람은 없었을 것이다. 보리 대출 금리가 높은 것은 곡물이 부족할 때 대출하고, 곡물이 싸고 풍족해지는 수확 이후 상환된다는 사실을 반영했을 가능성이 크다.[45]

고대 세계에서 이처럼 '기준 금리'는 장기적으로 안정적이었지만,

---

[*] Morris Silver, 《Economic Structures of Antiquity》(Westport: 1995), ch.5. 고대 그리스에는 진정한 화폐 시장이 없었다는 주장도 있지만, 기원전 5세기 말 아티카의 한 구역이던 플로테이아에서 공포된 칙령은 가장 높은 이자율을 제시하는 대출자들에게 돈을 빌려주어야 한다고 규정하고 있다.

시간과 장소에 따라 시장 금리가 달랐다는 증거도 있다. 신바빌로니아 시대에는 최저 5%, 최고 240%의 금리를 부과했다는 기록이 있었다.[46] 높은 금리에는 리스크 프리미엄risk premium이 포함되어 있었다. 하라누harranu라는 이름의 대출은 무려 이자율이 40%였다(하지만 항해 상 사고가 있을 시, 원금을 상환할 필요가 없었다).[47] 카파도키아 아시리아인 상업 지역의 금리는 메소포타미아보다 높았다. 거상들 대상의 대출은 신용도가 낮은 대출자들보다 이자율이 낮았고,[48] 보리 대출의 높은 이자율은 왕실의 채무 탕감 명령이라는 리스크에 대비하는 보험의 성격이었을 수 있다.[49]

금리는 고대 세계에서건 그 이후건 간에 경제성장과는 아무 상관관계도 보이지 않았다. 기원후 천 년 간 세계 경제는 연간 고작 0.01% 성장했다고 추정한다. 하지만 같은 기간에 유럽의 실질금리는 6~12%에 달했다.[50] 금리와 인구 변화 사이의 연관성도 관찰되지 않는다. 실제로 인구 증가와 금리는 보통 반대 방향으로 움직여왔다.[51]

스코틀랜드 철학자 데이비드 흄은 〈이자론Of Interest〉(1752)이라는 영향력 있는 논문에서 금리가 금융 요소보다는 '실물' 경제에 의해 규정된다는 관점을 제시했다.[52] 하지만 금리가 화폐공급 변화에 영향을 받지 않는다는 그의 주장은 고대사를 훑어보면 아무런 근거가 없었다. 알렉산드로스 대왕이 페르시아의 금과 은을 대량 압류해 분배하자 물가는 상승하고 금리는 하락했다.[53] 수에토니우스Suetonius는 《황제전The Twelve Caesars》에서 아우구스투스 황제가 이집트의 보물을 로마로 가져오자 돈이 풍족해지면서 금리는 6%에서 4%까지 떨어졌다고 썼다.[54] 아우구스투스 사후, 티베리우스 황제는 돈을 사재기했고,

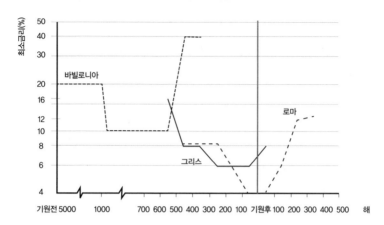

고대 세계의 이자율

바빌로니아, 그리스, 로마의 금리는 U자형 패턴을 따른다. 문명이 번창할 때는 떨어졌고, 쇠락하거나 멸망할 때는 급격히 상승했다.

그 결과 이자율은 법정 한도 이상까지 상승했으며, 결국 기원후 33년 은행 위기가 터졌다. 그러자 티베리우스는 황실의 보물을 귀족 가문에게 무이자로 빌려주기로 약속함으로써 이자율을 떨어뜨렸고, 위기는 종식되었다.[55] 그가 취했던 조치가 바로 세계 최초의 양적완화였다.*

간단히 말하자면, 고대 금리의 역사는 금리의 형성을 설명하는 어떤 특정한 입장도 딱히 편들어주지 않는다. 법과 관습은 분명히 중요한 역할을 했다. 그러나 때로는 화폐의 유통량과 시장의 힘도 영향을 미쳤다. 이는 다양한 이자율과 특정 대출에 부과되었던 리스크 프리미엄에서 찾아볼 수 있다.[56] 주요한 대부업체였던 사원 및 왕궁 역시

---

* 이 양적완화의 가장 큰 수혜자가 귀족 가문이었다는 사실은 흥미롭다. 미국 연준이 2008년 양적완화를 부활시켰을 때도 부유층이 가장 큰 혜택을 입었다.

신용 공급과 이자에 영향을 미쳤다. 이들의 역할은 오늘날 중앙은행의 역할과 비견된다. 차이가 있다면, 고대 대출에는 은과 같은 상품이 필요했지만, 오늘날 중앙은행은 아무 준비 없이 뚝딱 법정화폐를 만들어낼 수 있다는 점이다. 그래서 21세기 당국은 너무도 쉽게 이자율을 조작할 수 있다.

뵘바베르크는 한 나라의 금리가 그 나라의 문화 수준을 반영한다고 말한 적이 있다. 고대 세계에서 금리는 위대한 문명의 진로를 뒤따랐다. 바빌로니아, 그리스, 로마에서 금리는 수 세기에 걸쳐 U자형 패턴을 따랐다. 문명이 번창할 때는 떨어졌고, 쇠락하거나 멸망할 때는 급격히 상승했다.[57] 폭풍전야의 고요일 때는 초저금리도 등장했다. 신바빌로니아 시대(기원전 700~630년) 초기 은 대출 금리는 최저 8.33%까지 떨어졌다. 기원전 5세기 초 바빌로니아가 페르시아에 함락되자 금리는 40% 이상까지 치솟았다.[58] 18세기 네덜란드 공화국이 혁명 이후 프랑스에 공격당하기 직전에 금리는 바닥까지 떨어졌다. 따라서 21세기 초반 초저금리는 위안이 될 만한 현상은 아니다.

| 이자의 필요 |

애덤 스미스는 인간에게는 태생적으로 '교환 성향'이 있다고 주장했다. 돈을 빌리고 빌려주려는 성향, 그 과정에서 이자를 부과하는 성향도 그만큼 선천적이며 강력해 보인다. 인류학자들은 화폐가 물물교환을 대체했다는, 스미스를 포함한 고전 경제학자들의 주장을 더는 받아들이지 않는다. 물물교환이 화폐 경제로 이어진다는 신화에 대한 증거는 없다. 반면 돈보다 신용이 먼저이며, 그 최초 형태에도 이자가 있었다는 주장이 더 그럴듯하다.[59]

고대의 이자는 현대적 형태와 공통점이 놀랄 만큼 많다. 맥주 양조업자를 위한 곡물 대출에서 상인들을 위한 은 대출에 이르기까지 종류 역시 다양하다. 다양한 리스크를 반영하여 이자율 또한 다양했다. 해외 무역업자들을 위한 하라누 대출에는 조난 위험에 대비한 보험료가 포함되어 있었다. 또 현재라면 컴퓨터나 계산할 수 있을 정도로 매우 복잡한 이자 계산도 있었다. 강력한 금융업자들이 지배하는 신용 네트워크의 모습은 상당히 현대적이다. 주기적으로 발생한 부채 위기와 끝없는 금융 규제 회피 시도 역시 마찬가지다. 월가를 기원전 17세기 라르사로 보내더라도 그리 낯설지는 않을 것이다.

이자는 필요와 탐욕이 결합하며 등장했다. 이자가 문명 초기부터 존재했던 이유는 자본이 부족했기 때문이다. 왕궁과 사원은 늦지 않게 세금과 부과금을 걷어 중요한 지출을 해야 했다. 그래서 그들은 오늘날 세무 당국처럼 연체에 이자를 청구했다. 이 공공기관들은 대출 이자를 요구하는 방식으로 자원을 분배했다. 보리 대출은 굶주린 사람들과 보리 씨앗이 필요한 농부들이 대상이었다. 부의 불균등 분배로 인해 공적·사적 대부업자들은 이자를 청구했고, 이들은 다른 사람들, 예를 들어 야심 찬 양조장 주인이 원하고 그에 대한 대가로 기꺼이 이자를 낼 수 있는 자원을 통제하고 있었다.

금융사학자 괴츠만은 '대출을 장려하는 이자의 출현은 금융 역사상 가장 중요한 혁신'이라고 했다.[60] 중요한 지적이다. 금융은 사람들이 시간을 초월해 거래할 수 있게 해준다. 농부는 보리를 빌려 밭에

파종하지만, 빚을 갚기 위해서는 수확기를 기다려야 한다. 모든 산업 공정에서는 원자재를 완제품으로 만들어 판매하기까지 생산 시간이 필요하다. 기원전 제3000년기 메소포타미아의 한 문서에 따르면 옷감 준비에만 1년이 넘게 걸렸다.⁶¹ 게다가 외국과의 무역에는 긴 시간이 소요된다. 자본이 산업이나 무역에 묶여 있을 때, 이자는 생산에 사용된 시간과 어느 정도 관련이 있을 수밖에 없다.

메소포타미아 문명은 물론 사유재산이 보장되는 모든 문명에서는 사람들이 자신의 자원을 빌려주도록 유도하기 위해 이자가 필요하다. 그렇지 않다면 사람들은 자본을 축적하기만 할 것이다. 고대 바빌로니아에서 여유 자금을 가진 사람은 땅을 사서 경작하거나 제삼자가 농장을 얻도록 돈을 빌려주는 것 중 하나를 선택할 수 있었다. 그렇다면 이자율과 자본의 생산성, 즉 이자율과 농작물의 잉여 생산 사이에는 반드시 어떤 관계가 있어야 한다.

이자는 주택과 같은 장기지속 자산에 가치를 매기기 위해서도 필요하다. 고대 수메르와 그 이후 문명들은 최초의 대도시를 건설했다. 기원전 제3000년기부터 민간 주택 시장이 만들어졌다. 대출을 받아 집을 산 다음 임대할 수 있었으므로 주택담보대출은 수익성이 높은 사업이었다. 아우구스투스 황제가 로마에 보물을 쏟아부었을 때 금리는 떨어지고 집값은 올랐다는 데 주목하라. 그때 이후로 바뀐 것은 거의 없다. 2000년이 지난 다음에도 부동산 시장은 통화 공급과 이자율 변화에 민감하게 반응하고 있다.

17세기 후반 영국인 니콜라스 바본Nicholas Barbon이 썼듯이 "이자란 자본의 지대Rent of Stock로, 토지의 지대와 마찬가지다. 전자는 가공 혹은 인공 자본의 지대고, 후자는 가공되지 않은 자연 자본의 지대라는 차이가 있을 뿐이다."[62] 바본의 시대에 이자를 뜻하는 스코틀랜드 표기법은 '@rents'였다.[63] 18세기 프랑스의 경제학자이자 정치가인 안 로베르 자크 튀르고Anne-Robert Jacques Turgot는 바본의 통찰을 정교하게 다듬어 "화폐 형태로 존재하는 모든 자본은 (…) 같은 수익을 낳는 토지 일부분과 같다"라고 말했다.[64] 튀르고에게 금융이라는 세계는 세상을 향해 들고 있는 거울로, 실물 자산과 금융 자산은 상호 교환이 가능했다. 따라서 토지, 건물, 공장이 수입을 낳듯이 돈도 이자를 생산해야 한다. 이 중요한 통찰을 현대 경제학자들은 너무도 자주 간과하고 있다.

21세기 정책 입안자들에게 금리는 그저 인플레이션과 경제 생산량을 조정하는 지렛대에 불과하다. 그러나 잠시 바빌로니아에서 비롯된 이자의 역사를 생각해보자. 이자는 항상 우리 곁에 있다. 부족한 자원은 어떻게든 분배되어야 했고, 부는 채권자와 채무자 사이에 불균등하게 분배되어 있으며, 뵘바베르크의 말처럼 '이자는 신용의 핵심'이기 때문이다. 이자는 대출이 생산적이기 때문에 존재하며, 심지어 생산적이지 않을 때조차 가치가 있다. 자본 소유자에게 대출을 유도해야 하기 때문이다. 대출에는 리스크가 따르므로 이자가 있어야 한다. 생산에는 시간이 필요하고, 인간은 선천적으로 조급하기에 이자가 존재한다.

21세기 경제학자들보다 이자에 관심이 많았던 전 세대 경제학자들은 이자의 중요성을 의심하지 않았다. 뵘바베르크에게 이자란 '삶을 위한 필수품'이었다.[65] 피셔는 이자를 '근절 불가능할 정도로 보편적인 현상'이라고 불렀다.[66] 비슷한 맥락에서 슘페터는 이자가 "모든 경제 체제에 스며들어 있다"[67]라고 말했다. 이자를 반대한다고 공표했던 《자본론》의 저자도 이 점에서는 자본주의의 최고 옹호자와 생각이 같았다. 마르크스는 대출 이자 청구가 처음 기록된 고대 세계를 연상시키는 한 구절에서 "고리대금은 생산의 모든 구멍마다 살고 있다. 에피쿠로스의 신들이 세계 사이의 공간에 살았던 것과 마찬가지다"라고 썼다(에피쿠로스는 신을 믿지 않았고, 모든 자연 현상을 원자로 설명했다. 따라서 신을 원자로 대체해 생각하면 이해할 수 있는 표현이다 ─옮긴이).[68]

2장

시간 판매자

계약을 맺고 돈을 빌려준 경우, 돈을 이용하게 해준 보상으로 갚는 돈의 액수는 늘어
난다. 이 증가분이 합법적이라고 생각하는 사람들은 그것을 이자라 부르고, 불법이
라고 생각하는 사람들은 고리대금이라 부른다.

— 윌리엄 블랙스톤William Blackstone 경, 《영국법 해설Commentaries on the laws of England》(1765)

대출업자들은 항상 평판이 나빴다. 수 세기에 걸쳐 위인들은 대부분
대출업자의 반대편에 서 있었다. 아리스토텔레스, 플라톤, 성 아우구
스티누스, 토마스 아퀴나스, 단테, 루터, 그리고 셰익스피어 모두 야
비한 고리대금업자를 비난했다. 고리대금업 비판에는 좌우가 없었
다. 마르크스는 이자를 혐오했고 히틀러도 마찬가지였다. 몇 년 전,
캔터베리 대주교는 가난하고 도움이 필요한 사람들을 착취한다는 이
유로 '웡가Wonga'라는 영국의 급여일 대출payday loan(담보 없이 짧은 기간
빌려주는 대출 형태) 기업을 공격했다. '웡가와의 전쟁'은 지금도 계속되
고 있다. 많은 경제학자, 특히 불평등 전문가는 천사 편을 든다. 이자
를 받는 것은 약자와 빈자를 강탈하는 행위로 묘사된다. 고리대금업
자는 빌려준 것보다 더 많은 것을 돌려달라고 요구하기 때문에 부당
하다는 비난을 받는다.

구약성경에는 고리대금을 금하는 낯익은 구절도 있다. "네가 형제에게 꾸어주거든 이자를 받지 말지니 곧 돈의 이자, 식물의 이자, 이자를 낼 만한 모든 것의 이자를 받지 말 것이라"(신명기 23:19)나 "네가 만일 너와 함께 한 내 백성 중에서 가난한 자에게 돈을 꾸어주면 너는 그에게 채권자같이 하지 말며 이자를 받지 말 것이며"(출애굽기 22:25)가 그중에서도 가장 유명한 구절이다. 이스라엘인들의 고리에 대한 태도는 히브리어 단어 nescheck에도 나타나 있다. 이것은 뱀이 '문다'는 의미다.[1] 유대인들 사이에는 대출 이자가 금지되었지만, 모든 유대인이 이 명령을 금과옥조로 삼지는 않았다.[2] 성경에 따르면 기원전 6세기경 탄생한 페르시아의 속주 예후드 메디나타의 총독 느헤미야Nehemiah는 고리대금이 "우리의 아들과 딸들을 속박했다"라고 선언하면서 압류된 담보재산을 환수하라고 명령했다. 바빌로니아인, 그리스인, 로마인 역시 비슷한 상황에 직면했다. 한 저명한 고대 그리스 역사학자는 이자부 부채interest-bearing debts의 가장 중요한 목적은 채무자를 노예로 바꾸는 것이라고 주장했다.* 아테네의 입법자 솔론은 채무 노예를 금지했고, 로마는 기원전 4세기에 이를 완전히 폐지했다.

고리대금에 대한 지적 공격은 4세기 아테네에서 시작되었다. 아리스토텔레스는 《정치학》에서 "돈은 교환에 쓰여야지 이자를 통해 늘어나서는 안 된다"라는 이유로 고리대금이 부도덕하다고 주장했

---

* 모세 핀리Moses Finley 경은 "부채는 이자로 부를 얻는 장치가 아니라 더 많은 종속노동dependent labor을 얻기 위한 채권자의 장치다"라고 썼다. Moses Finley, 《Economy and Society in Ancient Greece》(London: 1981), p.156

다. 이 철학자는 이자라는 낱말에 생산적인 대출의 결실이라는 어원이 있다는 점에 그다지 깊은 인상을 받지 못했다. "'새끼'라는 의미의 tokos라는 낱말을 돈이 돈을 낳는다는 번식의 의미로 쓰는 이유는, 자식이 부모를 똑같이 닮기 때문이다. 하지만 돈을 버는 온갖 방법 중 돈이 돈을 낳는 방식이 가장 부자연스럽다. 실제로 돈은 돈을 낳을 수 없기 때문이다."[3] 다른 그리스 문헌에서는 대부업자를 도덕적 광기 또는 분별력 상실 같은 질병을 앓는 사람으로 그리고 있다.[4] 고리대금은 사회에 파괴적인 영향을 끼치는 행위로, 형제애라기보다는 '타자성'의 행위로 간주되었다.* 플라톤은 부유한 채권자를 가난한 채무자와 적으로 만드는 것이 고리대금이라고 주장했다. 데모스테네스는 이자를 부과하는 대부업자들이 '도움을 주는 데는 전혀 관심 없이 그저 이익만을 위해 거래하기' 때문에 혐오스럽다고 말했다.[5]

고대 아테네의 전문 대부업자들은 보통 외국인이나 노예 상태에서 막 풀려난 사람 정도의 지위였다. 아테네 은행가들은 현대 은행가들과 비교해 인기가 없었다. 안티파네스Antiphanes는 일부만 전해지는 희극에서 은행가들을 못된 간호사, 아는 척하며 가르치려 드는 사람, 산파, 구걸하는 성직자, 생선 장수보다 더 나쁜 '지독한 집단'이라고 묘사했다.[6]

수 세기가 지나도 고리대금업자들의 지위는 올라가지 않았다. 중세에 종교적 금기를 어겼다는 이유로 경멸의 대상이 된 직업 중에는

---

* 고대 아테네에서는 무이자 대출이 가능했다. 에라노스eranos라는 이름으로 알려진 이 대출은 채무자들이 집단으로 자금을 마련해 갚을 수 있을 때 갚았다. 데모스테네스는 노예이자 매춘부였던 네라가 고객들로부터 에라노스 기금을 모아 자유를 얻었다고 주장했다.

여관 주인, 제빵사, 제화공, 설거지하는 사람 등이 있었다.[7] 이 모든 부정한 일 중에서도 고리대금업은 유대인이나 기독교 세계에서 추방된 자들이나 하는 가장 천한 일로 여겨졌다.

| 고리대금에 대한 스콜라 학파의 공격 |

교부들(2세기 이후 기독교 신학의 주춧돌을 놓은 이들을 말한다—옮긴이)은 고리대금을 맹렬히 비판했다. 성 암브로시우스St. Ambrose는 고리대금을 모든 배를 난파시키는 폭풍에 비유했다. 성 아우구스티누스는 고리대금업으로 가난한 사람들이 죽도록 내버려두느니 부자들의 재산을 훔치는 편이 낫다고 말했다.[8] 고리대금에 반대하는 움직임은 중세에 이르러 더욱 거세졌다. 1139년 교황 인노첸시오 2세가 소집한 제2차 라테란 공의회에서는 '고리대금업자들의 끝없는 모르는 탐욕'이 성토됐다. 이렇게 비난의 목소리가 점점 더 높아진 이유는 12세기 유럽 무역이 호황을 맞으면서 이자 대출이 더 흔해지고 있었기 때문이다. 공의회는 "거의 모든 곳에 고리대금 범죄가 뿌리내려서 많은 사람이 하던 일을 버리고 마치 허용된 일인 양 고리대금에 나서고 있다"라고 개탄했다. 13세기에 교황 인노첸시오 4세는 '농민들이 고리대금업자가 되거나 고리대금에 현혹되어 토지 소유주들에게 소와 농기구를 빼앗겼기 때문에 시골은 황폐해질 것'이라며 우려했다.[9]

중세 학자들은 아리스토텔레스의 고리에 대한 비판을 그대로 받아들였다. 13세기 세라핌 박사(경건하고 사랑이 넘친다는 의미에서 '천사'라는 의미의 세라핌을 별명에 붙였다고 한다—옮긴이)로 알려진 성 보나벤추라St. Bonaventure는 "돈은 자체로, 그리고 홀로 열매를 맺지 않으며 열매는 다른 곳에서 온다"라고 말했다.* '천사 박사'라는 별명을 지닌 토마스 아퀴나스는 《신학대전Summa Theologica》에서 "돈은 스스로 재생산되지 않는다"라고 덧붙였다.[10] 아퀴나스는 고리대금은 원래 준 것보다 많은 돈을 돌려받으니 정의로운 가격 법칙에 어긋난다고 말했다. 대부업자가 "소비 말고는 아무짝에도 쓸모없는 물건(돈)을 이용하는 대가로 더 많은 것을 요구한다면 (…) 그것은 부당하다."[11] 아퀴나스는 고리대금업자에게 돈을 맡기는 것이 "광인에게 칼을, 난봉꾼에게 처녀를, 식탐 많은 자에게 음식을 맡기는 것과 마찬가지로 완전히 불법이다"라고 보았다.[12]

하지만 아리스토텔레스의 고리대금 비판에는 심각한 결함이 있었다. 아리스토텔레스와 중세시대에 그를 추종했던 아퀴나스는 돈은 오로지 교환을 위해 존재한다고 주장했다. 그들의 견해에 따르면 대출자는 대출이 이루어지는 순간 자신의 돈에 대한 모든 소유권을 포기한다. 그러나 경제학 교과서들이 예외 없이 지적하듯 돈은 *가치의 저장고*이기도 하다. 대출자는 화폐의 교환가치는 포기하지만, 저장가치는 부채의 형태로 계속 보유한다. 이런 이유로 이미 바빌로니아 시대부터 채권자들은 대출 기간에 따라 담보를 설정했다. 아리스토텔레스는 대출에 시간이 개입되어 있다는 사실, 다시 말해 대출한 후 시간

---

* 보나벤추라의 논평에는 마르크스 '노동가치론'의 싹이 있다. 뵘바베르크는 이에 대한 반박으로 지하실에 놓인 와인 한 병은 추가 노동이 없어도 가치가 상승한다고 지적했다.

이 지난다는 사실을 간과했다. 다시 말해 대출은 '시간 간intertemporal' 거래다. 시간의 성격을 다루는 아리스토텔레스의 글에 이 중요한 요소가 빠져 있다니 의외다. 다시 한번 말하지만, 이자는 일정 기간 돈을 사용하는 대가로 내는 요금이다.

일부 중세 학자들은 대출에서 시간 문제를 다뤘지만, 약간은 왜곡이 있었다. 14세기 초 신학자인 토머스 코범Thomas of Cobham은 에드워드 2세가 지명을 철회하기 전까지 캔터베리 대주교가 될 사람이었다. 이 교회법 박사는 고리대금을 '물욕'의 죄라고 보는 전통적인 견해를 지녔다. 아리스토텔레스와 같은 입장에서 "포도나무는 자연적으로 열매를 맺지만, 노는 땅과 마찬가지로 노는 돈은 자연적으로 아무 열매도 맺지 않는다"라고 주장했다. 그러나 코범은 아리스토텔레스가 간과한 것을 짚었다. 그는 고리대금업자가 시간을 판다고 말했다. 하지만 시간은 하나님께 속하기 때문에 고리대금업자의 죄가 줄어들지는 않는다. "다른 이의 자산을 팔아 이익을 얻어서는 안 된다."¹³ 그의 주장에 따르면 고리대금업자는 '시간 도둑'이다.

시간에 가치가 있다는 생각이 중세시대에 처음 등장한 것은 아니다. 시간의 가치에 대한 최초의 언급은 고대 그리스 웅변가 안티폰Antiphon(기원전 480~411)의 글에 나타난다. 그는 "가장 비용이 많이 드는 지출은 시간이다"라고 적었다. 5세기가 지난 뒤 소 세네카(루키우스 안나이우스 세네카Lucius Annaeus Seneca. 더 유명한 아버지 세네카와 구분하기 위해 소 세네카라고 부른다―옮긴이)는 친구 루실리우스에게 인간은 죽기 마련이고 죽을 날이 다가오고 있으니 시간은 소중하다고 상기시킨다. 그래서 그는 "모든 시간을 붙잡아라. 네가 오늘을 강하게 붙잡을수록 내일에 덜 의존하게 될 것이다"라고 충고한다(저자는 일반적인 해석과 달리 시간을 붙잡으라는 'Seize the day'가 원래 금융과 관련된 표현이라고 주장하고 있다—옮긴이). 세네카는 코범과 달리 시간이 신의 자산이라고 믿지 않는다. 세네카는 "감각을 중시하는 사람은 누구나 만질 수도 없고 보이지도 않는 시간을 아무것도 아니라고 본다. 아무것도 아닌 것은 인간의 것이 될 수 없다"라고 썼다.

세네카는 이자 문제가 골치 아픈 듯 갈팡질팡했다. 어느 때는 사전에 합의된 것보다 훨씬 더 많은 이자를 지급하는 것이 공정하다고 했지만,[14] 다른 때는 고리대금을 살인에 비유하기도 한다. 세네카는 물욕을 다룬 편지에서 다음과 같이 썼다.

> 나는 신용장, 약속 어음, 채권을 본다. 이들은 자산의 공허한 허깨비이자 병든 물욕의 유령들로, 비현실적인 환상으로 우리의 마음을 기쁘게 만들어 우리를 기만한다. 이들은 무엇인가? 이자와 회계 장부, 그리고 고리대금이 인간 탐욕의 부자연스러운 발전을 가리키는 이름이 아니라면 대체 무엇인가? (…) 당신의 문서는, *당신의 시간 판매*는, 피를 빨아먹는 12% 이자는 무엇인가? 이들은 우리의 의지에서, 잘못된 습관에서 흘러나온 악이며, 눈에 보이지도 않고 다룰 수도 없는, 공허한 물욕의 꿈일 뿐이다.[15]

스토아 철학자 세네카는 자신의 무한한 물욕에 대한 회한으로 가득 차 이 글을 썼을지 모른다. 재산보다는 덕을 쌓으라고 강조했던 그는 네로 황제에게 봉사하며 큰 재산을 모았다. 여러 영지와 많은 별장을 소유했고 그곳에서 수천 명의 손님을 맞이했다. '슈퍼 리치 세네카'라고 불렸던 그는 대단히 탐욕스러운 고리대금업자였다. 로마 역사가 타키투스는 "로마에서 그는 그물을 넓게 펼쳐 자식 없이 죽은 사람들의 유언장을 가로챘다. 이탈리아와 주변 지역은 끝없는 그의 고리대금에 쪽쪽 빨리고 완전히 털렸다"라고 썼다. 전해지는 말에 따르면 기원후 60년에 발생한 부디카 반란은 세네카와 그의 동료들이 영국 원주민들에게 거액의 대출금 상환을 무리하게 요구하면서 상환이 어려웠던 원주민들이 반발하며 일어났다고 한다.[16]

시간이 인간의 가장 소중한 재산이라는 세네카의 생각은 이탈리아 르네상스 시대 건축가이자 휴머니스트 레온 바티스타 알베르티Leon Battista Alberti(1404~1472)의 글에 다시 나타난다. 그가 1430년대에 쓴 《가족론I Libri della Famiglia》의 한 등장인물은 "시간을 잃느니 잠을 잃는 편이 낫다. 즉 무언가를 하기 위한 적절한 순간을 놓쳐서는 안 된다"라며 시간 관리의 중요성을 역설했다.[17] 페르낭 브로델Fernand Broudel은 알베르티의 말에서 이전 스콜라 철학과는 다른 입장을 감지한다. 그는 다음 구절에 주목했다. "시간이 오직 하나님에게만 속한 것으로 여겨졌을 때, 그것을 (이자의 형태로) 파는 것은 누구에게도 속하지 않는 것을 파는 것이었다. 하지만 이제 시간은 인간 삶의 차원이 되었으므로 낭비하지 말아야 하는 소유물이다."[18]

알베르티는 시간을 세속적인 소유물로 보았고, 브로델은 이를 '상인의 시간'이라고 불렀다.[19] 14세기 이전에 서유럽에서 시간을 지켜야 하는 유일한 이유는 수도 생활의 엄밀한 정확성을 유지하기 위해서였다. (정해진 기도 시간인 법정 시간경Canonical hours을 지켜야 했다. 해

뜨기 전을 뜻하는 '마르틴스Matins', 해뜰 때인 '라우드스Lauds', 오전 6시인 '프리메Prime,', 오전 9시인 '테르체Terce', 정오인 '섹스트Sext', 오후 3시인 '노네스Nones', 해질 때인 '베스퍼스Vespers', 잠자기 전인 '콤플리네Compline' 등 총 여덟 번이었다.) 르네상스 시대에 일어난 시간의 세속화를 촉진한 사건은 시계의 발전이었다. 알베르티가 태어난 시기에는 이미 모든 이탈리아 대도시에 자랑할 만한 공공 시계가 있었다. 노동 시간을 시 단위로, 나중에는 분 단위로 측정하면서 생산성이 급속히 향상되었다.[20]

알베르티가 부유한 피렌체 상인 가문 출신인 것도 우연이 아니다. 《가족론》 전체에는 상업주의적 세계관이 나타난다. 돈은 '만물의 근원'으로 칭송받고, 절약과 근면이 권장되고, 상인의 회계 장부는 '성스럽고 종교적인 물건'처럼 묘사되어 있다. 이러한 견해는 상인계급 사이에서 일반적이었다. 알베르티 이전 이탈리아 상인이자 작가였던 파올로 다 체르탈도Paolo da Certaldo는 《선관서Book of Good Customs》(1360년경)에서 "돈이 있으면 기다리지 마라. 집에 한가롭게 놔두지 마라. 아무 짓도 않고 한가롭게 있느니 어떤 소득이 없더라도 일하게 만드는 편이 낫다"라고 충고했다.[21] 알베르티의 후원자로 피렌체의 거상이었던 베르나르도 디 조반니 루첼라이Bernardo di Giovanni Rucellai는 아들들에게 이렇게 권했다. "시간을 절약해라. 시간이야말로 우리가 가진 가장 가치 있는 것이기 때문이다."[22]

시간의 상업적 중요성은 동시대의 가장 유명한 이탈리아 상인 프란체스코 다티니Francesco Datini(1335~1410)의 활동에도 잘 나타난다. 영국 작가인 아이리스 오리고Iris Origo의 전기 《프라토의 상인The Merchant of Prato》의 주인공 다티니는 현대 자본가의 선구자다. 그의 본성은 불안하고 야망은 무한했으며 노력에는 끝이 없었다. 그의 장부는 '신과 이익을 위해'라는 구태의연한 말로 시작되지만, 장부는 당시 이탈리아 북부에서 선풍적인 인기를 끌며 퍼져나가던 베네치아의 새로운 발명품인 복식부기로 작성되었다.* 다티니는 피렌체, 베네치아, 제노바를 위대한 금융 중심지로 변화시킨 은행 혁명의 선봉에 서 있었다. 그는 지중해와 유럽의 무역을 연 국제적인 상인 계급으로, 리옹, 샹파뉴, 제네바 등지의 대형 박람회에서 외국의 대리인들을 통해 어음을 결제했다.

이러한 사업가들에게는 신용이 필수고, 이자로 그 비용이 측정되는 시간은 소중했다. 다티니의 삶은 "시간은 돈이다.(⋯) 신용은 돈이다"라는 프랭클린의 유명한 말을 그대로 적용할 수 있는 훌륭한 사례다.[23] 참을성 많은 그의 아내 마르게리타조차 그에게 시간을 좀 더 신중하게 쓰라고 요구했다. "당신이 낭비하는 한 시간이 내겐 일천 시간처럼 느껴져요.(⋯) 당신의 몸과 영혼에 시간만큼 소중한 것이 없기 때문이죠. 당신은 시간의 가치를 너무 낮게 평가하는군요."[24]

많은 일을 했던 다티니는 잉글랜드 남부 코츠월드와 밸리애릭 제도에서 양모를 수입하기도 했다. 오리고는 1394년 11월 미노르카 양털을 구매하려는 피렌체 발 주문 건을 추적한다. 처음 원모는 바다까지 수송되었고, 그다음 강과 도로를 따라 프라토의 창고로 가서는,

---

* 복식부기는 대단한 지적 위업이었다. 모든 자산과 거래에 통화 가치를 부여했고 동일한 통화로 기록했다. 아라비아숫자를 도입하며 계산도 쉬워졌다. 독일 사회학자 베르너 좀바르트Werner Sombart는 《근대자본주의Modern Capitalism》(1912)에서 복식부기는 정기적인 기록, 수학적 질서, 구체적 사건을 수치로 환원하도록 만들어서 훗날 일어난 과학혁명의 맹아를 포함하고 있었다고까지 주장했다.

두들기고, 뽑고, 기름칠하고, 씻고, 빗고, 소모기에 걸고, 실패에 얹어, 방적한 후, 경사를 재고, 짜고, 마디를 제거하고, (아직 축축할 때) 전단하고, 펼쳐 말리고, 다시 전단하고, 염색공에게 넘기고(이 경우 파란색으로 염색해야 함), 보풀을 세우고, 다시 전단하고, 마지막으로 프레스로 누르고 접는다. 이 모든 과정에 각기 다른 전문가가 필요하다.

요컨대 피렌체에서 온 주문이 발렌시아에서 완성되어 옷감으로 팔리기까지 무려 3년 반 이상의 시간이 필요했다. 이 모든 시간과 노력의 결과는 불과 9% 미만의 이익이었다.[25] 이탈리아 상인들이 시간을 비용의 요소로 보았던 것도 당연하다.

다티니의 사업은 대체로 신용 거래였으며, 지불 연기는 물론 비공식 환어음도 많이 이용했다. 그중 약 5,000건의 거래가 그의 서신에 드러난다. 그는 고리대금업자이기도 했다. 피렌체에 자신의 은행을 열어 환어음을 발행하고 기업과 개인 고객에 대출했지만, 신용이 의심스러우면 군주와 교황이라도 대출을 거부했다. 예금 업무는 12세기 제노바에서 시작되었고, 점차 이탈리아 북부 도시와 바르셀로나에도 뿌리를 내렸다(바르셀로나에서는 은행이 파산하면 참수형을 받았는데, 실제로 한 번 시행되었다고 한다).[26] 비슷한 시기에 국제 환어음 거래도 활발해졌다.

효율적인 화폐공급에 이 새로운 금융 관행이 더해지면서 중세시대 금리가 하락하기 시작했다. 1200년 이탈리아 북부의 대출 이자율은 약 20%였다. 하지만 다티니 시대에 제노바의 상업 대출 금리는 7%까지 떨어졌다. 이미 자리를 잡은 이탈리아 상인들은 저렴한 신용 대

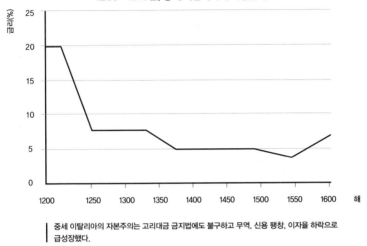

1200~1570년, 중세 이탈리아의 시중금리

중세 이탈리아의 자본주의는 고리대금 금지법에도 불구하고 무역, 신용 팽창, 이자율 하락으로
급성장했다.

출로 경쟁 우위까지 점했다.[27] 그 결과 다티니와 토스카나 상인들은
잉글랜드와 프랑스의 직물 시장에서 플랑드르 상인들을 몰아내고,
심지어 그들의 기반 지역에서 더 낮은 가격으로 물자를 공급할 수 있
었다. 15세기 베네치아 상인들의 대출 금리는 5%에 지나지 않았기
때문이다.[28]

| 이자 규제 회피 |

다티니는 이자 대출을 금지하는 교회법이 공식적으로 살아 있던
시기에 신용 운영을 했다. 중세 은행가와 상인 들은 성직자의 제재를
피할 수 있는 수많은 방법을 찾아냈다. 먼저 고대 메소포타미아에서
처럼 대출 원금을 과장하는 방법이 있었다. '코베티스coveitise'라는 방
법도 사용되었는데(여기서 '탐욕covetousness'이라는 낱말이 나왔다), 깎은 동

전으로 대출받은 돈을 깎지 않은 동전으로 상환하는 방법이었다. 상환 기간을 지나치게 짧게 설정하고, 연체시 부과되는 처벌 조항에 이자를 숨기거나 허구 판매로 위장하는 예도 있었다(허위 약정).[29] 이탈리아 북부의 은행가들은 다른 표현을 사용해 이자를 감췄다. 이자는 이익률, 이득, 보상, 임대료, 수익, 수수료, 과거의 혜택 같은 무해한 용어로 은폐했다.[30] 디스크레지오네discrezione('재량' 정도의 의미 — 옮긴이)이란 예금할 때 은행가가 재량껏 주는 '선물'을 의미했다. 심지어 교회 추기경도 예금을 하고 은행가들에게 '재량껏' 돈을 받았다.[31] 파리시청사의 rentes는 이름만 임대료였다.[32]

이자를 숨기는 가장 흔한 방법은 외환 거래에 이자를 포함하는 외국환어음이었다. 환어음은 12세기부터 국제 금융의 주축이었다. 환어음에는 원칙적으로 신용과 통화 리스크가 있었으나 실제 거래에 어음이 첨부되지 않는 관행이 발전했다. 바다를 건너지 않는다는 이유로 '건식 어음dry exchange'이라 불렸던 이 거래 방식에 대해 사람들은 "나눔이나 형평성 면에서 나무 그림처럼 즙도 수액도 없지만, 어쨌든 교환exchange이라는 이름으로 악착같이 짜내는 고리대금"이라고 이야기했다.[33] 다티니는 외국인 대리인과 공모해 이자 대출을 숨겼다. 성직자들은 이런 속임수에 분노했지만, 그렇다고 딱히 막을 방법도 없었다. 결국 로마 교회는 고리 대출 금지 방침을 유지하는 데 지쳤다. 예수회의 초기 수장 디에고 라이네스Diego Lainez 신부는 "상인들은 편법을 기발하게 발명해 상행위 이면에서 어떤 일이 일어나고 있는지 알기란 거의 불가능하다"라고 선언했다.[34]

국내외에서 무역이 확대되면서 대출 수요도 압도적으로 증가했기 때문에 고리대 금지 역시 아무 쓸모가 없어졌다. 16세기 초 영국을 가리켜 한 역사가는 '채무의 나라'라 불렀다.[35] 이자 대출로 인해 영국의 도시와 시골 전역의 토지 길이와 폭이 확장되었다. 농부, 상인, 장인, 농장 노동자 모두 '돈의 달인'에게 의지했다. 대출업자는 귀족이나 도시 상인과 같은 고위층일 수도 있었고 목축업자, 쟁기꾼, 맥아장수, 곡물 장수, 심지어 '돈 많은 사제'같이 보잘것없는 계급 출신일 수도 있었다.[36] 신분이 낮은 대출자였던 헤리퍼드의 토머스 윌콕스라는 인물은 다음과 같이 묘사되었다. "일주일 동안 1실링을 빌려주는 대가로 1~2페니를 받는 끔찍한 고리대금업자로, 사제가 성찬식을 준비하는 동안 고리대금을 징수하기 위해 교회를 빠져나가는 사람이다."[37] 이 모든 일은 1571년 법으로 이자 수취가 합법화되기 전에 일어났다.

| 이자는 세계를 지배한다 |

시간에 가치가 부여되고 개인의 소유물이라는 생각이 정착되면서 고리대금을 금지하는 성직자들의 제재는 거의 힘을 잃었다. 상인이 대출로 이익을 얻는다면 대출자가 그 이익의 일부를 나누어 갖지 말아야 할 이유가 있는가? 이자에는 대출자를 손해에서 보호해야 한다는 개념이 담겨 있다. 이자라는 낱말은 로마법에서 채무불이행 채무자가 지급하는 보상을 의미하는 법률 용어인 라틴어 interesse에서 유래했다. 6세기 비잔티움 제국에서 발행된 유스티니아누스 법전에 따르면 대출자는 상환 연체에 대한 위약금을 청구할 수 있었다. 법적 관점에서 이자는 자본을 빼앗겨 다른 수익이 있는 곳에 돈을 사용할 수 없게 된 채권자의 기회비용이었다.

중세시대에 들어서는 이 개념을 희생된 이익foregone profit이라는 의미로 lucrum cessans라고 불렀다. 롬바르드 교회법 학자인 헨리 수사는 1271년에 쓴 글에서 "만약 무역과 시장 상행위를 기반으로 이익을 내는 어떤 상인이 (…) 자신의 일에 필요한 돈을 나에게 빌려준다면, 나는 그에게 이자를 지불할 의무가 있다"라고 했다.[38] 르네상스 초기, 프란체스코회 학자 시에나의 성 베르나르디노St. Bernardino of Siena는 "돈은 단순히 돈의 성격만이 아니라 우리가 흔히 자본이라 부르는 생산적인 성격도 있다"라고 주장하며 이전 교회의 가르침을 뒤집었다. 그는 자본 대출을 쟁기를 빌리는 일에 비유했다. 쟁기를 빌려 썼으면 당연히 돈을 내야 하는 법이다.[39]

스콜라 철학의 고리대금 비판은 주로 소비 목적으로 대출하는 자급자족적인 농경사회에 적합했다. 이 이상적인 세계는 중세시대에 무역과 산업이 활발해지면서 산산조각 났다. 근대 초기에는 소비자 대출과 상업 대출이 구별되었다. 소비 대출에 대한 이자는 여전히 고리대금이라고 비난받았지만, 생산 자본 대출에 대한 이자는 점점 당연한 것으로 받아들여졌다. 16세기 프랑스 법학자 샤를 뒤물랭Charles Dumoulin은 특정 대출에 대해서는 '정당한 이자'를 허용해야 한다고 주장하며 "일상적인 상업 관행에 따르면 상당한 양의 돈을 이용하는 효용이 크고, 이는 법률적으로 상품이라고 부른다"라고 말했다. 그는 또 사업하는 사람들은 "다른 사람의 돈을 쓸 일이 많다. 그런데 무상으로 돈을 빌려줄 사람은 아무도 없다"라고 덧붙였다. 심지어 엄격한 아퀴나스조차 법에서 이자를 실질적인 문제로 허용하지 않으면 '많은 사람의 공리를 방해'하게 된다고 인정했다.[40]

중세 교회는 여전히 고리대금에 엄격한 태도를 보였지만, 일부 리스크를 수반하는 대출에 대해서는 이자를 요구할 수 있다고 인정했다. 이를 라틴어로는 periculum sortis('리스크에 따른 담보 요구권'이라는 의미 — 옮긴이)과 damnum emergens('실손해에 대한 배상금'이라는 의미 — 옮긴이)라고 불렀다.[41] 사업 파트너십과 해상모험대차(해상 항해에 대한 대출)는 리스크가 있었으므로, 이자도 허용되었다. 1390년, 런던 시장은 고리대금을 '리스크 없는' 대출에서 이익을 얻는 것이라고 정의했다.[42] 토지는 돈과 달리 생산적이라고 여겨졌으므로 임대료는 고리대금으로 간주하지 않았다. 또 토지는 원금을 돌려받을 수 없으므로 연부금이 허용되었다. 종교개혁 이후 가톨릭 신자들은 이자를 연체 상환에 국한하지 말고 대출 시작부터 '희생된 이익'의 추정치까지 확장해야 한다는 데 동의했다.[43] 제네바에 자리를 잡은 후 칼뱅은 차용자가 낸 이익에서 이자를 지급했을 경우 사취가 아니라고 주장했다[44](하지만 사회나 경제 문제에 있어 그다지 개혁적이라고는 할 수 없었던 루터는 고리대금업자를 여전히 '도둑, 강도, 살인자'라며 비난했다[45]).

시간이 가치를 지녔다는 생각은 엘리자베스 시대 외교관이자 판사였던 영국인 토머스 윌슨Thomas Wilson이 쓴 고리대금 비판에 다시 나타난다. 윌슨은 《고리대금 담론Discourse Upon Usury》(1572)에서 고리대금업자를 "만족을 모르는 악마, 사나운 바다, 으르렁거리는 개, 앞을 보지 못하는 두더지, 독거미, 바닥이 없는 자루"에 비유했는데, 악마는 이러한 괴물의 모습으로 나타나기 때문이다.[46] 윌슨은 고리대금이 살인·간통·절도만큼이나 심각한 사건이라고 말했다. 고리대금업자들은 결국 왕국 전체를 집어삼키므로 당연히 죽음으로 처벌해야 한다. 당시에도 윌슨의 생각은 낡아빠진 것이었다. 그가 《고리대금 담론》을 집필하고 출판하는 사이, 영국에서 고리대금은 (1571년 엘리자베스 여왕의 법령에 따라) 합법화되었다.

그런데도 윌슨은 시간에 걸친 대출이라는 문제를 계속해서 꺼냈다.

마리아님, 사람이 시간을 파는 것, 날·달·해가 지났다고 그만큼 이익을 얻는 것, 하느님이 우리에게 공짜로 주신 해를 기준으로 이익을 얻는 것, 그리고 대출이라는 행위로 돈을 버는 것, 제가 말하건대 이것들은 신과 인간이 보기에 가장 가증스러운 짓입니다.

윌슨과 코범 주교 사이의 차이는 엘리자베스 시대 사람이었던 윌슨은 동시대인들이 이미 시간에 가치를 둔다는 사실을 알았다는 것이다. 그는 "사람들은 시간이 소중하다고 말한다. 시간이 값비싼 대가를 치르게 만들어서 그럴 수도 있고, 고리대금업자로서 자신에게 많은 것을 가져다주기에 소중할 수도 있다"라고 말했다.

계속해서 윌슨은 "고리대금은 시간의 가격이라고들 말한다. 혹은 돈 쓰기를 미루거나 참은 대가라고도 한다"라며 이자를 새롭게 정의한다. 이자는 오랫동안 여러 가지 방식으로 설명되었으며, 흔히 '돈의 가격'이라고 했다. 하지만 윌슨은 이자를 '시간의 가격'이라고 말했다. 이보다 더 좋은 정의는 없다.

가톨릭과 개신교 모두 이자는 차입자의 성공과 이익에 대한 대출자의 지분이라고 인정했지만, 고리대금은 가난한 사람들에 대한 강탈이었다.[47] 1571년 엘리자베스 여왕 시대에 이자 대출은 합법화되었고, 최고 이자율은 10%로 못 박혔다. 1571년 법은 이자와 고리대금을 구분했다. 당시 한 메모에는 "고리는 그 자체로 불평등과 비자연적인 거래이며, 진정한 이자는 형평성과 자연적인 거래를 준수한다."[48]라고 쓰여 있다. 오늘날에도 여전히 같은 구별을 한다.

수 세기 동안 고리라는 절대로 꺾을 수 없던 관행에 양보가 거듭되며, 이자는 이익에 대한 공정한 몫이라는 고전 경제학적 견해의 근거가 만들어졌다. 흄은 〈이자론〉에서 "높은 이자를 받을 수 있는데도 낮은 이익을 거두려는 사람은 없다. 마찬가지로 높은 이익을 거둘 수 있는 곳에서 낮은 이자를 받으려는 사람도 없다"라고 썼다. 흄의 친구이자 동료였던 스미스는 이자를 단순한 '파생 수익'으로 간주했고, 이익의 대략 절반 수준이라고 추정했다. 그는 "이자는 자본 이익과 항상 보조를 맞춘다"라고 말하면서도, 이 진술에 대한 어떠한 증거도 제시하지 않았다.*

근대로 넘어오면서 고리대금업자의 탐욕은 주식이나 지분 같은 더 넓고 추상적인 이자로 대체되었다. 이 새로운 이자 개념은 윤리적 관점에서도 광범위했다. 그 개념은 "자기중심적인 협소한 관점에서 자기희생적이며 이타적인 데까지, 신중하게 계산된 것에서부터 열정적인 강박에 이르기까지, 인간 행동의 모든 범위를 포괄한다."[49] 17세기 영국의 정치가이자 철학자인 섀프츠베리Shaftesbury 경은 이 새로운 사

---

* Adam Smith, 《The Wealth of Nation》[1776] (London: 1875), p.44, p.285도 보라. "돈을 이용해 큰 거래를 할 수 있다면, 당연히 그 돈의 사용에 높은 가치가 부여될 것이라고 말할 수 있다 (…) 일반적인 시장 이자율은 나라마다 다르기에, 일반적인 자본 이익과 이자도 함께 달라져야 한다. 이익이 높으면 이자도 높고, 이익이 낮으면 이자도 낮아야 한다."

고를 다음과 같이 요약했다. "이자는 세계를 지배한다."[50]

버나드 맨더빌Bernard Mandeville은 《꿀벌의 우화The Fable of the Bees》 (1714)에서 근대의 핵심적인 역설, 즉 사적 악덕이 공공의 이익을 가져온다는 사실을 드러냈다. 스미스는 맨더빌의 재치 있는 통찰을 자신의 정치경제학에 접목했다. 그는 《국부론》에서 개인이 "자신의 이익을 추구함으로써 의도했던 것보다 더욱 효과적으로 사회의 이익을 촉진한다"라고 기술했다.[51] 또 다른 유명한 구절에서는 "정육점 주인, 양조장 주인, 또는 빵집 주인의 선의에서 우리의 저녁이 나오는 것이 아니다. 우리가 저녁을 먹는 것은 그들이 자신의 이익을 추구하기 때문이다"라고 썼다.

자본주의 정신은 호혜적 자기 이익이라는 결합을 통해 대출자와 차입자를 연결하는 신용 네트워크를 타고 퍼져나갔다.[52] 소설가 대니얼 디포Daniel Defoe는 신용을 자본과 동의어인 'Stock'이라 불렀고, 그와 동시대를 살던 프랑스인들은 지분을 갖는다는 의미에서 자본을 'interest'라 칭했다.* 기술적인 의미에서 자본은 현재 가치로 할인된 미래 소득의 흐름이다. 따라서 이자 없이는 자본도 없다. 자본 없이는 자본주의도 없다. 스미스와 동시대인이었던 튀르고는 이를 잘 이해했다. 그는 "자본 대출자는 부를 생산하는 데 절대적으로 필요하기에 가격을 지나치게 낮게 책정할 수 없는 상품을 거래하는 사람으로 간주해야 한다"라고 말했다.[53] (튀르고는 과장하고 있다. 이자는 얼마든지 낮게

---

* Henri Eugene Sée, 《Modern Capitalism》(Newyork: 1928), p.25 참조. 세에 따르면 "17세기에 현대적인 자본의 의미는 principal(지금의 원금―옮긴이)이나 interest(지금의 이자―옮긴이) 같은 낱말로 표현되었다. 예를 들어 다음과 같은 식이었다. '사업에서 5,000리브르를 interest로 벌다.' 18세기에 들어서야 비로소 자본이라는 낱말이 현재의 의미를 띠기 시작했다."

책정할 수 있기 때문이다. 앞으로 보겠지만, '너무 낮게 책정한' 이자는 수많은 악의 근원이다.)

프랭클린은 "시간은 소중하다"라는 윌슨의 주장을 적절하게 전유하여《젊은 상인에게 보내는 편지》에서 젊은이에게 자본주의적인 노력에 박차를 가하라는 권유로 사용했다. 마침내 피를 빨아먹는 고리대금업자가 모든 적을 물리친 것이다. 프랑스 역사학자 자크 르 고프Jacques Le Goff에 따르면, "한 경제 체제는 길고도 다양한 장애물이 널린 길을 통과한 다음에야 비로소 다른 경제 체제를 대체한다. 역사는 사람이다. 그리고 자본주의를 이끈 사람들은 고리대금업자들이다. 미래의 상인이자, 시간의 판매자들 말이다."[54]

| 내 손안의 새 |

상업 대출 이자는 대출자의 잠재적 이익으로 정당화할 수 있지만, 소비 대출에 이자가 붙어야 하는 이유까지는 설명할 수 없다. 소비 대출은 본질적으로 비생산적이기 때문이다. 하지만 튀르고에게는 답이 있었다. 그는 내 손안의 새 한 마리가 덤불에 있는 두 마리보다 가치가 더 크다고 말했다. 이것은 경제학자들이 '시간 선호'라고 부르는 관념으로, 눈앞의 쾌락에 더 높은 가치를 두는 인간 성향을 가리키는 아주 오래된 속담이다. 튀르고는 당장 내 손안에 있는 돈과 미래에 받기로 한 동일 금액의 약속은 가치가 다르다고 보았다. 시간 선호는 아리스토텔레스가 왜 틀렸는지를 설명해준다. 이자란 시간에 따른 화폐 가치의 차이로, 현재 소비가 미래 소비로 교환되는 비율이다. 이자는 돈의 시간적 가치를 나타낸다.

현대 행동 연구는 튀르고의 주장을 뒷받침해준다. 1960년대 후반, 스탠퍼드대학교 심리학자 월터 미셸Walter Mischel은 지연된 만족을 주제로 한 유명한 실험을 했다. 통제된 조건에서 피험자 아이들은 곧바로 하나의 보상을 받거나 25분을 기다려 두 배의 보상을 받는 것 중 하나를 선택할 수 있다. 원래 '지연되지만, 더 가치 있는 보상 패러다임을 위해 취학 전 아동이 스스로 부과한 즉각적 만족의 지연'이라는 길고 긴 제목이었던 이 연구는 보상의 이름을 따서 '마시멜로 테스트'로 널리 알려졌다.[55] 피험자였던 아이들 600명 중 3분의 1만이 만족을 지연시켜 마시멜로를 추가로 받았다.

마시멜로 테스트는 인간, 적어도 취학 전 아이들은 그다지 참을성이 없다는 사실을 보여준다. 그들은 양의 '시간 선호positive time preference'를 보인다. 보너스 마시멜로는 일종의 이자다. 사람들이 미래의 만족보다 현재의 충족을 선호하는 이유는 다양하다. 미셸을 포함한 아동 발달 심리학자들은 조바심을 뇌의 변연계를 활성화하는 어릴 적 스트레스 탓으로 돌린다.[56] 경제학자들의 설명은 좀 더 평범하다. 삶이 고약하고 야만적이며 짧다는 점을 생각하면, 즉각적 쾌락 지연에 대한 어느 정도의 보상은 당연하다. 또 인간이 선천적으로 근시안적이어서 미래 욕구를 과소평가하기 때문일 수도 있다. 다른 설명도 있다. 경기가 꾸준히 좋아질 때, 사람들은 시간이 지날수록 더 부유해지리라고 예측한다. 미래 소득은 당연히 현재 소득을 초과할 테니 사람들은 현재 소득에 더 가치를 부여하게 된다.

시간 선호는 무한히 다양하다. 뵘바베르크가 믿었던 것처럼 한 나라의 도덕적·지적 자질을 반영할 수도 있다. 그 자질은 절약과 근면성에 반영된다. 절박한 상황 역시 중요해서 배고픈 사람이라면 6개월 뒤의 한 끼보다 오늘 한 끼에 더 높은 가치를 둔다. 연령 역시 시간 선호에 영향을 미친다. 젊은이들은 조급하고 돈에 쪼들리는 경우가 많다. 따라서 당장 소비하고 나중에 상환하려고 대출을 받기도 한다. 경제학자들은 이를 '이익유연화income-smoothing'라고 부른다. 이자율은 사람들의 시간 선호도를 반영한다. 노인들의 소득은 증가하지 않기 때문에 시간 선호도가 낮고, 이자를 내며 돈을 빌리는 일을 내켜 하지 않는다. 따라서 고령화 국가는 금리가 하락하는 경향을 보인다. 최소한 일본의 경험은 그렇다. 일본은 1990년대 중반 노동인구가 감소하기 시작한 후 국내 금리가 제로로 떨어졌고, 나중에는 마이너스로까지 돌아서기도 했다.

시간 선호를 지지하는 사람들은 시간 선호가 보편적으로 유효하고 모든 것을 설명할 수 있는 현상이라고 본다. 피셔는 조급함(즉, 양의 시간 선호)이 '인간의 근본적인 속성'이라고 주장했다. 뵘바베르크의 제자인 루드비히 폰 미제스Ludwig von Mises는 "시간 선호(따라서 이자)는 모든 인간 행동에 내재해 있다"라고 믿었다.[57] 피셔는 미제스와 공통점이 거의 없었지만, 이 점에서만큼은 생각이 같았다. 그는 이자는 "모든 구매와 판매, 즉 현재와 미래에 관련된 모든 상거래와 인간 행동에 내재되어 있다"라고 말했다.[58] 미제스는 따라서 이자 폐지는 불가능할 것이라고 주장했다. 그의 미국인 제자 머리 로스바드Murray Rothbard는 "미래의 만족은 언제나 현재의 만족과 비교되어 값이 깎인다"라고 주장했다.[59] 이 말이 사실이라면 이자율은 언제나 플러스여야 하고, 마이너스 이자율은 부자연스럽다. "시간은 소중하다"라는 월슨의 통찰은 이자의 다양한 정의에 포함되어 있다. 튀르고는 이자를 "특정 양의 가치를 특정 시간 동안 사용한 가격"으로 정의했다.[60] 벤담은《고리대금 변호론Defence of Usury》(1787)에 "이자를 대가로 돈을 내놓는 것은 현재의 돈을 미래의 돈과 교환하는 것"이라고 썼다.[61] 튀르고처럼 자국에서 재무상을 역임한 뵘바베르크는 "현재 상품과 미래 상품 사이 가치의 자연적 차이가 (…) 모든 이자가 나오는 분수령이다"라고 썼다.[62] 피셔는 이자를 "미래를 현재로 바꾸는 시간 가치 평가의 기본 문제"로 보았다.[63] 이 예일학교 경제학자는 "이자는 인간의 조급함이 시장 이율로 결정화된 것이다"라고 주장했다.[64] 피셔와 동시대 미국 경제학자인 프랭크 페터Frank Fetter는 "사람들이 다른 시점에서 이용할 수 있는 상품 추정치에서 시간에 따른 차이가 없다면, 이자란 생각할 수도 없을 것이다"라고 주장했다.[65]

시간 선호는 소비 대출 이자는 물론, 소위 '고리대금'이 반드시 불공정하지만은 않은 이유를 설명해준다. 주말에 25달러를 상환한다는 조건으로 급여일 대출을 이용해 20달러를 대출하면 연간 이자율은 매우 높겠지만, 차입자에게는 그날 밤 즐기는 맥주 한 잔과 푸짐한 식사가 훨씬 더 중요할 수도 있다. 시간 선호는 또 투자자들이 자신의 자본 수익을 얼마나 기다릴 수 있는가도 규정한다. 19세기 초 스코틀랜드에서 그다지 유명하지 않았던 한 경제학자 존 래John Rae는 투자와 시간 선호 사이의 연관성을 처음으로 제시하여 뵘바베르크와 피셔의 찬사를 받았다. 래에 따르면 자본 형성이란 "더 큰 미래재future good 생산을 위한 더 작은 현재재present good의 희생을 의미한다."[66]

| 돈의 시간 가치 |

돈의 시간 가치인 이자는 가치 평가의 핵심이다. 18세기 초, 재기 넘치는 스코틀랜드인 존 로John Law는 "미래에 받을 돈의 가치는 항상 낮게 평가된다. 지금 받는 100파운드가 앞으로 100년 동안 연간 10파운드씩 받을 1,000파운드보다 가치가 크다"라고 말했다.[67] 이자는 주식, 채권, 건물 혹은 다른 기본재산income-producing assets에서 발생하는 미래 현금 흐름의 가치를 깎음으로써 미래의 현금에 지금만큼의 가치를 부여한다.

자본 가치와 이자는 반비례한다. 높은 할인율 또는 '투자' 금리는 낮은 자본 가치를 생산하며, 그 역도 마찬가지다. 1621년에 발행된 익명의 소책자에는 "토지와 돈은 항상 균형을 이룬다. 돈이 비싸지면 땅은 싸지고, 땅이 싸지면 돈은 비싸진다"라고 주장했다.[68] 그로부터 50년 후 윌리엄 페티William Petty 경은 이자가 없다면 1에이커의 땅에 가격을 매기는 일은 불가능할 것이라고 말했다. 페티는 미래의 임대료는 올해 임대료보다 가치가 작아야 한다고 했다. 그렇지 않다면 "땅 1에이커는 같은 땅 1,000에이커와 가치가 같을 것이다. 터무니없는 계산이다. 한 단위의 무한이 천의 무한과 같다는 말이나 다름없기 때문이다"라고 했다.* 다음 세기에 애덤 스미스는 토지 가격이 어떻게 시장 금리에 따라 변동하는지를 설명했다. 스미스는《국부론》에서 최근

---

* Lionel Robbins,《A History of Economic Thought》(Princeton: 1998), p.54. 미제스 역시 〈인간 행동: 이자율Human Action: The Rate of Interest〉에서 "이자를 '폐지'하고 싶다면, 사람들이 현재의 사과보다 100년 후 이용하게 될 사과를 더 가치 있게 여기도록 유도해야 할 것이다"라고 유사한 주장을 펼쳤다.

수십 년간 금리가 떨어지면서 땅값이 올랐다고 언급했다.

예를 들어, 완벽한 인프라를 갖춘 새 공장을 짓기 위한 투자는 투자자들에게 현재의 소비를 희생하라고 요구한다. 궁극적인 이익이 발생하기까지 시간이 걸리기 때문이다. 이론적으로 투자는 수익률이 투자자들의 시간 선호와 최소한 같을 때야 이루어질 수 있다. 래는 한 집단의 자본 투자 결정은 "구성원들이 현재 가진 재화의 두 배를 소유할 목적으로 그 재화를 언제까지 포기할 수 있느냐에 따라 결정된다"라고 주장했다.[69] 즉, 미래에 마시멜로 두 개를 먹기 위해 마시멜로를 먹지 않고 얼마나 견딜 수 있는가?

후대 학자들은 래의 통찰을 경제학의 기반으로 받아들였다. 빅토리아 시대, 윌리엄 제번스William S. Jevons는 기업은 투자에 대한 한계 수익이 이자율과 같을 정도까지만 돈을 빌릴 것이라고 주장했다.[70] 그는 생산 기간에 시간을 더하면 이를 구할 수 있다고 생각했다. 뵘바베르크의 생각도 비슷했다. 그는 이자율 하락은 더 많은 '우회적'(시간 소모적인) 생산 방식으로 이어질 것이라고 주장했다. 현대의 통화 경제학자들 역시 시간 선호를 자기 모델에 기본으로 장착하고 있다. 이러한 모델들은 지배적인 이자율이 사회의 시간 선호를 반영한다고 낙관적으로 가정한다.

하지만 만일 그렇지 않다면 어떻게 될까? 이 문제는 프리드리히 하이에크Friedrich Hayek, 미제스, 슘페터를 포함한 뵘바베르크 제자들의 관심사였다. 하이에크가 보기에 "모든 경제 활동은 시간을 거쳐 이루어진다."는 명제는 공리와도 같지만 너무 자주 간과되었다.[71] 그는 금리가 하락할 때 기업들은 더 먼 미래의 성과를 약속하는 프로젝트에 투자하는 경향이 있다고 말했다. 하이에크의 말을 빌리자면 '생산 구조'가 길어지는 것이다. 금리가 자연 수준 이하로 유지되면 잘못된 투자가 발생한다. 생산에 지나치게 많은 시간이 사용되기 때문이다. 즉, 투자 수익이 초기 지출에 미치지 못한다. 오스트리아학파가 대중화한 용어인 '과오투자Malinvestment'는 다양한 형태로 등장한다. 예를 들어, 해저 터널 건설이나 이윤이 창출되지 않는 터무니없는 기술 계획처럼 돈만 드는 프로젝트가 여기에 포함된다.

금리가 사회의 시간 선호 아래로 떨어질 때는 소비자 행동도 영향을 받는다. 값싼 신용은 과도한 가계 부채를 초래할 수 있다. 사람들은 계속해서 돈을 빌려 소비하지만, 미래가 도래하면 찬장은 텅 비어 있다. 하이에크는 광범위한 과오투자 기간들이 결국 경제 위기를 불러일으킨다고 생각했다. 2008년 금융위기로 이어진 여러 사건이 보여주었듯이 과도한 소비자 부채는 과오투자만큼 재앙으로 끝날 수 있다.

21세기 초저금리의 의도치 않은 결과는 이 책 후반부에서 자세히 논의하겠다. 하지만 유럽에서 가장 뛰어난 지성 중 한 사람은 17세기 후반에 이미 바로 그 문제를 고민하고 있었다. 금리를 억지로 자연 수준 아래로 끌어내리면 어떤 문제가 생길까 하는 고민이다. 다음 장에서 살펴보기로 하자.

3장

금리 인하

> 높은 이자와 낮은 이자 중 어떤 것이 국가적으로 이득 또는 해악인가 하는 문제는 역사상 대부분의 시대와 문명에서 학식 있고 현명한 자들이 논의해온 유서 깊은 주제다.
>
> – 조시아 차일드 Josiah Child 경, 1681

1660년대 영국에는 큰 재난 두 건과 작은 재난 한 건이 있었다. 1664년 12월, 런던 부두와 세인트 자일스 교구에서 흑사병이 발생했다. 이 런던 대역병으로 1년 반 만에 10만 명 이상이 사망했다. 런던 인구 약 4분의 1에 해당하는 수였다. 전염병이 잠잠해지던 1666년 9월 2일에는 푸딩 레인의 한 제과점에서 발생한 화재가 크게 번졌다. 런던 대화재는 이 중세 도시를 처참하게 파괴했다. 수많은 사람이 주거지를 잃었다. 이듬해 6월에는 네덜란드 함대가 영국 해군 모항 메드웨이를 기습해 정박해 있던 배들을 불태우고 귀중품을 약탈했다. 엎친 데 덮친 격으로 국왕 찰스 2세는 국가 재정을 낭비했다. 결국 1672년 영국 국가 부채의 마지막 채무불이행 기록인 '재무장관의 지불정지Great Stop of the Exchequer'가 선언되었다. 이러한 재앙들은 '국가의 상거래 전체가 무기한 중단되는 사태'를 야기했다.[1] 상원은 '왕국 내 임대료 하락과 상거래 쇠퇴를 초래한 원인과 근거를 추측'하는 위원회를 만들었다.

당시 이미 상인 자질을 보이던 (그리고 후에는 동인도 회사의 총독이 된) 조시아 차일드 경은 잉글랜드의 문제를 확실히 해결해줄 묘안을 제시했다. 차일드는 차입 비용 절감을 제안하며 '금리 인하가 상거래 증가와 영국 토지 가치 상승에 효과가 있을 것'이라고 말했다. 이 사업가는 이 생각을《무역과 화폐 이자에 관한 간단한 관찰Brief Observations Concerning Trade and the Interest of Money》(1668)이라는 책에 요약했는데, 이 책은 17세기에 발간된 경제학 저서 중에 인기가 꽤 높았다.

차일드가 독창적이라는 뜻은 아니다. 그는 낮은 이자를 주장했던 몇몇 작가들의 말을 거의 그대로 옮겼다. 1571년, 엘리자베스 1세가 이자를 합법화한 후 이자에 대한 논쟁은 고리대금의 부당성 문제에서 지나치게 높은 이자율의 폐해로 옮겨갔다. 이 논쟁의 초기, 가장 저명했던 비평가 중 한 명이 철학자이자 정치가였던 프랜시스 베이컨이었다. 1612년 베이컨은 〈고리대금〉이라는 논문을 발표했다. 여기서 그는 돈을 빌리려면 어느 정도 수수료가 불가피하다는 점은 인정했다. "그는 차입과 대출은 있어야 하고, 냉혹한 사람들이 돈을 무상으로 빌려주지 않기 때문에 고리대가 허용되어야 한다"라고 말했다. 하지만 다음과 같은 '고리의 불편함'을 지적했다.

첫째, 고리로 인해 상인의 수가 줄어든다. (…) 둘째, 상인들이 가난해진다. (…) 셋째는 세관의 부패다. (…) 넷째, 한 영토나 국가의 보물을 소수의 손에 안긴다. 부의 분포가 균등할수록 국가는 더 번영한다. (…). 다섯째, 토지 가격을 낮춘다. (…) 여섯째, 온갖 산업, 개선, 그리고 새로운 발명을 무디고 약하게 만든다. (…) 마지막으로, 많은 사람의 재산을 병들게 하고 파탄에 이르게 만든다. 시간이 지날수록 고리는 공중의 빈곤을 낳는다.

젊었을 때부터 빚이 있었고 미납으로 체포까지 되었던 베이컨은 이자를 통해 '주택담보대출이 오래된 부동산들을 어떻게 다 먹어 치웠는지' 경험으로 알고 있었다. 그는 '상업의 안정과 생활에 꼭 필요한 진보를 이룰 만큼의 유인'을 제공할 정도까지 이자율을 낮춰야 한다고 권고했다.[2]

높은 이자가 상거래를 침체시키고 세금 징수를 줄이고 불평등을 조장하며 게으름을 장려하고 무엇보다 땅값을 낮추는 역할을 한다는 말은 17세기 내내 여러 사람이 거의 토씨 하나 바꾸지 않고 반복했다. 베이컨의 뒤를 이어 하원의원 토머스 컬페퍼Thomas Culpeper 경은 의회를 설득해 최고 이자율을 8%로 낮추는 데 성공했다. 그는 〈고리대금 반대Tract Against Usuary〉(1621)라는 소책자에서 다시 한번 이자는 근면에 부과하는 세금이자 나태한 자에게 돈을 가져다주는 짓이라고 주장했다. 차일드는 더 거창하게 이자는 "게으름이 근면의 젖을 빨아 먹는 일을 묵인한다"라는 표현까지 썼다.[3]

낮은 이자율을 옹호하는 아버지의 유지를 이어받은 아들 토머스 컬페퍼 경은 이자 감면이 '죽어가는 제조업을 되살릴 것'이라고 주장했다. 지주 계급이었던 컬페퍼 부자의 주요 관심사는 토지 가격과 이자 비용의 관계였다. 아버지 컬페퍼는 "높은 고리대로 인해 토지가 지나치게 싸게 팔린다"라고 개탄했다.[4] 그는 이자율 인하가 농업 발전에 도움이 되리라고 생각했다. 그렇게 되면 지주들의 부채 부담이 줄면서 "귀족과 젠트리 계급(gentry class, 장남이 아니어서 부모의 재산을 거의 물려받지 못하고, 토지와 주택 일부만을 물려받은 계급—옮긴이)은 금방 부채에서 벗어날 수 있을 것이다."[5] 아들 컬페퍼는 저금리가 다음과 같이 놀라운 효과를 낳으리라고 생각했다.

왕은 관세를 많이 받는다. 왕국에는 비옥한 땅이 늘어난다. 귀족과 젠트리는 속박과 빚에서 해방된다. 상인은 상거래를 지속해 번영한다. 무역과 상업을 처음 시작하는 젊은 초심자는 노동의 결실을 맺는다. 노동자들은 빠르게 고용된다.[6]

│ 차일드의 연극 │

베이컨과 컬페퍼 부자가 빚에 허덕이는 귀족 계급을 대변해 낮은 이자율을 옹호했다면, 상인 계급을 대변해 낮은 이자율을 주장한 인물은 바로 차일드였다. 1624년 아버지 컬페퍼의 로비 결과 최고 이자율은 10%에서 8%로, 1651년에는 다시 6%로 낮아졌다. 차일드는 1668년 봉건영주들에게 4%까지 추가 삭감을 요구하는 탄원서를 제출했다. 그의 주장은 동시대에 열린 잉글랜드 은행 금융정책위원회에서 그다지 무리한 요구도 아니었다.

이자 감면은 확실히 그리고 필연적으로 산업과 농업을 발전시킬 것이다. 상인들과 상업 자본도 확실히 늘릴 것이고, 결과적으로 자신의 자본을 다른 사람에게 빌려주는 장사꾼의 이득은 더 줄어들 것이다.[7]

차일드는 이자율 인하에 따라 왕국의 실질적인 부가 증대될 것이며, 구체적으로 20년 이내에 국가 자본이 두 배가 될 것으로 예상했다. 그는 또 이자율 인하의 부차적 효과로 게으름과 사치의 기세는 꺾이고, 국제 상거래 개선으로 출산과 이민은 장려될 것이라고 보았다.[8]

중세 후기 유럽 금리가 하락하면서 자본 축적이 촉진되자 금리는 더 낮아졌다. 은행 업무가 확장되며 화폐는 더 많이 유통되었고, 금리를 더 낮추라는 압력이 생겨났다. 1600년까지 제노바 대출 금리는 3% 아래로 떨어졌다. 네덜란드 공화국도 비슷한 횡재를 누렸다. 네덜란드인들은 검소하고 근면했다. 그들의 공화국은 사치스러운 궁정을 지지하지 않았고 공공 부채는 도시와 지방 정부의 신용을 통해 '조달'되었다. 17세기 말 암스테르담의 대출 비용은 1.75%에 불과했다. 북유럽에서 가장 낮은 수준이었다.

당시 영국의 수많은 '돈깨나 있는 집안 출신'들과 마찬가지로 차일드 역시 암스테르담에서 3%의 이자로 돈을 빌려 런던에서 6%로 대출해주는 상인들을 부러워했다.[9] 그는 네덜란드의 이지 머니야말로 '그들이 누리는 부의 원인 가운데 근본적인 원인'이라고 믿었다.[10] 따라서 차일드는 잉글랜드가 네덜란드와 경쟁하려면 법정 금리 인하가 필요하다고 주장했다. 그는 '금리 인하로 부가 증대되고 이로써 금리가 추가 인하되는' 저금리의 선순환을 상상했다.* 차일드는 당시 수많은 경제 평론가처럼 '대출자를 엄청난 부자로 만드는' 복리의 부당성

---

* 《이자의 본질과 필요성The Nature and Necessity of Interest》에서 카셀은 차일드의 발언을 '명백한 부조리'라고 부른다.

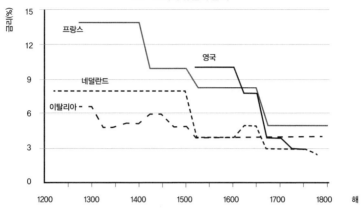

13~18세기 유럽의 금리

프랑스

네덜란드

영국

이탈리아 -

높은 저축률과 금융 시스템의 발달로 네덜란드 공화국은 17세기 말 유럽에서 가장 낮은 금리를 유지했다.

에 주목했다. 이자 감면은 부를 더 널리 퍼뜨리는 '확산 원리'를 낳을 것이다.**11** 하지만 차일드는 가난한 사람들의 옹호자라는 역할에는 걸맞지 않았다. 영국에서 그보다 더 '거부'라고 불릴 수 있는 사람은 손에 꼽힐 정도였다. 일기작가 존 에블린John Evelyn에 따르면 차일드는 '가장 추악하고 탐욕스러운' 상인이었다.**12** 사실, 그의 저금리 옹호는 상당히 자기중심적인 행동이었다. 마치 기업 인수 합병으로 큰돈을 버는 현대인들처럼 그는 부채를 이용해 자신이 곧 총독이 될 동인도 회사의 지배권을 유지했다. 회사의 이익과 차입 비용의 차이가 크면 클수록 그의 개인적 이익은 더 커졌다.*

---

* 비판하는 사람들이 지적했듯이 동인도 회사 이사회는 추가 주식 발행을 거부하고, 단기 차입 자본 거래로 수익을 극대화했다. 자기 자본을 더 투자하지 않고도 채권에 지급하는 이자와 거래의 순이익 차이에서 이익이 발생했기 때문이다. 그러나 1683년 운전자본 부족으로 일시적인 재정 위기가 초래되었다. 주식 가치는 떨어졌고, 회사는 자본 유치를 위해 채권 이자율을 5%로 올려야 했다.(《옥스퍼드 영국 인명사전》 조시아 차일드 항목에서 발췌.)

차일드는 당시 '명예로운 회사'라고 알려졌던 동인도 회사를 경쟁에서 보호하기 위해 의원들에게 뇌물을 뿌렸던 무역 독점 옹호자이기도 했다. 동시대 사람들도 그가 사익을 추구한다는 걸 잘 알았다. 한 냉소적인 작가는 금리를 낮추라는 그의 요구에 대해 이렇게 썼다. "자기 무역을 할 수 있을 만큼 돈이 충분한 소수의 부유한 상인들에게 무역을 싹 다 몰아주고 새롭게 시작하는 청년들은 모조리 배제하려는 목적이었다."[13] 차일드의 주장은 독창성이 없고 의심스러우며 이기적이었을지 모르지만, 적어도 이자 부과에 찬성하는 경제 마인드를 가진 작가들을 토론의 장으로 끌어내는 데는 성공했다. 몇몇 작가들은 자본에 대한 이자는 토지 임대료와 비슷하다고 지적했다.[14] 금리가 높을수록 대출의 질이 향상된다는 주장도 있었다. 토머스 맨리Thomas Manley는 〈6% 고리 연구Usury at Six percent Examined〉(1669)라는 제목의 글에서 돈이 가장 적절한 사람에게 가려면 합리적인 수준의 대출 수수료가 필요하다고 주장했다. 익명으로 발표된 이 글에서 그는 "서툰 사람들이 상업을 관리할 때, 숙련 무역업자가 가만히 있는 것보다 돈을 빌려 사용하는 편이 대중에게도 좋다"라고 말했다.[15] 금리 인하는 채권자의 돈을 훔쳐다가 차입자에게 갖다 바치는 짓이라는 주장도 덧붙였다.

강제적인 금리 인하는 돈을 쌓아두도록 장려할 뿐이라는 인식은 대체로 공유되고 있었다. 더들리 노스Dudley North 경은 이미 케인스의 이자 이론에 앞서 이렇게 썼다. "높은 이자는 쌓아둔 돈과 금·은 등을 무역으로 끌어낼 것이다. 반면 낮은 이자는 돈을 다시 원래대로 돌려보낼 것이다. (…) 금리를 내리면 돈이 해외로 유출되는 것을 막을 수 있을 것이다. 반드시 그럴 것이다. 반대로 높은 이자는 분명 돈을 유출할 것이다."**16** 〈J.C.에 대한 간략한 논평Brief Observations of J.C.〉이라는 글의 저자(H.R.이라고만 알려져 있는 경제평론가이다. 여기서 J.C.는 물론 조 시아 차일드를 가리킨다―옮긴이)는 금리를 오히려 높여야만 대출이 장 려되어 무역이 자극을 받으리라 생각했다. "신용이 대화의 원동력이 듯 (…) 고리대금업자야말로 신용의 근원이다."**17**

| 로크의 생각 |

법정 최고금리를 둘러싼 논란은 1690년대 초 다시 불거졌다. 다시 한번 교역 조건은 끔찍한 상태였다. 영국은 연이은 흉작에 시달리고 있었고, 토지 소유자들은 빚을 산더미처럼 졌으며, 양모 산업은 침체 했다. 은행가들은 1672년 찰스 2세의 파산에서 여전히 회복하지 못 했다. 프랑스 왕 루이 14세와 전쟁을 치르기 시작하면서 무역은 더욱 어려워졌고, 깎인 동전 같은 위조화폐가 광범위하게 유통되면서 통 화 위기도 찾아왔다. 금리는 오르고 있었다. 바로 이때 차일드는《무 역론Discourse on Trade》개정판을 내며, 이제는 누구에게나 익숙해진 주 장을 폈다. 그리고 1691년, 법정 최고금리를 4%로 낮추자는 법안을 하원에 제출했다.

그보다 20여 년 먼저 로크가 금리를 주제로 글을 썼지만 출판하 지는 않았다. 막 네덜란드 망명을 마치고 돌아온 이 자유주의 철학 자는《금리 인하와 화폐 가치 인상의 결과에 대한 몇 가지 고찰Some Considerations of the Consequences of the Lowering of Interest and the Raising of the Value of Money》(1692)이라는 긴 제목의 글에서 자신의 주장을 개진했다.

차일드와 달리 로크는 차입 비용을 강제로 인하할 때 발생하는 단점이 많다고 보았다. 우선은 얻는 자와 잃는 자가 있을 것이다.

> 과부, 고아, 그리고 자산을 돈으로 가지고 있는 모든 사람은 (이자율 인하로) 손실을 볼 것이다. 따라서 많은 인민이 매우 힘들어질 것이다. 국가는 무고한 다수의 인민을 그렇게 단번에 벌하듯 빈곤으로 내몰 것인지에 관한 문제를 지혜롭게 고려해야 한다.[18]

얻는 자들에게 그럴 만한 자격이 있는 것도 아니었다. 로크는 이자율을 낮추면 "자연적이고 진정한 가치에 따라 돈을 대출하는 기술에 숙련된 (…) 은행가와 서기관, 그 밖의 전문 중개인 들의 이익이 매우 증가할 것"이라고 생각했다.[19]

또한 로크는 은행가들이 저금리로 얻은 혜택을 사회에 나누지 않고 자기 주머니에 챙길 것이라고 믿었다. 차일드와 같은 빚진 사업가들도 이익을 볼 것이다. (로크는 그의 이름을 언급하지는 않았다.) 로크는 "돈을 빌리는 상인도 이익을 볼 것이다. 4%로 빌려 12%의 수익을 낸다면, 돈을 갚고도 8%를 챙길 수 있기 때문이다"라고 썼다.[20]

로크는 금리 인하가 대출 수요를 증가시킬 것을 우려했다. "모든 사람이 대출을 받겠다고 나서고, 다른 사람의 돈을 자신에게 유리하게 사용하고 싶어 할 수 있다"라는 걱정이었다. 이는 "이미 많은 차입자의 수를 더욱 배가시킬 것이 확실하므로" 바람직하지 않다.[21] 그는 금리를 인하해서 무책임한 차입자들을 구제해야 하는 이유도 이해하지 못했다. 또 금리 인하가 무역에 도움이 되리라고 생각하지도 않았다. 오히려 금리를 인하하면 '이윤보다 리스크가 클 수도 있다는 두려움으로 대출이 중단될 것'이다. 돈의 순환은 느려지고, 비축량은 늘어날 것이다. '왜냐하면 은행가들은 (…) 낮은 금리로 지금 대출하느니 금리가 높아질 때까지 돈을 가만히 쌓아두는 데 만족할 것'이기 때문이다. 돈이 유통되지 않는다면, 돈의 가치는 다른 상품에 비해 높아질 것이다(즉, 디플레이션이 일어날 것이다).*

로크와 동시대의 사람들은 대체로 금리 인하가 토지 가치를 높일 것이라고 믿었다. 로크는 생각이 달랐다. 그는 땅값에 영향을 미치는 요소는 다양하다고 보았고, 땅값이 오르더라도 금리 인하는 단지 '돈의 분배를 좀 바꾸는 것'이므로 국가적으로 이익이 없다고 생각했다. 금리가 내려가면 (땅값이 올라) 땅을 파는 사람들은 더 많은 돈을 받겠지만 구매자들은 그만큼 더 많은 돈을 지불해야 하기 때문이다.[22] 로크는 금리 인하는 돈을 도시 은행가들의 손에 쥐여줄 것이며, 영국에서 런던 집값만 오르는 결과를 낳으리라 우려했다.[23]

차일드는 네덜란드 부의 원인이 저금리라고 주장하며 본말을 전도했다. 로크는 "네덜란드의 이자가 낮은 것은 법의 효과가 아니라 (…) 준비된 돈이 많았기 때문이다. 스코틀랜드인들이 가난한 이유가 높은 이자 때문이 아니라 가난했기에 높은 이자를 낼 수밖에 없던 것과 마찬가지다"라고 말했다.[24] 네덜란드인들이 번영을 누리며 싸게 차입할 수 있었던 것은 저금리가 부를 낳았기 때문이 아니라 "근면하고

---

* 로크는 "금리를 4%까지 줄여 화폐량이 줄어든다면, 그것으로 돈을 벌 수 있을 것이다. 화폐도 상품의 성격을 띠므로 부족해지면 비싸지기 때문이다"라고 말했다. 《금리 인하와 화폐 가치 인상의 결과에 대한 몇 가지 고찰》(런던: 1691), 《On Money》 vol.1(Oxford: 1991), p.257.

검소한 민족성으로 더 싼 보수를 받으며 일하고, 이웃끼리 적은 이익으로 물건을 파는 데 만족하며 거래하기 때문"이라는 것이다.

로크는 또 영국 무역이 엘리자베스 여왕 통치 기간에 번창했다고 지적했다. 당시 금리는 10%였다.

> 높은 *금리*가 번영의 원인이라고 말하는 게 아니다. 오히려 무역이 번창해 모든 사람이 수익성 좋은 상업에 돈을 쓰고 싶어 하는 것, 그것이 금리가 높은 원인이다. 그러나 이러한 생각에서 다음과 같이 추론하는 것이 합리적일 것이다. "*이자*를 낮추는 것은 무역을 활발하게 하고 부를 쌓는 확실한 방법은 아니다."[25]

요컨대 금리만 낮추면 영국이 다시 번성할 것이라는 차일드의 주장은 터무니없다. 로크는 '병든 농업이 우리의 부를 낭비한 상황'에서 단순히 이자율을 줄이는 방법으로 "부를 과거 수준까지 끌어올리기를 바랄 수는 없다"라고 썼다.[26] 정치적인 맥락에서 로크는 이 논쟁에서 승리를 거두었다. 차일드와 그의 동료들은 1660년대와 1690년대 초에 금리 인하 법제화에 실패했다. 그러나 1713년에 법이 개정되며 법정 최고금리는 5%로 고정되었다. 1854년에야 비로소 영국의 고리대금 금지법이 법령집에서 삭제되었다. 당시 재무장관이었던 윌리엄 글래드스턴William Gladstone은 하원에서 "예전에 (고리대금 문제에서) 지배적이었던 미신은 유대교나 이슬람교와 관련된 것이었다"라고 주장했다. 독실한 기독교 신자였던 글래드스턴이 이자와 관련한 기독교적 미신에 대한 언급을 빠뜨렸다니 희한한 일이다.

| 자연 이자율 |

고리대에 반대하는 사람들은 대체로 이자 청구를 부자연스러운 것으로 본다. 아리스토텔레스는 자연은 열매를 맺지만, 돈은 아무것도 낳지 않기 때문에 '돈이 돈을 낳는 것'은 혐오스럽다고 말했다. 현대 사회에서 그런 견해는 불가능하다. 네덜란드의 위대한 법학자 후고 그로티우스Hugo Grotius는 이자 금지는 자연법에서 비롯된 것이 아니라고 주장했다(그러나 성경 말씀이라는 것은 인정했다).**27** 17세기 영국 작가 대부분은 이자를 자연스러운 현상으로 받아들였다. 문제는 이자의 적절한 수준이었다. 베이컨과 그의 추종자들이 지적했듯 금리가 너무 높으면 산업과 무역은 고통을 받는다. 반대로 지나치게 낮으면, 로크가 지적했던 수많은 나쁜 결과가 뒤따를 것이다.

차일드를 비판하는 사람들은 국가가 이자를 통제하려는 어떤 시도도 무익하다고 생각했다. 한 작가가 말했듯이 법으로 차입 비용을 줄이려는 시도는 '자연을 강제'하는 행위나 다름없었다. 페티 경은 이러한 시도를 '자연법칙에 반해 (고리대금) 실정법을 만들려는 오만과 무익함'이라고 일축했다.**28** 영국의 정치 산술政治算術, Political Arithmetic 지지자들 사이에서 이자는 '합의된 기간 동안 자신의 돈을 사용하지 않고 참은 데 대한 보상'이라고 정의되었고, 다른 상품과 마찬가지로 정부의 명령이 아니라 시장에서 구매자와 판매자끼리 결정해야 한다는 공감대가 형성되었다.**29** 노스 경의 말처럼 "국가는 차입자와 대출자가 처한 상황에 따라 스스로 거래하도록 내버려두는 게 최선이다."**30**

로크 역시 같은 생각이었다. 그는 국가가 이자 규제를 시도할 때마다 차입자와 대출자는 법을 회피하려고 할 것이기에 결국 '대출 기술 발전'이라는 결과만을 낳을 것이라고 믿었다. 화폐는 귀금속으로 만들어졌고 일정한 가치를 갖고 있으며 공급은 제한적이었다. 당시에는 실제로 그랬기 때문에 그가 이자 수준이 다른 상품들처럼 수요와 공급에 의해 고정된다고 믿는 것도 당연했다. 하지만 이자의 적절한 수준이란 대체 어느 정도일까? 이 질문은 현재까지도 계속 경제학자들을 괴롭히고 있다. 로크도 이자율 문제가 골칫거리라는 사실을 인정했다.

상황과 돈의 흐름이 계속해서 변하기 때문에 명시 이자율stated interest rate은 결정하기 힘들다. 이자율은 상인과 무역 상인의 이익을 완전히 고 갈시키고 그들의 노력을 위축시킬 정도로 높아서는 안 되지만, 한편으로는 사람들이 돈을 다른 사람의 손에 맡기는 리스크를 감수하지 않을 정도로 낮아서도 안 된다. 이자율이 지나치게 낮아지면 겨우 얼마 안 되는 수익에 목을 매느니 차라리 상거래에 참여하지 않는 편이 낫기 때문이다.[31]

이 글을 쓸 당시 로크는 영국에서 자신이 '돈의 자연 가치'라고 불렀던 자연 이자율이 4% 이상, 6%에 가깝다고 가정했다. 반면 차일드는 4% 미만이어야 한다고 주장했다.

몇 세대가 지난 후, 또 다른 영국인은 이 난제에 더 정확한 의견을 표명했다. 존 마시John Massie는 "자연 이자율은 상거래 이익에 따라 좌우된다"라고 주장했다.[32] 그는 상인 간의 경쟁이 이윤을 감소시키고,

이것이 자연 이자율의 하락으로 이어졌다고 믿었다. 거의 같은 시기, 위대한 철학자이자 경제학자였던 흄은 돈에 본질적인 가치가 있다는 로크의 통념에 이의를 제기했다. 그는 〈이자론〉에서 "돈의 가치란 대체로 허구이며, 많든 적든 중요하지 않다"라고 주장했다. 그는 이어 한 나라의 화폐량이 두 배 늘어나면 물가는 오르겠지만, '상업, 제조업, 항해, 이자 등에 변화는 없을 것'이라고 덧붙였다. 화폐공급이 어떻든 결국 자연 이자율이 지배하게 될 것이라는 이야기였다.

일단 자연 이자율이 (금융과 반대되는) '실물' 요인을 반영한다는 합의가 이루어지자 새로운 문제가 제기되었다. 통화 이자율이 자연 이자율과 차이가 나면 어떻게 되는가?

이 문제는 19세기 초 저명한 은행가였던 헨리 손턴Henry Thornton이 제기했다. 1802년 손턴이 《신용화폐론Enquiry into the Nature and Effects of the Paper Credit》을 출간했을 때, 영국은 프랑스와 전쟁을 벌이고 있었고 영국 중앙은행인 잉글랜드 은행은 지폐의 금화 전환을 중단했다. 경제는 호황이었지만, 고리대금 금지법으로 5% 이상의 금리는 불법이었다. 손턴이 보기에는 '부자연스럽고 비정상적으로 낮은' 수준의 금리였다. 차입자들은 대출을 싸게 받을 수 있었다. 이 신중한 은행가는 "지나치게 많은 것을 요구하는 자들이 자본을 지나치게 싼값에 얻고 있다"라며 개탄했다. 손턴의 말에는 자연 이자율 이하의 신용화폐 제공이 불안정한 금융 호황을 만들었다는 의미가 담겨 있다. 1810년 여름에 런던에서 발생한 심각한 위기는 손턴의 견해를 정당화하는 듯 보였다.[33]

손턴의 시대에서 100년이 지난 후인 20세기 초, 스웨덴 경제학자

크누트 빅셀Knut Wicksell은《이자와 물가Interest and Price》라는 제목의 영향력 있는 저서에서 시장 이자율이 자연 이자율(즉, 실질 자본 수익)과 다를 가능성을 논의했다. 빅셀은 시장 금리와 자연 금리 사이의 불일치는 일반 물가 수준 변화에 따라 드러날 것이라고 결론지었다. 시장 금리가 지나치게 낮으면 인플레이션이 오고, 너무 높으면 디플레이션이 온다는 것이다. 이러한 시각은 21세기 통화 정책 입안자들 사이에서도 지배적인 통념으로 남아 있다(1920년대와 금세기 초 중앙은행 총재들이 보여준 물가 안정에 대한 빅셀과 같은 강박은 이 책의 후반부에서 논의할 것이다).

사실 자연 이자율은 관찰할 수 없는 순수한 추상이다. 빅셀은 이를 어떤 종류의 화폐도 없는 물물교환 세계에서 자본을 빌리는 이율이라고 설명한다.[36] 적어도 로크의 시대에 돈은 희귀 금속으로서의 가치를 가졌다. 그러나 현대사회에서는 은행이 돈을 대량으로 찍어내면서 저축과 대출의 연관성이 더욱 희박해졌다. 1930년대 초 케인스와 그의 케임브리지 동료 피에로 스라파Piero Sraffa는 자연 이자율이 존재할 수 있다는 생각 자체를 부인했다. 그러나 '중립 이자율', '균형 금리', 'r-스타'라고도 불리는 자연 이자율 개념은 경제학자들에게 필수적인 것으로 남아 있다.

확실하지 않아도, 자연 이자율이 지배하는 세상이 있다면 과연 어떤 모습일까 상상해보는 일은 유용하다. 로크의 생각처럼 돈을 다른 상품처럼 시장에서 자유롭게 빌려주고 빌리는 개인들이 정하는 이자율, 사회의 시간 선호를 정확하게 반영하는 이자율, 지나치게 많이 빌리거나 적게 저축하지 않으며 자본을 반드시 효율적으로 사용하게 하고, 토지와 다른 자산에 정확한 가치를 부여하는 이자율, 저축자들에게는 공정한 수익을 제공하고 은행가와 금융계에 보조금을 줘야 할 만큼 낮지도 않으며 차입자들을 고통스럽게 할 만큼 높지도 않은 이자율이 존재하는 세상 말이다.

로크처럼 우리도 자연 이자율의 정확한 수준은 알 수 없지만, 자연 이자율이 부재할 때의 상황만큼은 짐작할 수 있다. 차입 비용이 너무 높으면 기업은 투자를 하지 않을 것이고, 채권자는 채무자를 희생시키며 부당하게 이익을 얻을 것이고, 자본 가치는 떨어지고, 노동자들은 일이 없어지고, 경기는 침체될 것이다. 채권 수익률이 국민 소득 증가율을 훨씬 웃돌면 기존 부채가 부담스러워지고 파산이 손짓하기 시작한다(경제학자들은 이런 상황을 '빚의 덫'이라고 부른다). 높은 이자율은 베이컨이 말한 '공중의 빈곤'과 디플레이션을 야기한다. 앞으로 보게 되겠지만, 영국은 1920년대에 금본위제로 복귀하면서 금리가 못 견딜 만큼 치솟은 후 이러한 부작용을 겪었다.

지나치게 낮은 금리는 인플레이션이라는 결과를 가져올 수 있다. 하지만 문제는 소비자물가 수준 변화에서만 그치지 않는다. 자산 가격 거품이 커지고, 대출이 급증하고, 금융이 노력을 밀어내고, 저축이 붕괴하고, 자본이 대규모로 잘못 배분될 때, 시장 금리는 자연 금리와 일치하지 않을 가능성이 크다.

로크는 자연 수준 이하의 이자율이 낳을 수 있는 잠재적 피해를 상세히 고려한 최초의 저술가였다. 그는 《금리 인하와 화폐 가치 인상의 결과에 대한 몇 가지 고찰》에서 지나치게 낮은 이자율은 다음과 같이 바람직하지 못한 결과를 부를 수 있다고 주장했다.

- 금융업자들은 '미망인과 고아'들의 희생으로 이익을 얻을 것이다.

- 부는 저축자로부터 차입자에게 재분배될 것이다.

- 채권자들은 리스크에 대해 충분히 보상받지 못할 것이다.

- 은행가들은 돈을 빌려주느니 쌓아둘 것이다.

- 화폐 유통 속도가 감소함에 따라 물가는 떨어질 것이다(디플레이션).

- 너무 많은 차입이 일어날 것이다.

- 더 높은 수익을 찾아 해외로 돈이 유출될 것이다.

- 자산 가격 인플레이션은 부자들을 더 부유하게 만들 것이다.

- 금리 인하는 빈사 상태의 경제를 되살리지 못할 것이다.

로크는 강제적인 금리 인하는 '근면과 절약'이 부족한 사회에는 아무런 혜택도 주지 못한다고 주장했다.[35] 이 견해는 현대에도 크게 바뀌지 않았다. 2008년 글로벌 금융위기의 여파로 중앙은행들은 부채 부담을 완화하고 자산 가치를 높여 경제를 살리고자 금리를 인하했다. 그들의 목표는 17세기에 이지 머니를 지지했던 사람들의 목표와 여러모로 흡사했다. 일부 정책 입안자들은 이자율을 낮춰 자산 가치를 높이는 것이 실제 부의 창출과 비슷하다는 차일드의 믿음까지 지지했다.

10년 이상 이어진 파격적인 통화 정책을 되돌아보니 로크의 선견지명이 느껴진다. 앞으로 계속 설명하겠지만, 중앙은행의 초저금리 정책은 저축자들('과부와 고아')에게는 해를 끼치고, 금융업계 종사자 및 고위 임원에게는 이득을 주었다. 이들은 차입 비용이 기업의 수익성 아래로 떨어지면서 막대한 수익을 올릴 수 있었다. 서류상의 재산은 증가했지만 실물 재산은 정체했다. 이자를 낮추면 은행이 돈을 쌓아두어 돈의 유통을 늦추고 디플레이션이 촉진될 것이라는 로크의 생각도 현실이 되었다. 아들 컬페퍼의 생각처럼 금리 붕괴는 부채 수준을 감소시키기는커녕 초과 차입이라는 결과만 야기했다. 마지막으로 극적인 금리 붕괴는 경제 역시 무너뜨렸다. 다시 한번 "병든 농업이 우리의 부를 낭비했는데, 그러한 법(즉, 금리 인하)으로 우리의 부를 이전 가치까지 끌어올리기를 바랄 수 없다"라는 로크의 말이 딱 들어맞았다.

최근의 경험에 비춰볼 때, 금리 인하가 불평등을 줄이고 사치를 억제하고 인구를 증가시킬 것이라는 차일드의 주장은 끔찍한 오류로 보인다.* 하지만 17세기 이지 머니 지지자들이 모든 면에서 틀리지는 않았다. 베이컨, 컬페퍼 부자, 그리고 차일드는 더 높은 땅값을 원했다. 2008년 이후, 그리고 그 이전부터 초저금리는 전 세계 집값의 거품을 키웠다. 이자율 하락이 더 큰 하락을 불러올 것이라는 차일드의 주장은 옳았다. 그러나 그는 금리 하락과 번영의 선순환을 그렸지만, 우리는 금리 인하가 정체를 유발하는 악순환만을 보고 있다.

이후에는 초저금리가 생산성 증가 감소, 자산 가격 거품, 부채 수준 증가, 저축률 하락 및 저축에 대한 불충분한 수익, 불평등 확대, 금융 취약성 및 디플레이션 위협이라는 결과를 어떻게 낳았는지 살펴보려 한다. 이러한 변화 모두 금리에 더 많은 하방 압력을 가했다. 종합

---

* 차일드의 오지랖 넓은 아이디어는 여전히 사라지지 않고 있다. 2019년 12월 23일《데일리 텔레그래프》는 "잉글랜드 은행은 저금리가 베이비붐을 일으킬 수 있다고 시사한다"라는 헤드라인을 단 기사를 실었다.

적으로 자연 이자율을 더 떨어뜨리려는 중력 효과는 압도적으로 보인다. 낮은 금리가 더 낮은 금리를 낳는다는 차일드의 주장은 옳았다. 게다가 최근의 경험에 따르면 이자는 정말 원인이자 결과이며 차일드의 상상력의 근원인 모양이다.

4장

키메라

국가가 부채에 진심으로 질리고 잔인하게 압박을 받을 때, 어떤 대담한 사람이 눈부
신 채무 상환 계획을 제시하며 나타날 수 있다. 그때쯤이면 공신력은 이미 약해지기
시작했으므로 프랑스에서 일어났던 일처럼 약간만 건드려도 파괴될 수 있다. 이러한
방식으로 공공신용은 자칭 의사에게 살해당할 것이다.

– 데이비드 흄, 〈국가채무〉(1752)

1694년 4월 9일 정오가 막 지난 시각, 두 젊은 신사가 런던 블룸즈버
리 광장에서 결투를 벌였다. 그중 한 명인 에드워드 '보' 윌슨Edward
'Beau'('멋쟁이' 정도의 의미 — 옮긴이) Wilson은 연봉이 겨우 200파운드밖에
되지 않지만, (일기작가 에블린에 따르면) '가장 부유한 귀족의 복장과 마
구를 갖추고 살았던' 사람의 둘째 아들이었다.[1] 친구들 사이에서 '제
사미 존Jessamy John'으로 알려진 또 다른 한 명은 셈에는 능했지만, '주
색잡기의 전문가'로 유명했다. 윌슨은 이 결투에서 죽을 운명이었다.
그를 죽인 존 로는 위대한 운명을 갖고 태어난 사람이었기 때문이다.

로는 부유한 에든버러 금세공인 윌리엄 로의 아들로 태어났다. 윌
리엄의 이름에는 로리스턴Lauriston이라는 낱말이 붙어 있었는데, 이
는 윌리엄이 취득한, 포스만을 내려다보는 성의 이름이었고, 그는 이

성을 아들에게 물려주었다. 아버지가 죽은 후, 책임감이라곤 찾아볼 수 없었던 이 청년은 런던의 한 도박장에서 이 유산을 잃었다. 철없는 행동을 보면 믿기지 않겠지만, 그는 천재적인 수학자였다. 후에 파리 주재 영국 대사 스테어 경이 언급했듯이 '누구보다 훨씬 뛰어난, 모든 종류의 계산에 적합한 머리'를 가지고 있었다.[2] 그는 나중에 이 기술을 이용해 더 큰 규모의 도박에서 엄청난 돈을 벌었다. 게다가 어린 시절에도 로는 이후 살아가면서 보여주었던 놀라운 재능, 바로 영향력 있는 지지자들과 자연스럽게 한 편이 되는 능력을 보여주기 시작했다.

결투 직후에 체포된 로는 윌슨이 하필 자신의 칼 위로 쓰러졌다고 주장했다. 판사는 인정하지 않았고 그에게 교수형을 선고했다. 그러나 궁정 고위 지인들이 개입해 왕실의 용서를 구했고, 상황이 좀처럼 바뀌지 않자 로의 탈옥을 주선하여 그를 대륙으로 도피시켰다. 이 사건들이 일어났을 당시 로는 불과 스물세 살이었다. 25년 후 그는 완전히 다른 인물로 두각을 드러냈다. 1720년, 이 스코틀랜드인은 프랑스 재무장관으로 임명되었다. 그는 또 프랑스 중앙은행의 설립자이자 총재직을 맡았고, 미시시피 회사라고 알려진 거대 기업을 운영했다. 이 기업은 프랑스 경제에서 중요한 역할을 담당했다. 로의 회사 지분은 막대한 재산 가치가 있었고, 그는 아칸소 공작이라는 작위를 받았다. 영국 사법부로부터 도망쳤던 외국인이 다른 나라에서 그렇게 높은 자리에 오르다니 참으로 믿기 힘든 이야기다. 동시대에 금융 문제에 날카로운 시선을 보여주었던 작가 디포는 로의 성공을 깎아내렸다. 그는 세상에서 성공하는 방법을 써서 그를 비꼬았다.

쉽다. 칼을 뽑아 멋쟁이 하나 혹은 둘쯤을 죽이고 감옥에 갔다가 교수형을 선고받고, 할 수 있으면 탈옥해야 한다. *그리고 반드시 기억하라.* 낯선 나라로 건너가 투기하고 미시시피 주식을 만든 다음, 국가 경제에 거품을 만들면 금방 위대한 사람이 될 수 있다.[3]

이 살인자가 나중에 위대한 경제학자들과 어깨를 나란히 하는 위치까지 올랐다는 사실에도 주목해야 한다. 슘페터는 열광적으로 그를 숭배하며 "그는 자신의 경제학 프로젝트를 연구했다. 그는 영민하고 심오해 역대 화폐 이론가 맨 앞자리에 세워도 좋다"라고 말했다.[4] 18세기의 밀턴 프리드먼이라고 할 수 있는 로는 최초의 통화주의자로 불렸다. 그의 통화 정책은 현대 중앙은행의 기초가 되었다.

그러나 로의 '체제'는 엄청난 실패였다. 이 스코틀랜드인이 명성을 얻자마자 거품이 꺼졌고, 그의 프로젝트와 통화 아이디어는 완전히 신용을 잃었다. 미시시피 버블에 대해서는 대부분이 파리의 야외 주식 시장 뤼 캉캄푸아Rue Quincampoix에서 있었던 광란의 투기를 예로 들며 '군중의 광기'가 원인이라고 설명했다. 하지만 이 투기 열기의 발단은 그렇게 무작위적이지 않았다. 이 장에서는 미시시피 버블의 원인과 그 붕괴를 로의 야심 찬 통화 실험, 특히 프랑스의 통화 공급 확대와 금리 인하 정책 사이의 연관 속에서 추적해보려 한다. 로크는 금리를 자연 수준 이하로 내릴 때 어떤 문제점들이 있을지 연구하는 데 그쳤지만, 로는 세계 최초로 이지 머니를 직접 실험에 옮겼다. 그가 겪은 인생의 호황과 불황은 우리 시대에도 경종을 울린다.

| 체제 |

로가 뛰어난 경제학자라는 명성을 얻게 된 것은 그가 대륙으로 탈출한 지 10여 년 후에 썼던 몇몇 글 덕분이다. 이 도망자는 《토지 은행에 대한 시론Essay on a Land Bank》(1703~1704 추정)과 《돈과 상거래에 대하여Money and Trade Considered》(1705 추정)에서 돈의 본질을 꿰뚫는 새로운 통찰을 보여주었다. 그는 로크 같은 사람들이 믿었던 것처럼 돈의 가치가 그 재료인 귀금속에서 비롯되는 것은 아니라고 말했다. 그에게 돈은 그저 "교환되는 재화의 가치를 나타내는 게 아니라 그 재화를 교환하기 위한 가치다Money is not the Value for which Goods are exchanged, but the Value by which they are exchanged."[5] 전치사 for를 by로 바꾸는 간단하면서도 영리한 전환은 통화 혁명에서도 그대로 나타난다. 요컨대, 돈에는 본질적인 가치가 없기에 금이나 다른 귀금속으로 굳이 뒷받침할 필요도 없다는 말이다.

로는 상거래는 신용의 유통에 달려 있으며, 신용은 "돈이 부족할 때 부족에 의해서만 잃게 된다"라는 주제를 계속해서 다뤘다.[6] 여기서 이미 그는 이후 등장한 통화주의자들의 주장을 선취하고 있다. 그는 지폐를 발행하는 은행을 설립해야 번영을 이룰 수 있다고 주장했다. 그 은행의 담보는 토지여야 하고 금이나 은이어서는 안 된다. 이렇게 돈과 귀금속의 관계를 끊음으로써 로는 통화 관리의 가능성을 열었다.

돈에 관한 로의 아이디어들은 시대의 산물이었다. 그는 금세공인-은행가의 아들로서 어린 시절에 이미 아버지의 환어음을 사용해 자

102

신의 채무를 해결하기도 했다.[7] 17세기 후반, 자국 환어음은 영국 내 상거래에서도 다양하게 이용할 수 있었기 때문이다.

디포는 로가 어느 면에서도 독창적이지 않다고 무시했다. 그는 어음을 돈으로 사용해서 경화硬貨, hard currency(언제든지 금이나 다른 화폐로 바꿀 수 있는 화폐—옮긴이)의 필요를 줄일 수 있다는 생각은 "투기꾼이라면 모두 훤히 꿰고 있는 흔한 주제다"라고 썼다.[8] 또 로가 토지 은행을 최초로 제안했다는 데도 코웃음을 쳤다. 토지 은행은 크롬웰 통치 시기 윌리엄 포터William Potter라는 사람이 생각해낸 아이디어였다. 로는 17세기 말에 토지 은행을 옹호하던 수많은 사람 중 하나에 불과했다.

로의 생각에 큰 영향을 미친 또 다른 요소에는 그가 살인죄로 유죄 판결을 받던 즈음에 문을 연 잉글랜드 은행이 있다. 이 은행에서 최초로 발행한 지폐는 금이 아니라 윌리엄 3세 정부의 대규모 대출에서 파생된 국가채무 청구로 뒷받침되었다. 로는 후에 이 사례를 그대로 따라 했다. 영국을 떠난 후, 그는 유럽 최초의 중앙은행으로 1609년 설립된 비셀뱅크의 본거지 암스테르담과 15세기에 도시 부채를 정리하기 위해 설립된 카자 디 산 조르조 은행의 본거지 제노바에서 살았다.*

로는 여러 차례 토지 은행 계획에 정부의 관심을 돌려보려 시도했지만 잉글랜드, 스코틀랜드, 사보이아 공국과 프랑스 루이 14세는 연

---

* 제노바 은행은 1407년에 대출금을 통합하고 배당금이 세금 수익률에 따라 달라지는 주식인 루기luoghi를 발행하며 설립되었다. 로는 카자 디 산 조르조에 계좌를 유지했는데, 이곳을 '이탈리아에서 가장 잘 통제되는 은행'으로 여겼기 때문이다. James Buchan, 《John Law》(London: 2018), p.81.

이어 거절했다. 케인스가 나중에 개탄했듯이 새로운 경제 개념을 도입하는 데 가장 큰 난관은 그 이론의 미덕을 다른 사람에게 이해시켜야 한다는 점이다. 하지만 마침내 로의 운명이 바뀌기 시작했다. 1715년 9월 루이 14세가 서거했다. 왕위 계승자 루이 15세는 겨우 다섯 살에 불과했기 때문에 프랑스는 오를레앙 공작 필리프 2세의 섭정을 받게 되었다. 그는 삼촌 루이 14세에 비해 새로운 생각에 마음이 열려 있었다.

하지만 시작은 끔찍했다. 루이 14세의 끊임없는 전쟁으로 인해 왕실 재정은 이미 파탄 직전이었다. 왕의 부채는 프랑스 연간 총생산과 맞먹었고, 세금 수입으로는 이자조차 충당할 수 없었다. 부채는 명목 가치로 대폭 할인된 가격에 거래되었다. 경제사학자 얼 J. 해밀턴Earl J. Hamiltion에 따르면 "파산이 만연했고, 수천 명의 노동자가 일자리를 잃었으며, 제조업은 개점 휴업 상태였고, 상업은 침체되었고, 농업은 곤경에 빠졌다."*

돈은 부족했고 물가는 폭락하고 있었다. 이런 상황에서 얼마 전 파리에 정착한 로는 섭정공에게 안을 하나 제시했다. 우선 그는 프랑스에 두 가지 긴급히 처리해야 할 문제가 있다고 말했다. 하나는 빚이 너무 많다는 것이었고, 다른 하나는 그 빚을 갚느라 너무 많은 돈을 쓰고 있다는 것이었다. 그는 영국 중앙은행을 모델로 프랑스에도 국립은행을 설립해야 한다고 제안했다.

---

* 해밀턴이 보기로는 "엄청난 자금 조달 부채, 감가 상각된 화폐, 그리고 극심한 상업 위기로 인해 프랑스는 로의 제안을 수용할 수밖에 없었다." Earl J. Hamiltion, 〈Prices and Wages at Paris under John Law's System〉, 《Quarterly Journal of Economics》, 51(1)(1936) 및 〈The Origin and Growth of the National Debt in Western Europe〉, 《American Economic Review》, 122(1947) 참조.

국립은행은 나의 유일한 아이디어도, 가장 중요한 아이디어도 아니다. 나는 프랑스에 유리한 변화를 주어 유럽을 깜짝 놀라게 하려 한다. 그 변화는 프랑스 재정에 질서를 확립하고 농업·제조업·상공업을 복원하고 뒷받침하고 성장시켜주며, 인구도 늘리고 왕국의 일반 세수도 늘려 쓸모없고 번거로운 '부담금'을 갚고 백성을 돌보는 동시에, 왕의 세입을 늘리고 채권자에게 피해를 주지 않으면서 국가의 부채를 줄이는 것이다.[9]

로는 프랑스를 유럽 최고의 국가로 만들겠다고 약속했다. 이 모든 것은 '법이 아니라 풍부한 돈으로' 달성될 것이다.[10] 십 몇 년도 지나지 않아 이 야심 찬 기획자는 자신이 약속을 지키는 사람임을 증명할 것이다.

로는 섭정공에게 접근하기 훨씬 전부터 저금리를 옹호했다. 그는 금리가 현대의 '통화 변수monetary variable'라고 부르는 것과 같다고 믿었다. 초기에 쓴 글에서 로는 금리는 화폐공급에 따라 결정되며, 국립은행은 화폐공급을 늘려 금리를 인하하는 효과를 낳을 수 있다고 주장했다. 그는 네덜란드인들이 더 낮은 차입 비용을 누릴 수 있었던 것은 더 많은 양의 돈이 유통되었기 때문이라고 믿었다(로크처럼 네덜란드인들이 검소하고 자본도 더 많았기 때문이라고 믿지는 않았다). 로는 지난 몇 세기 동안 유럽에서 볼 수 있었던 점진적인 금리 하락은 남미에서 유입된 풍부한 은 때문이라고 생각했다. 그는 제노바에 머무는 동안 금괴를 실은 스페인 선박이 수평선에 모습을 드러낼 때마다 도시 금리가 얼마나 떨어지는지를 눈여겨보았다.[11]

자신보다 앞선 시대를 살았던 차일드처럼 로 역시 차입 비용 감소가 큰 경제적 이익을 가져올 것이라고 예상했다. 그는《돈과 상거래에 대하여》에 "낮은 금리가 돈의 양이 늘어난 결과라면 상거래에 투입되는 자본은 더 많아질 것이고, 상인들은 손쉬운 차입과 더 낮은 이자로 아무런 불편 없이 더 저렴하게 거래하게 될 것이다"라고 썼다. 10년 후, 로는 프랑스 섭정공 앞에서 이 주제를 상세히 설명했다.

금리를 2%까지 낮출 수 있는 풍부한 돈은 부채와 공직 등의 자금 조달 비용을 줄여주며 왕을 구제할 것입니다. 빚을 지고 있는 귀족 지주의 부담도 덜어줄 것입니다. 이들은 농산물이 더 높은 가격에 팔리면서 더 부유해질 것입니다. 2% 금리로 대출 가능한 상인들은 더 부유해지고 사람들의 일자리는 늘어날 것입니다.[12]

요즘 말로 로는 돈을 찍어내 금리를 낮추자고 제안하고 있다. 그렇다면 프랑스 귀족처럼 빚이 많은 사람은 차입을 늘림으로써 지위를 지키게 되고, 일자리가 만들어지고, 경제는 부흥할 것이다. 동시에 정부 부채 상환 비용이 줄어들고, 디플레이션은 끝날 것이다. 2008년 금융위기 이후 세계 중앙은행들의 행보와 비슷한 주장이었다.

1715년 말 섭정위원회는 프랑스에 국립은행을 설립하자는 로의 제안을 거부했지만, 개인은행에 대한 허가는 내주었다. 그래서 제너럴 뱅크라는 국립은행 같은 이름의 은행이 1716년 5월에 문을 열었다. 은행은 섭정공의 후원을 받았다. 섭정공은 많은 지분을 가져갔으며, 이 은행에서 발행하는 지폐를 법정화폐로 삼고 이것으로 세금을 납부하라는 칙령을 발표했다. 이 지폐는 금으로 태환할 수 있었지만, 금화나 은화와는 달리 왕의 명령으로 가치를 떨어뜨릴 수는 없었다. 제너럴 뱅크의 주요 서비스는 계좌 관리, 환어음 할인, 외환 거래 등이었다. 은행은 대차대조표를 보수적으로 유지하며 상당한 이익을 올렸고, 후한 배당금을 지불했다.

하지만 이는 그저 첫걸음이었다. 1년 뒤 로는 알래스카를 제외하고 현재 미국이 절반 정도를 차지하고 있는 프랑스령 루이지애나 지역에 대한 독점 거래권과 토지 권리를 가진 회사를 인수했다. 이 인도회사The Company of the Indies는 후세에 미시시피 회사Mississippi Company로 더 잘 알려졌다. 이후 로는 담배 독점, 왕실 세금 징수 도급 계약, 조폐국과의 계약과 더불어 자신의 기업을 프랑스의 다른 무역 독점 회사(세네갈, 동인도, 중국 회사)와 합병했다. 결국 1719년 늦여름, 로는 미시시피 회사가 프랑스의 국가 부채 전부를 연부年賦로 인수하는 계약을 맺었다. 정부 채권자들에게는 채권을 로의 회사 주식과 교환할 기회가 주어졌다. 그리고 겨우 3년이라는 기간에 이 스코틀랜드인은 '지금까지 알려진 가장 거대한 금융 권력'을 창조했다.[13] 상업, 부채 관리, 은행 운영을 아우르는 그의 체제는 러시아 혁명 이전 가장 야심찬 경제 실험이었다.

| 마몬 |

미시시피 회사 주식은 액면가 500리브르로 발행되었다. 제너럴 뱅크가 상장했던 예를 따라 청약금의 4분의 3은 감가 상각된 정부 채권으로 지불할 수 있었다. 처음 몇 년 동안 주가는 움직임이 없었다. 그러자 로는 통화 공급의 수도꼭지를 열었다. 1718년 12월, 제너럴 뱅크는 국유화되어 왕립은행Royal Bank으로 이름을 바꾸었다. 로가 초기 글에서 구상했던 제도였다. 왕립은행에서 발행된 지폐는 금이 아니라 리브르 투르누아livre tournois라는 단위로 표시되었다. 그러면서 발행 가능한 돈의 양에 대한 모든 제한을 없앴다.

왕립은행이 지폐를 찍어내기 시작하자마자 미시시피 주가는 급상승했다. 1719년 한 해 동안에만 약 20배 상승해 주당 1만 리브르에 육박하게 되었다. 감가 상각된 정부 부채로 1차 청약을 했던 투자자들은 40배 이상의 돈을 벌었다. 이 행운아들을 묘사하는 '백만장자millionaire'라는 새로운 낱말이 만들어졌다. 투기 열기는 프랑스는 물론 유럽 전역을 휩쓸었다. 생시몽Saint-Simon 공작은 회고록에서 뤼 캥캄푸아 현장을 다음과 같이 묘사했다.

> 온종일 군중들로 북적거렸다. (…) 그런 광란의 도가니는 이전에 본 적이 없었다. (…) 날이 갈수록 로의 은행과 주식회사는 인기를 얻었다. 사람들은 둘을 완전히 믿은 나머지 사유지와 집을 종이 조각으로 바꾸려고 서두르다가 종이 말고 모든 것이 더 비싸지는 결과를 초래했다. (…) 모든 사람이 제정신이 아니었다.[14]

생시몽에 따르면 로는 "주식 배당을 바라고 탄원하는 사람과 아첨꾼에게 포위당해 어쩔 수 없이 문을 닫자, 사람들은 창문으로 그의 집에 들어가거나 굴뚝을 통해서 그의 서재로 떨어졌다. 모두가 벼락부자 이야기만 했다"라고 말했다.[15] 세상이 뒤집혔다. 주인의 거래를 대신하기 위해 뤼 캥캄푸아에 파견된 하인들이 자기 계좌를 만들어 투기에 동참했다. 섭정공의 어머니로 궁정에서 마담으로 통했던 엘리자베스 샤를로트Elizabeth Charlotte는 이렇게 돈을 번 하인들의 오만을 참을 수 없다고 썼다. 1719년 말 하인들의 의복에 벨벳 소매, 실크 셔츠, 커다란 은 단추, 황금색 천을 금지하는 칙령이 내려졌다. 투기에 빠진 귀족들을 상업 활동에 종사한다는 이유로 귀족 지위에서 박탈해야 하는가를 주제로 논란이 일었다. 젊은 돈 백작Count d'Horn이 증권 중개인이 사망한 주식 절도 사건에 연루되면서 귀족 계급의 타락은 절정에 달했다. 그는 결국 거열車裂형(형차에 매달아 돌려 죽이는 형벌―옮긴이)을 선고받았다.

다양한 계급의 여성들 역시 미시시피 주식 열기에 동참했다. 전직 수녀였던 마담 드 탕생Madame de Tencin은 살롱(상류층을 위한 교양 및 고급 문화 교류장―옮긴이)을 열었다. 나중에는 철학자 장 르 롱 달랑베르Jean le Rond d'Alembert의 어머니가 된 데서 만족하지 않고, 일종의 증권거래소를 열었다. 섭정공의 어머니는 미시시피의 전설을 이야기하며 즐거워했다. 그녀는 짓궂게 이런 생각을 하곤 했다. 공작부인들이 로의 손에 키스한다면 다른 귀부인들은 그의 몸에서 어떤 부분을 선호할까? 이어진 편지에서, 마담은 에두르지 않고 답을 제시했다. "상스럽게 말하는 것을 용서하시라. 로가 엉덩이에 키스해주길 원한다고 해도 프랑스 아가씨들은 기뻐할 것이다."[16] 유럽 전역의 투기꾼들이 파리로 몰려들었다.[17] 마담은 음식이 충분하지 못할까 걱정했다. "지금 프랑스가 얼마나 부유한지 믿을 수 없을 지경이다. 사람들이 이야기하는 수백만이라는 소리만 들리고 그 외에는 아무것도 들리지 않는다. 마몬 신Mammon(성서에 등장하는 탐욕스러운 재물의 신―옮긴이)이 지금 파리를 지배하고 있다."[18]

| 미시시피의 원천 |

로는 금융 조작에 능숙했다. 요즘 말로는 주식 투기꾼인 셈이다. 앞서 보았듯이, 그는 감가 상각된 정부 부채라는 불안정한 돈으로도 주식 청약을 허용했다. 그리고 신주新株 신청자들이 이전 청약주식을 보유해야 한다는 조항을 만들어 2차 시장(발행된 주식을 거래하는 유통 시장―옮긴이)의 주식 수요를 증가시켰다. 신규 청약은 그전보다 높은 가격으로 이루어지는 만큼 주식을 빨리 청약하는 게 최선이었다.* 이 주식들은 얼마 안 되는 선금만 받고 일부 지급 방식으로 발행되었기 때문에 투기꾼들의 이익은 주가 흐름에 많은 영향을 받았다.**

언론은 미시시피 회사의 전망을 과장했다. 여기에는 로의 대리인이 중요한 역할을 했다. 루이지애나는 금과 기타 귀금속이 풍부한 새로운 엘도라도로 묘사되었다. 《르 누보 메르퀴르Le Nouveau Mercure》지는 이 비옥한 땅에 새끼돼지 맛이 나는 고양이 크기의 쥐가 살고 있다고 보도하기도 했다.[19] 이 식민지로 향하는 이주자들은 반짝이는 새

---

* 1718년 말에 500리브르였던 주식은 그다음 해 6월에는 550리브르로, 그다음 달에는 1,000리브르로, 1719년 9월과 10월에는 5,000리브르로 발행되었다.

** 1719년 하반기에는 10%의 선금만 있으면 신주 청약을 할 수 있었다. 청약자들이 구매 옵션을 사용하고 있었던 셈이다.

로운 장비를 갖추고 파리 거리를 행진했다. 그중 많은 수가 독일 출신이었다(뉴올리언스 정착 생활은 로의 선전과는 상당히 달랐다. 초기에 이주한 예수회 신부 샤를부아Father Charlevoix는 뉴올리언스가 '계획도 없이 여기저기 지어진 100개의 오두막, 하나의 큰 나무 가게, 그리고 프랑스 마을이라 부르기에도 민망한 두세 채의 집'으로 구성되어 있다고 했다.[20] 이주민들은 '열병, 괴혈병, 이질, 성병, 다리 병' 등 수많은 질병을 앓았다.[21] 그중 절반은 죽거나 유럽으로 돌아왔다[22]).

거품을 일으킨 가장 큰 원인은 왕립은행 인쇄기였다. 1719년 한 해 동안 유통되는 지폐의 추정치는 10억 리브르까지 증가했다.[23] 은행은 여덟 대의 프린터를 24시간 가동하며 단위가 큰 지폐를 발행했다. 가장 흔한 화폐단위가 1만 리브르였다.[24] 은행 출납원의 서명으로는 인쇄 속도를 쫓아갈 수 없어서 서명은 현대의 지폐처럼 인쇄로 대체해야 했다. 생시몽은 "종이 공급량이 부족해져 주식과 지폐 인쇄가 실제로 지연되었다!"라고 말했다.[25] 1720년 5월, 지폐 총유통량이 20억을 넘어서면서 금화와 은화 유통량의 두 배 이상이 되었다.[26]

돈의 유통이 증가하면 금리가 인하할 것이라는 로의 주장은 옳았다. 프랑스 금리는 붕괴했다. 1719년 8월, 미시시피 회사는 프랑스 국가 부채 중 약 12억 리브르(후에 17억 리브르로 조정된다)를 3% 금리로 인수하는 데 동의했다. 정부 채권자들은 자신의 채권을 주식으로 교환할 수 있었지만, 이 제안을 거절한 사람들은 2% 금리를 받아들여야 했다(원래는 5%였다).[27] 나중에 한 평론가는 이렇게 썼다.

이자율 감소와 자산 가치 상승이 체제를 낳은 시기에, 정부 채권자들은

펜대 놀림 한 번에 모든 투자 경로에서 차단되어 자신의 투자가 망가지는 것을 지켜봐야 했다.[28]

로는 초기 글에서 동인도 회사 주식이 부채 상환에 사용될 수 있으므로 돈과 같다는 견해를 밝혔다. 그래서 그의 체제에서는 은행 화폐와 미시시피 주식을 교환할 수 있었다. 왕립은행은 주식을 담보로 투기꾼들에게 2% 금리로 대출했다. 미시시피 회사는 은행으로부터 대출을 받아 막대한 양의 자사주를 취득하기도 했다. 1719년 10월 초, 주가가 내려가자 회사는 시장가격에 10% 프리미엄을 얹어 주식을 되사겠다고 제안했다. 몇 달 뒤 로는 회사가 시장에서 계속 자사 주식에 관여할 수 있도록 전담 부서를 만들었다. 그리고 무이자 대출로 자금을 조달하며 대규모 주식 매수에 나섰다. 1720년 초 왕립은행과 미시시피 회사는 하나의 기업으로 합병되었고, 2월 중순까지 약 8억 리브르의 지폐를 인쇄해 회사 주식을 매입했다.[29]

금리 하락과 배당금 증가는 미시시피 주가의 가파른 상승을 정당화하는 것처럼 보였다. 1719년 말 시장의 정점에서 정부 채권 수익률은 2%였고 주식 매입 대출(마진론) 금리도 같았다. 반면 미시시피 회사 주식은 수익의 50배에 가깝게 거래되었고 시장가격의 2%에 해당하는 배당금을 지급했다(수익으로는 배당금을 충당하지도 못했다). 로는 회사 주식의 평가가 금리에 달려 있다는 것을 알았다. 1720년 초, 그는 낮은 금리를 언급하며 높은 주가를 정당화했다.[30] 반세기 후, 스코틀랜드의 경제학자 제임스 스튜어트James Steuart 경은 미시시피 버블을 주제로 "자본의 가치는 *사실상* 금리에 따라 *상대적*으로 존재했다"

라고 재치있게 언급했다.[31]

금리 하락으로 인해 가치가 부풀려진 자산은 미시시피 주식만이 아니었다. 미시시피 회사의 재무 담당자 니콜라 뒤토Nicholas Dutot는 이자율 하락이 "80년에서 100년 동안 매수한 토지만큼의 가치(약 1%의 임대 수익률)를 가져왔고, 도시와 시골에 근사한 건물을 지었고, 폐허가 되어가는 오래된 집들을 수리했다"라고 썼다.[32] 섭정공 어머니의 친구는 투기 수익으로 큰 타운 하우스를 구입했는데, 이를 '50분의 1페니'(임대 수익률 2%)에 임대했다고 한다.[33]

| 절정과 붕괴 |

잠시나마 체제는 로가 약속한 모든 것을 이루었다. 그는 후에 이렇게 회상했다.

> 군주는 부유한 사람들의 우두머리였고 그의 수입은 증가했으며 백성들의 부담은 줄어들었다. 경작되지 않는 땅이나 일하지 않는 노동자는 없었다. 농민들은 먹고 입으며 왕이나 주인에게 빚지지 않았다. 제조업·항해업·무역이 활발해졌고 (…) 신용은 정화正貨보다 선호되고 이익도 많았다.[34]

1719년 9월 초, 스테어 대사는 런던으로 편지를 보냈다. "이제부터는 로를 초대 장관으로 대우해야 합니다. 그는 매일같이 영국과 네덜란드를 발아래 두고, 프랑스를 어느 때보다도 높은 곳으로 끌어올릴 것이라고 이야기합니다."[35]

미시시피 회사는 프랑스 경제를 지배했고 막 싹트기 시작한 주식 시장을 압도했다. 버컨은 "1719년 가을의 미시시피 회사보다 세계 투자 자본에서 더 큰 몫을 차지한 회사는 그 이전에도 이후에도 없었다. 이에 비하면 애플은 동네 중고 매장 수준이다"라고 썼다.[36] 로가 스스로 계산해봐도 그는 이제껏 살았던 사람 중 가장 부유한 사람이었다. 회사 지분 덕분이었다. 그는 이내 프랑스 전역의 사유지와 수도에 거대한 부동산 제국을 조성했다. 파리에서는 백만 리브르를 지불하고 드넓은 마자랭 궁을 구매했다. 이에 그치지 않고 방돔 광장에 주택 5채, 포부흐그 생토노레가에 주택 10채를 샀다.* 로와 그의 형제 윌리엄은 은행에서 거의 2000만 리브르를 빌려 주식과 부동산을 매입했다.[37]

로가 알짜 부동산을 싹쓸이하는 동안, 새롭게 등장한 다른 백만장자들은 사치스러운 생활에 빠져들었다. 6000만 리브르에 달하는 재산을 모았다고 알려진 쇼몽 부인은 집을 외부인에게 공개하고 "매일 닭과 사냥한 동물 외에 소 한 마리, 송아지 두 마리, 양 여섯 마리를 잡아 샴페인과 부르고뉴 와인을 곁들여 먹었다."[38] 파리는 보석이 주렁주렁 달린 화려한 옷차림을 한 사람들이 타고 다니는 새로운 마차들로 붐볐다.[39] 고급 태피스트리와 시계의 수요 급증으로 직조공과 시계 제조업자 들이 외국에서 대거 들어왔다.[40] 부르봉 공작은 미시시피 회사로 얻은 이익을 샹틸리에 있는 마구간을 짓는 데 썼다. 마구간

---

* 이 시기에 석공은 1년에 대략 170리브르를 벌었다. 미국 중위 소득은 현재 5만 9,000달러 정도다. 로는 마자랭 궁에 오늘날 통화 가치로 거의 3억 5000만 달러를 지불한 셈이다. 이 건물은 미시시피 회사와 왕립은행의 본부가 되었고, 후에는 프랑스 국립도서관이 들어섰다.

은 200마리가 넘는 말과 23대의 마차를 수용할 수 있었다.《메르퀴르 드 프랑스Mercure de France》의 편집자는 이러한 낭비가 가져온 번영을 반기며 "우리는 지금 같은 상황에서 자선을 베풀게 한 신의 지혜에 감탄해야 한다"라고 했다.[41] 오늘날에는 이를 낙수효과라고 부른다.

하지만 로의 위대한 체제는 만들어지자마자 무너지기 시작했다. 실패 원인은 복잡하다. 가장 먼저 강력한 적들이 등장했다. 그들 중에는 이전에 왕실 세금을 담당하다가 로에게 밀려난 후 재기를 꿈꾸던 금융가들이 있었다. 로의 개혁으로 부정부패를 저지르기 힘들어지자 파리 고등법원 판사들 역시 로를 싫어하게 되었다. 생시몽을 포함한 몇몇 동시대인들은 로가 국립은행, 신용증권, 자금 조달을 위한 국가 부채 및 합자 회사 등 현대적인 금융 제도를 도입하려 했지만 프랑스 독재 군주의 변덕으로 모든 것이 당장 폐지될 수도 있었기 때문에 실패할 수밖에 없었다고 믿었다.*

로는 군주의 절대권력을 등에 업고 자신의 체제를 프랑스에 강요했다. 그는 지폐를 더 매력적으로 만들기 위해 여러 번에 걸친 칙령으로 금과 은의 통화 가치를 바꿨다. 그는 사람들에게 지폐를 강요했다. 콩티 공Prince of Conti을 위시한 주요 미시시피 회사 내부인들이 자신들의 수익을 '*실현하기*realize'(거품이 만들어낸 신조어로 *관념적인* 자산을 실물 자산으로 바꾼다는 의미) 시작하면서 지폐와 주식을 '종이보다 더 단단한

---

* 로가 나름대로 계획을 세워 섭정공에게 처음 접근할 때, 은행가 사뮈엘 베르나르Samuel Bernard는 "모든 것이 왕의 쾌락에 달린 나라에서 그가 제안하는 은행은 아무런 기반도 없다"라고 로에게 충고했다. Buchan,《John Law》, p.111.

것'으로 교환하자 로는 귀금속 소유를 금지하는 법안으로 맞섰다.*

로의 독재 성향은 돈 쌓아두기를 비난한 1720년 3월 글에도 나타난다. 정부는 자본이 '폭풍으로부터의 도피처'가 되도록 방치해서는 안 된다는 내용이었다.** 로는 나중에 돈은 부를 순환시키기 위한 것이므로 "다른 용도로 사용할 수 없다"라고 덧붙였다. 로의 폭압적이고 변덕스러운 조치들은 오히려 새 지폐에 대한 신뢰를 떨어뜨리는 결과를 낳았다.[42]

한편으로는 로의 성격도 프로젝트 성공에 악영향을 미쳤다. 전제적인 성향에 더해 허영과 야망으로 인해 그는 냉정을 잃었다.[43] 디포는 로에 대해 "자신이 제안한 계획을 훨씬 넘어설 정도로 대담하고, 진취적이며, 경솔하며, 모험심이 강하다"라고 평가했다.[44] 마담 샤를로트는 그가 지나치게 과로한다고 생각했다. 체제가 기울어가면서는 "퉁명스럽고, 성질을 잘 내고, 때로는 극히 분별력 없이 말했다"라고 평했다. 그의 형편없는 결정들은 과도한 스트레스 탓으로 설명할 수 있을지도 모른다. 로는 숫자에 뛰어났지만, 시장가치와 상업적 측면에서 역사상 가장 큰 회사였던 미시시피 회사를 관리하는 데는 거의 관심을 기울이지 않았다. 그는 위임을 싫어했고, 위임할 수밖에

---

* 'realize'의 정의는 워싱턴 어빙Washington Irving의 1825년 에세이 〈거대한 미시시피 버블The Great Mississippi Bubble〉에서 따왔다. 1719년 12월 칙령은 모든 공적 지불은 은행 지폐를 사용해야 한다고 명령했다. 이듬해 2월 귀금속, 다이아몬드, 진주 수입과 패용이 금지되었다. 회사는 비축된 동전을 수색할 수 있는 권한을 부여받았다. 그달 말에는 허가받은 금세공인만이 금과 은을 소유할 수 있었다.

** 버컨은 로가 '자본이 국가 전체에 유용할 수 있는 새로운 종류의 자산'을 언급했다고 썼다. 로의 전제주의적인 돈 쌓아두기 금지 명령은 최근 중앙은행들이 마이너스 금리를 시도하며, 물리적 현금을 폐지해서 돈을 쌓아두지 못하도록 해야 한다는 주장을 떠오르게 한다. Buchan, 《John Law》 p.271.

없을 때는 빚을 잔뜩 진 불량배를 자신의 자리에 앉혔다. 예를 들어, 영국 해군에서 불법 도용 혐의로 면직되고 루이지애나에서 무역 관리를 맡았던 야만적인 에두아르 드 리그비Edouard de Rigby 같은 형편없는 사람들이었다.[45] 미시시피 회사가 영국 조선소에 주문한 값비싼 배들은 제조를 너무 서둘러서 제대로 항해할 수 있을까 의심스러울 지경이었다.

로의 체제는 지나치게 야심적이었다. 리요네 관리였던 로랑 뒤가스Laurent Dugas는 1719년 여름, 다음과 같이 썼다.

> 로의 천재성이 어느 정도였는지는 모르겠지만, 모든 면에서 무한한 노력과 끝없는 선견지명이 필요한 동서양 무역을 단지 한 사람이 감당한다는 것은 불가능했다. (…) 이 사업이 성공하려면 사업가는 신과 같은 존재가 되어 군주의 변치 않는 신뢰를 영원히 누릴 수 있어야 한다.[46]

그러나 로는 사업의 세부적인 운영에 관심이 없었고, 프랑스 섭정공의 신뢰는 일시적이었다. 회사를 떠난 후, 로는 섭정공에게 보낸 편지에서 "항상 일이 싫었다"는 놀라운 고백을 했다. 그러나 로가 조금 덜 충동적으로 행동하고, 덜 독단적이고, 회사 운영에 더 많은 관심을 기울였더라도 그의 체제는 무너졌을 것이다. 무엇보다 그 체제의 금융 기반이 불안정했기 때문이다. 1719년 말, 엄청난 지폐 발행으로 '광란의 인플레이션'이 시작되었다. 그해 초보다 물가지수는 두 배가량 올랐다.[47] 지폐에 대한 신뢰가 사라지면서 돈은 나라 밖으로 빠져나갔다. 로는 감당하기 힘든 딜레마에 직면했다. 주가를 떠받치기 위해서 인플레이션 가속화와 통화 붕괴의 위험을 무릅쓰고라도 돈을 계속 찍어낼 수도, 거품을 터뜨릴 위험을 무릅쓰고 초과 발행된 지폐를 회수할 수도 있었다.

미시시피 주가는 1720년 2월 회사의 주식 매매 사무소가 폐쇄된 후 급속히 하락했다. 그러자 로는 정책을 바꿔 사무소를 다시 열며 주가를 9,000리브르로 고정하겠다고 약속했는데, 그 당시 재무장관이었던 뒤토는 주식이 "돈의 용도를 충족시키기에 적절해졌다"라고 평했다.[48] 주가의 시장가격을 방어하기 위해 무한한 수의 지폐가 발행될 수 있다는 의미였다. 하지만 외환시장에서 프랑스 통화는 금본위제를 유지하는 영국 파운드화에 비해 계속 하락했다. 5월 21일 로는 다시 한번 태도를 바꿔 미시시피 회사 주가를 최고치의 절반 수준인 5,000리브르로 고정할 것이라고 선언했다. 지폐는 동전에 비해 가치를 떨어뜨리고 유통되는 지폐의 수는 줄일 예정이었다.

로가 마침내 디플레이션 과정을 밟기 시작한 것이다. 인기 있는 결정은 아니었다. 폭동이 일어났고, 왕립은행은 습격당했고, 폭도들은 로의 마차를 산산조각 냈다. 섭정공은 재빨리 포고령 무효를 선언하고 재무장관 로를 해임했다. 로는 이내 다시 복권되었지만, 체제에 대한 모든 신뢰는 무너졌다. 12월 초, 로는 사표를 제출했다. 재무장관으로 임명된 지 1년이 조금 넘은 1월에 로는 꿈과 재산, 그리고 아내와 딸을 뒤로하고 프랑스를 빠져나왔다. 그의 위대한 금융 실험은 실패했다.

몇몇 동시대 사람들은 그의 체제에 대해 비슷하게 평가했다. 거품이 꺼지기 전에도 이미 디포는 〈키메라Chimera, 혹은 프랑스식 국가채무 지불 방식〉이라는 제목의 글로 로의 계획에 독설을 퍼부었다.

> 그는 공기와 그림자에 불과한 상상할 수도 없는 종種을 키우고, 환상과
> 상상, 환각과 환영을 실현하며, 실제를 제대로 보려 들지 않고, 모든 것
> 을 다 아는 것처럼 행동하고, 모든 일을 혼자 다 하는 척한다. 순식간에
> 부채는 모두 사라지고, 물질이 있던 자리엔 그림자밖에 남지 않았다.

생시몽은 로를 매력적인 사람이라고 생각했지만, 회고록에서는
'미시시피의 키메라, 주식·언어·과학을 사용해 (…) 사람들에게
서 돈을 빼앗아 다른 사람들에게 주는 간교한 거짓말쟁이'라고 칭했
다.[49] 볼테르 역시 이 거품 시기를 키메라라고 불렀다.《페르시아인의
편지Persian Letters》에서 몽테스키외는 로를 이렇게 비유했다. "그의 아
버지는 바람의 신 아이올로스고, 어머니는 스코틀랜드의 님프다. (…)
그가 다 자라자마자 아버지는 그에게 풍선으로 바람 잡는 법을 가르
쳤다(인플레이션의 어원인 inflate는 원래 '바람을 넣다'라는 의미다. 인플레이션
을 일으켜 경제를 살리려 했던 로를 풍자하는 말—옮긴이)."

캉티용은 동시대에 미시시피 회사 사태를 가장 통찰력 있게 분석
했다. 그는 한때 로와 협력하기도 했고, 심지어 자신의 형제 베르나르
를 루이지애나 정착지 개발 업무에 파견하기도 했다. 캉티용은 처음
에 돈을 좀 쥐었지만, 갈수록 손해를 보았다. 그가 1730년대에 쓴《일
반 무역의 성격에 관한 에세이Essai Sur La Nature du Commerce》는 초기 경
제학 저서 가운데 위대한 책으로 평가받는다.

캉티용은 국립은행이 돈을 찍어 정부 부채를 매입함으로써 단기적

으로는 금리를 낮출 수 있었다고 주장했다. 금리 추가 하락에 대한 기대로 채권 취득을 유도해 시장 금리는 더 하락하고 유가증권 가격은 오를 것이다. 그러나 이러한 작업에는 리스크가 있다. 초과해서 발행된 지폐가 금융 시스템에 갇혀 있는 한 경제는 번영할 것이다. 캉티용은 "이런 경우에 초과 지폐는 주식 매매(금융 자산)에 사용되고, 가정에서 소비에 쓰이거나 은으로 교환되지 않기 때문에 유통을 뒤흔들지 않는다(즉, 인플레이션을 유발하지 않는다)"라고 말했다.[50]

하지만 일단 돈이 더 넓은 경제로 빠져나가면 소비자물가는 오를 수밖에 없었다. 게다가 캉티용은 상승 시장에서 은행이 주식을 사는 것은 매우 좋은 일이라고 말했다. 하지만 하락장이 되면 은행은 누구에게 주식을 팔 것인가? 그래서 그는 "은행만이 주식을 사서 주가를 올린다면 지폐의 초과 발행을 막기 위해 주식을 되팔 때 그 가치를 많이 절하해야 할 것이다"라고 말한다. 마지막으로 투기꾼들이 지폐를 더는 신뢰하지 않을 위험도 있었다. "어떤 패닉이나 예기치 못한 위기가 닥쳐 (지폐) 보유자들이 은행으로 몰려와 은을 요구한다면 폭탄이 터져 위험한 상황이 될 것이다."[51]

2세기 후 해밀턴은 캉티용의 금융 비판을 발전시켰다. 그는 거품 시대에 금리가 너무 낮았던 것도 문제지만, 로가 이지 머니에 '돌이킬 수 없을 정도로 헌신'했던 것이 더 큰 문제였다고 말했다.[52] 거품이 발생하기 몇 년 전만 하더라도 프랑스 상업 대출 금리는 대략 6%였다. 그러나 1719년에 왕립은행 대출 금리는 2%가 되었고, 사채는 훨씬 더 금리가 낮았다.[53] 해밀턴은 '자연 이자율'과 왕립은행의 인위적으로 절하된 이자율이 불일치되었다고 보았다.* 만약 로가 방향을 바꿔 금리를 인상했다면, 2% 할인율로 정당화되었던 미시시피 주가는 폭락했을 것이다.

거품이 꺼진 후, 미시시피 회사의 주식은 약 90% 폭락해 1718년에 거래되던 수준까지 떨어졌다. 시카고 연방준비은행의 경제학자 프랑수아 벨데François Velde는 거품 동안 미시시피 주식의 공정가치는 약 1,875리브르로 최고 주가의 약 5분의 1이라고 추정한다.[54] 투기꾼들이 새로운 투자처에 지나치게 높은 가격을 매기는 것은 이번이 처음도 아니었고 마지막도 아니었다. 버컨은 이렇게 썼다.

> 그들의 *시간 개념*은 거의 망상에 가까웠다. 주식 시장의 위대한 황소bull(강세장을 뜻한다—옮긴이)는 미래를 며칠로 압축하고, 역사의 길고 긴 행진을 무시하며, 미래의 모든 부를 현재 가치로 포착하려고 한다. 모든 것을 당장의 것으로, 미래를 현재의 돈으로 소유하려는 경향은 미래라는 개념조차 용납하지 않으려는 태도로 투기꾼을 사이코패스로 만든다.[55]

1719년 프랑스처럼 시간의 가격이 비정상적으로 낮았던 순간에 로라는 투기꾼의 잘못된 시간 개념이 나타난 것도 우연은 아니었다. 로는 돈의 시간 가치를 이해하고 있었으며, 경쟁 관계에 있는 토지 은

---

* 해밀턴은 이렇게 썼다. "로의 이지 머니 정책으로 인해 거품 동안 시장 이자율이 상승하지 못했다. 빅셸의 이론에 따르면, 자연 이자율과 시장 이자율 사이의 불균형은 신용 확장을 부각했고 급격한 물가 상승에 중요한 역할을 했다." 〈Prices and Wages at Paris under John Law's System〉 p.63, Francis Velde의 〈John Law's System〉도 참조하라.《American Economic Review》, 97(2)(2007).

행들이 지나치게 낮은 금리를 제시한다고 비판한 적도 있다.* 젊은 시절 로는 "은화보다 가치가 낮은 종류의 화폐를 만들어 이자를 낮춰서는 안 된다"라고 쓴 적도 있다.[56] 하지만 그는 자신의 체제를 만들며 자기가 했던 경고조차 무시하고 통화 조작으로 역사상 손꼽히는 투기 거품을 일으켰다.

현대 경제학자들은 로와 그의 체제에 놀라울 정도로 호의적이다. 심지어 1719년 거품의 존재를 부인하는 사람까지 있다. 이들은 로가 비유동적인 정부 부채를 거래 가능한 주식으로 전환했기에 미시시피 회사의 주가 상승은 정당했다고 말한다. 그중 한 명은 이런저런 전문가들의 주장을 인용해 "1720년 봄, 로의 체제가 무너지기 전까지 시장은 효율적으로 흘러갔다"라고 주장하기도 했다.[57] 1720년 투기꾼들이 미시시피 회사가 추구한 대서양 무역의 성장을 예상해 주식을 사들였다고 주장하는 사람도 있다. 만약 그렇다면, 그 투기꾼들은 터무니없이 낙관적이었다. 이후 수십 년에 걸쳐 미시시피 회사의 거래 수익은 매년 고작 0.5%씩 증가했으니 말이다.[58]

로의 정책이 엄청난 인플레이션과 주식 시장 붕괴를 초래했음에도 아이비리그 학자들은 그의 금융 이론에 열렬한 박수를 보내고 있다. 브라운대학교 경제학과 교수인 피터 가버Peter Garber는 로의 신용이론이 '지난 두 세대에 걸쳐 등장한 대부분의 화폐론 및 거시경제학 교과서의 중심축이며, 불완전고용 문제를 우려하는 경제 정책 입안자

---

* 로는 1704년경에 쓴 〈토지 은행에 관한 에세이Essay on the Land Bank〉에서 토지를 담보로 1만 파운드의 지폐를 공급하자고 제안한 휴 체임벌린Hugh Chamberlen의 경쟁적인 토지 은행 계획을 두고 연간 수입이 150파운드뿐일 거라며(자본환원율 1.5%) 비판했고, 더 낮은 자본환원율을 제시한 존 브리스코John Briscoe의 토지 은행 계획 역시 공격했다.)

들에게는 만국공용어'라고 주장한다. 가버는 로의 체제가 성공할 가
능성이 충분했다고 믿는다.[59] 예일대학교의 괴츠먼은 너무 적은 돈은
경제 활동에 제약이 된다는 로의 믿음을 '오늘날 미국 연방준비은행
의 결정에 기반이 되는 본질적인 원칙'으로 인정한다.[60]

2008년 9월 리먼 브러더스의 붕괴는 루이 14세의 죽음 직후 프랑
스 경제와 흡사한 상황을 낳았다. 디플레이션, 높은 실업률, 치솟는
정부 부채가 한꺼번에 등장했다. 통화 정책 입안자들은 이러한 상황
에 대응해 로가 했던 대로 금리를 낮추고 돈을 인쇄해 국가 부채를 상
당수 사들였다(로만큼은 아니었다). 또 다른 유사점도 있다. 2008년 이
후 연준은 의도적으로 할인율을 낮춰 자산 가치를 끌어올리는 정책
을 시행했다. 로가 미시시피 백만장자를 만들었다면, 그의 21세기 모
방자들은 수많은 억만장자를 만들어냈다.

글로벌 금융위기 이후 10년 동안 중앙은행들은 소비자물가 상승
이 미미하다는 이유로 파격적인 통화 정책을 정당화했다. 그러나 캉
티용의 지적대로 국립은행이 인쇄기를 돌려 정부 부채를 사들일 때,
새로 인쇄된 돈은 처음에는 금융 시스템에 갇혀 금융 자산을 잔뜩 부
풀리고 이후 더 넓은 경제로 서서히 스며들며 소비자물가에도 영향
을 미친다.* 로의 체제를 '공기와 그림자처럼 상상할 수 없는 종'이라
고 묘사했던 디포의 말은 2008년 이후 중앙은행들이 설계한 경제 회
생 계획에도 똑같이 돌려줄 수 있다.

불굴의 투지를 가졌던 로는 자신의 체제에 내재한 결점을 결코 인

---

* 인플레이션 효과가 널리 퍼지기 전에 일부에서만 가격이 오르는 것을 '캉티용 효과'라고 한다.

정하지 않았다. 1729년 그가 사망하기 직전에 베네치아를 방문해 그를 만난 프랑스 대사 드 제르지de Gergy는 "그의 저주받은 체제에 대해 그보다 더 완고한 사람은 본 적이 없다. 로는 그 고집대로 처음부터 자신의 프로젝트가 잘못될 리 없다고 믿었을 것이다"라는 말을 남겼다.[61] 돈을 찍어내는 데 골몰하고, 금리를 조작하고, 자산 가치 거품을 부채질하는 중앙은행 총재들 역시 로와 비슷하다. 이들은 대규모 통화 실험에는 긍정적이지만, 고통 없는 출구는 없다는 캉티용의 경고에는 주의를 기울이지 않는다. 로의 전기 작가 앙투안 머피Antoin Murphy는 글로벌 금융위기 이후 "중앙은행 총재들이 지금 하는 일은 바로 로가 이미 권고했던 것들이다. 이러한 관점에서 보면 미시시피 체제는 실패*했지만*, 로는 벤 버냉키Ben Bernanke, 재닛 옐런Janet Yellen, 마리오 드라기Mario Draghi라는 후계자들을 남겼다"라고 썼다.[62]

5장

영국도 2%는 견디지 못한다

이자가 2%일 때 자본은 자연히 다른 나라로 향하거나 어리석은 투기에 낭비되어 결코 충분한 수익을 내지 못한다는 것은 경험적인 사실이다.

– 월터 배젓, 1848

오래되고 이미 검증된 안전한 투자가 더는 익숙한 수익을 내지 못한다면, 그 수익을 받아들이거나 이제껏 시도하지 않았던 것을 해봐야 한다. 우리는 더 가난하거나 덜 안전해야 한다. 덜 부유하거나 덜 안정적이어야 한다.

– 월터 배젓, 1856

| 상거래 사이클 |

18세기 초반부터 영국의 상업은 규칙적인 변동 패턴을 보였다. 처음에는 전쟁 발발이나 흉작 같은 무작위적인 사건들이 주기적으로 침체를 일으키는 경향이 있었다. 그러나 시간이 지나면서 현대의 신용 사이클과 비슷한 것이 발전했고, 통화가 침체의 지배적 요인이 되었다. 대출이 늘어나고 금리가 낮고 수익이 높을 때, 상인들은 더 담대해졌고 은행가들은 그들의 무모함을 받아들였다.

저금리는 자본 집약적 산업에 활력을 불어넣었다. 1750년대 남해

회사South Sea Company 명의로 발행된 것을 포함한 영국의 정부 부채
는 정부 선택에 따라 상환 가능한 단일 영구 채권으로 전환 혹은 '통
합consolidate'되었다. 이후 벽돌 생산량은 새로운 채권을 부르던 이름
인 콘솔Consol 수익과 반대로 움직였다.[1] 1760년대 중반 주택담보대
출 금리가 비정상적으로 낮은 수준인 3.5%까지 떨어지면서 엄청난
건설 붐이 일어났다. 일기작가 호러스 월폴Horace Walpole은 '풍요에 대
한 당혹감'을 동반한 '모든 곳에 건물을 지으려는 열기'를 보았다. 한
신문은 "건축 열기와 건물을 빨리 지으려는 마음이 너무도 강하다 보
니 벽돌이 차갑게 식기도 전에 벽돌공에게 가져다주는 경우가 흔하
다. 며칠 전 올드 스트리트의 골든 레인에서는 벽돌을 실은 자동차에
불이 나기도 했다.라고 보도했다.[2]

　21세기와 마찬가지로, 초기 신용 사이클 역시 은행 사고事故와 국
제 자본 흐름 역전에 민감했다. 17세기 초부터 18세기 말까지 런던
의 대표적인 외국 대부업자들은 네덜란드인이었다. 1621년 네덜란
드 상인들이 자본을 회수하면서 런던의 첫 패닉, 즉 '갑작스러운 경기
부진'이 일어날 정도였다.[3] 1760년대 건설 붐은 1772년 6월 부도덕한
은행가 알렉산더 포디스Alexander Fordyce가 운영하던 스코틀랜드의 에
어 은행이 파산하며 끝났다. 이 사건은 암스테르담의 주요 기업 클리
포드 앤드 선스Clifford & Sons를 파산시킨 국제 은행 패닉을 촉발했고,
런던의 신용 경색을 악화시켰다.

　신용 사이클의 연속적인 단계는 빅토리아 시대의 가장 위대한 은
행가인 오버스톤Overstone 경이 설명한 적이 있다. 그는 1837년의 '상
거래 상태'를 다음과 같이 설명했다.

그 상태는 주기적으로 돌아오는 다양한 조건을 따른다. 다시 말해 확고한 사이클이 있다. 우선 정지된 상태가 있고, 개선 – 늘어나는 확신 – 번영 – 흥분 – 과잉 거래 – 격변 – 압력 – 정체 – 고통 – 다시 정지 상태로 끝난다.[6]

오버스톤과 동시대인인 배젓보다 상거래 사이클을 더 잘 이해하는 빅토리아인은 거의 없었다. 이《이코노미스트》의 유명 편집자는 뼛속까지 은행가였다. 전해오는 이야기에 따르면 그는 은행 위에서 태어났다고 한다. 사실 그의 어머니는 서머싯의 시장 도시 랭포트에 있는 스터키 은행 옆집에서 그를 낳았다. 배젓 부인은 스터키 가문의 일원이었고 그녀의 남편은 그 은행에서 일했다. 대학을 졸업한 후 젊은 배젓 역시 스터키 은행에 고용되어 브리스톨 지점을 관리했고, 나중에는 아버지의 뒤를 이어 은행 부회장이 되었다. 1860년부터는 주로 《이코노미스트》를 편집했지만, 1877년 3월 사망할 때까지도 가족 은행과 연결되어 있었다.

오버스톤이 신용 사이클의 단계를 자세히 파고들어 설명했다면, 배젓은 그 원인을 조사했다. 그는 '상거래를 위해 서로 다른 시기에 이용할 수 있는 대출 가능한 자본의 양 차이'에서 사이클이 발생한다고 주장했다.[5] 금 발견, 과도한 지폐 발행, 상거래 확대 등 대출 가능한 자본의 양을 변화시키는 이유는 많다. 심리적인 요소도 있었다. 배젓은 "한 사람이 다른 사람을 신뢰하는 성향인 신용은 대단히 각양각생이다"라고 썼다.[6] 이자는 신뢰의 기준으로 신용 사이클에 따라 오르내린다. 다만 지나친 신뢰는 위험하다. 배젓은 신용 사이클의 정점을 나타내는 느슨한 금융 행동을 다음과 같이 묘사했다.

> 가격이 높은 좋은 시절에는 사기 또한 판친다. 사람은 가장 행복할 때 가장 잘 믿는 경향이 있다. 따라서 많은 돈을 벌었을 때, 어떤 사람이 실제로 돈을 벌고 있을 때, 대부분이 돈을 벌고 있다고 생각할 때가 기발한 사기를 위한 절호의 기회다.[7]

사이클이 마지막 단계에 접어들면서, 영국 중앙은행은 금리를 인상해야 할 것이다. 배젓은 이럴 때 은행이 신속하게 행동해 부실 대출을 미연에 방지해야 한다고 주장한다.* "이 나라나 다른 나라에서 전체 신용 통화를 감축하는 최선의 방법, 아니 유일한 방법은 이자율을 올리는 것이다." 은행이 제때 움직이지 않으면 위기는 불가피하다. 패닉이 일어나면 신뢰가 사라지고 금리가 치솟는다. 하지만 고금리가 장기간 지속되면 "사업이 억제되고 가격이 하락하고(디플레이션) 환율이 조정되고 무역수지가 균형을 잡는다."[8] 일단 패닉이 지나가면 자본은 유휴 상태에 놓여 저축이 쌓이고 대출 수요를 초과하는 자본이 대거 공급되면서 금리가 저점으로 떨어진다.

---

* "부실기업은 성장하는 데 시간이 걸린다. 특히나 가장 위험한 부실 대출기업의 경우는 더욱 시간이 걸린다. 부실이 발견되면 신용이 떨어지고, 산업의 샘 자체가 파괴되기 때문이다." Walter Bagehot, 《Collected Works》, vol. X(London: 1978), p.37.

| 1825년 위기 |

배젓은 1826년 2월 3일 런던이 역사상 가장 심각한 금융 패닉을 겪은 지 몇 주 후에 태어났다. 이 위기의 원인은 남미 신생 독립국들이 금광을 비롯한 여러 투기 산업을 위해 발행한 채권 투기 열풍이었다. 그리고 그 배경에는 금리 하락이 있었다. 1825년 이전 런던에는 해외로부터 막대한 금이 유입되었다. 그 시대의 은행가 토머스 조플린Thomas Joplin은 "(이로 인해) 이자율이 떨어졌고 공공 및 기타 유가증권 가격은 올랐으며, 은행가·어음중개업자들은 평소보다 더 유리한 조건으로 더 오랜 기간 돈을 빌렸다"라고 밝혔다.[9]

장기금리가 하락하면서 콘솔 가격이 상승했다. 재무장관 윌리엄 로빈슨William Robinson은 수익률 하락을 이용해 미지급 정부 부채를 더 낮은 수익률의 새로운 채권으로 전환했다.[*] 1822년, 1824년, 1825년에 있었던 로빈슨의 부채 전환은 로가 프랑스의 렌티에를 대상으로 100여 년 전에 했던 작업과 다를 바 없었다.[**] 영국 중앙은행의 대출 관행이 바뀌며 통화 상황은 더욱 완화되었고 잉글랜드 은행은 이제 단기 어음 할인이라는 통상 업무에서 벗어나기 시작했다. 1823년부

---

[*] 1720년 남해 회사 전환부터 1888년 고셴Goschen 전환에 이르기까지 영국 정부의 저금리시 부채 전환은 투기 붐의 동시 지표이자 금융위기의 선행 지표였다.

[**] 아서 게이어Arthur Gayer, W. W. 로스토W. W. Rostow, 안나 제이콥슨 슈워츠Anna Jacobson Schwartz는 "(콘솔에 대한) 새로운 금리를 받아들이지 않은 사람들의 자금은 자유롭게 풀어주고, 더 높은 수익을 원하는 보유자들은 '안절부절못하게' 만들어서, 전환은 기채시장(sic)과 증권거래 붐에 어느 정도 기여했다"라고 썼다. Arthur Gayer, W. W. Rostow, Anna Jacobson Schwartz, 《The Growth and Fluctuation of the British Economy, 1790~1850: An Historical, Statistical, and Theoretical Study of Britain's Economic Development》, vol. I(Hassocks: 1975), p.172.

터 '노부인'(잉글랜드 은행의 별명―옮긴이)은 주택, 정부 증권, 심지어는 자신의 주식을 담보로 대출을 시작했다.

1825년 초, 콘솔의 수익률은 몇 년 전 5%에서 감소한 3%였다. 스코틀랜드 은행 대출 금리가 2.5%로 떨어지자 고객들은 예금을 인출해 합자회사에 투자하거나 형편없는 담보를 받고 건설업자들에게 직접 대출해주었다. 전국적으로는 새로운 은행들이 나타났다. 당시 수상이었던 리버풀Liverpool 경은 "식료품점 장수, 치즈 장수 같은 하찮은 상인이라도, 아무리 재산이 부족하더라도, 어느 곳에든 은행을 설립한다"라고 개탄했다.[10] 이 시골 은행들 때문에 영국에는 지폐가 넘쳐났다. 은행가이자 하원의원이었던 알렉산더 베링Alexander Baring은 "이 허구의 잉여는 불을 지피는 연료가 되었다"라고 말했다.[11]

낮은 금리로 안전한 투자에서 얻었던 익숙한 수입을 빼앗긴 투자자들은 해외 증권으로 몰려들었다. 브라질, 페루, 칠레, 멕시코, 과테말라, 콜롬비아, 아르헨티나는 물론 그레고르 맥그레고르Gregor MacGregor라는 스코틀랜드 모험가가 자신의 왕국이라고 주장했던 '포야이 왕국The Kingdom of Poyais'이 발행한 채권은 수익률이 높았다. 몇몇 수익률이 높은 라틴아메리카 채권은 고리대금 금지법을 피하고자 파리에서 발행되기도 했다. 프랑스의 '제도적 차익거래regulatory arbitrage'의 선구적인 예였다.*

심지어 가장 정직하다는 런던 기업들도 이 높은 수익률을 무시하

---

* 환어음의 이자율 상한은 1833년에 폐지되었다. 1854년, 영국의 고리대금 금지법은 마침내 법령집에서 삭제되었다.

지 못했다. 1825년 12월에 발발한 위기는 존경받던 금융 기업 폴, 손턴 앤드 컴퍼니Pole, Thornton & Company의 도산으로 시작되었다.*

영국《타임스》는 "이 기업의 신용은 금리가 낮았던 당시 파트너들이 자본 수익성에 불안을 느끼며 하락하기 시작했고, 따라서 그들은 시간이 한참 지난 후에나 수익이 실현될 수 있거나 신용도가 낮은 증권에 자본을 투입했다"라고 논평했다.[12] 정치경제학자 로버트 토런스Robert Torrens는 "위기는 과도한 투기로 인해 일어났다. 과도한 투기는 낮은 수익률과 금리에 의해 일어났다. 그리고 낮은 수익률과 금리는 (…) 대체 무엇 때문에 일어났을까?"라고 궁금증을 제시했다. 그에 대한 답은 제시하지 않았다.

잉글랜드 은행은 1824년 가을 지불 준비금이 떨어지기 시작하는 상태에서 금리를 조이는 데 시간을 지체했고, 이로 인해 많은 비판을 받았다. 1825년 12월, 맹목적인 공포가 런던을 덮치며 모든 신용이 고갈되었다. 잉글랜드 은행은 도산 위기에 직면하자 프랑스로부터 금괴를 빌리고, 금고에서 아직 발행되지 않은 지폐 더미를 발견해 위기에서 벗어났다. 위기에서 벗어난 노부인은 이번에는 파산 위기에 처한 런던 금융 기업들을 구해야 했다. 잉글랜드 은행 이사회의 일원인 제러마이 하먼Jeremiah Harman은 "우리는 이전에는 단 한 번도 채택한 적이 없는 가능한 모든 수단을 동원했다. (…) 때로는 그다지 너그

---

* 《신용화폐론》을 쓴 헨리 손턴의 장남이자 이 기업의 파트너였던 헨리 사이크스 손턴Henry Sykes Thornton은 이 모든 상황을 묵묵히 받아들이며 여동생에게 "이 모든 파괴가 나를 얼마나 대단한 사람으로 만드는지. 마치 내가 한 나라의 국무장관이라도 된 것처럼 모든 최고위층들이 내 뒤를 쫓아다닌다. 나는 늘 상인과 은행가라는 캐릭터를 사랑했다. 그들이 사업가의 힘과 동화 속 영웅들의 로맨틱한 효과를 결합하는 것을 지켜보는 일은 즐겁기만 했다.라고 말했다.

럽지 않았다"라고 회상했다.[13]

잉글랜드 은행의 노력으로 패닉은 종식됐지만, 영국 상거래는 심각한 침체에서 벗어나지 못하고 있었다. 젊은 배젓은 이러한 극적인 사건들을 몸소 체험하진 못했다. 하지만 1825년 위기에 나타난 모든 특징, 예를 들어 외국 대출의 위험, 패닉 기간 최후의 대출자 역할을 하는 잉글랜드 은행의 책임, 그리고 무엇보다도 저금리에서 비롯된 금융의 무모함은 훗날 그의 글의 핵심 주제가 되었다. 금융 충격의 심각성을 고려할 때, 이 위기는 영국 상업 계급, 특히 배젓과 같은 은행 가문의 머릿속에 지울 수 없는 흔적을 남겼다. 후에 대공황이라는 경험이 미국인 한 세대의 집단의식을 형성한 것과 마찬가지다.

배젓은 삼촌이었던 스터키 은행 사장 빈센트 스터키Vincent Stuckey에게서 은행 업무에 필요한 보수주의의 가치를 배웠다. 자신의 은행이 중앙은행보다 더 안전하다고 자부했던 빈센트는 1825년 폭풍우도 무사히 헤쳐나갔다. 빈센트는 너무나 보수적인 나머지 직원들의 콧수염이나 턱수염조차 금지했다. 배젓만은 이 규칙에서 예외였지만, 은행 업무에 관해서는 삼촌과 견해가 거의 비슷했다. 그는 "은행 업무는 어떤 일이 생기지 않도록 한순간도 방심해서는 안 되지만, 그렇다고 해서 힘든 일은 아니다"라고 이야기했다. 그의 좌우명은 조심 조심이었다. 은행가라면 흔히 금융계를 뒤덮는 보이지 않는 위험과 어리석은 행동을 끊임없이 경계해야 한다. 그런 바보짓들은《이코노미스트》칼럼의 좋은 소재가 되었다. 배젓은 상큼한 격언과 교묘한 역설을 과시하며 가장 많이 인용되는 작가로 자리 잡았다.

| 터무니없는 튤립과 다른 광기들 |

배젓은 무모한 금융 행동이 무작위로 일어나지는 않는다고 했다. 그런 무모함은 보통 대출이 쉽고 금리가 낮은 시기에 나타났다. 그는 이 통찰을 다른 사람은 흉내 낼 수 없는 자신만의 고유한 어법으로 "존 불John Bull은 많은 것을 견딜 수 있지만, 2%는 못 견딘다"라고 표현했다.[14] 금리가 낮은 수준까지 떨어질 때, 투자자들은 더 큰 리스크를 감수하며 손실에 대응한다. 요즘 말로 하자면 '수익률을 추종yield chasing'한다. 영국 상식을 의인화한 존 불이라는 표현은 1852년 7월 31일 《인콰이어러Inquirer》 기사에서 처음 등장했다.

> 이렇게 말하는 사람들이 있다. "존 불은 많은 것을 견딜 수 있지만, 2%는 못 견딘다." 여기에서 도덕적 의무가 발생한다. 사람들은 2%도 받아들이려 들지 않는다. 수입 손실을 참으려 들지 않는다. 그 끔찍한 결과 대신 신중하게 저축한 돈을 괴상망측한 것에 투자한다. 캄차카반도로 가는 운하, 와체트로 가는 철도, 사해를 살려보려는 계획, 적도에 스케이트를 실어 나르는 회사 등이다. 한두 세기 전, 네덜란드인들은 누구보다 가장 상상력이 풍부한 사업을 발명했다. 터무니없이 튤립에 투기한 것이다.[15]

2% 금리는 금융의 어리석음이 극대화된 표현이라는 배젓의 주장은 전 동인도 회사에 소속된 의사였다가 은행가로 변신한 존 풀라턴John Fullarton에게서 빌려온 것이다.[16] 1844년에 쓴 《통화 규제에 관

하여On the Regulation of Currencies》라는 글에서 풀라턴은 "금리가 낮을 때, 가치가 있는 모든 것은 규모가 부풀어 오른다"라고 썼다. 따라서 모든 물건은 투기의 대상이 된다.[17] 그래서 오랜 기간 지속되는 이지 머니는 '투기와 모험의 야생 정신'을 낳는다. 풀라턴은 금리 하락기 이후에 금융 행복감이 발생한다고 말했다. "버블이 있던 해(즉, 1720년 남해 버블)부터 나는 현저한 금리 인하가 선행되지 않은 상태에서 자본가들이 어떤 대규모의 동시적인 투기 움직임을 보일지에 대해 정말로 회의적이다."[18]

배젓은 사람들이 어떻게 자신의 투자에 대한 일정한 수익에 익숙해지는지, 그리고 일정한 소득이 없을 때 어떻게 더 많은 리스크를 감수하는지를 직관적으로 이해했다. "저축이 있는 사람들이 적절하고 통상적인 투자처를 찾지 못할 때, 터무니없는 것을 약속하는 그 어떤 것에든 서둘러 뛰어든다."[19] 《새터데이 리뷰Saturday Review》 1856년 8월호에서 그는 이 주제를 자세히 설명했다.

화폐 가치가 아주 낮을 때마다 우리는 경험적으로 돈이 잘못 사용되리라 예측하게 된다. 이제껏 관찰한 바에 따르면 존 불은 많은 것을 현명하게 견딜 수 있지만, 2%는 견딜 수 없다. 광풍은 해마다 다른 형태로 등장한다. 흔하고 이미 경험한 방식이 낮은 수익률을 보이며 새롭고 시도해보지 않은 방식으로 투자하게 되는데, 그중 일부는 수익성이 없거나 터무니없는 투자일 것이다. 경고는 광풍의 초기 단계에서만 조금이나마 효과가 있다. 광풍이 어느 정도 성장하면 모든 조언은 폐기되고 모두 투기에 빠진다. 모든 사람이 현명하다고 생각하면서 말이다. 어리석

은 사람 2는 어리석은 사람 1을 모방한다.[20]

배젓은 로의 미시시피 버블과 로가 1719년 프랑스에 도입했던 2% 금리를 연결 짓지는 않았다. 하지만 그가 언급한 투기의 예들을 보면 이지 머니와의 연관성이 드러난다. 예를 들어 배젓은 네덜란드인들이 '튤립 투기'를 시작한 1630년대 중반 네덜란드 공화국에 "돈은 풍부했다"고 지적했다. 그보다 10년 정도 앞서 1609년에 설립된 암스테르담 은행에서 발행한 지폐가 무역에 대단히 편리하다는 것이 외국인들에게 알려지면서 네덜란드에 대규모 자본이 유입되었다. 1633년과 1638년 사이 은행의 대차대조표는 거의 3분의 2가 증가했다.

네덜란드 금리는 17세기 초 약 8%에서 그 세기 중반에는 절반 수준까지 떨어졌다.[21] 호머와 실라에 따르면 이 시기는 "현대적인 '이지 머니'가 발견된 시대였다."[22] 수익률 추구는 자본주의만큼이나 오래된 것이었다. 17세기 말, 요세프 드 라 베가Joseph de la Vega는 주식 시장의 움직임을 다룬 최초의 보고서《혼란 속의 혼란Confusion de Confusiones》에서 다음과 같이 말했다.

매일매일 (…) 돈을 투자하는 방법은 찾기 힘들기에 고정이자 투자 수입은 줄어든다. 보통 대출 금리는 (…) 2.5%에 불과하다. 따라서 아무리 부유한 사람이라도 어쩔 수 없이 주식을 사게 되고, 주가가 내려갔을 때도 손실을 피하고자 주식을 팔지 않는다. 그러나 이런 사람들은 주가가 오르더라도 팔지 않는다. 자본을 더 안전하게 투자할 방법을 모르기 때문이다.[23]

저금리로 인해 투기가 촉발된다는 배젓의 주장은 그가 언급한 사건 중 연대기 순으로 두 번째인 '사해를 살려보겠다는 계획'에서도 확인된다. 물론 그런 계획은 존재하지 않았다. 배젓은 1720년 남해 거품 때 등장한 버블 회사들을 암시하고 있다.《롬바드 스트리트Lombard Street》에서 배젓은 '말과 소 보험'이나 '맥아주 개선' 같은 진짜 존재했던 홍보와 '스페인 수탕나귀 수입'이나 '영구 운동 바퀴', 그리고 가장 유명한 '때가 되면 드러날 사업' 등 몇 가지 사기 계획을 열거한다.[24]

1720년 영국의 남해 거품은 미시시피 거품의 조잡한 모조품이었다. 로와 마찬가지로 회사의 이사들은 주로 값비싼 연금에 충당되는 정부 부채 비용을 낮추기 위해 부채를 주식으로 전환했다. 처음부터 망할 수밖에 없는 운명이었던 로의 프로젝트와 마찬가지로 남해 거품 역시 이지 머니의 시대에 발생했다.[25] 장기 정부 부채 수익률은 1710년 8%에서 1720년대 초 약 4%까지 떨어졌다. 프랑스와 마찬가지로 정부 채권자들은 금리가 하락하자 1720년 상반기 동안 10배 가까이 급등한 남해 주식을 연금으로 교환하려 했다. 하지만 그해 말 주가는 폭락했고, 거의 모든 버블 회사들이 이 물결에 휩쓸려 사라졌다.

사해를 살리는 계획과 마찬가지로 '캄차카반도로 가는 운하' 역시 애당초 없었다. 그러나 1790년대 초 영국에서 운하 건설 광풍이 일었던 것은 사실이다. 운하는 완공에 오랜 시간이 걸리고, 자본 상환에는 훨씬 더 오랜 시간이 걸리는 자본 집약적인 프로젝트다. 이러한 장기 투자는 금리 변화에 민감할 수밖에 없다. 그러므로 금리가 저점을 찍었을 때 운하 건설 프로젝트가 쏟아져 나온 것도 놀랄 일은 아니다.[26] 경제학자이자 통계학자인 토머스 투크Thomas Tooke는 1790년대 3%

아래로 금리가 하락한 것을 '당대에 등장한 지방 은행 시스템이 확대된 원인이자 결과'로 간주했다.[27] 운하 열기는 프랑스 혁명군과의 전쟁이 일어난 후 1793년 은행 위기로 끝났다.

1797년 2월, 소규모 프랑스군이 웨일스의 펨브룩셔 피시가드 근처에 상륙했다가 이내 영국군에게 항복했다. 이 침공의 결과로 금융 패닉이 일어났고, 이후 잉글랜드 은행의 금 지급을 중단하는 추밀원칙령Order in Council(영연방 국가의 입법—옮긴이)이 뒤따랐다. 하지만 이 영국 최초의 순수 지폐 경험의 동반자는 또 한 번의 많은 이지 머니였다. 나폴레옹 전쟁 동안 은행 대출 금리는 법의 최대 허용치인 5%를 유지했다. 손턴은 1800년대 초반 금리가 '부자연스럽게 낮다'라고 생각했다.[28] 콘솔의 실질(인플레이션 감안 후) 수익률은 처음으로 마이너스로 돌아섰다.[29]

1800년과 1807년 사이에 영국 중앙은행이 할인한 상업 어음 양은 두 배 이상 늘어났다.[30] 경제는 '보편적인 흥분'에 휩싸였다. 수백 개의 은행이 설립되었고 '양조장 일곱 개, 와인 회사 다섯 개, 증류소 네 개, 보험 회사 서너 개 (…) 기타 무역 회사' 등 수십 개에 달하는 투기 기업이 주식 시장에 등장했다.[31] 상품은 회오리바람에 휩싸인 듯 통제가 불가능했다.[32] 잉글랜드 은행과 동인도 회사 주식은 콘솔과 함께 '급격한 투기적 상승'을 경험했다.[33] 나폴레옹의 대륙 봉쇄령에 따라 유럽 시장에서 쫓겨난 영국 상인들은 남미 무역에 뜨거운 시선을 돌렸다. 당대의 기록에 따르면,

부에노스아이레스, 브라질, 카라카스의 무역 개방에 따른 수출은 정말

엄청났다. 이후 투기는 도박 수준을 넘어 실행 불가능한 영역까지 확장되었다. 당시 리우데자네이루에 거주하던 여행가 모웨 씨에게서 지난 20년 동안 소비된 것보다 더 많은 맨체스터 상품이 몇 주에 걸쳐 수입되었다는 소식을 들었다. (…) 동물의 뿔이나 코코아 껍질에 차를 담아 마시던 사람들에게 유리그릇과 자기를 이용한 세련된 서비스가 제공되었다. 몇몇 투기꾼들은 실제로 리우데자네이루로 (아이스) 스케이트를 보내기까지 했다.[34]

아이스 스케이트가 적도 남쪽으로 운송되었다는 이야기는 런던에서도 전설이 되었다. 거의 반세기 후에 배젓이 이 에피소드를 언급했을 때 독자들은 무슨 말인지 다 이해했을 것이다. 투기 광풍은 1810년 여름에서야 가라앉았고 그 후 지방 은행 가운데 약 3분의 1이 파산했다.[35] 리버풀 경은 이후 상원 연설에서 이 사건들을 이렇게 회고했다. "불환지폐(태환지폐에 반대되는 개념으로 정부나 중앙은행이 정화와의 태환이라는 보증 없이 발행한 지폐—옮긴이)는 가상의 부富인 버블을 창조하며, 이 거품이 터지면 불편을 초래한다."[36]

1840년대의 영국 철도 광풍은 젊은 배젓이 유니버시티칼리지 런던에서 수학을 공부하던 시절에 일어났다. 1840년에서 1845년 사이 나라 전체가 기차 여행의 부흥에 대한 기대로 주가가 두 배 이상 오른 영국 철도 주식에 매혹되었다. 투기꾼 중에는 찰스 디킨스의 지인이자 초기 투기 광풍을 부채질한 사람으로 1841년에 《비정상적인 대중 망상과 군중의 광기Extraordinary Popular Delusions and the Madness of Crowds》라는 책을 쓴 찰스 맥케이Charles Mackay도 있었다.[37] 이 책에서 그는 투기 위험을 경고했지만, 그 경고는 영국 대중은 물론 저자인 맥케이 자신도 까맣게 잊어버렸다.

선동꾼들은 영국의 기존 유료 도로망보다 더 긴 약 7,242킬로미터에 달하는 철로 건설 계획을 세웠다.[38] 1845년 10월까지 약 1,200개의 철도에 5억 6,000만 파운드의 예산이 투입되었다. 이것만으로도 이미 영국의 국민소득을 넘어섰다.[39] 철도는 절대로 투자 비용을 회수할 수 없을 만큼 먼 외딴 장소까지 지어지거나 지어질 예정이었다. 배젓의 고향 랭포트에서 그리 멀지 않은 서머싯의 항구인 '와체트로 가는 철도'에 관해서는 1845년에 도면상으로만 세 가지 다른 계획이 있었다.* 철도 광풍은 또 다른 이지 머니 시기와 맞물렸다. 환어음의 할인율은 1842년 중반 3% 아래로 떨어졌다. 그리고 다음 해에는 2%에 이르렀다. 잉글랜드 은행은 더 긴 만기에 담보물 수준도 넓혀 대출을 시작했고, 심지어 철도 사채에도 손을 대 주식 시장의 호황에 '높은 수준의 지지와 효과적인 부양책'을 제공했다.[40] 1842년 4월 28일《타임스》는 다음과 같이 보도했다.

잉글랜드 은행이 할인율을 4%까지 인하한 부작용은 이제 모두가 느끼고 있고, 실제로도 드러나고 있다. 돈이 풍부하다 보니 딜러들은 공공 증권과 주식 분야를 제외하고는 할 일이 없는데, 그중 일부 사업은 자본

---

* 철도를 짓겠다고 나선 회사로는 브리스톨&잉글리시 채널스 다이렉트 정션 철도, 서머싯&노스 데번 정션 철도&포록 항구&부두, 브리지워터&마인헤드 철도가 있었지만, 그 어느 도면도 실제로 착공까지 이어지지 않았다. 1859년 웨스트 서머싯 광물 철도가 개통되어 브렌던 힐스에서 와체트까지 철광을 운송했지만 전혀 이익이 나지 않았다. 1862년 웨스트 서머싯 철도가 개통되면서 마침내 와체트에도 기차 여행 노선이 생겼다. 이 노선은 현재까지 운행되고 있다.

을 이용하기에 적절치 않다.[41]

1844년 은행 금리는 2%였고, 이때 이미 풀라턴은 낮은 금리가 투기를 자극한다고 경고했다. 제임스 윌슨James Wilson이 창간하고 편집한 《이코노미스트》도 "'2차' 투기와 철도 건설이 은행과 롬바드가에서 손쉽게 대출할 수 있었던 탓이라는 말은 심할 수도 있지만, 어쨌든 크게 영향을 받았다는 데는 의심의 여지가 없다"라며 투기 광풍을 이지 머니 탓으로 돌렸다.[42] 미래에 윌슨의 사위가 되는 배젓도 같은 생각이었다. 몇 년 후에 그도 이렇게 썼다.

물론 (철도) 일부는 필요하긴 했지만, 돈이 너무 넘쳐났던 것도 사실이다. 그 결과 모든 곳에 철도가 들어섰다. 모든 철도 사업은 '잉글랜드 은행만큼 안전하며' 20%의 이익을 돌려주겠다고 장담했다. 가장 상상력이 발휘된 사업이었던 튤립처럼 공상에 불과한 계획의 가증권이 매일 사고 팔렸다. 조용한 추구를 통한 안전한 이익, 일반적인 산업에 대한 관용이 없었다. *사람들은 2%를 견딜 수 없었다.*[43]

| 은행가의 은행 오버렌드 거니 |

1866년 5월 10일 오후 3시, 런던시 버진 레인과 롬바드가 모퉁이에 있는 한 건물에 게시문이 붙었다. 오버렌드 거니Overend Gurney 할인점이 문을 닫았다는 내용이었다. 다음 날인 5월 11일 금요일, '공포통치reign of terror'가 금융가를 휘몰아치기 시작했다.[44] 그 효과는 '지진의 충격'에 비유되었다.[45] 1825년 12월에 본 것과 같은 광경이었다. 충격은 전국으로 퍼져나갔다. 《타임스》는 '국가적 재앙'이라고 했다.[46] 배젓은 당시 수상 윌리엄 글래드스턴William Gladstone에게 보낸 편지에서 '롬바드가의 신용 붕괴와 내가 보았던 것보다 더 큰 불안감'에 관해 썼다.[47]

오버렌드 거니는 평범한 기업이 아니었다. 1802년에 설립된 이 회사의 주요 사업은 상업 어음 할인이었다. 상인, 기업가, 다른 도시의 회사를 위해 차용증서를 현금으로 바꿔주는 일 말이다. 《타임스》는 사람들이 흔히 코너 하우스corner house라고 부른 이 회사를 '왕국에서 가장 위대한 신용 도구'로 보았다.[48] 그러나 최근 몇 년 동안 오버렌드는 신중한 경로에서 벗어났다. 젊은 파트너인 D. W. 채프먼D. W. Chapman에게 번지르르한 조언을 받아 그리스와 동양의 증기 항법 회사, 여러 철도 회사, 런던 외곽의 부실한 철공소 등에 투자하며 회사의 자본을 묶어버렸다. 오버렌드 이사들의 재판에서 검사는 "그들은 자신의 배로 바다를 덮었고, 자신의 철로로 땅을 쟁기질했다"라고 말했다.[49]

문제는 형편없는 투자에서 그치지 않았다. 장기적이고 비유동적인 담보대출은 오버렌드에 적합한 사업이 아니었다. 오버렌드는 일반적으로 금융 시장에서 매일 콜금리로 자금을 조달하는 3개월짜리 상업 어음을 할인했다. 《타임스》는 오버렌드의 실수를 이렇게 말했다.

할인 중개라는 주 업무를 포기하고 '금융'이라는 일을 하기로 한 회사가 높은 수익률을 약속하면서 자산을 증권에 '묶어lock-up'두었는데, 긴급한 상황이 닥쳤을 때 이를 현금화할 수 없었고 자산이 너무 제한적이다 보니 약속을 지키려면 파산 직전까지 이르러야 한다는 사실을 깨달았다. 그래서 회사는 지불을 중단했다.[50]

코너 하우스 말고도 많은 런던 기업이 이 '락업' 게임에 참여했다. 1860년대가 시작되며 수많은 금융 회사가 대거 등장했다. 1863년에는 수백 개의 투기 기업이 등록되었고, 그중 더블린 태생으로 원래 와인을 거래했던 앨버트 그랜트Albert Grant는 자신의 이전 금융 사업이 파산한 지 2년도 되지 않아 런던 제너럴 크레디트 앤드 파이낸셜 컴퍼니를 설립했다. 오버렌드와 같은 신생 할인 회사들은 금융 시장에서 조성한 현금으로 철도 및 기타 자본 집약적인 사업에 자금을 조달했다. 앤서니 트롤럽Anthony Trollope의 소설《지금 우리가 사는 법The Way We Live Now》에 등장하는 부정직한 금융업자 아우구스투스 멜모트의 모델이 된 그랜트는 이슈 조작으로 악명이 높았다. "명백하게 부정 이득으로 취득한 양은 1824~1825년의 거대한 거품 시대나 1845~1846년의 철도 광풍 시대에 존재했다고 알려진 것을 넘어섰다." 빅토리아 시대 금융 저널리스트 데이비드 모리에 에반스David Morier Evans가 이렇게 말할 정도였다.[51]

금리가 바닥일 때는 금융 광풍이 일었다. 1862년 여름, 잉글랜드 은행 대출 금리는 존 불이 두려워하는 2%였다. 그러나 배젓은 태평했다. 그는 저금리가 저축 과잉에서 비롯되었다고 믿었다. 몇 년 안에 금리가 치솟았다. 1864년 은행 금리는 9%를 기록했다. 배젓은 기운을 얻어 "잉글랜드 은행 경영 상태가 매우 개선되었다"라고 말했다.

그러고는 "이제 우리는 외환 상황이 좋지 않을 때마다 나타나던 주기적인 위기와 패닉을 두려워할 필요가 없다"라고 열변을 토했다.[52] 1865년 말, 《이코노미스트》는 "악성 부채도 없고, 붕괴도 없다. 은행들의 높은 총이익은 큰 손실이나 불량 어음이 있더라도 영향을 받지 않을 것이다"라고 주장했다.[53]

배젓은 심각하게 오해하고 있었다. 이미 또 다른 영국 철도 시스템이 은연중에 대규모 확장을 준비하고 있었다. 새롭게 제안된 노선만도 기존 영국 철도망 절반에 달했다. 모든 투자 광풍이 그렇듯 엄청난 자본이 낭비되었다. 철도 재정은 불안정했다. 도급업자들은 지불을 지폐든 채권이든 주식이든 받아 금융 회사에 팔아넘겼다. 국내 불건전 투자와 협조 융자associated financing의 홍수로 인해 이자율은 상승했다. 《자본론》에서 마르크스는 오버렌드 거니의 실패를 두고 통찰력 있는 시각을 제시했다. 그는 높은 금리는 번영을 의미할 수도 있지만, "다른 사람의 주머니를 털어서 높은 이자를 지불하기에 이를 감당할 여유가 있는 떠돌이 신용공여자들이 나라의 기반을 망칠 수도 있다. (…) 그리고 그들은 나라야 어떻게 되든 예상 수입을 기반으로 호사롭게 살아간다"라고 썼다.[54]

마르크스는 배젓과는 달리 사후 판단을 활용할 수 있었다. 1865년 7월 오버렌드의 파트너십이 해체되었고, 주식은 런던 증권거래소에 상장되었다. 오버렌드의 부실채권은 이전 파트너들이 보증한 비밀계좌로 차감되었다. 《뱅커스 매거진》은 이 상장을 '유한책임 회사의 가장 커다란 승리'라고 묘사했다. 배젓은 그다지 기뻐하지도 않았지만 오버렌드를 공개적으로 비판하지도 않았다. 주식은 초과 청약을 받았고 상장 후에는 높은 프리미엄으로 거래되었다. 그러나 코너 하우스는 상장기업으로 1년도 채 버티지 못했다. 블랙 프라이데이가 끝나자 배젓마저 비난에 동참했다. 그는 이 회사가 '너무 무모하고 어리석으며 런던에 사는 어떤 꼬마라도 이 회사보다는 돈을 더 잘 빌려줬을 것'이라고 썼다.[55] 맨체스터 은행가 존 밀스John Mills는 "일반적으로 패닉은 자본을 파괴하지 않는다. 단지 이전에 가망이라고는 전혀 없는 비생산적인 일에서 자본이 얼마나 파괴되었는지를 보여줄 뿐이다"라고 논평했다.[56]

｜ 배젓 규칙 ｜

오버렌드 거니의 몰락은 배젓이 런던 금융 시장의 운영에 관한 생각을 정리하는 계기가 되었다. 그는 1873년에 출판된 《롬바드 스트리트》에서 금융위기 시기에 중앙은행이 어떻게 행동해야 하는지를 설명하며 큰 명성을 얻었다. 잉글랜드 은행은 금을 보유하고 있었으므로 금융 패닉 중에도 대출의 의무가 있었다. 배젓은 "한마디로 패닉은 신경통의 일종이며 의학적으로 신경통 때문에 굶어서는 안 된다"라고 썼다. 그러고는 패닉 상태에서 잉글랜드 은행은 좋은 증권에 대해서는 높은 이율로 많은 대출을 해주어야 한다고 권고했다.

중앙은행이 최후의 대출자 역할을 해야 할 책임이 있다고 명시한 게 배젓이 처음은 아니다. 선대의 영국 은행가가 이미 같은 의견을 제시했다. 베어링 은행이라는 가족 은행 기업을 일군 프랜시스 베어링Francis Baring 경은 1797년 "신용은 결코 경련을 일으켜선 안 된다"라고 썼다. 베어링은 운하 광풍이 식으면서 함께 파산한 뉴캐슬 은행의 여파를 지켜보고 있었다. 잉글랜드 은행은 겁을 먹고 패닉을 방치했다. 베어링은 이를 실수라고 지적했다. "중앙은행이 대출을 거절하자 더 이상 자원을 조달할 곳이 없었다. 이들이야말로 최후의 수단이었기 때문이다."[57] 베어링과 동시대에 살았던 손턴 역시 돈이 쌓이는 시기인 패닉—당시에는 '국내유출internal drains'이라고 불렸다—기간에 신용 제공이야말로 은행의 중요한 의무라는 데 동의했다. 풀라턴은 은행을 위기가 닥쳤을 때 공동체가 도움을 요청할 수 있는 '거대한 국가 곡물저장소'에 비유했다.[58]

지금은 잘 알려진 '배젓 규칙'은 금융 패닉에 대한 공식 대처법이다. 1825년 패닉 당시 잉글랜드 은행은 담보물의 범위를 넓게 책정하고 미친 듯이 대출했다. 1844년 은행 헌장법은 은행이 발행할 수 있는 지폐 양을 금 보유량까지로 한정했지만, 이 법은 금융위기가 닥칠 때마다 유보되었다. 오버렌드 패닉 몇 달 후, 잉글랜드 은행의 총재 헨리 랜슬럿 홀랜드Henry Lancelot Holland는 주주 모임에서 "은행은 최선을 다했습니다. 그리고 위기를 극복하는 데 성공했습니다"라고 자부심을 담아 말했다. "우리는 주어진 자리를 피하지 않았습니다. (…) 그리고 믿을 수 없을 정도로 진전을 이루었습니다."[59]

은행이 최후의 대출자 역할을 해야 한다는 배젓의 주장을 동시대 사람들이 모두 호의적으로 받아들인 것은 아니다. 당시에는 이런 정책이 금융의 무모함(도덕적 해이)을 부추길 것이라는 분위기가 팽배했다. 블랙 프라이데이 패닉 동안《타임스》는 부실 은행들이 부족한 자본으로 운영되고 있다고 비판했다. 선더러Thunderer(《타임스》의 별명—옮긴이)는 "민간 및 합자 은행들은 부채의 5%를 조금 넘는 잔고를 유지하면서 중앙은행에 의지해 자신들의 무모함과 낭비의 결과를 벗어날 수 있으리라 기대해선 안 된다"라고 천둥 같은 소리로 질책했다.[60]

이 논쟁은 《롬바드 스트리트》 출간과 더불어 더욱 불이 붙었다. 전 영국 중앙은행 총재인 톰슨 행키Thomson Hankey는 배젓의 조언을 비난했다.

> 이 나라 금융계에서 나온 가장 해로운 교리다. 이 교리는 잉글랜드 은행이 자신의 자산도 이용할 수 없는 은행가들의 요구까지 충족하도록 항상 충분한 자금을 유지해야 한다고 주장하고 있다. 은행이 그러한 교리를 거부해야만 런던 은행 업무가 건전한 원칙 위에서 운영될 수 있을 것이다.[61]

《타임스》는 행키의 《금융의 원리Principles of Banking》에 대한 서평에서 책의 내용에 공감하며 은행법 유보를 경고했다. "(유보가) 있을 때마다, 은행의 지불 능력을 불신하는 채권자들의 공격을 받아야 했던 은행들은 당장은 폭풍을 견뎌내더라도 결국에는 더 큰 파멸에 빠질 뿐이었다."[62] 서평에 나오는 내용은 아니지만, 1857년 은행 위기에 은행 헌장법이 유보되지 않았다면 오버렌드 거니는 바로 그 날짜에 파산했을 것이고, 런던에서는 10년 후에 '공포 통치'가 일어나지도 않았을 것이다.[63]

중앙은행 대출을 찬성하는 추종자들이 대부분 은행가 출신이라는 사실은 우연이 아니다. 베링과 배젓 가문의 재산은 패닉으로 인해 위기에 처했다. 공정하게 말해서, 초기의 배젓 규칙은 도덕적 해이moral hazard를 완화하려고 노력한 면도 있다. 이 스터키 가문의 후손은 패닉 기간에 잉글랜드 은행이 양질의 담보물에 대해 짧은 기간만 대출해야 하며 높은 이율을 부과해야 한다고 권고했다.*

배젓 규칙은 21세기 통화 정책 입안자들도 줄기차게 인용한다. 2008년 글로벌 금융위기 이후 뉴욕 연준 의장을 지낸 티머시 가이트너Timothy Geithner 미 재무장관은 《롬바드 스트리트》를 '중앙은행의 성경'이라고 불렀다. 가이트너의 전 상사 버냉키도 회고록 《행동할 용기The Courage to Act》에서 다른 어떤 경제학자들보다 배젓을 더 자주 언급한다.** 연준과 다른 중앙은행들이 위기 상황에서 최후의 대출자로 나섰을 때, 수조 달러에 이르는 대출의 이론적 근거를 제공했던 인물이 바로 배젓이었기 때문이다.

그러나 정작 배젓이 제시했던 엄격한 조건은 지켜지지 않았다. 현대 최후의 대출자들은 빅토리아 시대의 선조들과 연관성이 미미하다. 이들은 높은 이자가 아니라 가장 낮은 이자율로 대출한다. 긴급 대출임에도 단기간이 아니라 몇 년 동안 끝도 없이 제공해준다. 이들이 받는 담보는 질이 높지 않고, 신용 스펙트럼의 가장자리에 간신히 걸치고 있는 것들이다. 게다가 현대의 중앙은행 총재들은 도덕적 해이에 대해 그다지 우려하지도 않는다. 이들의 행동은 행키에게마저 심각한 신경통을 안겨줄 것이다. 이들은 종종 극단적인 조치에 대한

---

* 이는 당시 표준 관행이었다. 오버렌드 도산 이후, 글래드스턴 총리는 '그림자 총리' 배젓의 조언에 따라 은행 금리를 10%로 유지하는 조건으로 은행법 유보를 허용했다.

변명으로 디플레이션을 언급한다. 그러나 배젓은 그 어디에서도 디플레이션을 금융 리스크로 간주하지 않았다. 빅토리아 시대는 금융패닉 중에 이따금 발생하는 심각한 디플레이션으로 중단되는 장기간에 걸친 가벼운 디플레이션이라는 경제적 특징을 갖고 있었기 때문에, 배젓이 디플레이션을 심각하게 생각하지 않았던 것도 당연하다. 그가 보기에 위기의 순간에 나타나는 디플레이션은 열병의 원인이 아니라 증상 중 하나였을 것이다. 배젓의 상거래 사이클 설명에 따르면, 가격 하락은 정상으로 돌아가는 과정의 일부이기 때문이다.

| 외국 투자 |

런던 금융계는 오버렌드 거니 파산 영향에서 서서히 회복되었다. 블랙 프라이데이의 여파로 콘솔 수익률은 3.5%로 하락했고 단기 대출은 2% 이하로도 가능했다. 잉글랜드 은행의 젊은 이사 조지 고셴George Goschen은 《에든버러 리뷰》에 이자에 관한 에세이를 썼다. 1868년에 발표된 〈2%〉에서 묘사된 금융 상황은 패닉 이전과는 매우 달랐다. 저축은 끊임없이 증가하고 있었다. 고셴은 런던과 파리에 엄청난 양의 금이 축적되어 있다고 주장했다. 세속적 정체secular stagnation(장기 침체라는 의미—옮긴이)는 시대의 명령이었다. "거래는 근근이 이루어졌다." 대법원은 '파산 기업 청산' 때문에 다른 일을 할 틈조차 없었다. 신용은 신뢰를 잃었다. 고셴은 "저렴한 돈으로 익숙한 결실을 맺지 못했다"라고 썼다. "투자는 여전히 차갑게 식어 있고, 위로조차 거부하고 있다. 2%라니. 말도 안 되는 소리!"[65]

외채는 다섯 배의 수익률을 낼 수 있었지만, 배젓은 믿지 않았다. 런던에서 외국 증권만큼 어리석은 것은 없었다. 최초의 라틴아메리카 대출은 배젓이 태어나기도 전부터 있었다. 이 대출은 아기 월터가 요람에 누워 있을 때 채무불이행을 선언했다. 나중에도 배젓보다 외국 투자에 대해 더 불안해하는 사람은 없었다. 그가 보기에 문제는 세계 여러 곳에서 "이자 개념이 매우 불완전하게 발달했다"라는 것이었다. 근본적인 문제는 신뢰 부족이었다. 그는 동양에서는 돈이 있으면 이자를 받고 빌려주기보다 금이나 다이아몬드를 사거나 묻어두려고 할 것이라고 추측했다.

배젓은 《이코노미스트》에 〈반문명 국가들에 대한 대출 위험성On the Dangers of Lending to Semi-Civilised Countries〉이라는 사설을 썼다. 문제가된 나라는 이집트였다. 이 나라의 엄청난 자원이나 비옥한 농지는 중요하지 않았다. 배젓은 외채 상환을 위해서는 '정체政體의 지속성, 고정된 정치윤리, 그리고 항상 일정한 돈의 보유'가 필요하다고 썼다. 이집트는 이러한 자질이 없었다. 따라서 결론도 단호했다. "우리는 상황도 모르는 나라에 문명의 결여는 따져보지도 않은 채 돈을 빌려주고는, 돈을 잃는다."[66]

배젓의 경고는 헛수고였다. 이집트는 10% 이자를 지급하겠다고 약속했는데, 이는 투자자들이 이집트의 통치자 케디브Khedive가 자신의 연간 수입보다 15배는 더 많은 빚을 지고 있는 헤픈 사람이라는 사실을 눈감아줄 만큼 큰 수익이었다. 그 후 몇 년 동안 본격적으로 외국채권 광풍이 불었다. 라틴아메리카 공화국들도 다시 지지를 보냈다.

1870년, 일본은 9% 수익률로 처음 외채를 발행했다. 1875년 7월

의회 위원회는 외국 대출 광풍에 대해 "시장 조작, 많은 커미션을 챙기는 게 목적인 대출, 대출 이자만으로 유지되고 있는 이자 등에 대한 폭로가 이어지며 몇몇 국제 은행은 심각할 정도로 신뢰를 잃었다"라고 설명했다.[67] 이 시기에 이미 채무불이행 선언이 이어졌다. 코스타리카, 도미니카 공화국, 파라과이는 1872년에 지급을 중단했다. 스페인은 1873년 6월까지 버텼다. 볼리비아, 과테말라, 라이베리아, 우루과이는 이자 상환을 중단했다. 이집트는 1873년에 거의 채무불이행에 도달했지만, 만기가 돌아온 부채에 대해 터무니없는 이자를 내며 간신히 넘길 수 있었다. 결국 케디브는 수에즈 운하 지분을 디즈레일리 정부에 400만 파운드에 매각하고 집행유예를 얻었다.

1876년 2월, 배젓은 외국 대출 열풍에 대해 숙고해보았다. 모두 알고 있는 이야기였음에도 국내 금리가 낮은 시기에는 외채의 높은 수익률이라는 허황한 약속이 매력적으로 보인다.

인간은 15%를 좋아한다. 큰 약속과 큰 이익을 매우 친숙하게 느끼고, 감정과 상상력을 자극하는 것을 좋아한다. '금융 사기' 제조업자들은 이를 알고 이용하며 살아간다. 사람들에게 '15%'는 위험하다는 사실을 가르치기 위해서는 길고 고통스러운 경험이 필요하다. 새롭고 화려한 계획은 믿지 말아야 한다. 하지만 대중은 그런 계획에 대해 본능적으로 잘못된 판단을 하기 쉬우며, 건전한 정책보다 근사해 보이는 정책을 선호하는 경향이 있다. 대중은 많은 것을 약속하지 않으면서 딱 그만큼만 지급하는 계획보다, 많은 것을 약속하지만 아무것도 지급하지 않는 계획을 더 좋아한다.[68]

┃ 베어링스 위기 ┃

외국 대출 실패 이후, 영국 장기금리는 계속 하락했고, 19세기 말까지도 바닥을 모르고 계속 떨어졌다. 이 시기는 또 산업화 세계에서 완만한 디플레이션 시기였다. 몇몇 사람은 콘솔 수익률 하락이 미국과 유럽 철도망 완성 후 자본에 대한 수요 부족 탓이라고 했다. 대규모 금광이 발견되지 않아서 디플레이션이 지속된다고 주장하는 사람도 있었다. 세계 무역 확대와 대규모 미국 이민 역시 물가, 소득, 금리에 추가적인 하방 압력을 가했다.

이유가 무엇이든 간에 1888년 초, 영국 재무장관 고셴은 이자율 하락을 이용해 6억 파운드의 액면 가치를 가진 3% 콘솔을 더 낮은 수익률의 채권으로 전환했다.[69] 이는 영국 역사상 가장 큰 규모로 진행된 공공 부채 전환이었고, 결과는 불을 보듯 뻔했다. 경제사학자 존 클라팜John Clapham 경은 "(이 전환은) 더 배고픈 자본가들에게 이자 부담을 줄여준 것으로 10년의 호황과 위기 역사에 기록되었다"라고 비꼬았다.[70] 아일랜드 맥주 기네스가 상장되며 큰 거품을 일으키고, 광산 주식을 중심으로 '남아프리카 열풍'이 일던 런던 주식 시장에는 야성적 충동Animal Spirit(경제에 영향을 미치는 인간의 비이성적 측면을 가리키는 케인스의 용어―옮긴이)이 등장했다. 미국 풍자작가 마크 트웨인이 말했다고 알려진 유명한 표현에 따르면 광산은 '거짓말쟁이 소유의 땅에 난 구멍'이다. 중간 계급의 저축을 모으기 위한 새로운 수단으로 처음 등장한 투자신탁은 '더는 정부 증권으로 충분한 수익을 얻을 수 없다고 생각한 투자자들'을 끌어들였다.[71]

1889년 10월, 잉글랜드 은행 총재 윌리엄 리더데일William Lidderdale
은 다음과 같이 경고했다.

현재의 금융은 (…) 분명히 위험한 방향으로 가고 있다. 너무도 많은 자
본이 산업 발전에 투자되고 있고, 금융업자들은 부담이 되지 않기 위해
서는 번영과 동시에 이지 머니가 필요한 증권에 점점 더 큰 리스크를 감
수하고 있으며, 장기간의 이지 머니와 무역 불황의 복합적 영향으로 인
해 대형 투자 건수가 증가하고 있다. 위기를 떠올리게 만드는 대부분의
요소를 가지고 있는 것이다.[72]

위기의 근원이 라틴아메리카였던 것은 이번이 처음은 아니었다.
엄청난 천연자원과 유럽보다 많은 인구를 보유했던 아르헨티나는 동
시대인들에게 미래의 미국처럼 여겨졌다.* 외국 투자자들은 아르헨
티나에서 1820년대에 처음으로 외국 차관 채무불이행이 발생한 이
래 신용이 의심스러웠다는 사실을 간과했다.** 아르헨티나는 "유럽의
낮은 이자율과 넘치는 돈을 이용해 최대한 많은 대출을 계약했고, 이
전 대출 이자를 갚기 위해 새로운 대출을 하기도 했다."[73] 일부 아르
헨티나 대출 금리는 5%에 불과했는데, 이는 리스크에 비해서도 낮았
지만 새로 발행된 콘솔 '고셴스'(재무장관의 이름을 붙여 비꼰 것—옮긴이)

---

* 아르헨티나는 1860년대 '인디언과 평화' 이후, 1870년부터 1890년까지 인구가 두 배로 급증했다.
1880년대에는 독재자 로카Roca 장군 아래 정치도 안정적이었다. 1880년대 초 화폐개혁이 시행되며
새롭게 발행한 페소화는 액면가대로 금으로 바꿀 수 있었다.

** 개발도상국 대출과 관련해 시장의 과거 기억 능력은 국내 금리에 따라 달라진다. 저금리는 기억을
흐리게 하는 역할을 한다.

의 쥐꼬리만 한 수익률보다 2~3%는 더 높았다.

아르헨티나가 부유한 산업 국가가 되려면 현대적인 인프라가 필요했다. 1888년, 베어링 브러더스는 부에노스아이레스 급수 배수 회사를 상장했다. 상장은 실패했고, 주식은 몽땅 베어링스의 소유가 되었다. 런던 금융계의 관심은 점차 부에노스아이레스에 만연하고 있는 부패에 쏠렸다.

아르헨티나의 주택담보대출 은행들은 허위로 부풀려진 땅을 담보로 대출한 것으로 밝혀졌다. 이 은행들은 유럽 시장에서 판매되는 고수익의 지역 통화 채권으로 자금을 조달했다. 《뱅커스 매거진》은 이를 '가우초 은행 업무gaucho banking'라고 불렀다. 투자 프로젝트는 너무 서둘러 진행되었다.[74] 아르헨티나의 철도는 부채를 감당할 수 없었다. 부채는 자기 자본의 세 배였다. 게다가 교통량은 예상치에 훨씬 못 미쳤다.* 아르헨티나가 외채를 갚는 데 드는 비용은 수출 수익의 3분의 2를 차지했다.[75]

1890년 4월 부에노스아이레스에서 금융 패닉이 일어났다. 두 달 후 잉글랜드 은행은 외국 투자에 대한 과도한 요청으로 금 보유량이 감소하자 할인율을 3%에서 4%로 올렸다. 10월이 되자 런던 및 리버 플레이트 은행 관리자는 '리버 플레이트River Plate(부에노스아이레스를 흐르는 라플라타강의 영어식 이름—옮긴이) 양쪽의 무정부 상태, 부패, 금융

---

* Paul Emden, 《Money Powers of Europe in the Nineteenth and Twentieth Centuries》(Newyork: 1937), p.279. "(아르헨티나) 철도는 앞으로도 오랫동안 개연성의 한계를 훨씬 넘는 교통량에 대처하도록 건설되었다." 1880년대에 아르헨티나 철도망은 4,000킬로미터에서 거의 1만 6,000킬로미터로 확장되었다. 1893년까지는 약 2만2,369킬로미터가 완성되었다.

혼란'에 대해 상사에게 보고했다.* 11월, 한때 '유럽의 다섯 번째 권력'이라 불리던 베어링 브러더스가 파산했다. 이 소식에 격분한 부에노스아이레스 사람들이 증권거래소에 몰려들어 가구를 부쉈다. 베어링스는 남미에서 오랫동안 사업을 이어왔지만, 런던 금융계는 이 회사가 지나치게 사업에 몰두한 나머지 무슨 일이 일어나고 있는지도 몰랐다고 보았다.[76]

배젓 역시 같은 의견이었을 것이다. 그러나 은행가이자 실패한 정치인(배젓은 의회에 두 번 출마했다), 언론인, 학자는 이미 현장을 떠난 지 오래였다. 배젓은 1877년 폐렴으로 젊은 나이인 51세에 사망했다. 그는 오늘날 최후의 대출자라는 교리를 대중화한 사람으로 기억되고 있다. 또한 여전히 중앙은행 총재들이 가장 좋아하는 경제학자이기도 하다. 그러나 현대의 통화 관리자들은 2% 이하로 설정된 금리가 투기 광풍을 부채질하고, 리스크가 큰 투자에 저축을 쏟아붓게 유도하고, 부실 대출을 장려하고 금융 시스템을 약화하는 등 이지 머니의 부작용에 대한 배젓의 경고는 콧등으로 흘려버리고 있다. 그들 중 실제로《롬바드 스트리트》를 펼쳐 존 불과 거친 투자 성향에 대한 반추(反芻, rumination, Bull은 황소이므로, 심사숙고한다는 의미의 반추를 이중 의미로 사용한 것이다—옮긴이)를 꼼꼼히 읽어본 사람이 있는지 궁금할 따름이다.

---

* 런던 및 리버 플레이트 은행의 부에노스아이레스점 매니저 H. G. 앤더슨H. G. Anderson은 이미 오래전 위기를 예상했다. 1886년 그는 런던에 있는 상사에게 아르헨티나인들이 계속 빚을 지고 있고, 그것으로 오래된 부채 이자를 갚는 한 결산일은 미뤄질 수밖에 없다고 알렸다. 앤더슨은 외채의 흐름을 런던의 저금리 탓으로 돌렸다. David Joslin,《A Century of Banking in Latin America》(London: 1963), pp.121~125.

6장

위기와 처방전

이지 머니는 과도한 대출의 큰 원인이다. 투자자는 6% 이율로 차입해 연 100% 이상의 수익을 낼 수 있다고 판단하면 빌린 돈으로 투자나 투기를 하려는 유혹을 받을 것이다.

– 어빙 피셔, 1933

안정된 물가만큼 불안정한 것은 없다.

– 제임스 그랜트, 2014

《뉴욕 헤럴드》에 "세계 최고의 클럽이 처음으로 이곳에서 만난다"라는 헤드라인의 기사가 실렸다. 뉴욕 연방준비은행 총재 벤저민 스트롱Benjamin Strong이 주최한 '클럽'의 손님은 중앙은행가 네 명으로, 잉글랜드 은행 총재 몬태구 노먼Montagu Norman, 라이히스방크 총재 할마르 샤흐트, 프랑스 은행 부총재 샤를 리스트Charles Rist였다. 네 사람은 월가 은행가들이 즐겨 찾는 휴양지인 롱아일랜드 노스 쇼어에 있는 한 재무부 고위 관리의 여름 저택에서 만났다. 1927년 7월이었다. 의제는 주요 중앙은행 사이의 협력이었다.

샤흐트는 4년 전 독일의 하이퍼인플레이션Hyper-inflation을 잡았던 사람이다. 당시 그는 지나치게 많은 외국 자본이 독일에 유입되어 경제가 과열되는 상황을 우려했다. 샤흐트와 함께 대서양을 건넌 노먼은 정반대의 문제를 마주하고 있었다. 영국 경제는 몇 년 전 미국 달러 대비 파운드화가 과대 평가된 수준에서 금본위제로 복귀한 후 경제 불황에 빠져 있었다. 잉글랜드 은행의 준비금은 위험할 정도로 부족했고, 프랑스는 남아 있는 금을 호시탐탐 노리고 있었다. 노먼은 연준이 미국 금리를 낮춰 파운드화에 대한 압력을 줄여주길 원했다.

스트롱은 노먼과 가까운 친구 사이였다. 노먼은 그의 상징인 벨벳 외투와 챙이 넓은 모자를 쓰고 회의에 참석했다. 세계에서 가장 영향력 있는 두 중앙은행 총재는 관심을 피해 가명으로 리조트 호텔을 예약해 함께 휴일을 즐기기도 했다. 따라서 뉴욕 연준 총재가 롱아일랜드 회의에서 기준금리를 인하하고 프랑스 은행에 영국인과 같은 조건으로 금괴를 제공하기로 동의한 것은 놀랄 일이 아니었다. 인플레이션이 잠잠했으므로, 통화 정책을 약간 풀더라도 미국 경제에 위험할 요소는 거의 없어 보였다. 회의에서 고려할 문제는 하나 더 있었다. 스트롱은 리스트에게 금리 인하가 뉴욕 증시에 '위스키 한 잔petit coup de whisky'(로버트 브라우닝Robert Browning의 시로 유명한 표현. 숙면을 위한 위스키 한 잔 정도의 의미—옮긴이)을 제공할 것이라고 말했다. 그러나 그것은 숙취가 심한 싸구려 밀주로 밝혀졌다.

| 탄력적인 통화 |

롱아일랜드 회의가 열렸을 당시 미국 연준은 만들어진 지 10년이 막 지난 상태였다. 1914년 연방준비제도이사회법은 새로운 중앙은

행이 '탄력적으로 통화를 공급한다'라고 규정했다. 이 말은 은행 금리가 더는 은행에 지폐를 금으로 바꾸라는 요구에 따라 결정되지 않는다는 의미였다. 통화 정책은 미세하게 조정될 수 있었다. 물론 완전히 새로운 출발은 아니었다. 19세기 초, 레슬리 쇼Leslie Shaw 장관 시절 미국 재무부는 '발생 가능한 모든 금융 문제를 초기에 점검하기 위해' 금융 시장에 자주 개입했다. 쇼의 전임 장관 라이먼 게이지Lyman Gage 의 통화 개입을 두고 이렇게 비판하는 사람도 있었다. "그들은 바람의 씨를 뿌리고, 후계자는 회오리바람을 수확한다. 그들은 신용의 탑을 비틀거리는 높이까지 쌓아 올렸고, 이제는 어떤 종류의 작은 동요든 틀림없이 그 탑을 붕괴시킬 것이다."*

작은 동요 대신 거대한 회오리바람이 불었다. 1907년 뉴욕 니커보커 신탁회사Knickerbocker Trust Company의 파산을 시작으로 수십 개 신탁회사가 연쇄 도산한 니커보커 패닉Knickerbocker Panic이 닥친 것이다. **
J. 피어폰트 모건J. Pierpont Morgan이 지휘하는 월가 은행가들이 패닉을 빠르게 진압하며 미국 경제는 금세 회복했다. 그러나 미국인들의 월가 '신용' 불신은 사라지지 않았고, 모건은 1913년 자신을 대신할 사

---

* 1902년에서 1907년 사이 시어도어 루스벨트 대통령 밑에서 일했던 쇼 재무장관은 "고금리, 주식 가격 하락, 신용 위축이라는 세 가지 폐단만을 생각했다고 한다. 그의 생각에 이러한 폐단은 어떤 대가를 치르더라도 바로잡아야 할 정도로 심각했다." 이렇게 지적한 사람은 역대 재무장관들이 '정부 재정의 방대한 자원을 모두 동원해 금리가 물가 상승 수준을 따르는 자연스러운 경향'에 저항하고 있다고 비난했다. "그들은 실제로 통화 가치 하락으로 '정상적' 또는 '자연적' 금리 이하로 통화 금리를 유지하는 데 성공했다. 그들은 정상적인 비용보다 적은 비용으로 신용을 이용할 수 있게 함으로써 계속해서 과도한 신용 수요를 유지했다." Piatt Andrew, ⟨The United States Treasury and the Money Market: The Partial Responsibility of Secretaries Gage and Shaw for the Crisis of 1907⟩, ⟪American Economic Association Quarterly⟫, 9(1)(1908), p.228.

** 신탁회사는 저축은행보다 높은 금리를 지급하고 예금을 유동성이 낮고 투기적인 사업에 투자하는 기업으로, 월가의 규제를 받지 않아 '그림자 은행'이라 불린다.

람을 남기지 않고 사망했다. 이제부터 미국의 돈을 관리하고 패닉을 극복하는 일은 미국 연방준비제도이사회에 맡겨졌다.

새로운 중앙은행의 첫 번째 시험은 1차 세계대전 종전 후에 치러졌다. 1914년과 1916년 사이에 연준은 은행의 재할인율을 전쟁 전 절반 수준까지 떨어뜨렸다.[1] 전쟁이 끝나고 군인들이 민간인으로 복귀하자 인플레이션이 시작되었다. 연준의 대처는 잔인했지만, 그만큼 효과적이었다. 1920년 초, 뉴욕 연준의 할인율은 약 4.5%에서 7%까지 올랐다. 상품과 소비자물가는 붕괴했고, 산업 생산은 4분의 1이 감소했으며, 뒤따른 경기 침체로 500개 이상의 은행이 도산했다. 도산한 기업 중에는 미래의 미국 대통령 해리 트루먼이 운영하던 캔자스시티 남성복점도 있었다.[2]

연준 은행의 윌리엄 하딩William Harding 총재는 이 급격한 인플레이션을 반겼다. 그는 "지금 일어나고 있는 위축은 풍선에 구멍이 나서 공기가 빠져나갈 때 발생하는 수축과 유사하다"라고 말했다.[3] 하딩의 쓰라린 통화 처방은 효과가 있었다. 미국 경제는 1922년 미국 역사상 가장 큰 폭으로 생산성과 이익을 향상시키며 불황에서 벗어났다.[4] 하지만 복지 비용이 상당했다. 짧은 불황 동안 실업률이 12%까지 상승했다. 1921년 뉴욕 '세이브 어 라이프 리그Save-A-Life League'에 따르면, 미국에 '자살 파고'가 일어났다.[5] 공화당은 '1920년 범죄Crime of 1920'(1920년대의 높은 범죄율—옮긴이)를 우드로 윌슨 대통령의 행정부 탓으로 돌렸다.[6] 연준이 다시 고금리라는 수단으로 인플레이션을 억제하려고 시도하기까지는 무려 60년이라는 시간이 걸렸다.

| 더 많은 탄력성 |

고전적인 금본위제에서 금은 이자율을 조정하는 역할에 충실했다. 경제가 과열되어 총지출과 투자가 소득과 저축을 초과할 때 금은 나라 밖으로 빠져나갔고, 금 보유고가 줄어든 중앙은행은 금리를 인상해야 했다. 반면 중앙은행의 금 보유고가 충분하고 경기가 부진할 때 금리는 낮은 수준을 유지했다. 금본위제에서는 유통되는 신용의 양을 규제하는 일이 어렵지 않다 보니 빅토리아 시대 후반까지도 잉글랜드 은행의 총재와 이사는 상업 은행가나 정치경제학 교사가 아니라 저명한 도시 상인 중에서 선출했다.

1914년 전쟁이 발발하면서 중앙은행 대부분은 금 지급을 중단했다(미국만은 예외였다). 1922년, 수십 개 국가의 재무장관이 제노바에서 만나 국제 통화 질서 재건에 대해 논의했다. 그들은 전쟁 전에 지배적이었던 금본위제 부활에 반대하며 수정안을 제시했다.[7] 대안으로 제시된 소위 금환본위제의 핵심은 금의 절약이었다. 이 새로운 기준에서 중앙은행이 보유한 정부 증권은 금과 더불어 준비금으로 받아들여졌다.

금환본위제는 금본위제보다 더 높은 '탄력성'을 부여하려는 목적에서 채택되었다. 하지만 이러한 높은 탄력성에도 문제가 있었다. 국가 간 신용 불균형이 더 오래 지속될 수 있었기 때문이다. 이제 금리는 국제적인 금의 흐름에 따라 자동으로 결정되지 않았다.

예를 들어 1920년대 초 미국에 많은 외국 자본이 유입되었지만, 연준은 채권을 팔아서 이러한 유입을 '멸균'(금리에 영향을 주지 않는다는 의미—옮긴이)했다.* 프랑스 경제학자 자크 뤼에프Jacques Rueff의 비유대로 이 금환본위제는 "국제 통화 시스템을 게임이 끝날 때마다 패자의 지분을 돌려주는 어린이들의 마블 게임으로 바꿔버렸다".[8]

한편 금환본위제 덕분에 중앙은행 총재들은 처음으로 '적극적인' 통화 정책을 통해 특정 경제 목표를 추구할 수 있게 되었다.** 그러나 중앙은행 총재들이 새로운 재량권을 가지게 되었다는 것은 그들의 금리 설정이 정치화될 수밖에 없다는 것을 의미했다. 특히 파운드화를 금본위제로 되돌리려는 시도로 인해 높은 금리, 실업률 및 지속적인 디플레이션이 일어난 영국에서 이미 그런 현상이 나타나기 시작했다.

1920년 여름, 잉글랜드 은행의 대출 금리는 7%까지 올랐다. 노먼이 계속해서 긴축을 시도하자, 재무장관 오스틴 체임벌린Austen Chamberlain은 앞장서 반대했다. 노먼은 뉴욕 연준의 한 관계자에게 "이제 금리는 금융 문제일 뿐 아니라 정치적인 문제다"라고 말했다.[9] 몇 년 후 잉글랜드 은행 총재는 프랑스 은행 총재에게 금리를 인상했다가는 '폭동을 불러일으킬' 것이라고까지 말했다.[10] 영국에서 고금리와 경쟁력 없는 환율로 인한 사회적 긴장은 결국 1926년 총파업으로 폭발했다. 케인스는 영국의 불행한 금본위제 복귀로 인해 강경한 금

---

* 고전적인 금본위제에서는 외국의 금이 유입되면 자동으로 한 나라의 금 저장량에 추가되었다. 하지만 금환본위제에서는 중앙은행이 채권을 발행하면 금 유입이 '멸균'될 수 있다. 따라서 흄이 18세기 중반에 묘사했던 '정화-흐름 메커니즘'은 더는 작동하지 않았고, 1920년대 프랑스와 미국처럼 금 유입이 많았던 나라는 전 세계적으로 금 공급이 제한적인 상황에서도 많은 양을 비축할 수 있었다.

** '적극적 통화 정책'이라는 말은 1925년 《이코노미스트》에 처음 등장했는데, 네덜란드 중앙은행이 금리를 1% 인하한 것이 시작이었다.

본위제 및 고금리 비판론자로 바뀌었다. 1923년에 그는 "실업이 누구에게나 중요한 정치적 문제인 만큼 은행 금리가 이전처럼 런던 고위 공직자들만의 비밀스러운 전유물로 남아 있을 수는 없다"라고 썼다.[11] 세상에서 가장 저명한 이 경제학자는 평생에 걸쳐 기회가 있을 때마다 저금리를 옹호했다.

| 물가 안정 |

새로운 금융 질서에는 금을 절약하려는 목적뿐 아니라 소비자물가 하락을 예방하려는 목적도 있었다. 한 동시대 경제학자는 "디플레이션 회피가 금환본위제를 채택한 가장 주요한 이유였다"라고 말했다.[12] 영국인들이 금본위제로 돌아가고 싶어 하던 이유도 결국은 같았다. 디플레이션은 정치적으로 논란이 되는 임금 삭감과 함께 나났기 때문이다. 미국인들 역시 1921년에 있었던 심각한 디플레이션을 다시 경험하고 싶지 않았다. 뉴욕 연준의 스트롱은 금리 정책은 물가 안정이라는 목표를 설정하고 지켜야 한다는 새로운 통화 정통교리로 개종했다.

빅셀은 이미 그보다 20년 전에 중앙은행이 인플레이션과 디플레이션 모두를 피하기 위해 노력해야 한다고 주장했고, 이 주장은 지지를 얻어가고 있었다. 빅셀은 《이자와 물가》에서 돈 없이 상품과 서비스가 물물교환되는 세상을 그렸다. 이 가상의 구성물에서 '자연 이자율'은 자본 수익에 반영되었다. 빅셀은 실제 세계에서 인플레이션이나 디플레이션이 없는 상태를 자연 이자율이라고 보았다. 금리가 지나치게 낮다면 대출은 빠르게 늘어나 인플레이션이 나타날 것이다. 반대로 금리가 지나치게 높다면 대출은 위축되고 물가는 떨어질 것이다. 빅셀은 〈화폐 가치의 안정을 위한 실제적 제안Practical Proposals for The Stabilization of the Value of Money〉이라는 장에서 금리는 안정적인 물가 수준을 유지하도록 결정해야 한다고 결론 내렸다.[13] 그는 이 목적을 이루기 위해 중앙은행 사이에 협조가 필요하다고 생각했다. 그리고 국가 간 지급 균형을 유지하기 위해서는 금본위제를 대체하는 국제적인 화폐 기준을 만들어야 한다고 제안했다.

금환본위제는 빅셀의 비전을 반쯤 실현한 셈이다. 선구적인 중앙은행장들은 외국의 동료들과 협력한다는 아이디어에 동의했다. 노먼은 스트롱과 '모든 중앙은행의 이익과 협력을 도모하는 공동체'에 대해 논의했다.[14] 케인스와 영국 재무성의 랠프 호트리Ralph Hawtrey를 포함한 세계 최고의 경제학자들이 나서서 물가 안정을 옹호했다. 피셔는 1921년 연준이 물가 안정을 강제하는 법안을 추진하도록 안정통화동맹Stable Money League을 설립했다.* 스트롱은 굳이 설득할 필요도 없었다. 그는 몇 년 후 "그것은 나의 신념이었고, 연준의 정책이 과거와 마찬가지로 미래에도 물가에 영향을 미치는 한 연준의 모든 사람도 나와 같은 의견일 것이다"라고 썼다.[14]

스트롱은 물가 안정을 원했고, 미국은 그 안정을 얻었다. 1922년 말

---

* 피셔는 사람들이 실제 물가와 명목상의 물가 변화를 혼동한다고 생각했고, 이 생각이 그의 행동에 동기를 부여했다. 피셔에 따르면 소비자물가가 하락하는 시기에도 명목 임금은 하락하지 않기에 '돈의 환상money illusion'은 경기변동의 중요한 원인이었다. 이것이 나중에 신케인스주의 경제학자들의 '비탄력 물가sticky price' 이론이 되었다. Perry Mehring,《The New Lombard Street: How the Fed Became the Dealer of Last Resort》(Prinston: 2011), p.57.

과 1929년 사이에 미국 소비자물가지수는 거의 움직이지 않았다. 인플레이션이 없는 상황에서 미국 중앙은행은 규제가 덜한 정책을 채택할 수 있었다. 1924년 여름부터 연준은 약 5억 달러 상당의 정부 증권을 매입하는 대규모 공개시장Open market 운영에 착수했다.[16] 그러자 금리가 급락했다. 9월 연준 할인율은 3%로, 지난 12개월 동안 1.5%p 하락했다. 그해 선거 유세에서 후보였던 캘빈 쿨리지Calvin Coolidge는 '할인율 인하가 우리 행정부의 정책'이라고 자랑했다.[17]

몇 달 후, 대통령 취임 연설에서 그는 미국이 "방방곡곡으로 뻗어나가는 번영의 시대에 접어들고 있다"라고 단언했다.[18] 하지만 모두가 이 '새로운 시대'에 대해 낙관적이지만은 않았다. 체이스 내셔널은행의 수석 경제학자 벤저민 앤더슨Benjamin Anderson은 통화 정책이 너무 느슨하다고 생각했다. 그는 금융위기 극복에 힘써야 할 미국 중앙은행이 "1924년 초부터 1928년 봄까지 주식 시장 호황에 자금을 대는 역할에나 이용되었다"라고 한탄했다.[19] 그 시기 동안 미국의 은행 신용은 두 배 이상 증가했다. 신규 대출의 상당 부분은 산업에 이용된 것이 아니었다. 실제로 상업 대출은 감소했고, 대부분은 주식 대출, 부동산 담보대출 및 외국 증권 매입에 사용되었다.

롱아일랜드 회의 이후 뉴욕 연준은 할인율을 3.5%로 낮췄고 연방준비은행들은 국채 매입을 늘렸다. 마진 대출이 급증했고 주가는 더욱 상승했다. 1927년 한 해 동안 스탠더드 앤드 푸어스Standard & Poors 500 지수는 37.5% 올랐다.[20] 앤더슨은 늘어나는 '심리적 호황 분위기'에 한숨을 쉬었지만, 스트롱은 여전히 낙관적이었다. 그의 생각에 '야성적 충동'의 기세를 꺾는 것은 중앙은행의 책임이 아니었다. 한 걸음 더 나아가 스트롱은 현대의 중앙은행 총재들과 유사한 입장에서 마진 대출을 줄이고자 금리를 인상하면 부수적인 피해를 낳을 것이라고 우려했다.

> 주식 대출 계좌와 유가증권 가격을 강제 청산할 목적으로 실행하는 모든 정책은 다른 방향으로도 광범위한 영향을 미칠 텐데, 그 영향은 대체로 이 나라의 건강한 번영에 해가 될 것이다.[21]

카셀은 중앙정부는 물가 안정을 유지하고, 주식 시장에 관심을 두어서는 안 된다는 스트롱의 견해를 지지했다.[22]

1920년대 미국 통화 정책 목표 중 하나는 농업 사이클로 인한 계절적 금리 변동 억제였다. 이 때문에 특정 시기에 돈이 빠듯해졌기 때문이다. 연준은 이 목표에서 원하던 바를 이뤄 앤드루 멜론Andrew Mellon 재무장관은 호황과 불황의 주기가 끝났다는 선언까지 했다. "우리는 이제 변덕스러운 경기 순환의 희생자가 아니다. 연준은 통화 수축과 신용 부족에 대한 해독제다."[23] 롱아일랜드 회의가 끝난 지 겨우 1년이 지난 다음이었다. 그러나 연준은 경기 순환을 길들이면서 자신도 모르는 사이에 투기 행위를 부추겼다. 경제학자 페리 멜링Perry Mehrling은 이렇게 말했다. "계절적이고 주기적인 변동을 안정시키기 위해 개입한 결과, 이자율은 낮고 안정적인 상태를 유지하며 투자 붐을 낳았고, 이는 광란의 20년대Roaring Twenties(재즈의 시대Jazz Age라고도 불리며 파티와 유흥에 젖은 1920년대를 가리키는 용어로 소설 《위대한 개츠비》의 시대적 배경—옮긴이)를 부추겼을뿐더러 지속 불가능한 자산 가격 거품을 낳왔다."[24]

절대적인 금리 수준은 월가의 호황을 불러왔다. 빅셀 학파의 주장처럼 자연 금리가 안정적인 물가로 드러난다면 롱아일랜드 회의 전과 직후 연준의 금리 정책은 적절한 것일 터였다. 앞서 보았듯이 1921년 이후 미국 소비자물가지수는 10년 동안 변하지 않았다. 피셔가 처음으로 '실제' 이자율이라고 불렀던, 인플레이션을 감안한 차입 비용은 이 기간 내내 높은 수준을 유지했다.[25] 1922년과 1929년 사이 연준 할인율은 실질적으로 평균 4% 이상이었다. 금리가 조금이라도 더 높았더라면 소비자물가지수는 틀림없이 더 하락했을 것이다.

하지만 다른 관점에서 금리에 대한 연준의 태도는 느슨했다. 빅셀은 자연 이자율은 경제 전반의 자본 수익률에서 파생한다고 주장했다. 이 자연율은 보이지 않지만, 경제의 추세 성장률trend growth rate로 대략 추정이 가능하다.* 1920년대는 전기를 비롯한 신기술과 '포드주의'라고 알려진 향상된 경영 관리 기법이 결합해 가파른 성장을 이룬 시기였다. 1923년과 1928년 사이 미국 경제는 거의 매년 8%씩 성장했다. 하지만 뉴욕 연준 금리는 평균적으로 이 수치의 절반에도 미치지 못했다. 소비자물가지수에서 금리가 너무 낮다는 신호가 나타나지 않은 것은 대출 공급이 늘어나면서 생산성이 향상돼 인플레이션

---

* 《블룸버그》의 수석 경제학자 톰 오를릭Tom Orlik은 "대출 금리는 투자 예상 수익률의 대체물인 명목 GDP 성장 속도와 대략 일치해야 한다. 금리가 너무 높으면 누구도 돈을 빌리지 않아 성장과 고용에 타격을 줄 것이다. 너무 낮으면 대출 수요가 너무 커지면서 인플레이션과 자산 가격 거품을 부추길 것이다"라고 설명한다. 오를릭은 21세기 중국 금리에 대한 이야기를 하고 있지만, 이는 1920년대 미국에도 해당되는 말일 수 있다. Thomas Orlik, 《China: The Bubble that Never Pops》 (Newyork: 2020), p.73.

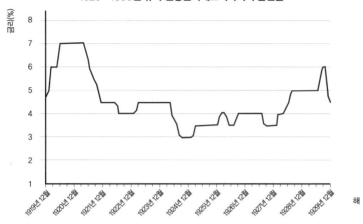

1920~1930년 뉴욕 연방준비제도이사회의 할인율

1922년에서 1928년 사이에는 강력한 경제성장에도 불구하고 인플레이션이 없었기에 연방준비
제도이사회는 이지 머니 정책을 유지할 수 있었다.

을 억제했기 때문이다.*

이지 머니는 신용 성장을 조장했고, 이는 투기 과잉을 낳았다. 대부
분 중앙 은행과 신탁회사로 이루어진 수천 개의 새로운 은행이 인가
를 받아 부동산 시장에 신용을 제공했다.[26] 그러자 플로리다에서 시
카고까지 전국적으로 부동산 거품이 나타났다. 플로리다에서는 카를
로 폰지Carlo Ponzi라는 이름의 금융 사기꾼이 활동하며 '폰지 사기'라
는 말을 탄생시켰고, 시카고에는 10만 채에 달하는 새로운 집이 지어
졌다. 1920년대에는 20세기 그 어떤 시기보다도 더 많은 초고층 건물

---

* Barry J. Eichengreen, Kris Mitchener, 〈The Great Depression as a Credit Boom Gone Wrong〉(BIS
Working Paper, Sep. 2003 참조). 연준은 해외로부터의 금 유입을 멸균 처리하며 인플레이션 압력을
더욱 억제했다. 멜링은 일시적으로 금 유입을 멸균하면서 금리를 낮고 안정적으로 유지한 스트롱
의 정책이 "주식 시장 거품에 불을 지핀 연료였다. (…) 의도하지는 않았겠지만, 스트롱의 금리 정책
은 최초의 주식 시장 풋put(자산 가격이 내려도 손해를 보지 않는 옵션―옮긴이)으로 판명되었다"라
고 주장했다. Mehrling, 《The New Lombard Street》, p.41.

이 들어섰다.[27] 뉴욕의 개발업자들은 주택담보 채권의 높은 수익률로 자금을 조달하며 세계 최고층 건물 짓기 경쟁에 나섰다(102층짜리 엠파이어 스테이트 빌딩은 당시에 설계되어 1931년에 완공되었다).

증권 대출이 연준 은행 대출의 거의 3분의 1을 차지했다. 1929년 초까지 미상환 브로커 대출은 총 70억 달러에 육박했다(미국인들은 대출, 특히 부동산 대출에 대부분 브로커를 이용한다―옮긴이).[28] 주식 시장에 더 많은 돈이 쏟아져 들어오며 주가는 상승을 거듭했다. 1920년대 말, 뉴욕 증권거래소 주식은 거품 평가로 주 종목이 바뀌고 있었다.* 아주 오랜 시간이 지나야만 이익을 기대할 만한 라디오 코퍼레이션이나 제너럴 모터스 같은 흥미로운 신기술을 가진 회사들이 뜨거운 주목을 받았다. 앤더슨은 1920년대 시장과 1890년대 후반 호황에 공통점이 있다고 생각했다. 그는 "두 '새로운 시대'의 공통점은 바로 '저렴한 돈'이다. 이것은 경제에서 가장 위험한 독극물이며, 특히 여러 해 동안 지속된다면 더욱 그렇다"라고 지적했다.[29]

기업의 향후 수입에 대한 할인율이 너무 낮다 보니 투자자들은 투자 대비 낮은 수익을 얻었다. 이 할인 오류는 당시에도 이미 인정되었다. 1928년 초, 무디스는 주가가 '예상되는 발전을 과도하게 할인했다'라고 주장했다.[30] 주식 시장이 붕괴된 후, 벤저민 그레이엄Benjamin Graham과 데이비드 도드David Dodd는 《증권 분석Security Analysis》에서 1920년대 말 '(주식 가치 평가에서) 현재 소득에서 미래 수입으로 강조

---

* 주기적으로 조정된 주가수익률과 대체비용 대비 시장가치에 대한 토빈의 Q비율 모두 1920년대 후반 미국 주식 시장 주가가 역사적 평균 가치에 비해 매우 비쌌다는 것을 보여주었다.

점이 전환되며 불가피하게 미래 원금 가치의 향상'이라는 현상이 있었다고 이야기했다.[31] 시장 분석가 맥스 윙클러Max Winkler는 "새로운 표현이 등장하며 일반 투자자들은 상상의 나래를 폈다. 그 표현은 미래의 할인이라는 말이었다. 하지만 여러 주식 시세를 신중히 검토해본 결과, 미래뿐 아니라 당장 현재 이후도 할인되고 있는 것으로 드러났다"라며 인상적인 설명을 했다.[32]

미국에 상대적으로 낮은 이자율이 고착되자 미국 자본은 더 높은 수익률을 제공하는 나라로 대거 유출되기 시작했다. 1924년 도즈 차관Dawes Loan은 겉으로 보기엔 독일의 배상 문제를 해결하는 듯 보였다. 당시 하이퍼 인플레이션에서 막 벗어나고 있던 독일 금리는 미국 금리에 비하면 군침의 대상일 수밖에 없었다. 1925년 내내 독일 콜 금리는 평균 8.5%로, 미국 국채보다 세 배 이상 높았다. 앤더슨은 "수익률 높은 외채를 바라는 미국 시장은 만족을 모르는 것 같았다"라고 썼다.[33]

미국 내 외국 증권 발행은 1927년 15억 달러에 도달하며, 4년 전 가치의 여섯 배를 찍었다.[34] 미국의 외국 대출 가운데 약 절반 정도는 유럽으로 들어갔고, 4분의 1은 라틴아메리카행이었다.[35] 1920년대에 걸쳐 외국 증권 신용 등급은 계속해서 악화되었다. 1928년 내셔널 시티 은행은 미나스제라이스라는 브라질 동부 주를 위한 채권을 팔았다. 그러면서도 이 은행 내부 보고서는 '외부 장기 차입과 관련해 주관료 모두의 비능률과 기술 부족 (…) 철저한 무지, 부주의, 태만'을 강조했다.[36] 그해 발행된 외채 3분의 2 가까이에서 이후 채무불이행이 발생했다. 배젓이라면 놀라지도 않았을 것이다.

투기 물결에 휩싸인 미국은 거품 경제를 닮아갔다. 주가 상승이 자본 투자를 이끌고, 주택 시장이 활기를 띠면서 건설이 촉진되었으며, 외국 증권을 취득하기 위해 해외로 흘러나간 미국 달러는 외국인들에 의해 미국 수출품에 소비되었으며(러프의 '마블 게임'), 국내에서는 할부 거래와 주식 시장 수익이 소비지출을 떠받쳤다. 롱아일랜드 회의 전날 앤더슨은 "부동산과 증권 투기가 빠르게 증가하고 있다"라고 말했다.

> 우리의 소매 및 기타 시장을 지탱하고 있는 사람들의 추정 소득 가운데 상당 부분이 임금, 임대료, 특허권, 이자 및 배당금이 아니라 주식, 채권, 부동산과 같은 자본 이득에서 나오고 있다. 사람들은 이를 일반적인 수입으로 취급하며 사치 소비에 더욱 열을 올리고 있다.[37]

| 위스키 사워 한 잔 |

1927년 7월 롱아일랜드 회의에서 세계 최고 중앙은행 총재들은 두 진영으로 나뉘었다. 스트롱과 노먼은 저금리 정책을 제안했다. 라이히스방크와 프랑스 은행 대표들은 이에 반대했다. 샤흐트는 "저금리 대신 진정한 금리를 줘야 독일을 어떻게 정리해야 하는지 알 수 있다"라고 말했다고 한다.[38] 회의는 합의 없이 끝났다. 리스트와 샤흐트는 유럽으로 돌아갔고, 노먼이 미국에 남아 있는 동안 스트롱은 연준의 합의 없이 금리 인하를 강행했다.

연방준비제도이사회 이사 중 한 명인 아돌프 밀러Adolph Miller는 이 조치에 격렬하게 반발했지만 결국 무산되었다. 밀러 박사는 이후 1927년 연준의 소위 '신발끈 묶기bootstrap lifting'를 두고 '지난 75년간 연준을 포함한 은행 시스템이 저지른 값비싼 오류 중 하나'라고 비판했다.[39] 당시 뉴욕대학교에서 통화 정책을 연구하던 오스트리아의 젊은 경제학자 하이에크 역시 연준의 '실험'을 비판했다. 허버트 후버Herbert Hoover 상무장관은 "신용 인플레이션은 유럽의 어려움을 해결할 해답이 아니다"라고 조언하면서 "이러한 투기는 (⋯) 우리를 불황으로 몰고 갈 수 있다"라고 덧붙였다.[40] 하지만 이지 머니와 주가 상승의 신봉자였던 쿨리지 대통령은 개입을 거부했다.

1927년 늦여름, 뉴욕 연준 은행은 대출 금리를 인하하고 정부 부채 매입에 나섰다. 다른 연준 은행도 뒤를 따랐다. 다만 시카고 은행만은 끝까지 저항해서 금리 인하를 강제해야 했다.[41] 앤더슨은 "연준이 저렴한 돈을 갱신해서 새롭게 창출한 대출은 (⋯) 빠르게 증권 대출과 은행의 증권 투자에 흡수되었다"라고 보고했다.[42] 7월과 12월 사이에 S&P 산업 지수는 거의 20% 상승했다. 연말에 접어들며 건강이 나빠진 스트롱 총재는 뉴욕 연준에서 조기 퇴직한다. 미국의 최고 중앙은행 총재는 주식 시장에 작은 위스키 한 잔만 주었다고 말하며 후회했다고 한다.[43]

술잔을 치우는 일은 이제 스트롱의 동료들에게 맡겨졌다. 월가는 들뜬 분위기로 새해를 맞았다. 12월의 어느 한 주 동안 뉴욕 증권거래소 역사상 가장 많은 주식이 거래되었다.[44] 1927년 말 브로커 대출 규모는 기록적인 44억 달러로 연초보다 3분의 1이 증가한 수치였다. 상승장은 백악관의 응원을 받았다. 1월 쿨리지 대통령은 브로커 대출 수준이 지나치게 높지는 않다고 말했다. 스트롱의 강력한 지배에서 벗어난 연준 구성원들은 생각이 달랐다. 연준은 방침을 바꿔 증권을 팔아 월가의 유동성을 줄였으며, 뉴욕 연준의 할인율은 1928년 2월 3.5%에서 7월에는 5%까지 인상됐다.[45]

이지 머니는 야성적 충동을 부추기므로 약간의 통화 긴축 정책만으로 투기라는 지옥 불을 끄기에 충분하지 않다. 하지만 경험이 부족한 미국 중앙은행가들은 이러한 사실을 모르고 있었다. 신용은 지속적으로 미국 경제성장을 앞지르며 팽창했고, 브로커 대출은 멈출 줄 모르고 치솟았고, 주식 시장은 계속해서 급상승했다(1928년 2월과 1929년 8월 사이 S&P 주가지수는 거의 30% 상승했다).

통화 긴축은 의도치 않았던 결과를 낳았다. 미국의 높은 금리, 특히 마진 대출에 대한 관대한 이자는 국제 자본 흐름을 반대로 돌렸다. 이제 미국 투자자들은 유럽에서 대출받고, 유럽인들은 월가에 대한 대출을 늘렸다. 영국 언론을 주름잡고 있던 로더미어Rothermere 경은 "월가가 세계 자본을 빨아들이는 거대한 진공 청소기가 되었고, 그로 인해 이곳은 빠르게 진공 상태가 되고 있다"라고 개탄했다.[46] 독일과 영국 모두 금 손실을 겪으며, 이에 따라 금리를 인상할 수밖에 없었다. 프랑스 은행은 그 어느 때보다 비협조적이었다. 스트롱은 그해 10월에 결핵으로 죽었다. 친구였던 노먼에게는 견디기 힘든 일이었다. 그는 심각한 우울증에 빠졌다. 잉글랜드 은행 부총재 세실 러벅Cecil Lubbock 도 상사의 감정기복을 견디다 못해 신경쇠약에 걸렸다.[47]

유럽에서 거꾸로 흘러들어온 자본 흐름은 월가에 시한폭탄을 장착했고, 그 폭탄이 1929년 10월에 터지며 월가가 붕괴되었다. 이는 18개월 후 오스트리아 최대 은행 크레디탄슈탈트Creditanstalt의 붕괴로 이어졌다.* 더 즉각적으로는 유럽에 미국으로부터의 신용 공급이 차단되면서 유럽으로서는 미국 제조 상품 구매를 줄일 수밖에 없었다. 미국 산업의 생산 위축은 시간문제였다. 1928년에는 이미 플로리다에서부터 일리노이에 이르는 여러 지역에서 주택 거품이 꺼지고 있었다.

소수의 월가 고위 인사들은 최악의 상황을 예상하기 시작했다. 1929년 3월, 전 재무부 고위 관리이자 JP 모건의 파트너였던 러셀 레핑웰Russell Leffingwell은 한 동료에게 "몬티와 벤(노먼과 스트롱—옮긴이)이 바람의 씨앗을 뿌렸다. 모두가 회오리바람을 맞을 수밖에 없다. (…) 우리는 전 세계적 신용위기를 겪게 될 것이다"라고 말했다.[48] 월가 기업 쿤 로브의 대표이자 연방준비제도이사회 창립자인 폴 와버그Paul Warburg는 콜론 시장이 급속하게 팽창하면서 금융 시스템 안정성을 주가 수준에 의존하게 되어버렸다고 우려했다. 와버그는 금리가 더 일찍, 더 빨리 올랐어야 했다고 생각했다.[49] 1929년은 이미 너무 늦었다. 그는 "현재 위치는 고통스럽다. 금리를 높여 주식 시장을 망가뜨리느냐 낮은 금리를 채택해 콜머니의 유혹을 뿌리치느냐를 선택해야 한다. 둘 중 하나는 고통을 줄여줄 수 있을 것이다"라고 말했다.[50]

하지만 물가 안정 옹호자들은 여전히 낙관적이었다. 예리한 통찰

---

* 1929년 초, 크레디탄슈탈트는 영국과 미국의 단기 융자를 받아 장기 투자에 자금을 대고 있던 오스트리아 은행 보덴크레디탄슈탈트를 인수했다. 이 은행은 미국 대부업체들이 철수하자 파산했다. 이것이 크레디탄슈탈트에 치명적이었다.

을 자랑하던 피셔는 대공황 직전 때아닌 주식 매수로 후대에 많은 조롱을 받아왔다. 그는 뒤이은 하락장에서 너무 많은 돈을 잃어 예일대로부터 도움을 받았다. 그 시대 다른 위대한 경제학자들의 예측과 투자 기록 역시 그보다 그다지 나을 게 별로 없었다. 킹스칼리지의 회계 담당이자 생명보험회사 회장, 그리고 개인 투자자였던 케인스 역시 연준의 긴축으로 어려운 상황에 놓였다. 이 케임브리지 경제학자는 소비자물가가 안정적이고 "아직 인플레이션이라고 할 만한 상황은 없다"고 여겼기 때문에 긴축이 불필요하다고 믿었다. 케인스는 연방준비제도이사회가 '모든 힘을 다해' 경기 침체를 잘 극복하리라고 확신했다.[51]

1928년 4월 케인스는 친구 카를 멜키오르Carl Melchior가 살던 베를린에서 스위스 은행가 펠릭스 소마리Felix Somary를 만났다. 멜시오르는 케인스와 소마리 모두의 친구였다.[52] 소마리는 나중에 자신의 비망록에 《취리히의 까마귀The Raven of Zürich》라는 제목을 붙일 정도로 성격이 어두웠다. 케인스가 연준이 불황을 초기에 잘 진압할 것이라는 견해를 밝힌 달에 소마리는 고객들에게 공황이 곧 닥치리라 경고했다. 소마리는 위험은 "거래소 최고가 주식 수익률과 통상금리 사이의 큰 격차에서 비롯됐다. 투기꾼들이 시장의 고가 주식에서 기대하는 수익률이 낮을수록 폭락의 위험은 더 커진다. 그런데 이런 일이 뉴욕에서 진행되고 있다"라고 말했다.[53] 이 스위스 은행가는 케인스와의 대화를 기록했다.

케인스는 나에게 고객들에게 뭐라고 조언하느냐고 물었다.

"시장을 벗어나 곧 닥칠 위기로부터 가능한 한 멀리 피하라고 하죠." 나는 대답했다.

케인스는 정반대 입장이었다. "우리 시대에 더는 대폭락은 없을 겁니다"라고 그는 주장했고, 개별 기업에 대한 나의 의견을 자세히 물었다.

케인스는 말했다. "저는 시장이 매우 매력적이고, 물가는 낮다고 생각합니다. 그런데 대폭락은 어디에서 오나요?"

"폭락은 외양과 실재 사이의 격차에서 올 겁니다. 저는 이렇게 커다란 폭풍우가 예상되는 날씨를 본 적이 없습니다." 나는 말했다. 그러나 증권 투기가 케인스에게 워낙 신나는 주제이다 보니, 내가 분명히 대답을 거부했음에도 불구하고 그는 대륙 시장의 어떤 주식이 매력적인지 계속 질문해댔다.*

케인스가 소마리의 경고에 주의를 기울이지 않은 것은 그가 금리나 다른 거시경제적 지식을 자신의 투자에 적용해서 성공한 적이 없으므로 스스로 '신용 사이클 투자'라고 부르는 것을 이미 포기했기 때문이다. 1927년에서 1929년 말 사이에 케인스의 개인 재산은 4만 4,000파운드에서 7,815파운드로 무려 4분의 3 넘게 감소했다. 상품 투기에서의 막대한 손실, 레버리지를 활용한 포트폴리오, 무엇보다 경제학자로서 소마리가 언급한 폭풍우가 예상되는 날씨를 무시한 결과였다.[54]

---

*   Felix Somary, 《The Raven of Zürich》(London: 1986), pp.146~147. 당시 낙관적인 견해를 가진 경제학자는 케인스와 피셔 외에도 많았다. 소마리가 비슷한 시기에 자신의 집에서 연 저녁 모임에는 여러 저명한 독일 경제학자들이 참석했다. 그들은 "상품 가격이 전혀 오르지 않았기 때문에 어떤 위기도 조만간 닥치지 않을 것이라는 데 모두 동의했다. 케인스와 정확히 일치하는 견해였다."《The Raven of Zürich》, p.153.

소마리는 빈에서 경제학을 공부했고, 그곳에서 뵘바베르크의 개인 세미나에 참석했다. 다른 참석자 중에는 미제스, 슘페터, 하이에크를 위시한 오스트리아 경제학파의 미래 석학들이 포진하고 있었다. 오스트리아학파의 핵심 교리는 이자가 있어야 투자와 소비 결정의 시간에 따른 조정이 가능하다는 것이었다.[55] 앞서 보았듯이 뵘바베르크는 이자율이 사회의 시간 선호를 반영한다고 주장했다. 그는 또 이자 수준은 자본이 생산에 얼마나 묶여 있는지에 따라서 자본 수익률을 결정한다고 주장했다.* 그는 자유시장에서 이자가 결정될 때, 시간 선호와 자본 수익은 같다고 말했다. 문제는 당국이 금리에 간섭할 때 발생한다. 금리가 너무 낮게 설정되면 대출이 난립하며 부실 투자가 속출하기 때문이다.

오스트리아학파는 자연 이자율 개념을 받아들였지만, 소비자물가의 변화를 관찰하는 것만으로 자연 이자율을 점칠 수 있다는 빅셀의 의견에는 동의하지 않았다. 우선 이들은 소비자물가지수라는 개념 자체에 회의적이었다. 오스카르 모르겐슈테른Oskar Morgenstern은 "그 자체가 대단한 이론적 추상이라 할 수 있는 '물가 수준'의 변화처럼 복잡한 현상을 당장 정확하게 측정할 수 있다는 생각은 정말 터무니없다"라고 논평했다.[56] 설령 소비자물가지수가 측정될 수 있다고 하더라도 오스트리아학파는 중앙은행의 목표가 물가 안정이 되어서는 안 된다고 생각했다.

---

* 오스트리아 경제학자 카를 멩거Carl Menger와 별도로 한계효용 이론을 개발한 19세기 영국 경제학자 W. S. 제번스W. S. Jevons 역시 이자 수준이 생산 공정의 길이를 규정한다고 주장했다.

뉴욕에서 통화 정책을 연구한 하이에크는 1927년 오스트리아 경기순환 연구소 초대 소장으로 임명되었다. 그는 피셔 등이 주장하고 스트롱이 실천했던 물가 안정 정책이 잘못이었다고 생각했고, 피셔의 화폐가치안정협회Stable Money Association(안정통화동맹의 후속)가 '물가 안정이라는 통화 정책의 목표를 공격하면 안 되는 도그마'로 만들어 버렸다고 개탄했다.[57]

하이에크는 자본주의 경제에서 생산성이 계속 향상되면 소비자물가는 자연스럽게 하락하는 경향이 있다고 주장했다. 1920년대처럼 급속한 기술 발전과 상품 포화가 동시에 일어나는 기간이라면 물가는 매우 빠르게 하락하리라 예상된다. 하지만 중앙은행의 물가 안정 추구는 이러한 자연적인 경향에 역행한다.[58] 하이에크는 이러한 정책이 "생산 비용을 하락시켜 생산량을 늘리도록 압박하므로 물가 하락이 발생할 수밖에 없고, 이와 동시에 생산량 축소도 불가피해진다"라고 말했다. 미래의 노벨상 수상자는 이미 1928년에 이렇게 썼다. 즉, 하이에크는 광란의 20년대가 결국은 거품이 터지며 디플레이션으로 끝나리라 예측하고 있었다.[59]

하이에크는 대공황이 있던 해 독일어로 출판된《화폐 이론과 경기 변동Monetary Theory and the Trade Cycle》에서 연준이 금리를 자연 금리보다 낮게 책정했다고 비판했다.* 명백한 소비자물가 인플레이션에서는 빅셀의 예측과 달리 연준의 오류가 두드러지지 않았다. 이에 대해 하

---

* "경기 팽창 시기, 물가 수준을 안정적으로 유지할 만큼 발행되는 화폐의 금리는 이용 가능한 대출 자본의 양과 대중이 저축하는 양이 같도록 유지하는 이자율보다 항상 더 낮다. 따라서 물가 수준의 안정성에도 불구하고 평형 상태에서 벗어날 수 있다." Friedrich Hayek,《Monetary Theory and the Trade Cycle》(London: 1933), p.114.

이에크는 불안정한 신용 성장과 부실 투자를 동반하는, 숨겨진 혹은 '상대적인 인플레이션'이 있다고 했다.[60] 그는 물가 안정 옹호자들이 자본과 이자의 기능을 제대로 이해하지 못하고 있다고 꼬집었다.[61] 중앙은행의 물가 안정 추구에 대한 비판은 1929년 이후 더욱 널리 퍼져나갔다. 체스터 필립스Chester Phillips, T. F. 맥매너스T. F. McManus, R. W. 넬슨R. W. Nelson은《은행업과 경기 순환Banking and The Business Cycle》(1937)에서 "단일 물가지수 안정을 목표로 하는 모든 정책은 같은 경제 시스템의 다른 곳에서 이를 상쇄하려는 경향을 낳을 수밖에 없다"라고 썼다.[62] 그러고는 "신용 정책에서 물가 안정이라는 목표가 얼마나 허황된 것인지는 역사상 가장 위대한 가격 안정화 실험이 역사상 최악의 공황이라는 결과로 나타난 사실만 보아도 알 수 있다"라고 주장했다.[63]

필립스와 공동 저자들은 1920년대의 신용 인플레이션, 경제 활동 왜곡, 주식 시장의 호황과 붕괴를 두고 이렇게 결론 내렸다. "모든 원인은 연방준비제도이사회의 물가 안정 정책 또는 통화 관리 실험에 있다."[64] 다른 탁월한 경제학자들도 마찬가지였다. 케인스와 함께 케임브리지에 있던 데니스 로버트슨Dennis Robertson은 대공황의 원인을 다음과 같이 분석했다.

돌이켜보면 1922~1929년 미국의 '안정'이란 인간의 노력으로 돈의 가치를 탈안정화하려는 거대한 시도였다. (…) 생산성 향상으로 어느 정도 물가 하락을 감수할 수밖에 없다는 데 사업가가 당황하고 흔들린다면, 산업 혼란과 위기로 인한 재앙에 가까운 물가 하락에는 더 끔찍한

고통을 겪을 수밖에 없다.[65]

케인스도 자신의 이론을 다시 생각해보았다. 그리고 1930년《화폐론》에서 '*내 탓이오*'에 가까운 고백을 한다.

1920(년대에) 물가지수만을 바라보던 사람은 실질 인플레이션을 의심할 이유를 찾을 수 없었다. 반면 은행 신용 총량과 보통주 가격만을 바라보던 사람은 인플레이션이 실제로 벌어지고 있거나 가까이 있다고 확신했을 것이다.

케인스는 소비자물가 인플레이션이 아니라 신용 인플레이션이 금리가 균형을 벗어났다는 사실을 보여주는 진정한 신호라고 보았다. 곧 취소하게 될, 하이에크와 비슷한 입장이었다.*

독일 경제학자 빌헬름 뢰프케Wilhelm Röpke는 "(물가 안정성이라는) 믿을 수 없고 위험한 기준에 근거한 신용 통제보다는 아예 신용 통제가 없는 편이 낫다!"라고 선언했다.[66] 중앙은행들 역시 이 견해를 지지하기 시작했다. 1937년 연준은 '통화 정책 목표'에서 '물가 안정은 정책 지침으로서 부적절'하다고 발표했다. 호주 통화은행위원회는 같은 해, "가격 변동은 증상에 불과하다"라며 통화 당국이 마음대로 선택한 물가지수를 참조해 신용을 규제하려 해서는 안 된다고 결론을 지었다.[67]

---

* 1936년《일반이론》발표 무렵, 케인스는 자연 이자율 개념을 믿지 않았다.

1920년대와 그 이후를 다루는 금융 역사 대부분은 연준의 물가 안정 정책에 대한 당대의 비판은 언급하지 않고, 롱아일랜드 회의 이후 미국 증시에 주어진 '위스키 한 잔'으로 바로 넘어간다. 이 정통교리에 따르면 1920년대 미국 경제에는 아무 문제가 없었고 부동산이나 주식에도 거품이 없었다. 1927년 말, 스트롱이 병에 걸려 뉴욕 연준에서 은퇴하기까지는 모든 일이 잘 진행되고 있었다. 하지만 그가 은퇴한 후, 스트롱의 동료들은 월가의 투기 광풍에 겁이 난 나머지 과도한 긴축 통화 정책을 펴서 급격한 경기 침체를 유도했다. 버냉키 의장은 "대공황의 실제적인 원인은 주가 상승을 막기 위해 과도한 통화 정책을 폈다는 것이다"라고 말했다.*

연준은 금리를 대폭 인하하며 10월 폭락에 맞섰다. 뉴욕 연준의 할인율은 1929년 10월 6%에서 1931년 여름 1.5%까지 내려갔다. 그러나 연준을 비판하는 사람들은 통화 공급 붕괴를 막기 위해 추가 조치를 취해야 했다고 주장한다. 문제는 이사회 구성원들마저 추가 조치가 또 다른 투기 열풍을 불러올 것이라는 근거 없는 두려움에 사로잡혀 아무 일도 못했다는 것이다.[68] 그 결과 연준은 부채 디플레이션이 고착되도록 방치함으로써 위기를 더욱 심화시켰다. 중앙은행의 자유로운 행동을 제약하는 금본위제라는 '족쇄'로 상황은 더욱 악화되었다. 1931년 말 금 보유고가 감소하자 연준은 금리를 인상해야만

---

* Ben Bernanke, 〈Asset Price "Bubbles" and Monetary Policy〉, 2002년 10월 15일 전미실물경제협회 National Association for Business Economics 뉴욕지부 연설. 버냉키는 미국 경제가 1920년대 초반보다 1920년대 후반 고금리에 훨씬 더 취약했던 이유는 언급하지 않았다. 이는 대출 호황과 자산 가격 거품에 대한 연준 개입으로 인해 금융 시스템 자체가 불안정해졌기 때문이다. 2000년대 초 버냉키가 연준 의장이었던 시절, 역사는 되풀이되었다.

했고, 실질금리(즉, 디플레이션을 고려해서 차입하는 비용)는 두 자릿수까지 올랐다. 결국 대공황은 물가 안정 정책이 아니라 '야만 시대의 유습barbarous relic(금을 가리키는 용어 ― 옮긴이)'이 원인이었다.

우리가 알고 있는 대공황 내러티브를 만들어낸 두 개의 중요한 글이 있다. 하나는 피셔의 〈채권시장의 디플레이션 이론에 따른 경제 공황Debt-Deflation Theory of Great Depressions〉(1933)이고, 다른 하나는 그보다 30년 후 프리드먼과 안나 슈워츠Anna Schwartz가 쓴 《미국 화폐사A Monetary History of the United States》다. 대공황 이후 미국이 곧 반등할 것이라는 피셔의 예상은 대공황 이전 주식 시장에 대한 그의 견해만큼이나 오류였다. 그는 〈채권시장의 디플레이션 이론에 따른 경제 공황〉에서 개인적 경험을 바탕으로 물가 수준이 하락할 때 부채를 감당하기 어려워지는 양상을 설명했다. 디플레이션이 고착되면서, 악순환의 문이 열린다. 차입자들은 빚을 갚고, 그로 인해 가계 지출은 줄어든다. 돈의 흐름이 위축되며, 물가는 더욱 떨어진다. 결국 차입자들은 처음보다 실질적으로 (즉, 인플레이션을 감안한 후) 더 많은 빚을 지게 된다. 피셔는 부채 디플레이션이 '보편적 파산' 직전까지 계속된다고 말했다.

피셔는 달러의 질병을 막기 위해 '과학적 약물'을 처방했다며, "대공황은 통화 재팽창과 (물가 수준의) 안정화로 치유하고 예방할 수 있다"라고 말했다. 피셔의 이론적 통찰은 프리드먼과 슈워츠의 《미국 화폐사》에도 담겨 있다. 1929년 8월과 1933년 3월 사이 화폐공급이 3분의 1 이상 줄어들면서 미국은 세 번 연속 은행 위기를 겪었고, 노동자 4분의 1은 일자리를 잃었다. 프리드먼과 슈워츠는 이러한 사건들이

"통화의 힘이 얼마나 중요한지 비극적으로 증언해주고 있다. (…) 이 시기에 통화량이 급격히 줄고 심각한 금융 패닉이 동시에 일어났던 것은 다른 경제 변화로 인한 불가피한 결과가 아니었다"라고 썼다.[69]

버냉키는 이 메시지를 마음에 깊이 새겼다. 그는 자신을 '대공황광'이라고 부르며《대공황Essays on the Great Depression》서문에 "총수요를 억제한 주요 요인은 통화 공급의 전 세계적인 위축이었다"라고 썼다. 이 미래의 연준 의장은 대공황을 '불운한 정책 입안자들이 경험적으로 알 수 없었던 사건들을 이해하려고 노력한' 결과라고 결론지었다.[70]

디플레이션에 대한 깊은 반감은 20세기의 새로운 현상도 아니다. 이미 1819년 프랑스 경제학자 장 바티스트 세Jean-Baptiste Say는 "계약은 채권자들이 빌려준 돈을 받지 못할 때와 마찬가지로 채무자들이 부채보다 더 많은 돈을 갚아야 할 때 깨진다"라는 이유로 예기치 못한 디플레이션은 불법화해야 한다고 주장했다.[71] 빅셀은 디플레이션 시기에는 경제가 마비되고 실업이 증가하고 채권자는 채무자를 희생시키며 이익을 얻을 것이라고 경고했다.[72] 1890년대에 농산물 가격 붕괴로 고통받으며 빚더미에 올라앉은 미국 농부들은 금본위제로 촉발된 디플레이션에 격노했다. 이들에게 금은 미국의 정치인 윌리엄 제닝스 브라이언William Jennings Bryan의 유명한 문구대로 그들을 옭아매는 '금 십자가'였다.

하지만 생활비가 덜 들면 실제 노동자들의 삶은 더 나아질 수 있다. 이것이 1888년 영국 왕립 위원회에서 "물가 하락(디플레이션)으로 인한 폐해는 과대 평가되어 있다. (…) 가격 상승이 하락보다 낫다는 것이 확실한 이론도 아니다"라고 말했던 케임브리지 경제학자 앨프리드 마셜Alfred Marshall의 주장이었다. 마셜에 따르면 디플레이션은 임금 마찰 덕분에 "감지하기 어려운 방식으로 노동 계급에 더 높은 생활 수준을 가져다주며, 부의 불평등을 줄이는 경향이 있다." 케인스의 경제학 교사는 이러한 혜택이 경제가 침체할 때 가격 하락의 중요한 상쇄 효과라고 말했다.[73]

하이에크는 1920년대 새로운 기술과 효율성 향상이 '좋은' 디플레이션을 낳았다고 주장한다. '좋은' 디플레이션이란 마셜이 왕립 위원회에서 언급했던 유형의 디플레이션이다. 정책 입안자들이 물가의 완만한 하락을 막기 위해 통화 조건을 완화할 때, 사람들은 더 많은 돈을 빌리고 싶어 한다. 피셔가 말했듯이 부채 디플레이션은 부채 과잉 상태에서 시작된다. 버냉키는 디플레이션을 다루는 자신의 글에서 이 문제를 간과했다.

하이에크는 좋은 디플레이션을 피하려는 시도는 '나쁜' 디플레이션의 가능성을 높일 뿐이라고 결론지었다. 게다가 금융위기 시기에 나타나는 나쁜 디플레이션은 경기 침체의 원인이 아니라 증상으로 봐야 한다. 하이에크는 부채 디플레이션은 '부차적인 현상으로, 호황이 끝난 후 기업들이 제대로 적응하지 못해서 파생되는 과정'이라고 결론 내렸다.[74]

피셔는 위기 이후 디플레이션으로 빠져드는 것만은 반드시 막아야 한다고 주장했지만, 하이에크는 물가 하락에 저항하는 시도가 경기 침체의 회복을 방해하고 경제를 불균형 상태에 머물게 할 것이라고 주장했다. 슘페터는 디플레이션이 "통화 체제의 건전성을 회복시킨다"라고 말했다.[75] 뢰프케는 디플레이션을 피하려는 모든 시도는 '위기의 장기화와 악화'만을 초래할 것이라고 경고했다.[76] 그는 1930년 디플레이션이 시작됐을 때, 이자율을 내리고 후버 대통령이 재계 지도자들에게 물가 하락에 대응해 임금과 투자를 유지하라고 권했던 당국의 대응을 비판했다. 하이에크는 1932년 초의 글에서 대공황 이후 통화 정책에 대해 다음과 같이 평가했다.

> 상승세가 갑자기 반전된 직후 경제를 되살리려는 최초의 대규모 시도였다. 금리를 내리고 정상적인 청산 과정을 막기 위해 모든 가능한 조치를 취했다. 그 결과 불황은 더욱 파괴적으로 그 어느 때보다 오래 지속되었다.[77]

케인스는 하이에크와 동료 '청산주의자liquidtionists'들의 태도가 가학적이라고 생각했다.* 하지만 역사를 돌이켜보면, 디플레이션과 취약한 경제 사이에는 연관성을 거의 찾아보기 힘들다. 제임스 그랜트James Grant는 《잊힌 대공황The Forgotten Depression》에서 1921년에 연준이 긴축 정책을 펴자 실질금리는 대략 20%까지 오르고, 물가 수준은 연간 15% 비율로 하락했다고 지적한다. 그러나 미국 경제는 곧 디플레이션에서 회복했고, 그 후 몇 년 동안 생산성이 치솟았다.[78] 보다 최근 사례를 들자면, 1990년대 초 이후 일본이 겪은 가벼운 디플레이션은 생산성 증가에 거의 영향을 미치지 않았다.

이러한 사례들은 예외적인 현상이 아니다. BIS는 2015년 거의 한

---

* 자세한 내용은 10장을 참조하라.

세기 반(1870~2013년)에 걸쳐 39개국의 자료를 조사한 논문을 2015년에 발표했다. 이 논문에 따르면 19세기 후반 미국을 포함해 여러 장기 디플레이션은 강력한 경제성장을 동반했다. BIS는 "모든 것을 감안해도 소비자물가지수 변화와 생산량 증가 사이의 관계는 단편적이고 미약하다"라고 결론짓는다. 1930년대 대공황만은 이 규칙에서 예외였다. 이 경험은 경제학계가 디플레이션이라는 공포에서 영원히 벗어날 수 없을 정도로 커다란 상처를 주었다.[79]

역사는 승자들의 이야기라고 한다. 1920년대 후반 하이에크는 통화 정책이 잘못된 방향으로 나아가고 있고, 따라서 디플레이션이 일어날 수밖에 없다고 예견했다.

반면 피셔는 1929년 여름, 미국 주식이 '영구적으로 높은 고원'에 도달했다고 발언하며 당시 미국 경제나 통화 정책에 아무런 문제가 없다고 보았다. 후에 프리드먼이 주장했듯 예측 정확성이 경제 이론에서 중요하다면, 하이에크의 해석이 경제학의 금과옥조가 돼야 했다. 그러나 1920년대와 그 영향에 대한 오스트리아학파의 해석은 역사책에서 희미해졌고, 피셔의 통화주의적 관점만이 지혜로 받아들여졌다.

버냉키는 대공황을 다룬 저서에서 공황에 대한 적절한 이해를 가리켜 '거시경제학의 성배'라고 불렀다. 버냉키의 해석에 따르면, 연준의 가장 중대한 실수는 1929년 이후 소비자물가 하락을 방치했다는 것이다. 2002년 11월 프리드먼의 90번째 생일에 버냉키 총재는 연준을 대표해 1930년대의 대참사에 대해 사과했고, 다시는 그런 일이 일어나지 않도록 하겠다고 맹세했다.

당시에는 이 말이 그저 농담처럼 보였다. 그러나 불과 6년 뒤, 미국은 수십 년 만에 심각한 금융위기를 맞았다. 연방준비제도이사회 의장으로 막 취임한 버냉키는 자신의 약속을 이행해야 할 순간이 왔다는 것을 깨달았다. 그는 다시는 같은 실수를 하지 않았어야 했다.

2부

금리 정책이
만든
현재와
미래 경제

7장

굿하트의 법칙

어떤 조치가 목표가 되면, 더는 좋은 조치가 아니다.

— 굿하트의 법칙

우리는 목표로 삼아야 했던 것들을 목표로 삼지 않았고, 목표로 삼지 말았어야 했던 것들을 목표로 삼았다. 그래서 우리 경제는 건강하지 못하다.

— 머빈 킹Mervyn King 전 잉글랜드 은행 총재, 2016

| 1980년대 일본의 금융 안정성 |

1920년대 호황과 그 여파에 대한 하이에크의 해석은 호응을 얻지 못했고 후대의 경제학자와 정책 입안자 들은 계속해서 물가 안정을 추구했다. 《미국 화폐사》의 공동 저자인 슈워츠는 "통화 안정은 물가 안정의 전제 조건이고, 물가 안정은 금융 안정의 전제 조건이다"라고 말했다.[1] 이 말을 썼던 1995년, 그는 일본에서 일어나고 있던 사건들로 미루어 이 도그마에 커다란 문제가 있다는 사실을 깨달았어야 했다.

일본은 20세기 내내 극심한 통화 불안정을 겪었다. 하지만 1980년대 중반까지 인플레이션은 완전히 통제되고 있었다. 경제는 탄탄하

게 성장했다. 일본 GDP는 1980년대 후반 매년 5% 이상씩 올랐다.[2]
이 기간에 일본 은행에서 내건 통화 정책의 공식 목표는 '인플레이션
통제와 국제 불균형 시정'이었다.[3] 인플레이션을 걱정할 필요가 없
던 일본 은행 관계자들은 국제 경제 불균형 해소에 전력을 기울였다.
1987년 2월 루브르 협정(미국 달러 가치 하락을 막기 위한 국제 협정)에 따
라 일본 은행은 외환 시장에서 달러에 힘을 실어줄 목적으로 할인율
을 전후 최저치인 2.5%로 낮췄다. 할인율은 2년 조금 넘게 이 수준을
유지했다. 그해 10월 글로벌 증시 폭락 이후, 일본 은행은 내수 진작
과 세계 경제성장을 목표로 신용 조건을 더욱 완화했다.[4] 많은 사람이
일본 금리가 당분간 낮은 수준을 유지할 것으로 전망했다.

　바로 그때, 일본의 거대한 거품 경제가 모습을 드러냈다. 금리가
GDP 성장률보다 훨씬 낮게 유지되면서 통화 공급과 대출이 빠르게
팽창했다.[5] 기업 투자 역시 급증했다. 외화보증채권을 발행한 일본 기
업들은 수익금을 다시 엔화로 바꿔 차입하며 마이너스 비용을 누렸
다. '재테크'라고 알려진 금융공학이 일상화되었다. 기업들은 돈을
빌려 증권 신탁이나 '특금'(特金, 특정금전신탁의 줄임말―옮긴이) 계좌로
주식에 투자했다. 이지 머니가 주식과 부동산 거품을 부채질했다. 당
시 도쿄에 위치한 황궁의 부동산 가치가 캘리포니아주 전체의 토지
가치를 넘어섰다는 것은 유명한 이야기다.

　1980년대 말부터 인플레이션이 상승 곡선을 그리기 시작했다.
1989년 일본 은행 총재로 취임한 미에노 야스시三重野康는 주식 시
장 거품을 꺼트리기로 결심했다. 일본 은행은 그해 5월, 10월, 크리스
마스 당일 세 차례에 걸쳐 할인율을 인상했다. 크리스마스 나흘 후 닛

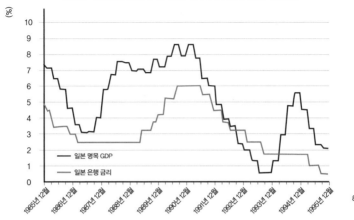

1985~1995년 일본 은행의 금리와 일본 명목 GDP 성장률

(%)

─── 일본 명목 GDP

─── 일본 은행 금리

1985년 12월 / 1986년 12월 / 1987년 12월 / 1988년 12월 / 1989년 12월 / 1990년 12월 / 1991년 12월 / 1992년 12월 / 1993년 12월 / 1994년 12월 / 1995년 12월   해

1980년대 후반, 일본 은행의 정책 이자율은 경제성장보다 낮은 수준이었다. 따라서 악명 높은 '거품 경제'가 형성될 조건이 충분했다.

케이지수는 사상 최고치를 기록했다.[6] 그럼에도 1990년 초 부동산 가격이 계속 오르자 일본 은행이 할인율을 반복해서 인상해 8월에는 6%에 달했다.[7] 바로 그 순간, 경기 둔화가 뚜렷해지면서 중앙은행이 갑자기 이제까지의 경로를 거꾸로 밟기 시작했다. 1991년 7월부터 1995년 9월까지 공식 할인율은 6%에서 0.5%까지 인하되었다.

하지만 통화 압박을 풀었다고 해서 한꺼번에 숨통이 트이지는 않았다. 1995년 이후 일본 경제는 부동산 가치 하락, 부실 대출에 매인 허약한 은행 시스템, 자본 수익 감소, 과도한 레버리지를 차입한 기업들의 부채 부담을 줄이려는 노력으로 촉발된 지속적인 디플레이션에 짓눌리고 있다. 거품 경제의 여파로 일본은 연달아 두 번 '잃어버린 10년'을 겪었다. 시간이 흐른 뒤에 일본 은행 관계자들은 금리가 계속 낮은 수준을 유지하리라는 신호를 보낸 통화 정책이 거품을 자극했다고 인정했다.[8] 이들은 또 당시에는 인플레이션이 없었기에 거품에 대응하기가 어려웠다는 사실도 인정했다.[9] 이들이 거품에서 얻은 가장 중요한 교훈은 통화 정책은 장기적인 안목에서 실행해야 한다는 것이었다.

> 통화 정책이 지향해야 하는 물가 안정은 어떤 특정 시점에서의 안정이 아니라 중장기적으로 경제성장을 뒷받침하는 지속 가능한 안정이어야 한다. 따라서 인플레이션이 안정적이라고 추정될 때도, 신속한 금리 인상이 필요할 수 있다.[10]

저자들은 일본 은행이 마음만 먹었다면 '통화 공급과 신용 증가 같은 데이터에서 유용한 정보를 추출할 수 있었을 것'이라고 덧붙였다. BIS도 이 견해를 지지했다. BIS 경제학자들은 "(1980년대) 일본은 안정적인 물가가 통화와 대출 확대에 대한 주의를 흐트러뜨려 경기순환을 증폭시켰다"라면서 "일본 은행은 물가 인플레이션에만 초점을 맞추느라 신용 시장에서 무슨 일이 벌어지고 있는지 보지 못했고, 거품이 꺼지면 금융 붕괴가 일어날 수 있다는 사실도 무시했다"라고 덧붙였다.[11]

미국 통화 정책 입안자들은 일본 금융 시장이 자유화에 서툴러 거품 경제가 등장했다고 에둘러 설명했다. 이 견해에 따르면, 미에노 총재가 1989년 공격적으로 부동산 거품을 꺼트리려는 정책을 강화한 것이 문제였다. 게다가 1990년대 초 일본 경제가 내리막길로 접어들 때, 거품이 다시 살아나지 않는 것이 두려워 조치를 완화하는 데 주저하다 적기를 놓치며 문제는 더욱 심각해졌다.[12] 일본 은행은 디플레이션에 대담하게 맞서지 못하고 장기금리를 충분히 낮추지 않는다는 비난도 받았다.[13]

1980년대 후반기 일본 은행의 조치는 1920년대 연준의 정책을 연상시켰다. 미국과 일본 모두 낮은 인플레이션과 함께 탄탄한 성장을 경험했다. 두 중앙은행은 물가 안정에 관심을 기울였고, 강력한 신용 성장과 투기 거품의 출현을 처음에는 대수롭지 않게 여겼다. 연준과 일본 은행은 자국의 인플레이션을 통제한 상태에서 국제 협력을 목적으로 국내 통화 정책을 조정했다. 그리고 호황이 끝나갈 무렵, 양 중앙은행 모두 주식 시장 거품을 제거하기 위해 금리를 인상했다. 1930년대 초 연준과 마찬가지로 일본 은행 역시 거품 경제가 붕괴한 후 디플레이션을 방치했다. 일본 은행이 거품을 터뜨리려고 시도하지 않았거나 디플레이션이 시작될 무렵 더 빨리 정책을 완화했더라면, 피셔가 처음에 자세히 설명하고 하이에크가 이의를 제기한 통화주의자들의 가설이 제대로 검증될 수 있었을 것이다. 물가 안정이 경제 및 금융 안정의 필수 전제 조건이라는 가설 말이다. 어쨌든 일본의 소비자 물가는 거의 10년 동안 안정세를 유지하다가 1990년대 중반부터 비로소 디플레이션이 시작되었다. 그 당시 부동산 붕괴로 인해 일본의 은행 시스템은 이미 약해질 대로 약해져 있었다. 다만 일본의 디플레이션은 미국 대공황보다 심각하지 않았고, 일본은 이 기간 내내 통화 공급이 증가했다. 이러한 차이 때문에 통화주의자들은 안정적인 소비자물가가 안정적인 금융 조건을 만든다고 주장하며, 1930년대 초 미국의 심각한 디플레이션을 반례로 강조하는 경향이 있다.[14]

| 인플레이션과의 싸움 |

미국에서는 어렵사리 물가가 안정되었다. 1970년대 후반까지 인플레이션은 통제가 불가능했고, 경제성장은 둔화(스태그플레이션)되어 사회는 불안정했다.* 1979년 8월, 카터 대통령은 전 재무부 관리이자 상업 은행장을 역임하고 뉴욕 연준 총재를 지냈던 폴 볼커Paul Volcker에게 연준 의장 자리를 맡겼다. 그 선택은 옳았다. 볼커는 지나친 저금리로 인한 위험을 주제로 학부 논문을 썼고, 그의 롤모델은 윌리엄 맥체스니 마틴William McChesney Martin 연방준비제도이사회 의장이었다. 그는 연준의 임무란 파티가 진행될 때 그릇을 치우는 일이라는 말로 유명했다.** 1979년까지 파티는 지나치게 오래 지속되었고, 이제는 불을 꺼야 할 시간이었다.

볼커는 통화 공급량을 줄여 인플레이션을 억제하려 했다. 그는 자신의 정책을 프리드먼의 학문적 통화주의와는 반대에 있는 '실용적 통화주의'라고 불렀다. 그리고 자신의 목표를 달성하기 위해서라면

---

* 《금리의 역습》은 물가 안정이 통화 정책의 유일한 목표가 되어서는 안 된다고 주장하지만, 그렇다고 인플레이션이 바람직하다는 뜻은 아니다. 인플레이션에 반대하는 주장들은 워낙 많아 따로 언급할 필요도 없다. 인플레이션은 가격 신호price signal(재화나 서비스의 가격에 변동이 있을 때, 소비자의 수요와 생산자의 공급량을 움직이는 신호—옮긴이)를 방해해 장기 계획을 세우는 데 장애가 되며, 경제성장에 피해를 준다. 게다가 다양한 방식으로 이익을 왜곡한다. 예상치 못한 인플레이션은 소득과 부의 불공정한 재분배를 가져온다.

** 연준 의장 재임 당시, 대통령 린든 존슨Lyndon Johnson은 금리를 낮게 유지하라고 계속 그를 닦달했다. 1965년 12월 그는 텍사스 목장에 있는 존슨 대통령을 방문했다. 대통령은 달랠 겸 금리 인하를 암시한답시고 지프를 태워 험한 길을 빠르게 내달렸다. 이보다 앞서 백악관에서 있었던 회의에서 존슨 대통령은 마틴에게 금리 인상은 "월가의 이익을 위해 미국 노동자의 고혈을 짜내는 것과 같다"라고 말하기도 했다. 결국 마틴은 그릇을 너무 늦게 치웠고, 곧 인플레이션이 시작되었다. Paul Volcker and Christine Harper, 《Keeping at it: The Quest for Sound Money and Good Government》(Newyork: 2018), p.55

아무리 높은 금리도 개의치 않았다. 호머와 실라는 "그 후 3년간 금리와 수익률은 전례를 찾아볼 수 없을 만큼 변동성이 컸고, 1981년 말에는 미국 역사상 최고 수준까지 상승했다"라고 썼다.[15] 볼커 체제하에서 연방기금금리Federal funds rate(미국 금융 기관이 다른 금융 기관으로부터 지급준비금을 일시적으로 대출하는 데 적용되는 무담보 1일물 금리, 연준자금금리라고도 한다―옮긴이)는 10%에서 1980년 12월에 19% 조금 못 미치는 수준까지 올랐고, 다음 해에는 평균 16% 이상을 유지했다. 시중은행의 프라임 금리(은행이 신용도가 좋은 고객에게 대출하는 이율―옮긴이)는 21.5%로 정점을 찍었다. 장기 국채는 15%의 수익률로 발행되었는데, 이는 미국 정부가 약속한 가장 높은 이자율이었다.[16]

볼커의 긴축 정책이 미국 경제의 목을 죄며 실업률을 두 자릿수까지 몰고 가자 대중의 분노가 들끓었다. 연준의 에클스 빌딩 사무실에 무장 괴한이 침입해 연방공개시장위원회 위원들을 살해하겠다고 위협한 뒤 볼커는 개인 경호를 받기 시작했다. 분노한 건설업자들은 볼커에게 나무 판자를 잘라 보냈다(그중 하나에는 '금리 인하, 통화 공급 축소'라는 건전한 조언도 담겨 있었다). 성난 자동차 딜러들은 팔리지 않은 차량 열쇠들을 관에 가득 채워 보냈다.[17] 연준은 '수백만 개의 소기업을 냉혹하게 살해하고' '주택 소유라는 아메리칸드림'을 죽였다는 혐의를 받았다.[18] 그러나 의장은 나중에 고백한 것처럼 "돛대에 묶여 있었다"(오디세우스가 사이렌의 노래를 듣고자 자신을 돛대에 묶었던 일로 비유―옮긴이). 모두가 금리를 내려야 한다는 데는 동의했지만, 볼커의 말대로 "그 목표에 너무 빨리 도달하면 저금리와 그에 수반하는 폐해를 억제하지 못할 수도 있다."[19]

경기 침체가 막바지에 이른 1981~1982년, 인플레이션과의 싸움은 승리로 끝났다. 1982년 8월 17일, 살로몬 브러더스의 수석 경제학자 헨리 코프먼Henry Kaufman 박사는 역사상 가장 규모가 큰 채권 강세장을 목격했다. 월스트리트의 '닥터 둠Doctor Doom'(처음에는 코프먼을 가리키는 말이었지만, 이후 마크 파버Marc Faber 등 비관적인 경제학자를 모두를 칭하는 말이 되었다—옮긴이)은 금리가 곤두박질치고 있다고 말했다. 5년 후, 공화당 인맥의 성공적인 비즈니스 경제학자 앨런 그린스펀Alan Greenspan이 볼커를 대체했다. 그는 볼커와 같은 직업 공무원도 아니었고, 전통적인 의미의 경제학자도 아니었다(그는 박사과정 중퇴 후 뉴욕대학교에서 명예박사 학위를 받았다). 그는 한때《움츠린 아틀라스Atlas Shrugged》의 저자 아인 랜드Ayn Rand의 이론을 따르는 모임 '컬렉티브Collective'의 일원이었고, 금본위제를 지지하고 1929년 공황을 연준 탓으로 돌리는, 랜드의 냄새가 물씬 풍기는 논문을 쓰기도 했다.[20]

이러한 급진적 신자유주의적인 배경을 가진 그린스펀은 자신이 정부 개입을 지지하는 중앙은행 총재임을 증명해야 했다. 그래서 그는 연준 의장으로 재임하는 동안 통화 정책을 자주 조정하며 금융 시장의 비위를 맞췄다. 이로 인해 복잡한 주술로 시장을 성장시키는 통화 샤먼이라 불리며, 월가의 신성불가침한 토템이 되었다. 존 매케인John McCain 상원의원은 그린스펀이 업무 중 사망한다면, 그가 쓰러지지 않도록 떠받치고 선글라스를 씌워 살아 있는 것처럼 보이게 만들겠다고 농담한 적이 있다. 거의 20년에 달한 임기 막바지에 '역대 최고의 중앙은행가'라는 칭송을 받았던 그린스펀의 진정한 성과라고 할 만한 게 있긴 있다면, 모든 자산 가격 거품을 부풀려놓고는 그 최악의 여파로부터 투자자들을 보호한 것이다.

경제학으로 전과하기 전, 그린스펀은 뉴욕 줄리아드 스쿨에서 클라리넷을 공부했다. 통화 정책에 대한 그의 독특한 연주법은 따라가기 어려웠다. 임기 초, 그는 "내가 정말로 분명히 이야기하면, 당신은 내 말을 오해할 것이다"라고 말한 적이 있다. 웰스는 장기 재임으로 유명한 또 한 명의 중앙은행장 노먼을 '기묘하고 신비로운 사람으로 (…) 늘 자신의 말이 아니었다고 부인하며 오보라고 책임을 회피하고 언론과 싸우느라 그 진면목을 희미하게나마 파악하기도 힘든, 물가와 환율을 조작하는 사람'이라고 묘사한 적이 있는데, 이 말은 고스란히 그린스펀에게도 적용할 수 있다.

1987년 10월, 주식 시장은 1929년 이래 최악의 붕괴에 직면했다. 그는 연방 기금 금리를 인하해서 월가에 유동성 홍수를 일으켜 대응했다. 주식 시장은 반등했다. 이내 연준은 은행 차입에 영향을 미치려는 시도에서 방향을 전환해 금리를 직접 목표로 삼기 시작했다.* 따라서 통화 정책은 계속해서 눈앞의 인플레이션에 초점을 맞추고, 경상수지 적자, 신용 성장 및 언더라이팅underwriting(투자 은행이 기업이나 정부를 대신해서 자본을 모으는 과정―옮긴이) 기준, 민간 부문 레버리지, 자산 가격 거품에 반영된 다른 금융 불균형에는 종종 시장 조정에 대한 압박을 시도하는 것 이외에 아무런 대응도 하지 않았다.

1990년대 초 저축대부조합 위기Savings and loan crisis 이후 1,000개 이

---

* Creta Kippner,《Capitalizing on crisis the political origins of the rise of finance》(London: 2011), p.113. 키프너는 연준이 금리를 이용해 금융 시장을 지원하고 더 큰 투명성과 예측 가능성을 제공하기 위해 10월 폭락 이후 정책을 변경했다고 주장한다. 이후 연준은 금리 인상이 정치적인 이유로 더욱 어렵다는 것을 알게 되었다.

상의 미국 모기지 '저축기관thrift' 은행이 도산하자 연방 기금 금리는 수년 동안 최저 수준이자 (명목) GDP 성장률의 절반 정도인 3% 아래로 떨어졌다. 그린스펀은 월가에 도움을 주고 싶었다. 낮은 이율로 단기 대출을 제공해 은행과 헤지펀드가 '수익률 곡선을 타면서' 이익을 창출하게 만들고 싶었다. 1990년대 중반 생산성 향상은 자연 이자율도 오르고 있음을 암시했다. 동시에 수입품 가격은 하락하고 인플레이션은 잠잠한 상태를 유지했다. 이자율이 자본 수익을 따른다면, 미국 금리가 함께 올랐어야 했다. 그러나 그렇지 않았다. 1992년 초부터 1990년대 말까지 단기금리는 대체로 미국 경제성장률보다 낮게 유지되었다.

미국이 1920년대에 겪었던 것과 유사한 공급 충격에 맞서, 그린스펀 연준은 여전히 월가 친화적인 태도를 유지했다.[21] 새로운 시대가 손짓했지만, 옛 기억을 가진 사람들을 자극하지 않도록 그 시대는 '뉴 패러다임' 또는 '골디락스 경제'로 명명되었다.

1996년 12월 그린스펀은 '비합리적인 활황'이 주식 시장을 감염시키고 있지는 않은지 공개적으로 질문해 월가를 뒤흔들었지만, 이 질문이 형식적이었고 더 이상의 조치가 없는 것이 확인되자 주식 강세는 계속되었다.

낮은 인플레이션으로 인해 그린스펀은 금융위기의 순간에도 통화 정책으로 일시적인 구제를 시도할 수 있었다. 1998년 9월 말, 과도한 레버리지를 이용한 헤지펀드인 롱텀캐피털매니지먼트Long-Term Capital Management가 거의 도산한 이후 연방 기금 금리는 25베이시스포인트basis point, bp(0.01%) 인하되었다. 시장은 이른바 '그린스펀 풋'의 등장을 반겼다. '그린스펀 풋'이란 시장이 하락할 때마다 연준이 개입하기로 약속한 월가와의 불문율 계약을 의미한다. 1997년 10월부터 2년 반 후 최고점에 이르기까지 나스닥 기술주 지수는 거의 세 배 상승했다. 가치 평가 측면에서 미국 역사상 가장 큰 거품이었다. 이 거품은 선례들과 마찬가지로 2000년 여름 연준이 여러 번의 인상을 거쳐 금리를 7%까지 인상한 후 끝났다.

2002년 버냉키는 프린스턴대학교의 경제학부에서 연방준비제도 이사회로 책상을 옮겼다.[22] 그는 자산 가격 거품을 무시한 그린스펀에게 이론적 근거를 제공한 사람이었다. 그는 거품은 실시간으로 파악하는 것이 불가능하기에 통화 정책은 거품의 여파에 대처해야 한다고 말했다. 하지만 디플레이션에 대해서는 선제적으로 공격해야 한다고 강력하게 주장했다. 2002년 11월, 그는 연준이 어떤 상황에서도 물가 하락을 막을 수 있다고 공언했다. 필요하다면 '헬리콥터 머니helicopter money'(새로 인쇄한 돈)를 대중에게 뿌리겠다는 말까지 했다. 2003년 봄, 연준 자금 금리는 1%로 인하되었고 1년 이상 그 상태를 유지했다. 이후 5년간 연준의 기조 정책금리는 미국의 경제성장률보다 훨씬 낮은 수준을 유지했다. 이지 머니의 시대는 이미 시작되고 있었다.

동시에 인플레이션은 통제되고 있었다. 선진국 전역에서 중앙은행들은 인플레이션 목표를 달성했다. 경제학자들은 2000년대 초반의 낮은 인플레이션과 완만한 경기 침체를 '대 안정기Great Moderation'라고 불렀는데, 이들은 이 나쁘지 않은 상태를 통화 정책 결정이 개선된 덕분이라 생각했다. 중앙은행 총재들도 이 생각에 반대하지 않왔다. 잉글랜드 은행은 이러한 상황을 NICE(non-inflationary consistent expansion, 인플레이션이 아닌 지속적 확장)라는 말을 만들어 설명했다.[23] 고든 브라운Gordon Brown 영국 재무장관은 호황과 불황의 종식을 환영했다. 2004년 그린스펀은 "거품보다는 거품의 결과를 다루는 우리의 전략이 성공적이었다"라고 자랑했다.[24] 버냉키는 미국의 '강하고', '자생적인' 회복을 환영했다.[25]

1920년대 중반 스트롱하의 연준을 재연이라도 하듯이 미국 중앙은행 정책 입안자들은 신용 증가나 신용 품질의 하락에는 거의 관심을 기울이지 않았다. 전국에서 터지고 있는 부동산 거품을 억제하려는 시도도 없었다.[26] 2006년 초, 은퇴를 앞둔 그린스펀은 뒤늦게 몇몇 지역의 주택 시장을 '거품'이라고 인정하며 그 이전 안정의 시대가 결국 불행으로 끝난 사실을 떠올렸다. 하지만 여전히 몇 달 전 의회에서 미국의 집값 상승이 "대체로 강한 경제 펀더멘털fundamental(한 나라의 경제 상태를 표현하는 데 가장 기초적인 자료가 되는 성장률, 물가상승률, 실업률, 경상수지 등의 주요 거시경제지표—옮긴이)을 반영하고 있다"라고 말하며 낙관했다.[27]

펀더멘털은 중요하지 않았다. 연준은 주택 시장 활성화를 위해 상당히 노력했다. 2002년 11월 의회 청문회에서 그린스펀은 연준의 저금리 정책이 주택 판매와 건설업 부양을 초래했다고 말했다. 그는 "모기지 시장은 주택 소유자들이 축적한 주택지분가치home equity(집값에서 대출금을 뺀 주택 순자산으로, 이를 담보로 2차 대출까지 한다는 의미다—옮긴이)로 다시 대출하게 만들어 (…) 강력한 안정화 세력이 되었다"라고도 말했다.[28] 실제로 2008년까지 10년 동안 미국인들은 주택지분

가치를 담보로 총 9조 달러를 대출했다.[29] 이 대출은 무해한 것처럼 보이지만, 사실은 가계에 더 많은 빚을 지게 만드는 근사한 이름일 뿐이다. 더 중요한 것은 2004년 3월 14일 연방공개시장위원회 회의에서 도널드 콘Donald Kohn 연준 부의장이 보였던 태도다.

정책 조정과 그 조정이 지속되리라는 기대가 자산 가격을 왜곡하고 있다. 이러한 왜곡 대부분은 정책의 *의도적*이고 *바람직한* 효과다. 우리는 *장기 균형 금리 이하로 금리를 낮추고 수요를 자극하기 위해 자산 가격을 올리려고 했다.*

그린스펀과 버냉키를 비롯해 회의에 참석한 사람 중 누구도 이 의견에 반대하지 않았다.* 몇 달 후, 댈러스 연방준비은행 총재 로버트 맥티어Robert McTeer는 중앙은행 총재들이 경기 순환을 무한정 연장할 수 있느냐는 질문을 받았다. 그는 이렇게 대답했다.

경기 순환은 예전보다 훨씬 더 잘 다룰 수 있다. 정책 입안자들은 예전보다 더 똑똑하다. 그들은 이전의 많은 실수에서 배운 게 있다. (…) 그일이 시작되던 30년대 초반에는 수많은 은행이 파산하며 큰돈이 휩쓸

---

* 거품을 처리하기 위해 거품을 만든다는 아이디어는 2002년 8월 《뉴욕 타임스》에서 폴 크루그먼Paul Krugman이 먼저 제기했다. 그는 "이 불경기에 맞서 싸우기 위해서는 연준은 빠른 반동snapback 이상이 필요하다. 빈사 상태에 빠진 기업 투자를 상쇄하기 위해서는 가계 지출을 늘려야 한다. 그러기 위해서는 핌코PIMCO의 폴 맥컬리Paul McCulley가 말했듯이 그린스펀은 나스닥 거품을 대체할 주택 거품을 만들어야 할 필요가 있다"라고 썼다. 크루그먼은 당시 자신의 제안에 문제가 있다고는 생각하지 않은 것 같다. Paul Krugman, 〈Dubya's Doubya Doubya Dip〉, 《New York TImes》(2 Aug 2002).

려갔다. (…) 오늘날 커다란 비상사태가 있을 때마다 우리가 가장 먼저 하는 일은 마이크를 잡고 수도꼭지를 여는 일이다.[30]

▏ 물가 안정으로는 충분치 않다 ▕

모든 사람이 소비자물가에 집중하고 그 외 다른 금융 불균형은 무시하는 그린스펀의 정책이 성공적이라고 생각하지는 않았다. 하지만 통화 정책 분야 종사자나 저명한 경제학 교수 가운데 그에 반대하는 사람은 많지 않았다. 중앙은행의 중앙은행이라 할 수 있는 BIS의 수석 경제학자 윌리엄 화이트William White는 이 집단 사고에서 예외적인 인물이었다.

그는 〈물가 안정만으로 충분한가?Is Price Stability Enough〉라는 논문에서 물가 안정만으로는 장기적으로 심각한 거시경제적 혼란을 피할 수 없다고 썼다. 하이에크와 마찬가지로 화이트 역시 생산성 향상에서 발생하는 좋은 디플레이션과 신용 붕괴에 따른 나쁜 디플레이션을 구분했다. 화이트는 과거에 인플레이션이 선행하지 않아도 금융위기가 나타나는 경우가 흔했다고 지적했다. 최근에 발생한 몇몇 아시아 위기도 그런 사례였다. 당시 미국에서 만연한 신용 증가, 자산 가격 인플레이션 및 대규모 자본 유입은 더 확실한 금융위기의 전조였다.

화이트는 거품을 예방하기보다는 거품의 여파에 대처하자는 버냉키의 정책에도 의문을 제기했다. 과도한 부채를 짊어진 경제는 유동성 함정에 빠져 통화 자극에도 영향을 받지 않을 수 있다. 호황기에 자본이 잘못 배분된다면 일본이 10년간 겪었던 것처럼 경제적 경화증economic sclerosis이 일어날 수도 있다. 거품 붕괴 후 이어지는 금리 인하는 저축을 위축시켜 경제성장 전망을 낮출 수 있다. 화이트는 "장기간의 저금리는 총수요에 원하는 영향을 미칠 수도 있고 그렇지 않을 수도 있다. 그러나 총공급 측면에서는 틀림없이 부정적인 영향을 미친다"라고 말했다. 마지막으로 그는 저금리로 인해 보험 회사나 확정급여형 연금제도는 더 높은 수익을 찾아갈 것이라고 예측했다.

하지만 1920년대 통화 정책에 대한 하이에크의 비판을 떠올리게 하는 이 훌륭한 논문에 그 누구도 관심을 기울이지 않았다. 게다가 2006년 4월 논문이 발표되었던 때는 이미 상황이 바뀌어 있었다. 전국적으로 집값은 거품의 한계치를 넘어섰고, 몇몇 지역은 새로운 공급으로 주택 시장이 포화 상태에 이르렀다.[31] 미국의 주택 거품은 이미 정점을 지나 다년간에 걸친 하락을 시작할 태세였다. 미국 금융 시스템에는 아직 시장 침체에서 검증되지 않은 복잡한 모기지 증권이 넘쳐났다. 몇몇 예리한 금융 평론가들은 새로 발행된 특정 서브프라임 모기지 대출의 채무불이행이 놀라운 속도로 증가하고 있다고 지적했다.

글로벌 금융위기의 원인을 다루는 책과 기사(소위 '크런치 포르노cruch porn')는 수도 없이 많다. 사전에는 금융 취약성의 어떤 징후에도 태연히 눈감고 있던 주류 경제학자들이 갑자기 말이 많아지며 설명을 늘어놓기 시작했다. 미국의 한 대학 학장은 "경제학과 교수 누구든 어떤 일이 일어났는지 훌륭하게 사후 설명을 할 수 있지만, 그중 위기를 예측한 사람은 단 한 명도 없었다"라고 개탄했다.[32] 엘리자베스 2세도 2008년 11월 런던 경제대학을 방문해 비슷한 발언을 했다.

위기를 예측하지 못했던 사람 중 가장 중요한 자리에 있던 버냉키는 리먼 파산 이전 대출 과잉에 대한 잘못된 금융 규제를 위기의 원인으로 보았다(이러한 입장은 그가 위기에 어느 정도 책임이 있다는 뜻이다. 버냉키가 2006년 초부터 의장을 맡았던 연방준비제도 이사회는 미국의 최고 금융 규제 당국이기 때문이다). 정책 입안자들 사이에서는 금융위기를 규제의 문제로 해석하는 견해가 승리를 거두었다.

동시에 위기 직전 통화 정책의 역할은 대단치 않게 생각했다. 연준이 정책금리를 전후 최저 수준까지 낮추고 18개월 동안 유지하기로 한 결정, 연준 기준금리를 5년 연속 경제성장률 아래로 유지한 것, 긴축 속도가 극단적으로 느렸던 것, 금리가 금융 시장을 위축시키지 않도록 '베이비 스텝baby step'을 밟으며 올라갔던 것, 주택 시장에 의도적으로 불을 지펴 가계 부채를 장려한 것, 그리고 통화 수도꼭지를 열어놓은 것은 편리하게도 모두 잊었다. 버냉키는 2002년 이후 미국의 통화 정책이 지나치게 느슨했다는 사실을 부인했다. 그 근거로 연준의 디플레이션 리스크 증가 예측을 증거랍시고 제시했다.* 그린스펀의 후임자는 이지 머니가 주택 거품을 부풀렸다는 통념 역시 부인했다.

이 문제를 조사한 경제학자(실제로는 연준 경제학자)들은 역사적 관계에 근거해 볼 때, 이번 *2000년대 초 집값 상승의 극히 일부만이 미국의 통화 정책 기조에 영향을 받았을 것이라고 생각한다.* 이 결론은 경제이론

* Ben Bernanke, 〈Monetary Policy and the Housing Bubble〉(3 Jan 2010), 미국경제협회 연례총회 연설. 그는 "단순한 정책 규칙의 측면에서 보자면, 2001년 경기 침체 이후 통화 정책은 충분히 적절했다"라고 말했다. 그렇다면 당시 '단순한 정책 규칙'이 과연 적절했을까?

을 이용하지 않는 계량경제 모델과 순수 통계 분석으로 도출했다.*

버냉키는 미국 장기금리 하락이 주택 매입 여력mortgage affordability을 높여 집값을 끌어올렸다고 인정하면서도 국채 수익률 하락을 연준의 조치보다는 '글로벌 저축 과잉' 탓으로 돌렸다. 미국의 장기금리 하락을 설명하는 다른 시각도 있다(나중에 논의하겠다).** 어쨌든 저축 과잉 가설은 통화 정책 입안자들의 서브프라임 붕괴 책임을 사면해주면서 세계 금융위기를 설명하는 주류 경제학의 핵심이 되었다.

그러나 버냉키의 분석은 가장 위험한 서브프라임 대출이 마이너스 상각 기능(원금에 이자가 붙는)이 있는 변동금리 옵션을 포함한 할인된 단기금리였다는 사실을 무시하고 있다. 연준의 이지 머니 통화 정책이 출범한 후에야 신용 증가율이 회복되고, 금융 레버리지가 치솟고, 주택 시장에는 거품이 끼고, 언더라이팅 기준은 감소했으며, 서브프라임 모기지 부채가 부채담보부증권Collateralized debt obligation, 이하 CDO(회사채나 금융 기관의 대출채권, 여러 개의 주택담보대출을 묶어 만든 신용

---

* Bernanke, 〈Monetary Policy and the Housing Bubble〉. 그의 주장은 연준 연구자들의 최근 발표에 근거한다. Jane Dokko et al, 〈Monetary Policy and the Housing Bubble〉(Federal Reserve Board: 22 Dec 2009). 이 논문 저자들은 2003~2004년의 저금리는 디플레이션이라는 '상당한 리스크'로 인해 일종의 예방으로 정당화할 수 있다고 주장한다(그러나 인플레이션 후속 통계 개정에 따르면 디플레이션 리스크는 과장되었다고 인정했다). 게다가 그들은 연준이 전통적인 방식으로 행동했을 뿐이라고 말한다. "통화 정책 설정은 전통적인 거시경제 관점을 고려할 때 예상되는 큰 윤곽을 따르는 것으로 보였다. (…) 외부 예측가들은 모든 것을 감안할 때 FOMC가 채택한 정책 기조가 목표와 일치한다고 보았다."(13쪽) 이들은 손으로 햇빛이라도 가리려는 듯, 미국의 주택 '호황'은 이지 머니 정책이 시작되기 훨씬 전인 1998년에 시작되었다고 주장한다(미국 주택 가격은 2002년 이후 추세보다 2 표준 편차 내에 있을 뿐이다). 저자들은 "선진 경제 중앙은행의 정책 기조가 주택 가격을 상승시킨 주요 원인 중 하나라는 근거는 기껏해야 혼재된 것으로 보인다"라고 결론짓는다.

** 간단히 말하자면, 2000년 이후 국채 수익률이 하락한 것은 대체로 금세기 초 연준이 금리를 인하한 후 발생한 국제 자본 흐름의 재순환(승자가 패자에게 손실을 돌려주는 러프의 '마블 게임') 때문이다. 이는 17장에서 더 자세히 다룬다.

파생상품—옮긴이)으로 리패키징되기 시작했다. 저금리는 신용 수요를 충족시켰고, 금융 혁신은 공급을 증가시켰다. 수십 년간 저금리에서 수익을 내는 모델을 찾는 노력 끝에 탄생한 복합 모기지 증권 시장이 폭발적으로 성장하기 시작했다.

금융위기가 한참 지난 후에도 연준의 경제학자들은 집값이 통화정책에 영향을 받았다는 사실을 계속 부인했다.[33] 하지만 몇몇의 미국 중앙은행 총재들은 실수를 인정했다. 세인트루이스 연방준비은행 윌리엄 풀William Poole 총재는 저금리가 주택 경기 호황을 부채질했다고 인정했다. 풀은 리먼 파산 1년 전인 2007년 연준 금리결정위원회 회의에서 "우리는 매우 낮은 금리 덕분에 호황을 누렸다. 우리가 연준 금리를 1%로 유지할 때 호황이 시작되었다. 그러자 전통적으로 존재하지 않았던 많은 금융 혁신과 서브프라임 모기지가 추가되었다"라고 말했다.[34] 캔자스시티 연방준비은행 토머스 호니그Thomas Hoenig 총재 역시 2002년과 2004년 사이 마이너스 실질금리가 주택과 신용 붐을 낳았다는 주장을 '강력하게 뒷받침하는 증거'를 발견했다.[35]

주요 경제학자 가운데 동의하는 사람도 있었다. 앞서 물가 안정이라는 연준의 목표를 높이 평가했던 슈워츠는 이제는 서브프라임 위기의 원인으로 연준을 콕 집어 지목하며 "(위기의) 근본 원인은 보통사람들의 대출과 투기를 유도한 통화 정책과 저금리 정책이었다"라고 말했다.* (인플레이션 예상치와 경제의 유휴생산능력에 대한 추정치를 기반으로) 중앙은행이 금리를 정하는 대략적인 규칙인 '테일러 준칙Taylor Rule'을 만든 스탠퍼드대학교 존 테일러John Tayler 교수는 "금융 과잉이 호황과 그 결과 발생한 붕괴를 낳은 주원인이었다"라고 말했다.[36]

미국의 정치과학자 맨커 올슨Mancur Olson은 이론으로 검증되지 않는 경제적 사건들을 대충 둘러대려는 태도를 경고했다. 그가 보기에는 많은 인과율이 거짓 이론을 진실로 보이게, 혹은 참된 이론을 거짓으로 보이게 만들 수 있었다.[37] 금융위기를 다루는 설명 대부분이 그런 식이었다. 복잡한 채무 증권의 범람, 신뢰할 수 없는 신용 등급, 리스크 모델의 결함, 모기지 부채에 대한 폭탄 돌리기식 접근, 제대로 집행되지 않았던 규제, 야생적 충동, 글로벌 저축 과잉 등이 모두 금융위기의 원인으로 지목되었다.

이러한 설명들은 금융 관행과 규제가 나라마다 다르다는 사실을 간과하고 있다. 미국 은행이라면 파생상품 등 이해하기 힘든 도구들을 만들어 의심스러운 모기지 채권을 분산시켰을 것이다. 하지만 스페인에서 모기지 채권은 은행 대차대조표에 고스란히 남았다. 스페인 중앙은행은 호황기에도 은행들에 자본 준비금을 늘리라고 요구했다. 그러나 이 안전장치에도 불구하고 스페인은 미국보다 더 심각한 금융 충격을 겪었고, 지역 저축은행은 거의 붕괴되다시피 했다. 위기가 글로벌했으니 그 원인 역시 글로벌했다고 생각할지도 모르겠다. 그러나 서브프라임 모기지 사태는 미국에서 일어난 사건이었다. 미국에서 발행되어 유럽 은행들이 대량 소유한 복잡한 모기지 증권이 부실화되며세계 금융 시스템 전체에서 급속한 연쇄 반응을 불러일으킨 것이다.

오스트레일리아에서 아이슬란드에 이르는 수많은 국가의 신용 시

---

* 2008년 슈워츠는 "(과거의) 광풍들을 하나하나 조사해보면 원인은 모두 확장 통화 정책이었다. 특정 자산은 호황마다 형태가 달랐지만, 근본적인 원인은 이지 머니 정책과 너무 낮은 이자율이었다"라고 썼다. Steven Horwitz와 William Luther에서 인용, 〈The Great Recession and Its Aftermath from a Monetary Equilibrium Theory Perspective〉(Mercatus Center: Oct 2010), p.5.

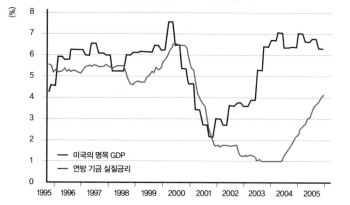

2000년대 초반 미국의 통화 정책

미국의 명목 GDP

연방 기금 실질금리

닷컴 버블의 여파로 그린스펀 체제하의 연준은 금리를 전후 최저치까지 끌어내렸다. 바로 이때 미국 주택 가격이 솟구치기 시작했다.

스템이 그 당시 왜 그리 취약했을까? 통합 요인은 금세기 초 미국 연준의 저금리 정책이다. 미국의 낮은 금리는 기축통화라는 달러의 특수성 때문에 세계 경제 전반을 신용 호황으로 밀어넣었다. 위기 이전에 세계 금리는 실질적으로는 마이너스였고, 세계 경제성장률에 훨씬 못 미쳤다. 상대적으로 금리가 높은 나라들도 외국 자본 유입이 쇄도해 여유가 없었다.* 상황을 모면하는 데 급급한 해명 따윈 필요 없다. 간단히 말하자. 이지 머니가 호황을 일으켰고, 그 결과 붕괴가 일어났다.

중앙은행가와 통화경제학자로 구성된 폐쇄적인 공동체는 위기의 원인을 금융으로 돌리는 것을 못마땅해했다. 그들은 많은 시간과 노력을 투자해 만들어낸 자신의 경제 모델을 버리기 아까워했다. 그들의 표준 모델에 따르면 경제는 1973년 석유 파동과 같은 무작위적인

---

* 이 주제에 대한 자세한 내용은 17장을 참조하라.

외부 충격에 의해서만 궤도에서 이탈할 수 있다. 그 모델에 돈과 신용의 자리는 없다. 금리는 주어지는 것이고, 통화 정책의 오류는 소비자 물가 불안이 아니라 자산 가치로 나타난다. 투기 거품과 비합리적인 과열은 허용되지 않는다. 그들의 모델에는 완벽하게 합리적인 행위자들만이 가득하기 때문이다. 그러나 그 모델은 월가나 다른 주식 시장에서 실제로 일어나는 일을 조금도 설명해주지 못한다. 그랜트가 '박사 기준PhD standard'이라고 부른 것이나 다루는 경제학자들이 실제로 일어난 사건에 우왕좌왕하며 곤혹스러워했던 것도 놀랍지 않다.

이러한 인지 부조화 상태에는 제도적 요인도 어느 정도는 책임이 있다. 연준은 세계에서 가장 규모가 큰 금융 분야 박사들의 고용주이며, 통화 문제를 전문적으로 다루는 경제 저널들과도 깊은 관계를 맺고 있다. 2010년 설문 조사에서 대다수의 경제학자가 저금리를 주택 거품의 주 원인이라고 믿었을 때에도 통화 정책 전공 경제학자 대부분이 연준의 견해를 지지했던 것은 의미심장했다.[38] 연준 총재 버냉키가 위기는 '경제 과학'의 실패가 아니라 경제 관리(규제)의 실패라고 주장하면, 연준 연구팀도 위대하신 수장님의 생각을 그대로 따를 것이라는 생각밖에 들지 않는다.[39] 그들은 기존 신념은 강화하고 불편한 질문은 무시되는 반향실反響室 속에서 살고 있다.

역사학자 폴 미로우스키Paul Mirowski는 "버냉키의 연준은 위기에서 보여준 지적 무능에 대해 어떤 책임도 지지 않았다"라고 결론지었다. 버냉키는 공직에서 쫓겨나는 대신 또 한 번의 대공황에서 세계를 구했다는 찬사를 받았고, 2009년《타임》지 '올해의 인물'로 선정되었다. 그의 거듭된 부인은 연준이 위기에서 배운 것이 거의 없다는 것을 보여준다. 통화 정책 입안자들은 정말 희한한 경우의 조정 말고는, 이미 결함이 많은 모델을 바꿔야 할 필요가 없다고 보고 있다. 이들은 저금리가 위기의 원인이 아니므로 미래에 금리를 더 낮추더라도 당연히 아무런 문제가 없으리라 생각할 것이다.

| 인플레이션 타기팅 |

금융위기는 디플레이션 위협을 되살려냈다. 이것은 피셔가 말한 종류의 디플레이션으로, 신용 호황 이후 큰 빚을 진 사람들이 부채를 갚을 때 발생하는 일종의 부채 디플레이션이다. 2008년 이후, 하버드 경제학자 마틴 펠드스타인Martin Feldstein이 '디플레이션이라는 허깨비deflation bogeyman'라고 부른 디플레이션 공포가 정책 입안자들의 강박이 되었다. 《이코노미스트》에 따르면 디플레이션은 '세계 최대의 경제 문제'였다.[40] 크리스틴 라가르드Christine Lagarde 국제통화기금International Monetary Fund, 이하 IMF 총재는 디플레이션이 '경기 회복에 재앙을 가져다줄' 수 있는 '괴물'이라고 말했다. 구로다 하루히코黑田東彦 일본 은행 총재는 디플레이션을 '만성질환'으로 간주했다. 디플레이션은 인플레이션 타기팅inflation targeting(우리말로 물가안정목표제라고도 한다. 어떤 목표보다도 물가를 잡는 데 역량을 총동원한다는 의미—옮긴이)을 엄격하게 시행해 저지해야 했다. 물가 안정은 어떤 대가를 치르더라도 달성해야 했다.

1990년대 중앙은행들은 인플레이션 타기팅을 공식 목표로 설정했다. 뉴질랜드 준비은행은 1990년에 이를 채택한 첫 번째 중앙은행이었다. 우연의 일치인지는 모르겠지만, 같은 해 일본의 거품이 꺼지기 시작했다. 캐나다도 1991년 같은 목표를 설정했다. 6년 후, 새롭게 독립한 잉글랜드 은행의 최초 목표 역시 마찬가지였다. 1998년에 발족한 유럽중앙은행European Central Bank, 이하 ECB은 아예 정관에 이 목표를 명시하고 문을 열었다. 그린스펀의 연준은 공식적 목표로 인플레이션을 타기팅하지 않았지만 비슷한 접근법을 추구했다.[41] 이렇게 인플레이션 타기팅은 전 세계적인 목표로 채택되었지만, 금융위기에 전혀 대응하지 못했다. 그럼에도 2008년 이후에도 상황은 바뀌지 않았다. 2012년 초 연준이 공식적으로 인플레이션 타기팅을 목표로 채택하며 버냉키는 자신의 오랜 야망을 이루었다.* 일본 은행도 곧 그 뒤를 따랐다.

주요 선진국의 중앙은행들은 같은 목표를 설정한 뒤 곧 같은 숫자를 중심으로 뭉치기 시작했다. 무슨 부적 같은 2%가 그 수치였다. 구로다 총재는 이를 '글로벌 표준'이라고까지 불렀다.[42] 그 수치는 유럽중앙은행 정관에도 기록되었다. 중앙은행 총재들은 마치 이 수치를 반복하기만 해도 목표 달성에 도움이 되는 양 끊임없이 되뇌었다. 예를 들어, 버냉키 후임으로 연준을 맡은 옐런은 2016년 9월 연방공개시장위원회 회의에서 이렇게 연설했다.

확실히 하자. 2%가 우리의 목표다. 인플레이션이 2%로 되돌아가는 것

---

* 2003년 연설에서 버냉키는 인플레이션 타기팅이 미국에서 '외국의 것이며, 이해할 수 없고, 약간 전복적인' 것으로 받아들여지고 있다고 언급했다. 그는 "낮고 안정적인 인플레이션이야말로 성공적인 통화 정책의 가장 *핵심적인* 요소라고 말해야 할 것 같다"라고 덧붙였다. 〈A Perspective on Inflation Targeting〉.p.2.

을 보고 싶다. 2%는 인플레이션 상한선이 아니다. 따라서 인플레이션
을 그 이상으로 올리려고 하지 않는다. 2%로 돌아가는 것이 항상 목표
지만, 그것이 상한선은 아니다. 그것이 상한선이라면, 평균적으로 인플
레이션율을 2% 이하로 유지하는 정책을 시행해야 할 것이다. 그것은
우리의 정책이 아니다. 우리는 인플레이션율이 가능한 한 빨리 2%로
돌아오길 바란다.

앞서 1920년대 연준의 물가 안정 추구가 어떻게 대출 호황과 투기
과잉을 낳았는지 살펴보았다. 같은 정책에 특정 목표를 묶으면 문제
는 악화된다. 고정된 양적 지표만으로는 기관 관리에 한계가 있다는
것은 잘 알려진 사실이다.* 흔히 정량적 목표는 숫자로 나타내기 쉽
다는 이유로 선택된다. 그러나 이때 쉽게 측정되지 않는 요소들이 간
과되는 경향이 있다. 그 결과 목표 설정은 단기주의, 관료주의로의 자
원 전환, 리스크 회피, 정당하지 못한 보상, 기관 문화의 훼손을 포함
한 다양한 부작용을 낳는다.

　지표는 혁신과 창의성을 억압한다. 지표는 과학인 척하지만 사실
은 종교와 유사하다. 어떤 기관이 특정한 목표를 향해 가야 할 때, 비
판은 사라진다. 1970년대 미국 사회과학자 도널드 캠벨Donald Campbell
은 "사회의 의사결정에 정량적 사회 지표가 더 많이 사용될수록 더

---

* 소련에는 모스크바가 할당량을 정한 어느 못 공장 이야기가 전설처럼 전해졌다. 할당량 기준이 수량
일 때, 공장은 아무짝에도 쓸모없는 작은 못을 생산했다. 모스크바가 할당량 기준을 무게로 바꾸자
공장은 역시 쓸 데도 없는 1파운드짜리 철도용 스파이크를 생산했다. 중앙집중 계획의 실패는 '지
표의 독재tyranny of metrics'부터 피해야 한다는 사실을 가르쳐주는 이야기다. 하지만 최근 수십 년
동안 대학과 학교, 의료, 치안 및 비즈니스에서 성과 지표를 부주의하게 사용하며 많은 오류를 일으
켰다. Jerry Muller,《tyranny of metrics》(Prinston: 2018)참조.

많은 부패 압력을 받게 되고, 그것이 감시해야 하는 사회 과정을 왜곡하고 부패하는 경향을 보인다"라고 지적했다. 역사학자 제리 멀러Jerry Muller는 캠벨의 법칙에 결론을 보태 "측정되고 보상받을 수 있는 모든 것은 결국 게임처럼 변할 것이다"라고 말했다.

가장 유명한 목표 법칙은 금융 경제학 분야에서 수십 년 전에 등장했다. 1980년대 초, 대서양 양안의 중앙은행 총재들은 통화 공급 성장을 목표로 인플레이션을 통제하려고 했다. 통화 공급은 모호한 개념이어서 여러 가지 방법으로 측정할 수 있다(경제학자들은 M0, M1, M2, M3 등이라 부른다). 런던 경제대학의 찰스 굿하트Charles Goodhart는 잉글랜드 은행이 특정한 수치의 통화 공급을 목표할 때마다 그 수치와 인플레이션 사이에 이전에 존재하는 것처럼 보였던 관계가 깨진다고 말했다. 그래서 만들어진 굿하트의 법칙은 통제를 위해 사용하는 모든 수치는 믿을 수 없다라고 말한다.

목표 설정의 오류는 변수들 사이의 관계, 이 경우에는 특정한 수치의 통화 공급과 인플레이션의 관계를 고정된 것으로 가정하는 데서 비롯된다. 현실 세계에서 인간의 행동은 통제에 반응하기 마련이다. 존 케이John Kay와 킹은 《근본적인 불확실성Radical Uncertainty》에서 이렇게 썼다. "굿하트의 법칙의 핵심은 사회적·경제적 관계를 고정된 것으로 보는 모든 사업이나 정부 정책은 실패할 가능성이 크다는 것이다."[43] 잉글랜드 은행 총재였던 킹에게 맡겨진 가장 커다란 책임은 2% 인플레이션 타기팅 이행이었다. 2013년 은퇴 후 그는 공개적으로 이 규칙에 의문을 제기하며 "우리는 목표로 삼아야 했던 것들은 목표로 삼지 않았고, 목표로 삼지 말았어야 했던 것들을 목표로 삼았다. 그 결과

경제는 허약해졌다"라고 말했다.[44]

또 다른 전직 중앙은행 총재 볼커는 인플레이션 타기팅에 훨씬 더 비판적이다. "그 이론적 근거에도 믿음이 가지 않는다. 2% 목표, 혹은 2% 한계는 몇 년 전만 해도 교과서에 없었다. 이론적으로 타당한지도 모르겠다. 목표인 동시에 한계라니, 말도 안 되는 이야기다." 또한 볼커는 어떤 물가 지표도 소비자물가의 실제 변화를 정확하게 포착할 수는 없다고 덧붙였다. 성장하는 경제에서 물가는 위아래로 오르내리기 마련이다. 경제가 견실하고 실업률이 낮은 시기에 통화 정책을 완화해야 한다는 아이디어에 볼커는 "물론, 말도 안 되는 소리"라고 일갈했다.[45]

UCLA 경제학자 악셀 레이욘후브드Axel Leijonhufvud는 인플레이션 타기팅의 문제점 중 하나를 '변함없는 인플레이션율이 통화 정책이 옳은지에 대한 정보를 전혀 제공하지 않는 것'이라고 지적한다. 더 나아가 그는 오히려 이 목표가 중앙은행이 금융 안정을 해치는 정책을 택하게 한다고 주장했다.[46] 앞으로 보겠지만, 디플레이션 지속기에 2% 인플레이션 목표 추구로 인해 중앙은행들은 금리를 극도로 낮추거나 심지어 마이너스 수준으로 설정할 수밖에 없었고, 투기적인 차입과 다른 리스크를 감수하라고 장려했다.*

인플레이션을 목표로 설정한 중앙은행들이 국내 인플레이션에 큰 영향력을 미쳤다는 주장도 사실인지 분명하지 않다. 세계화가 진행되면서 인플레이션은 세계적인 양상을 띠었다. 수입 가격이 하락할

---

* 15장을 보라.

때, 중앙은행 총재들은 일반 물가 수준이 하락하지 않도록 의료·교육·건설 같은 비무역 상품과 서비스 가격을 부풀려야 했다. 그런데 과연 이러한 행동이 바람직한지 의문을 제기하는 사람은 거의 없었다. 게다가 인플레이션 타기팅을 위해 선택된 기간 역시 부적절했다. 원칙적으로 물가 안정은 몇 년에 걸쳐 측정되어야 하지만(1990년 이후 일본 은행이 인정한 바와 같이), 중앙은행 대부분은 실시간으로 목표를 달성하고자 했다. 나아가 화이트는 인플레이션 타기팅에 대한 중앙은행들의 접근 방식이 비대칭적이었다고 비판했다. 즉, 그들은 디플레이션 공포로 인해 목표를 과대평가하는 경향이 있었다. 그 결과 통화 정책은 언제나 금리 완화 쪽으로 치우쳤다.

2008년 이후 중앙은행 총재들에게 인플레이션 타기팅 추구는 디플레이션 공포만큼이나 강박이 되었다. 2014년 10월 ECB 총재 드라기는 '우리가 따라야 하는 궁극적이고 유일한 명령은 인플레이션을 2%에 가깝게, 또는 그 이하의 수준으로 되돌리는 것'이라고 말했다.[47] 2016년 초, 그는 또 다른 일련의 파격적인 통화 조치를 시행하며 말했다. "우리가 가진 권한을 행사할 때, 우리의 행동을 제약할 것이라곤 없다."[48] 그는 인플레이션율을 끌어올리려는 ECB의 노력을 무산시키려는 모든 시도를 '단호히 거부'할 것이며, 인플레이션이라는 목표는 절대 포기하지 않을 것이라고 '맹세'했다.[49] 일본 은행의 구로다 총재는 '흔들리지 않는' 새로운 목표를 '불굴의 투지'로 추진할 것이라며, 드라기와 비슷한 광신적인 태도를 보였다.[50] 중앙은행의 대차대조표를 확대하고 단기금리를 제로 이하로 설정하는, 세계에서 가장 야심 찬 계획에 착수한 구로다는 "통화 완화에 제한은 없다"라는 드라기의 말을 되풀이하며 일본 은행은 이 '목표를 달성하는 데 필요한 것은 무엇이든 할 것'이라고 강조했다. 그러고는 "(일본의 정책이) 현대 중앙은행 역사상 가장 강력한 통화 정책이라는 것은 과장이 아니다"라고 덧붙였다.[51] 목표 달성에 실패하면 일본 은행이 더 적극적이지 못했다는 의미로 받아들이겠다는 의지였다.

인플레이션 타기팅 목표는 세계 시민을 실험용 쥐로 취급하는 대규모 실시간 밀그램 실험Milgram experiment(권위에 대한 복종 실험―옮긴이)을 방불케 했다. 일종의 기술 관료라 할 수 있는 중앙은행 총재들은 목표에 집착한 나머지 정책의 부정적인 결과는 경시했다. ECB의 조치가 불평등의 원인이냐는 질문을 받은 드라기 총재는 자신의 관심사는 오로지 목표라고 답했다. ECB 증권 포트폴리오의 손실 발생 가능성에 관한 질문에서도 같은 반응이었다. 그는 극단적인 통화 정책이 투기를 부추길 수 있다는 것은 인정했지만, ECB는 금리를 '지역적인 거품에 값을 매기도록' 설정하지는 않았다고 말했다.

어떤 비판을 무릅쓰고서라도 중앙은행 총재들은 인플레이션 타기팅이라는 신성불가침한 목표를 고수하려 들었다. 이들에 대한 신뢰도가 바로 그 목표에 달려 있었기 때문이다.[52] 이로 인한 정책들이 경제성장을 죽여도 상관없었다. 제로금리가 저축과 투자를 위축시키고 생산성 성장을 저해해도 상관없었다. 초저금리가 좀비 기업에 생명 유지 장치를 달아 무너져야 할 기업이 생존하는 결과를 낳더라도 상관없었다. 중앙은행 정책이 불평등을 심화하고 금융 안정성을 저해하며 '핫머니' 자본 흐름을 부추기고 고급 아파트부터 암호화폐에 이르는 수많은 자산 가격 거품을 키워도 상관없었다. 드라기가 말한 것처럼 말이다. "이는 트레이드오프의 문제가 아니다. 우리는 잠재적인 부수 효과 때문에 물가 안정 보장 정책을 시행하지 않아서는 안 된다."[53] ECB는 어쨌든 그 목표를 추구할 것이다. 어떤 사람은 꼭 찍어 먹어봐야만 그 맛을 아는 법이다.

8장

세속적 정체 논쟁

지나친 절약이라는 악마는 결국 허깨비에 불과한가?

— 데니스 로버트슨, 1937

2008년 9월 리먼이 파산한 지 1년도 지나지 않아 세계는 손실 생산량의 절반 이상을 회복했다. 반등의 상당 부분은 신흥시장에서 나왔지만, 선진국도 예상보다 좋은 성과를 내고 있었다. 세계 경제는 시카고 경제학자 빅터 자노위츠Victor Zarnowitz가 만든 규칙, 즉 "심각한 침체 이후에는 거의 항상 가파른 경기 회복이 뒤따른다"라는 규칙을 따르는 것 같았다.[1] 마치 고무공처럼 경제가 어려운 상황에 던져질수록 더 빨리 반등하리라는 기대. 그러나 몇 년도 지나지 않아 무언가 심각하게 잘못되었다는 것이 분명해졌다. 금리를 인하하고 수조 달러의 증권을 인수한 중앙은행들이 최선을 다해 노력하는데도 서구 경제는 웅덩이에 처박힌 채 꼼짝하지 않았다.

　대침체Great Recession(리먼 파산에서 시작된 전 세계적 경제 침체, 2008년에 시작되어 2009년 1분기에 끝난 것으로 본다—옮긴이)가 끝난 지 5년이 지난 2014년에도 미국 생산성 성장률은 역사적 평균의 절반에 조금 못 미

쳤다.[2] 버냉키가 지배하는 미국 중앙은행은 1930년대 초처럼 기존의
태도를 고수하지만은 않았다. 연준의 대차대조표는 미국 국민 총소
득의 증가 폭보다 더 팽창했다.[3] 유럽의 상황은 더 심각했다. 2008년
이후 10년 동안 영국의 노동 생산성은 감소했고, 경제는 산업혁명 이
후 가장 느리게 성장했다. 유로존 경제는 위기 이전 수준에 머물고 있
었다. 경제학자들은 부진한 경제성장과 초저금리 조합을 설명하기
위해 여기저기를 탈탈 털고 있었다. 하버드대 교수이자 전 미 재무장
관인 래리 서머스Larry Summers는 마침내 해답을 제시했다. 그는 '서구
는 세속적 정체'를 겪고 있다고 말했다(경제학자들은 '세속적secular'이라는
낱말을 순환적인 사건과 반대로 어느 정도 영구적인 상태를 묘사하는 의미로 사
용한다).

　서머스의 생각은 독창적인 것이 아니었다. 그는 이 근사한 표현을
이전 하버드 경제학자인 앨빈 핸슨Alvin Hansen에게서 빌려왔다. 그는
케인스의 아이디어를 미국에 소개한 것으로 유명하다. 1930년대 초
핸슨은 미국 경제가 구조적 변화를 겪었다고 주장했다. 그의 관점에
서 문제는 주로 인구와 관련된 것이었다. 핸슨은 미국 인구 증가세가
둔화하고 있고, 이는 경제적으로 나쁜 소식이라고 믿었다. 노동 시장
에 진입하는 사람의 수가 줄면 새로운 공장·설비·기계나 가정에 대
한 수요 역시 줄어들 것이기 때문이다.[4] 핸슨은 또 새로운 산업은 이
전 기술처럼 많은 투자 자본이 필요하지 않을 것이라고 주장했다. 그
는 투자 수요 감소에 따라 저축 공급이 자본 수요를 초과하리라고 예
상했다.

　핸슨의 주장은 그의 스승 케인스의 지지를 받았다. 케인스 역시 영

국의 인구가 감소할 수밖에 없다고 믿었다. 그는 줄어드는 인구로 인해 '번영을 유지하기가 어느 때보다 힘들어질 것'이라고 말했다. 인구 역풍에 직면해 투자를 늘리는 방법으로는 자신이 선호하는 해법을 처방했다. 바로 강제 금리 인하였다. 케인스는 "자본주의 사회가 수입을 공정하게 분배하지 않고, 은행과 금융의 힘이 금리를 19세기 평균치에 가깝게 유지하는 데 성공한다면, 자원의 과소 이용이라는 만성적인 경향으로 결국 사회의 힘은 약해지고, 사회의 형태는 붕괴할 것이다"라고 경고했다.[5]

모든 사람이 핸슨이나 케인스의 의견에 동의하지는 않았다. 비즈니스 경제학자 조지 터보그George Terborgh는 《경제 성숙이라는 허깨비The Bogey of Economic Maturity》(1945)에서 세속적 정체 개념을 비난했다. 세속적 움직임은 정의상 장기적 추세로 나타나므로 1930년대의 세속적 정체는 그보다 몇 년 전에 분명히 나타나야 했다. 그러나 광란의 1920년대는 미국 경제에서 보편적 낙관주의의 시대였다. 미국의 인구 증가는 수십 년 동안 둔화했지만, 터보그는 인구통계학적 변화와 생산성 증가 사이에 어떤 상관관계도 발견하지 못했다. 또 핸슨의 주장처럼 (1인당) 투자가 인구의 영향을 받는다는 근거도 없었다. 정체론자들의 저축 과잉 공포 역시 마찬가지로 아무런 근거를 발견할수 없었다. 신규 노동자 수의 감소는 투자 수요 감소를 의미하지만, 총저축 역시 함께 감소한다.* "경제적 성숙이란 근거도 없고 실체도

---

* George Terborgh,《The Bogey of Economic Maturity》(Cicago: 1950). 터보그는 저축 행위가 투자(자본재 구매)와 무관하지 않다고 지적한다. 따라서 인구 증가 둔화로 인한 자본 지출 감소는 자동으로 저축을 감소시킬 것이다. "인구 증가 감소는 저축량과 더불어 자본 형성에 이용할 수 있는 저축량 비율 모두를 감소시키는 경향이 있다."(p.63)

없는 교리의 후손으로, 그저 허깨비에 불과하다"라고 터보그는 코웃음을 쳤다.[6]

이보다 3년 전, 슘페터는 터보그와 유사한 내용으로 비판했다.《자본주의, 사회주의, 민주주의》에서 슘페터는 세계적으로 혁신이 사라지고 있고, 신기술로 인해 많은 자본이 필요 없어지고, 인구 증가 둔화투자 기회를 줄였다는 동시대의 주장을 조목조목 비판했다.[7] 전후 미국 경제의 놀라운 성과는 슘페터와 터보그의 해석을 지지해주었다. 핸슨과 케인스의 인구통계학적 예측은 터무니없이 비관적인 것으로 나타났다. 핸슨은 인구 정체를 예측했지만, 미국 인구는 이후 수십 년 동안 연간 1% 이상 증가했다. 생산성은 회복되었고 원자력, 비행기 여행, 텔레비전과 같은 신기술은 투자를 빨아들였다. 전쟁이 끝난 지 얼마 되지도 않아 미국 경제는 1929년 이전의 성장 추세를 회복했다. 억만장자 투자자 워런 버핏의 증언대로 대공황의 깊은 웅덩이에서 태어나 새 천 년을 20년 넘게 살아온 세대는 미국의 1인당 GDP가 여섯 배 이상 증가하는 것을 목격했다.[8]

핸슨의 세속적 정체 주장은 학계의 경제학자가 저지른 최악의 예측 오류 중 하나다. 그 주장이 완전히 틀렸음에도 약 80년 후 거의 바뀌지도 않고 다시 등장한 것은 정말 신기한 일이다. 새로운 정체 주장은 75년 전에 제기되었던 주장과 세 가지 내용에서 유사하다. 첫째, 미국과 유럽 인구 증가세가 둔화하고 노동력이 고령화되고 있다. 둘째, 신기술은 기존 기술보다 투자 자본이 덜 필요하고 이제까지 기술보다 생산성이 떨어진다. 셋째, 세계는 '글로벌 저축 과잉'에 빠져 있다. 경제성장률이 부진한 시기에 저축 과잉은 금리가 급격히 하락한 이유를 설명한다고 한다.*

1930년대와 마찬가지로 대서양 양쪽에서 세속적 정체 내러티브가 동시에 등장했다. 잉글랜드 은행 연구원들은 영국 인구 증가 둔화로 인해 장기 이자율이 1%p 하락했다고 주장했다.[9] 이는 지난 몇 세기에 걸쳐 영국의 인구 증가와 금리가 대체로 반대 방향으로 움직였다는 점을 고려해보면 참으로 대담한 주장이었다. 때로는 인구가 급증하는 기간과 금리 하락이 겹치기도 했다[10](예를 들어, 영국 인구는 19세기 후반 50% 이상 급증했다. 그러나 빅토리아 시대 말에 콘솔 수익률은 역사상 최저 수준으로 떨어졌다). 21세기 첫 10년간, 영국 인구는 꾸준히 팽창했다. 대규모 이민 덕분이었다. 반면 영국 국채 수익률은 사상 최저치로 떨어졌다.

장기금리 하락이 미래 인구 성장 감소의 선행지표라는 주장도 있다. 그러나 핸슨과 케인스가 보여주었듯이 장기적인 인구 예측은 믿을 수 없다. 게다가 인구 감소라는 불길한 예측이 올바르다 하더라도 반드시 과잉 저축이나 저금리가 그 뒤를 이으리라 장담할 수는 없다. 표준 경제학 모델은 가계는 자본 대 노동 비율을 일정하게 유지하기에 충분할 만큼만 저축하고, 금리는 인구 변화에 영향을 받지 않는다고 가정한다.[11] 터보그도 그렇게 말했다. 한편 굿하트를 포함한 일부 경제학자는 고령화 사회에서는 저축보다 투자가 더 많이 필요하다고 믿고 있다. 이 경우 인구 고령화에 발맞춰 금리도 상승한다.[12] 통계에 따르면 미국의 의존성 비율(총인구 대비 비근로자 수) 증가는 장기금리

---

* 글로벌 저축 과잉 가설은 17장과 18장에서 살펴볼 것이다.

상승을 동반한다.[13]

게다가 이론적으로는 자본이 국경을 넘어 자유롭게 이동하는 한 금리는 세계적인 힘에 따라 결정되어야 한다. 1970년대 이래 세계 인구 증가세가 둔화된 것은 사실이지만, 가장 급격하게 변화한 시기는 실질금리가 인상되었던 1980년대였다. 21세기 초, 세계 인구는 연간 약 1% 비율로 증가하고 있었다.[14] '세속적 정체'와 급격한 금리 하락의 원인을 수십 년간 세계 인구 증가에서 나타나는 점진적 둔화로 돌리는 주장은 설득력이 떨어져 보인다.

부진한 경제성장과 초저금리의 원인을 인구통계학 탓으로 돌릴 수 없게 되자 정체론자들은 다른 대안을 제시한다. 다시 한번 핸슨의 독창적인 주장을 앵무새처럼 반복한 것이다. 서머스는 금리가 떨어지는 이유를 자본재 가격 하락으로 설명할 수 있다고 말했다.[15] 신기한 주장이다. 이론적으로 이자율(또는 할인율)은 자본자산이 창출하는 미래 이익에 현재 가치를 부여한다. 공장 설비 가격 변동이 이 할인율에 어떤 영향을 미치는지는 명확하지 않다. 마찬가지로 값싼 자본재가 노동자의 생산성을 끌어올려서 경제성장과 금리를 높인다는 주장도 그럴듯할 수 있다.

서머스는 또 기술 발전이 자본 수요를 줄이고 있다고 주장했다. 페이스북이나 구글 같은 디지털 기업은 적은 투자 자본과 인력만으로 글로벌 기업으로 성장했다. 사회이론가 제러미 리프킨Jeremy Rifkin은 《한계비용 제로 사회》에서 전통적인 자본주의의 종말을 예고하기도 했다.[16] 구경제Old Economy의 특징이 희소성과 한계 수익 감소라면, 신경제New Economy의 특징은 한계비용 제로, 규모에 따른 수익 증가 및 저자본capital-lite '공유' 앱(우버, 리프트, 에어비앤비 등)이라고 주장했다. 그는 자본 수요와 금리는 이 '풍요의 경제'에서 감소할 수밖에 없다고 말했다.

리프킨의 주장을 뒷받침하는 몇몇 근거가 있다. 예를 들어, 미국 회사들의 대차대조표를 보면 (공장, 설비, 장비 등) 고정 자산을 덜 이용하고, 특허에서 파생된 자산, 지적 재산권 및 합병매수 차익과 같은 '무형자산'을 더 많이 이용하고 있다. 하지만 세계의 다른 곳에서는 구식 자본재 수요가 변함없이 왕성하다. 21세기 초반 이후 개발 도상국들은 대규모 광산 투자가 필요한 공산품에 게걸스럽게 매달렸다. 중국은 역사상 가장 규모가 큰 투자 호황을 일으켰다. 2008년을 전후로 전 세계 에너지 소비는 꾸준히 증가했다. (GDP에 비례한) 세계 총투자는 역사적 평균과 그리 다르지 않았다.[17] 리프킨의 '풍요의 경제' 역시 말로만 그럴듯한 억측으로 남아 있다.

아마도 저축 과잉이나 투자 수요 부진이 아니라 경제 효율성이 문제였을 수 있다. 로버트 고든Robert Gordon은 2012년 논문 〈미국의 경제성장은 끝났는가?Is U.S. Economic Growth Over?〉에서 같은 논지를 펼쳤다. 이 노스웨스턴대학교 경제학자는 디지털 혁명이 "인간의 노동을 기계로 대체하는 역사적 전통을 지속하기보다 일과 여가 중 소비를 위한 새로운 기회만 제공하고 있다"라며 개탄했다.[18] 고든의 우려는 1987년 MIT 경제학자 밥 솔로Bob Solow가 내놓은 유명한 평론을 떠올리게 한다. 그는 "컴퓨터 시대는 모든 곳에서 볼 수 있지만, 생산성 통계학에서만은 예외다"라고 말했다. 노벨상을 수상한 솔로의 말은 조금 성급했다. 그 후 오래지 않아 미국 생산성은 정보 기술 발달에 힘입어 회복기에 접어들었기 때문이다.

2016년 초반 고든의 책《미국의 성장은 끝났는가》가 (디지털 기술의 도움으로) 출판되었을 때, 언론은 인터넷으로 인해 수많은 산업이 혼란에 빠지고 로봇이 인간 노동자를 대체하는 '제2의 기계 시대'가 임박했다며 공포를 부채질했다. 고든의 노스웨스턴대학교 동료 조엘 모키어Joel Mokyr는 "오늘날 대부분의 비관론은 상상력 부족 때문에 나타난다"라고 말했다. 그는 3D 프린팅, 그래핀(탄소 원자로 이루어진 얇은 막), 유전공학을 포함해 개발 중인 많은 혁명적인 신기술을 나열했는데, 여기에는 자율주행차와 청정에너지도 포함된다.[19] 금융 이론가이자 작가인 윌리엄 번스타인William Bernstein은 세속적 정체론자들은 상상할 수 없는 것과 불가능한 것을 혼동하고 있다고 비난했다.[20] 핸슨도 같은 실수를 저질렀다. 번스타인은 가장 신뢰할 수 있는 예측은 과거의 경제 추세가 이어지리라고 가정하는 것이라고 결론지었다.

핸슨은 경제성장 둔화가 투자보다는 저축 과잉으로 이어질 것이라고 주장했다. 이 생각은 세기가 바뀐 후에 다소 수정된 형태로 재등장했다. 연방준비제도이사회가 2004년 중반 미국의 단기금리를 인상한 다음에도 미국 국채 수익률은 낮은 수준을 유지했다. 버냉키 의장은 (대규모 경상수지 흑자에서 볼 수 있는 것처럼) 중국을 위시한 신흥시장의 저축 과잉이 미국 장기금리 하락의 원인이라고 해명했다.[21]

스탠퍼드대학교의 존 테일러 교수는 버냉키에 반대해 2008년 이전의 글로벌 저축은 사실 이전 수십 년에 비해 적다고 주장했다.[22] 금융위기 이후, 세계의 '저축 과잉'은 감소하고 장기금리는 붕괴했다. 따라서 전 세계적인 저축은 "지속해서 낮은 수준의 금리와 경제성장

률 부진의 주요 요인으로 보이지 않는다"라고 결론짓는 것이 타당해 보인다.[23]

인구 통계, 투자 및 저축으로 서구 경제의 부진과 저금리를 설명할 수 없다면 다른 설명이 필요하다. 세속적 정체 내러티브는 경제학자들이 '실질' 요인(저축, 인구, 투자 등)으로 간주하는 것을 강조하고 통화 및 금융 요인은 간과한다. 그러나 핸슨은 1929년 10월 대폭락 이후 얼마 지나지 않아 그럴듯한 아이디어를 제시했다. 그는 처음으로 장기침체를 언급했던 1934년 논문에서 지난 10년간 미국 경제는 "손쉬운 대출 과잉 처방이라는 인위적인 자극을 받았다. (…) (그리고 그것이야말로) 공황의 기본 원인이다"라고 지적했다.[24] 80년이 지난 후 미국 경제는 이지 머니를 과잉 처방하며 또 한 번의 소화 불량을 경험해야 했다.

세속적 정체 논쟁에 불을 붙인 지 몇 년이 지난 후 서머스는 생각이 바뀌었다. 인구나 자본재 비용에 관한 관심은 사라졌다. 한때 버냉키의 후임으로 지목되기도 했던 그는 이제 중앙은행 총재들을 공정한 태도로 비판했다. 서머스는 2019년 여름 트위터에 "그들(중앙은행 총재들)은 초저명목수익률이 금융 불안, 은행 도산, 좀비화, 경제 역동성 감소로 이어지며 실제로 총수요를 감소시킬 가능성이 있다는 것을 고려하지 않는가?"라고 썼다. 세속적 정체가 초저금리를 낳는 게 아니라 초저금리가 세속적 정체를 낳을 수 있다는 주장은 급진적인 생각이었다. 하지만 이 생각을 했던 사람이 서머스가 처음은 아니었다.

바젤의 까마귀

대단한 비정상이 불편하게도 정상이 되어가고 있다.

– 클라우디오 보리오 Claudio Borio, 2014

3장에서 보았듯이 흄은 돈은 단지 사물의 표현에 불과하다고 주장했다. 그는 대출은 돈으로 표시되긴 하지만, 실제로 대출되는 것은 돈보다는 일정량의 노동력이나 자본이라고 주장했다. 화폐는 허구적 가치이므로 화폐량 변화는 물가에 영향을 미치겠지만 이자에는 그렇지 않을 것이라고 믿었다. 그가 보기에 이자는 절약(저축)과 근면(자본 수익)에 따라 결정되었다. 흄은 하늘에서 돈이 만나manna(이스라엘 민족이 광야를 방랑할 때 여호와가 내려주었다고 하는 양식—옮긴이)처럼 내리면 어떤 일이 일어날지 상상했다.

기적이 일어나 하룻밤 사이에 영국인 모두의 주머니에 5파운드가 들어온다고 가정해보자. 이 돈은 지금 영국에 있는 돈 전체의 두 배가 넘는다. 그리고 다음 날부터 한동안 더 이상의 대출도, 이자 변동도 없다고 해보자. 돈이 아무리 풍부하더라도 그것은 모든 재화의 가격을 올리는 역할만 할 것이다. 그 이상의 결과는 없다. (…) 대출자가 차입자보다 여전히 더 많아, 이자는 감소하지 않을 것이다. 그러려면 다른 원칙이 필요하다. 이자는 절약과 근면, 기술과 상업이 증대되어야만 줄어들 수 있다.[1]

흄은 재기 넘치고 독창적인 경제 사상가였지만, 돈에 대한 견해만큼은 현실성이 떨어졌다.[2] 그는 주로 환어음으로 거래하던 18세기 영국의 금융 발전을 제대로 이해하지 못했다. 흄은 대중이 신용에 열광하는 것에 개탄하고, 자신이 만든 표현대로 '우리의 사랑스러운 종이 신용 프로젝트'를 비웃었다. 증권 거래는 무시했고, 은행이 '대단한 가치'가 있는지 의심했고, 영국은 엄청난 국가 부채로 반드시 파산할 것이라 생각했다. 그는 "정부가 자신의 모든 세입을 저당 잡힌다면, 반드시 무기력하고 활동이 없고 무능한 상태에 빠지고 말 것이다"라고 썼다. 영국은 계속 세입을 저당 잡혔지만, 파산하지는 않았다.

하지만 돈과 이자에 관한 흄의 생각은 현대 경제학에 흔적을 남겼다. 모든 사람의 주머니에 5파운드를 집어넣는 효과를 설명하는 글에서는 프리드먼보다 한참 전에 '헬리콥터 머니'를 다루고 있다. 흄은 먼 훗날 '돈의 중립성'이라고 불리는 것도 가장 먼저 주장한 사람이다. 이 관점에 따르면, 돈은 물물교환이라는 불편을 피할 수 있게 해주는 상업의 윤활유 같은 것이다. 그러나 돈이 경제 활동을 창조해내지는 않는다. 케인스와 함께 케임브리지에 있었던 아서 피구Arthur Pigou가 말했듯이 "돈은 실제 경제 세력들의 행위를 숨기고 있는 베일이다."[3] 이자는 실질적인 요인만으로 결정된다는 주장은 중앙은행 총재들이 사용하는 표준 모델에 내재해 있다. 그 모델에서 금리는 흄의 생각과 유사하게 인구, 저축 및 투자의 수익성에서 비롯된다.

'실질적인' 경제 요인에 대해 관심을 보이긴 했지만 그들의 모델에는 광풍, 패닉, 대폭락, 대중의 망상과 군중의 광기가 없다. 통화 정책 오류는 흄의 표현대로 '더 이상의 결과 없이' 물가 불안으로만 나타난다. 그들이 가진 유일한 모델이 불충분하다 보니 거의 모든 중앙은행은 서브프라임 위기에 허를 찔릴 수밖에 없었다. 미로우스키는 "경제학자 대부분은 위기 이전에는 경제가 어떤 경로를 향해 가고 있는지 이해하지 못했고, 위기 후에는 계속 갈팡질팡했다"라고 썼다.[4] 위기 이후에도 지적 패러다임은 달라지지 않았다. 돈은 베일이라는 고정된 믿음은 확고했다. 그것은 사람들이 진정한 경제의 움직임을 보지 못하게 만드는 눈가리개였다.

중앙은행들이 단기금리를 제로 또는 마이너스까지 내리고 다양한 방법으로 채권수익률을 조작하려 했음에도, 2008년 이후 장기금리 붕괴의 책임을 부인한 것은 바로 이러한 잘못된 믿음을 고수했기 때문이다.* 그들은 또 자신들의 행동이 경제성장률에 지속적으로 영향을 미칠 수 있다는 사실조차 인정하지 않았다. 2013년 버냉키 의장은 "통화 정책은 잠재 성장률이나 장기 성장률보다는 오히려 주기적인 부분에 영향을 미친다는 사실을 인식해야 한다"라고 말했다.[5] 중앙은행들은 사상 최저 금리와 경제성장 부진을 아무렇지도 않게 세속적

---

* 2008년 이후, 연준은 시장에 미래 이자율 변동(선행 지침), 대량 증권 인수(양적완화), 단기채권에서 장기채권으로 포트폴리오 보유 전환(오퍼레이션 트위스트) 하겠다는 신호를 보냈다. 이 모든 조치는 장기채권수익률을 낮추기 위한 목적이었다.

정체 탓으로 돌렸다.

스위스 바젤에 있는 BIS의 경제학자들은 예외적인 집단이었다. BIS의 수석 경제학자 화이트는 금융위기를 예상했던 얼마 안 되는 저명한 경제학자 중 한 명이었다. 리먼 파산 몇 달 전 그가 은퇴한 후, 중앙은행들에 호된 쓴소리를 쏟아내는 역할은 그의 동료였던 보리오에게 넘어갔다. 시간을 2003년으로 돌려보자. 옥스퍼드대학교에서 교육을 받은 보리오와 화이트는 와이오밍주 잭슨홀에서 열린 연준 여름 연회에서 공동 논문을 발표했다.[6] 이 BIS의 경제학자들은 금융 폭풍이 몰려오고 있다고 주장했다. 보리오는 이 상황을 재앙이 예고되지만 막을 수는 없는 그리스 비극에 비유했다. 연준의 그린스펀은 이 주제넘은 예언자들의 말을 믿지 않았다. 5년 후, 화이트와 보리오의 주장은 사실로 증명되었다.

2013년부터 BIS의 통화경제부장을 역임한 보리오는 서머스와는 근본적으로 다르게 세속적 정체를 설명했다. 그는 BIS의 비정통적인 시각을 새로운 방향으로 이끌고 갔고, (그의 연구팀과 노력해) 전통적인 중앙은행가들의 설명에 대항하는 경험적 증거를 제시했다. 보리오는 돈의 베일을 벗겨 자산 가격 거품, 금융 주기, 신용 호황과 불황의 세계를 드러냈다. 보리오는 "통화를 생각하라! 금융 사이클을 올바르게 모델링하려면 (…) 우리 경제의 근본적인 통화 특성을 충분히 인식해야 한다"라고 호소했다.[7] 그는 금융 시스템이 자원 배분에 그치지 않고 구매력까지 창출한다고 주장했다. 그리고 그것에는 나름의 삶이 있다. 금융과 거시경제학은 '불가분의 관계'다. 우리는 이상한 나라(《이상한 나라의 앨리스》에 등장하는 나라—옮긴이)에 살고 있다. 금융은 현실을 반영하지 않고, 현실에 영향을 미친다.* 보리오는 *금융 없는 경제는 왕자가 없는 《햄릿》과 같다고* 말했다(셰익스피어의 비극 《햄릿》에서 햄릿은 덴마크 왕자다―옮긴이).

정통 경제학을 뒤집어버린 보리오는 당대 주요 이슈에 대해서도 전통적으로 설명하지 않았다. 그는 금융위기가 저축 과잉보다는 신용 과잉, 즉 '은행 과잉' 때문에 발생했다고 주장했다. 그는 대출할 때 은행은 보증금, 소비력, 심지어 저축까지 염두에 둔다고 말했다. 보리오가 보기에 인플레이션은 통화 문제 이상의 현실 세계 문제였다. 중국이 값싼 수출품으로 서방을 뒤덮은 후, 미국을 비롯한 여러 곳에서 인플레이션율은 떨어졌다. 소비자물가 하락은 그 자체로 완전한 재앙까지는 아니었고, 일시적인 디플레이션이 경제 파탄을 예고하지는 않았다. 보리오는 디플레이션보다는 강력한 신용 성장과 부동산 거품이 더 확실한 위험 신호라고 생각했다.

보리오 팀은 이자율이 실질적 요인에 따라 결정된다는 흄의 주장을 뒷받침할 근거를 찾고자 역사적 자료를 뒤졌다. 그러나 그들 역시 금리와 저축, 투자 또는 이익 사이의 관계를 거의 찾지 못했다. 심지어 인구와 금리 사이에도 일관성이 없었다.** BIS는 금리가 통화 체제

---

* "이 방정식의 실질적인 측면이 금융에서 무엇인가를 물어볼 것이 아니라, 금융의 어떤 부분이 실질적인가를 물어야 한다." Claudio Borio et al, 〈The international monetary and financial system: a capital account historical perspective〉(BIS Working Paper: Aug 2014), p.20.

** "이 결과들로 같은 결론에 이를 수 있다. 하나의 실질 요인이나 그 요인들의 조합으로는 실질금리의 장기적인 발전을 일관성 있게 설명할 수 없다. 국내와 글로벌 모두 마찬가지다. 이는 최근 표본에서 관찰된 저축-투자 요인과 실질금리 사이의 상관관계가 대체로 우연의 일치에 불과하며, 변수들의 일시적이고 무관한 추세에 의해 만들어졌다는 것을 시사한다." Borio et al, 〈Why So Low for So Long? A Long-Term View of Real Interest Rates〉(BIS Working Paper: Dec 2017). 다음도 보라. Borio et al, 〈Monetary Policy in the Grip of a Pincer Movement〉(BIS Working Paper: Mar 2018).

의 영향을 받는다고 주장했다. 바빌로니아의 금리가 고대 그리스보다 높았던 것처럼, 실질금리는 평균적으로 금본위제(1914년 이전)에서 브레턴우즈 체제(1945년 이후)보다 높았고, 브레턴우즈 체제 이후 (1971년 이후)에 가장 낮았다.

보리오의 연구는 시장 금리가 중앙은행의 조치에 크게 영향을 받으므로 금리는 실제로는 '정책 변수'라는 결론을 가리킨다. 비전문가에게는 너무도 명확한 결론이지만, 중앙은행 총재들은 이를 강력하게 부인했다. 일반적으로 중앙은행이 단기금리에는 압도적인 영향을 미친다는 데는 동의했지만, 장기금리는 저축, 생산성 및 기타 '실질' 요인에 따라 결정된다고 주장했다. 그러나 시카고 경제학파이자 전 인도 준비은행 총재였던 라구람 라잔Raghuram Rajan이 지적했듯이 중앙은행들은 채권 투자자들의 기대에 영향을 미친다.

> 단기금리가 향후 10년간 낮은 수준을 유지할 것으로 예상되면, 장기금리 역시 낮은 수준을 유지할 것이다. (…) 단기금리를 억제함으로써 시장에서 단기금리가 계속 낮게 유지되리라 판단한다면, 연준은 향후 단기금리에 대한 기대치는 물론 그에 따른 장기금리에도 영향을 미칠 수 있다.[8]

이것이 바로 버냉키의 연준이 2008년 이후 의사결정을 더 투명하게 하고 향후 금리 방향에 대한 '전향적 지침'을 발표하며 목표로 삼았던 바다.

BIS 경제학자들은 또 (학술 용어로 r-star 또는 r로 표현되는) '자연' 이자율 통념에도 의문을 제기했다. 이론적으로 자연 비율이란 인플레이

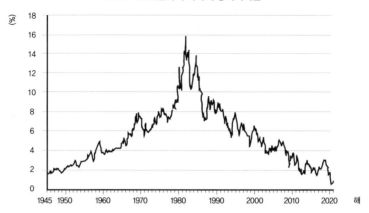

1945~2021년까지 미국의 장기이자율

| 채권수익률은 2차 세계대전 후 35년간 상승하다가 이후 40년간 하락하고 있다.

션이 통제되는 가운데 경제가 가장 큰 잠재력을 발휘하며 잘 돌아가는 속도다. 그러나 보리오는 하이에크가 1920년대에 말했던 것처럼 물가가 안정적이라고 해서 반드시 시장 금리가 균형을 맞춘 것은 아니라고 주장했다. 1929년과 2008년 금융위기가 모두 인플레이션이 낮은 안정적인 시기에 발생했다는 사실은 통념에 문제가 있다는 의미다. 안정적인 가격 수준을 자연 이자율의 지표로 신뢰할 수 없다면, 중앙은행가들이 그것을 어떻게 발견할 수 있었는지도 이해하기 힘들다. 보리오는 대신 신용 성장과 자산 가격을 기반으로 한 자신만의 금융 사이클을 개발했는데, 그는 이 주기를 통해 경제의 잠재적 생산은 물론, 지속 가능한 성장으로부터의 이탈을 더 잘 설명할 수 있다고 생각했다.

여러 자료들은 장기금리는 중앙은행의 영향을 받는다는 라잔과 보리오의 견해를 뒷받침했다. 쾰른에 있는 플로스바흐 폰 스토르히 연구소의 아그니에스카 게링거Agnieszka Gehringer와 토마스 마이어Thomas Mayer의 통계 테스트에 따르면 연준의 자금 금리는 금세기 초부터 미국 국채 수익률에 강력한 영향을 미쳤으며, 이는 그린스펀의 이지 머니 정책 시작 시점과 정확히 일치했다.[9] 미국의 장기금리가 전후 평균보다 현저히 내려간 것도 이때 즈음부터였다.* 독일 경제학자들은 "장기 시장 금리는 시장 참여자들보다는 중앙은행의 현실 인식에 더 강한 영향을 받는다"라고 결론지었다. 게링거와 마이어는 중앙은행이 채권수익률에 영향력을 행사하게 되면 "시장 금리와 채권수익률이 어긋날 가능성이 크다. 그럴 경우 경제가 심각하게 왜곡될 수 있다"라는 불길한 예언을 덧붙였다.[10]

중앙은행은 통화 정책 오류가 물가 불안정 외에 다른 경제적 왜곡도 초래할 수 있다는 생각을 받아들이지 않았다. 그러나 보리오의 연구는 주저 없이 이러한 결론을 향하고 있었다. 보리오는 신용 호황과 투기 광풍을 순화한 표현인 금융 불균형이 저금리와 저인플레이션 시기에 형성되는 경향이 있다고 썼다.** 금융위기 이전 글로벌 금리는 실질적으로는 물론 세계 경제성장률에 비해서도 낮았다. 신용 호황과 부동산 거품은 보통 끔찍한 경제 충격으로 이어지고, 회복은 지지부진하기 마련이다. 리먼 파산 이후 경제는 선례, 특히 1990년 이후 일본의 사

---

* 1990년대 후반까지 실질 장기금리 추세는 전후 평균인 약 3%를 유지했다. 장기금리의 후속 하락 추세는 그린스펀 연준의 이지 머니 정책이 시작되던 시기와 대략적으로 일치했다. Jamie Dannhauser, 〈What is the Normal Level of Real Rate⋯〉, 《Ruffer Review》(Sep 2014)를 보라.

** 생산량이 지속 불가능할 때에도 인플레이션은 안정적으로 유지될 수 있다. 금융 불균형의 축적과 더불어 이들이 실물 경제에서 가리고 있는 왜곡 때문이다. Borio, 〈The Financial Cycle and Macroeconomics: What Have We Leant?〉(BIS Working Paper: Dec 2012), p.9.

례를 따랐다. 중앙은행들은 2008년 이후 경기 침체에 대응해 금리를 훨씬 더 낮췄다. 저금리가 저금리를 낳은 것이다.

보리오는 세속적 정체 이야기는 많지만 어디서도 부채 분석은 찾아볼 수 없었다고 지적했다. 더 낮은 금리로 가는 길은 산더미 같은 부채로 향하는 길이기도 하다. BIS는 이자를 '레버리지 가격'으로 정의했다. 쉽게 말해 차입금 가치가 하락하면 부채 잔고는 증가하기 마련이다. 위기가 남긴 부채는 보리오의 표현에 따르면 '금융 부진financial drag'을 초래했다. 과중한 부담에 짓눌린 가구들이 대차대조표를 수정하기로 마음먹으면서 대출과 지출이 줄었다. 보리오와 동료들에 따르면 부채 상환에 사용되는 사회 소득의 몫(부채-서비스 비율)은 장기적으로 볼 때 일정하게 유지되는 경향이 있다. 따라서 부채 잔고가 늘었다는 것은 금리가 낮아졌다는 이야기다. 더 많은 부채가 더 낮은 금리를 요구하고, 더 낮은 금리로 인해 더 많은 부채가 발생하는 악순환이 시작된다. 몇몇 경제평론가들은 이 수십 년의 과정을 '부채 슈퍼사이클'이라고 부르기도 한다.

초저금리는 부채라는 숙취에 대한 좋은 해장법이 아니었다. 보리오는 "문제의 근원이 과도한 부채라면, 어떻게 민간과 공공 부문 모두에 대출을 유도하는 정책이 그 문제에 대한 해결책이 될 수 있겠는가?"라고 반문했다.[11] 일단 경제가 '부채 함정'에 빠지면 막대한 피해 없이 금리를 올리기는 어려워진다. 보리오는 "과거에 금리가 너무 낮았던 것이 오늘날 저금리의 한 원인이다"라고 결론 내렸다.[12] 물론 그것만이 문제는 아니었다. 그 부채의 상당 부분이 제대로 된 수익을 내지 못했던 것도 문제였다. 보리오는 이를 가리켜 "문제는 신용의 총량이 아니라 그 질이다"라고 말했다.[13] 신용 호황기에는 자본이 마구잡이로 뿌려진다. BIS 연구원들에 따르면 부동산 시장이 뜨거울 때 자원은 부동산 개발에 투입되지만, 건설은 생산성 성장이라는 측면에서 창출하는 것이 거의 없다. 이는 부동산 거품이 경제성장을 위축시키는 부분적인 이유다.

위기 이후, 은행들은 대차대조표를 수정해야 했다. 1990년대 초 스칸디나비아의 은행 위기 해결은 부실 부채의 신속한 정리가 경제 회복 가속화에 유일한 방법이라는 사실을 보여주었다. 그러나 2008년 이후 초저금리를 고수한 은행들은 이 고통스러운 과정을 최대한 늦추고 부실 부채를 대차대조표에 남길 수 있었다. 일본의 끝나지 않는 '대차대조표 불황'은 곤란한 상황에 과감하게 맞서지 못하는 무능을 드러냈을 뿐이다. 문제는 서구 국가 대부분이 같은 길을 택했다는 점이다. 이들 은행의 대차대조표에서는 마치 암세포처럼 부실 대출이 급증했다. 특히 유럽에서 '에버그리닝evergreening', 즉 부실 부채 갱신 문제는 심각했다. 좀비 기업들이 점점 많아졌다. 부실 부채와 잘못된 자본 배분의 누적 효과로 잠재적인 생산증가율이 감소했다. 보리오는 "경제 상황이 나쁠 때 잘못된 자본 배분은 잘못된 자본 배분을 낳을 뿐이다"라고 이야기했다.[14] 이 잠재적인 생산증가율 감소는 중앙은행장들이 금리를 내릴 또 다른 빌미였다.

부실 부채는 위기 이후 몇 년간 은행들이 직면했던 유일한 문제도 아니었다. 은행은 예금을 대출해서 이익을 얻는다. 그러기 위해서는 짧게 차입하고 길게 대출해야 한다. 그러나 초저금리는 은행의 '순이자 마진'을 잠식해 수익성을 해치고, 신규 대출을 꺼리게 만들었다.[15]

게다가 극단적인 통화 정책은 은행들이 리스크를 피할 수 있게 해주었지만, 투자자들에게는 정반대의 영향을 미쳤다. BIS는 예금 수입 손실이 줄어든 것은 저축자들이 더 높은 수익을 위해 더 큰 리스크를 감수하는 금융 시장에 투자하려고 은행을 떠났기 때문이라고 분석했다.[16] 금융위기 이전에도 이와 유사한 수익률 탐색 및 투자 이동이 있었고, 그것이 위기를 더욱 악화시켰다. 보리오는 '이 모든 것에서 실망스러운 데자뷔'를 보았다.[17]

시장이 요동칠 때마다 반사적으로 통화 조건을 완화하는 연준의 성향은 더 많은 리스크를 감수하도록 부추겼다. 보리오는 중앙은행이 호황기에는 금리 인상 속도가 느리지만, 경기 침체 이후에는 서둘러 금리를 완화한다고 말했다. 이러한 비대칭적 접근은 금리에는 하향 편향을, 부채에는 상향 편향을 부여했다. 연준의 일관성 없는 대처로 발생하는 위험은 오랫동안 문제였다. "문제들이 구체화하면 금리를 내리고 엄청난 유동성을 제공하지만, 불균형이 축적되고 있는데도 금리를 올리지 않는 태도는 장기적으로는 유해할 수 있다. 그들은 실물 경제에서 비용이 많이 드는 변동과 불안정의 씨앗을 뿌리는 일종의 도덕적 해이나 조장하고 있다."[18] 이 발언은 보리오와 그의 동료 필립 로Philip Lowe가 2002년 닷컴 버블 여파로 연준이 금리를 인하할 때 한 것이다. 5년 후, 그들의 예언은 사실로 드러났다.

'중앙은행의 중앙은행'으로서 BIS는 국경을 넘나들며 움직이는 자본 흐름에 세심한 주의를 기울였다. 경제학자들은 관례적으로 국가 저축 차이에 반영되는 국가 간의 경상수지 균형에 초점을 맞춰왔다. 반면 보리오는 저축과 신용 사이의 연관성은 미약하다고 주장했다.

경상수지는 한 나라 저축에서 흑자나 적자를 측정하지만, 국경을 넘는 대출은 총자본의 흐름에 따라 기록된다. 따라서 보리오는 국제 수준에서는 총자본의 흐름이 금융 취약성을 보여주는 더 나은 지표라고 주장했다.[19]

대부분의 외국 대출이 달러로 표시되므로 2002년 이후 미국의 저금리로 인해 국제 자본 흐름은 엄청나게 증가했다. 투자자들은 달러로 싸게 빌려 얻은 수익을 더 높은 수익률로 해외에 투자했다. 이 글로벌한 규모의 차입 거래carry trade가 다시 불붙었을 때는 리먼 사태의 불씨가 완전히 꺼지지 않은 상태였는데도 연준은 제로금리 및 대규모 증권 매입으로 부채질을 멈추지 않았다. 그 후 몇 년 동안, 신흥 시장은 수조 달러에 달하는 외채를 차입하면서 폭주했다. 따라서 그들은 연준의 긴축 움직임에 극도로 민감해졌다. 2013년 여름, 버냉키 의장이 연준의 증권 매입 속도를 줄이겠다고 발표하자 글로벌 금융 시장은 '울화통'을 터트렸다. 국내에서와 마찬가지로 국제적으로도 금리 정상화보다는 금리 인하가 더 쉽다는 것이 입증되었다.

보리오는 국제 통화 시스템의 '과도한 탄력성'을 우려하고 있었다. 국제 통화 시스템은 국경을 넘나드는 대출을 제한하지도 않았고, 상황이 통제 불능이 되면 신속히 대응하겠다고 위협했다. 보리오는 미국이 제로금리에 가까운 금리를 유지하는 시간이 길어질수록 글로벌 금융 불균형이 더 커지리라고 염려했다. 연준만의 책임은 아니었다. 외국 중앙은행들은 보유 외환을 늘리기 위해 돈을 찍어내고 (달러화에 대한 자국 화폐의 평가절상을 막기 위해) 국내 금리를 낮게 유지함으로써 글로벌 금융 불균형에 기여했다. 보리오는 1920년대 대공황에 맞먹는 붕괴를 예견했다. 이지 머니 체제는 '한 시대를 특징짓는 지진'으로 끝나리라 위협하면서, 세계화의 종말, 자본 통제의 복귀, 인플레이션 상승을 예고했다.[20]

리먼 파산 몇 달 후, 보리오는 극단적인 통화 정책이 너무 오래 유지되고 있다며 경고했다.[21] 그 후 몇 년에 걸쳐 제로금리 정책(ZIRP), 마이너스금리 정책(NIRP)과 다른 통화 정책 혁신이 낳은 의도치 않은 결과를 비판하며, 다른 통화 경제학자들과 선을 그었다. 2014년 10월 채권시장 '플래시 크래시flash crash'(금융 상품 가격이 매우 짧은 기간 내 폭락하는 것─옮긴이) 이후 보리오는 "대단한 비정상이 불편하게도 정상으로 받아들여지고 있다"라며 탄식했다. 해가 거듭될수록 비전통적인 통화 정책이 더욱 파격적으로 나아가고 있다. 비정상이 새로운 정상, 소위 뉴 노멀이 되었다.

보리오는 통화 정책은 경로 선택이 중요하다고 말한다. 일단 중앙은행들이 잘못된 방향을 택하면, 금융 시스템과 경제는 경로에서 이탈해버린다. 성장이 흔들리고 금융 불균형이 누적되고 자본이 잘못 분배된다. 거품이 생긴다. 부채가 지나치게 쌓인다. 위기 이후 중앙은행들은 양적완화, 은행 준비금에 대한 이자 지급, 제로 및 마이너스 금리, 그리고 그 외 다양한 혁신 등 새로운 통화 조치를 시도했다. 그들은 경제가 성장 동력을 잃거나 금융 엔진이 멈추려고 할 때마다 가속 페달을 밟았다. 이제 금리는 바닥을 쳤지만, 경제라는 대형 트럭은 점점 속도가 떨어지고 있다. 모든 계기판은 금리를 더 낮춰야 한다는 신호를 보내고 있다. 어떻게 하면 정상으로 돌아갈 수 있을까, 보리오는 질문을 받았다. "제가 그 입장이었다면," 그가 대답했다. "거기서 시작하지 않았을 겁니다."²² 오래된 농담이다.

그는 통화 정책 효과가 떨어지고 있다고 걱정했다. 중앙은행 총재들이 이미 과도한 부담을 느끼고 있는 상태에서 탄약이 바닥나고 있었다. 하지만 보리오는 그들의 창의성을 과소평가했다. 이젠 길 자체에 균열이 나기 시작했다. 2015년 여름, 연준이 제로금리 종료를 선언하면서 금융 시장이 폭발했다. 보리오는 "우리는 서로 관계없이 독립된 진동들이 아니라, 주요 단층선을 따라 수년간 차례대로 축적된 압력이 터지는 모습을 보고 있다"라고 말한다.²³ '지진'은 수년에 걸쳐 반복된 이야기였다. 중앙은행들은 시간을 벌었지만, 그 시간은 낭비되었다. 결산일만 미뤄졌을 뿐이다. 계산은 치러야 하는 법이다.

소위 주류 경제학자들은 보리오의 BIS 팀이 쏟아내는 논문의 홍수를 비웃었다. 경쟁 관계에 있는 IMF의 어떤 수석 경제학자는 사람들이 BIS의 말을 "경청은 하지만 무시한다"라고 꼬집기도 했다. 학계 비평가들은 보리오를 모델로 삼을 수 없다고 비웃었다. 서브프라임 위기 이후 뒤늦게 금융 불안에 대한 뛰어난 통찰을 인정받은 독불장군 경제학자 하이먼 민스키Hyman Minsky에게도 비슷한 평이 따라붙었다. 사실 민스키와 보리오는 공통점이 많다. 둘 다 비정통적이고 다원적인 사상가이며, 학문적인 모델을 만드는 사람들이 만든 비현실적인 현실을 보여주는 형식적인 모델은 제쳐두고 사물이 세상에서, *진짜* 세상에서 어떻게 드러나는지를 관찰했던 사람들이다. 현대 자본주의에서 금융의 우선성을 주장했던 것도 공통점이다. 민스키는 돈이 중요하다고 말했다. 보리오는 금리도 중요하다고 덧붙였다. 머니 프린팅과 금리 조작이 2008년 이후 세상을 바꾸어놓았지만, 그렇다고 해서 세상이 더 나은 방향으로 움직이지는 않았다. 금융 패닉은 가라앉았지만 세상은 결국 더 많은 부채, 더 많은 거품, 더 많은 좀비, 더 많은 금융 리스크를 떠안았다. 보리오의 관점에서 장기침체는 금융이 낳은 질병이다. 흄은 천재였지만, 이번엔 틀렸다. 완전히 틀렸다고는 할 수 없지만, 지나치게 금융을 무시했다. 돈은 베일이 아니다. 통화 정책은 중립적이지 않다. 금리는 저축과 근면에 의해서만 결정되는 것이 아니다. 금리를 만지작거리려면 위험을 감수해야 하는 법이다.

다음 장들에서 "저금리는 저금리를 낳는다"라는 보리오의 명제를 더 자세히 검토할 것이다. 이 장들은 자본의 *배분*, 기업의 자금 *조달*, 부의 *자본화*, 저축의 수준, 부의 *분배*, *리스크* 측정, 국제 자본 흐름의 규제에 미치는 영향 등 다양한 이자의 기능에 따라 배치했다.

10장

인위적 시장 환경

노동을 청산하고, 주식을 청산하고, 농부들을 청산하고, 부동산을 청산하라. (…) 그
래야 시스템의 부패를 정화할 수 있다. 높은 생활비와 생활 수준은 내려갈 것이다.
(…) 진취적인 사람들은 덜 유능한 사람들이 남겨놓은 잔해들이나 줍게 될 것이다.

－앤드루 멜론, 1932

슘페터는《자본주의, 사회주의, 민주주의》에서 자본주의를 "산업 변
이의 한 과정으로 (…) 내부에서부터 경제구조를 끊임없이 혁신하고,
낡은 것을 파괴하고, 새로운 것을 창조한다. 이 창조적 파괴 과정은
자본주의에서 필수적인 사실이다"라고 묘사했다.[1] 슘페터가 오늘날
유명해진 이유 중 하나는 바로 창조적 파괴라는 표현의 지적 저작권
을 소유하고 있기 때문이다. 창조적 파괴란 새로운 기술과 비즈니스
방식이 낡고 비효율적인 작업 방식을 대체하는 진화 과정이다. 슘페
터가 경제에 도입한 다윈의 자연선택 이론은 스미스의 '보이지 않는
손'만큼이나 자본주의 본질을 이해하는 데 중요하다.

창조적 파괴는 대체로 새로운 기술 채택, 변화의 선구자로서 기
업가의 역할, 가장 효율적인 기업을 선정하는 경쟁의 역할을 중심으
로 논의된다. 이 역동적인 과정에서 이자는 그리 주목받지 않았다.

19세기 후반 미국 경제학자이자 예일대학교 총장을 역임한 아서 해들리Arthur Hadley는 슘페터가 뛰어난 통찰을 보이기 수십 년 전에 이미 이를 지적했다. 그는 이자가 "가장 유능한 고용주와 가장 좋은 과정의 자연선택에도, 그리고 덜 유능한 고용주와 나쁜 과정을 제거하는 데도 도움이 된다"라고 주장했다. 즉, 이자는 '산업 부적격자' 제거에 도움이 된다. 해들리는 이자가 가장 효율적인 사업을 선택하는 데 도움을 주므로 "공동체의 생산력을 더 잘 이용할 수 있다"라고 덧붙였다.[2]

슘페터는 이자가 창조적 파괴의 이익에서 발생한다고 보았다. 그는 '이자의 진정한 기능은 경제 활동에 대한 브레이크 혹은 중앙은행 총재의 브레이크'라고 썼다.[3] 슘페터가 보기에 이는 '없어서는 안 될 브레이크'다.[4] 이자는 시간을 생산 비용으로 바꾼다. 시간은 돈이다. 생산 시간을 절약해 상품을 가장 빨리 시장에 내놓는 기업가가 창조적 파괴 게임의 승자가 된다. 이자는 자본을 배급한다.[*] 이 관점에서 이자는 무거운 짐이 아니라 효율성을 추진하는 힘이고, 투자 실행 여부를 결정하는 장애물이다. 슘페터는 이자율은 '모든 경제적 숙고에 들어간다'라고 썼다.

시카고에서 활동하는 투자자인 매튜 클레커Matthew Klecker는 이자율을 프로농구의 샷 클록에 비유한다. 샷 클록의 목적은 경기 속도를 높이는 것이다. NBA 규정에 따르면 공격팀은 24초 이내에 공격을 마쳐야 한다. 그랜트는 "제로금리는 모든 일상적인 비즈니스와 투자 거

---

[*] 조지프 코나드Joseph Conard는 이자는 세 차원에서 자본을 배급한다고 했다. 생산되는 재화 유형 사이에서, 기업가들 사이에서, 그리고 생산 수단 사이에서다. Joseph Conard, 《An Introduction to the Theory of Interest》(Berkeley, Calif: 1966), p.95.

래를 늦추게 만들며, 필요한 조정을 연기하는 결과를 낳는다"라고 썼다.[5] 그랜트는 이자율을 음악가들이 박자를 맞출 때 쓰는 기구인 메트로놈에 비유한다. 그는 "적절하게 조정한 금리는 건전한 성장 속도에 도움이 된다"라고 썼다.[6] 금리가 낮아지면 경제 활동이 둔화된다. *아다지오(…) 라르게토(…) 렌토(…) 라르고(…) 그레이브(…) 아다지시모(…) 라르기시모*로 진행된다. 마지막 템포는 '매우 매우 느리다'다. 제로금리에서 경제는 장송 행진곡의 엄숙한 속도로 진행된다.

창조적 파괴의 힘은 급격한 경제 침체기에도 끊이지 않는다. 패닉 시기에는 차입 비용이 급증한다.* 판매는 씨가 마른다. 은행들은 대출을 회수하고 신규 대출을 꺼리게 된다. 기업은 생산성이 떨어지는 노동자를 해고하고 다른 효율성 개선 방안을 찾으며 신속하게 비용을 절감해야 한다. 약한 기업들은 도산한다. 생존자들은 새로운 비즈니스 환경에 더 잘 적응하며 더 신속하고 건강한 형태로 시련에서 빠져나온다. 경제 전반은 이 한 줌의 소금 같은 사람들로 혜택을 본다. 대공황 초기 멜론 재무장관이 후버 대통령에게 했던 조언은 '노동 청산, 주식 청산, 농민 청산, 부동산 청산'이었다. 그는 이러한 의견 때문에 자신의 고향 피츠버그에서조차 너무 인기가 없어서 가족마저 위험에 빠뜨렸고, 심지어 후버는 이에 동의하지도 않았다.[7]

케인스 역시 공황에 대한 자유방임주의적 접근을 거부했다. 그의 생각에 이러한 조치는 '엄격한 청교도인이나' 반길 방식이었다. 케인

---

* 마르크스는 "금리는 어떤 비용을 치르더라도 돈을 빌려 갚아야 하는 위기 때 최고조에 달한다"라고 썼다. 마르크스, 《자본론》 3권, p.361. 금본위제하에서 신용화폐의 잉여분을 제한된 양의 금으로 전환하기 위해 난동이 벌어지면서 위기의 시기에 금리가 급등하는 경향이 있었다.

스는 1931년 강연에서 "어떻게 보편적인 파산이 도움이 될 수 있는 지, 그리고 번영에 이르게 할 수 있는지 이해할 수 없다"라고 말했다.[8] 케인스는 이자에 사람들이 돈을 필요 이상으로 쌓아두지 못하게 만드는 기능이 있다고 믿었기 때문에, 1920년대 중반부터 지속된 지나치게 높은 이자율 때문에 공황이 발생했다고 보았다.* 1931년 10월 연준은 금 보유고를 지키기 위해 금리를 3.5%로 인상해야 했다. 디플레이션 이 자리 잡으면서 미국 실질금리는 두 자릿수까지 치솟았다. 이후 케 인스의 견해는 정통교리가 되었다. 그와 반대로 멜론의 '청산주의'는 오랫동안 조롱의 대상이 되어왔다. 노벨상을 받은 경제학자 크루그먼 은 공황에 대한 소위 '숙취론'을 "불에 대한 플로지스톤 이론phlogiston theory만큼 진지하게 연구할 가치가 있다"(플로지스톤 이론은 모든 연소의 원인이 플로지스톤이라는 원소 때문이라고 생각하는 일종의 연금술로, 비유적으 로 전혀 근거 없는 이야기라는 의미 — 옮긴이)라며 비웃었다.[9]

그러나 대공황이 미국 산업에 미친 영향을 조사한 최근의 연구 결 과는 다르다. 1920년대 호황 산업이었던 자동차 제조업을 예로 들어 보자. 미국의 자동차 판매량은 대공황기에 약 3분의 2가 감소했다. 그 러나 이 경기 최저점에서도 효율적인 운영자들은 계속해서 새로운 설비에 투자했다. 당시에 컨베이어 벨트와 속건성 래커를 포함한 새 로운 대량생산 기술들이 도입되었다. 패커드는 단위당 필요한 공장 의 공간을 반으로 줄였다. 비효율적인 자동차 제조사들은 줄줄이 도

---

* 케인스는《화폐론》에서 "전쟁 전과 비교해 전후 세계 투자에서 가장 두드러진 변화는 높은 수준의 시장 이자율이다"라고 썼다. 당시 케인스는 1920년대 후반 시장 이자율이 자연 이자율보다 높다고 믿었다. 나중에 그는 자연 이자율이라는 개념 자체를 포기했다.

산했지만, 대공황에서 살아남은 기업들은 번창했다. 미국 경제가 회복되면서 자동차 업계가 지급하는 실질 임금과 급여가 증가했다. 한 1930년대 초 미국 자동차 산업 연구는 "대공황은 산업 수준을 진화시킨 사건이었다"라고 결론지었다.[10] 대공황은 항공사에서 창고에 이르기까지 다양한 산업 전반에 걸쳐 생산성을 촉진했다. 산타클라라대학교의 알렉산더 필드Alexander Field는 《대약진The Great Leap Forward》에서 1930년대가 미국 역사상 가장 기술적으로 발전한 10년이었다고 주장한다. 1929년 이후 미국 전체 선로의 3분의 1을 운영하는 철도 기업들이 법정관리에 들어갔다. 필드는 "철도 기업들은 급변하는 수요 조건, 견디기 힘든 부채 부담, 더 많은 자본으로의 접근성 부족 등의 이유로 힘든 시기에 직면하자 주요 노선, 철도 차량 및 직원을 줄였다. (…) 그들은 업그레이드된 기관차를 도입했다"라고 썼다. 30년대 말이 되자 철도는 더 적은 노동자와 더 적은 선로 및 열차만으로도 호황기와 비슷한 수준의 교통량을 처리할 수 있었다.[11]

수많은 산업에서 생산성이 향상되면서 미국의 경제 생산은 결국 대공황 이전의 추세까지 돌아왔다. 1929년과 1941년 사이에 미국 경제는 연평균 2.8% 성장했는데, 이는 장기 평균과 같은 비율이었다. 전쟁 후 성장한 미국인들은 복지 혜택을 충분히 받았다. 위대한 세대Greatest Generation(1901년에서 1927년 사이에 태어난 세대로 GI 세대, 2차 대전 세대라고도 불린다. 대공황과 2차 대전을 겪은 세대다―옮긴이)에게 대공황은 그저 충격적인 기억일 뿐이었다. 하지만 이 경험은 일회성으로 그치지 않았다. 앞서 보았듯 1921년 '잊혀진 공황' 이후에는 놀랄 만큼 생산성이 향상되었다. 미국 경제에 짧고 날카로운 충격이 가해진

후, 명목 생산량은 24% 줄어들었다. 연준은 기준 대출 금리를 6%까지 끌어올렸다(실질금리는 두 배 이상 높았다). 이듬해 경제가 반등하면서 제조업 생산성이 20%나 뛰어올랐다.[12] 생산성은 광란의 20년대 내내 꾸준히 상승했다. 신화에 불과한 플로지스톤 이론을 청산이론이나 숙취론과 같은 과학에 비교하는 것은 후자로서는 억울한 일이니 이제는 그만하기로 하자.

19세기 프랑스 경제학자 클레망 쥐글라Clément Juglar는 "역설적으로 느껴질지 모르겠지만, 한 나라의 부는 그들이 경험하는 위기가 얼마나 치명적인지를 보면 알 수 있다"라고 말했다.[13] 창조적 파괴를 염두에 두면, 쥐글라의 말은 그렇게 어려운 이야기가 아니다. 일부 경제학자들은 경기 침체를 일종의 '피트 스톱pit-stop(카레이싱에서 정비를 위해 정차하는 시간과 공간—옮긴이)'으로, 효율성을 높일 수 있는 가장 중요한 시기라고 본다.[14] 경기 침체기에 급증하는 기업 도산은 시간이 지나면서 경제성장을 위한 필수적인 과정으로 받아들여졌다. 전직 우주 비행사이자 항공사 사장인 프랭크 보먼Frank Borman은 말했다. "파산 없는 자본주의는 지옥이 없는 기독교와 같다." 이 말이 사실이라면 통화 정책은 경기 침체의 정화 효과를 방해해서는 안 된다.* 즉, 금융 안정화가 불안정을 낳고 있을 때, (민스키가 주장했듯이) 지나친 경제 안정은 경화증을 유발한다.

---

* 보스턴대학교의 멜링 역시 이러한 입장에서 "신용이란 자본주의 역동성의 원천이라 할 수 있는 '창조적 파괴' 과정에 매우 중요하다. 신용은 낡은 것이 아니라 새로운 것이 자원을 이용할 수 있는 중요한 메커니즘을 제공하기 때문이다. 이러한 관점에서 불안정성은 성장과 분리될 수 없으며, 불안정성을 통제하기 위해 개입하는 중앙은행은 상승일로에 있는 새로운 것들을 질식시키고 하강하고 있는 낡은 것들은 애지중지함으로써 성장을 막는 리스크를 감수한다"라고 주장한다. Mehrling, 《The New Lombard Street》(Princeton: 2011), p.12.

| 유럽의 국채 위기 |

2010년 터진 유로존의 국채 위기는 흔히 경쟁력 차원에서 설명된다. 2000년대에 EU 주변 국가들의 노동비용은 독일보다 훨씬 더 빠르게 상승했다. 게다가 빚도 너무 많이 졌으니 어떻게 부채를 갚을 것인가? 하지만 이 책이 보기에 위기는 어긋난 금리 처방의 결과물이다. 금리에만 초점을 좁혀 말하자면 유로존의 본질적인 문제는 하나의 처방을 모든 나라에 적용할 수 없다는 것이었다.

1999년 단일 통화가 만들어지기 전까지 유로존의 11개 창립 회원국(그리스는 2001년 가입)에는 저마다의 금리가 있었다. 이 금리들은 유럽 대륙 전체에 걸친 다양한 경제 상황과 신용 리스크를 반영하고 있었다. 하지만 1990년대 중반부터 미래의 유로존 회원국들의 금리는 계속해서 독일 기준으로 수렴되었다. 아일랜드에서는 금리가 떨어지며 부동산 시장이 급성장했다. 21세기 초, 유럽중앙은행은 경제가 부진했던 독일의 요구를 충족시키는 통화 정책을 시행했는데, 아일랜드와 그리스에 호황을 일으키기에는 금리가 너무 낮았다. 이와 동시에 리스크는 압축되어 유로존 전체로 퍼져나갔다. 대체로 은폐되긴 했지만, 그리스는 금리 하락을 이용하여 막대한 규모의 재정 적자를 냈다. 유로 지역 내 국경을 넘나드는 대출은 스페인의 엄청난 부동산 호황과 인프라 붐에 자금줄이 되었다.

파티가 끝나면서 PIIGS(포르투갈, 이탈리아, 아일랜드, 그리스, 스페인) 국가는 깊은 수렁에 빠졌다. 유로화 창설 이후 금리 하락으로 인해 남유럽 경제는 건설 쪽으로 기울었다. BIS의 경제학자들은 건설 호황이 경제성장에 부정적인 영향을 미친다는 사실을 발견했다. 하버드 학자이자 미래의 세계통화기금 수석 경제학자인 기타 고피나스Gita Gopinath 역시 건설업 전환이 생산성 저하로 이어진다고 지적했다. 그는 "유로화 채택은 금리를 낮추고 자본 유입을 장려함으로써 자본의 잘못된 배분과 (유럽) 남부에서 관찰된 낮은 생산성의 원인이 되었을 수 있다"라고 말했다.[15]

2010년 유로가 단일 통화로 계속 살아남을 수 있느냐는 의심이 팽배할 때, 금융 시장은 아일랜드에서 그리스에 이르는 유럽 주변국들을 부채 과잉과 더불어 경쟁력 없는 국가라고 평가했다. 유로라는 구속에 묶인 회원국들은 애초에 자국 통화를 평가절하해서 경쟁력을 회복하는 방법은 사용할 수 없었다. 한편 이탈리아나 그리스처럼 부채가 많은 국가는 갑자기 엄청난 리스크 프리미엄을 지불해야 하는 등 지역 전체의 금리가 나뉘었다. 동시에 독일 채권 수익률은 마이너스로 향해 갔다. 디플레이션 조짐이었다. 디레버리징은 제대로 진행되고 있었다. PIIGS는 노동비용을 낮추기 위한 근본적인 구조 개혁을 받아들여야만 했다. 스페인 실업률은 대공황 수준까지 올라갔다. 슘페터의 창조적 파괴력이 드디어 풀려나려는 순간이었다.

바로 그때 드라기가 등장했다. 전 경제학과 교수, 골드만삭스 상무이사, 그리고 최근에는 이탈리아 은행 총재를 역임한 그는 2012년 7월 유로존을 지키기 위해서라면 "필요한 것은 무엇이든 하겠다"라는 약속과 함께 ECB 총재로 취임했다. 회원국 구제금융을 금지한 ECB 헌법 조항 따위는 대충 넘기면 그만이었다. 드라기는 지금의 위기는 지불능력 위기가 아니라 유동성 위기라고 말했다(사실 기업이 중앙은행의 지원을 받는 한 지급불능은 있을 수 없다). 통화 정책이 단일 통화가 장기적으로 생존하기 위한 정치적·경제적 개혁의 대체물이 될 수 없다는 사실도 신경 쓰지 마라. 그 역시 당분간 무시하면 그만이다. 중요한 것은 시장이 ECB의 화력을 믿었다는 점이다. 드라기 총재의 군은 약속에 힘입어 스페인, 포르투갈, 이탈리아 은행들은 ECB의 저렴한 대출을 이용해 자신의 국가 부채를 매입하며 신용 스프레드(보통 회사채와 국채 금리를 비교해 회사의 신용 위험을 평가하는데 스프레드가 좁다는 것은 신용 위험도가 낮다는 의미 —옮긴이)를 낮추고 많은 돈을 벌어들였다.[16] 드라기는 유럽 부채 위기라는 다발성 화재를 성공적으로 진화하고 단일 통화를 구해냈다. 그러나 곧 다른 문제가 등장했다.

| 리빙 데드 |

'좀비'라는 용어로 처음 불렸던 기업은 1980년대 후반 허우적대던 미국 저축대부협회였다. 볼커 연준의 고금리로 인해 이 지역 저축은행들의 자금 조달 비용은 미상환 대출 수익률을 훨씬 웃돌았다. 그래도 이 '좀비' 저축기관들은 더 높은 예금 금리를 제공하고 대출 장부에 더 많은 리스크를 감수하며 살아남았다. 악화가 양화를 몰아낸다고 한 그레셤의 법칙은 특정 조건에서 기업에도 적용된다. 경제학자 에드워드 케인Edward Kane은 1989년 "그레셤의 법칙을 기업 시나리오에 적용하면, 나쁜 좀비 기업은 건전한 경쟁을 몰아낸다"라고 썼다.[17] 날카로운 통찰이었다.

거품 경제 붕괴 이후 일본에서는 좀비 기업이 득실거리는 무덤이 생겨났다. 1990년대 상반기 일본의 은행들은 손실을 인정하지 않고 부실채권을 이월하기로('에버그리닝') 결정했다. '비자연선택'이 자본 배분을 결정하기 시작했다.[18] 이후 연구에 따르면 일본의 손실 기업들이 수익 기업들보다 은행 대출에 오히려 더 쉽게 접근했다. 다시 한번 그레셤의 법칙이 작동했다. 일본 경제의 좀비화는 냉장고 제조업체에서 자동차 제조업체에 이르기까지 여러 산업에서 수년간 지속된 과잉생산과 관련이 있다. 기업의 이익과 자본 수익은 감소했다. 생산성은 점점 둔화되었다. 디플레이션은 사라지지 않았다. 창조적 파괴의 힘이 작동을 멈추자 일본 경제는 점점 더 경화증이 심해지고 있었다.

도쿄 재무성의 전폭적인 지원을 받는 일본 은행들의 자본 제한이 좀비 현상의 원인으로 지목되었다. 통화 정책도 눈에는 덜 띄지만 중요한 역할을 했다. 1991년과 1995년 사이 일본 은행은 정책금리를 6%에서 0.5%까지 낮추면서 제로금리 방향으로 나아갔다. 초저금리는 대출 관용 경제의 가장 깊은 곳까지 확산시킨다. IMF 경제학자들에 따르면 제로금리 정책은 은행들이 문제 있는 대출을 감추게 하고 정책 입안자들에게는 구조 개혁 압력을 완화하여 일본의 경기 둔화라는 결과를 낳았다.[19] 경제 변화의 속도가 느려지면서 일본의 잃어버린 10년이 시작되었고, 이전의 활력을 되찾을 수 없을 것처럼 보였다.

| 새로운 좀비 전염병 |

2012년 이후 유럽은 새로운 세대의 좀비 기업들을 위한 이상적인 번식지였다. 드라기의 '전면적 통화 정책outright monetary transactions,

OMT'(유로존 회원국이 발행한 채권을 유통시장에서 ECB가 무제한 구매하는 프로그램, 무제한 국채 매입이라고도 한다—옮긴이)으로 풀린 은행 신용의 상당 부분은 고용이나 자본 지출을 늘리는 데 거의 도움이 되지 않았다. 유로존 은행들은 정부 부채를 매입하는 것 외에도 이미 부채가 많고 수익성이 낮은 기업 고객의 대출을 늘렸다.[20] 제로금리는 손실을 내는 기업에 계속해서 생명 유지 장치 역할을 했다. 2016년 OECD에 따르면 기업 중 10%는 대출 이자도 충당하지 못할 만큼 이익을 내지 못했다. OECD 기준에서 이런 곳들이 바로 좀비 기업이었다. 유럽은 일본화되고 있었다.

좀비 현상은 유럽 대륙에만 국한되지 않았다. 미국과 영국 모두에서 초저금리가 기업 파산을 미연에 방지하고 있었다. 2008년 대침체 이후 미국 정크 본드의 디폴트율은 이전 두 번의 침체 평균의 절반에 불과했다. 신용 분석가 마틴 프리드슨Martin Fridson은 "연준의 비정상적인 개입이 도산했어야 할 기업을 (살아 있게) 만들었다"라고 말했다.[21] 영국도 1990년대 초반 완만한 경기 침체기에 비해 2008~2009년 경기 침체기에 지급불능 비율이 더 낮았다. 영국에서는 소기업 열 개 중 하나가 이지 머니로 목을 축여가며 근근이 목숨을 유지했다.[22] 영국 회복 전문가 협회British Association of Recovery Professionals의 한 회원은 '지급불능 회피가 뉴 노멀'이라고 언짢은 얼굴로 투덜댔다.[23]

가장 낮은 지급불능 비율을 기록한 건 국가 부채 위기로 가장 큰 타격을 입어 대규모 파산이 이미 예상되던 그리스·스페인·이탈리아였다. 이탈리아는 최악의 좀비 감염에 시달렸다. 산업의 생산 과잉이 만연했다. 이 나라는 약 20개 정도 되는 시멘트 생산업체의 본거지였는데, 그들 중 다수는 '금융 도핑financial doping' 덕분에 휘적휘적 간신히 걸어만 다니고 있었다.[24] 이탈리아 의류업체 스테파넬은 전형적인 좀비였다. 베네토에 본사를 둔 이 패션 기업은 강력한 경쟁사들에 비해 실적이 좋지 않아 계속해서 손실을 냈고 여러 차례 채무 재조정을 거쳤다. 주가는 폭락했다. 스테파넬은 은행들의 대출 허용과 ECB의 마이너스금리 정책 덕분에 버티고 있었다. 결국 2019년 6월 회사가 파산법에 따라 특별행정을 신청하면서 주식이 거래 정지됐다.

일본에서와 마찬가지로 유럽 좀비 기업들 역시 이 지역의 경제적 역동성을 잠식했다. 일본에서처럼 좀비들은 유럽 은행 시스템의 피를 빨아먹었다. 2015년 유럽 은행들의 부실채권은 1조 유로 이상으로 추정되었는데, 이는 2009년 이후 두 배 증가한 양이며 민간 부문 대출의 대략 10분의 1에 해당한다.[25] 특히 이탈리아 은행들이 피해가 컸다. 유럽에서 가장 유구한 역사를 가진 은행이자 스테파넬의 주거래 은행이었던 반카 몬테데이 파스키 디 시에나Banca Monte dei Paschi di Siena는 국가 차원의 구제금융을 요구했다.[26] 낡은 부실 대출에서 빠져나오지 못하고 있던 유럽 은행들은 신규 대출을 망설였다. (통화 정책에 의한 은행의 순이자 마진 감소가 문제를 악화시켰다.) 그러면서 역선택이라는 기이한 사례도 등장했다. 좀비가 지배하고 있는 산업에서 효율적인 기업들은 다른 기업들에 비해 더 많은 이자를 내야 했다.[27]

일본과 또 다른 공통점은 ECB의 통화 안정 정책이 유로존의 구조 개혁 노력을 제거했다는 점이다. 드라기가 ECB에 취임하기 전, OECD의 권장 성장안 가운데 약 절반 정도가 유럽 전역에서 채택되었다.[28] 그러나 국가 부채 위기가 잠잠해지면서 정치인들은 뒤로 물러앉았다. 드라기의 "무엇이든 하라"는 개입이 있은 지 4년이 지난 후에는 개혁 조치 다섯 가지 중 한 가지만이 시행되고 있었다.* IMF는 프랑스, 이탈리아, 스페인의 지지부진한 구조 개혁에 분통을 터뜨리며 "급격한 변화 없이는 장기 경제 정체로 가는 일본의 길을 밟고 말 것이다"라고 경고했다.[29]

적어도 일본은 충분한 저축 보유량 덕분에 솟구치는 국채를 감당하고 자국 통화를 인쇄할 수 있었다. 유럽 국가들은 이것도 불가능했다. 드라기의 고국인 이탈리아를 예로 들어보자. 유로화 프로젝트 시작 이후 15년 후 이탈리아의 1인당 소득은 전혀 증가하지 않았지만 노동비용은 독일보다 증가해 이탈리아 수출품은 경쟁력을 잃어갔다. 이탈리아의 공적 부채 규모는 전 세계에서 일본과 그리스 다음이었다. 이탈리아 은행들은 수천억 유로의 부실 부채로 헉헉대고, 이탈리아를 대표하는 대기업들은 이미 좀비화되어 있었다. 경제의 경화증은 정치로 옮겨갔다. IMF는 "더 근본적인 구조 개혁이 없다면 중기 성장률은 낮은 수준을 유지할 것으로 예상된다"라고 경고했다.[30] 경제성장이 둔화된 상태에서 이탈리아 국가 부채 문제와 유로존의 존립 위기는 해결되지 않은 채 남아 있었다. 일본과 마찬가지로 이지 머니로 시간은 벌었지만, 그 시간은 낭비되었다.**

---

* 도이체방크는 ECB가 "대륙 전체의 노동시장, 법 제도, 복지 제도 및 조세 제도에서 중대한 개혁 전망을 위축시켰다"라고 결론지었다. David Polkerts-Landau, 〈The Dark Side of QE: Backdoor Socialization, Expropriated Savers and Asset Bubbles〉(Deutsche Bank Research: 1 Nov 2016), p.1.

** 조지 소로스George Soros가 2016년 1월《뉴욕 리뷰 오브 북스》에서 말했듯이, 그리스 위기는 유럽인들에게 그저 되는 대로 그때그때 임시변통하도록 가르쳤다. "이 관행은 일반적으로는 깡통을 아래로 차는 것이라 알려졌지만, 사실은 공을 계속 위로 차올리는 비유가 더 적절하다. 공이 계속 뒤로 굴러떨어지니 말이다." George Soros and Gregor Peter Schmitz, 〈The EU is on the Verge of Collapse〉,

254

| 유니콘 무리 |

초저금리가 원인이 된 어리석은 투자의 결과는 좀비화에서 그치지 않는다. 이지 머니는 수익을 내는 데 시간이 오래 걸리는 프로젝트에 투자를 장려한다.[31] 주택 자산은 장기 자산이고 저금리가 촉진하는 건설 호황은 가장 흔한 '어리석은 투자malinvestment(하이에크의 용어—옮긴이)'다. 2006년 미국 부동산 거품이 내파implode(외부 요인이 아니라 내부 요인으로 인한 터짐—옮긴이)한 후, 주택 건설 시장은 몇 년간 침체를 겪었다. 한편 금리가 그 어느 때보다 낮아지면서 투자자들은 다른 유형의 장기 투자를 찾아 나섰다. 실리콘밸리는 그 요구를 충족시키며 대단히 즐거워했다.

2013년 벤처 투자가 에일린 리Aileen Lee는 10억 달러 이상 가치가 있는 신생 기업을 가리켜 '유니콘'이라는 용어를 썼다. 이런 용어를 쓴 이유에 대해 리는 "대단히 희귀하고 마법 같은 것을 의미하기 때문이다"라고 말했다.[32] 그 가치 평가는 마법처럼 대단했을 수 있지만, 유니콘은 생각보다 희귀하지 않았다. 2015년 이 정도 규모의 기업은 150개나 되었고, 이들의 총 시장 평가액은 약 5조 달러에 달했다.[33] 그랜트는 "사람들이 유니콘에 대해 잘 모르는 사실은 그들이 금리를 먹고 산다는 것이다. 그들은 저금리를 좋아한다. 낮을수록 좋다"라고 말했다.[34] 저금리는 투자자들에게 '성장'을 선택하도록 유도해 먼 미래에나 이익이 발생할 회사들에 재산과 운을 걸게 만들었다. 저금리 덕

《New York Review of Books》(11 Feb 2016).

분에 수년간의 손실 따윈 쉽게 견딜 수 있었다. 저금리가 유니콘의 황당한 가치 평가를 정당화한 것이다.

실리콘밸리는 기꺼이 모든 이지 머니를 빨아들였다. 금융 역사에 관심이 많은 한 유니콘 기업 대표는 2015년《이코노미스트》에 "고대 이집트 이래 역사상 돈을 모으기 가장 좋은 시기일 수 있다"라고 말했다. 과장이 아니었다. 이지 머니는 멍청한 돈이었다. 벤처 투자자들은 스타트업 기업들의 말과 장부를 꼼꼼히 살피기보다는 '무차별 난사spray and pray'(전투에서 엄폐물 뒤에 숨어 아무나 맞기를 바라며 무작정 총질하는 상황. 여기에서는 '일단 투자금을 뿌리고 잘되기를 기도한다'는 의미다—옮긴이) 방식으로 투자했다. 벤처 투자자들은 더 큰 자금을 대출받아 훨씬 더 의심스러운 개념에 투자하기 시작했다. IT 업계 내부 관계자는 "기본적으로 연준은 돈을 찍어낸다. 그 많은 돈이 벤처 자금으로, 다시 샌프란시스코에서 스타트업을 만드는 꼬맹이들의 주머니로 들어가고 있다. 연준이 계속 돈을 찍어내고 주식 시장이 상승하는 한 파티는 계속될 것이다"라고 말했다.[35]

배젓은 좋은 시절에는 사기꾼도 많다고 말했다. 실제로 몇몇 유니콘은 그 이름만큼이나 황당했다. 20대에 테라노스를 창립한 엘리자베스 홈스Elizabeth Holmes는 손가락에서 추출한 피 한 방울만으로 광범위한 의학 검사를 할 수 있는 기술을 개발했다고 주장했다. 홈스는 애플의 스티브 잡스를 모델로 삼았다. 잡스처럼 검은 터틀넥 스웨터까지 똑같이 입을 정도였다. 자신의 영웅과 마찬가지로 그녀도 '현실 왜곡의 장'을 만들었다. 가능한 것처럼 보이게만 행동하면, 불가능한 것도 성취될 수 있다. 당시에는 과장이 어느 정도 받아들여졌다. 홈스는 자신의 '미니 실험실'이 '인류의 발명품 중 가장 중요한 것'이라고 주장했다. 물론 테라노스의 블랙박스 기술은 그녀의 설명대로 작동하지 않았다. 하지만 결과가 나오기 훨씬 전, 그녀의 회사는 실리콘밸리에서 90억 달러의 가치 평가를 받았다. 이 돈 역시 홈스의 발명품처럼 가짜였다. 파산 직전에 테라노스는 10억 달러 이상의 자본을 잠식했는데, 이 정도면 진정 유니콘 규모의 손실이었다.[36]

다른 유니콘들은 나름대로 '내러티브 만들기'에 열심이었다. 우버는 자신들이 온라인 택시 서비스 기업이 아니라 '긱 경제gig enonomy'(공유경제, 플랫폼 이코노미 등으로도 부른다—옮긴이)의 필수적인 부분이라고 선전했다. 회사의 소프트웨어 플랫폼을 레버리지 삼아 수많은 다른 사업에 진출할 수 있다고 믿었다. 우버는 하늘을 나는 택시와 자율주행차를 계획하며 성가신 운전자 비용을 제거한 수익성 극대화를 꿈꿨다. 2010년에 설립된 우버는 이후 몇 해에 걸쳐 200억 달러를 투자받았다. 2019년 주식 시장 상장 전 4년 동안에 걸친 손실은 총 140억 달러 이상이었다. 사람들은 우버를 '파괴적인disruptive' 사업으로 묘사했다. 교통 경제학자 휴버트 호란Hubert Horan이 보기에도 어떤 의미에서는 올바른 생각이었다. 그는 "우버가 파괴한 것은 경쟁적인 소비자와 자본시장이 뛰어난 효율성으로 회사에 기여해 경제 복지를 극대화할 것이라는 생각이었다. 수십억 달러에 달하는 보조금은 시장가격과 서비스 신호를 완전히 왜곡 대규모 자원의 잘못된 분배를 초래했다"라고 지적했다.[37]

위워크WeWork는 현실을 왜곡하는 또 하나의 유니콘이었다. 이 회사가 내세운 거창한 사명은 '세계의 의식 변화'였다. 앱을 활용한 사무실 임대가 주요 사업인 회사로서는 다소 벅차 보이는 계획이다. 역시 2010년에 설립된 위워크는 수년간 엄청난 돈을 빌리고 잃었다. 우버와 마찬가지로 시간이 지남에 따라 손실은 크게 증가했다. 2019년 8월, 《로이터 브레이킹뷰스Reuters Breakingviews》는 위워크의 기업 운영에 대해 다음과 같이 논평했다.

2019년 상반기 수익은 지난해 같은 기간보다 두 배 가까이 늘어난 15억 달러를 기록했다. 그러나 영업 손실은 6억 7,800만 달러에서 14억 달러로 훨씬 더 빠르게 늘었다. 2010년 설립 이후, 위워크는 이지 머니와 경제성장 덕분에 돈을 펑펑 써대면서도 빠르게 성장할 수 있었다. 그런 의미에서 위워크는 미국 역사상 가장 긴 경제 회복기, 돈이 사실상 공짜인 시대를 대표하는 포스터 아동poster child(유니세프 같은 자선단체의 기금 조성 광고에 등장하는 아이—옮긴이)이다.[38]

《파이낸셜 타임스》의 통신원은 유니콘이 좀비의 아류라고 썼다.

이들의 오너와 투자자 들은 아직 (우버처럼) 이익도 내지 못하고, '파괴' 문화에 지나지 않는 최첨단 기술을 끊임없이 홍보하며 이 유니콘들을 살려두고 있다. 이 홍보와 광고 덕분에 투자 흐름이 끊이지 않는다.

이 기업들은 엔지니어와 개발자, 그리고 마케팅 전문가들의 재능을 이용하고 있지만, 이들의 재능은 더 생산적인 기업에서 사용되어야 한다. 언젠가 이 기업들이 수익을 내리라는 희망으로 인해 유용하고 수익성 있는 사업 모델이 파괴되는 것은 옳지 않다.[39]

네버-네버랜드에서나 즉 수익을 낼 부실 사업자에게 대규모로 잘 못된 자원배분이 이루어지고 있다는 사실은 자본비용이 너무 낮다 는 신호다. 금리를 충분히 낮추면 심지어 유니콘도 날 수 있겠지만, 너무 높이 날다 보면 추락하기 마련이다. 2019년 예정된 첫 기업공 개 이전에 위워크의 평가액은 470억 달러로 추정되었다. 하지만 기 업공개가 진행되기 전 월가의 불신에 대한 중단suspension of disbelief(낭 만주의를 대표하는 태도이자 용어. 믿지 못할 것도 일단 믿고 보자는 의미—옮긴 이)에 금이 갔고, 사적 시장가치Private Market Value(동시에 여러 사업을 하 는 기업의 각 사업 부분별 가치를 합산한 기업 가치—옮긴이)에서 대략 400 억 달러가 사라져버렸다. 결국 위워크의 사례는 창조적 파괴라기보 다는 대규모 자본 파괴에 관한 이야기가 되어버렸다.

| 생산성 퍼즐 |

미국과 유럽의 경제는 금융위기 이후 10년간 생산성 성장 붕괴 를 경험했다. 미국의 연간 생산성 증가율은 0.5%로 20년 전의 4분 의 1 수준이었다. 영국 노동자들의 시간당 생산량은 거의 꿈쩍도 하 지 않았다. 산업혁명 이후 가장 저조한 성과였다. 유로존의 1인당 GDP는 실제로 2008년 이후 10년간 감소했다. 중앙은행가들의 모델 은 생산성 붕괴를 예견하지 못했다. 그들의 모델로는 이해할 수 없는 일이었다. 정책 입안자들에게 생산성은 '난제'이자 '수수께끼'였다가 '짜증 나는 일'이 되었다가 나중에는 '도전'이 되었다. 이들은 머리만 긁적일 따름이었다. 학술 논문이 쏟아졌고, 공무원들에게 조언을 구하기도 했다.

비참한 생산성 성과를 설명하는 몇 가지 주장이 제시되었다. 인구역풍, 과도한 기업 규제, 혁신 부족, 열악한 기업 인센티브, 교육 수준 악화 등이었다. 신뢰하기 어렵거나(예를 들어 혁신 부족), 고통받고 있는 모든 경제에 똑같이 적용될 수 없는 이야기들이었다. 예를 들어, 미국의 사업 규정은 유럽과는 달랐다. 게다가 시간도 다르다. 세속적 침체론자들은 왜 선진국들이 리먼 파산 이후 몇 년 동안 생산성 붕괴에 직면했는지 설명할 수 없었다.

스타트업 열기는 실리콘밸리 너머까지 번져나가지는 않았다. 2008년 이후 미국의 신규 사업체도 줄어들었다. 2016년에는 문 닫는 기업이 신생 기업체의 수보다 많아졌다. 통계청이 1978년 기록을 시작한 이래 처음 보는 현상이었다. 게다가 새롭게 등장한 기업들은 (실리콘밸리를 비롯한) 좁은 지역에 집중되어 있었다. 형식적인 규제는 기업인들의 사기를 꺾었다.[40] 기업들이 한 장소에 밀집해 진입 장벽을 높이 세움으로써 비전통적인 통화 정책은 계속해서 활개를 칠 수 있었다. 잉글랜드 은행 관계자들도 영국의 완만한 경기 침체로 인해 "더욱 생산적인 기업이 탄생할 만한 충분한 파괴가 만들어지지 않았다"고 공개적으로 인정했다.[41]

경제 활력은 구직 시장 회전율로도 나타난다. 경기 침체는 보통 비효율적인 기업의 구조조정을 유도해 노동자들의 사업체 간 재배치를 가속한다. 일자리 파괴는 1980년과 1982년 미국의 경기 침체기에 금리가 급등할 때 특히 심각했다. 그 이후 경제 회복기에는 일자리가 다시 크게 늘었다. 슘페터라면 당연히 고개를 끄덕였을 것이다. 하지만

2008년 이후에는 다른 그림이 펼쳐졌다. 도산 기업은 줄어들었고, 스타트업 숫자도 적다 보니 일자리 창출과 일자리 파괴 모두가 줄어들었다. 고용 회전율은 금리 인하 이후 대체로 하락했다.*

언론은 로봇이 인간의 일자리를 대체하는 '제2의 기계 시대'라는 공포를 퍼뜨리고 있지만, 현실은 산업혁명 이후 그 어느 때보다도 기술로 인해 새로운 일자리가 만들어지거나 파괴되는 비율이 줄어들고 있다.[42] 많은 미국인이 장기 실업으로 고통을 겪었다. 미국 경제가 회복되는 중에도 노동 참여율이 감소해 2014년에는 30년간 최저치를 기록했다. 노동 경제학자 스티븐 데이비스Steven Davis와 존 홀티웨인저John Haltiwanger는 "(일자리) 재분배 억제는 일자리 성장도 억제한다"라고 결론지었다. 취약한 노동시장은 소득 증가 둔화와도 관련이 있었다.[43] 리먼 파산 후 거의 10년간 미국 노동자들은 기존 생활 수준을 유지하기 위해 훨씬 많은 시간을 일해야 했다.[44]

리먼 이후 가장 큰 걱정거리는 저축 과잉보다 투자 기근이었다. 초저금리는 기업의 차입과 투자를 유도한다고 예상할 수 있다. 하지만 중앙은행들의 치열한 노력에도 선진국 전역에서 투자는 붕괴했고, 몇년 동안 낮은 수준을 유지했다. 미국과 유럽의 경제는 과잉 설비라는 부담에 시달렸다.[45] 기업이 제대로 돌아가지 않으니 당연히 투자할 까닭이 없었다. 자본 지출 부진은 기업 매출 부진과 가계 지출 부진으로 이어졌다. 미래에 대한 불확실성이 고조되면서 기업들은 투자를 미

---

* IMF 논문은 "금리 인상은 일자리 파괴에 심각한 영향을 미치지만, 금리 인하가 일자리 창출을 자극하지는 않는다"라고 주장했다. Pietro Garibaldi, 〈The Asymmetric Effects of Monetary Policy on Job Creation and Destruction〉(IMF Working Paper: Apr 1997), p.580.

뤘다. 하지만 이러한 (경제 전망의 분산으로 측정하는) 불확실성이 위기 당시의 통화 정책이 어느 정도까지 지속되었기 때문인지에 대해서는 논란의 여지가 있었다.[46] 설상가상으로 경영자 보상 제도 덕분에 기업은 미래에 투자하기보다는 이지 머니를 이용해 자사 주식을 재매입했다.[*]

미국 투자는 기존 자본금이 방치되다 못해 썩어버릴 정도까지 감소했다.[47] 뉴욕 연준의 2017년 연구에 따르면 신기술의 더 빠른 감가상각률을 고려했을 때 미국에서는 지난 몇 년간 순투자를 찾아보기 힘들었다. 충분한 투자가 없는 상태에서 경제는 비틀거렸다. 한 나라의 자본 주식 성장률 감소는 미래의 생산량 증가가 더 줄어든다는 것을 의미한다.[48] 연준도 미국의 투자 감소가 생산성 증가 둔화라는 결과를 낳았다는 데 동의했다.[49] 그렇지만 연준은 통화 정책이 이 문제에 책임이 있다는 사실은 인정하지 않았다. 아니, 인정할 수 없었다.

생산성 붕괴의 이면에 좀비가 있다는 연구들이 날이 갈수록 쏟아지고 있다. 빚을 상환할 수 없는 기업은 투자를 줄일 수밖에 없다. 당연한 일이다. 문제는 좀비가 다른 기업의 투자마저 막는다는 점이다.[50] 좀비는 새로운 기업의 탄생을 저지한다. 좀비가 돌아다닌다는 것은 생산과잉과 비참한 수익으로 고통받는다는 말이고, 기업가들로서는 그런 분야에 진출할 동기가 없기 때문이다. 좀비는 새로운 기술과 기업 관행이 채택되는 것을 늦추기도 한다. 필 멀런Phil Mullan은《창

---

[*] Andrew Smithers,《Productivity and the Bonus Culture》(Oxford: 2019)를 참조하라. 스미더스는 지분 연동 인센티브가 상장사 고위 임원들이 현재 주가에 지나치게 집착하고 장기 투자를 꺼리게 만든 원인이라고 주장한다.

조적 파괴Creative Destruction》에서 이렇게 쓰고 있다.

> 너무도 많은 자원이 생산성이 낮은 영역과 좀비 기업—기본 운영에 투자하기에는 너무도 취약하지만 다른 곳으로부터 생존할 정도는 되는 수익을 얻고 있는 기업—에 갇혀 있을 때, 특정한 혁신적 기업 투자가 긍정적 영향을 광범위하게 미칠 수 있으리라는 가능성은 기대하지 말아야 할 것이다.[51]

중앙은행 총재들은 생산성 저하를 근거로 파격적인 통화 정책을 확장했다. 연준에서 은퇴한 버냉키는 미국 생산성 하락이 금리에 미치는 영향을 '비둘기'(노아의 방주에서 육지가 가까이 있는지 알아내기 위해 비둘기를 날려 보냈다는 이야기를 참조해서, '전조' 정도의 의미—옮긴이)라고 설명했다.[52] 잉글랜드 은행의 한 연구에 따르면 생산성 1포인트 하락은 '균형'(또는 자연) 금리에서 두 배 큰 하락을 초래했다.[53] BIS의 보리오는 이 전통적인 사고를 거꾸로 뒤집었다. 그는 저금리에서 저투자, 생산성 저하로 이어지는 인과관계를 '금리-생산성 관계'라고 불렀다.

보리오는 초저금리가 좀비 현상은 물론 이미 좀비화된 기업이 오래 살아남는 이유를 설명해준다고 말했다. BIS는 좀비 기업 점유율과 정책금리 하락 사이의 밀접한 관계를 발견했다. 결론적으로 말하자면, 저금리는 좀비를 낳고 좀비는 저금리를 낳는다.* 이 견해에 따르

---

* Claudio Borio, 〈A Blind Spot in Today's Macroeconomics?〉(BIS speech: 1 Oct 2018). 보리오가 말하는 맹점은 거시경제학이 자원의 잘못된 배분을 무시하는 경향이다. 단일 기업, 즉 '대표 기업'만을 포함하는 표준 모델에서는 자원이 부문 간에 잘못 배분될 여지가 없다.

면 금리는 자본 수익률을 반영하는 동시에 결정한다. 초저금리는 투자 장애물의 높이를 낮췄다. 좀비든 유니콘이든 저수익 사업에 갇힌 자본이 늘어나면서 한계자본 수익률은 감소했다.

초저금리와 기타 비전통적 통화 정책은 경제 변동성을 줄였다. 쥐글러가 오래전에 말했듯이 경제 변동성은 활력의 원천이다. 슘페터는 "자본주의는 경제적 변화의 형식이나 방법으로 결코 정지할 수 없을 뿐만 아니라 정지하게 만들 수도 없다"라고 썼다.[54] 사실은 이 말도 너무 성급했다. 사상 최저 금리가 등장하면서 슘페터의 진화 과정에 제동이 걸렸으니 말이다. 창조적 파괴는 비자연선택과 자본 파괴로 대체되었다. 기업의 삶의 속도가 느려지면서 경제는 다시 정지 상태로 돌아갔다.

| 소방관과 방화범 |

시장경제는 복잡한 시스템이다. 그 질서는 자연발생적이다. 즉, 중앙의 지도 없이도 작동한다. 생태계도 마찬가지다. 생태계 역시 때로는 선의를 가진 공공기관의 잘못된 간섭으로 고통받는다. 그리고 경기 침체가 수행하는 창조적 파괴 역할 역시 자연에서도 찾아볼 수 있다.

산불은 숲을 재생하는 데 중요한 역할을 한다. 숲이 지나치게 무성해지면 나무는 스트레스를 받아 질병과 해충 공격에 취약해진다. 울창하게 자라 하늘을 가리는 나뭇가지 아래에는 죽어가는 나무들, 썩은 목재와 관목이 층층이 쌓인다. 어린나무는 버겁게 경쟁하며 빛, 영양분, 그리고 물을 얻는다. 산불에는 이 하층을 청소하는 생태학적 목적이 있다. 약한 나무는 불에 파괴되고, 살아남은 나무들은 성장을 위한 더 넓은 공간을 확보한다. 산불에 적응한 몇몇 토착 나무 종도 있다. 더글러스전나무는 두꺼운 껍질 덕분에 고온에서도 살아남는다. 세쿼이아와 방크스소나무는 불이 있어야 씨앗을 널리 퍼뜨릴 수 있다.

1905년에 설립된 미국 산림청은 오랫동안 산불과 싸워왔다. '빅번Big Burn'이라고 알려진 큰 산불로 인해 많은 사람이 사망하고 노스웨스턴주에서 2만 제곱킬로미터에 달하는 삼림이 전소하면서 산림청은 소방 역할까지 떠맡았다. 이후에는 아예 '소방대'로 변신했다. 1934년 이전에는 인공적인 화재만 진압하다가 그때부터는 모든 화재를 진압하고 있다. 산림청은 '오전 10시 정책'을 채택해 이때 보고되는 모든 화재는 다음 날 정오 이전에 진압한다는 정책을 세웠다. 이 소방 정책에 불리한 연구는 무시되었다.

하지만 1970년대 들어 정부 산림 보호자들은 화재 진압 비용을 의식하게 되었다. 산림청이 진화에 많이 나설수록 산불은 더욱 번져갔다. 숲의 작은 불은 정밀하게 필요한 부분만 파괴하는 반면, 큰불은 무차별적인 피해를 주며 건강한 나무까지 죽인다.[55] 불을 끄는 비용도 걷잡을 수 없이 증가해 산림청 정책에도 제동이 걸렸다. 하지만 1998년 옐로스톤 국립공원의 대규모 화재 이후 이 결정은 번복되었다. 최근 수십 년간 대규모 산불은 더 많이 발생하고 있고, 화재로 전소되는 숲도 증가하는 추세다. 당연히 산림청 예산도 덩달아 올랐다. 산불이 자주 나며 세금이 오른 게 아니라 세금이 올라 산불이 자주 나고 있다고 투덜거리는 사람도 있었다.[56]

미국 산림청과 연준 사이에는 유사성이 많다. 연준은 산림청이 설립된 지 10년도 채 되지 않은 시기에 만들어졌다. 1920년대까지 연준은 경기 순환을 억제하려고 했다. "연방의 화재 진압이 화재 위험 지역에 속한 사유지 개발에 보상금을 지급하는 역할을 했다면", 경제 변동성을 억제하려는 연준 정책은 금융 레버리지 축적을 낳았다. 산림청과 연준은 시급한 문제인 화재와 공황에 초점을 맞추고는 자신들의 조치가 장기적으로 가져올 효과는 무시했다.

시간이 지나며 미국의 숲과 경제는 허약해졌고, 자연재해와 금융재난 비용은 거침없이 증가했다. 적어도 생태학자들은 화재 진압이 어리석은 일이었다며 후회하고 있다. 하지만 경제학자들은 그렇지 않았다. 버냉키는 회고록에서 "소방관이 화재를 일으킨다"는 아이디어를 일축한다.[57] 버냉키는 금융위기에는 중앙은행이 개입해야 한다는 배젓의 주장을 인용하며 자신의 태도를 정당화한다. 사실일 수도 있다. 그러나 버냉키의 파격적인 통화 정책은 금융 화재가 진압된 후에도 지나치게 오랫동안 유지되었다.

이지 머니의 시대가 아니었다면 2008년 금융 불지옥이 일어나지 않았을 수도 있다고 가정할 때, 연준의 "기능적 이중 권한은 방화범이자 소방관이라는 권한이 되고 있다"라는 그랜트의 결론에도 자연히 고개를 끄덕이게 될 것이다.[58] 금융위기 이후, 연준은 끊임없이 불을 끄며 필요하지도 않은 경제의 하층을 보호하려 애썼다. 그 결과 숲에서는 좀비 기업들이 번성했고, 강한 기업들은 자본과 판매를 위해 이 죽지도 살아 있지도 않은 약한 경쟁자들과 끝도 없이 싸워야만 했다. 새로운 기업들이 나타나기엔 환경이 엉망이었다. 자유 자본이라는 풍부한 퇴비에 씨앗을 뿌리고 마치 잡초처럼 크고 빠르게 자란 유니콘은 예외였다. 이미 죽고 병든 기업체 무리는 점점 그 수를 더해가며 다음번 화재, 아마도 더 파괴적일 화재가 다가오기만을 기다리고 있다.*

---

* 화이트는 2012년에 "연속적인 순환에서 잘못된 투자의 정화작용을 막음으로써 통화 완화는 정상보다 훨씬 더 심각한 경기 침체 가능성을 높였다"라고 썼다. William White, 〈Ultra Easy Monetary Policy and the Law of Unintended Consequences〉(Federal Reserve Bank of Dallas: Working Paper 126, Aug 2012), p.25.

창업자 이익

어떤 나라가 부패하고 망하기 시작할 때, 상인과 돈 가진 사람들은 자신들이 할 수 있는 일을 하며 마지막으로 굶주리는 사람이 될 것이다.

— 존 로크, 1691

금융자본은 인간 욕구를 충족시키기 위한 실물 생산 경제의 겸손한 조력자라는 원래 역할에서 벗어나는 순간, 필연적으로 자기 확장에만 골몰하는 투기자본이 된다.

— 폴 스위지Paul Sweezy, 1994

1892년, 토머스 에디슨의 기업과 찰스 코핀Charles Coffin이라는 기업인이 경영하던 가전 대기업 톰슨-휴스턴이 합병하며 제너럴 일렉트릭 컴퍼니가 설립되었다. 이 회사는 처음부터 월가의 자식이었다.[1] 설립되자마자 코핀이 경영하던 제너럴 일렉트릭은 주요 경쟁사였던 웨스팅하우스 일렉트릭 입찰에 나섰다. 웨스팅하우스 변호사였던 보스턴 은행가 토머스 로슨Thomas Lawson은 제너럴 일렉트릭의 "대제사장은 J. 피어폰트 모건이었고, 본거지는 월가였으며, 그 소유주들은 '체제'의 숭배자들이었다"라고 썼다.[2] 로슨이 언급한 체제는 보통 사람들의 저축이 '광란에 빠진 금융 숭배자들에 의해 좌우되는' 수단을 의미했다.

체제는 다음과 같이 작동했다. 노동자들은 은행에 예금하거나 보험 회사에 돈을 맡겨 투자했다. 그 저축은 모건 네트워크를 경유해 제너럴 일렉트릭과 같은 미국 기업의 합병을 위한 자본금이 되었다. 모건은 대중들의 저축을 통제하며 막대한 권력을 쌓았다. 루이스 브랜다이스Louis Brandeis 판사는 "황금알을 낳는 거위야말로 가장 가치 있는 소유물로 여겨져왔다. 그러나 다른 사람의 거위가 낳은 황금알을 가져가는 특권은 더 큰 이익이다. 투자 은행가들은 이제 그 특권을 누리고 있다. 그들은 다른 사람들의 돈으로 사람들을 통제한다"라고 꼬집었다.[3]

이자는 금융 비용 대부분을 차지한다. 당연히 월가는 황금알을 싸게 살 수 있을 때 가장 활발하다. 1873년 금융위기 이후 미국 금리는 25년 이상 하락했다. 제너럴 일렉트릭이 설립된 후 10년간 미국 국채 수익률은 2% 아래로 떨어졌고, 1년물 예금 수익률은 고작 1%에 불과했다. 금융 규제는 채권 강세 시장에 추가 부양책을 더했다.

1860년대에 만들어진 국가 은행 체제National Banking System는 은행이 법적으로 발행할 수 있는 지폐의 수를 국채 보유 한도까지로 제한했다. 그러나 연방 흑자가 계속되면서 국채 공급이 부족해졌다. 미국 국채는 1880년에서 1893년 사이 절반으로 줄었다. 따라서 국립은행의 강력한 매입 수요로 인해 일부 국채 수익률은 제로를 밑돌았다. 이는 21세기 이전에 장기금리가 마이너스로 내려간 처음이자 유일한 사례였다.[4]

이지 머니 덕분에 월가는 미국 산업 전반을 하나로 묶을 수 있었다. 바로 이 무렵, 예일대학교 경제학자 아서 해들리Arthur Hadley는 이자를 자연선택과 연결해서 이자란 '산업 통제를 위한 대가'라고 정의했다.[5] 기업 합병의 표면적인 이유는 파괴적인 경쟁을 좀 더 질서 있고 수익성 있는 독점, 다시 말해 트러스트trust로 대체하기 위해서였다. 이 기간 트러스트가 지배하게 된 미국 산업으로는 석탄과 철, 전기 자동차 조명 장치, 시멘트, 플러그 담배, 면사, 성냥, 전기 저장 배터리, 하수관, 화학, 설탕, 쿠바산 담배, 버번위스키, 종이, 은쟁반, 증기 펌프, 석유, 고무 제품, 밀가루, 접착제, 가죽, 고무장화와 신발, 니스 등이 있었다.[6]

트러스트는 소위 '강도 남작robber baron'을 낳았는데, 이는 산길이 있는 성에 살며 지나가는 상인들에게 통행료를 징수한 탐욕스러운 중세 봉건 영주들에게서 따온 말이다. 브랜다이스는 후대의 강도 남작들은 상인들이 감당할 수 있는 최고 수준으로 통행료를 책정했다고 비판했다. 그중에서도 가장 눈에 띄는 사람은 존 D. 록펠러John D. Rockefeller였다. 석유 산업을 숨 막힐 정도로 틀어쥐고 있어 '아나콘다'라는 별명을 가진 그는 자신의 기업인 스탠더드 오일의 경쟁사들이 회사를 매각할 수밖에 없는 상황을 만들었다. 또 다른 대표적인 강도 남작으로는 월가에서 사환으로 경력을 시작해 JP 모건이 1901년 자신의 유니온 퍼시픽과 그레이트 노던 및 몇몇 다른 철도회사를 합병한 다음 미국에서 가장 강력한 철도 거물로 자리 잡은 에드워드 H. 해리먼Edward H. Harriman이 있었다.

해리먼의 노던 증권 회사가 세워지던 해, 모건은 카네기 제철 공장과 헨리 프릭Henry Frick의 탄광회사를 합병해 설립했던 카네기 제철소를 또다시 다른 많은 철강 회사와 합병했다. 그 결과가 바로 US 스틸로, 그 이름만으로도 시장 지배력을 과시했다. 월가에서는 그냥 '기업'이라고 불렸던 US 스틸은 세계 최대 철강 생산 공장에서 그치지 않았다. 이 회사의 시가총액은 그 어느 회사보다 훨씬 높았다. 상장 당시 US 스틸의 자본금은 14억 달러로, 공장 설비 및 기타 자산 장부 가치의 두 배가 넘었다.[7] 독점으로 인해 발생할 이익을 미리 내다본 이 '과도한 자기자본over-capitalization'은 저금리 시기 투자자들이 현재보다는 미래의 이익을 더 중시하는 현상을 증명하는 신호이기도 했다.

하지만 트러스트를 만들어 얻은 이익 대부분은 투자자가 아니라 월가 거주자들의 몫이었다.[8] 방법은 어렵지 않았다. 레버리지로 기업을 인수해 주식에 '물타기'를 한 후(시가총액 증가), 다른 기업과 합병해 이 회사를 더 높은 가격으로 주식 시장에 띄우는 것이다.[9] 투자자들은 저렴하게 주식 대출을 받아 IPO에서 주식 수요를 늘려준다. 소스타인 베블런Thorstein Veblen은 〈기업이론Theory of Business Enterprise〉(1904)에서 상장기업 경영자들은 주식 조작 기술에 능통한 사람들이라고 주장했다.

> 이익은 (…) 기업 관리보다는 판매 가능한 (거래) 자본의 대규모 조작으로 더 확실히 보장되는 것 같다. (…) 실제로 이러한 일은 워낙 안전하고 수익성이 좋기에 현대의 부는 이러한 판매 가능한 자본 조작에서 주로 발생한 이익으로 축적되고 있다.[10]

루돌프 힐퍼딩Rudolf Hilferding은 1910년에 출판된 영향력 있는 책 《파이낸스 캐피털Finance Capital》에서 '창업자 이익promoter's profit'이라는 개념을 제시했다. 1920년대 독일 재무장관을 두 차례 역임한 이 오스트리아 태생 마르크스주의자는 주가가 금리와 반비례해 오르내린다고 말했다(브랜다이스 역시 "이지 머니는 증권 강세장을 낳는 경향이 있다. 반대로 통화량이 줄어들면 주식은 거의 항상 떨어진다"라고 썼다.). 힐퍼딩은 더욱 독창적인 주장을 했다. 산업 수익이 차입 비용보다 높을 때, 금융업자들은 뜻밖의 이득을 거둘 수 있다.[11] 그리고 금리가 낮을수록 창업자의 이익은 커진다.

JP 모건 전성기의 월가는 국가 경제 발전을 위해 자본을 투입하는 것보다 금융 조작에 더 관심을 보였다. 1900년대 초 해리먼이 장악한 유니온 퍼시픽 철도가 발행한 3억 7500만 달러의 증권 중 소액만이 고정 자산에 사용되었고, 나머지는 '주로 불법 트러스트나 주식 투기 자금'으로 사용되었다.[12] 정작 모건은 신기술에 거의 관심이 없어서 나중에 제너럴 모터스를 세운 윌리엄 크레이포 듀란트William Crapo Durant의 투자 요청을 거절했다. 모건 대출의 대부분은 새로운 투자보다는 기존 사업체에 담보를 받고 제공되었다.

가장 쉬운 주식 조작 방법은 레버리지 이용이다. 모건 가문이 최고 통치권을 행사했던 부분이기도 하다. 1900년대 첫 10년 동안, 미지급 철도 부채 양은 두 배 이상 증가했다.[13] 부채가 늘어나면서 부채의 질도 떨어졌다. 그런 상황에서도 저금리로 대출받아 철도 증권을 사려는 수요는 끝이 없었다. 1900년경 100년물 철도 채권은 3.5% 수익률로 발행되었다.[14] 브랜다이스가 볼 때, 부채 부담에 짓눌리는 뉴헤이븐 철도야말로 미국 금융의 모든 문제를 보여주고 있었다. 모건이 지배하는 트러스트가 뉴잉글랜드 전역에 걸친 철도를 통합하면서 뉴헤이븐 철도의 부채 부담은 20배 증가했다.[15] 브랜다이스는 뉴헤이븐 금융 후원자들이 증권의 시장가치에만 관심을 두고 철도 운영은 아예 돌보지 않는다고 질책했다. 유지 자본 지출은 삭감되었고, 벌지도 못한 배당금은 다시 차입금으로 지급했다.

1910년, 모건이 '소화되지 않은 증권'이라고 부른 뉴헤이븐 철도 증권은 월가에 부담을 가중시키며 마침내 난관에 봉착했다. 주가는 폭락해 수천 명의 소액 투자자들이 손실을 입었다. 이제 미국 대중들은 '모건화Morganization'에 물릴 대로 물려 있었다. 사람들은 트러스트가 워싱턴을 매수한 '기득권vested interest'(베블런의 표현)의 지지를 받고 있다고 보았다. 1914년에 출판된 《타인의 돈Other People's Money》에서 브랜다이스는 '무모한 금융', '미치광이 같은 독점 추구', 그리고 대규모 철도 시스템, 대규모 산업 트러스트, 대규모 공익사업, 대규모 은행 등 '큰 것의 저주'를 비난했다. 그가 논란의 베스트셀러를 출간한 해, 록펠러의 동생 윌리엄을 포함한 전·현직 뉴헤이븐 철도 경영자들이 뉴잉글랜드 지역 여러 주간州間 교통을 독점하려는 음모를 꾸몄다는 혐의로 기소되었다. 위대한 존 피어폰트 모건은 이미 사망한 다음이었다.

트러스트는 미국에만 한정된 현상이 아니었다. 독일은 석탄, 화학, 설탕 분야의 카르텔이 산업을 지배하고 있었다.[16] 심지어 영국에는 '베드스테드 얼라이언스'라는 침대 제조업체 카르텔도 있었다.[17] 일부 카르텔은 국경을 넘어서도 운영되었다. 독일 거대 가전기업 아에게는 미국 기업 제너럴 일렉트릭과 세계 시장을 양분했다. 주요 폭발물 제조사들은 함께 손잡고 국제 다이너마이트 트러스트를 만들었다.[18] 러시아 혁명 전야에 블라디미르 레닌Vladimir Lenin은 독점이 경제 생활의 모든 영역에 침투하고 있다고 썼다.[19] 레닌은 자본이 처음 탄생한 나라에서 생활 수준을 향상하는 역할을 더는 하지 못하고 해외로 수출되어 독점 기업의 권력을 강화하는 역할만을 하고 있다고 말했다. 한편 본국에서는 저임금·불완전 고용 노동자들의 수요 부족으로 경기 침체가 일어난다. 레닌은 "지대국가rentier state란 기생적이며, 썩어가는 자본주의 국가를 가리키는 말이다"라고 썼다.[20]

이 미래의 소련 지도자는 1917년 에세이 《제국주의론Imperialism, The Highest Stage of Capitalism》에 이렇게 썼다. 제국주의라는 자본주의의 가장 높은 단계를 마지막으로 자본주의는 최후를 맞을 것이다. 물론 그의 예측은 실현되지 않았다.

하지만 다시 100년 후로 빠르게 돌아가보자. 그러면 20세기 초반과 리먼 이후 시대 금융 조건이 놀라울 정도로 흡사한 데 놀라게 될 것이다. 또 '산업 통제의 대가'가 사상 최저 수준이어서 반경쟁적인 합병의 물결을 위한 조건이 조성되고 있는 것도 같다. 다시 한번 월가는 주가 조작에 온갖 노력을 기울이고 있고, 생산적 투자를 희생해가며 창업자의 이익만을 짜내고 있다. 그리고 다시 한번 노동자들은 고통받고 경제 정체 이야기도 만연하고 있다.

┃ '골드 디거'의 노래 ┃

2018년 5월 초, 영국 최고 식료품 체인 세인즈버리 최고 경영자는 라이벌 슈퍼마켓 기업을 100억 달러에 인수하는 주제로 TV 인터뷰를 기다리고 있었다. 카메라가 돌기 시작하자 CEO 마이크 쿠프Mike Coupe가 1933년 진저 로저스의 노래를 흥얼거리는 장면이 잡혔다. "우리는 돈이 있어 / 오 자기야 / 돈 좀 빌려줘, 쓰고, 다시 보낼게"라는 〈골드 디거'의 노래The Gold Diggers' Song〉의 한 구절이었다('골드 디거'는 돈을 노리고 부자에게 접근하는 사람으로 '꽃뱀' 정도의 의미―옮긴이). 적어도 은행의 시각에서는 역사상 가장 돈벌이가 잘되던 인수합병 호황기에 가장 적절한 노래였다.

글로벌 금융위기 이후 다시 강력한 인수합병의 물결이 몰아쳤다. 하지만 오바마 대통령 행정부의 반트러스트 담당이 '합병 쓰나미The merger tsunami'라고 불렀던 이 대규모 현상에 대해 워싱턴에서는 아무런 대응도 하지 않았다. 2014년 미국 법무부는 단 하나의 독점 행위도 고발하지 않았다.[21] 그다음 한 해에 걸쳐, 전 세계적 합병은 최초로 5조 달러 규모에 도달했고, 미국 기업은 이 중 거의 절반의 합병에 관여했다. 거래 규모 역시 날로 커지고 있었다. 한 해에만 100억 달러 이상의 가치가 있는 '메가딜mega deal'이 70건 정도 이루어졌다. 한 JP 모건 은행 담당자는 2014년 11월에 《블룸버그》에 "우리는 이들에게 고정관념을 벗어나 일종의 예술 측면에서 생각해보라고 권유한다"라고 말했다.[22]

다시 싹트기 시작한 트러스트에 대한 미국 정부의 소극적 대처보다 더 중요한 역할을 했던 것은 기업 차입 비용의 붕괴였다. 합병은 '(특히 질 높은 신용에 대한) 부채 투자자들의 강한 욕구와 저금리로 인해 인수자가 매력적인 조건으로 자금 조달이 가능해지면서' 촉진되었다.[23] 대기업은 자본 수익보다는 저금리 차입으로 은행에 '창업자

이익'을 짜낼 기회를 제공했다. 부채는 2015년 3월 케첩 제조회사 H. J. 하인즈가 식품 대기업 크래프트를 인수하는 데도 중요한 역할을 했다. 하인즈도 브라질 금융업자들로 구성된 3G 캐피탈과 버핏의 버크셔 헤서웨이가 지배하는 레버리지 바이아웃Leveraged Buyout(상당한 부채를 구매 일부로 떠안는 인수합병으로 차입매수, 레버리지 매수, LBO라고도 한다—옮긴이)의 산물이었다. 이 식품 대기업의 목표는 더 많은 케첩과 마요네즈로 세계를 뒤덮는 게 아니었다. 그보다는 부채를 더 하고 비용을 삭감해 수익을 증대하는 데만 집착했다. 다음 몇 해에 걸쳐 이 회사의 순부채는 50% 이상 늘어났고, 주당 수익률은 거의 두 배 증가했다.[24]

크래프트 하인즈는 소위 '플랫폼 기업' 중 하나였다. 플랫폼 기업이란 강도 남작 시대 트러스트와 다를 바 없이 부채를 이용해 반경쟁적 합병에 자금을 조달하는 기업들이다. 주목할 만한 플랫폼 기업으로는 맥주 대기업 앤하이저-부시 인베브(역시 브라질 3G 지배하에 있음), 시리얼 제조업체 포스트 홀딩스, 그리고 다수의 의료 회사가 있다. 그중에서도 밸리언트 제약보다 더 높이 치솟은 플랫폼 기업은 없었다. 전 맥킨지 컨설턴트였던 마이클 피어슨Michael Pearson이 만든 밸리언트는 콘택트렌즈 제조업체 바슈롬을 포함한 20개 이상의 의료 및 의약품 사업을 인수했다. 이 캐나다 상장 회사는 비용을 절감하고 특허받은 약품 포트폴리오 가격을 크게 인상하며 이익을 끌어올렸다.[25] 인수 자금은 부채로 조달했다. 2015년 밸리언트의 장기 부채는 300억 달러에 육박했는데, 3년 만에 세 배가 증가한 액수였다. 그러나 이 부채 부담에도 불구하고 회사의 차입 비용은 6% 미만으로 유지되었다.[26] 2015년 10월, 밸리언트 주식은 5년 전보다 15배 이상 증가했으며 피어슨의 주식 관련 성과급은 10억 달러를 넘는 것으로 알려졌다.

합병의 물결은 19세기 후반 도금 시대Gilded Age(마크 트웨인의 용어로, 겉만 번지르르하고 경제 내부는 강도 남작 등으로 썩어가던 시대—옮긴이) 이후 사라졌던 기업 독점 증가를 낳았다. 1990년대 후반부터 2016년까지 20년간 미국 상장기업의 수는 절반으로 줄었다.[27] 한 학술 연구에 따르면 미국 산업의 4분의 3이 심한 집중 현상을 보였다.*

19세기 후반과 마찬가지로 저금리는 다시 한번 미국 산업의 합병에 핵심적인 역할을 했다. 미시간대학교의 경제학자들에 따르면 가격 담합price-fixing 카르텔은 다른 어떤 요인보다 금리 수준에 더 많은 영향을 받는다. 카르텔은 금리가 낮을 때 형성되고 금리가 높을 때 와해되는 경향이 있다.[28]

독점이 심화된 산업에 속한 기업들은 더 높은 수익을 누렸다. 하지만 스미스가 말했듯이 독점은 공공의 이익에 도움이 되지 않는다. 오히려 새로운 기업 설립과 혁신을 저해하는 진입 장벽을 만든다.[29] 또한 고위 임원의 임금 인상, 노동자의 협상력 저하, 투자 및 R&D 감소를 가져온다. 전미경제연구소National Bureau of Economic Research, 이하 NBER 경제학자들은 "전통적으로는 저금리를 경제성장에 긍정적이라고 여

---

* 미국에서 독점에 가까울 정도로 집중된 부문은 컴퓨터 운영 체제, 휴대전화, 소셜 네트워크, 검색 엔진, 우유, 맥주, 청량음료, 철도, 씨앗, 마이크로프로세서, 장례식장, 슈퍼마켓, 결제 시스템, 전화 운영 체제, 온라인 광고, 신장 투석, 안경, 신용 정보 회사, 세무, 항공사, 은행, 건강 보험, 의료, 단체 구매 조직, 약제 급여 관리 기관, 의약품 도매, 육류 및 가금류, 농업, 미디어, 명의보험, 상장지수 및 금융지수 펀드 공급 업체 등이다. Jonathan Tepper and Denise Hearn,《The Myth of Capitalism: Monopolies and the Death of Competition》(Hoboken: 2019), pp.115~116.

겨왔지만 (…) 초저금리는 시장 집중도를 높여, 오히려 성장 둔화를 낳을 수 있다"라고 지적했다.[*]

| 사모펀드 |

기업 합병과 마찬가지로, 레버리지 매수는 '기업 지배 비용cost of corporate control'이 감소할 때 증가세를 보이기 시작한다. 금세기 초 그 린스펀의 이지 머니 체제는 레버리지 매수 풍년을 낳았다.

사모펀드 회사들은 수십억 달러의 자금을 모아 엄청난 평가 가치로 기업을 인수했다. 이 매수에 더 많은 레버리지를 더하고 빨리 매각하거나(플리핑flipping), 부채로 지원한 배당을 현금화해서 빠르게 이익을 취했다.

이 수익성 높은 사업은 대출 시장이 개방되어 있는 한 지속될 수 있었다. 그러나 2008년 파티의 음악이 끊기면서 사모펀드는 오랫동안 기다려온 최후의 심판에 놓일 위기에 처했다. 하지만 리먼 파산의 여파로 이지 머니 통화 정책이 오히려 심화되면서 심판은 피할 수 있었다. 예를 들어, 2007년 사상 최대 규모의 바이아웃을 기록했던 에너지 기업 TXU가 7년 후 400억 달러의 부채를 남기고 파산한 것 같은 몇몇 사례를 제외하면 파산으로 끝난 레버리지 매수는 그다지 많

---

[*]   NBER 학자들은 "금리가 제로에 가까워짐에 따라, 경제 전반의 시장 집중도가 증가하고, 총생산성은 성장이 하락한다"라고 결론짓는다. Ernest Liu, Atif Mian and Amir Sufi, 〈Low Interest Rates, Market Power, and Productivity Growth〉(NBER Working Paper: 2019) pp.1~2. 또한 Ernest Liu, Atif Mian and Amir Sufi, 〈Could Ultra-Low Interest Rates be Contractionary?〉(Project Syndicate: 17 Sep 2019)도 보라.

지 않았다. 금융위기 이전 레버리지 매수 대부분은 훨씬 더 유리한 조건으로 대출을 재융자refinance할 수 있었다. 리먼 파산 10년이 지난 후, 매수 산업은 오히려 그 어느 때보다도 잘 돌아가고 있었다. 저렴한 부채, 낮은 채무불이행 수준, 그리고 자산 가격 상승 덕분에 사모펀드는 10년간 투자자들에게 두 자릿수 수익을 안겨주었다. 괜찮은 수익을 올릴 기회에 굶주린 투자자들은 상위 바이아웃 기업들의 문을 두드렸다. 20억 달러 조성 목표를 세웠던 한 사모펀드는 세 배가 넘는 금액을 모으기도 했다. 또 다른 펀드에는 250억 달러에 가까운 기록적인 현금이 투입되었다. 2018년 5월 베인캐피털이 도시바의 마이크로칩 사업을 180억 달러에 인수하는 등 메가딜이 다시 인기를 끌기 시작했다. 매수 거래는 더 높은 수익율과 더 많은 레버리지로 성사되었다. 2018년 전 세계 사모펀드는 향후 거래 자금으로 사용할 약 1조 달러에 달하는 화약 위에 앉아 있었다.[30]

사모펀드는 기업 경영에 시장보다 장기적인 접근 방식을 가지고 있다고 주장한다. 그러나 레버리지 '배당 거래'로 수익을 높이고 빠르게 수익을 얻기 위해 회사를 사자마자 팔아버리는 업계 성향을 보면 그러한 주장은 믿을 수 없다. 바이아웃 비즈니스 모델은 보통 건강한 기업을 인수해서 금융이라는 탈수기를 이용해 완전히 쥐어짜는 것으로 시작한다. 레버리지라는 수단을 적용하면 흘러넘치는 수익을 수확할 수 있다. 연구에 따르면 바이아웃 이후 기업 운영이나 사업 전략에서 개선된 부분은 거의 찾아볼 수 없다고 한다. 2018년 한 연구는 사모펀드 대부분이 실제로 장기 투자를 줄였다는 사실을 발견했다. 한 평론가는 "이 (바이아웃) 수확은 부의 창출이 아니라 부의 짜내기다"라고 비꼬았다.[31] 바이아웃을 이용하는 강도 남작보다 더 연준의 이지 머니 덕을 본 사람은 없다. 그 남작들은 정말 아무런 자격도 없는 사람들인데 말이다.

| 바이백 |

위대한 경영 컨설턴트 피터 드러커Peter Drucker는 이윤은 사업 결정의 이론적 근거라기보다는 그 효율성의 시험이라고 쓴 적이 있다.[32] 드러커의 생각은 기업이 경영을 잘해 경쟁력 있는 가격으로 상품이나 서비스를 고객에게 제공한다면 이윤은 따라온다는 것이었다. 그러나 1980년대 초 이후 기업의 목적은 재정의되었다. 이제는 고객에게 필요한 서비스를 제공하거나 심지어 이익을 내는 것마저도 중요하지 않다. 그 대신 기업들은 '주주 가치'를 추구하라는 이야기를 듣는다. 이제 기업의 경영 철학은 회사 지분의 시장가치 극대화가 되었다.

'주주 가치' 제고라는 명목으로 고위 임원들에게는 무료 스톡옵션과 기타 주식 연계 인센티브가 주어졌다. 이제 그들은 어쩔 수 없이 이해관계를 갖고 게임에 참여하게 되었고, 경영 이익은 주주들의 이익과 일치하게 되었다. 루스벨트 대통령의 뉴딜 정책하에서는 기업들이 시장에서 자신의 지분을 취득하는 것이 불법이었다. 주가 조작의 한 형태로 간주되었기 때문이다. 그러나 이 법은 금리가 수십 년에 걸쳐 하락하기 시작한 1982년에 폐지되었다. 주주 가치라는 명분을 내세워 경영진은 '비싼' 지분을 '싼' 부채로 대체했다. 차입 비용이 충분히 낮다면 임원들은 부채로 주식을 재매입해서 회사의 수익을 올릴 수 있다. 견실한 실적 성장을 보이는 기업들은 주식 시장에서도 좋은 실적을 거두었기 때문에 고위 임원들은 금융공학이라는 그리 어렵지 않은 묘기를 부리며 횡재를 얻었다. 창업자에게는 이익이 돌아왔다.

바이백: 게임 작동 방식

10억 달러의 매출을 올리고, 이윤은 5%인 회사를 상상해보라. 편의상 핀잉 기업이라 부르기로 하자. 5000만 달러의 이익에는 30%의 세금이 부과된다. 핀잉은 발행 주식 5억 주와 5억 달러의 주주 자본을 보유하고 있다. 주식은 이익의 15배에 거래된다. 기업 인센티브 계획에 따라 고위 임원들에게는 5000만 주의 스톡옵션을 제공하는데, 이것은 현재 시장가격에 영향을 미친다. 현재 핀잉은 부채가 없다.

이러한 세부 사항을 보면, 회사의 세후 이익은 3500만 달러이고, 자기자본이익률은 7%다. 주당 이익은 7센트(3500만 달러를 5억으로 나눈 값)다. 그 주식은 15의 배수로 1.05달러에 거래된다. 회사의 시가총액은 5억 2,500만 달러다.

이제 경영진은 레버리지를 사용해 발행 주식 절반을 재매입하기로 한다. 간단하게 현재 시장가격으로 바이백이 발생한다고 가정해보자. 핀잉은 5% 이자로 2억 6000만 달러가 조금 넘는 돈을 빌린다. 이자 지급은 세금 공제가 가능하다는 점을 감안하면 유효 이자 비용은 900만 달러 정도다. 이자 지급 후 세후 이익은 2600만 달러 이하로 줄어든다.

그다지 좋은 거래 같지 않을 수 있다.

하지만 주당순이익EPS에 미치는 영향은 매우 긍정적이다. 2600만 달러 세후 이익을 주식 수 절반으로 나누면 EPS는 10.3센트로 거의 50% 증가한다. 투자자들이 EPS 성장률을 높이 평가한다는 점을 감안하면 주식은 수익의 17.5배로 재평가되는 셈이다. 그 결과 주가는 70% 이상 오른 1.80달러를 넘어서고, 주식은 현재 장부 가치에 비해 상당한 프리미엄으로 거래된다. 임원 스톡옵션 가치는 3500만 달러 이상 상승한다.

최고 경영자가 회사의 장기적인 수익을 창출하는 신제품 개발이나 투자 확대, 그밖에 다른 어떤 일도 하지 않았지만, 그는 이 성공을 공유한다. 안 될 게 뭔가? 핀잉의 자기자본이익률은 3%p 오른 10%로 상승했다. 회사의 레버리지는 여전히 높지 않고, 연준 금리는 여전히 낮고, 신용 스프레드도 좁다는 점을 감안해 이사회는 또 다른 대규모 바이백을 승인하고, 실적이 우수한 CEO에게 또 다른 스톡옵션을 제공해 보상하기로 한다.

핀잉 사례의 수치들은 기업 재무에 익숙하지 않은 사람이라면 이해하기 어려울 수도 있다. 저금리 부채를 이용해 주식을 재매입한 후, 수익성과 주식 평가를 인위적으로 끌어올린다는 점이 핵심이라는 점만 알고 있어도 충분하다. 임원 보수는 일반적으로 자기자본이익률, EPS 성장률 및 주식 실적처럼 금융공학으로 향상되는 척도들과 관련이 있기에 고위 경영진은 이 게임에 깊게 관여한다. 사실 단기 투자자, 은행가, 그리

> 고 고위 기업 임원 들은 이 금융공학에서 이익을 얻을 수 있다.
> 하지만 이들을 제외한 다른 사람들은 그 누구도 더 잘살게 되
> 지 않는다.

21세기 초부터 지금까지, 미국의 부채비용은 자본비용보다 낮게 유지되었다. 이러한 '펀딩 갭funding gap'이 자사주 재매입을 부추겼다. 글로벌 금융위기 이후 펀딩 갭은 더욱 커졌다. 월가의 한 전략가는 "자본비용이 부채비용보다 여전히 높기에 기업들이 저금리 대출을 이용해 자사 주식을 되사는 것은 이치에 맞는 일이다"라고 말했다.[33] 통화 당국은 기업들이 저금리를 이용해 투자를 활성화하기를 바랐다. 그러나 초저금리와 자본보다 부채를 선호하는 세금 구조는 '장기 투자에 역행하는 방향으로' 작동했다.[34]

주가 연동 인센티브라는 부담을 진 상장기업 경영진은 미래 투자를 통한 의심스러운 수익보다 현재의 이익 레버리징으로 확실하고 즉각적인 보상을 받길 원했다. 바이백과 자본 지출은 반비례 관계다. 투자가 감소하면 주식 매입은 상승한다.[35] 미국 기업들은 위기 이후 운영을 위한 투자보다 더 많은 돈을 바이백에 지출했다.[36] 현금 흐름의 한 부분을 차지하는 기업 투자는 2014년에 사상 최저 수준으로 떨어졌다.[37] 미국 재무부의 독립 부서 재무연구실The Office for Finanacial Research은 금융공학이 '장기적이고 유기적인 성장을 지원하는 자본 투자의 기회에서' 멀어지고 있다고 경고했다.[38]

댈러스 연준 의장이자 연준 공개시장위원회의 몇 안 되는 '매파'에 속하는 리처드 피셔Richard Fisher는 직접 이 문제를 언급했다. 피셔는

2012년 동료들에게 자신의 구역에서 가장 큰 회사인 텍사스 인스트루먼트가 역사상 가장 낮은 금리로 부채 증권을 발행했지만 단 하나의 일자리도 생기지 않았다고 비꼬았다. 모든 돈을 주식 환매에 사용했기 때문이다. 댈러스 지역의 또 다른 회사는 이사회로부터 '저금리로 더 많은 주식을 살 수 있도록' 자본 지출을 줄이라는 지시를 받았다고 피셔는 덧붙였다.[39]

회사 밖에서도 주식 환매 압력이 있었다. 주식 시장에서 저조한 실적을 보인 기업들은 경쟁사나 사모펀드의 인수 목표가 됐다. 거액의 성과 보수를 약속하는 헤지펀드는 주식 환매를 촉진하는 강력한 유인이었다. 행동주의 투자자activist investor(기업 행동에 영향력을 미치기 위해 주식을 대량으로 매입하는 개인 또는 기관 투자가—옮긴이)는 경영진이 더 많은 주식을 환매하도록 홍보에 발 벗고 나서서 경영진을 위해 대리전을 펼쳤다. 애플처럼 엄청난 이익을 내는 기업도 이를 피할 수는 없었다. 결국 애플조차 자사주를 환매하며 대차대조표상에 있는 수십억 달러의 현금 지출 대신 차입을 택했다.

리먼 파산 이후 바이백은 중단됐지만, 위기가 지나자 다시 사나운 기세로 되돌아왔다. 10년이 지난 후, S&P500 기업들이 주식 환매에 들이는 연간 지출은 위기 이전의 거의 절반 수준인 7200억 달러까지 증가했다. 지난 10년에 걸쳐 미국의 가장 큰 상장기업들은 총이익의 절반 이상을 바이백에 지출했다.[40] 그리고 주식 환매는 대부분 현금 흐름을 이용하기보다는 저금리로 자금을 조달했다. 수조 달러 규모의 환매는 '전체 (주식) 시장의 슬로모션 레버리지 환매'를 낳았다.[41] 금융공학이라는 놀라운 기적 덕분에 S&P500 기업의 주당 이익은 보고된 이익이나 매출보다 훨씬 빠르게 증가했다.[42] 이익이 줄어드는 기업마저도 주당 이익은 증가되었다.[43] 엑손과 IBM을 포함한 몇몇 기업은 벌어들인 것보다 더 많은 돈을 바이백과 배당금에 분배하는, 사실상 폰지 사기Ponzi scheme(아무런 이윤 창출 없이 투자자들이 투자한 돈으로 투자자들에게 수익을 지급하는 방식의 사기. 앞에서 언급된 폰지라는 사람에게서 유래한 용어—옮긴이)를 치고 있었다.[44]

| 금융화된 기업 |

주주 가치의 영향을 받아 금융 기업과 비금융 기업 사이의 구별은 거의 사라져버렸다. 갈수록 기업 내부의 금융 운영이 이익의 많은 부분을 차지하게 되면서 기업 금융이 일반적인 사업 운영보다 우선시되었다.[45] 한 평론가는 "현대 기업의 생산 활동은 기업 대차대조표의 구조조정과 자회사를 사고팔아 돈을 챙기는 데 비하면 부수적인 것이다"라고까지 말했다.[46] 베블런이라면 어떤 일이 벌어지고 있는지 이해했을 것이다.

제너럴 모터스는 한때 미국을 대표하는 기업이었다. 전후 최고 경영자 찰리 윌슨Charlie Wilson의 말처럼 '우리나라에 좋은 것은 제너럴 모터스에게도 좋은 것'이었다. 그러나 반세기가 지나자 제너럴 모터스는 금융화 기업의 상징이 되었다. 금융위기 전, 이 자동차 제조사는 서브프라임 대출을 전문으로 하는 주택담보대출 사업을 운영하며 수백억 달러를 자사 주식 환매에 쏟아부었다.[47]

리먼 파산 한 달이 지난 후 제너럴 모터스 역시 파산을 신청했다.

여기에는 자동차 판매 감소만큼이나 연금 부채도 큰 영향을 미쳤다. 그러나 파산에 따른 회생 절차를 밟은 지 불과 1년 후 이 회사는 서브프라임 오토론 업체 인수에 많은 돈을 썼다.* 그리고 자동차의 내연 기관을 전기로 전환해야 하는 순간이 오자 다시 한번 수십억 달러를 바이백에 돌렸다.[48]

미국을 대표하는 또 다른 기업인 존 디어 역시 농기계 제조보다 훨씬 쉬운 돈벌이 수단을 발견했다. 존 디어 은행은 미국에서 손꼽히는 농장 대출 기관이 되었다. 이젠 종자, 화학 약품, 비료를 파는 대신 농부들에게 그것을 사기 위한 대출을 제공한다. 신용 사업은 순이익의 무려 3분의 1을 차지했다.[49] 그리고 위기 이후, 디어는 120억 달러 이상의 주식을 재매입해 부채 부담을 거의 두 배로 늘렸다.[50] 비슷한 시기에 AT&T는 2016년 HBO를 소유한 타임-워너를 인수하며 세계에서 가장 레버리지가 많은 비금융 회사가 되었다. 마벨의 순부채 약 2500억 달러(부외 부채Off-balance sheet liabilities 포함)는 태국과 포르투갈의 국가 부채를 합친 것과 맞먹는다.[51]

| 금융의 저주 |

골치 아픈 거대 합병기업이 미국 경제를 지배하던 1980년대, 주주 가치 극대화라는 주장에는 어느 정도 수긍할 만한 구석이라도 있었

---

* 《블룸버그》에 따르면 제너럴 모터스가 서브프라임 대출기업 어메리크레딧Ameri-Credit을 35억 달러에 인수한 목적은 '흠이 있는 신용 기록을 가진 임차인에게 임대 및 대출을 하며 더 많은 고객에게 다가가기 위해서'였다고 한다. Caroline Dye and Betty Liu, 〈Gabelli Says GM "Back in the Game" with AmeriCredi〉, 《Bloomberg》(22 Jul 2010).

다. 그러나 30년 이상 기업 구조조정이 진행된 이후 주주 가치란 결국 금융공학을 위한 빌미에 불과했다는 것이 밝혀졌다. 즉, 이것은 월가가 이익을 창출하는 과정으로 실제 세계와는 아무 상관이 없다는 의미다. JP 모건의 시대와 마찬가지로 은행 대출 대부분은 생산적인 투자에 사용되기 위해서가 아니라 기존 담보물에 대해 제공된 것뿐이었다. 얀 토포로브스키Jan Toporowski의 그럴듯한 경구를 인용하자면 "금융의 시대에, 금융은 대부분 금융에 금융 서비스를 제공한다in an era of finance, finance mostly finances finance."

하지만 골드만삭스에 좋다고 해서 미국에 반드시 좋은 것은 아니었다. '네덜란드 병'은 경제가 상품에 과도하게 의존하게 되었을 때 경제가 받는 피해를 말한다. '금융 자원의 저주' 역시 마찬가지로 경제에 해를 끼친다.[52] 미국과 영국처럼 값싼 외채를 이용해 경상수지 적자를 모면했던 국가들은 수출 경쟁력이 떨어졌다. 그들의 경제는 제조업에서 서비스업(특히 은행업)으로 전환하며 생산성 증가가 둔화되었다. 스페인은 몇 년간 금융의 저주에 시달리다 결국은 금융위기를 맞았다. 수 세기 전 남아메리카 금이 대량 수입되면서 자국 무역이 부패했을 때와 똑같은 상황이었다.[53]

2015년 BIS는 금융이 실물 경제를 몰아내고 있다고 경고했다. 은행 대출 대부분은 부동산 같은 많은 담보가 있는 부분으로 향하며 기업의 효율성 개선에는 거의 사용되지 않았다. 제조업과 R&D가 필요한 사업은 오히려 대출에 굶주렸다. BIS는 어떤 지점이 지나면 "한 나라 금융 시스템 성장은 그 나라 생산성 성장에 장애가 된다. 즉, 금융 분야가 성장할수록 실질 성장률은 감소한다"라고 결론지었다.[54] 잉글랜드 은행도 이 분석에 동의했다. 영국 중앙은행의 수석 경제학자 앤드루 홀데인Andrew Haldane은 "금융화는 물리적인 투자 과정 전체, 노동 시장, 기업의 혁신 주기를 오염시켰다. 물리적 자본과 인적 자본(공장과 노동자들) 투자에 끼친 피해는 대단히 심각하다. 그것이야말로 성장을 늦추기 때문이다"라고 지적했다.[55] 하지만 영국 경제 금융화를 촉진한 잉글랜드 은행의 통화 정책상 역할에 대해서는 아무런 언급도 하지 않았다.

금융공학으로 미국 기업의 차입은 엄청나게 증가했다. IMF의 2017년《금융 안정성 보고서》는 미국 기업들이 2010년 이래 거의 8조 달러에 달하는 부채와 기타 법적 채무를 떠안았다고 기록했다. AT&T는 부채의 늪에 빠진 기업의 상징이었다. IMF는 대기업이 지급하는 단기 이자율인 프라임 대출 금리가 붕괴했음에도 기업의 이자 보상 비율corporate interest cover(이자 지급 대비 이익 비율)은 금융위기 이전 마지막 수준까지 떨어졌다고 지적했다.[56] 기업 현금 흐름의 절반 이상이 '금융 리스크 감수financial risk-taking'(인수합병, 환매 및 배당)에 사용되며 '경제 리스크 감수economic risk-taking'(투자 및 R&D)에는 투자 여력이 훨씬 줄어들었다.[57] IMF는 이러한 활동은 "금융 시스템의 간헐적이지만 규모가 큰 불안정성 변동과 관련이 있다"라고 경고했다. 쉽게 말해 또 다른 금융위기가 임박했다는 뜻이었다.

이 즈음 밸리언트의 게임은 끝났다. 밸리언트 같은 플랫폼 기업의 공통적인 문제는 수익을 계속 증가시키려면 끊임없이 규모가 더 큰 합병을 해야 한다는 것이다. 밸리언트 주가는 2015년 하반기 약값 인상 정책이 국회의원들의 관심을 끌면서 무너졌다. 주가 하락과 차입 비용 상승이 겹치며 밸리언트의 미친 듯한 인수 작업은 마침내 끝을 맺었다. 그러고는 곧바로 지불 능력에 대한 의문이 제기되었다. 증권 거래위원회가 이 제약회사의 회계 관행 조사에 착수하자 CEO 피어슨은 병가를 냈다. 이날 밸리언트 주식은 최고점에서 95% 하락했다.

신용 시장에서 지나친 포식의 결과로 크래프트 하인즈 역시 배탈이 났다. 합병 후 2년도 지나지 않아 이 식품 대기업의 순부채는 절반 이상 증가해 330억 달러까지 불어났다. 처음에는 레버리지가 주당 수익 증가에 도움이 되었다. 투자자들은 많은 배당금payout을 받았지만, 지속적인 운영을 지원하기 위해 적은 이익을 유지했다. 밸리언트와 마찬가지로 크래프트 하인즈의 주주 대상 프레젠테이션 역시 조사를 받았고, 가공식품 판매가 부진한 것으로 나타났다. 결국 이 회사의 브라질 출신 경영자들은 브랜드 관리보다 돈을 빌리고 비용을 절감하는 데나 능숙한 사람들로 판명되었다. 2019년 초 크래프트 하인즈의 브랜드 가치는 150억 달러 하락했고, 주가 역시 급락했다.[58]

크래프트 하인즈의 주가 급락은 빙산의 일각이었다. 어떤 기업이 웃돈을 주고 다른 기업을 인수하면 '선의good will'라고 알려진 무형자산이 대차대조표에 기록된다. 보수적인 시대에 선의는 수년에 걸쳐 조금씩 상각되었다. 하지만 금융공학의 시대에는 사라지지 않고 계속해서 대차대조표에 남아 부실의 원인이 된다. 최근의 합병 광풍이 지난 후, 전 세계 기업들의 대차대조표상에는 약 7조 달러에 이르는 선의가 기록되었다. 다음 경기 침체 동안 이 무상한 가치의 많은 부분이 상각될 것이다.[59]

크래프트 하인즈가 수십억 달러 규모의 손실을 보기 직전, 유명한 미국 소매업체 두 곳이 파산했다. 2018년 3월, 먼저 토이저러스가 문을 닫았다. 2005년 이 장난감 체인은 한 사모펀드에 의해 인수되었다. 부채에 짓눌린 경영진은 온라인 경쟁에 적응하지 못했다. 새로운 대형 매장을 열기엔 돈이 부족했고, 기존 매장은 초라하게 먼지만 쌓여갔다. 수익은 감소하고 레버리지는 상승했으며 이자 지불에 허덕였다. 계획되었던 IPO는 보류되었다. 결국 담보 채무를 소유한 헤지펀드 그룹이 토이저러스를 고통에서 구해주었다. 하지만 이 사모펀드는 기업을 죽이는 편을 택했다. 3만 3,000명의 노동자들이 일자리를 잃었다.[60]

그로부터 6개월 후 시어스도 파산을 신청했다. 10년 넘게 이 멋진 백화점은 에디 램퍼트Eddie Lampert라는 헤지펀드 매니저의 지배를 받았다. 골드만삭스 트레이더 출신인 램퍼트는 시어스를 다른 소매업체인 K마트와 합병하고 부동산을 매각하고 비용을 줄여, 수십억 달러를 바이백에 투자했다. 그는 스스로 최고 경영자로 취임한 후에는 플로리다 크리크 아일랜드에 있는 4000만 달러를 호가하는 자신의 저택에서 일리노이주에 본사를 둔 백화점 체인을 운영했다. 마케팅 비용은 줄여가면서 시어스는 대출(램퍼트 자신의 헤지펀드가 가장 큰 채권자) 이자와 토지(램퍼트가 소유권을 가진)에 대한 임대료는 또박또박 지급했다. 온라인 경쟁을 감당할 수 없었던 시어스는 하루하루 파산을 향해 걸어나갔다.[61] 램퍼트는 백화점 경영자로서는 실패했다. 그러나 시어스와 K마트에 관여하며 10억 달러 이상을 짜내는 데는 성공했다.[62]

| 제너럴 일렉트릭의 불이 꺼지다 |

전후 몇 년 동안, 제너럴 일렉트릭은 성장하는 기업이었다. 성장이 두드러지지는 않았지만 견실했다. 그리고 제너럴 모터스만큼이나 미국을 상징하는 기업이었다. 공교롭게도 두 기업 모두 최고 경영자의 이름은 찰스 윌슨Charles Wilson으로 같았다. '엔진 찰리'는 제너럴 모터스를, '가전 찰리'는 제너럴 일렉트릭을 운영했다. 1981년 잭 웰치가 GE 최고 경영자로 취임했다. 화학공학을 전공한 웰치는 화학이나 경영보다는 금융 연금술에 더 뛰어났다. 키를 잡은 20년 동안 그는 회사의 문화를 1890년대 회사가 창립된 때로 돌려놓았다. 기업들이 '광란의 금융 숭배자들에 의해 좌우되는' 때였다.

GE는 금융화의 모델이 되었다. 웰치는 시장을 지배하지 못하는 자회사를 처분하고, 살아남은 사업부와 경쟁 관계에 있는 기업들을 매수했다. 수만 명의 직원이 해고되었고, 웰치는 '중성자 잭'이라는 별명을 얻었다. 노동자들이 다 떠난 다음에도 건물은 그대로 남아 있었기 때문이다(사람은 죽이지만 건물은 파괴하지 않는다는 중성자탄에서 나온 비유—옮긴이). 웰치는 GE 캐피털이라는 금융 서비스 부서를 세웠다. 얼마 지나지 않아 이 부서는 GE 전체 이익의 절반 이상을 차지하게 되었다.

부서장들은 주가를 극대화하는 방향으로 사업을 운영하라는 지시를 받았고, 지시를 성실히 수행했을 때는 상당한 보상을 받았다. 웰치의 재임 기간 동안 GE는 100분기 이상 연속으로 수익이 성장했다. 쿠키 항아리 회계cookie-jar accounting(회사가 경제적으로 성공적인 해에 대량의 비축량을 가져와 덜 성공적인 해의 손실에 대비하는 회계 관행—옮긴이)를 이용해 달성한 말도 안 되는 업적이었다. 웰치의 감시 아래 수익은 여덟 배 증가했고, 주가는 무려 40배 이상 급등했다.[63] 웰치는 여러 차례 《포춘》지 올해의 CEO로 선정되었고, 1999년에는 '세기의 경영인'으로까지 뽑혔다. 대단한 찬사와 더불어 물질적으로도 풍부한 보상이 주어졌다. 주식 관련 급여로는 대략 4억 달러를 받았고, 2001년 은퇴와 더불어 여러 사치스러운 부가급부가 지급되었다.

투자자 대부분은 웰치가 모든 면에서 가치 있는 인물이었다고 믿었다. 그러나 웰치의 금융공학으로 인해 GE는 구조적으로 힘이 빠져가고 있었다. 서브프라임 위기 동안 금융 서비스 부서의 문제로 회사 전체가 파산 위기를 맞았다가 간신히 연준에 의해 구제되기도 했다. 웰치의 후임 제프 이멜트Jeff Immelt는 GE 캐피털을 해체했다. 그러나 그 역시 더 많은 바이백을 요구하는 행동주의 투자자들의 요구에 굴복하고 말았다. 2008년 이후 몇 년 동안 GE의 여러 부서가 깡통처럼 공동화되던 시기에도 무려 460억 달러가 주식 환매에 사용되었다. 2017년 이멜트가 떠난 뒤 GE가 잉여현금흐름free cash flow(회사에서 운영에 문제를 일으키지 않고 채권자와 증권 보유자에게 분배할 수 있는 현금 흐름—옮긴이)을 초과해 배당금을 지급한 사실이 드러났다. 규제 당국은 GE가 고객 신용을 금융 자회사에 매각해서 이익을 높였다고 발표했다. 게다가 몇 년 전에 분사되었던 생명보험 사업 매각 계약으로 이미 산더미 같은 연금 채무에 150억 달러가 추가되었다. 2018년 GE의 신용등급은 정크 본드보다 고작 한 단계 높은 수준까지 떨어졌다. 연말에 이르자 GE 주식은 웰치가 지배하던 시절 최고점에서 90% 이상

떨어졌다. 환매로 인한 손실은 거의 200억 달러에 달했다.[64]

GE의 흥망성쇠는 금융화 위험 사례의 연구감이다. 금융공학이 창출한 이익과 그 이익에 적용되는 가치 평가는 허황할 정도로 엄청나지만, 장기적으로 비용은 명확해진다. 주가 극대화만을 목표로 하는 회사 운영은 대체로 잘못된 결정으로 이어진다. 웰치조차도 은퇴하며 주주 가치란 아마도 '세상에서 가장 멍청한 아이디어'일 것이라고 인정했다.[65]

크고 뚱뚱하고 추한 거품

정신보다 가벼운 것은 무엇인가? 생각이다. 생각보다 가벼운 것은? 거품이다. 거품보다 가벼운 것은? 없다.

— 프랜시스 퀄스 Francis Quarles, 1634

│ 중앙은행 거품 │

2018년 4월 말, 취리히 증권거래소에 상장된 한 회사의 주가가 8,380스위스프랑(주당 1200만 원 정도―옮긴이)으로 마감되었다. 2년 전만 해도 같은 주식은 1,000프랑 정도에 거래되었다. 배당금 15프랑은 법으로 고정되어 1921년 이래 변하지 않았다. 0.18%의 배당 수익률을 감안하면, 투자자들은 자신의 돈을 회수하기 위해서 거의 600년을 기다려야 했다. 값비싼 투자처럼 보이겠지만, 이 기업은 그저 평범한 사업체가 아니었다. 대차대조표에 1,000톤에 달하는 금괴가 화폐, 채권, 주식과 함께 자리 잡은 기업이었기 때문이다. 심지어 고객들은 이 회사에서 대출받는 특권을 위해 별도의 돈까지 지급했고 회사는 이 돈으로 자금을 조달했다. 가장 최근의 계좌들은 60% 이상의 자본 수익률을 기록했다. 투자자들이 참여를 원하는 것도 놀랄 일이 아니다.

문제의 회사는 스위스 국립은행Schweizerische Nationalbank, 이하 SNB이었다. SNB는 잉글랜드 은행과 마찬가지로 설립 당시부터 1946년 국유화될 때까지 공공 투자자를 보유하고 있었으며 주식은 현지 증권 거래소에서 거래되었다. SNB는 통화 정책으로 막대한 이익을 얻었다. 스위스 금리는 2015년 초 이래 마이너스를 유지했고, SNB는 고객들이 예치한 수천억 프랑에 대해 수수료를 부과했다. 유로화에 대한 통화 가치 절상을 막기 위해 SNB는 채권과 주식을 포함한 많은 외국 자산을 취득했다. 《월스트리트 저널》이 지적했듯이 돈을 찍어 증권을 산 것이 '성공의 비결'이었다.[1] 3세기 전 이미 로는 프랑스 국립은행과 자신의 미시시피 회사를 합병하는 방법을 발견했다. 미시시피 버블이 최고조에 달했을 때, 로는 저금리로 본인 회사의 주가를 정당화했다. SNB 주식에 대해서도 같은 이론을 적용할 수 있다. 2018년 봄 SNB 주식이 정점을 찍은 날, 스위스 10년물 국채 금리는 제로에 가까웠다. 영구적으로 고정된 일련의 미래 배당금에 제로에 가까운 할인율을 적용해보라. 심지어 취리히 카페에서 커피 한 잔도 살 수 없을 정도로 적은 배당금이라도 그 가치 평가는 무한하다. 이렇게 볼 때 600년물 SNB 주식은 오히려 싸다고 할 만했다.

피셔는 1930년 《이자론》에서 집값과 금리 사이의 관계를 연구했다. 그는 "주택 가격은 미래 소득의 할인된 가치다. 할인 과정에는 이자율이 숨어 있다. 금리가 하락하거나 상승함에 따라 주택의 가치도 오르거나 떨어질 것이다"라고 썼다. 얼마 후 다른 미국 경제학자 존 버 윌리엄스John Burr Williams는 할인 행위가 어떻게 가치 평가의 핵심인지를 설명했다. 그는 1938년 《투자 가치 이론The Theory of Investment

Value》에서 "투자 가치란 미래 배당금의 현재 가치 또는 미래 쿠폰과 원금의 현재 가치로 정의된다"라고 썼다.[2] 그 이후 경제학이나 경영학과에서는 미래의 현금 흐름을 할인하는 법과 현재 가치를 계산하는 법을 가르쳐왔다. 페티 경이 이해한 이자 없는 자본화는 SNB의 주가만큼이나 터무니없다.

| 모든 거품 |

리먼 파산 이후 10년 동안 다양한 자산의 가치가 극단적으로 치솟았다. 산업 상품과 희토류 원소, 미국 농경지와 중국 마늘 구근, 미술 작품 혹은 (기호에 따라) 미술도 아닌 것 같은 작품, 빈티지 자동차와 화려한 핸드백, '슈퍼-시티' 아파트, 국채, 실리콘밸리 유니콘과 암호화폐에 거품이 있었고, 미국 주식 시장에도 거대한 거품이 있었다. 역사상 이렇게 많은 자산 가격 거품이 동시에 부풀어 오른 적은 없었다. 물론 역사상 전 세계적으로 금리가 이렇게 내려간 적도 없었다.

새로운 시대의 첫 번째 거품은 상품 분야에서 나타났다. 2010년 후반 산업 원자재 대부분 (팔라듐, 철광석, 고무, 납, 구리, 니켈 등) 과 몇몇 농산물 (옥수수, 커피, 콩, 아마씨, 황마, 양모 등) 은 평균 수준보다 두 표준 편차 혹은 그 이상으로 거래되었다. 그해 10월 중국이 수출금지 조치를 내린 뒤 희토류는 가격이 성층권까지 치솟았다. 대체로 희토류 상품 호황은 중국산 원자재 수요 강세의 영향을 받았다. 하지만 신흥시장에서 실제로는 필요도 없는 귀금속 (백금, 금, 은 등) 에까지 거품이 형성됐다. 월가는 '상품 슈퍼 사이클'을 환영하며 투자자들에게 이 뜨거운 대체 자산을 눈여겨보라고 권고했다.

애덤 스미스라면 전 세계 부동산 시장이 초저금리에 긍정적이라는 사실을 발견했더라도 놀라지 않았을 것이다. 런던에서 시드니에 이르기까지 주요 도시 주택 가격은 통화 수준에 맞춰 춤을 추었다.[3] 부동산 컨설팅 업체 세빌스의 한 임원은 "처음으로 대부분의 도시에서 돈의 가치가 비슷해졌다. 양적완화가 전 세계의 기울어진 운동장을 평평하게 만들었다고 해도 좋을 것 같다"라고 논평했다.[4] 부동산 중개인들은 세계적인 슈퍼리치들이 선호하는 목적지를 '황금 콘크리트'라고 불렀다.[5] 영국에서는 '주택 위기'를 주택 건설 부족 탓으로 돌렸다. 그러나 300년 역사상 최저 수준의 금리를 유지하기로 한 잉글랜드 은행의 결정은 주택 구매력에도 큰 영향을 미쳤다. 영국 주택 가격은 가계 소득에 비해서는 매우 높았지만, 주택담보대출 비용의 관점에서는 이보다 더 쌀 수 없을 정도였다. 통계청에 따르면 2008년 이후 주택 자산 증가는 대체로 '토지 위에 놓인 자산'보다는 토지 자체의 가치 상승에서 비롯되었다.[6] 마이너스 금리로 인해 유럽 주택 시장에는 빨리 사서 빨리 되팔기가 성행했다. 취리히에서는 2016년 임대료 대비 주택 가격 배율이 37로 사상 최고치를 기록했다. 당시 스웨덴 부동산은 두 자릿수 인플레이션을 겪고 있었다. 가계 부채가 기록적으로 상승했음에도 스웨덴의 모기지 상환은 사상 최저 수준까지 떨어졌다.* 이웃 덴마크에서 주택 구매자들은 주택담보대출을 받으

---

* 스웨덴 국립은행은 스웨덴의 초저금리가 '주택 가격 상승과 가계 부채 증가'의 원인이라고 말했다. 2015년 스웨덴 가계 부채는 가처분소득의 180%(2000년 100%에서 증가)에 가까웠고, 주택담보대출이 있는 가구의 평균 부채는 가처분소득의 세 배 이상이었다. 그러나 가구별 이자 상환은 GDP의 3%로 사상 최저 수준이었다.《Financial Stability Report 2015》(Riksbank: 25 Jan 2016).

며 돈도 추가로 받았다. 덴마크 최대 모기지 공급 은행인 단스케 은행은 마이너스 금리로 인해 집값이 성층권을 뚫고 우주까지 올라가고 있다고 걱정했다. 노르웨이 금융감독 당국도 폭주하는 집값 인플레이션을 금리 붕괴 탓으로 돌렸다.[7]

대서양 건너 캐나다 주택 시장의 특징은 물가상승, 기록적인 수준의 가계 부채, '거짓말 대출' 및 '그림자 은행shadow bank'(은행과 비슷한 기능을 수행하지만, 정부나 중앙은행의 규제와 감독을 받지 않는 금융기관—옮긴이)이 제공하는 저렴한 주택담보대출 등으로, 서브프라임 시대 미국 부동산 시장과 기묘할 정도로 흡사해 보였다.[8] 캐나다 정부가 "부동산 가치를 강화하고, 은행을 살리기 위해 금리와 주택 금융 권력을 이용해서 신규 유입 고객을 유혹해 (…) 모기지 시장에 더 깊게 끌어들이고 있다"라는 분석도 있었다.[9] 캐나다 주택 거품의 진원지는 중국 국외 거주자들이 가장 선호하는 밴쿠버였다. 2016년 중반 밴쿠버 주택 가격은 평균 160만 캐나다 달러로, 평균 소득의 10배 이상으로 올랐다.[10] 한 웹사이트는 '무너져가는 판잣집'과 백만 달러 가치가 있는 부동산을 구별하라고 권고했는데, 이것이 말처럼 쉽지 않았다. 한 밴쿠버 부동산 시장 연구는 "밴쿠버는 대규모 조정을 피하고자 최저 금리에 의존하고 있다"라고 결론지었다.[11] 오스트레일리아의 상황도 비슷했다. 시드니 역시 밴쿠버처럼 중국 부동산 구매자들이 선호하는 도시였다.[12] 2016년 뉴사우스웨일스주 주도의 평균 주택 가격은 평균 소득의 12배 이상으로 평가되어 시드니는 홍콩 다음으로 세계에서 가장 비싼 주택 시장이 되었다.[13] 국가 기준에서 볼 때, 오스트레일리아의 주택은 끝없는 거품에 갇혀 '감당하기 매우 힘든' 상황이었다.[14]

| 주식 시장 거품 |

금융위기 동안 뉴욕 연준은 투자 은행 베어스턴스와 보험 대기업 AIG를 구제하기 위해 수백억 달러를 지출했다. 모건스탠리, 골드만삭스를 비롯한 월가 기업들은 연준으로부터 직접 대출을 받을 수 있도록 은행지주회사로 전환하라는 권고를 받았다. 미국 중앙은행은 자체적으로 많은 양의 국채와 모기지 증권을 매입했다. 2008년 말 연준의 대차대조표 총액은 2조 달러를 넘어서며 몇 달 전보다 두 배가 뛰었다. 연준 직원들은 '대규모 자산 매입'을 언급했지만, 모든 나라는 양적완화가 원인임을 알고 있었다.

2009년 3월 6일, S&P500 지수는 성경에서 짐승의 수라고 하는 666을 기록하며 최저치까지 떨어졌다. 투자자로서는 지옥을 겪었으니 이젠 강세장이 돌아올 타이밍이었다. 같은 달 연준은 자산 매입을 확대하고 2000억 달러 규모의 펀드를 출시해 개인투자자들이 헐값에 부실증권을 취득하도록 도왔다. 주식 시장은 다시 활기를 띠기 시작했다. 추수감사절까지 S&P500지수는 3분의 2 이상 상승했다. 10년 후, 기준 지수는 바닥을 쳤을 때보다 네 배 이상 상승했고 미국 주식은 닷컴 버블이 절정에 달했을 때보다 대부분의 평가 지표에서 더 상승했다.

그밖에 다른 명백한 거품 지표도 나타났다. 기업 레버리지는 확대되고, 주식 시장은 수십 년 만에 가장 높은 비율로 강세가 약세를 앞질렀으며, 마진 부채는 사상 최고치를 기록했다.[15] 한 투자 관리자의 말을 빌리자면, 이는 '역사상 가장 큰 주식 시장 거품'을 만들었다.[16]

이 시기에는 주식 이익이 역사상 가장 오랜 기간 이어지기도 했다. 리면 파산 10주년에 미국 강세장은 3,453일째 지속되고 있었다.[17] 곰들이(약세장은 곰bear, 강세장은 황소bull로 표현하는 데서 나온 말장난—옮긴이) 숲으로 돌아간 것은 놀랄 일이 아니었다. 그러나 주식 시장 상승은 단순히 비합리적인 활황 탓으로만 돌릴 수는 없었다. 주가는 미국 국채의 비참한 수익률과 비교할 때 여전히 상대적으로 가치가 좋아 보였다.* 장기금리가 낮은 수준을 유지하는 한, 강세장은 바람을 탈 것이었다.

주식 시장 거품은 보통 기술 기업에 유리하다. 1690년대 런던 증권거래소가 생기기 전 주식거래가 이루어지던 익스체인지 앨리exchange alley에서 일어난 다이빙벨 주식 광풍에서부터 3세기 후 닷컴 버블에 이르기까지 적용되는 이야기다. 새로운 혁신은 투기꾼들을 끌어들이기 마련이다. 그 수익성이란 상상으로만 가능하기 때문이다. 또 다른 이유로, 그 이익은 대부분 먼 미래에 돌아오므로 할인율이 떨어질 때 기술 기업(일명 '성장 기업') 가치는 부풀려지기 때문이다. 광풍이 불 때, 투기꾼들은 '쌍곡할인hyperbolic discounting'(미래보다 현재의 가치를 높게 평가하는 현상, 과도한 가치 폄하 현상, 현재 편향 등으로 부르기도 한다—옮긴이)을 한다고 한다.

2008년 이후 몇 년 동안 독과점 상태에서 높은 성장 전망을 보여준 기업들인 FAANGs(페이스북, 애플, 아마존, 넷스케이프, 구글)에 투자 기회

---

* 주식 수익률과 리스크가 없는 국채 수익률 간 격차는 '주식 리스크 프리미엄'이라고 한다. 2008년 이후 주식 시장이 여러 평가척도에서 달아올랐다는 신호를 보였지만, 주식 리스크 프리미엄은 평균 이상으로 유지되었다. 즉, 주식이 여전히 싸다는 신호였다.

를 놓친 투자자들은 한참 뒤처졌다는 느낌에 시달렸다. 한편 수익 성장에 열광하고 있던 투자자들은 잠깐의 수익 부족은 눈감아주었다. 2018년 IPO 약 4분의 3은 손실을 냈다. 닷컴 버블이 최고조에 달했을 때와 같은 비율이었다. 한 기술 분석가는 "수익을 내지 못하는 IPO의 증가는 수익성보다는 성장을 우선시하는 공공 시장과 민간 시장 모두의 선호를 반영하고 있다"라고 말했다.[18]

실리콘밸리의 유니콘들은 손실이 매출을 앞서는 상태에서도 펀딩마다 더 높은 평가를 받았다. 우버나 리프트같이 운 좋은 소수 기업은 IPO에 성공하며, 자율주행차 등장이 임박했다고 약속하거나 혹은 비슷하게 과장된 약속을 한 다른 기업과 경쟁하며 관심을 끌었다. 그 기업은 바로 일론 머스크의 테슬라로, 2017년 시가총액은 제너럴 모터스를 제치며 앞서 나갔다.[19] 3년 후 테슬라의 가치는 도요타보다도 높게 평가되었다. 도요타는 테슬라보다 20배나 더 많은 차량을 생산하고 있는데도 말이다.

이러한 평가를 유지하려면 머스크는 매년 수백만 대의 자동차를 더 생산해야 하고, 이를 달성하기 위해 엄청난 투자를 받아야 했다. 테슬라의 채권이 정크 등급이라는 현실을 고려하면, 우려가 컸다. 투자자 비탈리 카스넬슨Vitali Katsenelson은 이렇게 말한다.

그리고 시간이라는 요소가 있다. (…) 연간 자동차 몇백만 대를 생산하는 데는 많은 시간이 필요하다. 많은 흙을 파서 옮기고, 허가증을 발급받고, 장비를 설치하고, 사람들을 고용해야 한다.

《스타트렉》에는 편리한 웜홀이 있다. 이를 이용하면 우주 공간을 가로질러 몇 시간 만에 10억 광년 떨어진 은하로 갈 수도 있다. 저금리는 시장의 시간적 특성을 엉망으로 만들며, 시간과 테슬라 주식에 웜홀을 만들었다. (…) 테슬라가 현재의 가치 평가에 합당할 만큼의 자동차를 생산하려면 몇 년, 어쩌면 10년이 걸릴 것이다. 오늘날의 시장 평가를 보면 그런 성취가 이미 이루어졌다고 가정하고 있다. 자본은 조성되고 사용되었는데, 비용은 한 푼도 들지 않았고 이미 성공한 것처럼 가장한다.[20]

초저금리 시대에 시간에는 비용이 들지 않는다. 싸구려 평가를 받는 콘셉트 주식에 대한 투자자들의 욕구는 자율주행차(테슬라)를 넘어 동물을 이용하지 않는 단백질(비욘드 미트), 바이오테크놀로지(유전자 치료 주식), 중국 인터넷(알리바바, 텐센트), 클라우드 컴퓨팅까지 확대되고 있다. 하지만 투자자들의 야심은 지나쳤다. 2018년 9월 '마리화나 광기'가 일어났을 때(대마초 전면 합법화를 두고 벌어진 논쟁—옮긴이) 한 캐나다 마리화나 생산업체는 잠시나마 아메리칸 항공보다도 가치가 높았다.[21]

| 가상화폐 거품 |

2008년 여름 세계 금융 시스템이 붕괴했을 때, 한 익명의 소프트웨어 엔지니어가 모든 금융 질병 치료법을 담은 논문을 유포했다. 돈과 관련해서 이제 시중은행들은 믿을 수 없다는 인식이 퍼져 있던 때였다. 중앙은행들은 자국 통화의 가치를 언제라도 떨어뜨릴 만반의 태세를 갖추고 인쇄기에 기름칠이나 하고 있었다. 근본적인 해결책은 우리가 아는 돈 대신에 인터넷을 사용해 '완전한 피어 투 피어peer-to-peer 방식의 새로운 전자 현금 시스템'을 만드는 것이었다. 일단 분산원장, 즉 블록체인이 자리 잡으면 금융 신뢰는 회복되고 통화위기는 종식될 것이다.[22]

그러나 상황은 비트코인의 창시자라고 알려졌고 여전히 정체가 불확실한 사토시 나카모토Satoshi Nakamoto가 예상한 대로 풀리지 않았다. 그가 세상에 풀어놓은 것은 새로운 유형의 화폐라기보다 역사상 가장 완벽한 투기 대상이었다. 2010년, 최초로 기록된 비트코인 거래는 플로리다에 살던 한 배고픈 컴퓨터광이 피자 몇 판을 1만 비트코인에 산 것이었다. 2017년 말 비트코인 시장가격으로 환산하면 무려 2억 달러에 가까운 돈이었다. 당시 그랜트 스펜서Grant Spencer 뉴질랜드 중앙은행 총재 권한대행은 비트코인이 '고전적인 거품'을 닮았다고 했는데, 이는 오히려 절제된 표현이었다.

거품은 급격한 시세 상승으로 나타난다. 1719년 한 해 동안 로의 미시시피 회사 주가는 거의 20배나 올랐다. 비트코인의 상승 폭은 이보다 더 가팔랐다. 미시시피 주식은 극심한 변동성을 보였다. 비트코인의 가격 변동은 이보다 더 심했다. 2017년 비트코인은 몇 번의 좌절을 겪으며 살아남았다. '슈퍼 버블'이 형성되기 위한 필수 조건을 모두 거친 셈이다. 미시시피 버블은 기껏해야 50만 명의 외국인을 파리로 끌어들였지만, 비트코인 추종자는 수백만 명에 달했다. 미시시피 버블은 종이 화폐 백만장자들을 만들어냈지만, 비트코인은 디지털 억만장자를 만들어냈다. 그중에는 페이스북의 아이디어를 처음 떠올렸다는 윙클보스Winklevoss 형제도 있었다.

모든 커다란 거품에는 시대 정신을 드러내는 도시 전설이 있다. 비트코인 역시 마찬가지였다.《월스트리트 저널》은 웨일스의 스완지에 위치한 한 IT 사무실을 청소하면서 7500비트코인이 들어 있는 컴퓨터가 버려졌고, 뒤늦게 이를 파악한 직원이 잃어버린 하드 드라이브를 찾기 위해 쓰레기 매립지를 뒤졌다고 보도했다.[23] 사실 코인은 이런 식보다 도난으로 잃는 경우가 더 많았다. 대표적인 가상화폐 거래소 마운트곡스가 2014년 4월 문을 닫으며 수억 달러 상당의 비트코인이 증발했다. 몇 년 후 한 암호화폐 거래소의 캐나다 오너가 사망하면서, 고객들은 하루아침에 자신의 디지털 자산에 접근할 수 없게 되었다.[24] 18세기의 표현을 쓰자면, 비트코인 소유자들은 '사기bubbled당했다'(당시 버블에는 '속이다', '사기치다'라는 의미가 있었다—옮긴이).

월가에는 "오리들이 꽥꽥거릴 때, 먹이를 줘라"라는 오래된 격언이 전해진다. 2017년 '초기 코인 공개Initial coin offering'(새로운 암호화폐를 만들기 위해 불특정 다수의 투자자로부터 초기 개발 자금을 모금하는 과정—옮긴이)의 홍수가 일어나며 열광적인 사이버 지지자들의 갈증이 채워졌다. 유명인들도 앞다퉈 새로운 암호화폐를 받아들였다. 패리스 힐튼Paris Hilton은 트위터에서 리디안 코인Lydian Coin을 지지했다. 은퇴한 권투선수 플로이드 '크립토' 메이웨더Floyd 'Crypto' Mayweather는 자신의 이름도 바꿔가며 몇몇 코인의 발행을 지지하다가 증권거래위원회로부터 벌금을 부과받기도 했다. 납에서 은을 추출하거나 뇌를 위한 공기 펌프를 만들겠다고 약속했던 1720년 '거품 기업들'처럼 새로운 가상화폐 중 몇 개는 가짜였다. 그중에는 가운뎃손가락을 쳐든 로고를 쓰고 웹사이트에서 "이 토큰은 사지 마시오"라고 조언하는 쓸모없는 이더리움 토큰Useless Ethereum Token도 있었다. 투명하게 아무런 가치도 없다며 스스로 0의 가치를 보장한 이 암호화폐는 2017년 마지막 몇 달 동안 비트코인보다 다섯 배 더 빠르게 상승하기도 했다.[25]

닷컴 버블 때 인터넷 기업들이 모기업에서 분사된 것처럼 블록체인 속 '포크forks'는 더 많은 코인을 만들어냈다. 비트코인은 비트코인 캐시와 비트코인골드라는 두 개의 알을 낳았다. 연말로 접어들면서 비트코인의 시장가치는 보잉, 도요타, 맥도날드를 포함한 세계 최대 기업들을 앞질렀다. 노스캐롤라이나주 샬럿의 한 레스토랑 체인은 고객을 위한 암호화폐 보상 프로그램을 시작한 뒤 주가가 급등했다.[26] 한 네덜란드의 젊은 가족은 집과 재산을 팔고 캠핑장으로 이사한 후 암호화폐 거래로 얻은 이익으로 생계를 이어간다는 보도도 있었다.[27]

진정한 신봉자들은 블록체인이 '세상을 바꿀 것'이라고 믿었다. 그러나 비트코인 네트워크에서의 거래는 짜증 날 정도로 느렸고 막대한 양의 에너지를 소비했다. 아마존은 상거래에 비트코인을 받지 않았고, 미국 정부도 세금 납부에 비트코인을 사용하는 것을 금지했다. 시장가격은 돈의 핵심 기능인 가치 저장소의 역할을 하기에는 지나치게 불안정했다. 비트코인은 거래하긴 좋았지만 먹기에는 형편없었던, 금 채광꾼들의 전설적인 정어리 통조림 같았다.

비트코인 광풍에는 기술 발전만큼이나 금전적인 조건도 중요했다. 컴퓨터가 없었다면 블록체인이나 디지털 암호화도 없었을 것이다. 인터넷이 없었다면 암호화폐 열기가 들불처럼 번질 수 없었을 것이다. 그러나 이 '디지털 금' 애호가들이 주장했듯이 중앙은행의 정책적인 통화 가치 절하가 없었더라면 새로운 유형의 돈도 필요 없었다. 암호화폐는 밀레니얼 세대에게 인기가 있었는데, 이들이 기술을 잘 알고 있었기 때문만이 아니라 전통적 투자에서 낮은 예상 수익률로 인한 파산 위기에 직면해 대체 수단이 필요했기 때문이었다.

금융 측면에서 비트코인은 아무런 가치가 없는 영구채perpetual note(만기가 없는 채권─옮긴이)의 제로 쿠폰zero coupon(이자가 없는 채권─옮긴이) 같아 보인다. 초저금리 시대에 금, 빈티지 자동차, 현대미술, 암호화폐 등 어떤 소득도 보장하지 않는 다양한 자산이 미친 듯이 인기를 끌었다. 이들은 할인율이 거의 없고 현금 흐름이 없어 합리적인 평가가 불가능하다.

| 가상의 재산 거품 |

채권, 주식, 부동산, 암호화폐, 그 밖의 거의 모든 금융 자산 가격의 광범위한 인플레이션은 엄청난 부로 이어졌다. 2009년 초 주식 시장 침체에서 리먼 파산 10주년까지 몇 년 사이 미국 가계 재산은 거의 두 배로 늘어났다. 2018년 말 미국 가계 가치는 100조 달러가 넘었고, 이는 미국 GDP의 다섯 배에 해당한다. 이에 비해 전후 수십 년간 가계 재산은 평균 GDP의 3.5배를 조금 넘었다. 총가계 재산은 최근 부동산과 닷컴 버블의 쌍둥이 최고점보다도 높았다.[28] 미국인들이 이토록 부유했던 적은 한 번도 없었다. 그리고 이토록 많은 부를 축적하기 위해 이렇게 아무 일도 하지 않았던 적도 없었다.

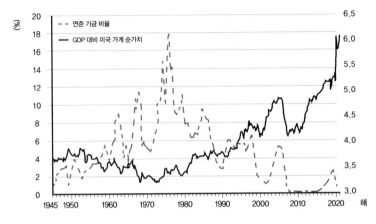

1954~2020년, 거대한 미국의 재산 거품

- - - 연준 기금 비율
— GDP 대비 미국 가계 순가치

| 1980년대 초 이후 미국 금리 하락으로 인해 미국 가계 자산 가치는 폭등했다.

이 엄청난 숫자들을 기록하기 전에 과연 부가 어떤 의미인지부터 먼저 생각해보기로 하자. 빅토리아 시대 철학자이자 경제학자인 존 스튜어트 밀은 부는 '그 자체로는 쓸모없지만', 한 사람이 '유용하거나 즐거움을 주는 물건 일부를 다른 사람에게 요구할 수 있는' 모든 것이라고 정의했다. 밀의 정의에 따르면, 가격은 비싸지만 쓸모없는 암호화폐도 다른 무상한 자산과 마찬가지로 재산이다. 주식과 채권 파생상품에 투자하는 '고순자산 개인'의 포트폴리오, 가치를 당장 화폐화하고 담보로 이용해 더 많은 투자도 할 수 있는 제프 쿤스Jeff Koons·루시엔 프로이트Lucien Freud·프랜시스 베이컨Francis Bacon의 작품을 비롯한 현대미술 컬렉션, 실리콘밸리에서 손실을 내거나 사기에 가까운 사업을 벌이고 있는 유니콘 기업, 기금이 충분치 못한 연금, 기업 대차대조표에 있는 수조 달러 가치의 '선의', 그리고 중앙은행 머니 프린팅의 유물인 연준에 보관된 수조 달러의 은행 준비금 모

두가 재산이 될 수 있다. 다시 말해 교환가치를 갖는 것은 모두 재산이라는 의미다.

현대 경제학자들은 여전히 이러한 견해를 고수하고 있는 반면, 오히려 밀과 동시대 사람이었던 존 러스킨은 이의를 제기했다. 이 빅토리아 시대 예술 평론가는 부라는 단어가 라틴어에서 '용맹함', 즉 잘되거나 강하다는 뜻에서 파생되었다고 지적했다. 그가 보기에 진정한 부는 '우리가 사용할 수 있는 유용한 물품의 소유'에서 왔다. 따라서 재산은 교환 속에 존재하지 않고, 내재가치를 가져야만 한다. 그는 "내재가치가 없거나 향수능력acceptant capacity(재화의 내재가치를 받아들일 수 있는 능력─옮긴이)이 없는 곳에는 실질적인 가치가 없다. 즉, 부가 없다. 탈 수 없는 말은 재산이 아니다"라고 말했다. 이를 적용해보면 교환에 사용될 수 없는 암호화폐는 부가 아니다.[29] 러스킨은 더 나아가 '비도덕적인 수단으로도 진정한 부를 얻을 수 있는가'라는 문제에도 관심을 보였다.

> 부로 보이는 것이 실제로는 거대한 파멸을 겉만 그럴싸하게 보이도록 도금한 지표일 수 있다. 선박 약탈꾼들이 배를 유혹하려고 해안에서 번쩍번쩍하게 비추는 한 움큼의 동전, 이미 사망한 멋쟁이 병사의 가슴에서 풀어낸 민간인들의 누더기 묶음, 주민과 낯선 사람이 함께 묻히는 공동묘지에서 발견한 구매증서 같은 것들이다.[30]

러스킨의 묘비에는 "생명 말고는 어떤 부도 없다"라는 문구가 새겨져 있다. 20세기에 러스킨의 부 개념은 독학으로 경제학을 공부한 프레더릭 소디Frederick Soddy가 계승했다. 방사성 동위원소 연구로 노벨상을 받은 화학자이기도 한 소디는 생명은 에너지를 위한 투쟁이며, 자본은 저장된 에너지의 한 형태라고 주장했다. 그는 "이용 가능한 에너지 소비라는 물리적 의미에서 보자면 모든 부는 노동의 산물이다"라고 썼다. 소디는 교환가치로 부를 측정하는 것은 터무니없다고 생각했다. 투기꾼들이 '국부에 아무런 보탬이 없이' 상품 가격을 올릴 수 있기 때문이다. 그는 "백만장자들의 '부'를 연구해보면 가상의 성격이 있어서 (…) 대체로 부의 주장이 부로 받아들여지고 있다"라고 결론지었다.[31] 애덤 스미스라면 이 말에 동의했을 것이다. 그는 '진정한 부는 사회의 토지와 노동의 연간 생산'에서 유래했다고 말했다.[32] 이런 점에서 미루어볼 때, 이 거품 시대의 부는 실재라기보다는 할인율 하락에 따라 시장가치가 급격히 늘어난 부의 주장에 지나지 않을 것이다.

스미스와 러스킨이 옹호했던 아주 오래된 부를 보는 관점은 새 천년 들어 더는 지배적이지 않게 되었다. 이제 부는 경제 발전에 사용될 수 있도록 금융 시장에서 만들어내는 것으로 여겨진다. 이 관점은 보스턴 뱁슨칼리지 존 C. 에드먼드John C. Edmund 교수가 1996년 여름 《포린 폴리시Foreign Policy》에서 밝혔다. 에드먼드는 자신이 '새로운 세계 부의 기계'라고 부르는 것의 잠재력을 칭찬했다.

많은 사회, 사실상 전 세계는 직접 부를 창출하는 방법을 배웠다. 이 새로운 접근법은 국가에 생산적인 자산 주식의 시장가치를 높이는 방법을 찾도록 한다. (…) *따라서 부를 창출해 성장하려고 하는 경제 정책은*

부차적인 목적이 아니고서는 재화와 서비스 생산을 늘리려고 애쓰지 않는다.[33]

생산적인 (그리고 그리 생산적이지 않은) 자산의 가치를 부풀리는 가장 간단하면서 효과적인 방법은 금리를 낮추는 것이었다. 2008년 이후 연준이 선택했던 길이다. 버냉키 의장은 2010년 11월《워싱턴 포스트》기고문에서 초저금리의 이론적 근거를 밝혔다. 그는 "회사채 금리가 낮아지면 투자가 촉진될 것이다. 그리고 주가 상승은 소비자의 부를 증대하고 신뢰를 끌어올리는 데 도움을 줄 것이며 결과적으로 소비자 지출을 촉진할 수 있다. 지출 증가는 더 높은 소득과 이익으로 이어질 것이며 이러한 선순환이 경제 확장을 더욱 단단하게 뒷받침할 것이다"라고 썼다.[34] 사실상 연준은 통화 정책을 '새로운 부의 기계'의 동력원으로 이용하고 있었다.

미국 중앙은행이 이 경로를 채택한 최초의 통화 당국은 아니었다. 1980년대 후반에 일본은 이미 내수 진작을 위해 금리를 내린 바 있다. 익명의 일본 은행 고위 관계자는 자신들의 생각을 다음과 같이 설명했다.

우리는 (저금리로) 먼저 주식과 부동산 시장 모두를 부양할 생각이었다. (…) 그리고 이 조치는 모든 경제 부문에 걸쳐 막대한 자산을 늘리리라 생각했다. 이 부의 효과는 개인 소비와 부동산 투자를 유도하고, 이어서 설비 투자도 증가하게 할 것이다. 결국 금융 완화 정책이 실질 경제성장을 촉진하는 것이다.[35]

1980년대 후반, 일본의 정책 입안자 대부분은 '거품 경제'와 실물 경제는 별개로 존재하는 두 개의 실체이며, 후자에 전혀 손상을 입히지 않고 전자를 위축시킬 수 있다고 믿었다.[36] 1990년 닛케이 주가지수가 하락하자 한 고위 관계자는《워싱턴 포스트》에 "거품이 꺼질 때가 됐다. (…) 실물 경제, 생산 경제는 진정한 피해를 보지 않을 것이다. 땅과 사람은 사라지지 않고, 가짜 재산만 사라질 것이기 때문이다"라고 말했다.[37] 망상이었다. 주식과 부동산에 레버리지 베팅을 하며 재테크(금융공학)에 열심이었던 일본 기업들은 부동산 시장이 붕괴하자 큰 손실을 입었다. 지나치게 많은 '실물' 경제 활동이 버블 경제가 만들어낸 '가짜 부'에 의존하고 있었다.

버냉키는 1990년 이후 일본 경제의 트라우마를 연구했지만, 여기에서 배운 것은 깡그리 잊은 듯 보였다. 일본의 거품이 꺼진 다음 미국에서 거품이 일어났다. 21세기가 시작되며 중국 수입품이 밀려와 수백만 개의 블루칼라 일자리가 사라졌다. 로스앤젤레스에서 출항하는 컨테이너선은 수출품이 아니라 극동에 버려질 쓰레기를 싣고 태평양을 건넜다. 2008년에는 미국 노동자 10명 중 단 한 명만이 산업 분야의 일자리를 가졌다. 미국 경제는 서서히 금융화되었다. 금융위기 이전에 새로 만들어진 일자리는 대부분 부동산과 신용 호황의 혜택을 입은 건설업이나 금융업 같은 업종이었다. 금융, 보험 및 부동산 부문의 생산은 제조업보다 50% 더 많이 증가했다. 이제 미국에는 농부보다 부동산 중개인의 수가 더 많아졌다.[38]

글로벌 금융위기는 금융화를 끝장내는 대신 가속화했다. 리먼 파산 여파로 금융이 미국 경제성장에서 차지하는 비중이 이전보다 훨씬 더 커졌다.[39] 초저금리는 기업 합병과 차입을 촉진해 월가의 소득을 끌어올렸다. 부풀려진 자산 가격은 헤지펀드 매니저와 다른 자산 운용사 들의 수입을 증가시켰다.[40] 기업들은 실물 자산에 투자하기보다 부채를 끌어들여 자사주를 되샀다. 금융 부문이 경제에서 차지하는 몫은 역사적 평균의 약 세 배까지 성장했다. 한 평론가는 "우리는 산업 대신 금융을 경제성장의 원동력으로 삼았다. 국내총생산으로만 보자면 근사해 보였다. 그러나 이는 지속적이지도 않고 현실적이지도 않은 짓이었다"라고 통탄했다.[41]

| 이익 거품 |

고전 경제학자들은 이윤(자본 수익)과 이자(자본 임대 비용)를 거의 구분하지 않았다. 그들은 차입자가 대출로 얻은 것이 있다면 대출자도 당연히 공정한 몫을 누려야 한다고 생각했다. 스미스는 이자는 대충 이익의 절반이어야 한다고 믿었다. 빅셀은 '자연 이자율'이 경제의 평균 이익률이라고 믿었다. 그가 옳았다면 위기 이후 초저금리 시대에는 초저이익이 있어야 했다. 그러나 그렇지 않았다.

2008년 이후 공장들이 방치되고 실업률은 계속 높았지만, 미국에서 이익은 반등했다. 2010년과 2014년 사이에 총이익(미국 GDP에서 차지하는 비중)은 전후 평균보다 약 40% 높아졌다. 수익성 상승의 가장 중요한 요인은 기업 차입 비용의 급격한 감소였다. 보스턴의 머니 매니저 제러미 그랜섬Jeremy Grantham은 "더 높은 (이익) 마진을 위한 단일 최대 인풋은 1997년 이후 매우 낮은 실질금리일 것 같다"라고 결론지었다. 금리가 정상 수준을 유지했다면 이익은 평균에 그쳤을 것이다.* 또 다른 연구는 "노동비용과 자본비용을 모두 낮추면서 전체 생산(GDP)을 유지하려는 정책이 *이익 거품을 부풀렸다*"라고 발표했다.[42] 이익의 많은 부분은 금융에서 비롯되었다. 2010년 이후 금융 서비스는 미국 총이익의 20% 이상을 차지했는데, 이는 전후 평균의 약 두 배에 해당한다.**

| 거품 경제 |

2016년 4월 7일, 전 연준 의장과 현 연준 의장이 뉴욕에서 만났다. 패널 토론 중에 당시 수장이었던 옐런은 미국이 거품 경제냐는 질문을 받았다. 그녀는 곧바로 대답하는 대신 최근의 일자리 증가와 낮은 인플레이션을 언급했다. 그녀가 보기에 미국 경제는 튼튼한 경로를 걷고 있었다. 옐런은 연준이 '분명히 과대 평가된' 자산 가격, 강력한 신용 성장, 수익률 도달 등 서브프라임 위기 이전에 지배적이었던 금융 상황을 눈여겨보고 있지만 현재로서 우려할 이유는 없다고 말했다. 즉, 거품이 아니라는 말이었다. 미국 최고 중앙은행 운영자는 단

---

* 그랜섬은 "1997년 이전 실질금리는 현재보다 평균 2% 높았고, 레버리지는 25% 낮았다. 이전의 평균 금리와 레버리지를 적용하면 S&P500의 이익 마진은 80% 하락해 1997년 이전의 훨씬 낮은 평균보다 겨우 6% 더 높을 것이다"라고 썼다. Jeremy Grantham, 〈This Time Seems Very, Very Different〉, 《GMO Quarterly Letter》(1Q 2017).

** 통화 정책은 다양한 방식으로 금융 이익을 증가시켰다. 저금리는 자산 가격을 밀어 올려 은행 수수료와 자산 관리자의 소득을 증가시켰다. 부실 대출 손실은 감소했다. 그리고 낮은 차입 비용과 자산 가치 상승 덕분에 레버리지 바이아웃은 대단히 수익성이 있는 것으로 나타났다. 월가로서는 모두 반가운 소식이었다.

호했다. 미국은 거품 경제가 아니다. 그녀 곁에서 살아 있는 최고령 전 연준 의장 볼커는 손수건을 꺼내 코를 크게 풀었다.*

거품 경제란 무엇인가? 이 용어는 1980년대 후반 왜곡된 일본 경제를 묘사하는 표현으로 널리 사용되기 시작했다. 일본어로 バブル 景気(거품 경제)는 부동산과 주식 시장 인플레이션이 일본 경제의 밑바닥까지 잠식한 상황을 묘사하는 말이었다. 금융공학이 끌어올린 기업 이익, 기업의 자본비용과 주식 발행인의 주식 가격을 연결하는 담보 채권이 부채질한 사업 투자, 자산 가격 상승과 신용 증가에 자극받은 사치품(예를 들어, 아침 식사용 시리얼에 뿌리는 금박)과 기타 소비재 지출 등이 만연했다. 10년이 지날 무렵, 거품은 모든 곳에 퍼졌다. 일본인들도 잘 알았다.

거품 경제에 대한 최초의 언급은 이보다 수십 년 전, 전후 미국국가 산업회의위원회American National Industrial Conference Board 회장이었던 버질 조던Virgil Jordan에게서 나왔다. 1948년 조던은 다음과 같이 경고했다.

우리 경제와 세계의 많은 나라 경제는 개인과 집단 소비를 자극하고 지속하고 빠르게 하고 보조금을 지급하기 위해 정부가 제조한 끝없이 부풀어 오르는 무지갯빛 돈의 거품 위에 떠다니고 있다. (…) 오늘날 사업 전망은 어느 곳이건 간에 무엇보다도 미국 화폐 거품의 미래 움직임에 달려 있다. (…) 화폐 거품 경제는 항상 결국은 터지고 만다. 지금의 경제

---

* 이 자리에서 볼커는 옐런 연준 의장의 의견에 공개적으로 동의했다. 몇 달 후에 볼커를 개인적으로 만나 여전히 같은 입장인지 직접 물어보았다. "아니요." 그가 대답했다. "물론 거품이 있지요. 내 손자들은 뉴욕에서 아파트를 사지도 못해요. 그냥《월스트리트 저널》앞에서 그런 말을 하고 싶지 않았어요."

도 마찬가지다. 아무도 언제라고 확실하게 말할 수는 없지만 말이다.[43]

트루먼 행정부가 인위적으로 미국 금리를 억제하고 있던 상황에서 이런 경고가 나온 것도 우연은 아니다. 그러나 어쨌든 조던의 예언은 시대착오였다. 1945년 이후 미국은 저축률이 높았고 부채 수준은 최저였으며 금융 거품이란 전혀 없었고, 금융공학도 찾아보기 힘들었기 때문이다.

그러나 2016년이 되자 이러한 안정화 조건은 모두 신기루처럼 사라져버렸다. 그해 말 도널드 트럼프는 연준이 '거짓 경제'를 만들고 '크고, 뚱뚱하고, 추한 거품'을 부풀렸다고 비난했다.[44] 게다가 "강력한 것은 인위적인 주식 시장뿐이다"라고 덧붙였다. 부동산 가격 상승과 저렴한 금융으로 재산을 축적한 뉴욕 부동산 개발업자의 발언으로는 무척 어울리지 않았지만, 어쨌든 미래의 미국 대통령이 표현하고자 했던 근본적인 내용은 틀리지 않았다. 연준의 극단적인 정책은 대침체를 끝냈지만 '거짓 경제'를 만들어내는 대가를 치렀다.

세속적 침체 부활론자인 서머스조차 미국 경제는 거품이 부풀어 오르는 동안에만 팽창했다고 인정했다. 또 다른 뉴욕의 억만장자 헤지펀드 매니저 폴 싱어Paul Singer는 2008년 이후 미국 경제의 *리플레이션*reflation(디플레이션을 벗어나 물가가 점진적으로 상승하는 단계―옮긴이)은 '가짜 성장, 가짜 돈, 가짜 금융 안정성, 가짜 인플레이션 수치, 가짜 소득 증가'에 바탕을 두고 있다고 주장했다. 싱어는 "위기 이후 경제 및 일자리 증가의 대부분은 지속 가능성과 자기 강화 가능성이란 거의 찾아볼 수 없는 잘못된 성장이다. 그것은 연준이 가짜 가격으로

자산을 사기 위해 만들어낸 가짜 돈에 기반을 두고 있기 때문이다"라고 결론지었다.[45]

옐런이 미국이 거품 경제인가라는 질문에 코웃음을 쳤을 때, 미국 자산 가격은 연준이 설정한 낮은 금리를 제외한 모든 평가척도에서 '명백히 과대평가'된 상태였다. 미국 기업들은 부채를 쌓아 올리면서 30년 전 일본 재테크 실무자들보다 더 커다란 금융공학 묘기를 부리고 있었다. 가계는 그 어느 때보다 부유했지만, 재산 대부분은 소득 생산 자본에 뒷받침되지 않는 금융으로 구성된 가상의 재산이었다. 즉, 가상이었다. 이익은 실물 경제 활동에서 더더욱 멀어졌다. 즉, 이익 거품이었다. 금융 부문이 실물 경제를 밀어내고 있었다. 즉, 거품 경제였다.

| 트루먼 쇼: 거품 경제의 알레고리 |

《트루먼 쇼》는 짐 캐리가 주연한 피터 위어Peter Weir 감독의 영화다. 주인공 트루먼 버뱅크는 자신도 모르는 리얼리티 TV 프로그램의 스타다. 태어날 때부터 그의 모든 삶은 카메라에 비쳤으며 모든 것은 인공적으로 만들어졌다. 트루먼만이 이 현실을 모르고 있다. 피켓으로 울타리가 쳐진 교외가 있는 정돈된 섬마을이 이 쇼의 세트고, 세트는 거대한 돔 안에 자리 잡고 있다. 이 '옴니캠 에코스피어'는 우주에서 볼 수 있는 몇 안 되는 인공 구조물 중 하나라는 설정이다.

영화가 시작되는 시점에서 트루먼 쇼는 30년 동안 '전 세계 시청자들에게 하루 24시간, 일주일에 7일' 상영되어왔다. 시청자들은 트루먼의 삶에서 펼쳐지는 모든 일에 푹 빠져 있다. 일부 시청자들은 심지어 이 세상을 믿고 있다. 한 팬은 카메라 앞에서 말한다. "모두 사실이에요. 전부 진짜예요. 여기에는 가짜가 없어요. (…) 그저 통제되었을 뿐이지." 하지만 이 '가짜' 세계에는 상업적인 의무가 있다. 프로그램에 등장하는 모든 것은 시청자들에게 판매된다. 집, 옷, 음식, 맥주 모두 PPL이다. 쇼를 만들기 위해서는 작은 나라만큼의 인구가 필요할 정도로 손이 많이 가지만, 대단히 수익성이 높다.

트루먼이 이 가짜 세계에서 살 수 있는 이유는 이 쇼를 통제하는 하나님 같은 인물인 제작자 크리스토프의 말처럼 '우리는 우리에게 주어진 세상을 현실로 받아들이는 경향'이 있기 때문이다.[46] 트루먼의 주어진 세상을 자연스럽게 받아들이는 성향은 떠남에 대한 공포로 강화된다. 바깥세상은 무시무시한 장소로 그려진다. 여행사 사무실은 외국의 질병, 비행기 추락, 테러 경고로 도배되어 있다. 게다가 트루먼의 가짜 아내는 "주택담보대출도 갚아야지, 트루먼. 차 할부금도 내야지. 뭐, 그냥 이 모든 의무는 다 내팽개치고 도망이나 가자고?"라고 다그친다.

하지만 뭔가 잘못되기 시작한다. 고장난 조명 장비 조각이 하필 트루먼 발밑에 떨어진다. 자동차 라디오는 우연히 제작사 주파수를 맞춘다. 이러한 사고는 프로듀서들에게는 위기의 순간이고, 이들은 이 이상한 사건들을 설명해야 한다. 크리스토프의 말처럼 "예측되지 않은 모든 행동은 보고되어야 한다." 트루먼은 의심하기 시작한다. 이제 그는 떠나고 싶어 하지만 시도는 번번이 좌절된다. 마침내 트루먼은 보트를 타고 출발한다. 크리스토프는 폭풍을 일으켜 그를 막으라고 명령하지만, 트루먼은 모든 역경을 뚫고 세트장 가장자리까지 항해해 간다. 거대한 돔의 표면을 만지며 그는 눈물을 터뜨린다. 크리스토프 는 트루먼에게 남으라고 권유한다. 크리스토프의 목소리가 하늘에서 들려온다. "내 세상에서 너는 두려워할 것이 없어. (…) 너는 두려워하 고 있어. 그래서 떠날 수 없는 거야." 하지만 트루먼은 결국 떠난다.

《트루먼 쇼》는 1998년에 개봉했고, 리얼리티 TV의 도래를 예상한 10대 공상 과학 영화 중 하나로 선정되었다(TV쇼《빅 브러더》는 이듬해 시작되었고, 대략 20년 후 이 리얼리티 TV의 스타였던 트럼프는 미국 대통령이 된다). 이 영화는 이 시기에 등장한 거품 경제에 대한 은유로도 볼 수 있다.《트루먼 쇼》가 개봉된 지 두 달 후, 헤지펀드 롱텀 캐피털 매니 지먼트 위기에 대한 연준의 대응으로 '그린스펀 풋'이 나왔다.

《트루먼 쇼》에서처럼 우리는 가짜 돈, 가짜 금리, 가짜 경제, 가짜 직업, 가짜 정치인들과 함께 통제된 환경에서 살고 있다. 우리의 거품 세계는 암묵적인 동의와 강력한 기득권의 결합으로 지탱되고 있다. 전 세계 관객과 함께하는 24시간 매일 방송이다. 리스크는 통제되기 때문에 두려워할 것이라곤 없다. 거품으로부터 이탈하려는 시도는 위기를 불러온다는 위협을 받는다. 마이너스 금리, 무제한 양적완화, 그리고 영국 유권자들의 유럽연합 탈퇴 희망에 대한 대응으로 제시 되었던 '공포 프로젝트'에 이르기까지 극단적인 조치가 취해지고 있 다. 거품이 꺼지도록 내버려두기에는 너무나 많은 것이 위기에 처해 있다.

그러나 달갑지 않은 현실은 때때로 금융위기(닷컴 버블, 서브프라임 및 유로존 위기), '플래시 크래시flash crash(주가가 매우 빠르게 하락했다가 곧 회복하는 현상—옮긴이)' 및 생산성 급락, 불평등 및 극단적 수익성 같은 비정상적인 경제적 결과를 낳는다. 세속적 침체, 인구 역풍, 기술 변화 같은 전통적인 설명은 더는 설득력이 없다. 트루먼처럼 우리는 뭔가 잘못되었다고 느낀다. 영화에서 트루먼은 대본에는 존재하지 않았지만 자신에게 모든 것이 가짜라고 경고하려는 한 소녀를 사랑하게 된다. 그녀는 "어떻게 끝날까?"라는 문구가 적힌 배지를 달고 있다. 아무도 모른다.

13장

당신의 어머니는 죽어야 한다

저렴한 돈으로 렌티어를 없애라.

— 마틴 울프 Martin Wolf, 2014

앞 장에서 금리가 자본 가치 평가와 배분 모두에 어떤 영향을 미치는지 보았다. 금리는 저축에도 영향을 미친다. 사람들이 만일의 경우에 대비해서나 은퇴 이후를 위해 저축한다면, 오늘의 소비는 줄일 수밖에 없다. 절약을 실천하기란 쉽지 않다. 일반적으로 당장의 쾌락이 지연된 만족보다 우선순위를 차지하기 때문이다. 옥스퍼드 최초의 정치경제학 교수였던 나소 시니어Nassau Senior는 1836년 "우리가 누릴 수있는 즐거움을 자제하는 것, 또는 당장의 결과보다 먼 미래의 결과를 추구하는 것은 의지에서 가장 고통스러운 일이다"라고 말했다.[1] 그는 이자를 *절제의 보상*이라고 말했다.

시니어가 절제를 이자의 명분으로 처음 내세웠을 때, 사회주의자들은 모두 비웃었다. 독일 사회주의 지도자 페르디난트 라살Ferdinand Lassalle은 다음과 같이 조롱했다.

이자가 '포기의 대가!'란다. 절묘하고 정말 재미있는 말이다! 당신이 생각하는 유럽 백만장자들은 금욕주의자인 모양이다. 인도의 회개하는 사람처럼, 기둥 꼭대기에 한 발만 올려놓은 고행자처럼, 그들은 창백한 표정으로 몸을 숙여 대중에게 팔을 내밀고 있다. 그 손에는 포기의 대가를 받기 위한 접시가 들려 있다![2]

로스차일드 남작(최초의 국제적 금융재벌―옮긴이)에게도 절제가 그렇게 고통스러웠을까? 대가족을 부양하느라 쥐꼬리만 한 임금을 한 푼도 저축하지 못하고 남김없이 쓰는 노동자를 방탕하다고 말할 수 있을까? 존 스튜어트 밀은 부자들이 엄청난 자원을 쌓는 동안 보통 사람들도 수입의 일부를 저축한다고 지적했다. 그리고 이자는 절제의 *한계*/marginal라는 고통을 반영한다고 말했다. 아마도 *절제*라는 단어는 잘못된 선택일 수 있다. 저축은 시간에 걸쳐 일어난다. 프레데릭 바스티아는 "저축은 사회를 위해 서비스가 이루어지는 순간과 그에 상응하는 것을 받을 때 사이에 의도적으로 시간 간격을 둔다"라고 말한다.[3] 이 유예에 대한 보상이 바로 이자다.

벤담 이후 여러 평론가들은 이자를 현재 소비와 미래 소비의 가치 차이로 취급했다. 앞서 마시멜로 테스트에서 일부 어린이는 눈앞의 마시멜로 하나와 미래의 마시멜로 두 개 사이에서 기꺼이 기다리는 쪽을 선택했다. 두 번째 마시멜로는 기다림에 대한, 다시 말해 유예에 대한 보상이다. 피셔는 "이자는 인간의 조급증이 시장 비율로 결정화된 것이다"라고 멋지게 표현했다.[4] 경제학자들은 조급증보다는 시간 선호를 도입해 사람들이 현재와 미래의 재화를 어떻게 다르게 평가하는지를 설명한다. 그렇다면 개인의 시간 선호는 일종의 개인 이자율로 볼 수 있다.

현재와 미래가 강으로 분리된 두 개의 나라라고 상상해보자. 금융은 현재와 미래를 연결하는 시간의 다리다. 빌리고 빌려주고, 저축하고 투자하는 행위에서 우리는 시간을 넘어 지출을 이동시킨다. 이자는 소비를 앞당기기 위해 차입하는 사람에게 부과하는 통행료이고, 미래에 소비하기 위해 저축하는 사람에게 지급하는 수수료다.* 이자 수준은 다리의 교통량과 일반적인 방향을 조절한다. 통행료가 오르면 지출은 미래로 밀려나고, 통행료가 내려가면 소비가 앞당겨진다. 이상적인 세상이라면 사람들은 미래의 필요를 충족시키기 위해 충분히 저축하지만, 현재의 지출이 거의 없을 정도까지 저축하지는 않는다. 이런 상황에서 다리 양방향 교통은 모두 질서정연하다.

이 미묘한 균형은 시장 금리가 사회의 '결정화된 조급증' 이하로 떨어지면 깨진다. 금리가 개인의 시간 선호보다 높을 때, 그 개인은 저축을 더 많이 할 것이다. 반대로 시장 금리가 대중의 시간 선호보다 낮을 때, 사람들은 돈을 빌려 소비한다. 비정상적으로 낮은 금리는 현재 지출을 증가시키지만, 그 혜택은 지속되지 않는다. 꿩 먹고 알 먹기가 무한히 가능하지는 않다. 꿩고기가 메뉴에 있는 유일한 음식도 아니다. 사람들에게는 선택의 여지가 있다. 오늘 잼을 먹을까, 아니면 내일 더 많은 잼을 먹을까 사이의 선택이다(《이상한 나라의 앨리스》에 나오는 유명한 표현—옮긴이). 이자율은 선택에 영향을 미친다. 개발 경제

---

* 약간 다른 맥락에서 피셔는 "소득과 자본 사이의 다리 또는 연결이 이자율이다"라고 쓴 적이 있다.

학자 윌리엄 이스털리William Easterly는 다음과 같이 말했다.

> 부자가 되는 것은 오늘의 소비와 내일의 소비 중 하나의 선택이다. 당장
> 의 소비를 대폭 줄이고 임금의 상당 부분을 저축하면, 몇 년 후에는 임
> 금 수입과 이자 수입을 모두 저축할 수 있기에 더욱 부자가 될 것이다.
> 그러나 만약 당장의 임금 수입을 모두 소비한다면, 앞으로도 계속 임금
> 수입만을 갖게 될 것이다.[5]

저축하는 사람에게는 반가운 이자 보너스의 특징으로, 시간이 지
나며 돈은 복리로 늘어난다. 따라서 적은 양의 저축도 해가 지날수
록 더 늘어난다. 이자 덕분에 돈은 결실을 맺는다. 벤저민 프랭클린은
《젊은 상인에게 보내는 편지》에서 "돈은 풍요로운 자연의 성격을 갖
고 있다. 돈은 돈을 낳고, 그 후손은 더 많은 것을 낳는 일이 계속 이어
진다"라고 썼다. 스웨덴 경제학자 카셀은 1903년《이자의 본질과 필
요성》에서 저축액이 두 배로 증가하는 데 몇 년이 걸리는지를 표로
보여주었다.

이자율이	6%	일 때	저축은	12년	이 지나면 두 배가 된다.
이자율이	3%	일 때	저축은	24년	이 지나면 두 배가 된다.
이자율이	2%	일 때	저축은	35년	이 지나면 두 배가 된다.
이자율이	1.5%	일 때	저축은	47년	이 지나면 두 배가 된다.
이자율이	1%	일 때	저축은	70년	이 지나면 두 배가 된다.

이자가 6%일 때 저축은 12년마다 두 배가 된다. 하지만 1%일 때는 두 배가 되기까지 70년이나 걸린다. 카셀은 이자율이 1% 미만으로 떨어지면 저축은 불가능하다고 믿었다. 그렇게 이자율이 낮으면 은퇴자들은 자본을 소비하며 최소 수준의 지출만 유지할 수 있기 때문이다.[6] 카셀은 "그런 일이 일반화된다면 재난에 가까운 결과를 가져올 것이다"라고 결론지으면서, 위안이라도 하듯 그러한 결과는 불가능하다고 예견했다.

이 장에서는 닷컴 버블 붕괴로 시작했다가 서브프라임 위기 이후 부활한 초저금리 정책이 미국을 위시한 세계의 저축 수준을 어떻게 떨어뜨렸는지를 보여주려 한다. 금리 붕괴는 은퇴 투자 수익률을 낮추고 은퇴 부채의 가치도 높였다. 그 결과 미국과 유럽에서는 연금 위기가 나타났다. 전 세계 은퇴자들은 저축한 돈을 다 쓰고 궁핍하게 죽음을 맞이해야 하는 암울한 미래를 전망하고 있다.

| 저축 부족 |

절제의 보상이라는 이자 개념은 연준 경제학자들에게는 지지를 받지 못했다. 미국 중앙은행은 저축자들에게 미치는 영향은 충분히 고려하지 않고 금세기 초 이지 머니 정책을 시작했다. 마치 내일이란 없는 것처럼 우선 빌려 쓰라고 미국인들을 독려했다. 주택 시장 호황 덕분에 집주인들은 절제의 고통을 겪을 필요도 없이 더더욱 부자가 됐다. 주택 거품 절정기에 미국의 개인 저축률은 10년 전에 비해 3분의 1 수준까지 떨어졌다.[7]

미국인들은 미래를 위한 투자인 저축은 덜 하면서 미래에서 더 많이 대출받았다. 주택 보유자들이 주택담보대출로 수조 달러를 짜내면서 가계 부채가 급증했다. 개인 소비는 사상 최고치를 기록했다.[8] 미국은 역사상 가장 큰 경상수지 적자를 기록했는데, 이는 미국이 벌어들인 돈보다 훨씬 더 많은 돈을 쓴다는 말이었다.[9] 버냉키 의장은 전 세계적인 '저축 과잉'을 경고했지만, 정작 미국은 저축 부족에 시달리고 있었다. 주택 거품이 꺼진 후에야 비로소 소비자들은 자신들이 지나치게 많은 빚을 지고 있다는 사실을 깨달았다. 미국은 '대차대조표 불황', 즉 과도한 빚을 진 차입자들이 빚을 갚기 위해 지출을 줄였을 때 나타나는 경기 위축에 다가갔다. 1990년대 일본은 대차대조표 불황으로 인해 기업들이 레버리지를 줄여야 했지만, 미국은 가계가 허리띠를 졸라매야 했다.[10]

연구에 따르면 주택 거품이 터진 후에 가계 순자산이 가장 급격하게 감소한 지역에서 소비지출도 가장 크게 줄었다.[11] 당국은 소비를 진작시키기 위해 모든 재정과 통화 수단을 동원했다. 워싱턴은 수조 달러에 달하는 적자 예산을 편성했고, 연준은 금리를 제로까지 낮추고 월가 주변에 돈을 살포했다. 그러면서 대차대조표 불황은 간신히 피할 수 있었다. 그러나 나소 시니어가 예측했듯 금리 붕괴는 소비를 줄이거나 미래를 위해 저축하려는 동기를 감소시켰다. 2008년 이후 미국 순저축률(자본소비 포함)은 대공황 이후 처음으로 마이너스로 돌아섰다. 개인 저축은 신용 호황기에 비하면 다소 회복되었지만, 전후 평균에 비해서는 여전히 낮은 수준을 유지했다.[12]

차입자들은 금리 하락 혜택을 보았지만, 저축자들은 쪼들릴 수밖에 없었다. 2008년 이후 미국 예금자들은 이자 수입에서 연간 약 4000억 달러의 손실을 보았다.[13] 리먼 파산 이전에는 이자 수입이 총 가계 소득의 10분의 1을 차지했다. 리먼 파산 3년 후 이자 수입이 차지하는 비중은 3분의 1이 줄었다. 위기 이후 10년간 미국 예금자들은 실질금리가 평균적으로 더 높았던 1970년대 대인플레이션Great Inflation 기간보다 더 상황이 좋지 않았다. 경제학자들은 인플레이션율보다 낮은 단기금리 유지를 '금융 억압financial repression'이라 부른다. 하지만 제임스 그랜트가 언급했듯 "오늘날 억압되고 있는 것은 생활 수준이다."[14]

선진국에서 전반적인 저축률은 비슷하게 나타났다. 영국에서는 2008년 이전 10년 동안 소비자 부채가 급증했다. 금융위기로 인해 가계는 허리띠를 졸라매야 했지만, 그 기간이 오래가지는 않았다. '긴축' 영국은 2010년대에 일련의 대규모 경상수지 적자를 냈다. 이는 나라가 벌어들인 것보다 더 많은 소비를 하고 있다는 신호였다.[15] 2017년 가계 저축은 사상 최저 수준으로 주저앉았다.[16] 그해 7월 《파이낸셜 타임즈》에는 "지난 10년간 금리가 거의 제로였기 때문에 (영국의) 저축은 50년간 최저치를 기록했다. 사람들이 결국 포기하고 돈을 써버리겠다고 결심하는 것도 놀라운 일이 아니다"라는 기사가 실렸다.[17]

캐나다 가계 저축 역시 사상 최저치까지 떨어졌다.[18] 오스트레일리아에서도 가계 부채는 계속 증가하는 반면 저축은 침체 상태를 벗어나지 못했다.[19] 전 세계적인 '저축 초강대국'마저도 비틀거렸다. 일본 은행이 1999년 처음으로 제로금리 정책을 시행하던 당시, 일본 노동자들은 소득의 10분의 1 이상을 저축하고 있었다. 하지만 그 후 몇 년에 걸쳐 가계 저축은 갈수록 감소해 2014년에는 마이너스로 돌아섰다.[20] 한 평론가는 "초저금리의 세계에서는 대부분의 가계가 아무리 저축해도 재산을 쌓을 희망이 없다. 차라리 낭비하는 편이 낫다"라고 썼다.[21] 카셀도 아마 동의했을 것이다.

기존의 통화 정책 지지층에서도 이따금 초저금리에 반대하는 목소리가 터져 나왔다. 세인트루이스 연준 경제학자 대니얼 손턴Daniel Thornton은 미국 예금자들이 겪는 연간 4000억 달러 손실이 소비 성장의 발목을 잡고 있다고 말했다.[22] 2013년 인도은행 라잔 총재는 "낮은 실질금리는 소비지출 감소를 가져온다. 저축자들은 이자율이 떨어지면 은퇴 후 필요한 만큼의 돈을 확보하기 위해 더 많이 저축해야 하기 때문이다"라고 주장했다.[23] 카셀은 무려 한 세기도 전에 비슷한 주장을 했다. 이 스웨덴 경제학자는 금리가 3% 미만까지 떨어져도 직장 생활 동안 충분히 은퇴 자본을 축적할 수 있기에 저축량은 증가할 수 있다고 말했다.

라잔의 개입이 있은 지 얼마 지나지 않아 ECB 이사 이브 메르시Yves Mersch는 계속되는 저금리로 일부 유럽 국가의 저축자들은 이자율이 높았을 때만큼의 부를 축적하기 위해 더 많이 저축할 수밖에 없다고 경고했다. 그러면서 독일의 총저축률 상승을 지적했다.[24] 독일은 가계 금융자산의 거의 절반을 예금이 차지하고 있으므로 저축 소득 손실에 반발이 심했다.[25] 마이너스 금리는 저축에 대한 세금으로 받아들여졌다. 독일인들은 이를 처벌 비율이라는 의미의 스트라프친젠Strafzinsen이라 불렀다. 독일 재무장관 볼프강 쇼이블레Wolfgang

Schäuble는 입장을 바꿔 ECB를 비판했다. 2016년 4월 쇼이블레는 마이너스 금리로 인해 독일의 연금 수급자와 은행에 '특별한 문제'가 불거지고 있다고 불평했다.[26]

금리 붕괴로 문제를 겪은 것은 독일 은행뿐만이 아니었다. 유럽 생명보험사에서는 투자로 얻을 수 있는 이익보다 더 많은 보험료를 지불해야 하는 경우도 생겼다. 1990년대 일본의 생명보험산업이 금리 하락으로 몰락했듯이 유럽의 생명보험사들도 파산에 직면했다.[27] 2015년 IMF는 한 독일 생명보험사의 도산이 "금융 시스템을 집어삼킬 수 있다"라고 경고했다.[28] 그 회사의 어느 임원에게 파산 압력은 감당하기 힘든 문제였다. 2015년 12월, 취리히 보험 그룹 최고 경영자 마르틴 센Martin Senn은 이익 경고profit warning(상장사가 증권거래소를 통해 투자자에게 하는 경고―옮긴이) 후 사임했다. 센은 우울증을 앓고 있었고 6개월 후 자살했다.[29]

| 부의 환상 |

미국인들이 이자 수입 손실에 대해 독일인보다 덜 불평했다면, 그 이유는 자신의 집을 소유하고 있고 주식 투자도 보편적이기 때문이었다. 반면 독일은 임차인의 나라고 시민들은 저축한 돈을 예금 형태로 소유하는 경우가 대부분이다. 연준 덕분에 S&P500이 급등하고 미국 주택 시장이 회복되며, 가계 재산은 사상 최고치까지 증가했다. 하지만 이 엄청난 종이 재산paper wealth(자산의 시장가격으로 평가되는 재산―옮긴이) 인플레이션 때문에 미국인 대부분은 예금 수입에서 손실을 입었다.

문제는 자산 가격이 아무리 상승해도 나라가 더 부유해지지는 않는다는 것이다. 그저 부의 환상을 만들어낼 뿐이다. 투자자들은 자산 가격 상승으로 자본 이익을 누리지만, 당장의 이익은 향후 낮은 투자 수익으로 상쇄된다. 이것은 채권 투자자들이라면 불을 보듯 뻔한 현상이었다. 장기금리가 하락하면 채권 가격이 오르고, 투자자들은 횡재에 가까운 수익을 경험한다. 하지만 채권 쿠폰은 고정되어 있기에 만기까지 증권을 보유하는 투자자들은 더 이익을 얻지 못한다. 실제로 채권 보유자들은 장기금리가 하락하면 낮은 수익률에 쿠폰을 재투자해야 하므로 어려움을 겪게 된다.

증시 투자자들도 비슷한 입장이다. 장기적으로 주식 수익률은 시장의 평가와 반비례한다. 채권과 마찬가지로 주가 상승은 미래 수익률 하락을 의미한다. 미국에서 주식과 채권으로 구성된 균형 잡힌 포트폴리오는 역사적으로 인플레이션 이후 약 5%의 수익률을 기록했다.[30] 금융위기가 지난 지 10년 후, 미국 주식 시장 평가액이 사상 최고치에 접근하고 국채 수익률은 사상 최저치에 근접하면서 주식-채권 균형 투자 포트폴리오의 기대 수익률은 역사적 평균의 약 절반에 불과하게 되었다.[31]

따라서 미국 가계가 이전 세대와 같은 수준의 은퇴 소득을 누리려면 저축을 더 많이 하는 방법밖에 없었다. 하지만 아직도 최악의 상황은 한참 멀었다. 퇴직자들에 대한 지급 약속은 담당 기관이 책임지고 이행해야 한다. 금리가 하락하면 은퇴 부채의 현재 가치는 증가한다. 금리가 하락할 때 채권의 시장가격이 상승하는 것과 마찬가지다. 2008년 이후 금리가 급격히 하락하면서 그랜트가 '부채 강세 시장'이라고 부르는 현상이 등장했다. 대부분은 이 암울한 상황을 무시했다. 연준과 재무부에서 관료로 지냈던 피터 피셔Peter Fisher는 금융위기 이후 부의 환상이 어떻게 뿌리내렸는지 다음과 같이 설명한다.

금융자산이 시장에서 거래되고 뮤추얼 펀드와 퇴직 계좌 명세서를 받기 때문에 우리는 자산 가치의 변화(즉, 증가)를 즉시 볼 수 있다. 하지만 우리 부채의 현재 가치, 특히 미래 소비지출 가치의 변화를 이해하는 데는 훨씬 느리다.[32]

통화 정책을 이용해 자산 가치를 끌어올리고 소비를 촉진하면서 이런 행동이 저축과 투자 수익, 은퇴 부채에 미치는 부작용은 외면하던 중앙은행들 역시 부의 환상에 빠져 있었다. 그렇다고 해서 모든 사람이 돌아가는 상황을 전혀 파악하지 못하고 있었던 것은 아니다. 머빈 킹 전 잉글랜드 은행 총재는 저금리가 저축을 위축시켜 가계 소비는 앞으로 더 느리게 늘어날 것이라고 예측했다. 킹 경은 자신이 만든 용어인 '정책의 역설'을 언급했다. 금융위기 이후 금리가 "단기적으로는 수요의 빠른 성장을 허용하기에는 너무 높았고, 장기적으로는 소비와 저축 사이의 적절한 균형을 가져오기에는 너무 낮았다"는 것이다.[33] 그가 보기에 문제는 다른 시간 지평이었다. 단기적으로 바람직해 보이는 정책 조치들은 장기적으로 필요한 조치와는 반대 방향이었다. 킹은 "오늘날 우리 시장경제는 현재와 미래 사이에 효과적인 연결고리를 제공하지 못하고 있다"라고 한숨지었다.[34]

킹 경의 말은 옳지만, 그렇다고 *시장경제*를 비난할 수는 없다. 현재와 미래를 연결하는 것은 이자다. 중앙은행들은 역사상 가장 낮은 수준으로 금리를 설정하면서 그 연결을 사실상 깨버렸다. 그러면서 기록적인 수준의 종이 재산이 가계 소비를 부추겼다. 그러나 부의 환상을 포함해 환상이란 본래 깨지기 쉬운 법이다. 통화 정책 입안자들은 추가적인 자본 이득을 얻기 위해서 금리를 더 낮춰야만 한다는 생각밖에 못했을 것이다. 금리를 정상화하려는 어떠한 시도도 부의 거품을 위협해 가계 자산에 막대한 손실을 가져온다고 생각했을 것이다. 단기적으로 초저금리는 저축을 거품 자산으로 대체하면서 소비를 끌어올렸지만, 장기적으로는 재앙을 낳았다. 저축은 자본 축적을 위해 필수적이다. 충분히 투자하지 않는 사회는 정체를 맞고 말 것이다.

한 세기도 전에 이미 카셀은 1% 이하 이자율은 '기다리는 것(즉, 저축)의 총공급에 (…) 혁명을 일으킬 것'이라고 예상했다.[35] 그의 말이 옳았다. 초저금리는 반갑지 않은 혁명을 낳았다. 자칭 렌티어 계급의 적이자 이지 머니의 옹호자였던 케인스조차도 3% 이하 이자율은 현명하지 못한 정책이라고 생각했다. 그리고 저축자들이 자신의 자본에 대해 확실한 수익을 보장받는 것이 '사회적으로 바람직한' 일이라고 말했다.[36] 이렇게 말할 당시 케인스는 생명보험 회사의 회장이었으며, 케임브리지대학교의 회계 담당자였기에 그의 말에는 권위가 있었다.

| 연금의 두려움 |

금리 하락은 저축을 위축시키고 저축의 기대 수익률을 감소시켰으며 은퇴를 앞둔 사람과 연금 제공자 들 모두에게 골칫거리를 안겨

주었다. 은퇴할 때, 많은 사람이 종잣돈을 들여 평생 수입을 보장해주는 연금을 산다. 연금 자체는 정부 증권과 기타 우량 채권에 투자한다. 그런데 금융위기 이후에 채권 수익률이 떨어지면서 연금이 제공하는 소득도 동반 감소했다. 예를 들어, 65세 미국 남성이 2016년에 구매한 연금은 10년 전보다 25% 적은 소득을 지급했다.[37]

연금업계는 일반인보다는 부의 환상에 덜 민감하다. 이는 보험계리사가 연금보험이 의무를 이행하기에 충분한 자산을 보유하고 있는지를 평가할 때 연기금 부채의 현재 가치를 고려하기 때문이다. 연금 부채 가치를 평가하기 위해 보험계리사는 연금의 미래 예상 현금지출에 할인율을 적용한다. 할인율은 국채 수익률에서 가져온다. 금융위기 이후 장기금리가 하락하면서 기존 연금약정은 훨씬 더 비싸졌고, 감당할 수 없을 정도의 약정도 많아졌다.

퇴직 시 합의된 수익(이른바 '확정급여형' 연금)을 지급하기로 약속했던 연금 제공자들은 자신들의 부채가 자산을 초과한다는 놀라운 사실을 발견했다. 2016년 미국 공공기관(주정부 및 지방정부) 연금 적자를 합치면 3조 달러에 달했다.[38] 미국 기업 연금의 적자는 4250억 달러에 달했다. 영국 기업 연금도 마찬가지로 자금이 부족했다.[39] 잉글랜드 은행의 한 연구에 따르면 연금 적자 팽창의 가장 큰 원인은 역시 금리 하락이었다.[40]

늘어나는 연금 적자에 대한 대응 방식도 다양했다. 우선 연금 사업자는 더 많은 현금을 넣어야 했다. 미국 도시들은 공공 서비스를 줄이고 노동자들을 해고하며 연금을 떠받쳤다.[41] 비슷한 처지였던 사기업들은 투자와 배당을 줄였다.[42] 연금 제공자 대부분은 부채와 만기가 같은 채권을 매입하는 등 안전한 방법을 택했지만, 위험성이 높은 투자를 하거나 더 많은 레버리지로 더 높은 수익을 추구하는 일종의 도박을 택하기도 했다.* 연기금은 상당한 수익을 올리고 현금 기부도 끌어올렸지만, 적자는 계속 늘어났다.[43] 초저금리 시대에 연금 장부의 균형을 맞추는 일은 시시포스의 과제(계속해서 굴러떨어지는 돌을 올리는 시시포스의 신화에서 나온 말로, 끝내기 불가능한 힘든 일이란 의미―옮긴이)와도 같다.

절망에 빠진 일부 연금 제공자들은 약속했던 혜택을 줄여보려 했다. 2015년 부채가 자산의 두 배 이상으로 추정되는 팀스터스 센트럴 스테이트 연금은 미국 재무부에 수혜자에 대한 지급액을 줄여달라고 청원했다.[44] 같은 날, 캔자스시티 센트럴 스테이트는 연금 지급액의 대규모 삭감을 발표했다.[45] 몇 년 후 영국의 대학 퇴직 연금은 수십억 파운드에 달하는 적자를 발표한 후 혜택을 줄이려고 시도했다. 이에 격분한 대학 강사들은 전국적인 파업에 돌입했다.[46]

연금 부채에 짓눌린 디트로이트와 샌버나디노를 포함한 여러 자치 단체가 더는 견디지 못하고 파산을 선언했다. 시카고의 신용등급은 법원이 연금 수급권 삭감안에 반대하는 판결을 내린 후 2015년 정크 등급으로 폭락했다. 푸에르토리코 연방의 지급불능 위기는 대체

---

* 2015년 11월 《블룸버그》는 캐나다 연기금이 의무를 이행하기 위한 안전한 투자처를 찾지 못하자 수익률을 높이기 위해 건물을 저당 잡히고 파생상품에 투자하는 등 '레버리지를 늘리고' 있다고 보도했다. Ari Altstedter, 〈Hedge Funds + Leverage are Hot Formula for Canada Pension Plans〉(10 Nov 2015). 이보다 몇 달 전 OECD는 헤지펀드, 정크 본드 상품 등에 투자하는 연금 및 생명보험 회사의 자산 비중이 늘어나고 있다고 밝혔다. 그리고 이렇게 위험성이 높은 투자는 연금과 보험사의 지급 능력을 '심각하게 훼손'하는 결과를 낳을 수 있다고 경고했다. Chris Flood, 〈OECD warns pension funds over "excessive search for yield"〉, 《Financial Times》(4 Jul 2015).

로 미전입 연금 부채unfunded pension liabilities 때문이었다.[47] 무디스는 연금 적자가 '가장 큰 구름'이 되어 수조 달러 규모의 지방채 시장을 뒤덮고 있다고 경고했다.[48] 정치적 이유로 연금 수급자들의 청구가 다른 채권자의 권리보다 우선한다는 점을 고려할 때, 지방채 투자자들은 연금 리스크에 대해 제대로 보상받지 못할 것으로 보였다.[49]

영국에서는 2016년 백화점 체인 브리티시 홈 스토어스가 파산하며 막대한 연금 부족이 현실로 드러났다. 이 회사의 연금 수급자들이 불확실한 미래를 알아차린 순간, 회사의 오너 필립 그린Philip Green 경은 1억 파운드를 주고 매입한 헬리콥터 갑판, 온수 욕조, 수영장이 완비된 요트로 피신했다.[50] 2018년 초 영국 대형 건설사 캐리올리언은 수억 파운드의 연금 적자와 함께 무너졌다. 이 두 파산 기업의 연금 부채는 영국 연금보호기금Pension Protection Fund이 인수했는데, 이 기금의 부채 역시 자산보다 훨씬 많았다. 미국의 경우 기업 연금을 보장하는 준국가기관인 연금급여보증공사Pension Benefits Guarantee Corporation가 파산을 목전에 두고 있었다.

모든 확정급여Defined benefit 연금은 신규 가입자를 받지 않고 있다. 약속한 은퇴 소득을 확실하게 보장했던 전통적인 연금은 혜택이 적은 상품으로 대체되었다. '확정각출형Defined Contribution' 제도는 고용주가 일정 금액을 노동자의 연금에 더하지만, 퇴직 시의 소득을 보장하지는 않는다. 이 'DC' 연금은 일반적으로 고용주의 분담금을 적게 받고 투자 수익도 낮다(낮은 수익률은 높은 운영 수수료와 형편없는 자산 배분 때문이다). 이제 기업 연금 제도에 속한 노동자들은 하릴없이 퇴직 소득이 줄어드는 것을 바라만 보고 있다.

당연히 이 고조되는 위기를 보지 못하게 하려는 그럴듯한 사탕발림도 많다. 미국 연금 제공자들은 투자 수익을 비현실적으로 높게 가정했다.[51] 동시에 부채 계산에 사용한 할인율은 시장 금리 이상으로 유지하고 있다.[52] 게다가 국세청은 민간 연금 제공자들에게 낡아빠진 사망력 가정mortality assumptions(미래의 사망 추세 추정으로, 보험과 연금의 기준이 된다―옮긴이)을 허용해 부채를 더욱 평가절하하고 있다.[53] 한 평론가의 말에 따르면 의심스러운 연금 가정을 광범위하게 적용하면서 '시간 간 회계오류intertemporal accounting error'를 초래하고 있는 것이다.[54] 좀 더 실질적인 가정이 채택되었다면, 많은 연금 제공자는 이미 지급 불능에 빠졌을 것이다. 그러나 어쨌든 단기적으로는 사탕발림이 고착되었다.

미국인들이 은퇴에 대비한 저축을 너무 적게 하고 있는 것은 사실이다. 보스턴대학교 은퇴 연구소의 2014년 연구에 따르면 은퇴 직전에 있는 미국인들의 중위 연금 저축은 11만 1,000달러에 불과하다. 이 정도 종잣돈이면 연금에 투자했을 때 연간 1만 달러에 한참 못 미치는 퇴직 소득을 받게 될 것이다. 예전에는 언제라도 의지할 수 있는 국가 연금이 있었다. 그러나 세수 증가 속도가 더뎌지면서 공적 연금조차 더는 보장되지 않았다. 2016년 OECD 회원국 미전입 연금 약정은 이미 알려진 국가 부채의 두 배로 추정되었다. 몇몇 유럽 국가는 법적 정년을 올리려고 했다.[55] 이 모든 국가 연금 감소의 시작은 그저 첫 번째 단계에 불과했다.

경제학자 타일러 코언Tyler Cowen은 "지난 몇십 년에 걸쳐 우리는 초저저축률로 대규모 사회 실험을 해왔다. 아슬아슬한 줄타기였지만,

안전망조차 없었다"라고 썼다.[56] 마이클 루이스Michael Lewis의 소설《빅 숏The Big Short》(비즈니스맵, 2010)에 헤지펀드 매니저로 등장하는 마이클 버리는 좀 더 퉁명스럽게 "무이자 정책은 은퇴라는 목적지를 위해 열심히 일하며 저축하던 미국 세대들에 대한 사회 계약 위반이고, 그 결과 그들은 저축이 충분하지 않다는 사실을 발견하게 됐다"라고 말했다.[57] 점점 더 많은 미국인이 전통적인 은퇴 연령을 넘어서까지 일해야 한다.[58] 젊은 노동자들에게 편안한 노후를 누리겠다는 꿈은 이제 꿈으로만, 또 하나 부의 환상으로만 남을 것이다.

연금 수급자들은 종잣돈마저 고갈될 위험에 처했다. 2019년 세계경제 포럼은 몇몇 대륙에서 은퇴자들이 죽기 전에 저축한 돈이 모두 고갈될 것이라고 발표했다. 평균적인 미국 남성 은퇴자들의 저축액은 10년도 못 버틸 만큼이어서 8년 치가 모자랐다. 미국 여성의 '퇴직 격차retirement gap'는 이보다 더 커서 11년에 가까웠다. 하지만 미국인들은 일본에서 은퇴하지 않아도 되니 다행일 수도 있다. 일본에서는 퇴직 격차가 남성은 15년, 여성은 20년이나 되니 말이다.[59]

연금 제공자들은 장수라는 리스크에 더해 금리 추가 하락으로 적자 폭이 늘어날 것이라는 전망에 직면했다. 그들의 행동은 이 리스크를 악화시키기만 했다. 규제 당국의 권고를 받아 연금 조치는 관리자들은 장기채권을 매입해 금리 노출을 피했다. 상위 300개 연기금이 대략 15조 달러 자산을 보유하고 있는데, 이 자산으로 대규모 채권을 매입하다 보니 장기 이자율은 하락했다.[60] 영국에서 기업 연기금의 부채 헤징은 50년물 인플레이션 관련 우량 채권 수익률을 마이너스로 몰아넣었다.[61] 이렇게 낮은 이자율은 연금 위기를 낳았고,

연금 위기는 낮은 이자율을 낳았다.

지금 연금 세계는 이럴 수도 저럴 수도 없는 상황에 부딪혔다. 이론적으로 금리를 높이면 연금 부채는 줄어들 것이다. 하지만 금리 인상은 연금 자산 가치에도 타격을 입혀, 문제를 더욱 악화시킬 것이다.[62] 바로 그때, 예상치 못한 영역에서 구원의 손길이 등장했다. 금융위기가 지난 몇 년 후 미국과 영국의 기대수명이 감소한 것이다. 한 컨설턴트는 이 추세가 계속된다면 영국 기업 연금 적자의 절반은 사라질 것이라고 환한 표정으로 말했다.[63]

제로금리 시대의 저축자들은 섬너의 '잊힌 사람'과 흡사하게 자신의 행동이 다른 사람에게 미치는 결과를 전혀 고려하지 않는 정책 입안자들 때문에 고통받았다. 가장 잔인한 결과 중 하나는 생명보험료의 거듭된 인상이었다. 2016년 8월 《뉴욕 타임스》는 생명보험사들이 미국 노인 저축자들의 보험료를 인상하고 있다고 보도했다. 늘어난 액수를 감당할 수 없었던 보험 가입자들은 이전에 냈던 모든 보험료까지 잃어야 하는 처지로 전락했다. 인상된 보험료를 낼 수 없어 종합 생명보험 해약을 고민하던 조지아 출신 노부부의 딸은 가족의 재정 고문에게 진심 어린 충고를 들었다고 한다. 그것은 "제발 내 말을 오해하지 말고, 이상하게 받아들이지 마라. 당신의 어머니는 죽어야 한다"라는 내용이었다. 그 부부는 결국 평생 저축한 돈에 작별 인사를 고하며, 보험을 포기하기로 결정했다.*

---

* 이 조지아 부부는 트랜스아메리카 생명보험에 가입해 있었다. 《뉴욕 타임스》에 따르면 이 회사는 복잡한 거래로 보험계약자에 대한 의무의 상당 부분을 대차대조표 외 차량으로 전환해 모회사인 애곤에 20억 달러의 파격적인 배당금을 지급했다. Julie Creswell and Mary Williams Walsh, 〈Why some life insurance premiums are skyrocketing〉, 《New York Times》(13 Aug 2016).

신용을 먹게 하라

무릇 있는 자는 받아 넉넉해지되 없는 자는 그 있는 것도 빼앗기리라.

― 《마태복음》 13장 12절

통화 정책 분야에서 그렇게 많은 사람을 희생하면서, 극소수의 사람이 그렇게 많은 것을 얻은 적은 없었다.

― 마이클 하트넷Michael Hartnett, 2015[1]

아주 까마득한 옛날부터 이자를 받는 것은 착취로 여겨져왔다. 기원전 제3000년기에 복리가 처음 기록된 메소포타미아 도시 라가시에서 귀족들이 너무 높은 이율로 대출한 나머지 임차인들은 자신들의 땅은 물론 때로는 자유마저 잃었다.[2] 고대 근동 전역에서 채무자들은 높은 이자에 시달리며 비슷한 운명을 겪었다. 이스라엘 사람들이 이자를 '뱀에 물림nescheck'이라 부르고 그리스 철학자들이 이자를 비난했던 것도 놀랄 일이 아니다.* 마르크스는 고대 로마의 고리대금이

---

* 플라톤은 《공화국》에서 고리대금을 가난한 임차인들이 부유한 대출자들에게 저항하게 되는 원인으로 묘사했다. 그는 "부에 대한 욕망에 감염된 상태에서 낭비벽이 있는 젊은이들은 이자를 내고 대출을 받으라는 권유를 받은 결과 가정이 파탄 나고, 재산을 잃은 사람들은 혁명을 갈망한다"라고 썼다. 플라톤, 《플라톤의 대화편》.

전체 잉여금을 소비하는 방식을 묘사하며 전통적인 관점을 보여주었다. 그는 《자본론》에서 "고리대금업자의 자본은 생산 양식을 악화시키고, 생산력을 마비시키며, 동시에 비참한 상황을 영속화한다"라고 썼다.[3] 그는 고리대금이 "생산 양식을 바꾸는 것이 아니라 생산 양식에 기생충처럼 단단히 달라붙어 그것을 파괴한다. 고리대는 피를 빨아먹어 생산 양식을 무기력하게 하고, 더 비참한 조건에서 재생산하도록 강요한다"라고도 적었다.[4] 1894년 워싱턴 DC 최초의 미국 실업자 시위에서 '콕시의 군대Coxey's Army'(시위를 주도한 제이컵 콕시Jacob Coxey의 이름에서 유래 ─ 옮긴이)는 "인간에게는 선의를, 이자부 채권에는 죽음을"이라고 적힌 현수막을 펼친 채 행진했다. 고리대금에 대한 전통적인 견해는 21세기까지도 남아 있다. 2013년, 캔터베리 대주교는 가난한 대출자들을 괴롭힌 영국 급여일 대출 기관인 '웡가'와 전쟁을 시작했다(사실 웡가는 부실 부채를 메울 만큼 많은 이자를 청구하지 않았고, 곧 파산했다). 다음 해, 프란치스코 교황은 고리대금을 비인간적이고 잔인한 제도라고 비난했다. 멸종 저항The Extinction Rebellion 기후 변화 운동가들은 2019년 여름, 런던에서 도로를 가로막고 이자 폐지를 요구했다.

이자는 불평등에서 발생하며 소득 분배와 재산에도 영향을 미친다. 하지만 고리에 대한 정당한 비난은 더 복잡한 그림을 감추고 있다. 고대에 고리대금은 마르크스가 제시한 것처럼 불평등을 악화시켰다. 그러나 그 정도는 경제 시스템의 성격과 임차인과 대출자가 어떤 사람들인지에 달려 있다. 전통적인 사회에서 고리대금은 흔히 소작농같이 절실한 사람들이 이용한다. 그러나 현대 자본주의 경제에서 이자가 항상 불공정한 것은 아니다. 역사학자 R. H. 토니R. H.

Tawney는 16세기 영국에서 일어난 고리에 대한 태도 변화를 기술했다.

> 고리는 대출자는 부유하고 임차인은 가난했던 시대에 고안되었다. 하지만 이제 임차인은 주식 투자나 양모 직물을 매점買占하기 위해 대출받는 상인이고, 대출자는 저축의 안전한 투자처를 모색하는 경제적으로 순진한 사람이다.[5]

2장에서 살펴보았듯 이자는 임차인이 이익을 얻기 위해 대출을 이용할 때, 대출자에게 아무런 보상 없이 자본을 내달라고 강요해서는 안 된다는 전제를 기반으로 받아들여졌다. 마르크스는 고대 세계의 고리대금을 비난했지만, 그 역시 자본주의 세계의 이자는 다르다는 사실을 이해하고 있었다. 그는 자본주의하의 이자는 대출자(그가 '돈 자본가'라고 부르는 사람)와 임차인('산업 자본가') 사이에 경제적 잉여를 나누는 수단으로 보아야 한다고 했다. 또 그는 이자율 하락이 반드시 노동자들에게 도움이 되지는 않는다고 했다. "이자는 자본가와 노동자 사이의 관계가 아니라 두 자본가 사이의 관계이기 때문이다."[6]

어빙 피셔는 자본가, 노동자, 지주, 기업가를 명확히 구분할 수 없다고 보았다. 다양한 계급은 임차인도 대출자도 될 수 있고, 각각의 소득은 이자의 영향을 받는다.[7] 대출자가 임차인보다 항상 부유하지도 않다. 현대 세계에서 부유층은 흔히 큰 부채를 지고, 덜 부유한 개인은 은행 예금과 보험을 갖고 있다.[8] 로크가 17세기에 지적했듯 '미망인과 고아'는 금리가 하락할 때 고통을 겪는다. 덜 부유한 사람들은 비상사태에 대처하기 위해 재산의 상당 부분을 현금으로 가지고 있

어서 금리가 하락하면 저축 소득 면에서 손실을 입는다.[9]

차일드의 시대 이후, 경제계는 항상 이지 머니를 옹호해왔다. 차일드와 동시대인인 디포도 "이자는 장사꾼의 이익을 좀먹는 벌레다"라고 썼다. 이자를 둘러싼 싸움에는 또 다른 계급이 참전하고 있다. 투자은행가와 금융업자 들은 보통 큰 임차인들이다. 금융계는 이제 강력한 임차인과 힘없는 대출자로 나뉘고, 거대한 고래는 저축이라는 플랑크톤을 먹고 산다. 브랜다이스 판사가 말했듯 월가는 다른 사람들의 돈을 이용하며 이에 대한 비용을 적게 낼수록 이익이 커진다.

이자는 항상 정의에 관한 논란을 불러일으켰다. 성 아우구스티누스는 이자를 '모든 사람에게 자신의 몫을 부여하는 미덕'으로 정의했다.[10] 분배적 정의는 대출자와 임차인이 동등한 가치를 누려야 한다고 요구한다. 고리대금은 과도한 이자 부과라고 정의되지만 너무 적은 이자를 가리키는 단어는 존재하지 않는다. 임차인들이 대출로 큰 이익을 거두는 동안 대출자들이 거의 또는 전혀 이익을 받지 못한다면 그것도 정의롭지는 않다. 공정한 이자율은 너무 높지도 낮지도 않은 이자율이다. 저울이 지나치게 저금리 방향으로 기울어져 있을 때도 명백히 불공정하다.

| 누가 이익을 보는가? |

비정상적으로 금리가 낮은 시기에 엄청난 재력가가 등장한 것은 우연이 아니다. 16세기 말 유럽, 신성로마제국의 자유 도시 아우크스부르크의 전 재산은 몇몇 사람, 그중에서도 은행가 야코프 푸거Jakob

Fugger에게 집중되었다. 이 시대의 '놀라운 특징'은 '낮은 할인율'이었다.[11] 푸거는 최근에 나온 전기에서 '지금까지 이 세상에 살았던 가장 부유한 사람'으로 묘사되어 있다. 그는 2%의 낮은 이자율로 돈을 빌리고, 합스부르크 황제들에게는 10% 또는 그 이상의 이자율로 돈을 빌려주며 재산을 모았다.[12] 그는 30년이 넘는 세월에 걸쳐 복리 이자의 마법으로 그의 비문에 새겨진 대로 '엄청난 부의 축적이라는 면에서 그 누구에게도 뒤지지 않는' 사람이 되었다.

1720년 로는 재산의 정점을 찍고 자신이 역사상 가장 부유한 사람이라고 생각했다. 로의 부는 프랑스 금리가 2%까지 떨어졌을 때 최고조에 달했고, 그의 미시시피 회사 주식은 수익의 50배로(수익률 2%) 거래되었다. 록펠러는 로보다 부자면 부자였지 모자란 사람은 아니었다. 록펠러 같은 강도 남작들의 재산 역시 19세기 말 금리 하락과 더불어 소득에 대한 부의 비율이 급격히 높아지면서 축적되었다.[13] 록펠러는 미국인 평균 연간 노동 임금의 260만 배를 벌었다.[14] 은행가 모건은 1913년 사망하며 8000만 달러 가치가 있는 부동산을 남겼다. 록펠러는 이를 보며 "그는 부자가 아니었다고 생각한다"라고 논평했다.[15] 1세기가 조금 더 지난 후, 아마존 설립자 제프 베이조스Jeff Bezos는 당시 미국 평균 소득의 약 350만 배에 달하는 2000억 달러 이상의 개인 재산을 신고하며 그때까지 천하무적이었던 록펠러를 앞질렀다.[16] 이 인터넷 재벌이 획기적인 승리를 거둔 날, 연준의 자금 금리는 제로를 유지하고 있었다. 계속된 낮은 할인율에 힘입어 아마존 주가는 로의 미시시피 회사 최고 가치의 두 배가 넘는 100배 이상의 주가 수익률로 거래됐다.

| 금융화와 불평등 |

미국의 불평등을 다루는 《불평등 이득Uneqaul Gains》에서 피터 린더트Peter Lindert와 제프리 윌리엄슨Jeffrey Williamson은 금융 발전이 경제성장을 앞지를 때 불평등이 고개를 든다고 주장한다.[17] 19세기 말 금리가 계속 하락하면서 미국 산업에서는 '모건화'가 진행되어 월가의 은행가들은 엄청난 부를 축적했다. 19세기에 걸쳐 가장 부유한 미국인들은 자신의 부를 계속 늘려가서 거의 모든 이득이 피라미드의 가장 윗부분에 집중되었다.[18]

1920년대에 금융화와 불평등 사이의 관계가 다시 주목을 받기 시작했다. 금융 부문이 확대되면서 증시 활황에서 실현된 자본 이득으로 수익이 증가했다. 하지만 미국인 중 겨우 10%가 이 수익의 절반 이상을 가져갔다. 20세기의 마지막까지 다시 나타나지 않는 수준이었다.[19] 부의 불평등 역시 증가해서 상위 1%가 이익의 가장 큰 몫을 차지했다.[20] 1920년대를 대표하는 작가 F. 스콧 피츠제럴드F. Scott Fitzgerald의 《재즈 시대의 메아리Echoes of the Jazz Age》의 한 구절을 인용하자면, 햄턴 가족은 호화로운 새 주택을 얻었고, "나라의 상위 10%는 대공의 태평함과 코러스 걸의 여유를 누리고 있었다."

1929년 대공황으로 인해 경제학자들이 대압착Great Compression이라 부르는 몇십 년에 걸친 불평등 감소가 시작되었다. 그러나 1980년대 초반 다시 전환점이 왔다. 금리 하락으로 주식과 채권 시장이 강세로 돌아섰다. 월가의 운이 돌아왔다. 레버리지 바이아웃 산업이 등장해 드렉셀 버넘 램버트사의 마이클 밀켄Michael Milken 같은 사모펀드와 정크 본드 발행인들을 위한 돈을 창출했다. 금리는 1990년대 내내 감소했다. 그 10년 동안 "주로 주가 상승, 자산 평가 상승, 스톡옵션 실현과 자본 이득에서 얻은 소득, 그리고 새로운 주식으로 자금을 조달한 부문에 지급된 임금과 급여로 인해 불평등은 증가했다."[21]

닷컴 버블 동안 소득 불평등 변화는 나스닥 기술주 지수의 움직임과 상관관계를 보였으며, 대부분의 소득 이득은 버블의 진원지인 실리콘밸리와 월가에 집중되었다.[22] 버블의 마지막 단계는 1998년 가을 연준의 금리 인하 이후 일어났다. 이 시기는 그린스펀 의장이 월가에서 인기의 정점을 찍던 때이기도 했다. 나스닥 지수가 붕괴하자 추가로 금리가 인하되었고, 불평등은 또 한 번 급증했다. 2002년과 2007년 사이에 미국 총가계 자산은 GDP의 100%에 해당하는 수준까지 치솟았다. 대체로 1920년대와 같은 수준이었다. 주식 시장이 상승하자 고위 임원의 급여, 은행장의 보너스 및 헤지펀드 수수료가 함께 올랐다. 2008년 상위 10분위의 소득 점유율은 1929년에 선보였던 정점에 다시 도달했다.[23] 1920년대와 마찬가지로, 가장 부유한 미국인(상위 0.1%)은 총가계 자산의 거의 20%를 차지했다.*

금융 산업 종사자는 국민소득에서 차지하고 있는 몫에 비해 매우 적은 인원만이 고용되어 있으므로 신용 호황기의 팽창은 소득 불평등을 악화시킨다.[24] 1997년과 2007년 사이에 (주식 시장에 높은 레버리지를 가진) 미국 펀드매니저의 수익은 GDP 1% 미만에서 2.5%로 증가

---

* 2차 세계대전 이후 40년간 이 특권층은 평균 미국 가계 자산의 약 10%를 차지했다. 닷컴버블이 꺼진 후 이들의 재산 점유율은 15%가 되었다. 2003년과 2008년 사이에 슈퍼리치들은 총가계 자산에서 4%를 더 가져가서 총 점유율은 거의 20%가 되었다. 〈World Inequality Database〉.

했다. 2007년 최고 헤지펀드 매니저들은 연간 10억 달러 이상을 벌었다.[25] 불평등은 위에서부터 조금씩 떨어져 내리며 다른 곳까지 영향을 미친다. 소위 낙수 효과다. 스탠퍼드대학교의 역사학자 발터 샤이델Walter Scheidel은 "경영진의 치솟는 연봉과 경제 '금융화'는 최고 소득자가 차지하는 몫의 최근 증가 중 일부에만 직접적인 책임이 있으며, 법과 의료와 같은 다른 부문에 대한 그들의 영향력이 불평등 효과를 증폭시켰다"라고 썼다.[26]

닷컴 버블과 부동산 거품이 나타나는 동안, 대학 졸업자들과 그 아래 학력 노동자들 사이의 임금 격차가 노골적으로 드러나기 시작했다.[27] 금융 분야가 성장하면서 대학 졸업자들의 '학력 프리미엄'이 올라갔다.[28] 글로벌 금융위기 직전, 금융 노동자들은 교육 수준에 따라 조정되면서 대략 50%의 소득 프리미엄을 누렸다. 2007년 하버드 졸업생 4분의 1 이상이 월가에 이력서를 냈다.[29] 이 똑똑한 아이비리거들은 자신의 능력이 가장 후한 보상을 받을 곳이 어딘지를 이미 파악하고 있었다. 물론 타이밍이 그리 좋진 않았지만 말이다.

일부 경제학자들은 불평등이 금융위기에 중요한 역할을 했다고 믿는다. 라잔은 21세기가 시작될 때 정책 입안자들이 블루칼라 노동자와 비금융 노동자들의 정체된 수입을 보며 "그냥 신용을 먹게 해"라는 태도를 보였다고 말한다.[30] 소비 성장은 금리를 낮추는 것과 저소득 가계에 대한 대출 공급 활성화로 유지되었다. 신용 확장은 주택 거품을 부채질해 미국인들은 자신의 집 지분을 짜내 생활비를 충당하는 지경에 이르렀다. 프랑스 경제학자 토마 피케티Thomas Piketty는 "미국의 불평등 증가가 미국 금융 불안정의 원인이라는 사실에는 의심

1945~2020년까지 금리와 불평등

상위 1%가 차지하는 비율
미국 30년물 채권 실질 총수익

| 1980년대 초 이래 채권 수익률이 저하되던 시기는 소득 증가와 부의 불평등을 수반했다.

의 여지가 없다"라고 말했다.[31]

　세속적 정체의 특징은 불평등이다.[32] 상위 1%와 나머지 인구 사이의 격차가 경제 침체의 원인이 되었다고들 한다. 슈퍼리치는 소득 이득을 상대적으로 적게 소비하기에 소비지출의 성장에 크게 기여하지 않는다.[33] 잉글랜드 은행의 경제학자들은 불평등 증가로 인해 가난한 가구는 더 많이 저축하고 기업 투자는 위축되었다고 말했다[34](실제로는 미국인과 영국인 들은 평균적으로 과거보다 저축을 덜 하고 있다). 불평등 증가가 금리 하락의 원인이라고 주장하는 경제평론가도 있다. 경제 블로거 스티븐 왈드먼Steven Waldman에 따르면 "실질금리의 작용은 수요에 미치는 불평등 효과의 경험적 지문이다. (…) 불평등이 늘어나며 파산 가능성이 큰 가계에 충분히 대출해주라는 압력이 높아졌고, 중앙은행은 이를 이행할 수 있는 여지를 만들어주었다."[35]

　그럴 수도 있다. 그러나 불평등과 금리 관계는 원인-결과라기보다는 쌍방향 관계다. 미국의 불평등은 1980년대 금리가 하락하기 시작한 *이후에* 나타났다. 닷컴 버블이 터지면서 이지 머니는 부의 거품을 부풀렸고, 이는 불평등을 악화시켰다. 다시 불평등의 증가는 경제의 성장 전망을 낮추었고, 경제가 정체되면서 노동자들의 소득도 정체되었다. 즉 저금리는 불평등을 낳고, 불평등은 저금리를 낳았다.

| 1% |

세계 금융위기의 여파는 1929년 이후 경험과 그리 다르지 않았다. 두 번째 대공황은 피했지만, 불평등을 대폭 줄이는 대압착 역시 피해 버렸다. 비전통적인 통화 정책은 월가의 붕괴를 막았다. 채권자들은 구제를 받았다. 연준의 비상 대출을 이용할 수 있었던 금융 내부자들은 보조금까지 더해 받은 대출로 저렴한 가격에 부실 증권을 사들였다. 월가는 기록적인 손실을 냈지만, 수십억 달러 규모로 보너스를 뿌렸다. 필립 미로우스키Philip Mirowski는 연준이 "은행들에 무한한 상승을 허용하면서 하방 폭은 제한해 경영진과 주주들에게 보상할 수 있는 영구적인 옵션을 주었다"라고 비난했다.*

2008년 후, 또 하나의 커다란 부의 거품이 팽창했다. 최근 거품들보다도 규모가 더 큰 거품이었다. 부자들은 더 많은 금융 자산을 보

---

* 미로우스키는 "연준은 또 정치적으로 선호하는 개인이나 헤지펀드에 정부 돈과 정부 보장을 이용해 파생상품이나 증권화된 부채를 구매할 수 있게 했다. (…) 부유하고 유명한 사람들의 아내들에게도 TALF로 부자가 될 엄청난 기회가 주어졌다. TALF는 명목적으로는 연준이 지난 10년간 증식을 허용했던 부실 증권을 지원하기 위해 만든 프로그램이었다"라고도 썼다. Philip Mirowski, 《Never Let a Serious Crisis Go to Waste》(London: 2013), p.185.

유한 만큼 시장이 회복되면서 더 많은 전리품을 챙길 수 있었다. 이에 반해 중간계급의 재산 대부분은 이미 터져버린 주택 시장에 묶여 있었다.[36] 2013년 미국 상위 1%는 손실의 대부분을 회복했지만, 하위 90%의 재산에는 움직임이 없었다.[37] 가장 부유한 미국인들(0.01%)의 개인 재산 점유율은 최고점을 찍었던 1929년을 넘어섰다.[38]

소득 불평등 역시 비슷한 궤도를 그렸다.[39] 최고 소득은 기업 이익과 밀접한 상관관계를 보였는데, 기업 이익은 전후 최고치까지 올랐다.[40] 은행가들의 보너스 역시 놀랄 만큼 치솟았다.[41] 2015년 헤지펀드 매니저 상위 25명의 수익을 합치면 S&P500 최고경영자들의 총수입보다 네 배가 더 많을 지경이었다.[42] 그렇다고 해서 미국 CEO들이 형편없는 보수를 받고 있던 것도 아니다. 이들의 수입 역시 주식 시장에 연동되어 S&P500이 1%p 오를 때마다 CEO 급여는 2.5%p씩 오른다.[43] 1978년으로 돌아가보자면, CEO 급여와 노동자의 평균 임금 차이는 30배에 조금 못 미치는 정도였다. 그 후 몇 십 년 동안 CEO 급여는 상향 곡선을 그린다. 금융위기 당시에는 비율이 감소했지만, 2013년에는 거의 1:300 비율까지 되돌아갔다.[44] 이 돈을 받을 수 있다면야 나쁘지 않은 일이다. 이지 머니로 레버리지 바이아웃을 위한 자금을 조성한 사모펀드 대표들이 가장 많은 돈을 벌었다. 2015년, 미국에서 가장 높은 보수를 받는 경영자 15명 중 10명은 바이아웃 기업 경영자였다. 블랙스톤의 스티븐 A. 슈워츠먼Stephen A. Schwarzman은 8억 달러에 달하는 연봉으로 가장 많은 급여를 받는 CEO가 되었다.[45]

뉴욕대학교 경제학자 누리엘 루비니Nouriel Roubini는 이 위기에 정책 입안자들이 보여준 태도를 보며 '부자, 연줄이 좋은 사람, 월가를 위한 사회주의'라고 지적했다.[46] 중앙은행들이 돌아가는 상황을 이런 식으로 보지 않고 있었다면, 그것은 그 모델에 맹점이 있었기 때문이다. 그 모델은 모든 '대표 대리인representative agent'(특정 유형의 전형적인 의사결정자. 예를 들어 대표적인 소비자, 대표적인 기업 등 ─옮긴이)은 동일한 소득을 얻고 같은 양의 부를 소유한다고 가정하고 있다.[47] 이러한 불합리하고 단순한 가정의 결과 "분배 문제는 (정책 입안자들의 모델에서) 통제되었고, 그 결과의 정당성을 고려할 여지가 없어졌다."[48] 결론적으로 중앙은행들은 제로금리와 다른 새로운 통화 정책들이 소득과 부의 분배에 미치는 퇴행적인 영향에는 거의 관심을 기울이지 않았다.

이 문제로 질문을 받은 버냉키 의장은 연준 정책이 부자들을 더 부유하게 했다거나 초저금리가 자산 가치를 끌어올렸다는 이야기를 모두 강하게 부인했다. 그는 2015년 《파이낸셜 타임스》와의 인터뷰에서 "연준은 자산 가격 등을 원래 추세로 되돌렸다"라고 주장했다.[49] 그러나 미국 가계 재산이 사상 최고 수준이라는 중앙은행의 자료만 보더라도 이 주장은 거짓이었다.* 다른 자료를 보면 소득과 부의 불평등은 대체로 미국 가계 재산의 변화와 함께 움직였다. 2013년 미국 내 상위 1%의 재산 점유율은 37%(1979년 22%에서 증가)에 달했다.[50]

---

* 버냉키는 '수익이 낮기에' 주가는 높다고 덧붙였다. 그러나 위기 이후 GDP 대비 자본 및 이익 수익은 모두 매우 높은 수준이었다.

| 과시 소비 |

연준은 이지 머니로 자산 가격을 끌어올려 소비자들이 더 많이 소비하기를 바랐다. 그러나 위기 발생 몇 년 만에 자본 이득을 소비하려는 성향을 가리키는 '부의 효과wealth effect'는 역사적 평균의 절반으로 떨어졌다.[51] 신용 호황기에 너무 많은 돈을 빌리다 보니, 미국인 대부분은 소비를 억제할 수밖에 없었다. 그러나 사치품 수요는 여전히 높았다. 《포브스》에서 가장 부유한 미국인 400을 선정한 편집자는 "메가 리치는 더 메가 리치가 되었다"라고 강조했고, 그 부자들은 자신의 부를 과시하는 데 열중했다.

리먼이 파산한 날, 폼알데하이드에 절인 죽은 송아지의 발굽과 뿔을 18캐럿 금으로 덮은 데미언 허스트Damien Hirst의 〈황금 송아지The Golden Calf〉가 런던 소더비 경매에서 1000만 파운드에 낙찰되었다. 이 작품은 금융 시장 및 예술 시장의 겉만 번지르르한 과잉의 시기에 종말을 고하는 작품으로 잘 어울려 보였다. 하지만 미술 시장 불황은 그리 오래가지 않았다. 그 후 몇 년에 걸쳐 경매 기록은 계속 갱신되었다. 2013년 11월, 제프 쿤스의 '독특한' 버전 다섯 개 중 하나의 조각 〈풍선 개(오렌지)Balloon Dog(Orange)〉는 살아 있는 예술가의 작품으로는 기록적인 액수인 5800만 달러에 낙찰되었다.* 같은 날, 프랜시스 베이컨이 자신의 친구 루시언 프로이드Lucien Freud를 그린 세 초상화는

---

* 2019년 5월 크리스티 경매에서 쿤스의 또 다른 조각 〈토끼Rabbit〉가 9110만 달러에 팔리면서 이 기록이 깨졌다.

모든 예술 작품을 통틀어 최대 경매 기록인 1억 4200만 달러에 팔렸다. 하룻저녁 세 시간 동안의 망치질이 끝나자 크리스티 경매 총 수익은 6억 9200만 달러에 달했고, 이는 역사상 가장 높은 수익이었다.

이 경매에서 크리스토퍼 울Christopher Wool의 현대 회화 〈지옥의 묵시록Apocalypse Now〉은 2650만 달러에 낙찰되었는데, 이는 25년 전보다 무려 35만% 평가 절상된 가격이었다(현대 예술 지수는 지난 10년에 걸쳐 10배 올랐다).[52] 울의 그림은 과거에도 이미 여러 번 주인이 바뀌었고, 최근에는 JP 모건에서 대출 담보로 활용되기도 했다. '알루미늄과 강철에 알키드와 착색제를 바른' 울의 〈지옥의 묵시록〉은 프랜시스 포드 코폴라Francis Ford Coppola가 감독한 같은 이름의 영화에서 스콧 글렌Scott Glenn이 연기한 콜비 대위가 쓴 편지 조각들로 구성되었다. 내용은 "집을 팔아라 / 차를 팔아라 / 아이를 팔아라"였다. 그러나 울은 이런 것이 아니라 그림을 팔기로 했다. 몇 년이 지난 후, 레오나르도 다빈치의 그림 가운데 복원이 상당 부분 진행되어 매끈한 〈살바토르 문디Salvator Mundi〉가 크리스티 경매에서 놀랍게도 4억 5000만 달러에 팔렸다. 이 르네상스 시대 그림이 '전후와 현대미술'이라는 범주에 속해 저녁 경매에 부쳐졌다는 사실은 진짜 재산이 어디에 있는지를 가리켰다. 2015년 11월 블랙록 최고경영자 래리 핑크Larry Fink는 "오늘날 세계적으로 가장 커다란 부의 저장소는 현대미술과 맨해튼, 밴쿠버, 런던의 아파트다"라고 말했다.[53] 세계 최대 투자회사 대표인 핑크가 허투루 말했을 리 없다.

고급 부동산이 회복되면서 미술 시장을 따라잡기 시작했다. 뉴욕과 런던에서 가장 비싼 부동산들은 이내 위기 시대의 손실을 지우고 상승을 거듭했다.[54] 두 도시의 부동산 개발업자들은 고급 부동산에 집중했다. 2014년 뉴욕시 주택 건설에 120억 달러라는 기록적인 비용이 투입되었지만 완공된 집의 수는 위기 전에 비해 3분의 2 수준에 불과했다. 1920년대 이후로 그렇게 많은 돈으로 그렇게 적은 집이 지어진 적이 없었다. 런던에서는 2016년에 5만 채 이상의 부동산이 건설되었는데, 집값은 대부분 100만 파운드 이상으로 책정되었다.[55] 런던의 보통 사람들로서는 감당할 수 없는 가격이다 보니 많은 주택은 싱가포르와 홍콩의 구매자들에게 '오프 플랜off-plan'(건물을 짓기도 전에 도면만으로 판매하는 방식—옮긴이) 방식으로 판매되었다.

금융위기 10년이 지난 후 '초고층, 초박형, 초고가' 마천루가 출현하며 맨해튼의 스카이라인을 바꾸어놓았다.[56] 상층 계급에서 나타나는 부의 과시는 언제나 불평등 증가를 알리는 신호였다. 높고 가늘어 펜슬 타워라고도 불리는 뉴욕 초고층 건물은 중세 후기 귀족 가문들이 시에나 인근 산지미냐노 언덕에 지은 타워 하우스를 연상시켰다.[57] 2019년 헤지펀드 매니저 켄 그리핀Ken Griffin이 이 펜슬 타워 펜트하우스를 2억 3800만 달러에 구매하면서 이 집은 미국에서 팔린 가장 비싼 부동산이 됐다.* 100개의 펜슬 타워를 더 만들자는 제안이 고려 중이었다. 올리버 웨인라이트Oliver Wainright는 《가디언》에 "비료를 너무 많이 준 식물 줄기가 가늘고 긴 것처럼 이 건물들 역시 지나치게 많은 돈이 투입된 도시의 징후들이다"라고 꼬집었다.[58]

---

* 그리핀은 1억 2200만 달러 상당의 런던 타운하우스, 3000만 달러 상당의 시카고 월도프 아스토리아 호텔 두 층, 6000만 달러 상당의 마이애미 비치 펜트하우스 등 인상적인 주택 컬렉션을 보유하고 있다.

뉴욕이나 런던보다는 공간에 대한 제약을 덜 받는 로스앤젤레스 개발업자들은 주로 도시 바깥쪽에 건물을 지었다. 할리우드 힐스 전역에 '초고액 자산가'를 위한 수십 개의 '초고급 맞춤형 주택'이 세워졌다. 벨에어 부동산은 3500만 달러짜리 주택을 공개하면서 《위대한 개츠비》에나 나올 법한 흥청망청한 파티를 열었는데, 공중곡예사가 거꾸로 매달린 채 고객들의 잔에 샴페인을 따라주는가 하면, 그의 동료는 투명한 플라스틱 거품 안에 들어가 수영장을 이리저리 돌아다녔다. 3999만 5,000달러로 값이 매겨진 또 다른 맞춤형 주택 공개 파티에는 히에로니무스 보스Hieronymus Bosch의 〈세속적인 쾌락의 동산The Garden of Earthly Delights〉을 본떠 배우들이 아담과 이브 복장을 하고 돌아다니기도 했다. 보스의 그림에서처럼 바닥을 알 수 없는 항아리에 금화를 배변하는 모습으로 그려진 고리대금업자는 다행히 등장하지 않았다.[59] '더 원The One'이라는 참으로 겸손한 이름을 가진(더 원은 예수 그리스도를 뜻하기도 하므로 아이러니이다 —옮긴이) 가장 웅장한 맞춤형 주택 가격표에는 5억 달러가 적혀 있었다. 건물의 미관을 설명해달라는 질문에 개발업자는 "졸× 멋져, 그래, 졸× 멋져"라고 대답했다.[60]

이지 머니는 고급 자동차 시장의 출력도 높였다. 2010년 말 페라리의 가장 비싼 모델들이 매진되자, 경영진은 "초호화 자동차는 불황에도 끄떡없다"라고 큰소리쳤다.[61] 부가티는 1900만 달러에 달하는 라 부아튀르 누아르라는 이름의 배트모빌처럼 생긴 차를 만들어 세계에서 가장 비싼 슈퍼카를 만드는 치열한 경쟁에서 한 걸음 앞서갔다.[62] 하지만 정말 심각한 경쟁은 빈티지 자동차 분야에서 벌어졌다. 2018

년 8월, 희귀한 페라리 한 대가 캘리포니아 몬터레이 소더비 경매에서 5000만 달러에 팔렸다. 블루칩 빈티지 자동차들의 가치를 추적하는 OTX 클래식 자동차 지수는 2005년과 2018년 사이에 네 배가 증가하며 세계 주식 시장을 가볍게 따돌렸다. 독일의 한 은행은 고객들에게 '수익률과 가치 안정성 측면에서 매력적인 아이템으로 포트폴리오에' 빈티지 자동차를 추가하라고 권했다.[63]

억만장자 계층의 재산 증가는 미국에만 국한된 현상이 아니었다. 1987년과 2013년 사이에 전 세계 억만장자 수는 10배 증가했고 이들의 전 세계 자산 점유율은 거의 네 배 증가했다. 2015년에는 세계 총재산의 절반을 고작 62명이 차지하는 것으로 추산되었다(2010년 388명에서 크게 줄어들었다).[64] 이들 재산의 상당 부분은 조세 회피처에 숨겨져 있기에 보고된 수치들은 진정한 부의 불평등 정도를 과소평가하고 있다.[65] 자선단체 옥스팜은 부는 아래에 혜택을 주는 낙수 효과라기보다는 '위에서 다 빨아가버리는 것'이라고 말했다.[66]

| 99% |

불평등이 금융위기의 원인인지는 의문이지만, 위기 비용이 불균등하게 분배되었다는 사실에는 의심의 여지가 없다. 리먼 파산 몇 달 후, 시카고치과협회에 따르면 회원 3분의 2가 이를 갈고 턱을 악무는 환자의 증가를 보고했다고 전했다. 흔히 '이갈이bruxism'라고 부르는 이 병의 증상으로는 불면증, 턱과 귀 주변의 통증, 충전물의 손실, 깨지거나 닳은 치아 등이 있다. 이러한 행동은 스트레스가 원인이다. 스트레스는 어려운 시절에 대한 자연스러운 반응이다.

2010년 미국 노동자 10명 중 한 명은 실업 상태였다.[67] 미국 가구의 절반 정도는 정부 보조금을 받아 살고 있었다.[68] 빈곤율은 수십 년 만에 최고치를 기록했다.[69] 미지불 모기지 부채가 주택 시장가치보다 높아지면서 수많은 미국 주택에 문제가 생겼다.[70] 주택 압류는 사상 최고치를 기록했다.[71] 가장 큰 자산이 집이었던 중산층 가구는 부동산 거품이 터지면서 평균 44%의 재산을 잃었다. 주식은 대체로 부자들의 전유물이었기 때문에 미국인 대부분은 주식 시장 회복에 따른 결실을 받지 못했다.[72] 연금은 줄어들었고 저축에서 얻는 수입은 증발했다.[73] 2013년 중위 가계의 부는 1969년 수준으로 되돌아갔다.[74] 가장 가난한 사람들은 가장 큰 고통을 겪었다. 아프리카계 미국인 가구의 중위 순자산은 1,700달러까지 떨어졌다.[75] 민간 안전망은 거의 사라져버렸다. 많은 미국인이 이를 갈았던 것도 당연하다.

서브프라임 위기가 시작되면서 미국 소득은 감소했다. 노동자의 손실은 고용주의 이익이었다. 리먼이 파산하고 5년 후, 미국 기업의 이익은 1929년 이후 최고치에 도달했다.[76] (주로 주식 기반 보상 덕분에) 가장 부유한 미국인들의 소득은 이익과 함께 상승했지만, 하위 90% 노동자들의 임금은 주식 시장과 반비례 상관관계를 보였다.[77]

2018년 미국 실업률은 반세기 만에 하락했다. 하지만 좋은 소식은 아니었다. 저임금 일자리가 고임금 일자리보다 두 배 이상 빠르게 만들어지고 있었기 때문이다.[78] 인플레이션을 감안하면, 2013년 가장 가난한 가구(하위 5분위)는 30년 전보다 수입이 적어졌다.[79] 연준의 조사에 의하면 임금이 정체되고 감소하면서 소비자 신뢰도 잠식되고 있었다.[80] 의료와 기타 생활비는 소득보다 더 빠르게 올랐다.[81] 미국인의 4분의 3 이상이 한 푼도 저축하지 못한 채 생활했다.[82] 평균적인 근로 가정의 재정 상태는 일주일을 버티기에도 충분하지 않았다.[83]

선진국에서 중산층은 점점 줄어들었다.[84] 대서양 연안에서 노동자의 국민소득 점유율 역시 줄어들었다.[85] 2015년 미국과 서유럽의 거의 3분의 2에 달하는 가정, 숫자로는 대략 5억 명 이상은 지난 10년 동안 실질 소득이 감소했다.[86] 영국에서 임금은 산업혁명 이후 그 어느 때보다도 천천히 오르고 있었다.[87] 사회 이동성social mobility(소득 사다리 아래에 있는 사람이 위로 올라가는 현상, 개천에서 용 나기─옮긴이)은 멈춰 섰다.[88] 맥킨지 글로벌 인스티튜트McKinsey Global Institute는 선진 경제권에 속한 사람 대부분은 결국 '부모보다 더 가난해질' 것이라고 말했다.[89]

사실 그들의 부모들은 비교적 잘 지내고 있었다. 세인트루이스 연준의 한 논문은 통화 정책이 가장 투표 인구가 많은 집단의 이익을 우선한다는 가설을 세웠다.[90] 이 가설은 그 집단이 나이가 들어 과거의 저축을 인출하려 할 때 통화 정책이 이들에게 높은 가치를 보장해줘야 한다는 뜻이었다. 중앙은행들은 바로 그렇게 조치했다. 노후를 위해 더는 저축하지 않는 노인 세대는 금리 하락으로 이익을 얻었고, 투자 가치를 높였다. 영국에서 은퇴자들은 금융위기 이후 지출을 유지하는 유일한 연령 집단이다.

그러나 부모의 이득은 어린 세대의 손실이다. 금리가 하락하면 은퇴 후 필요한 자금을 마련하는 데 더 오랜 시간이 걸린다. 특히 위기 이후 10년 동안 그랬던 것처럼 소득이 더 느리게 증가하고 있을 때라

면 더욱 그렇다. 2017년 연구논문에 따르면 초저금리와 자산 가격 고평가의 조합은

> 금융 자산이 없는 사람들이 사업을 시작하고, 집을 사고, 은퇴 목표를
> 충족하는 데 필요한 자본을 축적하기 어려운 걸림돌이 된다. 그렇다면
> 새로운 사업체가 등장하지 않고, 젊은 층의 주택 보유율이 급격히 하락
> 하며, 은퇴 저축이 사치품이 된 것도 놀랄 일이 아니다.[91]

저금리와 정부 보증에 힘입어 학자금 부채 '거품'이 형성됐다. 1980년대 초부터 많은 젊은이가 더 높은 수입을 꿈꾸며 대학에 진학했다. 그러나 대졸 노동자 공급이 증가하면서 학위 프리미엄은 줄어들었다. 자신의 교육 수준에 맞는 일을 찾지 못하는 사람도 많았다. 소위 '엘리트 과잉 양산'의 사례였다.* 2017년 뉴욕 연준에 따르면 신규 졸업생 40%가 직장을 찾지 못했다.[92] 금융위기 10년 후, 미국 학생들의 총부채는 총 1조 5000억 달러를 넘어섰다.[93] 고용시장은 강세였지만 연방 학자금 대출의 4분의 1 정도가 채무불이행 상태였다.[94]

부동산 거품이 터지며 젊은 주택 소유자들은 상대적으로 더 많은 손해를 감수했다.[95] 게다가 주택 시장이 회복되며 젊은 세대들은 새로운 문제와 마주해야 했다. 집값이 소득보다 더 빨리 오르면서 개발업자들이 호화 부동산을 짓고 금융 투자자들에게 매각하는 시기에 부동산 시장에 진입조차 못하게 된 것이다.[96] 미국, 유럽, 오스트레일

---

* 러시아계 미국인 학자인 피터 터친Peter Turchin이 만든 말이다.

리아에서는 주택 보유율이 정체되거나 급락했다.[97] 2018년 미국 주택 구매자들의 평균 연령은 역사상 가장 높은 46세였다.[98]

영국에서는 '임대 세대Generation Rent'가 등장했다.[99] 모기지 비용은 낮았지만, 최초 주택 구매자는 충분한 보증금을 긁어모을 수 없었다. 많은 사람이 '엄마 아빠 은행'이라고 알려진 새로운 금융 기관의 도움을 받았다. 주택은 빠르게 전문직 계층의 전유물이 되어갔다.[100] 영국 정부는 2013년에 최초 주택 구매자에게 보조금을 제공했는데, 이것이 오히려 집값을 훨씬 더 끌어올렸다.[101] 정치인들은 더 많은 집을 짓겠다고 약속했지만, 집값을 내리기 위해서는 상상할 수 없을 정도로 많은 집을 지어야 했다. 레딩대학교의 경제학자들은 《블룸버그》 머리기사로 대안을 내놓았다. 기사의 제목은 〈영국 주택 위기에 대한 유일한 해결책은 공황일 수 있다〉였다.[102]

영국 주택 위기는 경제에 악영향을 미쳤다. 역동적인 경제에서 노동자들은 직업 사이를 자유롭게 이동한다. 그러나 집값이 오르면서 새로운 일을 위해 이사하는 영국인들의 수는 급격히 감소했다.[103] 집을 사기 위해 많은 대출을 받은 젊은 주택 소유자들은 다른 데 쓸 돈이 줄어들었다. 고급 아파트 건설에 대규모 자원이 투입되었지만, 주택 구입 비용을 낮추는 데는 아무런 도움도 되지 않았다. 사업 비용이 오르고 내부 이주가 줄어들면서 수도권은 '밀폐형' 도시로 변모해갔다. 샌프란시스코에서 저임금 노동자들은 차 안에서 숙식을 해결하는 처지로 전락했다.[104] 런던과 뉴욕은 18세기에 세계 엘리트의 퇴폐적인 휴양지였던 베니스와 섬뜩하게 닮아가고 있다.

부자들이 더 부자가 되는 동안, 가난한 사람들은 아이를 낳지 않았다. 높은 수준의 학자금 부채, 미미한 소득 증가, 집값 대폭 상승으로 인해 젊은 부부들은 가정을 꾸리려 들지 않았다. 영국의 출산율과 주택 시장은 반비례 관계를 보였다. 집값이 상승하자 출생아 수가 감소했다.[105] 국가 부채 위기로 가장 심각한 영향을 받은 유럽 일부 지역에서도 인구 감소 현상이 관찰되었다. 스페인 인구는 2012년에 역사상 처음으로 감소했다. 2015년에는 미국의 기대수명이 감소했다.[106] 경제학자 앤 케이스Anne Case와 앵거스 디턴Angus Deaton은 '절망의 죽음'을 이야기했다. 진통제를 먹고 자살하는 수만 명의 백인 노동 계급 미국인들을 가리키는 말이었다.[107] 장기침체 시대에 오피오이드opioid(마약성 진통제―옮긴이)는 가난한 사람들의 아편이다.[108]

| 피치포크가 오고 있다 |

폭증하는 불평등에 대해 많은 사람이 우려했다. 프란치스코 교황은 '다수와 부를 누리는 행복한 소수를 갈라놓고 있는 격차'가 커지고 있다며 '돈의 우상화'를 경고했다.[109] 오바마 대통령은 불평등을 '우리 시대의 결정적인 도전'이라고 불렀다. 그러나 그는 퇴임하자마자 카리브해로 가 영국의 억만장자 세금 망명자인 리처드 브랜슨Richard Branson의 개인 섬에서 느긋한 휴가를 즐겼다. 이후 오바마 부부는 마서스비니어드에 있는 여름 별장을 1200만 달러에 구입했다.

경제학자들은 이제 '불평등 위기'와 씨름하고 있다. 이 위기를 설명하기 위해 일반적인 용의자들이 소환되었다. 세금, 기술, 세계화, 약한 노조, 교육 격차, 그리고 '동류교배assortative mating'라고도 하는 부자들끼리 결혼하는 경향 등이다. 불평등은 생산성과 마찬가지로 다양한 요인의 영향을 받는 복잡한 현상이다. 그렇지만 초저금리가 용의선상에 오르지도 못했다는 점은 놀라운 일이다. 불평등 전문가 대부분은 이자가 부당하다는 전통적인 견해에서 벗어나지 못하고 있다. 한 경제학자는 미국의 불평등 증가를 1980년대 초반 '공격적으로 높았던 금리 정책' 탓으로 돌리기도 했다.[110] 또 다른 경제학자는 노동소득이 빠르게 상승할 때마다 연준이 금리를 인상함으로써 불평등을 야기했다고 말했다.[111] 중앙은행 총재들은 스스로를 용서하고 모든 책임을 정치인들에게 전가했다.*

초저금리의 영향을 충분히 고려한 학계 문헌은 없었다. 잃어버린 고리를 찾아낸 사람은 로스차일드 은행장 가운데 한 명이었다. 이브 앙드레 이스텔Yves-André Istel은 2018년 초 《파이낸셜 타임스》에 보낸 편지에서 1980년대 초 이후 금리가 15%에서 2% 미만까지 하락했다고 지적했다.

추정된 미래 현금 흐름에 적용되는 할인율을 기계적으로 줄인 효과는 주식 가치(즉, 스톡옵션과 최고 경영자 보상)와 부동산 가치의 상승을 낳았다. 채권 가격은 똑같이 올랐고 수익률은 하락했다. 사람들은 절박하게 수익을 탐색했고, 막대한 유동성은 저비용 차입과 레버리지를 조장

---

* BIS 사무총장 아구스틴 카르스텐스Agustín Carstens는 중앙은행들의 견해를 "중요한 것은 불평등 추세는 널리 조사되고 여러 문헌에 나타난 것처럼 장기적인 구조적 힘의 결과라는 점이다. 그중에서도 기술 변화, 세계화 및 제도적 변화가 지난 수십 년 동안 큰 역할을 했다. 이러한 힘은 통화 정책과는 무관하고 통화 정책에 영향을 받지도 않기 때문에 이들이 만들어내는 경향은 공공 정책, 특히 재정 정책에 의해 가장 잘 수정될 수 있다"라고 요약했다. Agustín Carstens, 〈Central banks and inequality, remarks〉(BIS: 6 May 2021).

했다. 이 모든 것은 이러한 자산을 보유한 사람들에게는 명백히 큰 혜택을 주었지만, 서구의 불평등 증가에도 그에 상응하는 영향을 미쳤다.[112]

금융위기로 촉발된 파격적인 통화 정책이 불평등에 큰 영향을 미친 것은 분명하다. 2012년 잉글랜드 은행의 연구는 양적완화가 영국의 가계 자산을 6000억 파운드 이상 증가시켰다고 추정했다. 총 개인 자산의 3분의 2 이상을 소유하고 있는 상위 10분위 가구는 엄청난 혜택을 받았다.[113] 영국 통화 정책에 대한 또 다른 연구는 "양적완화의 부작용 중 하나는 사회의 가장 부유층과 빈곤층 사이에 확대되고 있는 소득과 부의 격차를 더욱 악화시키는 것이었다"라고 결론지었다.[114] 미국에서도 마찬가지였다. 미국의 소득과 부의 불평등은 1920년대 이후 그 어느 때보다도 더 심화되었다.[115]

옐런은 연준이 보통 사람의 삶을 개선하려 노력하고 있다고 주장했다. 그녀는 "우리의 목표는 월가가 아닌 메인 스트리트Main Street(전 세계 주요 소매 거리를 나타내는 표현—옮긴이)를 돕는 것이다"라고 말했다.[116] 자동차와 집을 더 싸게 만들어서 "우리는 가정에서 필요한 것을 살 수 있도록 도우려 애쓰고 있다. 그래야 더 많은 지출이 발생해 일자리가 창출되고, 다시 더 많은 지출이 일어나 경제가 회복될 수 있다." 그러나 연준의 멈추지 않는 디플레이션과의 싸움은 메인 스트리트의 생활비를 증가시켰다. 게다가 초저금리의 혜택은 보통 사람에게는 주어지지 않았다. 서브프라임 손실 이후, 연준의 자금 금리가 제로였음에도 대부분의 미국 은행들은 신용 점수가 낮은 임차인들의 이자 수수료를 인상했다. 정책 입안자들의 접근에서도 이러한 이중

잣대를 쉽게 가려낼 수 있다. 신용이 손상된 은행들은 구제금융을 받았지만, 신용이 손상된 주택 소유자들의 주택은 압류되었다. 월가는 연준으로부터 제로금리 대출을 받았지만, 수백만 가구는 급여일 대부업체, 전당포, 소유권 담보대출 업체로부터 세 자릿수의 연복리이자율Annual percentage rate을 지불하고 대출을 받았다. 금융위기 이후 10년이 지나도록 신용카드 수수료는 대략 21세기 초와 같은 수준을 유지했다.[117] 분석가 제이미 리Jamie Lee는 다음과 같이 썼다.

> 가난이 수익을 결정한다. 신용이 낮을수록 궁핍하다. 가장 부유한 주택 소유자들은 가장 낮은 주택담보대출 금리를 낸다. (…) 이 관계를 해석하는 두 가지 방식이 있다. 첫 번째는 가장 가난한 임차인이 가장 리스크가 크다는 것을 고려하는 것이다. (…) 두 번째는 가장 가난한 임차인을 가장 강하게 쥐어짤 수 있다는 것을 고려하는 것이다.[118]

바스티아의 예측대로 가난한 사람들은 이지 머니의 혜택을 받지 못했다. 제로금리 시대에도 낡아빠진 고리대금은 잘 살아 있었던 셈이다.*

버냉키는 미국 경제라는 '더 큰 선'을 위해서는 저축자들이 예금 수입에서 손해를 볼 수밖에 없다고 주장했다.[119] 그러나 저금리는 결

---

* 메르사 바라다란Mehrsa Baradaran은 연준 자금 금리가 제로에 가까웠던 2010년대에도 연 소득 2만 5,000달러 미만의 미국 가정이 음식보다 금융거래에 더 많이 지출했고, 최대 1,900%의 고리대 이자를 부과한 뒷골목 대출자들은 저렴한 은행 대출로 자금을 조달했다고 주장한다. Mehrsa Baradaran, 《How the Half Banks: Exclusion, Exploitation, and the Threat to Democracy》(Cambridge: 2015)를 보라.

국 경제에 도움이 되지 않았다. 게다가 연준 정책의 가장 큰 수혜자인 금융 엘리트들은 이지 머니에 의해 자산 가치가 더 높아지던 시기에 저렴한 레버리지로 재산을 더욱 늘렸다. 한 평론가는 "시장경제에 가장 많이 노출된 상위 1% 소득 가구는 실물경제에 노출된 나머지 99%보다 엄청나게 높은 실적을 거두고 있다"라고 썼다.[120]

선진국들의 소득 불평등은 사회 붕괴가 보이는 한계점에 다가가고 있다.[121] 가장 부유한 미국인들조차 자신들에게 너무도 유리하게 돌아가는 상황을 두려워했다. 미국 투자관리 기업 핌코의 '채권왕' 빌 그로스Bill Gross는 "수익률 하락으로 더 많은 이익을 얻는 경쟁에서 메인 스트리트는 월가와 미국 기업을 따라잡지 못했다"라고 썼다.[122] 2018년, 약 170억 달러의 재산을 가진 헤지펀드 매니저 레이 달리오Ray Dalio는 "부의 격차는 특히 가치 격차를 동반할 때, 갈등과 (…) 이런저런 혁명을 증식한다"라고 썼다.[123] 아마존 초기 투자자이자 기술 분야 억만장자인 닉 해나워Nick Hanauer는 《폴리티코》에 〈우리 재벌들에게 (…) 피치포크pitchforks(갈퀴를 든 혁명가들 정도의 의미—옮긴이)가 오고 있다〉라는 제목의 경고성 기사를 썼다. 해나워는 미국이 자본주의 색채는 잃어가고 갈수록 봉건주의화되고 있다고 경고했다. "그래서 나는 아무나 들어올 수 없도록 보호받는 이 거품 세계 속에 사는 더럽게 부자인 친구들에게 하고픈 말이 있다. 정신 차려라. 친구들아. 오래가지 못해."[124]

| 피케티의 오류 |

2014년 봄, 토마 피케티의《21세기 자본》영역본이 출판되면서 하룻밤 사이에 커다란 반향을 일으켰다. 읽은 사람보다 구매한 사람이 훨씬 많긴 했지만, 책을 놓고 많은 논란이 일었다.[125] 피케티는 교육과 기술에 기반을 두고 불평등을 설명하는 전통적인 입장을 거부했다.[126] 대신 근본적인 법칙을 제시했다. 자본 수익률(이익, 이자, 배당, 임대료 등)이 경제성장률을 초과할 때마다 불평등이 커진다는 법칙이다.

피케티는 이러한 통찰을 r⟩g라고 표기했는데, r은 자본 수익(return)을, g는 경제성장률(growth)을 나타낸다. 경제학을 전공하지 않은 사람이라도 쉽게 이해할 수 있는 이 공식은 티셔츠와 현수막에 인쇄되어 월가 점령Occupy Wall Street 시위에서 새로운 계급 전쟁의 구호가 되었다.

피케티의 불평등 이론은 집중적인 연구 대상이 되었다. IMF가 19개 선진국에서 그의 근본 법칙을 시험한 결과, 대부분의 국가에서 자본 수익과 성장 사이의 격차가 커질 때 오히려 불평등이 감소한다는 것을 발견했다.[127] 19세기 전반 미국의 역사적 데이터 역시 피케티의 가설을 뒷받침하지 않는다. 이 시기에 자본 수익률과 금리는 하락했고 자산평가는 상승했다. 린더트와 윌리엄슨은 "부자들은 사회의 나머지보다 앞섰다. 특히 북동부 도시에서는 수익률 상승보다는 저축, 신용 접근성, 자본 이득 덕분이었다. 그리고 다른 이유도 있다. 국내 금융 부문의 발전 때문이다"라고 썼다.[128] 이 점에서는 지금도 크게 달라진 것이 없다.

피케티는 부는 시간이 갈수록 복리로 불어난다고 가정했지만, 실제로 부자들은 재산을 나눠서 물려주고 저축 대부분은 은퇴 후에 사용한다.[129] 3대에 걸쳐 자수성가로 성공한 가문이 다시 완전히 망하는 것은 여전히 (경제학자들이 '부덴브로크 효과Buddenbrooks effect'라고 부르는) 일반적인 규칙이다. 게다가 피케티가 상상했던 것처럼 부자들이 끝없이 자본을 축적했다면, 자본 수익은 필연적으로 감소해야 한다.*

피케티는 더 근본적인 실수를 저질렀다. 그는 '자본'과 '부'라는 용어를 번갈아 사용하면서 공장이나 기계와 같은 생산자산으로 대표되는 *자본*과 국채나 귀금속처럼 생산과 관련이 없는 금융 자산의 형태인 부를 구분하지 않았다. 피케티가 주장한 '개인 부의 귀환'은 대부분 미국 경제에 대한 자본 투자가 줄어들던 시기의 금융 자산, 즉 *가상 부*virtual wealth의 형태였다.[130]

자세히 살펴보면 피케티의 '21세기 자본'은 이제 우리에게 익숙한 부의 거품으로 보인다.** 1990년대 중반 이후 연준 통화 정책은 부의 거품을 부풀렸다. 부는 불균등하게 분포되었고 최고 소득은 주가와 상관관계가 있었기 때문에 이러한 부의 거품은 불평등이 증가하는 중요한 원인이 되었다. 이 책의 핵심 주장은 금리가 자연 수준 이하로 유지될 때 부의 거품이 발생한다는 것이다. 자연 또는 균형 이자 수준은 직접 눈으로 볼 수는 없지만, 경제성장률과 자본 주식의 성장으로

---

* 이는 마르크스-레닌주의 자본주의 비판의 핵심이다. 마르크스는 《자본론》에서 "자본 축적 증가와 그에 따른 자본의 생산성 증가에 비례해 이익률은 감소한다"라고 썼다. 피케티는 무심코 같은 언급을 한다. 토마 피케티, 《21세기 자본》(글항아리, 2014).

** 피케티는 부의 거품을 '기이하고, 예측할 수 없다'라며 무시한다. 토마 피케티, 《21세기 자본》(글항아리, 2014).

나타난다. 따라서 금리가 경제성장률보다 *낮게* 유지될 때 불평등이 증가하는 경향을 보인다.

우리의 대안인 '불평등의 철칙'은 r〈g 공식으로 나타낼 수 있다. 여기서 r은 금리(rate of interest)를 의미하고, g는 경제의 성장 추세(trend growth)를 의미한다. 피케티의 공식을 뒤집어놓은 이 공식은 1920년대 소득과 부의 분배의 변화와 1980년대 이래 불평등 증가, 그리고 특히 리먼 사태 이후 10년 그레이트 이모더레이션Great Immoderation(이모더레이션은 '무절제, 과잉'이라는 의미로, 이 시기 통화 정책과 기업, 부자들의 행태 모두를 설명할 수 있는 용어다 ─옮긴이)을 설명할 수 있다.

15장

불안의 가격

나는 리스크를 감수한다. 고로 존재한다.

– 마시 보험사 광고 문구, 2007

금융 안정의 필요충분조건은 통화 안정이다.

– 브랜든 브라운 Brendan Brown, 2015[1]

"고리대금이라는 죄악을 놓고 할 말이 많은 자들은 보통 신의 섭리로 인해 그 죄를 저지를 수단을 받지 못한 자들이다."[2] 18세기 위대한 지식인이자 파리 살롱에서 인기를 끌었던 나폴리의 성직자 페르디난도 갈리아니Ferdinando Galiani는 이렇게 조롱했다. 니체는 갈리아니를 '18세기에 가장 심오하고 예리한 통찰력의 소유자이자 외설스러운 인간'으로 평가했다. 갈리아니는 또한 일류 경제학자로, 물처럼 유용한 물건이 다이아몬드보다 시장가치가 낮은 이유를 설명했다. (슘페터는 그를 가리켜 '경제학 분야에서 활동했던 뛰어난 지성인 중 한 명'이라고 칭송했다.) 그의 설명은 다른 경제학자들이 한계효용 이론을 개발하기 100여 년 전에 나온 것이다.[3]

갈리아니는《돈에 관하여On Money》(1751)에서 고대의 고리대금 문제에 관심을 기울였다. 그는 성직자였지만 고리대금에 대한 다른 성직자들의 견해를 탐탁해하지 않았다. 그는 돈을 빌려주고 수수료를 받는 일이 본디 정의롭지 못하다는 전통적 견해를 거부했다. 대신 이자를 '현재의 돈과 먼 미래의 돈 사이'의 차이로 올바르게 기술했다. 갈리아니가 이자를 옹호한 이유가 인간이란 미래보다 현재의 소비를 선호한다는 동시대인 튀르고의 생각을 지지해서는 아니었다. 진짜 이유는 대출금마다 어느 정도는 손실 위험이 있기에 돈을 빌려준 사람의 불안을 잠재우기 위해서 이자가 필요하다고 생각한 것이다. "상대를 계속 불안하게 만드는 것은 고통을 주는 짓이다. 따라서 그가 받는 고통에 돈을 지불해야 한다." 이것이 갈리아니의 결론이었다. "돈의 생산물이라 불리는 이자는 그것이 적당할 경우 그저 *불안에 매긴 가격이다. 이자를 다른 무엇으로 생각하는 사람은 누구든 그릇된 생각을 하는 것이다.*"[4]

갈리아니는 일찌감치 민간 보험에 적용되던 확률 미적분이 대출 사업에도 활용될 것을 예견했다. 그가 쓴 내용에 따르면 이자와 "자본의 비율은 손실 확률과 상환 확률의 비율과 똑같다." 대출금마다 수반되는 리스크는 각각 다르므로, 이자는

> 손실 확률이 거의 무한할 정도로 다양하다. 손실 확률이 (해상 관련 사업에 대한 고리대금처럼) 매우 클 수도 있고, (은행과 공기업의 경우처럼) 제로에 가까울 때도 있으며 (프랑스 로의 체제 당시 일어났듯) 심지어 제로 아래로 내려가 마이너스 값이 되기도 한다.[*]

이런 관점에서 갈리아니 말대로 이자는 '보험의 가격'이었다.[5]

이자와 리스크 사이에 상관관계가 있다는 아이디어는 고대부터 있었다. 바빌로니아인과 그리스인, 그리고 로마인 모두 항해 대출에 대해서는 보험료를 높게 물렸다. 그렇긴 해도 이자를 보험료로 기술한 갈리아니의 생각은 놀라울 정도로 현대적이다. 21세기 금융에서 이자는 리스크 가격 평가의 역할을 하기 때문이다. 금리에는 (채무불이행 리스크와 복구 리스크로 나뉘는) 신용 리스크와 법률 리스크, 유동성 리스크, 물가상승 리스크 등 어마어마하게 다양한 리스크가 합쳐진다. 고정수익 채권은 미래 금리 변동에 영향을 받는다('기간 리스크'). 은행은 보험사와 운영 방식이 흡사하다. 은행이 대출금에 부과하는 것과 저축에 대해 지급하는 것 사이의 차액은 보험료와 비슷하다.** 사실 채권은 신용부도스와프credit default swap, 이하 CDS(기업이나 국가가 파산해 채권, 대출 원리금을 돌려받지 못할 리스크를 사고파는 신용파생상품—옮긴이)라는 보험계약과 비슷하다. CDS 수익률은 부도 가능성에 따라 달라진다. 이자가 손실 확률에 따라 달라진다고 했던 갈리아니의 주장과 같은 개념이다.

보험사는 손실 확률을 계산하기 위해 보험계리사를 고용한다. 보

---

* Arthur Monroe, 《Early Economic Thought》(New York: 2006), p.305. 갈리아니가 로 체제하의 금리를 명목상이나마 마이너스 값이라고 생각했던 이유는 명확하지 않다. 그러나 인플레이션을 감안해 계산하면 1720년 프랑스의 실질금리는 마이너스가 될 만큼 극도로 낮았다. 갈리아니는 이후 19세기 말 어빙 피셔의 명목금리와 실질금리(인플레이션율을 차감한 후의 금리)를 이미 먼저 구별했다고 볼 수도 있다.

** 보험사는 보험증권 약정을 하고 은행은 이자 약정을 한다. 옵션거래 용어로 표현하자면, 은행의 대출은 '풋옵션 매도'를 하는 셈이다. 대출을 받은 사람이 채무를 갚지 못할 때 발생할 손실을 감당해야 하기 때문이다. 따라서 이자란 빌려주는 쪽의 손실 리스크를 대비하는 동시에 자본에 충분한 수익을 제공하는 수준에서 설정하는 보험료라고 볼 수 있다.

험이 보장하는 리스크 유형은 주택, 자동차, 사업체, 생명 등 보통 서로 무관하다. 그런데 약정이 엉터리인 보험은 사람들의 행동을 바꾼다. 가령 자동차 보험료를 지나치게 낮게 책정하는 경우 질 나쁜 운전자들이 도로에서 사고를 낼 확률은 높아진다. 주택보험에 보조금을 주는 경우, 사람들은 범람원에 집을 짓거나 허리케인이 자주 닥치는 지역으로 이사를 갈 수도 있다. 극단적인 경우 보험계약자가 자기 집에 불을 지르고 보험료를 청구하는 도덕적 해이가 초래될 수도 있다.

도덕적 해이는 (갈리아니가 *보험의 가격*이라고 했던) 금리를 지나치게 낮게 책정할 때도 발생한다. 대출 호황은 자금 조달이 쉬운 이지 머니 시기에 발생한다. 금융 리스크 가격을 잘못 평가하고, 시장 참여자들이 자신을 손실로부터 보호해주는 당국을 과신할 때다. 금융위기가 닥치기 직전, 대형 보험사 마시는 "나는 리스크를 감수한다. 고로 존재한다"라는 문구를 담은 광고를 내놓았다. 타이밍은 좋지 않았지만, 틀린 말은 아니었다. 자본주의는 리스크를 감수한다는 이유로 사람들에게 보상을 주기도 하고 형벌도 가하는 경제 체제이기 때문이다. 자본주의적 인간은 리스크를 감수하는 자이며, 안정적인 경제를 위해서는 리스크에 적정 가격을 매겨야 한다. 리스크 가격을 너무 낮게 책정하는 경우 많은 리스크를 상정해야 하는 상황이 벌어지고, 새로운 리스크가 급증하면 금융 체제는 불안정해진다.

배젓은 금리가 특정 수준 이하로 떨어지면 투자자들이 무모한 행태를 보일 수 있음을 알았다. 투자자들은 자신의 투자금을 유지하고 싶은 욕망에 투기하게 된다. 최근 연구에 따르면 정부 채권 수익률이 특정 수준 이하로 떨어지는 경우 투자자들은 손실이 더 커질 수 있는 리스크 투자에 손을 댄다. '리스크를 감수하는 행동에 큰 영향을 끼치는 게 바로 금리'라는 것이 웨란 마Yueran Ma와 빌테 제일스트라Wilte Zijlstra의 결론이다. 현대 금융이론은 그러지 말아야 한다고 경고한다. 그러나 투자자들에게는 "저축이란 부를 보존하는 것이고, 부는 '적절한' 비율로 늘어나야 한다는 뿌리 깊은 관념이 있다." 투자자들은 소득 손실을 받아들이려 들지 않는다. 게다가 위험을 감수하는 투자자들의 움직임은 금리와 반비례해 움직인다. 금리가 낮아질수록 리스크 감수 경향이 커지고 금리가 높아질수록 리스크 감수 경향이 적어진다는 뜻이다. 배젓의 오류는 작은 디테일에서나 발견된다. 마와 제일스트라에 따르면 리스크 감수 경향은 채권 수익률이 2%(존 불을 성급한 행동으로 몰아넣었던 전설의 수익률이다)가 아니라 3% 이하로 떨어질 때 나타난다.[6]

| 캐리트레이드 |

단기금리가 낮을 때 투자자들은 대출을 받아서라도 수익을 내려고 한다. 대출 비용과 리스크 투자 사이의 차액을 '캐리carry'라고 한다. 캐리트레이드carry trade(빌린 돈으로 유가증권 등의 금융자산을 사들여 보유하고 있다가 일정 기간 후에 매각함으로써 차액을 내 수익을 얻으려는 거래나 투자 기법. 차입거래라고도 한다 —옮긴이)에는 레버리지를 이용해 주택담보증권을 사는 것에서부터 임대주가 임대자산을 담보로 대출을 받는 것까지 수많은 유형이 있다. 캐리트레이드 수익은 비대칭적이다. 투자자들은 대체로 작은 규모의 수익을 꾸준히 얻다가, 갑작스레 큰 손실을 볼 수 있기 때문이다. 업계 용어로 캐리트레이드를 하는 투자자들을 가리켜 스팀롤러 앞에서 동전을 줍는 사람들(스팀롤러는 아스팔트를 다질 때 사용하는 기계. 동전이라는 작은 수익을 위해 죽음이라는 막대한 위험을 감수하는 것은 압사당할 리스크가 극도로 낮다고 보기 때문이다 —옮긴이)이라 한다(더 저속한 표현으로는 캐리트레이드 투자자들을 가리켜 '새처럼 먹고 코끼리처럼 싸대는 사람들'이라고 한다).

캐리트레이드에서 오는 손실은 정확히 예측할 수 없다. 이들이 얻는 수익이 왜곡되어 있거나 '팻테일fat-tailed' 효과(통계학에서 팻테일 분포란 꼬리 부분이 두꺼워 평균에 집중될 확률이 낮아져 예측이 잘 맞지 않는 분포를 말한다. 변동성으로 금융 시장이 큰 충격을 받고 향후 방향성도 예측하기 어려운 상황 등을 가리킬 때 쓰인다 —옮긴이)에 노출되어 있기 때문이다. 하지만 이러한 금융의 블랙스완(아무도 예측하지 못한 이례적인 사건 —옮긴이)이 맑은 하늘에서 갑자기 나타나지는 않는다. 캐리트레이드는 이지머니 시기, 다시 말해 레버리지와 다른 리스크들이 금융계에서 차곡차곡 쌓이고 난 후 비로소 거세진다. 유동성이 고갈되고 신용 스프레드가 벌어질 때 레버리지 투자자들은 거래를 청산하라는 압박에 시달리고 이러한 분위기는 금융계 전체로 퍼져나간다. 2007년 미국 서브프라임 위기 때 벌어졌던 사태가 바로 이랬다. 이후 2년 동안 수많은 캐리트레이드 거래가 청산되었다. 단기채권으로 담보 증권을 취득했던 은행과 헤지펀드와 투자사들은 자금을 회수하지 못했다. 전문적인 캐리트레이드 기관, 즉 '그림자 금융기관'(담보 부동산 투자신탁, 구조화 투자회사, 은행투자사 등)은 한꺼번에 도산했다. 보험 대기업 AIG를 비롯해 서브프라임 신용부도스와프subprime credit default swap, 이하

SCDS를 판매한 금융사들은 보험을 너무 싸게 팔았다는 것을 뒤늦게 깨달았다. 복잡하게 얽히고설킨 현대 금융 체제에서 손실 확률 계산은 갈리아니가 생각했던 것만큼 쉽지 않았다.

| 다시 고개를 드는 기시감 |

탐욕스러운 은행들과 이들의 '유해한' 증권을 두고 벌어진 온갖 열띤 논쟁 가운데서 간과하기 쉬운 사실 한 가지는 비우량 증권이 투자자들을 끌어들였던 이유는 미국 금리가 기록적으로 낮았을 때 수입을 늘려주었기 때문이라는 점이다. 엉클 샘Uncle Sam(미국 정부나 전형적인 미국인을 뜻하는 비유 —옮긴이)은 많은 걸 참을 수 있지만, 1%는 못 참는다. 2008년 연준 금리가 마이너스 아래로 떨어졌을 때 투자자들은 어느 때보다 수익에 목이 말랐다. 그러자 새로운 캐리 체제가 등장했다. 그림자 금융, 복잡한 증권화, 신용 기준 하락, 심지어 비우량 대출로 가득한 체제였다. '기시감이 다시 고개를 들었다'.[7]

제로금리 시대에 현금은 쓰레기나 다름없다. 세계 최대 채권 투자 금융사 핌코의 설립자 그로스는 2012년 말, 자신이 중개하는 머니마켓펀드money market fund(고객 자금을 모아 펀드를 구성한 후 금리가 높은 단기 금융 상품에 집중적으로 투자하는 금융 상품. 단기 금융 펀드라고도 한다 —옮긴이) 금리가 0.01%에 불과했다는 데 주목했다. 1만 달러를 저축해봐야 커피 한 잔 값도 못 벌 정도였다. 당연히 다른 수익을 찾아 나서야 했다. 2008년 수익을 뒤쫓는 작업은 P2P 대출(온라인에서 여럿의 투자자 금을 모아 다른 개인이나 기업에 빌려주는 방식으로 대출을 중개하는 금융 서비스―옮긴이)부터 '일드코yieldcos'(자산을 바탕으로 주식을 발행하고 수익 대부분을 투자자에게 배당금으로 돌려주는 회사―옮긴이)까지 수많은 형태를 띠고 있었다. '일드코'라는 투자사는 이름이 암시하듯 수익에 굶주린 투자자들을 끌어들일 목적으로 설립되었다. 그 외에 비슷한 기업으로는 비상장기업 투자전문회사(소기업 대출업체), 마스터 합자회사, 우선주펀드, 고수익 지자체 채권펀드, 상업용부동산 담보증권과 부동산 투자신탁 등이 있다.

리먼 파산 이후 '한 주의 가치가 1달러 밑으로 떨어진' 바람에(액면가 이하 거래) 단기 금융 펀드 역시 제로금리 시대에 살아남기 위해 더 많은 신용 리스크를 감수할 수밖에 없었다.[8] '재해연계증권catastrophe bonds'(지진과 쓰나미, 홍수 등 재산상 큰 피해가 예상되는 자연재해에 대비해 발행하는 보험연계증권의 일종―옮긴이)이라는 고수익 재보험 펀드는 인기가 많아 재보험 가격이 내려갔다. 한 투자자가《월스트리트저널》인터뷰에서 말했듯이 고정수입 시장은 '거대한 보험사처럼 작동'했다. 갈리아니가 그래야 한다고 생각했던 것처럼 말이다. 그러나 재보험 시장의 베테랑들은 보험 리스크 가격을 잘못 책정했다며 조마조마해했다.[9]

연준이 금리를 대폭 인하한 것이 수익 사냥만을 부채질하지는 않았다. 양적완화의 명시적 목적 중 하나는 월가가 더 많은 리스크를 감수하도록 하는 것이었다. 국채와 담보증권을 중앙은행에 팔았던 투자자들은 고수익 증권으로 포트폴리오를 보충해야 했다(연준 용어로는 '균형 잡힌 포트폴리오 구축'이다). 동시에 "연준은 가장 큰 캐리트레이드 주체가 되었다. 연준의 대차대조표는 국채와 담보증권 같은 증권을 다수 보유한 캐리트레이드 업체를 방불케 했다. 게다가 이러한 증권들의 부채 비용은 극히 낮았다."[10] 양적완화 시대에 중앙은행은 수익성이 아주 좋은 사업이었다. 2015년 연준은 달러를 찍어내 자금을 충당하면서 만든 증권 포트폴리오로 1000억 달러에 가까운 이윤을 냈다.

| 정크 본드와 레버리지 론 |

수익 사냥이 다시 시작되며 심사기준이 급격히 완화되었다. 리먼 파산 이후 미국의 정크 본드 수익률은 국채보다 20% 더 높이까지 치솟았다. 그러나 연준의 신속한 조치 덕에 예상했던 기업 연쇄도산은 일어나지 않았다. 오히려 신용 스프레드 폭이 줄었고 고수익 시장이 다시 열렸다. 기업들은 지체 없이 투자자들의 탐욕을 이용하기 시작했다. 주도적인 기업 매수·합병 전문기업 KKR의 창립자인 헨리 크래비스Henry Kravis는 2011년 3월 '우리가 해오던 것 중에 가장 매력적인 금융'을 완성했다고 자랑했다.[11]

신용등급이 가장 낮은 채권(CCC 등급)이 시장으로 대량 유입되면서 신용의 질이 폭락했다.[12] 부실채권의 세계적 전문가인 뉴욕대학교 에드워드 올트먼Edward Altman 교수는 초창기 신용 거품의 원인으로 '낮은 금리 환경에서 고수익을 추구하는 만족을 모르는 탐욕'을 지목했다.[13] 이러한 시나리오는 오싹할 정도로 익숙하다. 엘링턴 캐피털 매니지먼트 2015년 보고서에는 이렇게 쓰여 있다.

서브프라임 거품과 같은 특징, 즉 리스크가 높은 임차인에 대한 대규모 대출, 기록적으로 낮은 금리, 수상쩍은 심사 관행과 담보 감정, 관리자와 투자자 들 사이의 인센티브 격차, 주요 거시경제지표 약화 등은 오늘날 고수익 기업 채무 시장에서도 모두 나타나고 있다. 차이가 있다면 연준이 지난 7년 동안 경제를 제로금리로 회생시키려고 노력해왔다는 것 정도다.*

정크 본드와 마찬가지로 레버리지 론Leverage Loan(복수의 금융회사가 공통 조건으로 기업에 자금을 대여하는 신디케이트론syndicated loan의 한 종류—옮긴이) 역시 신용등급이 형편없는 기업이 대체로 바이아웃 자금을 조달하기 위해 발행한다. 정크 본드와 달리 레버리지 론은 변동이율을 적용한다. 심사 기준이 완화되면서 레버리지 론 시장은 채무 증액 제한 등 채권자를 보호하는 종래의 조항들을 없앤 소위 '약식대출' 형식으로 바뀌었다. 심지어 일부 레버리지 론에는 현물출자 사양까지 있었다. 이자 지급 수단으로 현금뿐 아니라 자체 어음도 가능해졌다.[14] 2018년 미지불 레버리지 론 규모는 1조 달러를 넘어섰다. 고수익 채권시장 부채와 비슷한 규모였다.

바이아웃 기업들은 레버리지 론과 정크 본드를 이용해 거래 자금을 조달했고 현금을 자사의 포트폴리오에 속한 기업들('배당 거래')에서 끌어왔으며 자신의 기업들은 경쟁 중인 사모펀드 기업에 넘겨버렸다('연쇄 사슬'). 자금 조달 조건이 느슨해진 덕에 사모펀드 기업들은 더 많은 돈을 조달해 더 많은 기업을 인수하고 레버리지를 더욱 불려

---

* 〈It's Déjà Vu All Over Again〉, p.1. 우리가 고수익 거품 '9회 말'에 들어섰다는 엘링턴의 진단은 오류로 드러났다. 2015년 말과 2016년 동요 이후 몇 달 동안 정크 본드는 사상 최고의 실적을 냈다.

나갈 수 있었다.[15] 저렴한 대출 비용과 포트폴리오 기업들이 벌어들이는 수익의 커다란 차이 덕분에 바이아웃은 계속해서 이익을 가져왔다. 사모펀드에 대출한 대출자들은 많은 이자 수입을 얻었지만, 신용 기준과 수익이 폭락하면서 자신들이 감수한 리스크에 대해서는 형편없는 보상을 받았다.[16] 수익 사냥은 근시안적인 관점, 그 이상도 이하도 아니다.

이후 투자자들은 수익성이 높은 양질의 채권에 훨씬 더 큰 욕심을 보였다. 2008년 이후 10년 동안 미국 기업들은 기록적인 양의 투자적격등급 채권을 유례없이 낮은 수익률로 발행했다. 채권 부채액이 기록적으로 높은 수준까지 치솟았기 때문이다.[17] 그레셤의 법칙이 작동해 투자등급 구간에서 가장 낮은 수준의 등급(BBB) 기업이 발행하는 채권이 확산되고, 블루칩 기업 채권(AAA)은 찾아보기 힘들어졌다.[18] 기업이 조성한 돈 대부분은 생산적 투자에 쓰이는 대신, 자사주 매입에 투입되었다(11장을 보라). 기업 채권의 캐리트레이드가 자사주 매입 캐리트레이드 자금으로 들어간 것이다. 모든 캐리트레이드 중 가장 광범위했다.

수익에 대한 맹목적인 갈증, 묻지도 따지지도 않는 욕심 때문에 빈사 상태의 서브프라임 시장이 부활했다. 옐런 의장은 주택 가격과 자동차 가격을 적정 수준으로 만들어 서민을 돕는 것이 연준의 의도라고 주장했지만 이번 비우량 대출금은 주택 구매자가 아니라 신용점수가 더 낮은 자동차 구매자들에게 들어갔다. '자동차 매출채권Auto receivable'(자동차 대출 전문기관이 만든 단기 부채증권)은 대출 채무불이행이 증가하는 상황에서도 시장을 찾아냈다.[19] 2015년 미국 내 미지불

자동차 대출금은 1조 달러를 넘어섰다. 이 중 약 5분의 1은 서브프라임 대출자들이 진 빚이었다. 대출 잔치 덕분에 자동차 판매량은 기록적으로 증가했다. 이전 10년 동안 서브프라임 신용 대출이 미국 주택 시장을 잔뜩 부풀려놓았듯이 이제는 계약 만기(대출 만기)를 맞은 자동차들이 중고차 시장에 범람했고, 결국 자동차 가격이 폭락하며 차주들은 자동차 값보다 더 많은 액수의 빚을 지게 되었다. '본말이 전도'된 것이다.*

| 듀레이션 리스크 |

수익률 곡선이 오르막길로 들어서면 만기가 긴 채권이 단기채권이나 현금보다 더 많은 수입을 제공한다. 금리가 내려가도 만기가 긴 채권은 ('듀레이션duration'이 클수록) 자본 수익을 낳는다. 채권 강세장에서는 아무리 수익률이 낮아도 장기채권은 군침 도는 수익을 보장한다. 예를 들어 2015년 말, 일본 정부는 수익률이 고작 1.4%인 40년물 채권을 발행했다. 곧이어 일본 은행이 마이너스 금리의 도래를 알리자 이 채권 가격은 3분의 1 이상 치솟았다.[20]

2008년 이후 수익률에 굶주린 투자자들은 전례 없이 큰 듀레이션을 받아들였다. 미국 은행들은 이자를 조금이라도 더 벌고자 증권 포트폴리오의 듀레이션을 확대했다.[21] 심지어 중앙은행들조차 수익률

---

* 중고차 시장은 코로나 사태로 중고차 수요가 급증하며 구제받았다. 2021년 4월, 미국 중고차 가격 동향을 나타내는 만하임 지수Manheim Index는 지난 12개월보다 무려 54%나 증가했다.

을 추구했다. 2016년 중앙은행 자산 관리자들을 조사한 자료에 따르면 여러 중앙은행이 증권 포트폴리오 듀레이션을 연장했고, 추가 수익을 위해 자산유동화증권을 매입했다.[22]

듀레이션은 심지어 수익률이 마이너스인 채권 소유주에게도 이익이었다. 2016년 여름, 12조 달러 상당의 채권이 이런 채권이었다.[23] 일본 정부의 30년물 채권 상환 이율이 마이너스로 돌아섰을 때 도쿄의 한 보험사 간부는 "수익률은 중요하지 않다"라고 선언했다.[24] 그렇게까지 제정신이 아닌 의견은 아니었다. 채권 소유자들이 어떤 손실을 경험하건 금리가 하락하면서 자본 수익이 날 것이라는 기대감이 손실을 상쇄하고도 남았기 때문이다. 일본이 마이너스 금리를 수용하면서 정부 채권은 수십 년 만에 최고 수익률을 내고 있었다. 향후 채권 금리가 낮아지리라는 전망이 있었지만, 금리가 마이너스의 늪으로 더 깊이 빠져들면서 오히려 채권 구매 수요만 더 늘어났다. 이런 상황에서 투자자들은 자본 소득을 얻으려면 마이너스 수익을 내는 채권을 사고, 소득을 위해서는 주식을 사야 한다는 말을 (다소 정색하고) 할 수 있었다.

그러는 동안 정부는 듀레이션 열풍을 이용해 자기 대출 장부의 채권 만기를 더 연장했다. 프랑스 국채 운영자는 "원하는 상품을 시장에 공급할 수 있어 만족한다"라고 말했다.[25] 2015년 아일랜드와 벨기에 두 나라는 100년물 채권을 발행했다.[26] 독일 제약사 바이엘과 프랑스 전력사 EDF를 포함한 수많은 민간 기업 역시 100년물 회사채를 발행했다.[27] 스캔들로 얼룩진 브라질 정유기업 페트로브라스는 22세기에 상환을 약속한 채권을 발행했는데도 투자자 수요는 어마어마했다. 늘 국가 부채 위기를 목전에 두었던 이탈리아는 50년물 채권을 3%도 안 되는 수익률로 발행했는데도 신청자가 예상을 초과하여 몰려들었다. 당시 이탈리아의 단기채권 수익률은 마이너스를 기록하고 있었다.

듀레이션은 채권 강세시장에서 수익을 낼 수 있지만, 그 자체가 리스크 요인이다. 금리가 오르면 장기채권 소유자들이 가장 큰 피해를 보기 때문이다. 2008년 이후 듀레이션이 길어지고 전 세계 채권시장 규모가 팽창하면서 고정소득 투자자들의 총손실 리스크 역시 크게 증가했다. 수조 달러어치 채권이 마이너스 수익률로 거래되는 상황에서 금리가 예기치 않게 상승하자 채권 소유자들은 어마어마한 손실을 겪었다. 골드만삭스에 따르면 전 세계 기업 채권의 총 듀레이션은 2006년에서 2016년 사이 두 배로 늘었다. 2016년《블룸버그》추산에 따르면 금리가 0.5%p만 올라도 고정소득 시장(채권시장)의 손실은 1조 6000억 달러가 발생한다.[28] 채권시장의 혼란은 버핏이 금융계의 대량 살상 무기라고 불렀던 금융 파생상품 시장에 잠재적 위협이었다. 파생상품의 명목 리스크 노출 금액은 1000조 달러로 추정되었다. 그 대부분은 금리 계약에 묶여 있었다.

2020년 들어 채권시장은 여러 면에서 거품의 징후가 발견되었다. 비정상적 가치 산정, 투자자들 사이에서 만연한 이번에는 다르겠지 하는 생각, 지속적인 중앙은행 개입으로 인한 도덕적 해이, 그리고 손실 가능성을 보지 못한 투자자들의 근시안적 태도가 팽배해 있었다. 고정소득 투자(채권 투자)의 리스크를 경계하고 충분한 이자 보상 형태로 투자자를 보호해야 할 의무가 있는 채권 자경단은 매장당했다.

새 천 년의 채권 투자자보다 더 무력한 자본가는 역사에 없었다. 그게 아니라면 스위스 30년물 채권이 마이너스 금리를 제공하고, 유럽이 부채 위기에서 빠져나온 지 고작 몇 달 만에 유로존 국채가 '마이너스 안전 투자처'라고 불리는 현상을 어떻게 설명할 수 있겠는가?[29]

2016년《그랜트 인터레스트 레이트 옵서버Grant's Interest Rate Observer》 여름 호에서 편집자 그랜트는 "명목화폐로 표시된 채권 수익률이 마이너스인데도 채권을 '안전' 자산이라고 생각하는 통념은《대중의 미망과 광기Extraordinary Popular Delusions and the Madness of Crowds》새 판에서 말하는 편견 중 하나"라고 주장했다.[30] 헤지펀드 매니저 싱어 역시 그보다 한 달 전 이런 사태가 '세계 역사상 가장 큰 채권 버블'이라고 주장했다.[31] 그린스펀도 같은 의견이었다. 그는 2017년 7월《블룸버그》에서 "어떤 기준으로 보아도 실질 장기 이자율이 지나치게 낮기에 이대로 지속될 수 없다. 이제 우리는 주가가 아니라 채권 가격 버블을 겪고 있다"라고 주장했다.[32] 하지만 이 거장은 뭘 알고 이런 소리를 한 것일까? 그는 연준에 그토록 오래 몸 담고도 임기 동안 단 하나의 버블도 알아채지 못했다. 그의 뒤를 잇는 후임자들과 중앙은행 동료들이 계속 금리를 마이너스로 돌리는 한, 그리고 인플레이션이 목전에 있는 한, 고정소득 채권은 살 수밖에 없는 상품이었다.

| 유동성 리스크 |

케인스는 이자의 존재 이유를 저축자들에게 뇌물을 주어 안전하게 보유하고 있던 현금을 포기하게 만들려는 용도라고 생각했다. 그는

는《일반이론》에서 "이자율은 명시한 기간 유동성과 결별하는 데 대한 보상이다"라고 썼다.[33] 앞서 살펴본 대로 이자가 사람들이 돈을 비축하지 못하게 막았다는 통념은 17세기까지 거슬러 올라간다. 유동성은 현대 채권시장에서도 여전히 가치가 있다고 여겨진다. 따라서 유동성이 떨어지는 채권('오프더런off the run' 채권)은 대개 10년물 국채 같은 지표 채권benchmark bonds보다 더 높은 수익률을 책정한다.

그러나 금리가 아주 낮은 수준까지 떨어지면 투자자들은 적은 이익만 남길 수 있어도 자연스레 유동성을 포기한다. 그린스펀의 '이지머니' 정권 동안 사람들의 돈은 자산유동화 증권과 유동성이 떨어지는 다른 '그림자 금융' 상품으로 쏟아져 들어갔다. 서브프라임 위기로 레버리지 거래를 했던 쪽에서 신속히 거래를 종결하고 보유액을 청산하면서 '현금 쏠림 수요dash for cash'가 발생했기 때문이다. 유동성이 낮은 증권 소유주들은 이에 따라 어마어마한 손실을 보았다. 여러 해동안 스팀롤러가 굴러오는데도 동전 몇 닢이라도 줍겠다며 캐리트레이드에 매진한 사람들은 결국 스팀롤러에 깔려 납작해져버렸다.

이런 뼈아픈 손실이 월가의 집단 기억에 깊이 각인되었으리라 생각할 수도 있다. 하지만 초저금리는 투자자들의 건망증을 되살려냈다. 2008년 이후 새로운 그림자 금융 시스템이 부상했다. 이 시스템은 이미 자취를 감춘 전 모델과 공통점이 아주 많았다. 대출채권담보부증권collateralized loan obligation, CLO(서브프라임 대출을 조장하고 결국 터져버린 '유독한' CDO와 거의 똑같은 증권이다)이 날개 돋친 듯 팔렸다. '초단기' 채권 상장지수펀드exchange-traded fund, ETF)는 수입 향상을 위한 단기 금융펀드와 은행 예금의 대안으로 부상했다.[34] 유동성이 고갈되지만 않는다면 이러한 투자처들은 현금을 대체할 만한 대안으로 대접받을 수 있었다. 금융위기 이후 10년 동안 1조 달러 넘는 금액이 신용상장지수펀드에 투자되었다.[35] 그러나 이 정도는 그림자 금융 활동의 극히 작은 부분에 지나지 않았다.[36]

투자자들은 아주 얕은 바다를 항해했다. 초단기채권 상장지수펀드와 채권펀드 거래는 투자자들의 기초자산 회전율을 넘을 정도로 매일매일 (초단기) 상환을 해주었다.[37] 그러나 새로운 은행 업무 규정으로 유동성 리스크가 악화되었다. 새 규정은 월가 기업들이 자기 자본으로 투기를 못하게 하려는 의도로 개정되었다. 하지만 이 탓에 증권거래소와 중개인들은 정부와 기업의 채권이 유통되는 시장을 만들어주는 종래의 역할을 포기할 수밖에 없었다. 이 예기치 않은 결과로 채권시장의 일간 회전율이 감소했다.[38] 자산운용사 블랙록은 2014년 기업 채권 유통시장이 무너졌다고 경고했다.

(회사채 유통시장이) 무너진 정도는 저금리와 낮은 변동성이라는 현재 환경에 가려져 보이지 않는다. 게다가 양적완화가 신용 시장에 미친 긍정적인 영향까지 겹쳐서 위기가 드러나지 않을 뿐이다. (…) 우호적이지 않은 시장 환경 때문에 하부 구조가 무너져 있다는 사실이 결국엔 드러날 것이다. 그리고 훨씬 더 낮은 유동성과 날카롭고 불연속적인 가격 악화의 가능성도 있다.[39]

지나치게 많은 투자자가 동시에 유동성이 적은 자산을 현금화하려고 들면 "공동체 전체를 위한 투자의 유동성 같은 것은 존재하지 않는다"라는 케인스의 말이 얼마나 잔혹한 진실인지 알 수 있다. 이따금씩 유동성 리스크가 겉으로 드러나기도 했다. 2015년 8월 말 중국의 위안화가 기습적으로 평가절하되자 수백 개의 초단기채권 상장지수펀드의 거래 가격은 순자산가치 미만으로 떨어지기 시작했고, 어떤 상품들은 아예 거래가 중단되었다. 그해 12월 뉴욕에 본사를 둔 펀드 매니지먼트 기업 서드애비뉴는 유동성이 적은 기업 채무와 연동된 펀드 상환을 중단했다.[40] 2018년 여름, 스위스의 유명한 투자기업 글로벌 애셋 매니지먼트가 운용하는 채권펀드 담당 매니저는 고객 자금을 불투명하고 유동성이 적은 자산에 투자했다는 사실이 밝혀지면서 면직당했다.* 유동성 문제는 이듬해 유럽의 한 자산운용사를 덮쳤다. H_2O라는 특이하면서도 부적절한 이름의 운용사였다. 이곳의 투자자들은 매일 상환을 약속받았지만, 이들의 돈은 '관측할 수 없는 투입변수'라는 꼬리표가 붙은 거래가 어려운 자산에 묶여 있었다.[41]《파이낸셜 타임스》에 따르면 이런 '비유동성에 대한 애정'의 사례는 '금리가 기록적으로 낮은 시대, 고수익에 대한 광기 어린 집착에 잠재된 함정'을 보여주었다.[42]

---

* 2018년 7월 글로벌 애셋 매니지먼트에서 절대수익 채권펀드를 운용하던 매니저 팀 헤이우드Tim Haywood가 직무 정지를 당했다(그리고 나중에는 '중대 부당행위' 혐의로 해고당했다). 펀드는 폐지되었다. 헤이우드는 자신이 맡은 펀드 자본 중 많은 액수를 인도의 철강업계 거물 산지브 굽타Sanjeev Gupta와 호주의 금융전문가 렉스 그린실Lex Greensill과 연계된 유동성 적은 채무증권에 투자했다. 그린실의 은행은 그로부터 2년도 채 되지 않아 도산했다.

| 변동성의 가격 |

유동성이 증권 가격의 변동 없이 증권을 거래할 수 있는 능력이라면 변동성은 거래 사이의 가격 변동을 측정하는 것이다. 유동성과 변동성은 반비례 관계다. 유동성이 높아지면 변동성은 감소하고, 유동성이 말라붙으면 변동성은 급상승한다. 금융이론은 변동성을 리스크의 척도로 보지만 시장 참여자들은 변동성을 불확실성의 가격이라고 이야기한다. 변동성은 또한 시장 유동성의 가격이라고도 불려왔다. 가장 흔히 인용되는 변동성 척도는 빅스VIX 지수가 제공한다. 빅스 지수는 S&P500 지수를 구성하는 개별 기업들의 옵션 가격으로 미국 주식 시장에 내재된 변동성을 계산한다.

리먼 파산의 여파로 '공포지수'로 여겨지는 빅스 지수가 기록적인 수준까지 올라갔다(90에 약간 못 미치는 정도로, 평균의 여섯 배나 되는 수준이었다). 위기 이후 몇 년간 시장 변동성은 폭락했고, 빅스 지수는 그 어느 때보다 오랫동안 낮은 추세를 유지했다. 연준은 주식 시장 변동성이 연속해서 낮아지는 가운데 세 차례에 걸친 양적완화 조치를 단행했다.[43] 이는 우연이 아니었다. 연준의 연방공개시장위원회 전 이사였던 케빈 워시Kevin Warsh에 따르면 양적완화가 "효과적인 이유는 금융 시장에서 변동성을 몰아내기 때문이다."[44] 빅스 지수를 창안한 이스라엘 금융학 교수 댄 갈라이Dan Galai는 초저금리와 시장의 초저변동성 사이의 연관성을 제시했다. 그는 빅스 지수가 2017년 9월 역대 최저치에 접근해가자 "시장 유동성의 대폭 확대는 변동성을 억압하며, 그러려면 금리가 매우 낮아야 한다. 변동성이 오랫동안 낮게 유지되는 상황은 비교적 새로운 현상이지만 아마 이는 금리가 낮기 때문에 나타났을 것이다. 금리 인하는 곧 유동성 확대를 의미하기 때문이다. 결국 유동성 확대가 변동성 감소의 원인이 된 셈이다"라고 말했다.[45]

변동성이 줄어들자 시장 거래자들은 주식 시장에서 가격이 하락한 주식을 매수하는 수익성 높은 전략으로 되돌아갔다. 연준이 뒷배가 되어주리라 확신했기 때문이다. 변동성은 새롭게 뜨거운 자산이 되었다. 거래자들은 빅스 선물을 팔았다. '변동성 매도shorting vol' 전략이었다(변동성 지수인 빅스 지수 하락에 베팅하는 것—옮긴이). 이 전략은 시장의 변동성이 진정세를 유지하는 한 수익을 가져다주었다.* 결과적으로 변동성 판매자들은 다른 캐리트레이더들에게 손실을 막아주겠다고 약속했다. 캐리트레이드 중의 캐리트레이드라 할 수 있는 변동성 판매는 수익성이 높았다. 글로벌 투자은행 크레딧스위스가 주관하는 펀드로 변동성 선물을 팔았는데, 약어로 XIV라는 이름(VIX를 뒤집은 것이다)의 이 펀드는 2010년 말 판매를 시작해 2018년 초까지 무려 11배나 가격이 올랐다.

IMF는 (2017년) 변동성 타기팅 전략에 5000억 달러가량이 운용되었다고 추산했고, 낮은 변동성 체제로 인해 투자자들은 더 많은 레버리지에 의지할 것이라고 경고했다.[46] 달리오의 브리지워터 어소시에이츠를 비롯한 헤지펀드사들은 수천억 달러를 모아 '리스크 균형risk

---

* 대체로 이 시기 동안 빅스 선물 거래 곡선은 가파른 상승세를 이어갔다. 이는 시장이 가까운 미래에 위험한 충격을 받으리라 예상한다는 징조였다. 변동성을 파는 거래자들은 선물을 팔고 '수익 곡선을 타서' 이득을 보았다. Christopher Cole, 〈Volatility and the Alchemy of Risk〉(Artemis Capital: Oct 2017)을 보라.

parity'이라는 전략을 실행했다. 변동성이 적은 자산을 레버리지 삼아 채권과 주식과 다른 자산을 과거 변동성을 근거로 나누어 투자하는 전략이다. 생명보험사들은 거액의 원금 보호 변동성 연금 상품을 팔았다. 가입자들에게 주식 연계 수익을 보장하고, 주식 시장이 폭락할 때도 보호하겠다고 약속한 것이다[47](보험사들은 주가가 오를 때 주식을 샀다 떨어질 때 팔아서 시장 노출을 피했다). 이 복잡한 투자 전략은 포트폴리오보험portfolio insurance(시장가격이 불리할 경우 포트폴리오 가치가 일정 수준 아래로 하락하는 것을 방지하며, 시장가격이 유리할 때는 포트폴리오 가치도 동반 상승하도록 하는 투자 전략의 총칭—옮긴이)과 공통점이 많았다. 이 프로그램 판매(주식 매매 시 다수 종목을 미리 정해진 컴퓨터 프로그램에 따라 일시에 거래하는 것—옮긴이)는 1987년 10월 주가 대폭락(일명 '블랙먼데이'—옮긴이)의 도화선이 되었다.[48]

2018년 2월 5일 빅스 지수가 약간 상승하자 변동성 상품 판매자들은 보유액 리스크를 조정했다. 변동성 보호 상품을 앞다투어 사려는 움직임 때문에 변동성이 더 높아졌고 손실과 유동화의 악순환이 되풀이되었다. 단 하루 만에 빅스 지수는 두 배로 뛰었다. 공식적으로 가장 높은 상승률이었다. 크레딧스위스의 상장지수펀드 가격은 97% 떨어졌고 급기야 '유동화 사태'가 터졌다. 투자자들은 비현실적으로 높았던 수익을 모조리 잃었다. 미국 주식은 수년 만에 가장 큰 낙폭으로 하락했고, 결국 시가총액에서 약 1조 달러가 증발했지만 (…) 보통 사람들이 생계를 꾸려가는 메인 스트리트에서는 아무런 일도 일어나지 않았다. '볼마게돈Volmageddon'(변동성이 초래한 대폭락—옮긴이)은 '매트릭스'(워쇼스키 형제의 가상현실을 다룬 영화—옮긴이)의 작은 결함으로 판명되었다. 그날 하루 증발한 부는 실세계에서는 어떤 대응물도 없는 가상의 부였다.

| 콩깍지 |

중앙은행은 수익 사냥과 채권시장 버블, 신용 증가, 듀레이션, 유동성과 변동성 리스크에 대해 예상대로 부인하고 거부했다. 그들의 이론 모델에 따르면 중앙은행의 통화 정책에 따른 투자자들의 리스크에 대한 인식은 달라지지 않았다. 그러나 현실에서 이러한 주장은 억지에 불과해 보였다. 연준은 자신의 모든 권한을 이용해 투자자들에게 더 큰 리스크를 감수하라고 유도했기 때문이다. 버냉키 의장은 이론상으로는 통하지 않는 양적완화가 실제로 통했다는 시답잖은 농담으로 궁지를 빠져나갔다.

중앙은행장들은 장기금리 폭락이 자신들의 책임이라는 사실을 인정하려 들지 않았다. 통화 정책 입안자들 사이에서 호응을 얻은 세속적 정체 내러티브 하나는 장기 금리 폭락이 '리스크가 없는' 채권 수요가 공급을 앞질렀기 때문에 발생했다고 주장하기도 했다. 겉으로 보기에 2008년 이후 금융계는 신중함이 지나쳐 고통을 받는다는 말이었다. 하지만 월가를 대충 보기만 해도 투자자들의 행태는 지나치게 신중하기는커녕 리스크에 지나치게 관대했다. 투자 적격 등급 채권이 수요가 많아 공급이 부족했다는 설명을 따져보자. 미국 국채가 위기 이후 10년 동안 두 배로 증가한 것은 사실이다. 그러나 국채의 공급이 부족했다면 그 이유는 연준(그리고 다른 중앙은행들)이 지나치게 많은 채권을 낚아채갔기 때문이다.

2014년 래리 서머스는 위기 이후, 완전고용과 일치했던 금리가 금융 안정성과 일치하는 것은 아니라고 말했다.* 노련한 시장 분석 전문가들은 광적으로 수익을 추구하는 원인이 초저금리이며, 금융 리스크 가격이 잘못 매겨졌다고 확신했다. 빌 그로스는 "예전에 (…) 투자자들이 이토록 낮은 수익에 이토록 높은 값을 지불한 적은 한 번도 없다"라고 썼다.[49] 제임스 그랜트는 "연준의 제로금리 정책과 통화팽창 정책은 의도적으로 투자자에게 단기 실질금리가 플러스였을 때 추구했을 만한 것보다 훨씬 더 큰 리스크를 무릅쓰게 만들었다"라고 평했다. 그랜트는 저금리를 '술에 취한 후 눈에 씐 콩깍지'에 비유했다. 투자자들이 저금리라는 콩깍지 때문에 금융 리스크를 보지 못한다는 것이었다.[50] 아르테미스캐피털의 창립자 크리스토퍼 콜Christopher Cole은 통화 정책 입안자들은 미래의 투자 수익은 현재로 가져오고 현재의 금융 리스크는 미래로 미뤘다고 말했다.[51]

공정하게 말하자면 일부 중앙은행장은 통화 정책이 투자자들의 행동에 끼치는 영향에 관해 우려를 표하기도 했다. 2013년 2월, 하버드 경제학자이자 연준 이사로도 재직했던 제러미 스타인Jeremy Stein은 기념비적인 연설에서 통화 환경 변화가 리스크 감수 행동을 바꾸어놓

---

* 완전고용과 어울리는 금리가 금융안정과는 어울리지 않았다는 서머스의 주장은 머빈 킹의 '정책의 역설'과 비슷하다(13장 참조). 두 사람 모두 경제와 금융 시스템은 균형과 거리가 멀다는 것을 암묵적으로 시사한다는 점에서 그러하다. 서머스는 더 나아가 "낮은 명목금리 및 실질금리는 여러 모로 금융 안정성을 해친다. 낮은 금리는 투자자들이 수익을 좇아 더 큰 리스크를 감수하게 하고 채권 이자의 의무 비율을 대폭 낮춰 무책임한 대출을 부추기며, 예상되는 성장률에 비해 수익률이 낮아 보이면서 폰지 사기를 더 매력적인 투자로 보이게 만든다"라고 말한다. Larry Summers, 〈Reflections on the New Secular Stagnation Hypothesis〉, 《Secular Stagnatio, Facts, Causes and Cures》(London: 2014), pp.32~33.

았다고 시사했다. 스타인은 약식대출 확산, 현물출자 채권과 바이아 웃에서 레버리지 상승 등의 변화를 언급했다. 그는 "지금처럼 오래 지 속되고 있는 저금리 환경은 듀레이션을 확장하고 신용 리스크를 감 수하게 하며, 레버리지를 늘려 '수익을 얻으려고' 노력하게 만든다" 라고 말했다. 그러고는 저금리 탓에 투자 소득 수요를 충족시키기 위 한 새로운 금융 상품 개발에 속도가 붙었다고 덧붙였다.* 스타인에 따르면 규제는 아무 문제 없었지만, 통화 정책은 "틈새란 틈새는 모 조리 스며 들어간다." 스타인이 훗날 지적한 바에 따르면, 시장에 공 포를 주지 않기 위해 찔끔찔끔 금리를 올리는 연준의 소위 '베이비 스 텝' 정책은 역효과만 냈다. 중앙은행의 정책을 예측한 금융업자들은 레버리지를 더 늘렸다. 연준이 월가에 앓는 소리를 해댈수록 월가는 더욱 신중해졌고 결국 이자율은 더 떨어졌다.[52]

2016년 댈러스 연준은 규제 없는 그림자 금융의 재출현을 경고했 고, 보스턴 연준 의장은 미국 상업용 부동산 시장이 "수요와 공급의 거 시경제지표가 아니라, 연준과 외국 중앙은행이 초래한 낮은 수익 체제 에서 앞다퉈 수익을 좇는 행태 때문에 들썩이고 있다"고 말했다.[53] 리 면 파산 10주년이 다가오면서 IMF는 레버리지 론, 신용 기준 하락과 복잡한 채무 증권화 부활에 '경종을 울렸다.'[54] 그러나 이런 경고는 단 하나도 실질적 조치로 이어지지 않았다. 중앙은행장들 사이에서 금 리 정책은 여전히 인플레이션 타기팅을 지향해야 하고, 금융계 보호

---

* 스타인에 따르면 "저금리로 인해 시장 행위자들은 보이지 않는 리스크를 감수할 동기가 생기고, 이 러한 리스크 수요 때문에 혁신이 촉발된다." Jeremy Stein, 〈Overheating in Credit Markets: Origins, Measurement, and Policy Responses〉(7 Feb 2013, speech at the Federal Reserve Board)

는 규제 당국에 맡기자는 것이 보편적인 지혜로 받아들여졌다.

글로벌 금융위기의 결과, 규제가 큰 폭으로 늘어났다. 2010년 제정한 도드-프랭크 법Dodd-Frank Act(미국이 글로벌 금융위기로 나타난 문제점을 해결하기 위해 제정한 금융개혁법—옮긴이) 규정들은 수만 페이지가 넘는다. 잉글랜드 은행의 수석 경제학자 홀데인의 평대로 "도드-프랭크 법에 비하면 (대공황 시대 획기적인 규제 관련 법률로 37쪽짜리 규정을 담고 있는) 글래스-스티걸 법Glass-Steagall Act은 목청 가다듬기에 불과해 보일 지경이다." 한편 유럽이 계획한 새로운 규제들은 도드-프랭크 법의 두 배가 넘는 내용을 담고 있는 것으로 추정되었다.[55] 바젤은행감독위원회(바젤위원회Basel Committee)가 마련한 국제 은행 규정 또한 엄청나게 늘어났다. 1988년에 나온 바젤 협약은 30쪽에 불과했지만 2011년 개혁안은 616쪽에 달했다. 그랜트는 "중앙은행들은 돈을 찍어내는 것만큼 빠르게 규정을 찍어내고 있다"라고 비아냥거렸다.

규제가 많다는 것은 그만큼 규제자도 많다는 의미다. 옛날 옛적 시티오브런던City of London(런던의 금융 중심지를 따로 이르는 말—옮긴이)은 잉글랜드 은행 총재의 눈꼬리에 지배를 받았다.* 심지어 1970년대가 되어서도 이 바느질거리의 노부인Old Lady of Threadneedle Street(잉글랜드 은행의 별칭—옮긴이)은 80명 미만의 규제 인력—시티오브런던에서 일하는 직원 1만 1,000명당 한 명꼴—을 고용했다. 2008년 금융위

---

* 《The City of London》(vol.Ⅲ, p.391). 데이비드 카이너스턴David Kynaston은 1936년 11월 잉글랜드 은행에서 열린 런던청산은행가위원회Committee of London Clearing Bankers의 회의 장면을 묘사한다. 당시 총재였던 노먼은 눈썹을 치켜올렸다. "노먼은 최근 증권거래소의 가격 상승과 과잉투기 존재 가능성을 언급했다. 그는 당분간 조치를 취할 필요는 없다고 생각하지만, 은행가들에게 상황을 예의주시하고 한두 달 후 자신에게 보고하라고 요청했다."

기 이후 영국에서 금융 관련 종사자와 금융 규제 담당자 간의 비율은 300대 1까지 떨어졌다. 미국에서도 규제 인력 상황은 비슷했다. 미국의 대형 은행들은 수백억 달러의 비용을 들여 수천 명의 준법감시인compliance officer(기업이 관련 법규를 제대로 지키는지 또는 대주주의 여신을 심사하고 계열사를 부당 지원하지는 않는지를 감시하는 회사 내 직원—옮긴이)을 채용해 금융 규제 증대에 발맞추려 했다.*

위기 이후의 규제가 원래 의도했던 바대로 금융 시스템을 위험으로부터 보호한다는 목적을 달성할 가능성은 전혀 없었다. 영악한 금융업자는 늘 규정에서 허점을 찾아내기 때문이다. 1장에서 살펴본 대로 규제 차익 추구 행위는 바빌로니아 시대 이후 계속 존재해왔다. 규제가 얼마나 광범위하건, 규제 담당자가 몇 명이건 상관없이 당국은 절대로 모든 회피 전략을 예상하고 통제할 수 있을 만큼 충분한 정보를 모으지 못한다.** 이것이 바로 중앙 부서 계획이 갖는 핵심 문제다. 초저금리 체제 탓에 규제 당국의 과제는 훨씬 더 다루기 힘들어졌다. 보리오의 지적대로 통화 정책과 '거시건전성macroprudential' 규제라는 거창한 이름의 정책은 반대 방향으로 움직였다. 레버리지 이율이 내려가면 차입 양은 증가하고, 월가는 규제를 회피하면서 수익을 조금이라도 더 내려고 노력한다.[56]

---

* 2014년 JP 모건체이스 은행은 40억 달러를 들여 1만 3,000명의 준법감시인을 더 뽑겠다고 발표했다. 2014년 말, 시티그룹은 3만 명 이상의 준법감시인을 뽑을 것으로 예상되었다. Sital Patel, 〈Citi Will Have Almost 30,000 Employees in Compliance by Year-End〉, 《Market Watch》(14 Jul 2014).

** 민스키의 말대로 금융 혁신 대부분은 과거 위기 이후 자리 잡은 규제를 피하려는 목적이었다. 이런 면에서 금융 규제는 마지노선Maginot Line과 닮은 데가 있다. 제1차 세계대전 이후 프랑스군이 만든 마지노선은 독일 침공을 막는 보호막 역할을 해야 했다. 그러나 제2차 세계대전에서 독일군은 이 거대한 요새를 간단히 우회해 난공불락이라고 생각한 아르덴 숲을 통해 프랑스를 침공했다.

따라서 2008년 이후 초저금리와 다른 통화 혁신 정책들은 레버리지 증가, 채무를 이용한 합병 호황과 (대부분은 이런저런 형태의 '변동성 판매'를 포함하는) 수많은 캐리트레이드를 유발했다. 수익에 대한 욕망은 심사 기준의 붕괴, 규제를 덜 받는 '그림자 금융'의 부활로 이어졌다. 규제 차익은 넘쳐났다. 스위스에서는 새로운 규제로 은행 담보 범위를 제한하자 건설사들이 나서서 주택 대출을 제공했다.[57] 2017년 영국의 주요 금융 규제 담당관은 영국 은행들의 '순전한 규제 차익'이라 부를 만한 사례를 여럿 확인해주면서도 잉글랜드 은행의 통화 정책이 규제를 회피하려는 강한 동기를 제공했다는 언급은 피해 갔다.[58]

홀데인이 발견한 문제는 하나가 더 있다. 그에 따르면 금융 규제는 시스템 리스크는 줄이지 않고, 리스크 발생 장소에만 영향을 끼쳤다. 홀데인은 저축이 규제가 많아진 은행 시스템을 떠나 신용 시장으로 들어갔다고 지적했다. 그에 따르면 "리스크는 에너지와 같아서 보존될 뿐 사라지지 않는다. 구조만 바뀔 뿐 양은 그대로다." 따라서 "금융 시스템은 현재 뮤추얼 펀드의 대차대조표에서 비롯되는 (…) 새로운 유형의 시스템 리스크를 보일 수 있다."[59]

홀데인은 문제를 제대로 짚었지만 과소평가했다. 리스크의 양은 모든 조건에서 똑같이 유지되지 않는다. 배젓과 여러 현대 연구 결과에서 나타나듯 초저금리는 투자자들에게 더 많은 리스크를 감수하게 했다. 초저금리와 중앙은행들의 머니 프린팅은 시장의 변동성은 눌러놓았을지 모르지만 민스키의 지적대로 (그리고 최근의 서브프라임 위기 경험이 확인해주듯) 금융 안정성을 떨어뜨린다. 우리는 보험료가 너무 낮게 책정되면 사람들이 범람원에 집을 짓는다는 것을 배웠다. 시장 변동성이 있을 때마다 개입하고 갈리아니의 '보험 가격'을 0에 가까울 만큼 낮게 책정했던 행동주의적인 중앙은행들은 월가의 행태에 마찬가지로 악영향을 끼쳤다.

규제라는 난제를 해결하는 방책이 딱 하나 있다. 금리 인상과 덜 관대한 통화 정책이다. 불행히도 스타인이 똑똑히 지적했던, 통화 정책이 "틈새란 틈새는 모조리 스며 들어간다"라는 말은 정책 입안자들에게는 그저 소 귀에 경 읽기였다. 게다가 그 말을 꺼낸 2013년 2월 당시 상황은 이미 손을 쓸 수 없을 지경이었다. 수익에 대한 탐욕으로 이미 수백만 건의 캐리트레이드가 촉발되었기 때문이다. 되돌릴 수는 없었다. 통화 정책 입안자들은 자신들의 조치를 거두어들이면 다시 금융 불안을 초래하지 않을지 두려웠다. 연준이 2015년 말부터 천천히 금리를 올리기 시작하면서, 볼마게돈은 캐리트레이드를 깨끗하게 처리하지 못할 때 얼마나 큰 해악이 닥칠 수 있는지 보여주었다. 결국 저금리는 더 큰 리스크로 이어졌고, 상존하는 금융 취약성은 계속 저금리를 요구했다.

16장

녹슬어가는 돈

금융위기의 가장 큰 아이러니는 신용이 지나쳐 대출과 지출이 크게 늘어 금융위기가 닥치는데도 해결 방법 또한 신용과 대출과 지출 증가뿐이라는 점이다.

– 래리 서머스, 20111[1]

그들(중앙은행)은 초저 명목 수익이 총수요를 줄이고 금융 불안, 은행 도산, '좀비화'와 경제 활력 감소를 초래할 가능성을 고려하지 않는 것인가?

– 래리 서머스, 2019[2]

| 역금리 |

경제학자들은 물리학에 대한 질투심을 비유로 드러낸다. 2014년 초 잉글랜드 은행 총재 마크 카니Mark Carney는 "물리학에서 행성의 중력 탈출속도란 행성이 중력을 벗어나는 데 필요한 속도를 가리킨다. 경제에서 탈출속도란 경제가 금융위기 이후 수많은 역풍에서 벗어나는 데 필요한 추진력이다"라고 말했다.[3] 카니는 이 말로 정책금리를 제로에 가깝게 유지하는 잉글랜드 은행의 방침을 정당화하려 했다. 사실은 카니가 (2020년 은퇴할 때까지) 총재로 재직하던 당시 영국 경제는 단 한 번도 탈출속도에 도달하지 못했다.

리먼 위기 이후 파격적인 통화 정책들은 이득보다 해악을 더 많이 끼쳤을까? 핌코의 '채권왕' 그로스는 그렇다고 생각했다. 그는 과학적 식견을 자랑하기라도 하듯 뉴턴 물리학이 빛의 속도에 이르면 맥을 못추고 무너지듯, 시장경제 또한 금리가 실효하한zero lower bound까지 접근하면 기능을 멈춘다고 말했다.[4] 하버드 경제학자 케네스 로고프Kenneth Rogoff는 이 주제를 깊이 파고들었다.

> 물리학의 정상 법칙도 물체가 블랙홀에 접근할 때는 뒤집히는 것처럼(더 정확히 말해 정상 법칙이 기이한 결과를 도출하는 것처럼) 경제학 법칙 역시 불황에 시달리는 경제가 실효하한에 도달하면(혹은 최소한 접근하면) 뒤집히는 듯 보인다.[5]

핌코의 한 채권 매니저는 투자자들에게 보내는 편지에서 금융 시스템은 차입 금리와 대출 금리 사이에 포지티브 캐리(차입 금리가 투자 수익률보다 낮은 상태―옮긴이)가 필요하다고 설명했다. 금리가 제로일 때 머니마켓펀드는 위축될 수밖에 없고, 은행들은 대출에 이익이 없다고 판단한다. 그로스는 포지티브 캐리를 산소에 비유하며 이 '안전 캐리'가 자본주의에 꼭 필요하다고 주장한다. 금리가 제로일 때 혈액은 산소가 부족한 빈혈 상태가 되고 심지어 백혈병에 걸린다.[6]

그로스는 영국 은행 지점 폐쇄와 직원 해고, 좀비기업, 그리고 연준의 막대한 국채 매입으로 인한 금융 배관의 막힘 현상을 지적한 것이다.* 그로스는 2013년 여름 "낮은 수익과 낮은 캐리, 그리고 미래의 낮은 기대 수익은 점점 실물 경제에 부정적인 영향을 끼쳤다. (…) 실효하한 금리와 양적완화 프로그램은 해결책인 동시에 골칫거리가 되어가고 있다"라는 진단을 내렸다. 그로부터 5년 후 미국 경제학자 두 사람은 정책금리가 일정 수준 이하로 떨어질 때 은행이 겪는 손실을 모형화한 논문을 발표했다. 마커스 브루너마이어Markus Brunnermeier와 얀 코비Yann Koby는 이 정책금리가 역전되는 티핑포인트를 '금리 역전reversal interest rate'이라고 이름 붙였다(티핑포인트는 은행 시스템마다 다르지만, 이자율이 0 이상일 때 발생한다).[7]

그로스가 지적했듯 은행이 대출에 관대해지려면 대출 금리 차액이 양의 숫자, 포지티브 캐리, 포지티브 스프레드여야 한다(순이자 마진).** 은행이 대출하지 않으면 돈도 만들지 못한다. 양적완화는 자산 가격을 키웠고 신용 스프레드를 수축시켜 돈을 만들어냈지만 이렇게 찍어낸 돈은 소비자나 기업으로 가지 않고 연준 은행에 쌓였다. 2008년 연준이 초과지급준비금(중앙은행에 비축된 돈)에 이자를 지급하기 시작하면서 은행은 대출할 이유가 더 없어져버렸다. 경제 전반에 걸쳐 돈의 유통이 둔화되었다.[8] 요컨대 금리를 제로에 가깝게 유지하는 연준 정책은 물가 상승을 초래하지 않았지만 디플레이션을 연장하는 결과를 낳았다. 초저금리가 경제의 공급 측면에 역효과를 낸다는 사실은 이미 10장에서 살펴보았다. 11장에서는 저렴한 외상 매입

---

* 은행들은 '리스크 없는' 미국 국채를 레포repo라고 알려진 금융거래용 담보로 사용한다. 연준의 양적완화로 국채가 줄면서 국채를 빌려주거나 담보계약에 사용해 신용을 성장시키는 일이 불가능해졌다. Gross, 〈Wounded Hear〉, 《PIMCO Insight》(4 Jun 2013)를 보라.

** 사람들이 돈을 빌려주도록 하는 데 이자가 필요하다는 사실은 초창기 경제학자들의 입장이기도 했다. 상인이자 경제학자였던 노스 경은 1690년대에 이미 "높은 이자는 돈을 금고에서 나와 상거래로 흘러 들어가게 한다. 반면 낮은 이자는 돈을 금고로 다시 불러들인다"라고 썼다.

으로 인해 기업들이 더 긴 공급망을 만들고, 이것이 거래 물품 가격을 떨어뜨리는 과정을 살펴보았다. 좀비기업 확산은 디플레이션 압력을 더욱 가중시켰다.* 많은 기업이 만성적인 과잉설비 문제에 봉착했다. 2008년 이후 미국 내 기업 부채는 치솟았지만, 대출의 대부분은 (자사주 매입이건 레버리지 매수건) 금융이 목적이었다(11장 참조). 저금리는 인수합병 붐을 부채질했고, 결국 경쟁 압력이 줄어들어 독과점을 키우는 결과를 낳았다. 좀비기업과 독점기업과 금융화를 거친 기업 들은 투자를 줄이는 경향이 있기에, 결국 이들은 경제의 잠재적인 성장 역량을 낮췄다. 초저금리는 수요 측면에서도 경제 건전성을 잠식했다. 소비자 지출을 미래에서 현재로 끌고 오는 것은 나쁘지 않지만, 장기적으로 부채가 많고 저축이 불충분한 가구들은 미래에 쓸 돈이 줄어들 수밖에 없다. 2008년 이후 바로 이런 일이 일어났다. 당시 미국과 영국의 가구들은 신용 팽창기 동안 체결했던 과잉부채 일부를 갚기 시작했다.** 가계 재정 악화는 치솟는 주식 시장과 다른 자산 가격 거품으로 어느 정도 은폐된 면이 있다. 그러나 13장에서 논했듯, 저금리 체제는 은퇴채무 비용을 상승시켰고, 저축 의지를 꺾고, 연금 투자 수익을 낮춤으로써 미래 소비를 위축시켰다.

---

* 좀비기업이 디플레이션에 끼치는 영향에 관해서는 Viral V. Acharya et al, ⟨Zombie Credit and (Dis-) Inflation: Evidence from Europe⟩(NBER Working Paper: May 2020)을 보라. 논문의 주장에 따르면 손실을 내는 좀비기업에 대출을 제공하면 과잉설비를 초래해 "다시 가격 인상과 상품가격을 억제하는 압력이 생겨나며 인플레이션을 낮춘다."

** 가계 부채 변화는 나라마다 달랐다. 2000년에서 2008년 사이 미국 가계 부채는 GDP 대비 25%만큼 올랐고, 이후 몇십 년 동안 20% 정도 떨어졌다. 영국 가계 부채도 비슷한 궤적을 따랐다. 양국에서 가계 부채 청산은 디플레이션으로 이어졌다. (스웨덴, 캐나다, 호주를 비롯한) 여러 선진국에서도 소비자 부채는 2008년 이후 기록적인 수준으로 올랐다(data from the BIS).

그뿐 아니라 거품으로 생긴 막대한 부는 상위 1%만이 누리고, 나머지 99%는 소득 성장 둔화, 감당할 수 없는 주택 가격과 과도한 부채로 휘청거렸다. 불평등 증가는 경제성장에 좋지 않다. 특히 2008년 이후 번성했던 기업 지대 추구에서 발생하는 '나쁜 불평등'은 더 그렇다.

　시장 변동성은 초저금리와 중앙은행의 대규모 증권 매입으로 약화됐지만, 금융 시스템은 이지 머니 장기화에 의해 약화됐다. 광적인 수익 추구는 투자자에게 더 큰 리스크를 감수하라고 부추겼고 보험사와 금융기관에는 대출 기준을 낮추도록 유도했다. 국제 캐리트레이드가 증가하며, 투자자들은 신흥시장의 고수익 부채로 몰려갔다. 위기 10년 후, 개발도상국들은 다시 한번 갈림길에 서 있다.* 초저금리가 경제와 금융 체제에 영향을 미치는 다양한 '전달 메커니즘'을 고려하면 서구 여러 나라가 탈출속도에 이르지 못한 이유도 이해할 수 있다.

　한편 파격적인 통화 정책은 경제의 추세 성장률을 줄임으로써 자연이자율을 낮추는 의도치 않은 결과를 낳았다. 연준은 이 결과에 책임을 지지 않았지만, 중앙은행들은 차차 이 사실을 깨닫게 되었다. 위기 몇 년 후 (연준 기준금리를 정하는 주체인) 연방공개시장위원회는 각 구성원의 미래의 금리 경로에 관한 예측도를 발표하기 시작했다. 연준이 '점도표dot plot'라 불렀던 이 예측도는 미국 통화 정책 입안자들이 미래의 금리 수준을 꾸준히 과대평가했음을 드러냈다. 연방공개시장위원회의 '장기' 금리 중위 예측치(정상 수준의 예상 금리)는 시간이 가면서 하향추세를 보였다.⁹

---

* 이 문제는 17장에서 논할 것이다.

| 출구는 없다 |

2009년 여름, 버냉키는 《월스트리트저널》 기고문에서 '부드럽고 시의적절한 방식'으로 긴급통화 정책을 철회하겠다고 약속했다. 약속은 지켜지지 않았다. 버냉키가 미국 중앙은행을 책임지는 한 기준금리는 꼼짝도 하지 않았다. 그린스펀의 이지 머니(1% 금리)는 고작 12개월 지속됐던 반면, 금융위기 이후 7년 동안 연준 기준금리는 제로 부근을 맴돌았다. 버냉키의 재직 기간 중에 연준의 대차대조표 역시 축소된 적이 없다. 버냉키의 《월스트리트 저널》 기고문과 그가 연준을 떠난 시기 사이 연준의 대차대조표는 거의 4조 달러나 증가했다.

'뉴 노멀'의 시대에 수익을 정상 수준까지 올리는 데 시간이 많이 걸린 이유에 대한 변명거리는 많았다. 2010년 유럽 부채위기가 터졌을 때 뉴욕 연준 총재 윌리엄 더들리William Dudley는 양적완화가 제자리를 지키고 있어야 월가를 달랠 수 있다고 주장했다.[10] 따라서 자산 매입은 계속되었다. (2010년 11월에 시작된) 1차 양적완화는 2차 양적완화로 이어졌다. 2011년 9월, 연준은 '오퍼레이션 트위스트Operation Twist'(기준금리를 조절하지 않고 장기채권 수익률을 조절해 인플레이션 유발 공포를 완화하려는 조치—옮긴이)를 시작했다. 연준이 단기채권을 팔아 장기국채를 매입하는 조치였다. 그런 다음 다시 (2012년 9월) 3차 양적완화가 단행되었다. 버냉키는 연방공개위원회 회의 이후 기자회견을 열어 미래 금리 조치에 대한 '포워드 가이던스forward guidance'(중앙은행의 미래 정책 방향을 미리 알려 시장의 예측 가능성을 높이는 커뮤니케이션 수단—옮긴이)를 제공하기 시작했다. 향후 저금리 유지와 장기채권 매입

계획을 알리면서 연준은 장기금리를 계속해서 내리겠다는 의도를 비쳤다.[11]

케인스는 주식 투자를 카드 게임이나 의자 앉기 게임 같은 아이들의 놀이에 빗대어 말한 것으로 유명하다. 21세기 중앙은행 업무는 눈치를 살피며 아이 앞에서 얼굴을 가렸다 내보이는 까꿍놀이와 닮았다. 중앙은행이 얼마나 배짱 있게 더 멀리까지 움직일지 결정하는 요인은 약물 과잉과 과대평가, 과잉 레버리지에 더해 유동성이 점점 더 떨어지는 금융 시장이었다. 시장은 연준의 기준이 마음에 들지 않을 때마다 '우우' 하고 야유를 보낼 준비가 되어 있었다. 2013년 6월 긴축발작 이후 세인트루이스 연준 총재 (그리고 연방공개시장위원회 위원) 제임스 불러드James Bullard는 향후 양적완화 조치는 '열린 결말'로 내버려두어야 한다고 말했다.* 불러드는 전직 연준 '매파'로 양적완화 같은 극단적인 통화 정책에 우려를 표하던 인물이다. 이 시점에서는 비둘기파가 연준을 장악했고 매파는 멸종 위기에 처해 있었다.

시장의 돌풍이 다시 발생한 것은 2015년 여름이었다. 연준은 리먼 파산 이후 처음으로 금리를 올리겠다고 밝혔다. 그리고 아주 미미한 수치나마 계속해서 금리 인상 정책을 시행한 이후, 미국 주식 시장은 2018년 초 돌연 변동을 맞이하고 그해 말부터 가파른 하락세를 이어갔다. 이 시점에서 연준은 더는 대차대조표를 축소하지 않겠다고 발표했다. 계획을 포기한 셈이다. 2019년 8월 연준 기금금리는 다시 내려갔다. 다음 달 9월, 연준은 월가가 증권을 담보로 현금을 조달하

---

* 긴축발작taper tantrum에 대해서는 17장에서 더 상세히 논하기로 한다.

는 '레포' 시장을 돕기 위해 증권을 사들이기 시작했다. 연준 금리는 2.5%에서 최고점을 기록했다. 과거 순환 주기에서 가장 높은 수준의 절반도 못 미치는 수준이었다.

전 세계적으로 정책금리는 세계 기축통화국인 미국이 설정한 쪽으로 수렴했다. 개별 중앙은행이 금리를 정상화하려는 시도들은 항상 좌절되었다. 예를 들어 오스트레일리아 준비은행은 2010년 10월 금리를 4.75%로 올렸고 이 수준을 1년 조금 넘게 유지했지만, 결국 점차 낮추었다. 노르웨이는 오스트레일리아를 따라 소심하게 금리를 인상한 후 다시 내리는 쪽으로 조정해야 했다. 장 클로드 트리셰Jean-Claude Trichet하의 ECB는 유로존 위기 한가운데서 금리를 올렸고, 2011년 다시 두 번에 걸쳐 금리 인상을 단행했지만, 그해 말에 기조를 바꾸었다. 저금리는 확실하게 더 저금리를 낳았다.

통화 완화 정책 기조를 안정적으로 유지하는 하나의 방법은 골대를 옮기는 것이었다. 원래 양적완화는 패닉 시기 금융 시장 질서를 회복하기 위해 만든 정책이었다. 배젓이 말한 '최후의 대출자'의 현대적 확장판인 셈이다(물론 현대의 중앙은행에는 빅토리아 시대의 규제가 없다). 하지만 2012년 9월 연준이 3차 양적완화에 돌입하며 제시한 근거는 취업 시장을 돕겠다는 것이었다.* 실업률 자체도 움직이는 표적으로 드러났다. 연준의 포워드 가이던스는 원래 통화 정책 정상화 문턱으로 실업률 6.5%를 설정했다. 그러나 2015년 막상 실업률이 6.5%에

---

* 3차 양적완화에 대해 연준은 "충분한 정책 조정 없이는 경제성장이 노동시장을 계속해서 개선할 만큼 강력하지 못할 수 있다"라는 논거를 제시했다. 〈Federal Reserve Issues FOMC Statement〉 (Federal Reserve Board: 12 Dec 2012).

도달하자 연방공개시장위원회는 '자연실업률' 하락을 근거로 통화 정책 정상화를 더 미루었다. 2014년 초 옐런 의장은 실효하한 금리의 리스크 때문에 금리를 제로에 가깝게 유지하는 기조를 필요 이상으로 오래 유지할 수밖에 없다고 말했다.[12] 결과적으로 옐런은 초저금리의 존재가 초저금리를 유지하는 충분한 근거라고 말한 것이다.

통화 개입은 갈수록 더욱 과감해졌다. 연준은 2008년 수천억 달러 규모의 단기국채를 매입하면서 개입을 시작했지만, 나중에는 만기가 더 긴 채권을 매입하는 쪽으로 돌아섰다. 장기금리를 낮추기 위해서였다. 담보증권을 매입함으로써 연준 역시 신용 리스크를 떠안았다. 금융위기 기억이 희미해져감에 따라 연준은 증권 매입에 더욱 박차를 가했다.[13] 볼커가 연준이 "합법적인 권한과 묵인된 권력을 남용해 오랫동안 자리 잡고 있던 중앙은행의 원칙과 관행을 깨뜨렸다"라며 개탄할 지경이었다.[14]

버냉키는 볼커의 의견에 찬성하지 않았다. 연준은 물가상승과 실업 둘 다를 고려해야 한다(연준의 세 번째 의무는 '적정 수준의 장기금리' 유지였지만 이 의무는 언급조차 되지 않았다). 훗날 드라기가 말했듯 핵심 리스크는 너무 많은 일을 하는 게 아니라 너무 일을 하지 않는 것이었다. 이 ECB 총재의 말은 일리가 있었다. 이론상 금리의 대폭 상승은 은행에 대출을 독려하고 연금 부채의 짐을 줄이는 결과를 초래할 수도 있었을 것이다. 그러나 금리 상승 조치는 궤멸을 가져올 수도 있었다. 좀비기업들과 부채가 과도한 기업들은 완전히 망할 것이다. 기업 이윤은 떨어진다. 주가와 부동산 가격도 폭락한다. 유동성이 말라붙고 변동성이 치솟으면서 월가에 패닉이 닥친다. 외환 혼란에 신흥시장의 부채위기까지 동반된다. 유로존 부채위기가 재연된다. 그리고 어디서나 공채 조달 비용이 상승한다. 금리 상승으로 닥칠 수 있는 이러한 결과들은 생각만 해도 끔찍했다. 결국 중앙은행장들은 신중해지는 쪽을 선택했다. 그러나 보리오의 예견대로 이들은 잘못된 길을 택했다.

연준은 다른 중앙은행들의 길잡이 역할을 했다. 리먼 부도 이후 양적완화 도입 시간표는 연준(2008년 11월)에서 시작되어 잉글랜드 은행(2009년 3월)으로, 연준이 자체 증권 매입을 크게 확대한 시기에 맞추어 계속해서 일본 은행(2011년 8월), ECB(2015년 1월), 그리고 스웨덴 국립은행(2015년 2월)까지 이어졌다. 잉글랜드 은행, 캐나다 은행, CEB는 연준의 포워드 가이던스도 모방했다. 2013년 4월 일본 은행이 인플레이션 타기팅을 받아들였을 당시, 버냉키의 2% 목표치가 '국제 기준'으로 간주되었다.[15] 주요 중앙은행들은 대부분 동일한 정책 툴을 채택했을 뿐 아니라, 때로는 일제히 합을 맞추어 행동하기까지 했다. 2011년 말 유럽 국가부채위기가 맹위를 떨칠 무렵 연준과 일본, 유럽, 영국, 스위스, 캐나다의 중앙은행은 "세계 금융 시스템에 유동성 공급 역량을 향상시킬 공동 조치를 취하겠다"라고 발표했다. 5년 후 이들은 다시 한번 공조를 택한 것으로 알려졌다. 이번에는 외환 대비 미국 달러화 상승을 중단시키기 위해서였다.*

날이 갈수록 연준은 다른 나라 중앙은행보다 보수적으로 보이기

---

* 2016년 2월 상하이에서 G20 회담이 열렸다. 이곳에서 최초로 국가들이 환율에 대해 긴밀히 협의한다는 내용에 합의했다. 중앙은행 간의 이 비공식 합의에 시장은 1985년 있었던 플라자 합의Plaza Accord를 따라 상하이 합의Shanghai Accord라는 이름을 붙였다. 그러나 상하이 합의는 공식적으로 확인된 바 없다. Rich Miller, 〈Shades of Plaza Accord Seen in Barrage of Stumulus after G-20〉, 《Bloomberg》(17 Mar 2016).

시작했다. 2013년 초, 연준 보유 자산은 미국 GDP의 5분의 1 수준이었다. 당시 스위스 국립은행은 스위스 GDP와 거의 비슷한 자산을 보유하고 있었다.[16] 연준의 자산매입은 국채와 양질의 담보증권에 국한되어 있었지만, 스위스 국립은행은 외국 주식도 사들이고 있었다. 2015년 이후 2년 반 동안 연준의 양적완화 프로그램은 지속되었고, 그동안 ECB와 일본 은행은 5조 달러 수준의 증권을 매입했다. 이듬해 이 두 은행은 정부들이 발행한 것보다 더 많은 국채를 사들였다.

2016년 6월 영국 국민이 국민투표로 유럽연합 탈퇴를 결정한 후 잉글랜드 은행은 해외 기업 증권을 사들이기 시작했다. 맥도날드와 애플 같은 기업 채권을 영국 중앙은행이 사들이는 조치가 정확히 어떤 식으로 영국 경제에 도움이 되는지는 명확히 설명되지 않았다.* 이듬해 초 세계 최고 중앙은행들은 그 어느 때보다 더 많은 증권을 사들이고 있었다. 그랜트는 "급진적인 통화 조치는 또 다른 급진적인 조치로 이어진다. 하지만 더 많이 시도할수록 성공 확률은 낮아진다. 성공 확률이 낮아질수록 더 많은 시도를 한다. '출구'는 없다"라고 평했다.[17]

모든 통화 혁신을 워싱턴 DC에서 고안하지는 않았다. 잉글랜드 은행은 '신용완화'라는 방법을 고안했다. ECB는 '장기 재융자 사업', '증권시장 프로그램', '전면적 통화거래' 등의 조치를 만들었다. 덴마크와 스위스의 중앙은행은 '화폐 페그currency pegs'로 새로 찍어낸 돈을 활용해 외국 증권을 산다는 평계를 댈 수 있었다. (2001년 3월) 양

---

* 애플과 맥도날드 회사채를 매입한 잉글랜드 은행이 표면적으로 내세우는 태도는 스털링Sterling(영국 파운드화를 중심으로 금융 및 경제적으로 결합해 있는 지역 —옮긴이) 회사채를 발행하는 많은 기업 역시 영국 회사가 아닌데 미국 기업에 대해서 채권 차별을 한다면 시장을 왜곡하는 부당한 행위라는 것이었다.

적완화를 최초로 시작했던 일본 은행은 나중에 '양적 질적 완화'를 생각해냈다. 여기다 일본 은행은 '수익률 곡선 관리'를 보완책으로 덧붙였다.[18] 미국을 위시한 영어권 국가들의 금리는 '실효하한' 아래까지 내려간 적이 없었지만, 유럽과 일본의 중앙은행은 루비콘강을 건너 마이너스 금리라는 미지의 영토로 들어갔다.

| 마이너스 금리의 저주 |

양차 세계대전 사이에 수많은 통화 기인들이 나타나 각국의 경제적 병폐를 해결할 자신만의 고유한 처방을 내놓았다. 1920년대 영국군 소령 출신 C. H. 더글러스C. H. Douglas는 빈사 상태에 빠진 영국 경제의 수요를 증대하기 위해 무이자 '사회 신용'을 제안했다.* 또 한 사람의 영국인 소디는 (가상의 부에 대한 아이디어를 제시한 인물로 앞서 살펴본 바 있는데) 시드니 경마장 전광판에 쓰이는 수학 모델을 바탕으로 새로운 지폐를 발행하자고 제안했다. 이보다 매력은 떨어지지만 유사한 제안은 라디오 신부Radio Priest라 불렸던 선동정치가 코울린 신부Father Couglhlin가 제시했다. 그는 1930년대 연준을 국유화하고 은화를 무제한 발행하자고 주장했다.[19]

이 시대 경제학의 이단아 중에는 독일 태생의 사업가 실비오 게젤Silvio Gesell이라는 인물도 있다. 그는 1890년대 초 부에노스아이레스에서 상점에 취직했고 그곳에서 아르헨티나의 대규모 금융위기를

---

* 당시의 정치적 유행을 따라 더글러스 추종자들은 유니폼 색깔을 따라 '녹색 셔츠'로 불렸다.

목격했다. 게젤은 이후의 경제 불황은 돈을 쌓아둠으로써 악화되었다고 생각했다. 그래서 그는 매우 독창적인 해결책을 생각해냈다. 불황 동안 돈의 유통을 확대하기 위해 매주 은행 화폐를 찍어내는 법을 제안한 것이다. 돈을 찍어내는 데 들어가는 연간 비용은 화폐 액면가의 5%로 설정하면 된다. 게젤의 계획대로라면 현금은 저축에 이자를 더해주는 역할은커녕 가치의 저장고 역할조차 못 하게 된다. "돈은 썩어야 한다"는 것이 그의 신조였다.

부에노스아이레스를 떠난 후 이 급진적 통화 개혁가는 독일로 돌아갔고, 그곳에서 채식주의 코뮌을 설립했다. 1916년 게젤은 《자유토지와 자유화폐로 만드는 자연스러운 경제 질서》라는 책을 출간했다. 이 책에서 그는 지대 없는 토지와 이자 없는 돈을 도입해야 한다고 주장했다. 책은 미국의 급진 경제학자 헨리 조지Henry George와 선지자 모세, 그리고 로마의 노예 지도자 스파르타쿠스에게 헌정되었다. 이듬해 게젤은 볼셰비키 지도자 레닌에게 편지를 써 실물 경제 계획보다통화 부문 통제를 연구해야 한다고 조언했다. 몇 년 후 그는 바이에른소비에트 공화국Barvarian Soviet Republic의 재무장관으로 재직했다(이 정부의 가장 주목할 만한 업적은 스위스가 증기기관을 빌려주지 않았다는 이유로 전쟁을 선포했던 것이다). 그의 자유경제Free Economy 조직은 1920년대 수천 명의 추종자를 끌어들였다.

1930년 게젤이 사망한 직후 오스트리아에서 실제로 돈을 썩히는Schwundgeld 소규모 실험이 시행되었다. 1931년 5월 크레디탄슈탈트 은행 도산으로 오스트리아 경제는 심각한 불황에 빠졌다. 티롤 지방에 있는 작은 고장 보르글의 의회 의원들은 공공 일자리 프로그램으로 지역 실업 문제에 맞서기로 했다. 이들이 떠올린 묘안은 지역 화폐를 찍어내 경비를 충당하자는, 게젤을 상기시키는 제안이었다. 효과를 지속하기 위해 보르글은 화폐를 매달 찍어야 했다. 화폐 주조 비용은 액면가의 1%로 설정했다. 한 동시대인의 설명에 따르면 이 계획은 실업을 줄이는 데 성공했다. 최소한 오스트리아 국립은행이 화폐 독점권 침해에 분개해 보르글의 화폐 모험을 끝장낼 때까지는 그랬다.[20]

이야기는 여기서 끝나지 않는다. 예일대학교의 피셔는 게젤의 생각을 전해 들어 알고 있었다. 그는 돈을 쌓아두면 불황이 심화된다는 게젤의 생각에 동의했다. 피셔는 뉴헤이븐 시장에게 편지를 써 '긴급 자기유동화 인지세 구제 가증권'을 이용한 고용 촉진을 제안했고, 훗날 루스벨트 대통령에게도 비슷한 계획을 세우라고 탄원했다(피셔는 가증권scrip의 연간 평가절하율을 26%로 고정시켰다). 그러나 피셔의 견해는 묵살당했다.[21] 훗날 케인스는 《일반이론》에서 게젤을 '기묘하고, 부당하게 무시당한 예언자'라며 경의를 표했다. 대침체가 아니었다면 게젤은 경제학사 각주에서나 볼 수 있는 인물로 남았을 것이다.

2008년 12월 연준은 기준금리를 기록적으로 낮은 수준까지 내렸다. 목표는 0에서 0.25% 범위였다. 미국 중앙은행은 드디어 경제학자들이 '실효하한'이라고 부르는 지점까지 도달했다. 중앙은행장들이 금리를 더 내려도 대출과 지출은 늘어나지 않았다. 총알이 바닥났다. 혹은 그렇게 보였다. 그로부터 불과 몇 달 후 하버드 경제학자 그레고리 맨큐Gregory Mankiw는 궁지를 벗어날 해결책을 제안했다. 《뉴욕 타임스》 기고문에서 맨큐는 연준이 은행 예금에 마이너스 이자를 부과해야 한다고 권고했다. 그에 따르면 매년 고정된 비율의 달러화를 무작위로 무효화시키면 현금을 쌓아두는 행동을 사전에 막을 수 있다는 것이었다. 역시 실효성은 없지만 조금 다른 형태의 게젤을 연상시키는 의견이었다.

경제학자들이 마이너스 금리 실행을 위한 여러 방안을 놓고 논쟁을 벌이는 동안 중앙은행장들은 한 발 더 앞서 나가 아예 방안을 마련했다. 1656년 스웨덴의 스톡홀름 은행(스웨덴 국립은행의 전신ー옮긴이)은 유럽 최초로 명목화폐 실험을 단행했다. 지폐를 과도하게 발행한 뒤 은행은 곧 망했고 은행 창립자인 요한 팔름스트루흐Johan Palmstruch는 사형을 선고받았다. 스웨덴 국립은행은 그 폐허를 딛고 태어났다. 세계에서 가장 오래된 중앙은행이 마이너스 이자를 최초로 실험에 옮기는 일은 정말 적절해 보였다. 2009년 7월 (리먼 파산 후 1년도 채 되지 않아) 스웨덴 국립은행은 예금 이자를 마이너스 0.25%로 내렸다.

금기가 깨지자 다른 중앙은행들도 스웨덴의 선례를 따랐다. 2012년 7월 덴마크는 위기에 봉착한 유로화와 크로네 화폐의 고정 환율을 유지하는 데 도움을 준다는 명목으로 마이너스 금리를 도입했다. 2년 후 19개국 회원국이 하나의 통화로 통합된 3억 4000만 명의 중앙은행인 ECB 역시 예금 이자를 마이너스로 전환했다. 스위스도 뒤를 따랐다. 오랫동안 마이너스 금리를 거부하던 일본 은행은 2016년 1월 예금 이자를 마이너스로 전환한다고 발표해 금융 시장을 충격으로 몰아넣었다. 2008년 초 투자은행 베어스턴스 도산 이후 이 무렵까지 전 세계에서 637차례 금리 인하가 단행된 것으로 추정되며, 중앙은행들은 14조 달러 넘는 증권을 매입했다. 8조 달러 넘는 정부 채권의 금리는 제로

이하로 떨어졌다.[22]

마이너스 금리의 목적은 하버드 경제학자 케네스 로고프Kenneth Rogoff가 말한 대로 '디플레이션 불황의 늪에서 경제를 최고속도로 탈출시키는 것'이었다.[23] 그러나 마이너스 금리는 이러한 목표를 달성하지 못했다. 심지어 이미 초저금리가 초래한 문제를 더 악화시키기만 했다. 처음부터 마이너스 금리는 전통적인 은행에 어마어마한 도전이었다. 포르투갈 중앙은행장은 마이너스 금리를 금융 시스템 자체에 대한 위협으로 간주했다.[24] 유럽 은행들은 마이너스 금리로 생기는 비용을 예금자들에게 전가할 수 없다고 생각했다. 독일 은행들은 거대한 손실을 겪었고, 손실을 벌충하기 위해 더 많은 리스크를 감수해야 했다.[25] 유럽 생명보험사와 연금 펀드의 지급 능력 문제가 악화되었다.[26] 채권시장의 유동성이 말라붙었다. 레포 시장도 마찬가지로 고통을 겪었다.[27] 스위스와 스웨덴에서는 부동산 거품이 부풀어

전 세계 마이너스 수익률 채권 거래량

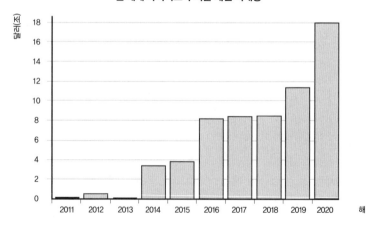

| 2020년 12월에는 거의 18조 달러 규모의 채권이 마이너스 수익률이었다.

올랐다.[28]

마이너스 금리는 투자 동력을 높이지도 못했다.[29] 실제로 덴마크에서는 마이너스 금리가 도입된 이후 몇 년 동안 오히려 투자가 감소했다.[30] 그 원인 중 하나는 마이너스 금리 통화 정책이 덴마크가 포함된 전 세계 해운업의 생산과잉을 지탱하고 있었기 때문이었다.[31] 마이너스 금리가 심각한 위기감을 조성해 사업에 대한 확신을 약화시켜 투자 동력이 떨어졌다는 분석도 나왔다.* 심지어 마이너스 금리 정책은 인플레이션 타기팅이라는 가장 주요한 목표조차 달성하지 못했다. 덴마크가 마이너스 금리 정책을 채택한 2012년부터 4년이 지난 다음까지도 인플레이션은 약 1% 언저리를 맴돌고 있었다.

마이너스 금리는 은행이 돈을 찍어내지 못하게 했을 뿐 아니라 이 정책 자체가 디플레이션 시기의 사고방식을 유발했다는 말을 듣는다.[32] 마이너스 금리는 (게젤의 '돈을 썩히자는' 제안의 원래 목적인) 돈 축적 방지에 도움이 되기는커녕 오히려 역효과를 냈다. 독일 최대 은행 중 하나인 코메르츠 은행은 예금에 ECB가 매기는 세금을 피하기 위해 현금을 금고에 비축해두는 방안을 고려하겠다고 발표했다. 일본에서는 마이너스 금리가 도입된 후 실제로 금고 판매가 급증했다.[33] 이러한 반응들은 마땅히 예상했어야 했다. 케인스가 옳았다. 이자는 사람들이 자본을 쌓아두지 못하게 하는 데 필요한 조치였다.

주요 투자자들은 마이너스 금리의 역효과에 주목했다.[34] 미국의 대

---

* 《월스트리트 저널》은 독일 산업 가스 공급업체 메서의 최고재무관리자의 마이너스 금리는 '경제 상황이 개선되고 있지 않다'는 징조라는 말을 인용했다. 당시 메서는 투자를 줄이면서 동시에 부채도 줄이고 있었다. George Kantchev et al., 〈Are Negative Rates Backfiring? Here's Some Early Evidence〉, 《Wall Street Journal》(8 Aug 2016).

형 투자사 캐피털그룹의 데이비드 호그David Hoag에 따르면, "경제가 정상 기능을 하려면 금리는 플러스여야 하고 자본은 효율적으로 배치되어야 한다."[35] 블랙록의 래리 핑크는 이러한 급진적인 정책이 저축하는 사람에게 미치는 영향이 제대로 고려되지 않았다고 생각했다.[36] 헤지펀드 매니저 싱어는 마이너스 금리가 투자자들에게 자본을 배분하고 리스크 관리 방법을 알려주는 신호를 제거해버렸다고 주장했다.[37] 그로스는 수조 달러에 달하는 마이너스 수익률 채권은 '언젠가 터지고 말 초신성'이 되어버렸다고 개탄했다.[38] 마이너스 금리 정책을 블랙홀 간의 충돌에 비유한 투자자도 있다.[39] 더블라인캐피털의 제프리 군드라흐Geffery Gundlach는 더 직설적이었다. 그는 마이너스 금리를 가리켜 '내가 겪어본 가장 멍청한 생각'이라고 일갈하였다.[40]

일선에서 물러났던 일부 중앙은행장들도 마이너스 금리라는 통화 혁신을 비판하기 위해 다시 나섰다. 전직 BIS 수석 경제학자 화이트는 마이너스 금리가 세계를 위험에 빠뜨렸다고 경고했다.[41] 잉글랜드 은행 통화 정책위원회 전 위원 굿하트는 "당국에서 일하는 그토록 많은 사람은 자신들의 정책이 넓은 금융 체제에 미치는 영향을 충분히 생각하지 못할 만큼 무능하다"라고 개탄했다.[42] 세인트루이스 연준 전 총재 윌리엄 풀은 마이너스 금리는 정작 필요한 경제개혁으로부터 주의를 흐트려뜨린다고 경고했다.[43]

| 이상할 게 없다 |

이때까지 마이너스 이자는 게젤 같은 괴짜 통화이론가들의 제안이나 소수 경제학자의 사고실험에서나 가능한 개념이었다.

경제학자들의 판결은 긍정적이지 않았다. 심지어 게젤의 영웅이었던 19세기 급진사상가 헨리 조지조차도 이자율이 제로 이하로 떨어지면 자본이 유지되지 못하리라 생각했다.[44] 그와 동시대 경제학자인 뵘바베르크는 마이너스 금리는 인간 본성에 맞지 않는다고 생각했다. 카셀은 이자율이 제로 이하로 떨어질 수 있다는 "생각 자체가 절대적으로 부조리하다"라고 비판했다.[45] 그에 따르면 마이너스 이자는 자본 낭비에 대한 초대이므로 감당하기 힘들다. 어빙 피셔는 대공황 당시 게젤의 제안을 지지하기는 했지만 제로 이하의 이자는 "실제로는 거의 불가능하다"라고 보았다.[46]

노벨상 수상자 폴 새뮤얼슨Paul Samuelson 역시 마이너스 금리라는 개념이 터무니없다고 믿었다. 이 MIT 경제학자는 마이너스 금리가 충분히 오랫동안 유지되어 이득을 낸다면, 로키산맥 경사로를 올라가는 자동차 연료를 절약하겠답시고 산맥을 깎아 평평하게 만드는 짓도 이득이 될 것이라며 꼬집었다.[47] UCLA 경제학자 레이욘후브드는 장기금리가 단기금리보다 내려가는 것이 세계가 망해가는 징후라고 생각했다.[48] 그야말로 세계는 뒤집힐 것이다. 은행들은 장기로 돈을 빌리고 단기로 빌려주어야 할 것이며 가계는 자기 현금을 맡아준다는 이유로 은행에 돈을 지불해야 한다. 그에 따르면 금리가 마이너스의 영토로 깊이 빠져드는 세계에서는 금융 체제가 절대로 살아남지 못한다.

21세기 초 대출금에 이자를 부과한 지 약 5,000년, 혹은 그보다 더 오랜 세월이 지났다. 이자는 성경의 이자 금지 명령, 아리스토텔레스의 격노, 그리고 중세 교회 법학자들과 근대 사회주의자들의 맹공을 뚫고 살아남았다. 수천 년 동안 돈을 빌리는 사람들은 늘 다른 사람의 부를 가져다 쓴다는 이유로 뭔가를 지불해야만 했다. 오늘날까지 채권 금리는 규제와 재무상의 기벽 때문에 두어 차례 정도만 제로 미만으로 떨어졌다.* 이제 덴마크 주택 소유자들은 담보대출을 하며 리베이트를 받고, 기업들은 마이너스 금리를 주는 채권을 발행하면서 수익을 올린다. 유럽의 일부 정크 본드 수익률은 제로 아래로 떨어졌다.

2009년 여름 스웨덴이 마이너스 금리를 채택했을 때 스웨덴 국립은행 부총재 라스 스벤손Lars Svensson은 이 조치를 대단치 않게 생각했다. 그는 《파이낸셜 타임스》 인터뷰에서 "마이너스 금리는 전혀 이상하지 않습니다"라고 말했다.[49] 이 신문이 '세계적 명성을 지닌 통화 정책 이론 전문가'라고 칭한 이 경제학자에게는 마이너스 금리가 이상하지 않을 수도 있다. 그러나 경제사가 괴츠만의 주장대로 '대출 장려를 위한 이자의 출현이 금융사를 통틀어 가장 중요한 혁신'이라면 마이너스 금리의 출현은 금융사를 통틀어 두 번째로 중요한, 그리고 아마도 가장 멍청한, 그리고 분명 가장 이상한 혁신일 것이다.

---

* 1880년대 초, 미국의 새 금융 규제가 국채 수요를 매우 끌어올리며, 특정 채권 상환 수익률은 마이너스로 돌아섰다. 1930년대 말, 미국 일부 국채는 마이너스 금리로 팔렸다. 일부 주에서 부과하는 재산세 면제 때문이었다. 시드니 호머, 리처드 실라, 《금리의 역사》.

3부

파워
게임

만악의 뿌리

달러는 우리의 화폐지만 여러분의 문제입니다.

– 미 재무부 장관 존 코널리John Connally, 1971

┃ 달러본위제 ┃

이자율은 늘 국제 자본 흐름을 조절해왔다. 금본위제 시대에는 이 조절 작용이 자동으로 이루어졌다. 잉글랜드 은행이 외국보다 훨씬 낮은 금리를 도입하면 금은 영국 금고를 떠나 외국으로 나가곤 했다. 배젓은 빅토리아 시대 대출 관행을 설명하면서 "대출 가능한 자본은 다른 모든 상품과 마찬가지로 그 자본을 이용해 가장 얻을 것이 많은 곳으로 간다"라고 썼다. 잉글랜드 은행은 금을 런던으로 끌어들이기 위해 금의 대출 금리를 올려야 했다. 1971년 브레턴우즈 체제가 붕괴된 후 미국 달러는 세계 준비통화가 되었다. 이때 이후 국제 무역은 달러화가 기준이 되었고, 국경을 넘나드는 금융거래가 차지하는 몫도 커졌다. 수십 개 국가가 자국 통화를 달러화에 고정시켰다.

금본위제의 성질이 '황금 족쇄'라면, 달러본위제의 악덕은 지나친 탄력성이었다. 중앙은행 준비금은 대개 달러로 표시된 증권(미국 국채와 기관채)이다. 이러한 증권들은 금과 달리 무제한으로 발행이 가능하다. 세계 준비통화를 관리하는 미국은 외화 보유액을 유지할 필요도 없고 자국의 무역수지를 걱정할 필요도 없다. 얼마나 많은 달러가 외국으로 흘러나가는지, 미국이 외국에서 얼마나 많은 돈을 차입하는지에 제한이 없기 때문이다. 미국은 자크 뤼에프Jacques Rueff가 말했듯이 '눈물 없는 적자' 운영이 가능하고, 실제로 수년 동안 이 특권을 이용해 세계 최대 채무국이 되었다.

미국 금리는 국제 자본의 흐름에 영향을 받지 않는다. 물가상승 가능성이 없으면 금리를 낮추는 데도 제한이 없다(법적 관점에서 연준이 마이너스 금리를 설정할 수 있는지는 확실하지 않다). 그렇다고 해서 모든 것이 변하지는 않았다. 국가 간 금리 차이는 해외 대출의 액수와 방향에 여전히 영향을 끼친다. 가장 중요한 금리 스프레드는 미국과 다른 나라 사이에 이루어지는 차입 비용 차익이다. 자국 통화를 달러에 고정하는 나라는 미국의 통화 정책에 좌우될 수밖에 없다. 이 국가들은 연준이 통화 정책을 풀면 같이 풀고, 조이면 같이 조여야 한다. 미국 중앙은행이 통화량을 늘리면 대체로 환율에도 개입한다. 즉, 자국 통화의 평가절상을 막기 위해 각국 중앙은행은 새로 찍은 자국 화폐로 달러를 사들여 자국 통화량을 늘릴 수밖에 없다.

요컨대 미국이 이지 머니 정책을 채택하는 경우 '전 세계적인 통화 전염병'이 촉발된다.[1] 이 전염병은 자국 화폐를 달러에 고정한 나라들에만 국한되지 않는다. 변동환율을 쓰는 통화조차도 감염된다. 미국 금리가 외국 금리 아래로 떨어지면 국제 캐리트레이드는 수직으로 증가한다. 투자자들은 달러를 빌려 수익성이 높은 외국에 투자한다. 외국인들 또한 저렴한 달러로 대출받으려 한다(엔화와 유로화 또한 국제 캐리트레이드 자금 조달에 흔히 쓰인다). 예를 들어 2000년대 초, 아이슬란드 경제가 과열되었을 당시 아이슬란드 중앙은행은 금리를 올렸다. 그러나 아이슬란드의 고금리는 외환(달러화, 유로화, 엔화)으로 차입해 소위 '빙하 채권'이라 불린 아이슬란드 증권을 사려는 캐리 트레이더들을 무더기로 끌어들였다. 이 채권들은 아이슬란드 은행으로 흘러들어가 통화 환경을 과열에서 벗어나도록 만들기는커녕 오히려 더 자유롭게 풀어놓는 결과를 낳고 말았다.[2]

│ 글로벌 유동성의 첫 번째 국면 │

21세기 초 몇 년 동안 기축통화에서 주목할 만한 성장이 있었다. 전통적으로 보유 외환 축적은 '세계적인 저축 과잉'을 나타내는 것이었다. 신흥시장은 또 한 번의 아시아 금융위기에 대비해 달러를 축적해야 한다고도 했다. 그러나 보유 외환 증가와 '과잉 저축'(경상수지 흑자) 간의 연관성은 희박하다.[3] 튀르키예를 포함해 여러 나라가 경상수지 적자를 기록하면서도 자국 외화 보유고를 늘렸기 때문이다. 스탠퍼드대학교의 테일러를 비롯한 일부 경제학자들은 전 세계 저축률이 실제로 늘었다는 증거를 전혀 발견하지 못했다. 또 하나의 설명은 21세기 초 세계가 겪는 고통은 저축 과잉이 아니라 금융 과잉, 즉 '전 세계적인 은행 업무 과잉'이라는 것이다.[4] 이러한 해석에 따르면 그린스펀이 이끄는 연준의 이지 머니 정책으로 인해 국제 자본 흐름이 늘어났고, 21세기 첫 몇 년 동안 그 양이 세 배까지 늘었다.[5] 이처럼 폭발적인 국제 대출 증가가 전 세계적으로 신용 거품을 부채질했다.[6] 달러 고정 환율을 시행하는 나라는 유입되는 달러를 사들여서 자본 유입 증가에 대응했다. 따라서 보유 외환 잔고가 심상치 않게 늘어났다.

세계의 준비통화인 미국 달러는 국제적인 캐리트레이드의 주요 자금원이었다. 유럽 은행들은 뉴욕 머니 마켓에서 돈을 빌려 서브프라임 증권을 사들였다. 유럽은 자체 캐리트레이드가 있었다. 해외여신은 그리스의 어마어마한 재정 적자, 그리고 스페인과 아일랜드의 부동산 호황에 자금을 조달했다.[7] 2007년, 중부유럽에서는 외환 대출이 1조 달러를 넘어섰다. 루마니아의 대출액은 연간 66%씩 늘어났고, 라트비아의 경상수지 적자는 GDP의 4분의 1까지 늘어났으며, 폴란드와 헝가리는 유로화와 스위스 프랑 화폐로 저렴한 모기지 대출을 받을 수 있게 되었다.[8] 전 세계 금융위기가 발발할 때쯤 아이슬란드 외채 규모는 국민총생산의 거의 아홉 배까지 늘어나 있었다.*

| 글로벌 유동성의 두 번째 국면 |

2007년과 2008년 금융위기는 미국의 서브프라임 모기지로 인한 손실이 도화선이 되었지만, 더 정확히는 '거대한 규모의 캐리트레이

---

* 해외 대출은 아이슬란드 은행의 해외 인수 광풍 자금줄이었다. 여기에는 한물간 영국 축구팀, 런던의 유명한 완구점, 그리고 (공교롭게도 아이슬란드라는 이름을 가진) 영국의 이류 슈퍼마켓이 포함되어 있었다. 아이슬란드의 해외 자산 가치를 감안할 때, 이들의 해외 순부채는 국민소득의 두 배에 달했다. 유입된 외국 자본은 아이슬란드 GDP의 4분의 1에 해당하는 재정 적자를 메꾸는 역할도 했다.

드가 망한 결과'로 벌어진 사태였다.* 리먼 파산 이후 미국 담보증권을 사려고 달러를 빌렸던 외국 은행들은 국제 통화 시장에 접근할 수 없었다. 연준은 유럽과 아시아 중앙은행에 대규모로 달러를 대출해주며 이들을 구제했다. 당시 연준 의장 버냉키가 신속하게 대응해 1930년대 초와 같은 세계 통화 체제의 붕괴는 막을 수 있었다.[9]

그러나 이러한 조치는 세계 금융 체제 핵심부의 제로금리 조치와 결합돼 국제 캐리트레이드를 부활시켰다. BIS 경제고문 신현송은 '글로벌 유동성의 두 번째 국면'이라는 용어를 만들어 2008년 이후 벌어진 국제적 자본 흐름의 부활을 묘사했다. 글로벌 유동성의 두 국면 모두 미국의 비정상적으로 낮은 금리, (16장에서 보았듯이) 낮은 수준의 시장 변동성, 그리고 광범위한 해외 대출이 특징이었다.[10] 글로벌 유동성의 첫 번째 국면에서 국제 자본 흐름은 유럽 주변부에서 대출 호황과 부동산 거품에 자금을 조달했다. 두 번째 국면에서는 해외 자본의 대부분이 신흥시장으로 쏟아져 들어갔다. 첫 번째 국면에서는 유럽 주변부 금융 체제가 리스크에 크게 노출되었다. 두 번째 국면에서는 이것이 개발도상국에까지 확산되었다.

글로벌 유동성의 두 번째 국면은 처음부터 폭발적이었다. 2009년 내내 신흥시장 채권 펀드에 기록적인 액수의 달러가 유입되었다.[11] 그해 11월 IMF는 달러가 "이제 캐리트레이드를 위한 자금 통화로 쓰

---

* 2007년 8월 7일, 프랑스 은행 BNP 파리바는 미국 모기지 담보증권이 포함된 세 종류의 펀드 상환을 중단했다. 몇 달 후 영국에서 중간 규모의 은행인 노던록 은행이 문을 닫았다. 1866년 오버렌드 거니 파산 이후 최초의 뱅크런bank run(은행의 예금 지급불능 상태를 우려한 고객들이 대규모로 예금을 인출하는 사태—옮긴이)이 일어났다. Viral Acharya and Sascha Steffen, 〈The Banking Crisis as a Giant Carry Trade Gone Wrong〉, "VoxEu"(유럽 경제 정책연구센터가 운영하는 웹사이트—옮긴이) (23 May 2013) 참고.

이고 있다"라고 진단했다.[12] 뉴욕대학교 경제학자 루비니는 더 냉혹한 경고를 내놓았다. 이지 머니와 양적완화와 약달러의 조합이 '모든 캐리트레이드의 어머니'를 낳았다는 것이었다.

언젠가 이 거품은 터질 것이고 모든 사태가 연쇄반응을 일으켜 역사상 가장 큰 자산 폭락 사태가 벌어질 것이다. (…) 캐리트레이드가 오래갈수록, 규모가 커질수록, 그리고 자산 버블이 커질수록 뒤따르는 자산 거품이 꺼지는 규모도 커질 것이다. 연준과 정책 입안자들은 자신들이 만들어내고 있는 괴물 같은 거품을 인식하지 못하는 듯 보인다. 이들이 초래한 눈먼 사태가 오래 지속될수록 폭락의 충격도 커질 것이다.[13]

신흥시장의 정책 입안자들에게는 달러 약세와 규제 없는 자본 유입으로 인한 자국 화폐의 급격한 평가절상 문제가 더 시급했다. 브라질 재무장관 귀도 만테가Guido Mantega는 외국인의 브라질 주식 및 채권 구매에 세금을 매기겠다고 발표했다. 개발도상국 중앙은행은 화폐 전쟁에서 수비 역할을 맡아 달러를 사들였다. 이렇게 해서 이 국가들은 보유 외환을 크게 늘렸다. 2013년 무렵 전 세계 외환 보유고는 21세기 초 2조 달러에서 12조 달러에 육박할 만큼 늘어났다(무역 불균형은 줄어들고 있었기 때문에 세계적인 저축 과잉에 대한 논의 역시 줄어들었다).

개발도상국 중앙은행들이 달러 증권을 대규모로 매입함으로써 미국의 국채 이자에는 하방 압력이 가해졌다. 중앙은행의 외환 개입과 핫머니 유입, 그리고 (특히 중국 및 인도와 브라질) 중앙은행들의 대출 증가로 인해 신흥시장 전체의 신용 조건이 완화되었다. 이들의 국내 이자율은 세계 금융 체제 중심부에서 끌어당기는 제로금리라는 중력에 영향을 받아 같이 떨어지고 있었다.[14] 신흥시장 전역에서 물가가 급상승했다. 2010년 브릭스BRICs(골드만삭스가 브라질, 러시아, 인도, 중국을 묶어 기억하기 쉽게 만든 약어) 시장은 과열되고 있었다.[15] 10월, 고무와 면화 선물 가격이 기록적인 수준까지 뛰었다. 아라비카 커피 가격도 14년 만에 최고점을 찍었다. 동남아시아 전역을 휩쓴 홍수는 벼의 작황에도 영향을 미쳐 벼 선물 가격을 50% 이상 끌어올렸다.[16]

| 아랍의 봄 |

2010년 12월 17일 튀니지 거리에서 물건을 팔던 청년이 몸에 기름을 붓고 불을 붙였다. 시디부지드라는 지방 소도시 시청 앞에서였다. 청년의 이름은 모하메드 부아지지Mohamed Bouazizi였다. 그는 경찰이 자신의 수레를 부수고 물건을 빼앗은 데 저항해 분신했다. 그가 사망한 다음 날 시디부지드에서는 군중 시위가 일어났다. 정치적 불안은 북아프리카와 중동 지역으로 급속히 퍼져나갔다. 한 달도 안 되어 튀니지 대통령 제인 엘아비디네 벤 알리Zein el-Abidine Ben Ali는 자리에서 내려와야 했고, 곧이어 리비아의 무아마르 카다피Muammar Gaddafi 대령과 이집트의 호스니 무바라크Hosni Mubarak 대통령도 축출되었다.

역사적으로 유명한 수많은 봉기와 마찬가지로 아랍의 봄 역시 빵을 달라는 폭동으로 시작되었다.[17] 2010년 동안 세계 곡물 가격은 무려 29%나 올랐다.[18] 분신한 청년 부아지지는 채소 행상을 하며 간신히 생계를 꾸려갔다. 이런 상황에서 부패 공무원들이 그의 물건을 강탈했다. 한때 로마 제국의 곡창지대 역할을 맡았던 북아프리카는 이제는 세계에서 가장 큰 식량 수입 지역이 되었다. 이집트인의 주식인 밀은 절반이 수입산이었다. 카이로 타흐리르 광장 시위 참가자들을 찍은 사진들에는 이들이 크루아상과 스틱브레드를 랩으로 이어 붙여 만든 '빵 헬멧'을 쓰고 있는 모습이 담겨 있었다. 평론가들은 세계 주요 식량 수출국의 작황 실패를 그저 기후변화 탓으로 돌렸다.

그러나 식량 가격 폭등에는 다른 요인들도 있었다. 날씨에 영향을 받지 않는 다른 공산품 가격 역시 아랍의 봄 이전 몇 달 동안 폭등했다. 대부분의 공산품부터 구리, 은을 포함한 귀금속 또한 잔뜩 부풀려 거래되고 있었다.* 근본 요인은 바로 연준의 통화 정책이었다. 스탠퍼드대학교 경제학자 로널드 매키넌Ronald McKinnon은 아랍의 봄이 미국의 초저금리 정책에서 비롯되었다고 주장했다. 초저금리가 자본이 신흥국으로 유입되는 추세를 가속해 기후와 상관없는 '과열'을 낳았다는 것이다. 특히 원자재에 대한 중국의 탐욕스러운 수요는 '원자재 슈퍼 사이클commodity super-cycle(20년 이상 장기적으로 이어지는 가격상승 추세를 뜻한다. 원자재 등 상품 시장가격 폭등으로 새로 주목받은 용어—옮긴이)'을 키워놓았다.[19] 이지 머니 역시 원자재 투기를 부채질했다. 월가에서는 원자재 투기를 가치가 높은 '대체 자산군'이라고 홍보했다. 매키넌은 아랍의 봄에 대해 다른 가정을 세웠다. "아랍의 봄을 주로 식량 폭동으로 인식했다면, 서구 정부들의 대응은 달랐을 것이다. 서구는

---

* Jeremy Grantham, 〈Time to Wake Up: Days of Abundant Resources and Falling Prices are Over Forever〉,《GMO Quarterly Letter》(Apr 2011). 이 글이 발표될 당시 공산품 가격은 장기 가격 추세에 비해 표준편차 2를 초과했다. 납(표준편차 2.4), 백금(2.4), 원유(2.5), 금(2.6), 니켈(2.7), 팔라듐(3.4), 은(3.7), 구리(3.9), 석탄(4.1) 철원광(4.9).

어느 한쪽 편을 들지 않는 신중한 태도로 1차 상품 가격 사이클을 약화하는 금융 정책을 더 적극적으로 추진했을 것이다."[20]

| 긴축발작 |

금융위기 이후 개발도상국 차입자들은 서구에서 누릴 수 있는 저금리 대출 혜택을 십분 활용했다. 해외 자본은 아제르바이잔, 짐바브웨 같은 개발도상국으로 쏟아져 들어갔다. 미국 밖에서는 달러 대출이 가속화되었다.[21] 서양 투자자들 또한 신흥시장에서 발행한 지역화폐 부채 보유량을 늘렸다.[22] 가장 큰 캐리(국채에 대한 스프레드)를 제공하는 나라들이 수익에 굶주린 투자자들에게 큰 인기를 끄는 투자처였다.[23] 개발도상국 금리가 미국 금리와 더 밀접하게 연동되면서 이들의 금융 시스템은 미국 통화 정책의 변화, 특히 달러 평가절상에 더 민감하게 반응했다.[24]

신흥시장의 경제적 운명은 연준 이사회의 정책에 좌우되기에 이르렀다. 2013년 5월 22일, 버냉키는 미 의회에 연준의 증권 매입을 점차 줄일 것이라고 알렸다. 금융 시장은 발작했다. 소위 '긴축발작Taper Tantrum'이었다. 국제 캐리트레이드가 갑자기 중단되었다. 신흥시장 외환 대출의 주요 통로이던 채권 펀드가 해외로 유출되었다. 한국과 러시아와 콜롬비아의 정부 채권 경매는 실패했다. 중국의 한 대형 은행은 현금지급기를 이용한 현금 인출을 중단했다. 전 세계 원자재 가격 거품이 꺼졌다. 외환 시장에서 미국 통화 가치가 치솟았다. 이에 따라 달러화로 표시된 부채' 부담이 증가했다. 신흥국들은 화폐 전쟁에서 패배했다.

긴축발작은 브라질의 경제 기적을 종식시켰다. 이전까지 재무장관 만테가의 불평에도 남미의 가장 큰 경제 대국인 브라질은 금융위기 후 빠르게 회복했다. 브라질의 GDP 성장률은 (2010년 초) 10%에 육박했고 실업률은 역대 최저치를 찍었다. 소비자 수요가 급격히 늘어나는 바람에 맥주가 동이 날 지경이었다.

2010년 9월 브라질 국영 석유회사 페트로브라스는 사상 최대 규모의 신주를 발행해 700억 달러를 모았다. 자본 유입에 힘입어 브라질의 레알화는 '세계에서 가장 과대평가된 화폐'로 평가되었다. 《월스트리트 저널》은 상파울루 택시비와 코카콜라 가격이 맨해튼보다 더 비싸다고 보도했다.[25]

철광석과 대두와 원유의 주요 생산국인 브라질은 세계 원자재 호황의 최대 수혜국이었다. 그중에서도 특히 에이케 바티스타Eike Batista 보다 더 큰 수혜를 누린 사람은 없었다. 그는 보험판매원이었다가 금광을 캔 신흥 벼락부자였다. 바티스타는 에너지와 물류를 결합한 거대기업 EBX를 세웠다. 그는 EBX 계열사인 석유회사 OGX의 석유 및 가스의 가치가 1조 달러라고 자랑했다. 그의 조선업체 OSX는 남반구 최대 조선소를 건설하느라 분주했다(바티스타 소유의 여러 기업체 이름에 들어가는 X라는 글자는 가치의 곱을 상징했다). 이 대담한 사업가는 슈퍼모델 여자친구, 고성능 슈퍼카, 개인전용 제트기, 그리고 트위터에서 그를 우러러보는 백만 명의 팔로워에 이르기까지 21세기 부와 명성에 따라붙는 전형적인 사치를 모조리 누렸다. 그는 2010년 《포브스》선정 세계 최고 부호 80인에 포함되었다.

그러나 2012년부터 그는 내리막길을 걷기 시작했다. OGX의 석유 매장량이 부풀려졌음이 밝혀지면서부터였다. 유가 폭락과 긴축발작이 맞물려 바티스타의 제국은 치명타를 입었다. 2013년 10월 OGX는 파산보호를 신청했다. 세계 최고 채권 펀드 일부가 보유한 달러 표시 채권 36억 달러를 포함해 50억 달러 이상의 채무가 발생했다. 12개월도 지나지 않아 바티스타의 재산은 340억 달러가 줄어들었다. 그는 일명 '마이너스 억만장자'로 불리며 이제 세계에서 가장 가난한 사람이라는 불명예를 얻었다. 뉴욕의 한 머니매니저는 바티스타의 운명을 "지나치게 많은 것을 지나치게 빨리, 그것도 빌린 돈으로 하려 했다"라고 요약했다.[26]

브라질 경제의 궤적도 이 사업가의 궤적을 그대로 따랐다. 외국 자본 유입이 마르며 화폐가치가 폭락했다. 저렴한 레알화로는 경상수지 적자의 폭발적 증가를 막을 수 없었다. 치솟는 인플레이션 탓에 브라질 중앙은행은 금리를 14% 이상으로 올려야 했다. 국제 자본시장에서 거래가 막힌 브라질 국내 기업들은 늘어난 외환 채무와 금리 비용 상승과 씨름해야 했다. 신용평가기관 피치는 브라질 기업들이 '생존 모드'에 돌입했다고 보고했다.[27] 브라질은 1930년대 이후 가장 긴 불황기에 진입했다. 긴축이 너무 심각하다 보니 골드만삭스가 겁을 낼 정도였다.

페트로브라스의 주가는 기록적으로 많은 주식을 발행한 지 5년이 지나면서 계속 하락했고 회사채는 정크 수준으로 격하되었다. 그러나 이런 문제는 브라질이 당면한 여러 문제 가운데 심각한 축에 끼지도 못했다. 브라질 국영 석유 기업은 이제 거대한 부정부패 스캔들의 중심에 섰다. '세차 작전Operation Car Wash'이라는 이름의 스캔들이다. 수십억 달러에 달하는 뇌물이 정치가와 정부 관료 들에게 흘러들어갔다. 세차 작전은 결국 전직 대통령 룰라 다 시우바Lula da Silva의 투옥과 그의 후임 대통령 지우마 호세프Dilma Rousseff의 탄핵으로까지 이어졌다.[28] 운이 좋지 않았던 바티스타도 부정부패의 거미줄에 얽혀들었다. 그는 공직자 뇌물죄로 30년 형을 선고받았다(이후 재판에서는 내부자 거래 죄목으로 8년 형이 추가되었다). 페트로브라스는 유가 폭락에 뇌물 스캔들까지 겹쳐 무려 170억 달러 수준까지 자산을 감가상각해야 했다.

신흥시장 중 유독 브라질에만 대규모 부정부패 스캔들이 있었던 것은 아니다. 2015년 말, 말레이시아 개발 펀드 1MDB에서 수십억 달러가 사라졌다는 사실이 발견되었다. 그중 다수가 수상 나집 라작Najib Razak의 은행 계좌로 들어갔다는 보도가 나왔다. 사라진 돈 대부분은 미국으로 흘러들어가 미술품, 호화 요트, 고급 주택 구매에 쓰였다. 일부는 마틴 스코세이지Martin Scorsese 감독의《더 울프 오브 월스트리트》(1990년대 월가에서 대규모 주식 사기를 일으켜 징역을 살았던 실존 인물을 바탕으로 한 영화─옮긴이)의 제작에도 투자되었다. 골드만삭스가 1MDB 자금 조성에 연루되었다는 사실을 고려하면 참 잘 어울리는 투자였다. 결국 더 높은 수익을 찾아 외국으로 떠났던 캐리트레이드 달러화는 미국으로 다시 돌아왔다. 스위스, 세이셸, 영국령 버진 아일랜드, 케이맨제도, 파나마 등 역외 금융 중심지off-shore financial centre에서 세탁을 마친 후였다. 신흥시장의 수많은 부패 정치인들은 말레이시아 개발 펀드의 대규모 횡령만큼은 아니지만 똑같은 방식으로 부정부패를 저질렀고, 이들의 부정 재산은 런던, 마이애미, 뉴욕, 시드니, 그 외에 이 자금을 반갑게 맞아주는 여러 지역에서 우량자산으로 둔갑하며 재활용되었다.

| 이자율 로비 |

2013년 브라질의 몰락 이후 브릭스 열기는 차갑게 식어버렸다. 월가는 이제 '5대 취약 통화'를 걱정했다. 인도, 인도네시아, 튀르키예, 남아프리카공화국이 브라질에 이어 신흥시장의 수치의 전당에 가입했다. 튀르키예는 은행과 기업 들이 외국 자본을 게걸스레 탐식하고 난 뒤 빚에 허덕였다. 외채는 보스포루스 제3 대교, 세계 최대 공항 건설, 이스탄불을 둘러싸고 마구잡이로 들어선 초고층 건물과 쇼핑몰 등에 투입되면서 건설 호황을 부채질했다. 그렇게 외채는 튀르키예의 경상수지 적자를 메우며 튀르키예 기업들의 대차대조표에 축적되었다. 여기에는 기록적 수준의 외채도 포함되어 있었다. 튀르키예 은행은 GDP의 3분의 1이 넘을 만큼 막대한 외채를 빌렸다.[29]

튀르키예 수상 레제프 타이이프 에르도안Recep Tayyip Erdoğan은 외채가 이렇게 많아도 아무 문제가 없다고 생각했다. 튀르키예의 이 독재자는 금리가 이미 높은데도 계속 상승하고 있다는 사실에 분노했다. 긴축발작 이후 몇 달 동안 리라화 가치가 폭락했다. 2013년 6월 튀르키예 주식 시장과 상승 중이던 채권 이자율은 이스탄불 탁심 광장 시위와 때를 맞춰 폭락했다. 광장 시위대는 진압 경찰과 충돌했다.[30] 튀르키예 중앙은행은 이 위기에 긴급 금리 인상으로 대응하며, 이듬해 1월 단 하루 만에 4.25%p 이상 금리를 올렸다. 에르도안 수상은 튀르키예를 희생시켜 금리 상승으로 이득을 챙긴 '금리 로비' 국제 투기꾼 무리를 향해 "반역자!"라고 외쳤다.

이후 몇 년 동안 에르도안의 금리 강박은 누그러지지 않았다. 2018년 5월 대통령 선거 전날, (이미 2014년에 대통령으로 선출되었던) 에르도안은 자신의 주적을 금리라고 규정했다. 그리고 금리야말로 '만악의 어머니이자 아버지'라고 선포했다. 대통령은 '이 금리라는 저주와 맞서 승리'할 때까지 계속 싸우겠다고 약속했다.[31] 튀르키예 기업들은 이날까지 막대한 외채와 씨름하며 통화 위기 직전까지 몰렸다. 2018년 9월, 통화 가치가 추락하고 통제 불가능할 정도로 물가가 상승하면서 중앙은행은 대출 금리를 24%까지 올렸다. 에르도안은 리라화 폭락 원인으로 '온라인상의 허구 통화 음모'를 지목했다.

하지만 세계적인 '금리 로비'가 실제로 존재했다면 그것은 틀림없이 인상이 아니라 인하를 위한 로비였을 테고, 튀르키예에서는 단연 대통령 자신이 그 분야의 선두주자다. 고리대를 반대하는 대통령의 비판은 존경받아 마땅한 이슬람교 교리를 따른 것이었지만, 번지수가 틀렸다. 튀르키예를 곤경으로 몰고 간 원인은 고금리가 아니었기 때문이다. 문제는 미국과 유럽의 초저금리였다. 튀르키예의 국내 통화 정책이 느슨했던 것도 사실이다. 실제로 2008년 이후 5년 동안 튀르키예의 대출 금리는 높지 않았고, 오히려 경제성장률을 크게 밑돌았다.[32] 이지 머니는 튀르키예의 건설 호황과 자산 거품의 자금줄이었다. 이지 머니 덕에 튀르키예 기업들은 리라화와 외화로 지나치게 많은 부채를 가져다 썼고, 인플레이션이 심화되면서 2018년 물가상승률이 25%까지 치솟았다.

리먼 파산 10주년이 다가오면서 튀르키예의 부동산 시장은 세계 금융위기 직전의 스페인 시장과 비슷한 상태가 되었다. 이스탄불 주요 부동산 중개인이 '대규모 폰지 사기'라고 불렀던 사태는 이제 끝장이 났다. 주택 개발은 돌연 중단되었고 튀르키예 주택 시장은 미분양 주택 200여 만 채의 부담에 짓눌렸다. 이스탄불 아시아 지구에 들어선 '브루클린 드림 프로젝트'라는 미완공 개발단지는 '도심에서 능동적이고 꿈같은 삶을 원하는 고객'을 상대로 마케팅을 벌였다. 그러나 개발업자들의 현금이 말라붙었다. 새 아파트를 약속받았던 지역 주민들은 자기 집이 철거된 자리에 텐트를 치고 살아야 했다.[33] 그야말로 악몽이었다.

튀르키예 금융 참사는 신흥시장 전체가 어느 정도 비슷하게 겪어진 운명이었다. 선진국에서 시행된 10년에 걸친 초저금리 정책은 개발도상국에 지나치게 많은 부채를 떠안겼다. 2008년에서 2018년 사이 개발도상국의 비금융권 부채(정부기관, 가구, 금융부문에 속하지 않는 기업들의 부채를 뜻한다 ─옮긴이)는 GDP의 107%에서 192%로 뛰었다.[34] 이러한 증가의 주원인은 외국인들이었다.[35] 외국 달러 대출은 (2016년) 11조 달러를 넘어섰고, 그중 약 4조 달러는 신흥시장이 진 부채였다. 고작 몇 년 전보다 거의 두 배나 되는 액수였다.[36] 이 차입금 중 많은 부분은 형편없는 투자에 사용되어 경제성장 면에서는 생산성이 거의 없었다. 또 신흥시장 기업들은 달러로 돈을 빌려 내수시장에 높은 수익률로 다시 대출하는 식으로 금융공학에 이 돈을 이용했다.

| 세계화의 종말? |

세계화와 금리 사이에는 일종의 피드백 고리가 존재한다. 국가 간 교역이 증가할수록 물가상승 압력이 줄어들고 노동의 교섭력은 약화되며 이 두 가지는 모두 금리 수준에 영향을 끼친다. 1860년대에 시작되어 19세기 말까지 이어졌던 첫 세계화 물결에는 소폭의 물가상승과 장기금리 인하가 뒤따랐다.* 1980년대부터 최근까지 이어진 세계화 국면 동안 중국과 다른 개발도상국들은 세계무역의 증가분을 장악했다. 교역 물품 가격은 내려갔고 제조업 일자리 수백만 개가 신흥시장으로 옮겨갔다. '오프쇼어링off-shoring'(기업이 업무나 생산, 용역 등 업무 일부를 인건비가 저렴한 해외로 이전하는 현상—옮긴이)이 일어난 것이다. 따라서 세계화는 인플레이션과 임금 상승을 막았고, 그 대응으로 서구의 중앙은행들은 금리를 낮춰 사상 최대 규모의 채권 호황 시장을 구축했다.

한편으로 금리 하락은 세계화를 추진하는 힘이기도 했다. 국제 무역 신용은 대개 달러로 표시되므로, 달러 차입 비용이 하락하면 다국적 기업들은 더 긴 공급망을 구축할 수 있다. 이지 머니 시대, 전 세계 제조업 공급망은 다수의 대륙과 국가들(평균 6개국)에 걸쳐 있었다. 일

---

* 급진 경제학자 헨리 조지는 이자율과 임금 사이에 연관 관계가 있다고 보았다. 이자율 상승은 자본과 노동 간의 경쟁에서 발생했다. 조지는 "임금이 오르지 않으면 이자는 오를 수 없다. 또 이자를 내리지 않고는 임금도 내릴 수 없다. 임금이 떨어지면 이자 역시 거기에 맞추어 떨어져야 하기 때문이다. 임금이 떨어지는데 이자가 따라 떨어지지 않으면 노동을 직접 가져다 쓰는 것보다 노동을 자본으로 바꾸는 것이 더 이득이 된다. 반면, 이자가 떨어지면 임금도 마찬가지로 떨어져야 한다. 그렇지 않으면 또 자본 증식이 억제될 것이기 때문이다"라고 했다. 예리한 통찰이다. 헨리 조지, 《진보와 빈곤》(현대지성, 2019)

본에서 자동차 엔진을 만들고 캐나다로 보낸 다음 잘 다듬어 멕시코에서 섀시를 끼워서 완성 차량은 미국에서 팔리는 식이었다. 이러한 연장된 공급망 때문에 어마어마한 액수의 운전자본이 묶여버렸고, 그 탓에 대규모 자금을 조달해야 했다.[37] 공급망을 늘려 가장 큰 이득을 본 주체는 결국 신흥시장 제조업체들이었다.

BIS 경제학자들은 21세기 들어 급속히 팽창한 세계 교역이 '세계의 풍부한 유동성에 의해 가능했던 거품'일 수도 있다고 시사했다.[38] 거품이 그렇듯 세계 교역 '거품' 역시 언제라도 터질 수 있었다. 과도하게 확대된 공급망을 유지하려면 유연한 통화 환경이 필요하다. 정치적 지원 역시 통화 환경 못지않게 중요하다. 미국의 경우 중국에 제조업 일자리를 모두 빼앗기는 바람에 결국 세계화에 반대하는 여론이 들끓었다.* 트럼프는 2016년 대선에서 제조업 일자리를 다시 미국에 들여오겠다는 공약을 내걸고 백악관 입성에 성공했다.

1930년대 국제교역이 붕괴한 원인을 흔히 1930년 제정된 스무트홀리법Smoot-Hawley Act이 부과한 미국 보호주의 관세 탓으로 돌리는 경향이 있다. 그러나 관세는 원인의 일부였다. 더 강조해야 할 부문은 금융 쪽이다. 1920년대 중부유럽과 남미에서 제공한 높은 금리로 인해 달러화가 미국에서 유출되었다. 금환본위제 국제 자본이 대거 이동했다. 이에 맞서 1928년 미국은 금리를 대폭 끌어올려 미국의 외국 대출을 중단시켰지만, 세계 경제 불황의 도화선에 불을 댕기고 말았다.

---

* 2001년 중국이 세계무역기구에 가입한 후 5년에 걸쳐 영국과 미국의 제조업 일자리는 3분의 1이 줄어들었다. 쫓겨난 노동자들은 다른 곳에서 임금도 더 적고 생산성도 낮은 직장을 구한 듯하다. Stewart Paterson, 《China, Trade and Power: Why the West's Economic Engagement Has Failed》 (London, 2018) 참조.

자본시장에서 고립된 오스트리아 은행 크레디탄슈탈트는 금리 인상의 여파로 무너진 첫 번째 은행이었다. 1930년 국제 자본의 자유로운 이동은 끝이 났고 교환 통제, '봉쇄통화blocked currency'(외국 유출이나 환전이 금지되고 자국 내에서만 사용하는 정부 통제 통화—옮긴이), 그리고 채무불이행 부채에 대한 '분쟁 중지 협정'이 대신 들어섰다. 국제교역은 시들해졌다. 관세가 자리 잡으면서 국제교역은 국가 간 양자 관계를 기반으로 실행되었다. 놀랍게도 의외의 인물들이 경제 민족주의를 옹호하기 시작했다. 1933년, 위대한 자유주의자였던 케인스는 "상품을 국내에서 생산하게 하고 무엇보다 금융은 주로 국가에 국한해 외부 유출을 막아야 한다"라고 주장했다.[39]

이런 일이 또 일어날 수 있을까? 금융위기 10년 후, 트럼프 대통령은 중국뿐 아니라 동맹이었던 EU와도 무역 전쟁을 치렀다. EU를 떠나겠다는 영국의 결정은 유럽 전역의 상품과 서비스의 자유로운 이동을 위협했다. 2008년 이후 유럽(아이슬란드, 키프로스, 그리스 등)과 다수의 신흥시장(아제르바이잔, 이집트, 나이지리아, 투르크메니스탄 등)에서 여러 차례 자본 통제가 단행되었다. 베이징도 마찬가지로 자본 통제를 강화해 다국적 기업들이 수익을 유출하지 못하도록 압박했고, 중국 기업과 시민 역시 해외로 돈을 반출하기 어렵게 만들었다. 2015년 신흥시장에서 자본도피가 급격히 늘어난 이후 멕시코 중앙은행장은 이제 멕시코도 '관습에서 탈피할' 시기가 도래했다고 시사했다.

보리오에 따르면 국제 통화 체제의 '아킬레스건'은 '지속적인 팽창 편향'이었다. 이러한 상황은 미국에 유리하지 않았다. 외국인들의 무한한 달러 욕구 때문에 미국은 세계의 나머지 국가들에 점점 더 많은 빚을 지는 신세로 전락했기 때문이다.* 이는 외국인들에게도 역시 건강하지 못한 상황이었다. '지속적인 팽창 편향'으로 세계금융 불균형이 축적되었기 때문이다. 오랫동안 초저금리가 이어지면서 국제 통화 체제의 탄력성은 늘어날 만큼 늘어났다. 나라마다 대규모 외채, 특히 미국 달러화로 된 부채가 쌓여가기만 했다.

문제는 달러 본위제의 탄력성만이 아니었다. 미국 통화 정책은 해외에 과도한 영향을 미치지만 연준은 그런 점을 고려하지 않고, 국내 물가상승 통제와 실업률을 낮게 유지하는 일에만 매달렸다. 미국 중앙은행이라는 곳이 무책임하게 권력을 휘두르는 셈이다. 닉슨 행정부 재무장관 코널리가 1971년 외국 재무장관들에게 "달러는 우리의 화폐지만 여러분의 문제입니다"라고 했던 말은 유명하다. 같은 맥락에서 버냉키 또한 2011년 통화전쟁에 대한 외국의 불평에 어깨를 으쓱하며 "건전한 통화와 예산과 교역 정책을 갖춘 나라들은 미국의 양적완화로 인한 단기 붕괴 정도는 잘 견딜 수 있다"라고 주장했다.[40] 여러 해가 지난 다음, 차기 연준 의장 제롬 파월Jerome Powell은 연준과 서구의 중앙은행들은 신흥시장에 외국 자본 유입이 급증하는 현상에 아무런 책임이 없다고 잡아뗐다.[41]

이는 모두 비판받아야 마땅하다. 보리오는 "통화 체제의 상호작용은 이지 머니라는 환경을 핵심 국가들에서 나머지 세계로 확산시켜 금융 불균형이라는 리스크를 키운다"라고 썼다.[42] 연준의 이지 머니

---

* 2018년 미국은 국제 투자 대차대조표상 무려 10조 달러에 달하는 적자가 났다. 금융위기 전보다 다섯 배 증가한 수치다.

와 양적완화 정책은 신흥시장 전체로 '파급효과'를 일으켰다. 2013년 긴축발작에서 비롯된 전 세계 금융 교란은 미국의 통화 긴축과 일치한다. 연준 기준금리는 2018년 2%에 도달했다. 역사적 기준에서는 지극히 낮은 수준이지만, 아르헨티나와 튀르키예에서 통화 위기를 유발하기에는 충분한 수준이었다.

금융 안정성은 국내시장에 불안의 씨앗을 뿌리듯이 외환에도 마찬가지 영향을 끼친다. 보리오의 동료 경제학자 신현송의 경고대로 "정책이 불안정성을 약화시키는 기간이 길수록 급격한 반동 리스크도 커진다."[43] 신흥시장이 미국 통화 정책에 갈수록 취약성을 보이는 현상은 연준이 금리를 낮게 유지해야 할 또 하나의 이유가 되었다. 시간이 갈수록 달러 본위제의 위기는 더 큰 희생을 치르게 하고 위기의 지리적 범위도 커지고 있다. 우려스러운 추세다. 보리오는 (2014년) 국제 통화 및 금융 체제 개혁이 시급하다고 시사했다.

> 필요한 정책을 조정하지 못하는 경우 나타날 리스크를 과소평가해서는 안 된다. 리스크란 글로벌 시스템이 불안정해지는 것, 양차 세계대전 사이에 발생한 평가절하로 인한 세계의 분열이 다시 재연되는 것, 그 결과 정책 체제에 *획기적인 파열*이 생겨 무역 보호주의 및 금융 보호주의 시대로 돌아가 인플레이션과 결합한 정체가 계속되는 것이다.[44]

기술 분야의 억만장자 피터 틸Peter Thiel은 걱정스러울 정도로 심각한 견해를 덧붙인다. 미시시피 버블부터 현재까지 역사상 모든 대규모 버블은 세계화의 진전과 일치했다는 것이다. 틸은 지난 25년 동안 발생한 거품과 불황이 "유례없는 규모와 지속성을 특징으로 하는 단일한 거대 호황Great Boom의 상이한 단면들이다"라고 진단했다. 그는 세계화가 성공하든지, 아니면 "최후의 가장 큰 거품으로 세계가 끝나든지" 둘 중 하나라고 말한다.[45]

금융 억압의 중국적 특색

중국 경제의 가장 큰 문제점은 성장의 불안정성, 불균형, 부조화, 그리고 지속 불가능성이다.

— 원자바오 총리, 2007

성공적인 경제 발전을 위해서는 신용 배분이 효율적이어야 한다. 국가가 은행 시스템을 통제하고 금리 수준이 부적절해지면 신용 배분 효율성은 떨어진다. 1970년대 초 매키넌은 금리가 물가상승률 이하로 유지됐을 때 일어나는 부정적인 결과를 설명하기 위해 '금융 억압'이라는 용어를 만들었다. 금융 억압 상황에서는 차입자가 저축자의 희생으로 이익을 얻는다. 시장 스스로 신용 분배 방식을 결정하지 못한다. 은행은 리스크를 회피하려 들고 대기업과 국가 관련 기관 대출만을 선호하게 된다. 저축자들은 부동산에 투자하거나 해외로 돈을 옮기면서 인플레이션에 맞서 자신의 부를 지키려고 한다. 간단히 말해 금융 억압은 경제 발전을 억제하고 금융 시스템을 약화시킨다.[1]

금융 억압은 중국에서 발명되었다. 금리 통제 전통은 서력기원이 시작된 한나라 시대까지 거슬러 올라간다.[2] 당나라 때는 민간 대부업자들의 이자율 한도는 제한하는 한편 왕실의 돈은 착전영사捉錢令史

(중국에서 돈을 관리하던 관리—옮긴이)를 거쳐 더 높은 이자율로 빌려주었다.[3] 송나라 때 상인들은 시장 금리보다 낮은 이율로 정부에 돈을 빌려주어야만 했다. 몽골인은 위구르 상인에게 매우 유리한 금리로 돈을 빌려주었고 위구르 상인은 "이 자금을 다시 다른 사람에게 빌려주기도 하고 외국 무역을 비롯한 여러 사업에 사용했다." 중국 최초의 국채는 19세기 말에서야 발행되었고, 그때도 일부 관리들은 황제가 이자를 지불하는 것이 과연 옳은 일인지 의문을 제기했다.[*]

중국의 불안정한 상업과 미숙한 금융 발전을 고려할 때 "토지 매입이야말로 유일한 투자 수단이었다."[4] 부동산을 담보로 대출을 받으면 이자율이 가장 낮았다. 이러한 풍조는 청나라 초기에 나온 장영張英의 《항산쇄언Remarks on a Regular Livelihood》에 잘 요약되어 있다.

> 나는 세상사를 볼 만큼 보았다. 전당포나 돈놀이는 오래지 않아 반드시 망한다. 처음에는 많은 이익을 얻는다 해도 결국에는 아무것도 남지 않는다. 오래도록 믿을 수 있는 것은 땅과 집뿐이다.[5]

지폐를 최초로 발명한 나라는 중국이지만 중국 화폐사에 대한 역사학자 대부분의 견해는 비판적이다. "지폐는 구리 주화의 부족 사태를 해결하려는 훌륭한 대안으로 시작되었지만, 점차 관료주의의 괴물로 변해가면서 원래의 역할을 잃고 생산성을 떨어뜨리게 되었다."[6]

---

[*] Lien-sheng Yang, 《Money and Credit in China: A Short History》(Cambridge: 1952), p.97. 이자 지불을 꺼리는 중국 정부의 오래된 태도는 "대출금은 일반인이 관리에게 빌려주는 것인데 이자가 붙다니 부당하다"라던 청나라 말기 한 관리의 말로 요약된다.

금융 억압은 정치적 억압의 도구로 사용되었다.* 알랭 페르피트Alain Peyrefitte는 외교 사절로 건륭제乾隆帝에게 파견된 마르카트니 백작Lord Marcartney의 행적을 설명하는 훌륭한 글에서 이렇게 평했다. "자본주의에 관해 중국이 알고 있는 지식이라고는 고리대금업자의 빈곤층 착취밖에 없었다. 하지만 이러한 지식조차 진정한 자본주의에 관한 지식이 아니라 오히려 그 반대였다. 돈을 버는 목적이 소비였기 때문이다."[7]

| 개혁의 시대 |

1974년 덩샤오핑이 대표단을 이끌고 뉴욕에서 열린 UN 특별회의 참석을 준비할 당시, 중국 전역을 뒤져도 출장 경비에 필요한 외화가 구해지지 않았다. 베이징의 은행에 있는 외화 총액은 3만 8,000달러에 불과했다.[8] 당시 중국인민은행은 재정부 소속이었다. 하지만 2010년 중국은 금융 초강대국으로 탈바꿈했다. 중앙은행은 세계 최대의 외환 보유고를 깔고 앉아 있었다. 국가개발은행은 자산 기준으로 세계 최대 은행이었다. 상장된 두 중국 은행은 세계에서 가장 가치 있는 10대 기업에 들었다.[9] 미지급 은행 대출금은 중국 GDP를 넘어섰다.[10]

1970년대 후반 출범한 덩샤오핑의 경제 개혁으로 급속한 경제성장기가 시작되었다. (비금융 자산에 비해 금융 자산이 빠르게 축적되는) 금융심화Financial deepening는 이른바 중국의 기적에서 핵심적인 역할을

---

* Richard von Glahn, 《Fountain of Fortune: Money and Monetary Policy in China, 1000~1700》 (London: 1996), p.1. 글란은 다음과 같이 썼다. "국가는 경제의 다른 어떤 측면보다 돈을 더 직접 통제했다. 중국의 정치경제는 통화 정책을 통치자가 재량을 발휘할 수 있는 가장 중요한 경제 관리 도구라고 여겼다."

했다.[11] 세계은행 경제학자 로버트 킹Robert King과 로스 레빈Ross Levine은 금융 부문의 확대와 그에 따른 소득 증가 사이의 강한 연관성을 발견했다. 이들의 연구에 따르면 금융은 성장을 이끌지만 성장이 금융을 이끌지는 않는다. 이들은 "금융 발전 수준이 비교적 높은 나라는 향후 10년에서 30년에 걸쳐 비교적 빠른 경제성장을 보여줄 것이다"라고 보았다.[12]

1980년 이후 수십 년 동안 급속한 경제성장을 이룬 중국의 사례는 이러한 발견을 뒷받침하는 듯 보였다. 하지만 글로벌 금융위기가 닥치자 중국 경제는 자산 가격 거품과 신용 호황, 저축 과잉과 낭비성 투자 같은 다양한 불균형에 시달렸다. 매키넌에 따르면 이러한 불균형은 금융 억압의 산물이었다. 매키넌은 세상을 떠나기 직전 2012년에 쓴 논문에서 중국 은행 예금의 마이너스 실질금리 때문에 가계 소득이 감소했다고 진단했고, 기준금리가 시장청산 금리보다 낮게 유지되면서 대출 수요가 과도하게 발생하고 있다고 덧붙였다.

매키넌에 따르면 신용에서 특혜를 받은 국영기업이 민영기업을 밀어내고 있었다. 저금리 덕에 투자는 활발했지만, 대출의 질은 전반적으로 좋지 않았다. 게다가 저축은 은행에서 불투명한 그림자 금융 쪽으로 이동하고 있었다.[13] 금융 억압 탓에 중국 경제는 소비를 떠나 질 낮은 투자로 옮겨갈 수밖에 없었고, 이 과정에서 자산 가격이 부풀기 시작했다. 금융심화가 중국의 기적을 만들었다면, 금융 억압은 기적을 무효화하겠다고 위협했다.

| 금융 억압은 어떻게 작동하는가 |

중국에서 금융 억압은 다음과 같이 실행되었다. 자본은 국내에 묶인 저금을 통제한다. 가계로서는 저축한 돈을 대형 은행 중 한 곳에 예치하는 것 말고는 선택의 여지가 없었다. '빅4' 은행은 대부분 국가 소유이며 엄격한 통제를 받고 있었다. 중앙은행은 예금 금리를 중국의 경제성장률보다 낮게, 심지어 물가상승률보다 낮게 책정했다. 은행은 국영기업에 시장 금리보다 낮은 이자로 대출을 제공했다. 예금 금리는 훨씬 더 낮았기 때문에 은행은 막대한 이익을 보장받았다. 정부가 통제하는 기업은 투자를 위해 낮은 이율로 대출을 받았으며, 베이징 당국 경제 기획자들이 선정한 부문을 선호했다. 은행과 국영기업은 금융 억압의 주요 수혜자였고 가계 저축자들은 큰 피해자였다.

돈과 이자에 대한 국가의 통제와 국가가 특정 대상에게 낮은 이율로 대출을 제공하는 것은 중국의 유서 깊은 전통이다. 하지만 덩샤오핑 개혁 시대, 베이징 당국은 아시아 이웃 나라의 정책을 그대로 베끼기로 했다. 수출과 대규모 투자에 의지하는 아시아 경제개발 모델을 기반으로 낙후된 아시아 경제가 서구 경쟁국들을 따라잡은 선례가 있었기 때문이다.[14] 1960년대 박정희가 이끄는 한국 정부는 국가 소유 은행을 통해 수출 기업과 독재자 마음에 드는 산업 분야에 마이너스 실질금리로 대출을 제공했다.[15] 중국은 이를 따르기로 했다.

금융 억압은 1990년대 말 확고하게 자리 잡았다. 1990년대 초 인민은행은 인플레이션을 억제하기 위해 금리를 인상했다. 중국의 통화는 1994년 초 평가절하된 이후 미국 달러에 비해 상당히 저평가된 수준으로 고정되었다. 중국 수출에 타격을 줄 수 있는 위안화 절상을 막기 위해 인민은행은 외환 시장에 개입해 위안화를 팔고 달러를 사들였다. 이런 식으로 매입한 달러 증권은 국가의 외환고에 추가되었다. 결국 중국은 미국 소비자들에게 중국 수출품을 팔기 위해 자국 산업에 간접 대출을 해주고 있는 꼴이었다. 중국의 미국 증권 대량 매입은 미국의 장기금리에 하방 압력을 가했다.

중국의 달러 블록Dollar Bloc 합류는 베이징 당국의 중상주의적 성향과 잘 어울렸다. 2001년 12월 중국은 세계무역기구World Trade Organization, 이하 WTO 회원국이 되었다. 중국의 WTO 가입은 그린스펀이 금융완화 정책을 시작했던 시기와 일치한다. 인민은행은 달러 고정환율제도를 유지하기 위해 금리를 낮게 유지했다. 금융 억압은 '정부의 환율 평가절하 유지 정책의 결과'로 등장했다.[16] 수출과 수출주도형 투자가 중국 경제 기적의 주역이었다. WTO 가입 후 6년 동안 수출은 연간 무려 30%씩 증가했다. 믿기 어려운 숫자였다. 2007년에는 미국을 제치고 세계 1위 수출국이 되었다.[17] 위안화 절상 기대감으로 외국 자본이 중국에 쏟아져 들어왔다. 중국이 저금리 기조를 유지한 의도에는 이러한 핫머니hot money(국제금융 시장을 이동하는 단기성 자금—옮긴이) 유입 억제도 포함되어 있었다.[18]

중앙은행의 외환 개입으로 만들어진 돈 가운데 대부분은 결국 중국 은행에 예치되어 통화 여건을 더욱 완화했다.[19] 달러 고정환율제도의 또 한 가지 결과는 중국 내 통화 정책이 연준 결정에 점점 큰 영향을 받게 되었다는 것이다. 모두들 인민은행은 연준 금리보다 2.5%p 높은 스프레드를 목표로 한다고 생각했다.[20] 연준이 2002년 1

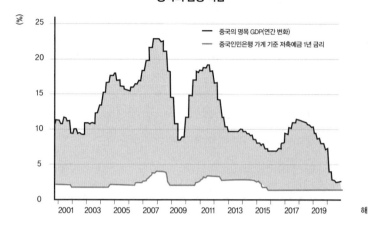

중국의 금융 억압

예금 금리와 명목 GDP 성장률 간의 엄청난 격차는 중국 저축자들이 얼마나 금융 억압을 받았는지를 드러내는 척도다.

월 기준금리를 1.5% 내린 지 한 달 뒤 인민은행도 자체 기준금리를 인하했다. 실질적으로 중국 단기금리는 마이너스를 유지했다.*

글로벌 금융위기 직전 중국의 경상수지 흑자는 GDP의 10%에 달했다. 중국 국민소득의 절반 이상은 비축되어 있었다. 저축이 경제에서 차지하는 비중이 커지면서 GDP에서 가계 소비가 차지하는 비중은 미국의 절반 이하로 떨어졌다. (마오쩌둥 시대의 보편 복지 정책을 뜻하는) '철밥통' 제거는 중국의 저축 과잉과 막대한 무역 흑자의 원인으로 지목된다. 하지만 이러한 데이터는 1990년 이후 가계 저축(GDP 대비 비율)이 약간 증가했을 뿐이라는 사실을 보여주며, 그나마도 대부분은 부유한 최상위 계층의 저축이었다.[21] 같은 기간 동안 노동자 소

---

* 1997년과 2002년 사이 은행 예금 이자는 물가상승률보다 평균 3% 높았다. 이후 10년 동안 1년 만기 예금금리는 실질적으로는 평균 −0.3%였다.

득은 경제성장만큼 늘지 않았고, 가계 저축이 총저축에서 차지하는 비중도 감소했다.[22]

이러한 상황에 큰 영향을 끼친 것은 금융 억압이었다.* 베이징대학교 마이클 페티스Michael Pettis는 《위대한 재균형The Great Rebalancing》(2013)에서 인위적으로 낮춘 예금 금리로 인해 가계 저축자들이 치른 비용과 대출자들이 받은 혜택을 계산했다. 그는 "가계에서 국영기업, 기반시설 투자자, 기타 우대 기관으로 이전된 총액은 연간 GDP의 3~8%에 달한다"라고 결론 내렸다.[23] 저렴한 신용 덕분에 중국 기업은 더 많이 투자할 수 있었다.[24] 매키넌은 "문제는 가계의 저축 성향이 너무 높은 것이 아니라 기업들이 고정자산에 과도하게 투자하는 형태로 지나치게 저축한다는 것이다"라고 진단했다.[25] 토지 매각과 대규모 기반시설 투자로 인한 수익 증가에 힘입어 정부의 저축도 늘어났다.[26]

보리오는 중국의 저축을 기존 통념과 다르게 보고 있다. 대부분은 저축을 '실제' 현상으로 본다. 즉, 개인이 자발적으로 소득 소비를 자제할 때 저축이 발생한다고 가정하는 것이다. 그러나 보리오에 따르면 현실에서는 다른 일이 일어난다. 은행이 아무것도 없는 곳에서 난데없이 신용을 만들어내는 것이다. 저축과 투자는 동전의 양면이다. 따라서 은행 대출이 투자 목적으로 사용될 때, 보고된 저축액도 자동으로 증가한다.[27] 중국에서는 금융 억압이 신용 성장을 자극했다. 새

---

* 2010년 BIS 조사보고서에 따르면 "가계 소득의 비중 역시 순이자 소득의 감소로 인해 낮아졌다. GDP에서 차지하는 순이자 소득은 지난 15년(2010년 기준) 동안 절반으로 줄어들어 가계 소득 비중 감소분의 4분의 1을 차지했다." Guonan Ma, Wang Yi, 〈China's High Saving Rate: Myth and Reality〉(BIS Working Paper: Jun 2010), p.18.

로운 대출의 많은 부분이 투자되었고 결과적으로 이는 저축률을 밀어 올렸다.

┃ 불안정, 불균형, 부조화, 지속 불가능성 ┃

2007년 3월, 원자바오 총리는 중국 경제의 성격을 '불안정, 불균형, 부조화와 지속 불가능성'으로 규정했다. 가계 소비 침체와 막대한 국내 저축으로 자금이 조달되는 높은 투자율을 염두에 두고 한 말이었을 것이다. 하이에크는 원자바오 총리가 말한 '경제 조정 실패는 금리가 자연적인 수준 이하로 유지될 때 발생하기 마련'이라는 말을 이미 설명한 바 있다. 이후에도 원자바오 총리의 발언은 여러 차례 반복되며 '숭고한 정신과 행동의 결여라는 특유의 조합'을 드러냈다.[28] 이렇다 할 개혁은 착수조차 되지 않았다. 정부는 경기침체를 용인하지 못했기 때문에 불균형이 곪아 터질 때까지 사태를 방치했다. 베이징 당국의 한 고위 관리는 "여기저기 무너지는 것보다는 (…) 불균형이 조금 있는 편이 차라리 낫다"라고 말했다.[29]

베이징 당국은 2008년 11월 대규모 경기부양책을 내놓으며 글로벌 금융위기에 대응했다. 이를 위해 무려 4조 위안(GDP의 12.5%)이 투입되었고 돈은 대부분 은행에서 조달했다. 2009년 한 해 동안 신용은 GDP의 30% 이상 올라갔다. 금융 억압은 더욱 깊이 자리 잡았다. 리먼 파산 후 한 달 사이 인민은행은 금리를 두 차례 인하했다.[30] 2009년 1월 중국의 은행 간 금리는 1%로 전년도 여름보다 4%p 하락한 수치였다.[31] 이후 5년 동안 기준금리는 실질 기준으로 평균 1% 미만이었고,

국가의 명목 GDP 성장률보다 훨씬 낮았다. 위안화는 계속해서 미국 달러에 느슨하게 연동되었다. 외국 자본은 끊임없이 중국으로 쏟아져 들어왔다. 인민은행은 달러를 사기 위해 계속 돈을 찍어냈다.*

중국의 경상수지 흑자는 글로벌 금융위기 이후 감소했지만, 보유 외환은 2008년과 2014년 사이 두 배로 증가해 총 4조 달러 이상에 달했다. 이 중 최대 3분의 1은 외국 자본 유입으로 파생된 것이었다.[32] 이렇게 유입된 자금이 모두 서구 투자자들에게서 온 것은 아니었다. 중국의 다국적 기업들은 외국에 있는 자회사를 통해 달러를 빌린 뒤 위안화로 바꿔 이를 투자에 사용하거나 공식 은행 시스템 밖에서 더 높은 금리로 대출했다.[33] 중국에 대한 외국 은행의 청구액은 2014년 1조 7000억 달러에 달했다.[34]

거의 무제한에 가까운 저렴한 신용 공급 덕에 중국의 불균형은 더욱 커졌다.《블룸버그》의 톰 올리크Tom Orlik는 다음과 같이 적었다.

거대 국영기업들은 부채의 덫에 깊이 빠져들면서도 새로운 제철소, 탄광, 시멘트 소성로 비용을 지불하고 이미 과잉 상태인 생산을 급증시켰다. 부동산 개발업자들은 적자가 난 대차대조표를 들고 미분양 부동산으로 가득한 유령도시를 건설했다. 지방 정부는 공공 부채에 대한 통제를 피하기 위해 서류상으로는 적자가 아닌 것처럼 보이도록 불투명한 투자 수단을 쥐어짜냈다.[35]

---

* 이 기간에 외국 자본 유입과 중국 은행 시스템의 예금 증가 사이에는 강한 연관성이 있었다.

중국의 금융 억압은 *불안정한 거품, 조정되지 않은 투자, 지속 불가능한 부채, 불균형한 그림자 금융 시스템* 형태로 나타났을 뿐 아니라 원자바오 총리 가족을 포함한 부도덕한 기득권층이 무한한 이지 머니 흐름을 타고 뒷주머니를 챙기게 해주었다.

| 불안정한 거품 |

2016년 11월 한 펀드 매니저가 《월스트리트 저널》과의 인터뷰에서 "중국에는 항상 거품이 있다"라고 말했다. 사실이었다. 지난 몇 년 동안 중국 전역에 걸쳐 어리둥절할 정도로 다양한 미니 거품이 나타났다. 정력에 좋다는 애벌레 곰팡이부터 마늘까지, 빈티지 보르도 와인에서부터 중국 고유 증류주 마오타이주까지, 순수 예술작품에서 도자기까지, 구리에서 철광석에 이르기까지 거의 모든 물건에서 거품이 발생했다. 상하이 주식 시장에서도 마찬가지였다. 이 모든 것을 무색하게 한 것은 엄청난 회복력으로 국가의 경제 발전을 선도한 대규모 부동산 거품이었다. 이것이야말로 다른 모든 거품의 궁극적인 원천이었다.

2007년 10월, 상하이 주식 시장은 18개월이 조금 넘는 기간 동안 네 배 이상 성장해 있었다. 상장기업의 가치를 합하면 중국 GDP의 두 배가 넘었다. 통화 정책이 이러한 호황에 기여했다. 당시 중앙은행은 수십억 위안을 찍어 달러 고정환율제도를 유지하고 있었다. 2005년 7월 중앙은행은 위안화 절상을 허용했지만 (실질적으로는 금리가 마이너스로 유지되도록) 금리를 인하함으로써 절상을 상쇄했다. 이로써 은행 대출이 극적으로 늘어날 수 있는 환경이 조성되었다.[36] 거의 20년 전 일본 은행 역시 플라자 합의라는 국제 환율 협정에 따라 통화 조건을 완화하면서 비슷한 길을 걸었던 적이 있다. 일본 전문가인 피터 태스커Peter Tasker는 두 사건의 유사성을 다음과 같이 기술했다.

> 1980년대 일본과 마찬가지로 중국 통화 정책은 수출 기계의 인질이 되었다. 위안화를 억제하기 위해 당국은 금리를 자연 수준보다 훨씬 낮게 유지하고 있다. 동시에 금융 자유화로 가치가 떨어지고 있던 은행 예금에 대한 대안을 마침내 찾았다고 생각한 수백만 명의 순진한 중국 투자자들에게 증권 시장이 개방되었다. 이보다 더 거품이 낄 만한 상황은 상상하기 힘들다.[37]

2007년 10월에 정점을 찍은 상하이 주식 시장은 이후 몇 달 동안 70% 이상 하락했다. 하지만 궁지에 몰린 투자자들은 곧바로 이어진 베이징 당국의 부양책으로 구제받았다. 2009년 여름, 상하이 종합지수는 바닥에서 거의 두 배까지 뛰었다. 상하이에서 거래되는 주식의 달러 가치는 런던, 뉴욕, 도쿄의 증권거래소 모두의 총액을 넘어섰다. 중국 기업 일곱 개가 시장가치 기준으로 세계 10대 기업 목록에 이름을 올렸다.

주식 시장 광풍은 2009년 말이 되면서 가라앉았지만, 그 분위기는 오래가지 않았다. 2014년 11월부터 2015년 여름까지 상하이 종합지수는 다시 두 배로 뛰었다. 이번에는 주택 시장 약세를 상쇄하기 위해 베이징 당국은 합리성과는 거리가 먼 야성적 충동을 부추겼다. 중앙은행은 기준금리를 낮추고 자체 대차대조표를 확대했다. 중개업자에 대한 대출 제한이 완화되면서 신용 대출은 1조 달러를 넘어설 정도로 늘어났다.[38] 기술주는 수익의 200배 이상에 팔려 "닷컴 버블이 고조되었던 시기도 상대적으로 별것 아닌 것처럼 보일 지경이었다."[39] 6월 초 중국핵공업집단공사의 IPO는 청약경쟁률이 137:1까지 치솟아 청약증거금이 2730억 달러에 이르렀다. 첫날 거래에서 주가는 44%나 올랐다.

이러한 투기 열풍은 지속 기간도 짧았다. 2015년 7월 상하이 종합지수의 3분의 1이 빠졌다. 주식 대부분이 거래 중지되었다. 시장의 완전 붕괴를 우려한 베이징 당국은 '긍정 분위기'를 조성하려 애썼다. 규제기관과 검열 당국은 시민들에게 경제에 대한 부정적인 발언을 하지 말라고 경고했다. 중앙은행은 금리와 은행의 지급준비율을 낮추고, 시장을 부양하기 위해 돈을 빌려주었다. 국영기업 '국가대표팀'이 거액을 차입해 주식을 샀다.* 칭화대 졸업식에서는 학생들에게 "'A주를 되살려 인민을 이롭게 하자. A주를 되살려 인민을 이롭게 하자'는 구호를 크게 외치게 하라"는 지시가 있었다.[40]

주식 시장의 변동은 중국 부동산 시장 변동에 비하면 장난에 불과했다. 글로벌 금융위기 동안 베이징과 다른 주요 도시 집값은 급격히 하락했다. 당국은 형세를 반전시키기 위해 강경하게 대처했다. 은행에

---

* 골드만삭스에 따르면 9월 초까지 국영기업(SOEs) '국가대표'는 주식 시장 지원에 약 1조 5000억 위안을 지출했으며, 중국 본토에서 거래 가능한 주식(유통 주식) 9%의 소유권을 얻었다. 주식 시장을 지원하기 위한 또 다른 조치로는 공매도 금지, 기업의 자사주 매입 강제, 주식중개인에 대한 강압적인 주식 매입 유도, 신용 대출에 대한 담보 규정 완화, 추가 IPO 중단 등이 있었다. Kana Nishizawa, 〈China's Stock-Rescue Tab Surges to $236 billion, Goldman Says〉, 《Bloomberg》(7 Sep 2015) 참조.

는 대출 기준을 완화하고 2순위 저당을 더 많이 제공하라는 지시를 내렸다. 주택 구매자는 기준금리보다 대폭 할인된 금리로 대출받을 수 있게 되었다. 2009년 한 해 동안 주택담보대출은 다섯 배 증가했고 부동산 판매는 3분의 2나 증가했다.[41] 《월스트리트 저널》은 베이징의 토지 매입 움직임을 보도했다. 1선 도시(부동산 서비스 회사인 세빌스가 정한 세계에서 가장 인기 있는 부동산 구역) 집값은 3분의 2 이상 올랐다.

중국은 가치 기준으로 미국을 제치고 세계 최대 부동산 시장이 됐다.[42] 이 시점에서 중국 당국은 주택 시장을 진정시키기로 했다. 2010년 초 금리와 은행의 자본 확보율이 인상되었고 주택담보대출 기준도 강화되었다. 한 가구당 세 채가 넘는 주택을 구입할 때는 대출을 제한했다.[43] 이러한 조치가 효과를 거두기까지는 시간이 걸렸지만 2011년 말에 이르자 중국 국가통계국이 지켜본 70개 도시 거의 전부에서 부동산 가격이 하락했다. 상하이와 베이징에서는 주택 매매가 급감했다. 그러자 정책은 다시 뒤집혔다. 2012년 여름, 유럽의 부채위기로 인한 '글로벌 조정을 거친 글로벌 완화 캠페인'(블룸버그의 표현이다)의 일환으로 금리 인하가 단행되었다.

수많은 난관을 극복한 중국 부동산 시장은 무적이라는 평판을 얻게 되었다. 조지 소로스의 말을 빌리자면 '슈퍼 버블'이 나타날 핵심 조건이 조성된 셈이다. 2015년 주식 시장 붕괴 이후 통화 정책은 더욱 완화되었다. 10월에 중앙은행의 기준금리는 사상 최저치인 2%에 도달했다. 이듬해에 은행 대출이 가속화되면서 주택담보대출이 신규 대출에서 더 많은 비중을 차지하기 시작했다.[44] 상하이와 인근 쑤저우 일부 지역에서는 비어 있는 개발 부지가 완공된 건물이 들어선 인근 땅보다 더 비싸게 팔렸다. '밀가루가 빵보다 비싼' 격이었다. 2016년 말 전국 주택 가격은 중국 평균 소득의 여덟 배에 달했다. 이는 10년 전 미국 주택 가치가 최고조에 달했을 때의 약 두 배에 달하는 수치였다.

중국 부동산 가치가 전적으로 비합리적이지만은 않았다. 낮은 차입 비용 때문에 미시시피 회사의 가치가 높아졌다는 스튜어트 경의 주장은 중국의 부동산 시장에도 그대로 적용되었다. 미시시피 회사를 경영하던 로의 왕립은행은 1719년에 금리를 2%로 정했다. 거의 300년 후 인민은행도 금리를 같은 수준으로 책정했다. 전미경제연구소가 2015년에 발표한 연구에 따르면 베이징과 상하이의 임대수익률은 2% 미만으로 떨어졌고 이는 대출 금리와 비슷한 수준이다.[45] 하지만 2% 미만의 임대수익률이란 투자 회수 기간이 거의 70년에 이른다는 사실을 의미한다. 이는 주거용 토지 임대와 거의 같은 기간이다. 더구나 주거용 토지 임대는 이 기간이 지나면 소유권이 정부에 반환된다. 중국 부동산 시장은 '절대 터지지 않는 거품'이라고들 여겼다.[46] 하지만 전미경제연구소 연구원들이 언급했듯이 "예상 가치가 조금만 하락해도 주택 가치는 크게 하락할 수 있다."

2016년 말 중국 총 부동산 가치는 43조 달러로, 중국 GDP의 거의 네 배에 해당했다. 일본의 거품이 정점에 달했을 당시 일본 부동산의 총가치(GDP 대비)와 같은 액수다.[47] 30년 전의 일본처럼 중국도 '부동산 거품' 경제로 변모했다. 프랑스 은행 소시에테제네랄의 2011년 계산에 따르면 중국은 지난 10년 동안 총면적 160억 제곱미터에 달하는 주거용 주택을 지어왔다. 이는 오늘날의 로마를 14일마다 한 번씩 처음부터 다시 짓는 것과 같다. 경기부양 이후 10년 동안 세계에서 가장 높은 건물 100개 중 절반 이상이 중국에서 건설 중이었고, 경제 생산량의 4분의 1 이상이 직간접적으로 부동산 개발과 관련 있었다.[48]

중국의 어마어마한 건축 붐을 설명하는 그럴듯한 근거는 도시화로 인한 도시 이주민 증가였다. 하지만 건설 현장에서 일하는 수많은 이주민은 자신이 세운 부동산을 구매할 여유가 없었다. 새 주택 수요 대부분은 이주자가 아닌 투자자에게서 나왔다. 2009년 11월 알자지라 TV의 멜리사 챈Melissa Chan은 내몽골의 어얼둬쓰시 개발에 대해 보도했다.[49] 5년 동안 건설된 이 도시에는 백만 명 이상이 거주할 수 있었다. 하지만 이곳을 방문한 챈은 '빈 아파트들과 새롭고 깔끔한 주택단지가 펼쳐져 있는 광경' 말고는 아무것도 보지 못했다. 이 아파트들은 부유한 몽골 광부들이 투기 목적으로 사들였다고 한다. 하룻밤 사이에 어얼둬쓰시는 세계에서 가장 유명한 '유령도시'가 되었다.

중국에서 새 아파트 상당수는 콘크리트가 노출된 형태로 판매된다. '마오피팡毛坯房(비어 있는 집)'이라고 불리는 이런 형태의 아파트에는 전기 배선이나 배관 같은 기본 편의 시설이 없다. 사람들이 입주하지 않은 채로 몇 년간 방치된 아파트도 많다. 이곳에 살지 않는 소유주들이 돈을 절약하기 위해 엘리베이터를 정비하지 않아 비극적인 사고가 일어나기도 했다.* 텅 빈 아파트 단지는 밤에 불이 켜지지 않은 창문들만 봐도 쉽게 확인할 수 있다. 2010년 보도에 따르면 전력망에 연결된 건물 중 약 6500만 채가 전기를 전혀 사용하지 않았다.[50] 이후

---

* 이렇게 엘리베이터 사고가 자주 발생하는 이유는 아파트 입주민들의 의사를 조정하는 공식 기구가 중국에는 없고, 저층 거주자들은 대개 엘리베이터 비용을 부담하지 않기 때문이다.

추정치에 따르면 도시 주택 물량의 5분의 1이 비어 있다.[51] 중국의 빈 집에 캐나다 전체 인구가 들어가 살 수 있다는 말이 있을 정도다.[52]

부동산 거품으로 생산성 증가세가 멈추고 부패가 조장되면서 중국의 경제 기적이 위협받게 되었다.[53] 베이징의 은퇴한 어느 고위 관리는 이 상황을 "부동산 과열은 지방 정부뿐만 아니라 금융기관마저 볼모로 삼았다. 실물 경제 발전을 억제하고 심지어는 해도 끼친다. 자산 거품을 부풀리고 부채 리스크를 누적시킨다"라고 설명했다.[54] 부동산은 중국에서 제왕적 대통령보다 더 강력한 유일한 존재였다. 2016년 12월 시진핑은 "집은 살기 위한 것이지 투기를 위한 것이 아니다"라고 선언했다. 하지만 당시 중국 가정의 거의 3분의 1이 하나 이상의 빈 부동산을 소유하고 있었다.[55] 중국이 부동산 문제에 관심을 두기 시작하면서 이혼율이 급증했다. 베이징 당국이 가구당 하나의 부동산만을 소유하도록 제한하면서 벌어진 일이었다.[56]

| 투자 부조화 |

베이징 당국의 경기부양 계획으로 새로운 공항, 교량, 고속도로, 지하철 등을 위한 수천 개의 '삽질 준비shovel-ready'(오바마 행정부가 들어서면서 인기를 끌었던 신조어로, 침체에 빠진 경제를 되살릴 목적으로 경기부양 자금을 투입해 인프라를 건설하는 일―옮긴이) 프로젝트가 시작되었다. 그중 가장 야심 찬 계획은 고속철도망의 급속한 확장으로, 1950년대 미국에서 주간 고속도로가 건설된 이후 세계에서 가장 큰 비용의 공공 프로젝트였다.[57] 이 거대 프로젝트 담당자는 철도부장 류지쥔刘志军으로 그는 "대도약을 이루기 위해서는 한 세대 전체가 희생해야 한다"는 마오쩌둥의 교훈을 주창하면서 '대약진 류'라는 별명을 얻었다. 이 프로젝트에 지출한 금액은 중국 GDP의 2%에 달했다.

2010년까지 철도부는 철도 채권만으로도 1조 위안 이상의 빚을 졌다. 비용 초과와 투량환주偸樑換柱(대들보를 훔치고 기둥을 바꾼다는 말로, 좋은 것을 나쁜 것으로 슬쩍 바꾸는 관행을 뜻한다─옮긴이) 관행에 따라 건축업자들이 싸구려 자재를 사용한다는 소문도 있었다. 2011년 7월 23일 푸저우로 향하는 고속열차가 원저우 외곽에서 다른 열차와 충돌해 40명의 승객이 사망하고 수많은 사람이 다치면서 안전에 대한 우려가 극에 달했다. 당시 류지준은 '엄중한 규율 위반'으로 조사를 받는 중이었다. 그는 건설 계약 과정에서 리베이트를 받았고 비자금을 운용해 신문 기자들에게 뇌물을 주었고, 적어도 18명 이상의 여성과 애인 관계를 맺고 있었다(2013년 7월 법원은 류지준에게 2년의 유예를 둔 사형을 선고했고 이 기간이 지난 뒤 무기징역으로 감형했다).

고속철도 확장은 막대한 자원 낭비, 산더미 같은 부채, 건설 지출에 중독된 경제, 엄청난 규모의 공직부패를 남겼다. 중국의 최근 경제 발전이 대부분 그랬다. 대출 금리가 낮을 땐 터무니없는 투자도 실행 가능한 것처럼 보인다. 21세기 중국에서는 금융완화 덕에 우공이산愚公移山이야기처럼 산도 평평하게 깎을 수 있었다. 실제로 후베이성 스옌시 지방 정부는 제조 공장을 새로 만들 부지를 확보하기 위해 그 지역에 있는 산을 평평하게 깎으라고 지시했다. 스옌시 토지국은 "산을 평평하게 만드는 사업은 스옌시가 지닌 개발 난맥상의 해결책이 되었다"라고 말했다.[58]

기반시설에 대한 지출은 보통은 경제 발전 성과로 이어진다. 교량을 건설하고 터널을 뚫고 철도를 부설하는 이유는 이러한 서비스에 대한 수요가 존재하기 때문이다. 하지만 중국에서는 투자 계획이 영화 《꿈의 구장》에 나오는 대사 "네가 야구장을 만들면 그가 올 거야" 같은 방식으로 이루어졌다. 새로운 기반시설을 만들면 도시화가 추진되고 생산성이 높아질 것이라고 막연한 꿈만 꾸었던 것이다. 그러나 옥스퍼드 경영대학원의 연구자들은 "전형적인 기반시설 투자는 경제성장의 원동력이 되기는커녕 중국의 경제 가치를 파괴했다"라는 연구 결과를 내놓았다.[59]

이 시기 다른 주요 인프라 프로젝트 중에는 버뮤다 크기만 한 베이징 남부 신공항, 홍콩과 본토를 연결하는 세계에서 가장 긴 다리가 있었다. 중국 관리들은 인상적인 투자라면 일단 승인하고 보는 오랜 전통을 가지고 있다. 세계에서 가장 긴 수로인 대운하大運河는 7세기에 수백만 명의 강제 노동으로 건설되었다. 16세기 도미니크회 수사 가스파르 다 크루즈Gaspar da Cruz는 "중국에서 가장 놀라운 사실은 사람이 살지 않는 곳에도 다리가 있다는 것이다. 이 다리들은 도시 근처 다리보다 못 만들거나 비용을 덜 들이지도 않았다. 오히려 상당히 많은 돈을 들여 꽤 잘 만들어놓은 다리들이다"라고 지적했다.[60] 중국이라는 정체된 제국Immobile Empire에서 몇 가지는 절대 변하지 않는다.

투자는 인프라 프로젝트에만 국한되지 않았다. 베이징 당국은 경기부양의 한 방책으로 생명공학 및 전기자동차를 포함한 신기술 투자를 촉진하는 '전략적 신흥 산업' 계획을 승인했다.[61] 항공우주에서 통신에 이르기까지 다양한 부문이 '고유 혁신 분야'로 지정되었다.[62]

대형 항공기 개발 계획 등의 여러 '공학기술 대규모 프로젝트'가 신속히 진행되었다. 기계, 섬유, 조선, 자동차 제조, 철강, 비철금속, 물류 등 이보다 덜 매력적인 산업에도 경기부양자금을 지원했다. 문제는 이러한 산업 대부분이 수요보다 이미 더 많이 생산하고 있었다는 점이다.[63]

중국의 철강 생산 과잉은 악명이 높다. 금융위기 이전 중국은 전 세계 철강의 약 절반을 생산하고 있었고 이 시기 중국 철강회사들은 전체 생산능력의 3분의 2만을 가동하고 있었다.[64] 부동산과 기반시설 호황은 철강 수요를 크게 늘렸다. 그러나 철강 공장에 대한 추가 투자는 공급이 수요를 훨씬 앞서나간다는 사실을 의미했다. 철강 가격이 폭락하면서 "강철이 배추보다 싸다"는 말이 나올 정도였다.*

시멘트, 유리, 제지, 태양열, 풍력 등 다른 많은 산업도 투자 과잉과 공급 과잉에 시달렸다.[65] 철강과 마찬가지로 시멘트 수요도 경기부양으로 급증했다. 미국 지질조사국 조사에 따르면, 2008년 이후 3년 동안 중국은 미국이 20세기 동안 사용한 시멘트의 거의 1.5배를 소비했다고 한다. 세계에서 가장 인구가 많은 이 나라 국민 한 사람당 매년 거의 2톤에 달하는 시멘트를 쏟아 부은 셈이다.[66] 중국 시멘트 산업은 과잉 생산으로 계속 어려움을 겪으면서도 생산 능력을 꾸준히 키워 나갔다.

---

* 중국의 철강 소비는 2000년부터 2008년까지 연간 15%의 성장률을 기록했으며 금융위기 이후에도 이 성장 수준을 유지했다. 2009년 철강 소비량은 놀랍게도 1억 5700만 톤 증가했다. 2017년 철강 산업은 70%의 가동률을 보이고 있다. Dinny McMahon, 《China's Great Wall of Debt》(New York: 2018), p.42. Nicholas Lardy, 《Sustaining China's Economic Growth after Global Financial Crisis》(Washington DC: 2012), p.21. Thomas Orlik, 《China: The Bubble That Never Pops》(New York: 2020), p.14.

국영기업은 수많은 보조금과 더불어 저비용 은행 대출에서도 최고로 좋은 몫을 챙겼다.* 그러나 국영기업이 저비용 자본을 쉽게 이용할 수 있게 되면서 자본이익률에는 부정적인 영향이 생겼다. 2014년 국영기업의 수입은 민영기업의 절반에 불과했다.[67] 자산 기반이 늘어나면서 수익성은 떨어졌다.[68]

중국 경제도 유럽과 마찬가지로 저렴한 신용, 국가보조금, 관대한 대출이라는 수단으로 하루하루 버티는 좀비기업으로 그득해졌다. 2016년 1월 《인민일보》는 시진핑 주석의 수석 경제보좌관 류허刘鹤로 추정되는 '권위 있는 인물'의 인터뷰를 실었고, 이 기사에서 그는 산업의 과잉 생산 축소를 촉구했다.[69] 리커창李克强 총리는 "엄청난 과잉 생산을 하는 '좀비기업'에 가차 없이 칼을 휘둘러야 한다"라고 선언하면서 이 메시지에 힘을 실어주었다.[70] 공급자 측면에서 여러 개혁이 발표되었고 손실을 내는 두 국영 철강업체(바오스틸, 우한스틸)이 합병되었다.[71] 하지만 총리의 발언이 있은 지 불과 몇 달 후에도 미국 철강업체들은 중국 경쟁업체들이 국가보조금으로 회사를 운영하면서 철강 잉여분을 미국에 덤핑하고 있다고 불평했다.[72] IMF는 중국의 11개 성에서 약 3,500개 국영 좀비기업을 확인했다.[73]

---

* 홍콩통화연구소 연구원 조반니 페리Giovanni Ferri와 리강 류Li-Gang Liu의 주장에 따르면, 중국 국영기업에 민영기업과 같은 금리를 적용했다면 국영기업의 (2001년부터 2005년까지) 전체 수익은 사라졌을 것이다. 베이징대학교 크리스토퍼 볼딩Christopher Balding은 정부의 부채수익률이 3%를 웃돌던 2015년 상반기에 상장된 중국 기업들이 대출금을 평균 1.6% 금리로 갚았다고 밝혔다. 볼딩 교수는 만일 이자가 5%였다면 신고된 이익이 40% 가까이 감소했을 것이라고 추정한다. Giovanni Ferri and Li-Gang Liu, 〈Honor thy Creditors before thy Shareholders: Are the Profits of Chinese State-owned Enterprises Real?〉, 《Asian Economic Papers》9(3)(Oct 2010). Christopher Balding, 〈Guest post: Sizing up NPL risk in China〉, 《Financial Times》(Oct 2015). 다른 국영기업 보조금에 대해서는 Usha Haley and George Haley, 《Subsidies to Chinese Industry》(Oxford: 2013), p.45.

《인민일보》가 '개발병'이라 부른 현상은 사회와 환경에 어마어마한 피해를 끼쳤다.[74] 세계 인구의 5분의 1이 사는 중국은 철강, 시멘트, 구리, 알루미늄, 니켈, 석탄의 전 세계 생산량의 약 절반을 소비했다.[75] 2009년 중국은 미국을 제치고 세계 최고의 온실가스 생산국이 되었다. 2000년에서 2014년 사이 중국의 연간 탄소 배출량은 세 배 늘어났다.[76] 경제 분석가 헨리 맥시Henry Maxey는 "중국만큼 큰 경제가 신용 시스템 남용만으로 비생산적인 기간시설을 과잉 공급하는 것을 보면, 전 세계 이산화탄소 배출량이 증가한다고 해서 놀랄 필요도 없다. (…) 통화 정책은 문제에 가속도를 붙였다"라고 분통을 터뜨렸다.[77]

중국은 소련 전성기 이후 다시는 볼 수 없었던 규모로 자본을 잘못 배분했다. 소련의 중앙 정책 기획자들도 금융 억압이라는 조건에서 활동했다. 헝가리 경제학자 야노시 코르나이János Kornai는《사회주의 정치경제학Political Economy of Socialism》에서 소련의 통화 상황이 어떻게 경제적 실패를 낳았는지 설명했다.

공산주의 경제 체제에서 시장 조정은 지배력을 발휘하지 못했다. 실질 금리가 오랜 기간 마이너스라면 투자 배분을 통제할 수 없고, 현재와 미래의 수입과 지출을 비교하는 모든 의사결정에 대해 의사결정자는 잘못된 정보를 제공받게 된다.[78]

1994년, 크루그먼은《포린 어페어스》에 〈아시아의 기적이라는 신화The Myth of Asia's Miracle〉라는 제목의 평론을 발표해 각광받았다. 그가 보기에 "(1950년대) 소련의 급속한 경제성장은 전적으로 한 가지 속성, 즉 미래의 생산을 위해 현재의 소비를 희생하고 절약하는 의지에 기반을 둔 것이었다."[79] 세계은행이 '동아시아의 경제 기적'에 환호성을 보내고 있던 시기, 크루그먼은 아시아 국가 대부분이 니키타 흐루쇼프Nikita Khrushchev 치하의 러시아처럼 성장을 위해 지속적으로 투자를 늘려야 했다고 지적했다. 하지만 그는 일부 아시아 국가들이 자국 통화를 미국 달러에 고정하고 값싼 외국 대출로 투자 자금을 조달하고 있다는 사실은 언급하지 않았다. 기사가 나온 지 얼마 지나지 않아 아시아 금융위기가 터졌다.

페티스에 따르면, 크루그먼의 분석은 '스테로이드를 처방한 아시아식 개발 모델'을 실천한 중국에도 잘 어울리는 것이었다. 중국은 GDP에서 투자가 차지하는 비중이 다른 어떤 아시아 국가보다 훨씬 컸다. 전례 없는 투자 상승으로 투자효율성(경제학자들이 '한계고정자본계수Incremental capital-output ratio Input')라고 부르는 것은 급격히 하락했다.* 교량, 고속열차, 도로에 투자된 막대한 금액은 중국 당국이 그렇게나 강조하던 생산성 향상으로 이어지지 못했다. 중국은 '지옥으로 가는 러닝머신' 투자에 갇혔다.[80] 그렇다고 러닝머신에서 발을 떼자니 '갈증을 치료하기 위해 독을 마시는' 격이었다.

---

* 페티스는 중국의 투자가 GDP 수치에 비용으로 반영되었기 때문에 실제 상황은 보기보다 훨씬 더 나빴다고 주장한다. 이렇게 최악의 투자까지도 GDP를 끌어올리는 동시에 GDP 대비 중국의 부채 비율은 낮추는 결과를 초래했다. Michael Pettis, 〈China's Economy Needs Institutional Reform Rather Than Additional Capital Deepening〉(Carnegie Endowment for International Peace: 24 Jul 2020) 참조.

| 지속 불가능한 부채 |

2009년 베이징 당국의 경기부양책으로 촉발된 신용 팽창은 흔들리는 경제 심장부에 거대한 제세동기 역할을 했다. 그러나 신용이란 과도하게 사용하면 효과가 감소하는 중독성 물질이다. 그 후 몇 년 동안 성장이 둔화되었지만, 중국 경제는 그 어느 때보다 많은 신용이 필요했다. 경기부양 이전 100위안 신규 신용으로 GDP를 성장시키려 했다면 이후에는 신규 신용, 규모가 30위안까지 줄었다. 과거 수준의 약 3분의 1이었다.[81] 경제성장에 대한 대출 기여도 감소는 투자 효율성 감소로 이어졌다. 대부분의 투자가 부채로 조달되었기 때문에 지극히 당연한 결과였다.[82]

한 나라의 부채 부담 능력은 경제 발전과 관련이 있다. 일반적으로는 부유한 국가가 가난한 국가보다 더 많은 부채를 감당할 수 있다. 중국이 부채 증가를 감당하기 어려워한 이유는 경제 발전이 미숙한 상태인 데다 평균 소득도 여전히 서구 수준에 훨씬 못 미쳤기 때문이다. (GDP 대비) 신용 팽창 속도는 1980년대 일본을 포함한 이전의 거의 모든 신용 호황을 능가했고, 2008년 이전 스페인이나 아일랜드의 상황과 비슷할 정도였다.[83] 규모도 중요했다. 2015년까지 10년 동안 중국의 세계 총 신용 창출의 약 절반을 차지했다.[84] 이렇게 거대한 차입은 '사상 최대 규모의 신용 거품'을 키웠다.[85]

경제의 모든 부문이 부채로 부풀어 올랐다. 은행 시스템의 부채는 GDP의 세 배까지 증가했다. 리먼 파산 당시 중국 가구는 미국 가구보다 부채가 훨씬 적었다. 그러나 당국이 그토록 외쳐대던 경제 '재균형화reblancing'가 일어나지 못하며, 소비자들은 구매력을 높이기 위해 신용으로 눈을 돌렸다. 2008년부터 2018년 사이 중국 가계는 (소득 대비) 부채 수준이 두 배로 늘어났고 결국 서브프라임 위기가 시작되었을 때 미국 가계보다 많은 빚을 지게 되었다. 같은 시기 중국 기업은 15조 달러를 차입하면서 글로벌 기업 부채 증가액의 약 절반을 차지했다. 부동산 기업들은 개발 자금 조달을 위해 차입했다(이중 최대 개발업체가 바로 헝다그룹으로 이 기업의 총부채는 무려 GDP의 3%에 달했다). 지방 정부는 인프라 프로젝트 비용을 지불하기 위해 불투명한 자금 조달 수단을 설정했다. 지방 정부 부채는 (2020년 말) GDP의 절반을 넘는 8조 2000억 달러까지 증가했다.[86]

국영기업은 민영기업보다 더 저렴하게 차입했지만 이자 비용 상환에 어려움을 겪었다.* 2012년 이후 총부채상환 비용은 중국의 경제성장을 넘어섰다.[87] 이자 비용보다 더 크게 성장할 수 없는 경제를 '부채 함정'에 빠졌다고 한다. 중국은 불량부채를 은폐하면서 부채 함정의 즉각적인 결과를 회피했다. '붉은 자본주의'란 결국, 부실채권을 한 국가 관련 기관에서 다른 기관으로 떠넘기며 누군가는 피해를 보는 야바위 같은 것이었다.

이러한 행각은 국영은행들이 부실채권으로 압박받던 금세기 초에 시작되었다. 하지만 부실채권은 탕감되지 않았고 국유자산 관리회사

---

* 《로이터 통신》은 중국 기업이 총 18조 달러의 빚을 지고 있다고 보도했으며, 이는 중국 GDP의 169%에 해당한다. 홍콩에 상장된 본토 기업의 4분의 1만이 이자 비용을 충당할 만한 이익을 냈다. 이 중 한 기업 관계자는 《로이터 통신》과의 인터뷰에서 다음과 같이 말했다. "시장에는 유동성이 많고 금리도 낮다. (…) 은행에서 돈을 빌리는 것은 문제가 되지 않는다. 공기업이라는 것도 도움이 된다." Umesh Desai, 〈Road to Stagnation? China Inc Gets a Break from Lenders〉, 《Reuters》(4 Oct 2016).

들에 액면가로 판매되었으며, 이 회사들은 국영은행들에서 인수한 10년물 채권을 발행해 대금을 지급했다. 사실상 회수할 수 없는 단기 부채를 회수할 수 없는 장기 부채로 바꾼 것이다. 관리회사들이 채권을 상환할 날이 다가오자 채권은 조용히 연기되었다. 불량채권을 숨기거나 '에버그리닝' 하기 위해서는 낮은 금리가 필요했다. 2001년과 2002년에 중국이 금리를 인하한 것은 은행의 부채 문제를 해결하기 위한 이유도 있었다. 이후 몇 년 동안 은행 대출 금리는 중국의 명목 GDP 성장률보다 훨씬 낮게 유지되었고 예금 금리는 3% 아래로 유지되었다. 중국의 예금자들이 은행 시스템을 간접적으로 구제한 것이나 다름없었다.[88]

2008년 이후 신용 시스템 균열은 새로운 대출로 덕지덕지 가려놓았다. 붉은 자본주의의 신조는 "은행이 계속 대출하는 한, 상환 문제는 없다"는 것이다.[89] 그러나 문제가 있는 대출을 숨기는 일은 갈수록 어려워졌다. 2015년 한 산업공학 기업(바오딩티안웨이 그룹)이 국영기업 최초로 국내 채권을 상환하지 않았다.[90] 채무불이행의 낙수효과가 시작되었다. 중국의 부실채권 규모는 그저 짐작만 가능하다. 은행 분석가 찰렌 추Charlene Chu의 추정에 따르면 2017년 은행 대출의 최대 4분의 1이 부실채권이었다. 공식 수치의 다섯 배였다.[91]

추는 "손실이 금융기관의 대차대조표에 나타나지 않는다면, 성장 둔화와 디플레이션으로 나타나게 될 것이다"라고 말한다.[92] 어빙 피셔가 지적했듯이 부채 인플레이션은 부채가 지나치게 많이 축적된 뒤에 발생한다. 동시에 과잉 생산은 가격에 하방 압력을 가했고 중국이 디플레이션을 해외로 수출하도록 만들었다. 유럽과 미국 시장에

남는 철강을 덤핑하는 것이 좋은 예다. 좀비기업들은 디플레이션 움직임을 가중시켰다. 2008년 이후 통화 공급이 급증했지만, 소비자물가는 거의 움직이지 않았다. 2015년 11월, 생산자 물가지수는 44개월 연속 하락을 기록했다.[93]

중국의 투자가 생산적이었다면 부채를 상환하는 데 필요한 현금 흐름이 창출되었을 것이다. 그러나 경제 전반적으로 이런 흐름은 만들어지지 않았다.[94] 그러다 보니 부채는 계속 증가했다. 베이징 고위 관리들은 이러한 상황이 지속 가능하지 않다는 사실을 알고 있었다. 2016년 여름, 익명의 시진핑 주석 보좌관은《인민일보》와의 인터뷰에서 레버리지를 억제해야 한다고 경고했다. 이 '권위 있는 인물'은 다음과 같이 비유했다. "나무가 아무리 높이 자란들 하늘에 닿을 수는 없다. 레버리지가 높으면 리스크도 높아질 것이다."[95] 러우지웨이楼継偉 전 재정부장은 베이징 당국의 딜레마를 꼭 집어 "가장 우선적인 문제는 레버리지 축적을 막는 것이다. 그러나 우리는 경제 발전 속도를 둔화시킬 수도 없다"라고 말했다.[96] 이 두 가지 야심은 양립할 수 없기에 베이징 당국은 그나마 저항이 적은 길을 택했다. 경기부양이 시작된 지 10년 만에 중국의 '부채 만리장성'은 GDP의 250%에 도달했으며, 이는 2008년 이후 100%p가 상승한 수치였다.[97] 문제는 이게 끝이 아니란 점이었다.

| 그림자 금융의 불균형 |

1984년 중국 최초의 사설 금융업체인 전장钱庄이 저장성 남동부

해안 도시 원저우에 문을 열었다. 팡페이린이라는 이름의 전직 병원 관리자가 창난현에 설립한 이 팡싱전장方兴钱庄이라는 사설 금융업체는 지역 기업체에 대출을 제공했다. 당시에는 국가가 운영하던 은행들이 대출을 독점하면서 하루에 몇 시간만 문을 열고 정치적 연줄이 있는 사람에게만 대출을 해주었다. 게다가 대출 승인에는 몇 달이 걸렸다. 이러한 국영은행과 달리 팡페이린의 은행은 연중무휴로 운영되었다. 사업이 너무 활발하다 보니 시간 단위로 이자를 청구할 정도였다. "시간은 곧 이자다"가 그의 좌우명이었다.[98]

1979년 이후 중국에서는 이중트랙 금리 시스템이 등장했다. 국영기업은 국영은행에서 저렴한 대출을 받았고, 민영기업은 뒷골목 은행에서 이보다 비싼 금리로 대출받았다. 팡싱전장이 설립되고 몇 년이 지나자 원저우에만도 수십 개의 경쟁업체가 생겨났다. 그중에는 신용금고·신용협동조합·전당포 등도 포함되었는데, 특히 전당포는 3세기경 존재했던 육조시대로 거슬러 올라가는 고대 중국의 금융기관이었다. 원저우의 비공식 대출 시장은 이따금 발생하는 다단계 방식으로 혼란에 빠졌고, 국영은행들은 계속해서 이들을 방해했다. 인민은행은 당연히 이러한 사설 은행을 허용하지 않았다. 1980년대 후반에 팡싱전장은 다른 여러 전장 및 신용협동조합과 함께 '개혁'당했다. 즉, 폐쇄당했다.

공무원들은 원저우의 사설 금융업자들이 차입자들을 착취했다고 공격했다. 사실 이들의 높은 이자는 자본 배분 역할을 하면서 대출이 가장 효율적으로 쓰이는 기업에 공급되도록 보장해주었다. 부당이득을 취한다는 비난을 피하려고 농촌의 협동조합은 이른바 '자본 사용료'(이자에 대한 훌륭한 정의로, 다른 정의와 비교해 부족함이 없다)를 부과하고 대출금을 '다른 사람이 관리하는 자본'으로 장부에 써넣었다. 단점도 있었지만 이들 뒷골목 은행은 원저우의 수만 개 지역 기업에 자금을 대주었고, 여기에는 시계·안경·라이터·신발과 같은 수출 용품 대량 생산 기업들이 포함되어 있었다. 중국 전역에서 같은 사례가 이어졌다. 비공식 대출기관의 도움으로 수많은 기업이 사업을 시작할 수 있었다.

팡페이린의 시대에 원저우 비공식 신용 시스템의 주요 사업은 기업의 운용 자금 공급이었다. 하지만 2008년 이후 원자재 가격이 상승하고 수출이 둔화되면서 지역 제조업 수익이 줄어들었다. 이에 따라 대출기관은 금융 투기에 눈을 돌렸다. 원저우 상인들은 마을에서 하이난섬의 별장에 이르는 수많은 거품 뒤에 숨어 있는 동력이었다. 투기를 위해 이들은 전통적인 제조업을 포기하는 동시에 '거짓을 위해 진실도 버린 것爲虛棄實'이다.

부동산은 주요 투기 대상으로, 뒷골목 은행 대출로 자금을 조달했다.[99] 경기부양 이후 원저우 부동산 가격은 두 배로 뛰었다. 입지가 좋은 지역은 상하이와 베이징만큼 비쌌다.[100] '베르사유 레지덴셜 드 룩스 라 그랑 메종'이라는 웅장한 이름의 아파트는 1제곱미터당 1만 1,000달러에 판매되었다. 런던의 부촌 메이페어나 뉴욕 맨해튼 아파트보다 비싼 가격이었다.[101] 원저우는 호황의 모든 모습을 보여주었다. 거리에는 최고급 브랜드 자동차 대리점이 즐비해졌다. 롤스로이스, 벤틀리, 페라리, 람보르기니가 줄지어 등장하는 원저우의 결혼식 자동차 행렬을 찍은 비디오가 입소문을 탈 정도였다.[102]

하지만 2011년 중반에 접어들면서 원저우시 비공식 금융 시스템이 갑자기 무너졌다. 신용경색의 직접적인 원인은 직전에 있었던 인민은행의 금리 인상이었다.* 이 지역의 산업단지가 대출금을 갚지 못한 후 패닉이 시작되었다.[103] 이보다 몇 달 전 중국에서 가장 큰 안경 제조업체 소유주는 사설 금융업체에 막대한 부채를 남기고 잠적했다. 전당포, 신용회사, 대부업체는 대출금을 회수하고 대출 금리를 인상했다. 많은 사업가가 떠났고, 원저우 상인들은 서둘러 부동산을 처분했다. 부동산 가격이 하락하면서 채권자들은 대출금 상환을 요구했다. 한 부동산 판매업자는 "산불 속에서 목숨을 걸고 달아나는 동물들처럼 대출금 상환 요구가 한꺼번에 몰려들었다"라고 회고했다.[104] 도시의 신용보증 사업망은 도미노처럼 무너졌다. 폐쇄된 공장 밖에서 임금 체불에 항의하는 노동자들과 경찰이 몸싸움을 벌였다.

원저우의 신용경색은 국내외에서 광범위한 관심을 모았다. 원자바오 총리는 재무부장과 중앙은행장을 대동하고 원저우시를 방문했다. 그의 임무는 '낭떠러지에서 떨어지기 직전 말고삐를 죄는 것懸崖勒馬'이었다. 은행은 대출을 지시받았고 신용 조건이 완화되었다. 시골 농부들은 대출을 위해 돼지까지 담보로 잡혔다.[105] 전국적으로 통화 여건이 완화되었다. 신용경색이 저장성에 국한되어 마무리될 만큼 결과는 성공적이었다.

이 시기에는 원저우 뒷골목 은행보다 새로운 유형의 대출이 이미

---

* 2011년 초 인플레이션이 목표치를 상회하자 중국인민은행은 1년물 예금 금리를 세 차례 인상했다. 이는 그림자 은행 단속과 맞물려 차입자와 대출자 사이의 신뢰를 더욱 떨어뜨렸다. 연말이 되자 리수이 법원은 다단계 운영자 세 명에게 사형을 선고했다.

등장해 있었다. 역시 공식적인 은행 시스템 밖에서 영업하는 은행이었다. 매키년의 말대로 금융 억압은 저축자들이 은행에서 저축한 돈을 빼내 다른 곳에서 더 높은 수익을 좇도록 동기를 부여한다. 그린스펀하의 연준이 금리를 1%로 낮추고 구조화된 금융 상품 판매가 본격화된 20세기 말 미국에서도 같은 일이 일어났다. 서브프라임 사태로 미국의 그림자 은행은 극적으로 무너졌지만, 사라지지는 않았다. 이런 은행들이 중국에 새로 보금자리를 꾸몄다.

중국의 그림자 은행은 다양한 금융 상품을 갖추고 있었다. 가장 인기 있는 상품은 은행에서 판매하는 신용 상품인 자산관리 상품Wealth Management Products으로, 은행 예금보다 약 2% 더 많은 이자를 지불하고 발행자가 보증한다고 홍보했다(거짓이었다). 신탁 상품은 부동산 개발과 관련 있는 경우가 많았기에 리스크가 더 컸지만, 수익 역시 더 높았다. 현금이 부족한 기업은 채권을 매각했다. 국영기업은 국영은행에서 저렴하게 돈을 빌려 민영기업에 위탁 대출했다. 온라인 대출은 인터넷 거인 알리바바와 텐센트가 장악했다.

2016년까지 자산관리 상품 시장은 23조 5000억 위안 규모로 성장했다. 중국 국민소득의 3분의 1이 넘는 규모였다. 그림자 금융 전체는 이보다 두 배 크다고 추정되었다.[106] 상대적으로 불투명한 채권시장도 미국 서브프라임이 정점에 달했을 때의 시장 규모를 넘어섰다.[107] 조지 소로스는 중국 그림자 은행과 신뢰할 수 없는 미국 그림자 은행 사이의 '끔찍한 유사성'에 주목했다.[108] 둘 다 저금리 시대에 수익률 탐색 과정에서 만들어졌다. 불투명했고, 의심스러운 대출 상품을 만들어 파는 은행들과 관련이 있다. 개방적이고 유동성이 풍부한 신용

시장에 의존했으며 부동산 거품을 부추겼다.[109]

과거에 인민은행은 은행 예금과 대출 금리에 대한 권한으로 금리를 통제했다. 그러나 그림자 금융이 성장하면서 이러한 수단은 효과를 발휘하지 못했다. 자산관리 상품에 심하게 노출된 은행들은 다른 은행에서 제공하는 단기 대출로 만기를 연장해야 했다. 2013년 6월 말 중국의 은행 간 시장에 갑자기 문제가 생기자 야간 금리가 거의 30%까지 치솟았고 상하이 주식 시장은 5% 이상 하락했으며 베이징에서는 현금지급기를 이용한 현금 지급을 중단했다. 처음에 인민은행은 교훈을 주겠답시고 피해를 본 은행들을 구제하지 않았지만 오래지 않아 태도를 바꿨다. 중앙은행은 이제 은행 간 시장 금리 변동성을 관리하는 방향으로 눈을 돌렸다.[110] 야간 은행 대출 금리(시보SHIBOR 금리라고 한다)는 2%로 고정되었다.

그림자 금융은 붉은 자본주의 야바위 속에 빠르게 통합되었다. 원저우 위기가 발생한 지 얼마 지나지 않아 소규모 상업 은행인 화시아은행이 발행한 자산관리 상품이 채무불이행 위협을 받았다. 피해를 본 신용 상품과는 뚜렷한 연관이 없는 신용보증 회사가 투자자를 보호하기 위해 투입되었다.[111] 이듬해 한 국영 자산관리회사는 파산 직전에 있던 두 개의 자산신탁을 흡수했다.[112] 2015년 산시성의 어느 탄광 회사는 5억 달러의 자산관리 상품을 채무불이행했다. 운명인지 모르겠지만 그 상품명은 '성지금개1호诚至金开1号, Credit Equals Gold No. 1(신용은 곧 금이라는 뜻 ─옮긴이)였다. 아니나 다를까 제삼자가 등장해 이 회사의 부채를 인수하고 미지급 이자를 탕감했다.[113] 신용 시스템에 안전망을 설치하면서 베이징 당국은 단기적으로 안정성을 얻었다. 그러나 값비싼 대가를 치러야 했다. 대형 채무자는 언제나 구제받을 수 있고 (자산관리 상품 보유자를 포함해) 특정 부류 채권자는 항상 보호를 받는다는 믿음이 널리 퍼졌다. 그 결과 중국 금리는 신용 리스크를 반영하지 않았다.[114]

민스키는 채무자가 현재 소득으로 부채를 상환할 수 없고 자산 가격이 상승할 때만 상환이 가능한 상황을 설명하는 '폰지 금융'이라는 용어를 만들었다. 경기부양 10주년이 다가오던 무렵 인민은행 전 총재 저우샤오촨周小川은 중국 신용 시스템의 '은폐되고, 복잡하고, 갑작스럽고, 전염성 크고, 위태로운' 리스크를 경고했다.[115] 그는 인터넷 기업들이 운영하는 폰지 대출 제도를 지적했다*(이보다 몇 달 전에는 P2P 대출 제도 붕괴로 인해 베이징 금융가에서 대규모 시위가 일어나기도 했다[116]). 그는 또 좀비기업의 금융 리스크, 부실한 리스크 모델, 투기 거품, 금융 혁신에 대해서도 경고했다. 중국 최고 은행가였던 그는 중국이 '민스키 모멘트Minsky moment'(과도한 부채로 인한 경기 호황이 끝나고, 채무자의 부채상환 능력 악화로 건전한 자산까지 팔기 시작하면서 자산 가치가 폭락하고 금융 위기가 시작되는 시기—옮긴이)를 맞이하게 되지 않을까 두려워했다.[117]

얼마 후 정부는 내몽골 바오터우의 바오상 은행을 장악했다. 바오상 은행은 다른 은행에 양도성 예금 증서를 발행하면서 빠르게 성장했다. 보도에 따르면 지배주주가 이 자금을 유용했다. 저우샤오촨의 인민은행은 자신도 모르는 사이에 공범자가 되었던 것으로 밝혀졌

---

* 2015년 말 온라인 금융기업 이주보e租宝가 대규모 폰지 사기로 적발되었다. 투자액이라 알려진 500억 위안은 이주보의 최고경영자가 정부에 선물한 핑크 다이아몬드 반지의 가격인 1200만 위안보다 적은 금액이라는 사실이 드러났다. Thomas Orlik, 《China: The Bubble That Never Pops》, p.47.

다. 바오샹 은행의 차입은 중앙은행이 은행 간 대출 시장의 변동성을 관리하기 시작한 2013년 이후에 시작되었다.[118] 민스키에게는 놀라운 일도 아니었을 것이다. 그에 따르면 금융 자본주의 세계에서 '안정성은 불안정성을 낳기' 때문이다.

| 자본도피 |

중국 당국이 신용 문제 확산을 막을 수 있었던 주된 이유는 자본 통제로 중국의 국내 저축을 가두었기 때문이다. 하지만 금융 억압은 이 저축이 더 나은 수익을 찾아 나라 밖으로 빠져나가는 결과를 낳았다. 미 연준이 금리를 제로에 가깝게 유지하고 화폐를 계속 찍어내는 한, 중국 자본 계정에 대한 압박은 제한적일 수밖에 없었다. 그러나 리먼 도산 이후 5년 동안 연준이 긴축 통화 정책을 시행하려는 움직임을 보이자 중국에서 막대한 자금이 새어 나오기 시작했다.

합법이든 불법이든 자본 통제를 피하는 방법은 무수히 많다. 마카오 카지노에서는 위안화를 받아 홍콩 달러로 결제하는 '세탁 서비스'를 제공했다. 돈 밀수꾼들은 중국 기업에 가짜 수입 송장을 작성하게 했다.[119] 관광업은 또 다른 통로였다. 부유한 중국인들은 친구를 고용해 국외로 돈을 빼돌렸다. 바로 '스머핑Smurfing'이라는 관행이었다. 2015년 당국은 자본 유출을 단속하기 시작했다. 경찰은 수백 명에 달하는 밀수업자를 체포했다.[120] 은행도 외환 거래 심사를 강화하도록 지시받았다. 그러면서 중국에 진출한 다국적 기업은 본국으로 수익을 송금하는 데 어려움을 겪었다. 사업상 해외 출장을 가는 사람들도

미국 달러를 확보하기 힘들었다.[121]

중국 기업의 해외 인수는 중국에서 자본을 빼내는 또 다른 수단이었다. 2014년 10월 중국 보험회사 안방보험은 뉴욕의 월도프 애스토리아를 20억 달러에 인수했다. 미국 호텔 매입가로는 기록적인 액수였던 이 인수는 약 30년 전 유행하던 일본의 해외 자산 매입 행태와 유사했다. 안방보험은 전통적인 생명보험사라기보다는 그림자 은행에 가까웠다. 베스트셀러 상품인 '안방인수온라 1호 보험'은 넉넉한 수익을 보장하면서 2년 뒤에는 투자자들의 자금을 돌려주겠다고 약속했다. 안방보험은 이 상품 판매 수익을 해외의 호텔, 양로원, 보험사, 기타 사업체를 인수하는 데 사용했다.

그러자 베이징 당국이 외국 기업 인수를 막아섰다. 그림자 은행이었던 안방보험은 좋은 먹잇감이었다. 안방보험은 외국 투자를 처분하라는 지시를 받았다. 덩샤오핑의 손녀사위로 넓은 인맥을 자랑하는 사업가였던 이 기업의 회장 우샤오후이吳小暉는 '경제 범죄' 혐의로 체포되어 18년형을 선고받았다. 회사 자산은 몰수되었다. 국경도 외국법도 자본도피를 막겠다는 베이징 당국의 손길에서 벗어나지 못했다. 2017년 1월 자금세탁 혐의로 기소된 중국계 캐나다인 재벌 샤오젠화肖建華는 홍콩의 포시즌스 호텔 스위트룸에서 사복경찰에게 납치된 후 본토로 압송되어 교도소에 수감되었다.[122] '악어鰐魚'(사업을 무리하게 벌이는 경영자에게 붙이는 별명)는 말 그대로 멸종위기에 처한 종이 되어가고 있었다.

베이징 당국은 국제법을 무시할 수도 있다. 하지만 경제 법칙은 대체 언제까지 무시할 수 있을까? 1720년 로가 이미 파악했듯, 국내 통화 공급을 빠르게 확대하면서 동시에 외환 가격을 고정할 수는 없다. 2008년 이후 중국 통화 공급은 경제 규모와 전 세계 총 통화 공급에 비해 기하급수적으로 증가했다. 수조 달러 상당의 보유 외환 중 많은 부분이 비유동성 투자에 묶여 있던 상황은 안전하다는 환상을 제공했다. 게다가 중국 은행의 현금 저축량은 보유 외환고를 훨씬 넘어섰다. 하지만 그 예금 가운데 일부라도 중국을 떠난다면 중국 경제는 통화 위기에 직면하게 될 것이다.

| 부도덕한 이익 |

로널드 매키넌과 더불어 금융 억압 이론을 제시했던 스탠퍼드 경제학자 에드워드 쇼Edward Shaw는 이 이론의 정치적 측면에 주목했다. 쇼는 이자율 통제가 공무원 권한을 강화해 자신이 선호하는 집단에 저렴한 대출을 제공하도록 했다고 지적했다. 이러한 관행은 정실주의cronysm와 불평등을 조장했다. 쇼는 통화 권력을 지키려 필사적인 관료들은 금융 자유화 요구에 저항할 것이라고 덧붙였다.[123] '공공선택public choice' 이론을 주장하는 경제학파에 따르면 이자 수익은 국가가 시장에 개입하고 가격이 균형을 잃으면서 만들어진다.[124] 중국의 금융 억압은 막대한 이자 수익을 초래하고 정실 자본주의를 조장했다.

예리한 금융 저널리스트였던 마르크스는 "대규모 사기는 낮은 이자율과 결부되어 있을 때가 많다"라고 말한 적이 있다.[125] 하버드 경제학자 존 K. 갤브레이스John K. Galbraith는 경기순환에 따라 달라지는 경제의 '알려지지 않은 횡령 목록'을 설명하기 위해 '베즐'bezzle(속임수로 부풀려진 자산 가치 규모─옮긴이)이라는 용어를 고안했다.[126] 중국의 베즐은 금리와 반비례했다. 금리가 내려가면 베즐은 올라갔다.* 부패는 부동산, 광업, 건설업처럼 이지 머니의 혜택을 가장 많이 받는 분야에 집중되었다. 투자 프로젝트는 얻어낼 수 있는 이자 수익 규모에 따라 선정되었다.[127] 신용 분배를 담당하는 공무원들은 무단으로 대출하고 이자를 빼돌렸다.[128] 부패 네트워크는 현금·토지·자산·주식으로 지급된 뇌물, 선물, 호화 접대로 유지되었다. 마카오 카지노의 VIP 시찰 담당 공무원들은 정작 자신들이 바카라에 빠져 지내며 뇌물을 세탁했다.[129] 공공기관의 불법 매각에 따른 가격(이자 수익의 자본화된 가치)은 폭등했다.[130] 종이 재산이 늘어나면서 당 간부들은 정치적 반대파를 짓밟으며 자산 경제의 이익을 뽑아냈다.[131]

금융 억압 덕분에 서구에서와 마찬가지로 운동장은 부자와 연줄이 좋은 사람들에게 유리하도록 기울어졌다. 저렴한 대출을 받을 수 있는 사람들과 실물 및 금융자산을 통제하는 사람들은 횡재를 누렸다. 이 막대한 부의 이전을 위해서 평범한 가구는 저축에 대한 공정한 수익을 빼앗겼고, 중소기업은 높은 이율로 차입해야 했다. 1980년대 초부터 수억에 달하는 중국 노동자들의 소득 증가는 세계의 불평등 감소에 기여했다. 그러나 이 기간에 걸쳐 중국이라는 국가는 세계적으로 평등한 국가 중 하나에서 불평등한 국가 중 하나로 변해갔다. 2008년

---

* Michael Pettis, 〈Why the Bezzle Matters to the Economy〉, 《China Financial Markets》(Carnegie Endowment for International Peace: 23 Aug 2021) 참조. 페티스는 중국 베즐에 부동산 시장이 포함된다고 주장한다. 부동산 시장에서는 근본적인 가치를 초과하는 시장가치가 갤브레이스가 말하는 '심리적 자산의 순 증가분'을 만들었고, 국민소득 계정에 비용으로 잡히는 낭비가 심한 인프라 프로젝트를 만들었다. 페티스의 설명에 따르면 중국의 총 베즐 규모는 미지급 부채의 증가를 보면 대략적으로 알 수 있다.

이후 중국 지니계수는 0.49로 상승했다. 극심한 불평등을 나타내는 이 지표는 개혁개방 시대가 시작될 당시보다 두 배 넘게 올라갔다.*

불평등 문제는 공식 자료에 드러난 것보다 더 심각했다.[132] 크레 딧스위스 2010년 보고서에 따르면 '불법 혹은 준합법' 소득은 중국 GDP의 거의 3분의 1에 달했다.[133] 이 회색 소득의 상당 부분은 당원 들이 거둬들인 이자 수익이다. 혁명 원로의 아들로 충칭시 당서기에 임명된 보시라이薄熙來의 사례는 시사하는 바가 크다. 이 거대한 지 방자치단체의 수장이 된 그는 겉으로는 부패 척결에 앞장섰다. 그러 나 2012년 그가 몰락하면서 수억 달러에 달하는 재산이 드러났다. 원 자바오 총리 가족의 재산은 27억 달러로 추정되었다.[134]

가장 부유한 1%의 인구가 중국 부의 3분의 1을 지배하는 반면, 가 장 가난한 4분의 1의 인구는 단 1%만을 나눠 가지고 있다.[135] 이러한 불평등 증가에는 부동산 거품이 지대한 역할을 담당했다. 베이징대 학교 연구자들은 가계 자산 70%를 부동산이 차지하고 있다는 사실 을 밝혔다. 중국의 억만장자 중 4분의 1이 부동산 재벌이다.[136] 부자 리스트 가장 위쪽에는 부동산 개발업체 헝다그룹 회장 쉬자인許家印 이 자리하고 있다. 그의 재산은 2018년 기준, 400억 달러로 추산된다. 성공한 부동산 개발업자 중 상당수는 당 최고위원의 자식들인 것으 로 밝혀졌다.[137] 마을 주민들을 몰아내 개발업자들에게 토지를 넘겨 준 지방 공무원들이 '불평등의 엔진' 역할을 했다.[138]

---

* 1978년 중국의 지니계수는 0.22였다. 2001년 주룽지 총리는 0.4 이상의 지니계수는 용납할 수 없다 고 말했다. 하지만 2012년 불평등이 이 한계점을 넘자 베이징 당국은 조사 발표를 중단했다. Evan Osnos, 《Age of Ambition: Chasing Fortune, Truth, and Faith in the New China》(New York: 2014), p.18.

금융 억압은 중국 경제 자유화의 시계를 거꾸로 돌렸다. 중국 역사를 통틀어 발전은 "간헐적으로 일어났으며, 도약과 약진은 물론 역행과 악화로 가득 차 있었다."[139] 대체로 중국은 국가의 힘이 상대적으로 약하고 돈이 풍부할 때 발전했다. 공산당이 집권한 20세기 중반보다 자유방임을 추구했던 12세기 송나라 왕조 시절 소득이 더 높았을 것이다. 반면 국가가 권위주의적인 성격을 보일 때 경제는 정체되거나 감소했다. 완전한 통화 통제를 바라는 중국 정부의 열망은 중국 제국과 서구 경제 발전이 '크게 갈라지는' 결과를 낳았다.

최근 몇 년 동안 중국에서는 권위주의가 부활했다. 시진핑 최고지도자는 황제와도 같은 권력을 행사하고 있다. 조지 오웰을 연상시키는 전자감시 시스템이 시민들을 추적하고 감시한다. 수백만 명의 위구르인이 수용소에 갇혀 있다고 한다. 민영기업은 자신들의 이익보다 국가의 이익을 우선시해야 한다. '중국제조 2025' 경제개발 계획은 인공지능에서 로봇 공학에 이르기까지 여러 신기술에서 중국이 우위를 차지하는 것이 목표다. 시민들의 행동을 포상하고 처벌하는 사회적 신용 시스템이 기존의 신용 시스템을 대체할 것이다. 인민은행이 발행하는 디지털 위안화는 기존 화폐를 보완하고, 심지어 대체할 수도 있다. 이러한 발전은 2010년대에 흔해진 다음과 같은 문구로 가장 잘 요약된다. "국가는 앞으로 나아가고 민간(분야)은 뒤로 물러난다国进民退."[140]

이 퇴행적인 움직임을 주도한 것이 바로 금융 억압이었다. 2008년과 2009년 경기부양책으로 시작된 신용 대란은 경제에 대한 베이징 당국의 영향력을 강화했다. 국가가 앞장서자 생산성이 감소했다. 금리가 자본 수익률도, 신용 리스크도 반영하지 못하기 때문에 중국 경제는 잘못된 자본 배분과 과도한 부채라는 이중 폐해로 고통받고 있다. 저비용 신용에 힘입은 부동산 개발은 시진핑 주석이 '허구적 성장'이라고 말한 결과를 초래했다. 2019년 중국의 1인당 GDP 성장률은 2007년 수준의 절반까지 떨어졌다.

2013년 베이징에서 열린 제18차 중국공산당 전국대표대회 3차 전원회의에서는 은행 업무에 대한 중대한 개혁을 예고했다. 은행의 예금 금리 상한선이 해제되고 은행들이 자체적으로 대출 금리를 정할 수 있게 되었다. 가계는 예금으로 조금 더 많은 돈을 벌게 됐지만, 금리는 명목 GDP 성장률에 못 미쳤다. 중앙은행은 이제 은행 간 시장 금리 변동성 관리에 눈을 돌렸다.[141] 인민은행은 여전히 독립성이 없어서 통화 정책을 변경할 때는 무엇이든 국무원에 먼저 요청해야 했다.

금리가 시장에서 결정되도록 허용하기 위해서는 고통스러운 변화가 필요했을 것이다. 예금 경쟁을 할 수밖에 없는 상황이 오면 국영은행은 수익성에서 손실을 입을 것이다. 부실 대출은 감추기가 더 어려워질 것이다. 보조금을 받는 대출이 없어지면 국영기업의 수익성이 훨씬 더 낮아질 것이다. 좀비기업이 무너질 것이다. 경제 기획자는 자신이 선호하는 부문에 저비용 자본을 보내는 능력을 잃게 될 것이다. 외환거래에서 자국 통화 통제 비용이 엄청나게 증가할 것이다. 베이징 당국은 더는 부동산을 비롯해 다른 시장을 미세 조정할 수 없게 될 것이다.[142]

당의 권력 독점이 유지될 수 있었던 것은 상업 관련 가격 대부분과 상업 활동의 폭넓은 자유화를 허용한 덕분이었다. 하지만 간부들은 가장 중요한 가격인 이자 통제 권한만큼은 절대로 내놓지 않았다. 금리 수준은 여전히 시장이 아닌 국가가 결정하게 될 것이다. 시진핑 주석이 2017년 전국 대표대회에서 말했듯, 중국 금융억제가 남긴 유산은 '경제 발전의 불충분함과 불균형과 더 나은 삶을 바라는 인민의 증가하는 요구 사이의 모순'이었고, 이것은 결국 시진핑 주석에게 국가의 역할을 더욱 내세울 이론적 근거를 제공해주었다.**143**

결론

노예의 새로운 길

정치의 커다란 분열, 즉 중앙계획경제를 믿는 자들과 자유개발경제를 믿는 자들 사이에서 분열은 정확히 통화 정책을 경계로 이루어진다. 따라서 정책의 다른 면에서 견해가 다른 사람들은 통화 정책에서도 견해가 다르다.

– J. 이넉 파월 J. Enoch Powell, 1959

정부 재정 악화는 정부 부채에 대한 금리 인하 때문이다.

– 마리아 벌렌 스브란치아 Maria Belen Sbrancia, 2011[1]

글로벌 금융위기로 공공부채는 막대하게 증가했고, 이로 인해 통화 정책을 입안하는 이들은 저금리를 유지할 또 하나의 명분을 얻었다.[2] 정부 채권 수익률이 인플레이션 수준 이하로 유지되면 물가상승률 때문에 국가 부채는 시간이 지나면서 없어진다. 이것이 바로 서구식 금융 억압이었다. 물론 억압을 당하는 쪽은 정부 국채를 보유하고 있는 채권자들이다.

제2차 세계대전 이후 미국과 유럽의 사례를 보면 금융 억압이 실제로 어떻게 작동했는지 알 수 있다. 전쟁 중 장기채권 수익률은 2.5% 상한선을 두었던 반면, 단기국채는 0.5% 미만을 지불했다.[3] 연준은 정부로부터 직접 채권을 매입했다. 전쟁이 끝난 후 인플레이션은 두 자릿수를 찍었는데도 국채 수익률은 계속 낮았다.[4] 금융 억압은 한 세대 넘게 지속되었다. 1945년부터 1980년 사이 (물가상승을 반영한) 미국과 영국의 실질금리 평균은 마이너스 3.5%였다. 이 정도 수치는 미국 정부의 세입 5분의 1에 해당하는 보조금을 매년 제공한 것이나 다름없는 조치였다. 금융 억압 덕에 미국의 (GDP 대비) 국가 부채는 거의 4분의 3만큼 줄어들었다. 영국 역시 유사한 방식으로 자국의 전쟁 부채를 청산했다.[5]

중국의 사례에서 살펴본 대로 금융 억압이 제대로 작동하려면 국가는 국내 저축의 국외 유출을 막아야 한다. 1944년 브레턴우즈 체제에서 국제 통화 합의를 한 후 특정 국가의 국민이 돈을 외국으로 내보내지 못하도록 막는 자본 통제가 도입되었다. 그런 다음 미국 정부는 예금 이율에 최대한도를 설정했다. 미국 은행과 보험사는 새로운 규제에 따라 더 많은 정부 채권을 보유할 수밖에 없었다. 투자 전략 전문가 러셀 내피어Russell Napier에 따르면 "신용이 배급 대상이 될 때, 다시 말해 그 가격(이자)이 아닌 다른 뭔가에 의해 결정될 때 정치화된다."[6] 유럽에서는 자본 분배에 대한 국가 통제가 늘어났다. 전후 영국에서는 크지도 않은 액수의 자본이라도 조달하려면 자본문제위원회Capital Issues Committee의 승인을 받아야 했다. 잉글랜드 은행은 은행 대출량을 통제하기 위해 '코르셋corset' 제도(은행의 이자부 예금이 일정 비율 이상으로 증가할 때, 영국 중앙은행에 비이자부 자금을 예치하도록 하는 제도로, 대출 경쟁을 방지하고 과도한 대출 증가를 억제하고자 한 정책—옮긴이)를 시행했다. 전후 프랑스에서 은행 대출 대부분은 국가 통제 범위 내에 있었다.[7]

서구에 금융 억압이 복귀한 것은 2008년 이후다. 미국과 유럽의 단기금리는 물가상승률 이하로 유지되었고 실질금리도 수년에 걸쳐 마이너스로 유지되었다. 금융위기로 국고에 큰 구멍이 났지만, 금리 하락 덕분에 늘어난 부채를 상환하는 비용은 안정적으로 유지되었다.* 서구 국가 정부 투자자들은 도망갈 곳이 전혀 없었다. 예금을 신흥시장으로 빼내 국내 금융 억압을 피하려다가는 (브라질 같은 국가들이 부과하는) 자본 규제에 부딪힐 수 있기 때문이다.[8] 전후와 마찬가지로 새로운 규제 탓에 은행들은 정부 채권을 더 많이 보유해야 했다.[9] 일부 유럽 국가에서는 은행이 외국 채권을 청산해 자국 국채를 매입하기도 했다.[10]

단기금리가 수년 동안 계속 인플레이션율 이하로 유지될 만한 상황에서 레이 달리오는 자신이 '아름다운 디레버리징'이라고 부른 현상이 나타나리라 예상했다.[11] 하지만 달리오의 예상과는 반대로 국가부채와 민간부채는 계속 증가했다. 금융공학은 기업에게 많은 부채를 끌어들이라고 유혹했고, 정부 채권 수익률의 감소로 재정 긴축 동기는 사라졌다. 따라서 미국 경제가 10년째 호황을 지속하던 2019년, 트럼프 행정부는 1조 달러에 가까운 연방 재정 적자가 있는 것으로 드러났다. 선진국 중 빚을 내 소비하라는 유혹을 참아낸 국가는 독일밖에 없었다.[12]

2020년 말, 미국의 GDP 대비 국가 부채는 1945년보다 더 많다. 양

---

* (2007~2018년) 미국 국가 부채가 GDP 대비 40% 넘게 상승했는데도 총부채원리금상환비율은 GDP의 2%를 약간 넘는 정도로 유지되었다. 일본의 국가 부채는 2000년에서 2018년 사이 두 배로 늘었지만, 일본의 총부채원리금상환비율은 GDP의 2% 이하로 유지되었다. Manoj Pradhan, 《The Great Demographic Reversal》(Cham, 2020), p.173.

적완화로 인해 정부는 더 큰 적자를 운영하기 쉬워졌다. 그러나 재정 관점에서 볼 때 양적완화란 장기 정부 채권과 단기 부채(중앙은행의 현금성 예금)의 맞교환을 포함하고 있다. 그 결과 정부 재정은 금리가 아주 조금만 상승해도 더욱 불안해진다. 가령 영국에서는 금리가 1%만 올라도 영국 정부의 이자 비용이 GDP 대비 약 0.8% 더 들어가는 것으로 추정되었다.[13] 이런 상황에서 금융 억압은 정치적으로 필수 선택이었다.

금융 억압이 복귀하면서 전후와 마찬가지로 정부의 경제 개입은 더욱 늘어났다. 2009년 프랑스 대통령 니콜라스 사르코지Nicolas Sarkozy의 주장대로 "이 위기의 주된 특징은 국가의 복귀다." '관료 공학 자본주의bureaucratically engineered capitalism'라 불리는 국가 자본주의는 더욱 공고해졌다.[14] 중국은 대규모 경제 부양책으로 국가 자본주의의 길을 앞장서 이끌었다. 재정 부담은 국가가 통제하는 은행들이 담당했고, 계획은 지역 정부들이, 실행은 국영기업들이 담당했다.

서구에서는 이데올로기가 아니라 효율성 차원에서 국가가 개입하기 시작했다.[15] 미국 주택 시장을 예로 들어보자. 정부가 후원하는 패니 메이Fannie Mae와 프레디 맥Freddie Mac 같은 기업들은 오랜 세월 국내 담보 시장을 지배해왔다(서브프라임 위기에도 적지 않은 영향을 끼쳤다). 금융위기 이후 워싱턴은 주택 금융에도 손을 뻗쳤다. 연준의 양적완화 프로그램 최초의 표적은 주택담보 증권이었다. 주택시장 안정화가 목적이었기 때문이다. 이후 몇 년 동안 연준은 수조 달러 규모의 모기지 증권을 매입했다.[16] 마찬가지로 미국 머니마켓 펀드 역시 조금씩 국유화 대상이 되었다. 민영기관들은 초저금리로 인해 문을 닫고 빠져나가며, 머니마켓 펀드는 국채로 가득한 '정부 한정' 펀드로 대체되었다.

신용 호황 동안 은행은 무기력했고 이로써 신용의 주요 중개인 역할을 해오던 은행에 대한 신뢰가 약해졌다. 이유는 충분했다. 신용 분배에 대한 자유방임적 접근이 이제는 국가가 개입하는 *통제정책dirigisme*으로 대체되었기 때문이다. 이러한 관점의 변화는 위기가 닥쳤던 당시 영국 주요 금융 규제를 담당했던 전직 매니지먼트 컨설턴트 아데어 터너Adair Turner의 글에 잘 드러나 있다. 터너는 원래 신용 공급에서 국가 역할 증대를 옹호했다. 그는 '공공정책'은 '순전히 민간 결정에서 초래되는 것과는 다른 신용 분배를 산출하기 위해' 사용할 수 있다고 말했다. 하지만 2016년에는 노골적으로 "신용 창조는 너무 중요한 문제라 은행가들에게 맡겨둘 수 없다"라고 주장했다.[17] 그로부터 몇 년 후 영국 정부는 자본을 더 생산적으로 배당할 방안을 검토하기 위해, 잉글랜드 은행과 여러 공적 기관들로 이루어진 위원회를 구성했다.[*]

신용 창출은 체면에 먹칠한 민영 은행가들에게 맡겨두기에는 너무도 중요했을지 모르지만, 감독기관에 맡기기에는 그다지 중요하지 않았던 모양이다. '고도로 신중한macro prudential' 규제들이 늘어난 것은 빙산의 일각에 불과했다. 중앙은행들은 단기 이자율을 설정하던 전통 역할에서 장기금리 조정으로 방향을 틀었고, 수익률 곡선을 관

---

[*] 2020년 11월 잉글랜드 은행과 영국 재무성, 금융행위감독청은 '유동성이 적은 장기 자산 투자 장벽에 대한 실용적 해결책을 개발할' 목적으로 생산적 금융 운영 그룹을 조직했다.

리하고 신용 스프레드를 표적으로 삼았다. 또 경제 전반에 걸쳐 신용을 배당하는 방식까지 설정하기 시작했다. 중앙은행의 신용 시장 지배는 유럽에서 가장 견고했다. 2014년 ECB는 은행들이 기업과 가계에 제공한 담보대출에 대해 무료 장기 금융을 제공하는 프로그램을 시작했다.[18] 지원할 만한 자격이 있는 부채를 결정함으로써 ECB는 바람직하다고 판단한 방향으로 신용을 돌린 것이다. 그로부터 2년 후 ECB는 적격자산 목록에 투자등급 기업들의 부채를 추가함으로써 대기업 선호를 보여주었다.[19] 바다 건너 잉글랜드 은행은 채권 구매를 늘리며 외국 대기업들이 영국 경제에 기여한다는 명분으로 외국 대기업들의 증권을 포함했다.[20]

ECB는 금융 시장을 대신해 국가신용 최후의 중재자가 되었다(드라기의 ECB는 조약 의무를 지키기 위해 유로존의 국가 부채 위기가 상환 능력 문제가 아니라 유동성 문제라는 허구를 유지했다.). ECB는 구성원들에게 제왕적인 영향력을 발휘하기도 했다. 예컨대 이탈리아 수상 실비오 베를루스코니Silvio Berlusconi 실각에 핵심적인 역할을 했다고 알려져 있다. 비선출직 EU 관리는 베를루스코니에 이어 수상이 되었다.[21] 몇 년 후 그리스가 국민투표로 EU의 긴축 조치를 거부하자 ECB는 그리스에 대한 재정지원을 삭감했다. 결과적으로 주권은 유럽 국민에게서 프랑크푸르트에 자리 잡은 비선출직 기술 관료들의 손으로 넘어갔다.*

---

* 기묘한 일이지만 캐나다 경제학자이자 '유로화의 아버지'인 로버트 먼델Robert Mundell은 이러한 결말을 처음부터 상상했다. 먼델은 유럽 단일 통화가 "통화 정책을 정치가들의 손에서 해방시켜 준다"라고 주장했고, 그 효과는 '성가신 민주주의를 경제 시스템에서 제거하는 것'이라고 말했다. Michael Hudson, 《Killing the Host: How Financial Parasites and Debt Bondage Destroy the Global Economy》(Petrolia: 2015), p.326.

소수의 중앙은행은 주식 시장에 직접 개입하기에 이르렀다. 스위스 국립은행은 수백억 달러 규모의 외국 주식을 매입했다. 일본 은행은 2010년 주식 시장에 발을 담근 후 사들인 주식으로 일본 부동산 붐을 일으키고, 기업 거버넌스에 영향력을 행사했다.[22] 2016년 일본 은행은 도쿄주식거래소 제1섹션(대기업이 포진한 섹션—옮긴이)의 주식을 약 2% 소유함으로써 공기업 중 가장 많은 주식을 갖게 되었다. 일부 평론가들은 일본 주식이 더는 실물 경제지표를 반영하지 않는다고 시사했다.[23]

마이너스 이자율 시행은 중앙은행으로서는 가장 과감한 조치였다. 결국 마이너스 금리라는 것이 자본에 매기는 세금으로, 대표 없는 과세taxation without representation(미국혁명의 구호로, 잘못된 정부 정책을 꼬집는 표현—옮긴이)가 아니라면 대체 뭐란 말인가? 중앙은행이 할 수 있는 정책 집행에는 한계도 없어 보였다. 돈을 비축하는 행위 때문에 마이너스 금리 정책이 방해를 받는다면 현금을 폐지하기라도 할 기세였다.[24] 2016년 로고프는《현금의 저주The Curse of Cash》에서 "지폐는 전 세계 금융 시스템이 원활하게 기능하지 못하게 막는 주요 장벽이 되었다"라고 쓴 적도 있다.[25] 이 전직 IMF 수석 경제학자는 은행 지폐의 존재 때문에 중앙은행이 파격적인 통화 실험을 할 수 없다고 투덜댔다.

로고프는 현금 없는 세계가 우리에게 익숙한 세계와 다르리라는 사실을 인정했다. 걸인들에게는 (진보적인 스웨덴에서 그랬듯) 카드 리더기를 제공해야 할 것이다. 수표는 현금화되지 않은 채 쌓일 것이다. 또 다른 형태의 비축이다. 사람들은 세금을 일찍 신고할 것이다(1930년대 뵈르글에서 그런 일이 있었다고 한다). 물론 단점도 있다. 은행 계좌가 없는 빈곤층은 강제로 전자 지불의 세계에 발을 들일 수밖에 없을 것이다. 지하 경제, (과세를 피할 수 있는) 현금경제가 말라붙으면서 생계 수단을 잃는 사람도 적지 않을 것이다.

현금을 폐지하자는 제안은 게젤의 스탬프머니 혹은 감가 화폐에 대한 케인스의 논평을 실현한 셈이었다. 케인스는 게젤의 전략으로 '정부의 전통적 기능이 확장'될 것이라고 논평한 적이 있다. 현금 없는 세계가 도래하면 국가는 아이가 처음 사탕을 살 때부터 시작해 한 사람의 인생에서 발생하는 모든 거래를 기록할 수 있을 것이다. 로고 프는 모든 현금이 디지털화되어 시민이 한 명도 빠짐없이 중앙은행에 은행 계좌를 보유한 미래를 상상했다. 그리고 몇 년 후 중앙은행들은 그 어떤 물리적 형태도 없는 돈, 즉 중앙은행이 발행하는 디지털 통화를 검토하기 시작했다. 당연히 이러한 아이디어는 권위주의 체제인 중국에서 기원했다.

하이에크에 따르면 "돈은 인간이 만든 가장 큰 자유의 도구다."[26] 도스토예프스키는 "돈은 주화로 이루어진 자유다"라고도 말했다.[27] 현금으로 사람들은 신중하고 분별력 있게 거래할 수 있다. 물론 이 신중함이 남용될 때도 있다. 사실 수표와 카드와 전자 거래 지불 형태가 이미 대부분의 거래를 차지하고 있다. 그러나 현금이 없는 세계는 사생활의 마지막 자취까지 파괴하며 단 한 명의 파수꾼, 이 경우에는 중앙은행(그리고 당연히 정보기관)이 감독하는 '디지털 팬옵티콘digital panopticon'(영국 철학자 제러미 벤담이 정부에 제안한 감옥 건축양식에서 유래한 말로, 소수의 감시자가 모두를 감시하는 체제에 대한 비유 — 옮긴이)이 될 것이다. 파수꾼은 모든 구성원을 감시하면서 특정 거래가 정부에서 자의

적으로 정한 공공재 통념에 부합하는지를 재단할 것이다.[28] 통화 정책 입안자들의 모델은 개인의 사생활과 자유에 대한 이러한 위협을 이해하지 못하기 때문에, 그 위협을 얼마든지 간과할 수 있다.

| 《노예의 길》을 다시 생각하다 |

하이에크의 돈에 관한 논평은 그의 베스트셀러 《노예의 길》에 등장한다. 1944년 출간된 이 책은 중앙계획경제를 장황하게 비판한다. 하이에크는 전시에 국가 역할이 커지면 전통적인 경제적·정치적 자유가 영구적으로 잠식될까 두려워했다. 이 오스트리아 경제학자는 다른 곳에서 통화 정책과 금리에 관해, 그리고 특히 이지 머니가 경제의 '조종 메커니즘'을 방해하는 방식에 관해 폭넓은 글을 썼지만, 《노예의 길》에서는 이러한 주제를 직접 다루고 있지는 않다. 그렇지만 금리 책정은 중앙계획경제의 한 측면이기에 하이에크의 논의는 리먼 이후의 세계를 이해하는 데 길잡이 노릇을 해줄 수 있다.

《노예의 길》은 중앙집권 경제 정책의 *의도치 않은 결과*를 다룬 책이다. 하이에크는 서문에 우리가 "잘못된 길을 선택하는 이유는 심사숙고와 조정을 거친 의도적 결정 때문이 아니라 우연히 거기에 빠져들기 때문이다"라고 썼다.[29] 하이에크는 중앙 정부의 경제 정책 입안자, 과학자, 공학자 들의 사고방식에 회의적이었다. 이들의 '사고 습관은 (…) 자신의 편견에 맞지 않는 과거의 사회 연구 결과를 불신하는 경향이 있기' 때문이다.[30] 하이에크는 경제 관련 계획을 정치가들의 손에서 빼앗아 '경력직 공무원이나 독립적이고 자율적인 단체 같은 전문가의 손'에 맡겨야 한다는 통념을 거부했다.[31] 아무리 전문적인 기술 관료라 하더라도 나름의 이해관계가 있으므로 자신이 선호하는 바를 공동체에 강요하게 된다는 것이다.

하이에크가 볼 때 중앙계획경제가 제대로 작동하지 않는 이유는 간단하다. 공직에 있는 관료들은 계획이 제대로 작동하는 데 필요한 '모든' 정보를 절대로 모을 수 없다. 반면 자본주의가 제대로 작동하는 이유는 의사결정이 중앙에 집중되지 않고 분산된 체제이기 때문이다. 즉, 경쟁이라는 조건에서 결정되는 가격에는 사람들의 다양한 선호도에 대한 온갖 정보가 포함되어 있다. 하이에크는 '가격 메커니즘에 의한 규제'를 말한다. 자원이 시장에 의해 배당되지 않으면 당국이 개입하게 된다. 그는 '시장의 자유로운 작동이 어느 정도 이상 방해받으면, 계획하는 사람은 자신의 통제를 모든 것을 포괄할 때까지 계속 확대할 수밖에 없을 것'이라고 우려했다.[32]

《노예의 길》에서 하이에크는 통화 정책으로 완전고용을 이루려는 공적 시도들에 대해 경고한다. 그의 생각에 이러한 정책은 성장에 해롭다. 그는 또한 경기 변동을 해소하고 시장 리스크를 감수하려는 정책 역시 거부한다.

시장 체제에 개입해 완전한 안정을 제공하려 노력할수록 불안만 늘어난다. 설상가상으로 소수 특권층의 안정성과 취약 계층의 불안정성 간의 괴리 역시 더 커진다.[33]

하이에크의 예측에 따르면 중앙계획경제 체제하에서 사람들은 독립보다는 안전을 추구하고, 그러는 동안 "불안정성은 사회에서 버림받은 계층이 두려워하는 상태가 된다." 그는 규제가 강자들의 이익에 복무하며 다른 모든 약자를 희생시킬까 두려워했다.[34] 경제학자이자 철학자인 하이에크는 중앙계획하에서 불평등이 어떻게 인식될지 우려했다. 그는 "불평등은 (중앙계획하에서) 더 쉽게 태어난다. 불평등이 자연스러운 상태에서가 아니라 인간의 설계 때문에 태어나는 경우, 인간의 존엄성에 큰 영향을 끼친다"라고 썼다.[35] 하이에크에 따르면 정치적 안정은 강력한 중간 계급이 존재해야 가능하다. 그는 "(유럽) 대륙에서 전체주의의 부상을 좌우하는 결정적 요인은 재산을 빼앗긴 지 얼마 되지 않은 대규모 중산 계급의 존재다"라고 썼다.[36]

하이에크는 희망을 완전히 버리지는 않았다. 그는 자본주의와 민주주의의 미래는 경제성장에 달려 있다고 보았다. 강력한 경제가 없다면 모든 것을 잃을 수 있다. '현대 민주주의는 평화 시, 심지어 경제 조건이 장기적으로 안정됐을 때 생활 수준을 상당히 낮출 일이 생기는 것을 절대로 참지 못하기' 때문이다.[37] 《노예의 길》이 출간되기 2년 전, 하이에크와 동시대를 살았던 오스트리아 경제학자 슘페터는 《노예의 길》 못지않게 주목할 만한 저서 《자본주의, 사회주의, 민주주의》를 출간했다. 이 책은 (10장에서 논했던) 창조적 파괴 개념을 소개한 것으로 유명하다. 슘페터는 자본주의 경제 체제가 조금이라도 정체될 경우 경제 체제 자체가 위축되리라 생각했다. 슘페터의 예측에 따르면 그러한 정체 시점에서 이윤과 이자는 제로로 수렴한다.

이윤과 이자를 먹고 사는 부르주아 계층은 사라지게 될 것이다. 산업과 교역의 관리 및 운영은 현 행정부의 문제가 될 것이고, 인적 자원은 필연적으로 관료주의적 특징을 갖게 될 것이다. 거의 자동으로 아주 냉정한 유형의 사회주의가 등장할 것이다.[38]

슘페터 역시 하이에크처럼 미래를 두려워했다. 그는 대다수 사람이 자본주의가 낳는 생활 수준 향상은 당연시하면서도 역시 자본주의가 낳을 수밖에 없는 불안정성은 견디지 못한다고 생각했다. 하이에크는 쥘리앵 방다Julien Benda의《지식인의 배반La Trahison des Clercs》에 나오는 과학적 전문 지식 숭배 비판을 인용했고, 슘페터는 자본주의가 지식인들의 공격을 받고 있다고 생각했다. 지식인들은 '실용적인 문제에 직접 책임지지 않는 것'으로 유명한 집단으로, 이들의 지위는 '자본주의의 잘못을 향한 의로운 분노'로 가득 찬 대학 졸업생 숫자가 늘어나면서 급격히 상승했다.[39] 슘페터는 질문을 던진다. "자본주의는 생존할 수 있는가?" 그의 대답은 우울하다. "없다. 자본주의는 생존하지 못하리라 생각한다."

하지만 이러한 비관론은 잘못으로 드러났다. 그 후 수십 년 동안 몰락하다가 결국 붕괴한 것은 자본주의가 아니라 사회주의였다. 자본주의가 승리한 셈이다. 그러나 영원한 승리는 없다. 자본주의와 자유주의, 심지어 민주주의의 미래에 대한 우려가 다시 등장하고 있다. 지금 우리는 중앙계획경제의 의도치 않은 결과를 다시 마주하고 있다. 하지만 하이에크가 살던 시대처럼 부작용이 뻔해 보이지는 않는다. 중앙계획경제가 산업체의 국유화, 대규모 공공투자, 가격과 소득 규제, 높은 수준의 과세, 배급, 혹은 다른 전시 조치를 포함하는 수준까지 가지는 않았기 때문이다.

그 대신 21세기 중앙계획은 시장 기반 경제에서 가장 중요한 보편 가격, 즉 금리를 조정하는 일을 의미하게 되었다. 이자는 자본주의에서 핵심적인 쟁점이다. 그랜트는 이자율을 가리켜 시장경제를 안내하는 신호등이라고 했다.[40] 신호등을 꺼버리면 다중 연쇄 추돌 사고가 일어난다. 하이에크가 다른 곳에서 설명했던 대로 돈을 너무 저렴하게 공급하면 시장의 조타 메커니즘이 고장난다.* 이자가 없다면 미래 소득의 흐름은 가치 평가가 불가능하다. 이자가 없으면 자본은 적절하게 분배되지 않으며, 저축도 거의 없다. 이런 상황이 오랫동안 지속되면, 국가의 투자가 민간 투자를 대신해야 하고 중앙은행이 상업은행을 대신해 신용의 주공급자로 나서야 한다. 금융 행동을 조절하는 이자가 없다면 근본적으로 불안정한 금융 시스템은 끝도 없는 새로운 규제가 필요할 것이다.

바스티아와 마찬가지로 하이에크도 저렴한 돈의 즉각적인 부양 효과는 가시적이지만 그것이 초래하는 경제적 해악은 두드러지지 않는다는 점을 알고 있었다. 이 책 전체에서 기술한 것처럼 화폐 당국이 2008년에 일어났던 은행 시스템 붕괴, 국제 신용 와해, 실업 증가, 그리고 몇 년 후 유럽의 국가 채무 위기 등 일부 급박한 문제를 해결하

---

* 예를 들어《화폐의 탈국유화The Denationalisation of Money》(London: 1990), p.104.에서 하이에크는 다음과 같이 주장했다. "대출을 목적으로 화폐를 더 찍어내 인위적으로 싸게 만들어낸 대출 자금은 타인들을 희생시키기는 하지만 그 대가로 돈을 차입한 이들을 도울 뿐 아니라 일정 기간 경제 활동을 활성화한다. 하지만 동시에 시장의 조타 메커니즘을 파괴하는 결과를 초래한다는 사실은 쉽게 드러나지 않는다. 그러나 계속 같은 방식의 자금 조달로 상품을 계속 구매하게 되면 상대적인 가격 구조를 왜곡하고, 이로 인해 자본은 지속적인 유지가 불가능한 활동으로 이끌려 들어가고 나중에 불가피한 반동을 초래할 수밖에 없게 된다."

기 위해 적극적으로 개입할 때마다 제대로 고려하지도, 해결되지도 않은 이차적인 결과가 뒤따랐다.

지금껏 새로운 길을 걸으며 우리가 밟아온 모든 걸음과 모든 조치는 편리하다는 명분 아래 우리를 더더욱 노예로 만들었다. 정당화되었다. 우리는 여행의 일반적인 방향에 대해서는 거의 생각해보지 않았다. 마르크스주의와는 달리 정신을 집중해봐야 할 거대한 마스터 플랜이 보이지 않는다. 오히려 하이에크의 용어를 빌리자면 정부는 어쩌다 보니 경제를 더욱 통제하는 방향으로 나아가는 실수를 저질러왔다. 그렇게 되면 될수록 시스템은 더욱 실패하는 듯 보이고, 그 실패가 결국 더 많은 개입을 정당화했다.

최근 경제성장 쇠퇴, 불평등 증가, 무소불위의 권력을 휘두르는 기업의 등장에서 볼 수 있는 자본주의 실패는 케케묵은 사회주의 비판이 옳았다는 생각을 하게 만든다. 마르크스는 자본 수익이 가차 없이 감소하고 소비자 수요가 생산을 따라잡지 못하게 되면서 부르주아 계급은 '신들의 황혼'을 맞이할 것이며, 그 황혼은 혁명으로 끝나리라고 예견했다. 레닌은 제국주의(세계화) 발전과 독점 권력 성장이 자본주의의 마지막 단계라고 믿었다.

하지만《국부론》의 저자라도 최근의 경제 발전에 큰 충격을 받았을 것이다. 스미스는 독점을 사납게 비판했고, 특히 로의 미시시피 회사를 맹렬히 비판했다. 시장 기반 경쟁을 하락시키는 결과를 낳은 합병의 물결이나 금융화된 기업의 확산은 커콜디의 현자(애덤 스미스―옮긴이)의 호응을 받지 못했을 것이다. 2019년 기업 독과점과 경쟁의 쇠퇴를 다룬《자본주의의 신화The Myth of Capitalism》라는 적절한 제목을 단 책이 출간되었다.[41] 금리 붕괴는 기업 독과점과 경쟁 쇠퇴라는 사태를 초래하고 그 사태를 악화시키는 데도 중요한 역할을 수행했다.

리스크 감수는 자본주의의 또 한 가지 필수적인 특징이다. 그러나 중앙은행들은 자신의 권력을 이용해 시장을 떠받쳤고 도덕적 해이를 멀리, 그리고 널리 확산시켰다. 리스크가 사회화된 경제는 자본주의 체제라고 할 수도 없다. 경제 안정을 이루려는 중앙은행들의 시도는 하이에크의 예상대로 역효과만 냈다. 금융위기 이후 미국과 다른 나라에서 실업률이 급감했지만, 중간계급이 유지될 전망 역시 그만큼 쇠퇴했다. 선진국 전체에서 대다수 대중의 소득은 미미하게 증가하고, 은퇴 저축은 불충분해졌고 적정 수준의 주택 보유는 불가능해졌다. 다시 한번 불안정은 '사회에서 버림받은 계층이 두려워하는 상태'가 되었다. 하이에크가 사회주의 경제에서나 벌어지리라 두려워했던 일이 이제 자본주의 경제에서 일어나고 있다.

불평등에 대한 대부분의 반응은 불평등을 정도의 문제로 논하지만 모든 불평등에는 질적 차이도 존재한다. 사실 개발경제학자들은 '좋은' 불평등과 '나쁜' 불평등을 구별한다. 좋은 불평등이란 사람들에게 자신의 운명을 개선할 수 있는 동기를 부여함으로써 경제성장을 촉진하는 반면, 나쁜 불평등은 특정 계급(지대 추구자)에게만 이득을 준다. 좋은 불평등은 경제의 파이를 키우지만, 나쁜 불평등은 정체를 불러온다. 파격적인 통화 정책은 최악의 불평등을 키웠다.

하이에크가 깨달았듯, 대중이 불평등을 수용하려는 의지는 불평등이라는 결과가 경제적 노력 차이에서 비롯된 문제인지 그저 운의 결과인지에 대해 이들이 공유하는 인식에 달려 있다. 성공한 기업가와 스포츠 스타의 부를 시기하고 못마땅해하는 사람들은 극히 드물다. 그러나 고위 경영진이 투자를 줄이고 부채를 얻어 기업의 (그리고 경제 전반의) 성장 전망을 낮춤으로써 자신의 부를 크게 챙길 때, 그리고 해고 노동자들이 임금 삭감과 다른 혜택 감소를 억지로 받아들여야 할 때 이러한 시스템을 향한 분노는 고조되기 시작한다.

경제가 비틀거리면서 서구 사회는 더욱 양극화되었다. 금융위기는 기존 정책 입안 체제에 대한 대중의 신뢰를 흔들어놓았다. 작은 규모의 경기 침체는 정치 구조에 압박을 주지 않지만, 대침체는 정치를 압박했다. 하이에크의 주장대로 민주주의가 실제로 경기 정체를 혐오한다면 지금은 민주주의 그 자체가 위협을 받는 셈이다.[42] 젊은 세대의 민주주의 지지세가 최근 몇 년 동안 줄어든 것도 그리 놀랄 일은 아니다.[43] 파격적 통화 정책은 포퓰리즘 부상이라는 결과도 낳았다. 독일 재무장관 볼프강 쇼이블레Wolfgang Schäuble는 독일 민족주의 정당이 부상한 이유를 ECB의 마이너스 금리 탓으로 돌렸다.[44] 2016년 대통령 선거 유세에서 트럼프는 월가와 연준의 금리 억압을 비난했다. 그는 지지자들에게 시스템이 부정 조작되었다고 외쳤다(하지만 백악관에 들어간 트럼프 대통령은 자신의 내각을 골드만삭스 동문으로 채웠고 연준에는 금리를 낮추라고 으름장을 놓았다).

1930년대, 독일 경제학자 뢰프케는 미국 대중 사이에서 확산되던 자본주의에 대한 불만의 원인을 고찰했다. 그는 "현 대중심리의 특징적 요소 중 하나는 *우리 경제 체제에 일반 대중의 불신*인 듯 보인다. 이 불신은 체제를 더는 신뢰할 수 없게 하는 무언가가 일어났다는 믿음에 근거한 것이다"라고 진단했다. 뢰프케는 대공황기 동안의 미국 경제를 신경쇠약에 걸린 지네에 비유했다. 지네는 자신감을 잃고 자기 다리 수를 세기 시작하다가 의심에 빠져 다시 세다가 결국 마비에 빠진다.[45] 이렇게 자신감을 잃은 지네는 자기 발에 걸려 넘어진다.

《노예의 길》은 전쟁 중이던 1944년에 출간되었다. 당시 세계 국가 대부분은 정부 통제를 받고 있었다. 지금은 틀린 것으로 판명되었지만, 하이에크는 국가의 지배력이 확대된 상태 연장이 불가피하다고 보았다. 그러나 전후 서구 사회는 자본주의도 사회주의도 아닌 소위 '혼합 경제'라는 체제로 평화를 맞았다. 금융 억압이라는 전후 경험 또한 순전히 경제적 재앙이라고만 볼 수는 없었다. 사실 1945년 이후 프랑스는 영광의 39년이라 알려진 강력한 경제성장기를 누렸다. 독일은 라인강의 기적을 경험했다. 미국 경제 역시 대공황 이전의 성장세로 돌아갔다. 영국만 '유럽의 환자'로 절름거리며 간신히 버텼지만, 그렇더라도 전후 영국 경제마저 최근 몇 년보다는 실적이 좋았다. 브레턴우즈 시기(1945~1971년)는 대체로 투기 거품과 금융위기에서 자유로운 호시절이었다. 수십 년간의 금융 억압과 세금 인상이 결합하며 *이자 소득자들의 안락사euthanasia of the rentier*라는 케인스의 오랜 야심이 실현된 듯했다.*

하이에크는 시대를 잘못 선택했던 게 아닌가 싶다. 전후 몇 년 동안의 일반적인 통념은 금리에 기대지 않고도 인플레이션을 억제할 수 있다는 것이었다. 1960년대 인플레이션이 다시 닥치자 초창기엔 물

---

* 케인스의 미망인 리디아Lydia 역시 전후 물가상승의 영향으로 큰 부를 잃은 수많은 이자소득자 중 한 사람이었다.

가와 소득 통제를 도입해 대응했고, 이에 따라 국가는 경제생활 구석 구석까지 속속들이 개입했다. 그러자 스태그플레이션 조짐이 나타났다. 하이에크는 다시 펜을 들어 국가 개입에 반대했고, 인플레이션과의 전쟁에서 가격 통제는 무익한 무기라는 사실을 짚었다. 그는 각국 정부가 '꼬리를 잡고 호랑이를 휘두르고' 있다고 진단했다.**⁴⁶**

세상은 돌고 돈다. 과거와 같은 일이 되풀이되고 있다. 우리는 다시 한번 금리 억압을 마주하고 있고, 정부는 경제생활의 많은 영역에 성큼성큼 개입하고 있다. 서머스 같은 저명한 경제학자들은 더 큰 공공 투자를 요청하고 있다. 미국 민주당은 그린 뉴딜Green New Deal(친환경 신재생에너지 산업 토대를 구축하고 관련 산업을 육성하며, 에너지 구조를 전면 조정해 고용과 노동을 포함하는 혁신을 이룬다는 정책 개념—옮긴이)을 제안한다. 새로운 세대의 중앙계획경제 입안자들이 나타나 우리의 경제 및 사회 폐단에 대해 기술관료적인 해결책을 내놓고 있다. 노예로 가는 새로운 길을 너무 멀리까지 걷지 않으려면 이들의 가정과 정책 들을 정치가들과 대중 일반이 더 면밀히 검토해야 한다.

《노예의 길》이 출간되고 30년 후 하이에크는 알프레드 노벨을 기념하는 스웨덴 국립은행 경제학상을 수상했다. 〈지적 가식The Pretence of Knowledge〉이라는 제목의 수상 연설에서 이 베테랑 경제학자는 인간 삶의 복잡성을 고려하지 못하는 경제학자들의 무능을 질타했다. 하이에크는 강연을 마치면서 아래와 같은 경고를 남겼다.

(경제학자가) 자신의 지식에 내재한 극복할 수 없는 한계를 인식한다면, 사회연구자들에게 겸허함이라는 교훈을 가르쳐야만 합니다. 겸허히

사회를 연구하는 학자라면 인간 사회를 통제하려는 치명적인 노력의 공모자가 되지 않도록 자신을 다잡아야 합니다. 사회 통제 노력에 공모하는 학자는 자신과 같은 동포 위에 군림하는 폭군이 될 뿐 아니라 수백만 명의 자유로운 노력으로 발전한 문명의 파괴자가 됩니다.[*]

아이슬란드라는 대안

세계 금융위기의 여파로 중앙은행장들은 금리 인하, 양적완화, 그리고 은행을 도산으로부터 보호하는 정책 외에 다른 대안은 없다고 주장했다. 이들은 만일 다른 조치를 취했더라면 실업률은 대공황 때 수준까지 올라가고 불평등은 훨씬 더 심화되었으리라고 변명한다. 하지만 2008년 이후 아이슬란드 경제의 힘찬 회복은 다른 대안이 가능했음을 시사한다.

북극권 끝에 자리 잡은 이 섬나라의 신용 상황은 세계 다른 어느 나라보다 위태로웠다. 아이슬란드의 3대 대형 은행인 글리트니르, 란즈방키, 카우프팅은 아이슬란드 국가 생산량의 10배 가까운 자산을 축적했다. 이들의 대외 부채는 어마어마했다. 리먼 파산 이후 자본시장에서 고립된 아이슬란드 은행들은 흔히 말하듯 대마불사, 다시 말해 파산시키기에는 덩치가 너무 큰 게 아니라 아예 구제 불가능할 정도로 덩치가 불어

---

[*] F. A. Hayek, 〈The Pretence of Knowledge〉, 노벨 경제학상 수상 강연(11 Nov 1974). 윌리엄 화이트는 (저자에게 보낸 개인 이메일에서) 중앙은행가들은 경제를 복잡한 적응계로 다루지 못하는 심각한 인식론적 오류를 저지르고 있으며, 이들의 다른 오류는 모조리 그 인식론적 오류에서 파생되었다고 논평했다.

난 상태라고 봐야 할 지경이었다.

다른 여러 중앙은행과 달리 아이슬란드 중앙은행은 연준의 달러 스와프를 받지 않았다. 양적완화나 금리 인하도 없었다. 외환 시장에서 크로나화가 폭락한 후(달러 대비 절반 정도 가치가 떨어졌다) 인플레이션이 급격히 상승했다. 2009년 자본 통제가 시행되며 돈이 아이슬란드를 떠나지 못하게 되었다. ICB는 금리를 올릴 수밖에 없었다. 금리는 18%까지 올랐다. 아이슬란드는 IMF와 스칸디나비아 이웃 나라들로부터 긴급 대출을 받았고, 그 대가로 긴축이라는 쓴 약을 받아 삼켜야 했다. 저축이 증가했다. 소비는 줄었다. 세금이 올랐다. 정부 지출은 삭감되었다.

아이슬란드의 은행들은 해체 수순을 밟았고, 국내 계좌와 대출은 ICB의 새 자본을 공급받은 새 은행들로 모여들었다. 옛 은행들은 해외 자산 및 부채 때문에 단계적으로 축소되거나 없어졌다. 부채는 구조조정하거나 감가상각하거나 탕감했다. 새로운 법률은 옛 은행들에 자산의 39%에 해당하는 '안정세'를 내도록 강제했다(결국 해외 채권자들은 자발적으로 '헤어컷'haircut(빚을 깎아준다는 의미―옮긴이)을 했다). 자산 가치가 모기지 대출 아래로 떨어진 주택 소유주들은 세금 감면을 받았다. 법원은 외환 모기지를 불법이라고 판결했다. 정부는 인플레이션 연동 모기지가 있는 차입자들을 도왔다. 어떤 측면에서, 부채 위기에 대한 아이슬란드식 접근법은 고대 세계의 부채 탕감을 연상시켰다.

IMF에 따르면 부채 조기 상환이 끝난 2015년 무렵 아이슬란드 경제는 정상을 회복했다. 이 시기 아이슬란드 GDP는 위기 이전 수준으로 돌아갔다. 인플레이션이 잡혔다. 금리가 내려갔다. 주택 시장도 회복되었다. 은행들의 자기자본비율도 건전한 수준까지 회복되었다. 그러나 위기는 금융 활동에 심각한 영향을 끼쳤다. ICB 보고에 따르면 "금융위기를 겪은 상처가 불러일으킨 깊고 지속적인 행동 변화는 (…) 절약, 강력한 저축 경향, 그리고 부채 의존 성장 감소라는 결과를 낳았다."[47] 아이슬란드는 저축의 샘으로 변했다. 2017년 말, 민간 부문 부채는 절정기 수준의 절반 아래로 떨어졌다.[48] 위기 동안 GDP의 95%까지 치솟았던 정부 부채 또한 절반 수준으로 떨어졌다. 경상수지와 재정수지 둘 다 흑자로 돌아섰다.

금융 부문은 아이슬란드 회복에 이바지한 바가 없었고 오히려 계속해서 그 역할이 줄어들었다. 신성장은 관광, 재생에너지, 기술 등 다양한 방면에서 이루어졌다. 다른 선진국들이 골치아픈 연금 위기에 빠져 있는 동안 아이슬란드의 민간 은퇴 예금은 국민소득을 가뿐히 넘어섰다. 위기 10년 후, 아이슬란드 GDP는 위기 전 최고였을 때보다 15% 올랐다. 선진국 대부분보다 나은 실적이다. 2018년 아이슬란드는 OECD 1인당 생산 순위에서 7위를 차지했다. 2007년 이후 4단계나 오른 성적이다. 경제가 금융에서 멀어지면서 다양성이 넓어졌다. 부채 수준이 감소하여 유지 가능할 정도가 되었다. 위기 동안 아이슬란드 실업률은 9%, 즉 미국과 비슷한 수준까지 치솟았었다. 그러나 실업률은 곧 평균 수준까지 떨어졌다. 불평등 측면에서 보자면 아이슬란드의 소득 지니계수는 2008년 이후 하락했다.

아이슬란드는 대규모 통화 평가절하를 통해 혜택을 본 작은 나라다. 이들의 선택은 위기에 시달리는 모든 나라가 할 수 있는 선택은 아니었다. 그렇더라도 아이슬란드의 경험은 금리를 낮추는 조치, 어떤 대가를 치르건 금융 체제를 보호하는 선택 말고도 다른 대안이 있었음을 분명히 보여준다. 아이슬란드의 대응책은 은행이 파산하도록 방치하고, 범법자 은행가들을 기소하며(20여 명이 수감되었다), 다른 채권자들을 희생시켜서라도 국내 예금자들과 주택 보유자들을 보호하려는 것이었다. 서브프라임 위기에 대한 미국식 접근법과는 거의 모든 측면에서 정반대였다.

2008년 이후 우리 경제 체제를 건강한 방향으로 회복시키지 못한 도구와 태도를 가지고 그대로 다음 위기를 맞이한다면 커다란 실책이 될 것이다. 1930년대 초 하이에크는 신용 호황의 치료책은 금리 인하나 대규모 재정 적자 운영이 아니라고 주장했다. 위기 전에 금리가 지나치게 낮았다면 금리를 더 낮추는 것은 위기 대응책이 될 수 없다. 오히려 금리를 올려 (위기 전에 지나치게 낮았던) 저축을 끌어올려야 한다는 것이 하이에크의 생각이었다. 그리고 나쁜 투자는 청산해야 한다는 주장도 덧붙였다. 이 오스트리아 경제학자는 당대 사람들은 설득하지 못했다. 그러나 아이슬란드는 하이에크의 처방에서 많은 부분을 받아들였다. 이데올로기에 대한 충성심이 아니라 필요 때문이었다. 이렇게 해서 그들은 다른 나라 대부분보다 훨씬 건강하게 위기를 벗어났다.

하이에크는 경제학이 실생활의 실험에 도움이 된다는 이야기를 믿지 않았다.[49] 그렇지만 아이슬란드의 성과를 보면서 자신이 옳았다고 위로를 받을지도 모르겠다. 이 베테랑 경제학자는 말년에 아이슬란드를 방문한 적이 있다. 혹자들은 그에게 경제학 원리가 아이슬란드 같이 작은 나라에는 적용되지 않는다는 식으로 말했다. 그는 동의하지 않았다. 그의 대답은 경제학 원리는 어디서나 유효하다는 것이었다.[50]

세상이 뒤집혔다

다른 나라들이 마이너스 금리의 혜택을 받는 한 미국 역시 이런 '선물GIFT'을 받아야 합니다. 숫자는 커야죠!

— 도널드 트럼프, 2020년 5월(연준에 금리 인하를 압박하며 한 말 — 옮긴이)

사실, 그다지 옳은 일 같지는 않군요.

— 일론 머스크, 2021년 3월 (트위터에 올린 대체불가토큰을 110만 달러에 사겠다는 제안을 거절하면서 한 말)

2019년 말, 머빈 킹은 한 연설에서 전 세계 GDP 대비 부채가 2008년에 비해 훨씬 늘었다고 말했다. 이 잉글랜드 은행 전 총재는 부채 및 불확실성 증가로 소비가 위축되고 있다고 주장했다. 통화 정책은 저성장의 덫을 해결할 방법을 전혀 제시하지 못한 채 땜질 처방만 했을 뿐이었다. 게다가 새 금융 규제는 복잡하고 비싼 값을 치렀음에도 경제가 안정을 찾았다는 거짓말만 한다는 인상만 주었다. 킹 경의 결론은 우리가 몽유병 환자처럼 또 다른 위기를 향해 걸어가고 있다는 것이었다. 연설 제목은 '세상이 뒤집혔다'였다.[1] 그 자신도 무엇이 우릴 기다리고 있는지 알 수 없었다.

2020년 3월 12일 목요일, 세계 금융 시장이 폭락했다. 대부분 전 세계를 덮친 코로나19에 대한 시장의 당연한 반응이라고 생각했다. 그러나 이는 평범한 시장 혼란이 아니었다. 글로벌 금융위기가 느리게 가던 열차가 사고를 당한 것이었다면, 이번 혼란은 '역사상 가장 빠르고 급격한 폭락'이었기 때문이다.[2] 다우존스 주가지수 상으로 시가총액 10%가 증발했고, 이탈리아의 MIB 지수는 단 하루 만에 거의 18%나 급락했다. 신용 시장의 유동성이 증발했다. 기업 채무 스프레드(국채 금리와의 차이)는 크게 벌어졌다. 지방채는 '현대 역사상 최악의 날'을 경험했다.[3] 채권 펀드는 본질 가치보다 한참 큰 할인율로 값이 매겨졌다. 신흥시장 통화와 채권이 폭락했다. 계속해서 변동성이 낮으리라 베팅했던 수많은 헤지펀드('vol shops')는 마진 콜margin call(증권사가 투자원금이 손실될 시점에 투자자에게 추가 증거금(담보)을 요청하는 행위. 증거금이 추가되지 않으면 정리매매가 시작된다 —옮긴이)을 맞추지 못해 파산했다.

금융 시장이 무너지면 투자자들은 보통 정부 채권으로 안정을 되찾는다. 그 순간 채권 이자율이 내려가고 국채 가격은 상승한다. 그러나 이번에는 그러한 변화조차 없었다. 10년물 국채 이자율이 올라가기 시작한 것이다. 중개인들은 세계에서 가장 깊고 유동적인 금융 시장에서 아무도 거래하지 않는 텅 빈 스크린을 바라보고 있었다. "우리는 종말의 날을 지켜보고 있었어요." 훗날 한 채권 딜러가《파이낸셜 타임스》지에서 한 말이다.[4]

| 기저질환 |

수년간의 수익 사냥, 금융 심사기준 약화, 레버리지 상승 탓에 금융 시장은 급격한 충격에 취약해질 대로 취약해졌다. 지나치게 많은 투자자가 유동성 없는 증권을 획득하거나 변동성을 팔아 (시장이 안정세를 유지하리라는 예상에 베팅함으로써) 달러 수익을 근근이 이어나갔다. 코비드 폭락Covid crash으로 시스템에 내재했던 (코로나19 팬데믹 사태로 대중화된 의학 용어를 쓰자면) '기저질환'이 드러났다. 레버리지 선수들이 손실을 만회하려 들면서 필사적인 '현금 쏠림 수요'가 뒤따랐다.

백악관은 코로나 백신 개발을 위해 워프 스피드 작전Operation Warp Speed(미국 정부의 신속한 코로나19 백신 개발, 배포, 접종 사업. 전문가들이 약 18개월로 예측한 코로나19 백신 개발을 8개월로 단축하는 것이 목표였다 ─옮긴이)에 돌입했다. 세계 중앙은행들은 시장의 궤멸을 막기 위해 훨씬 더 빨리 움직였다. '필요한 건 뭐든 어떤 대가를 치르든 하라는' 혹은 그 비슷한 드라기의 유명한 조언이 전 세계 중앙은행장들의 입에 오르내렸다. 파월 연준 의장은 덩케르크 정신을 환기했다. "배에 올라타 사람들을 탈출시킬 때다. 검사 기록 같은 건 돌아볼 여유가 없다." 연준은 기준금리를 제로로 내렸고 7000억 달러 어치 국채와 담보증권 매입에 매진했다. 프라이머리마켓 기업신용기구, 머니마켓 뮤추얼펀드 유동성 지원기구, 중소기업 대출 프로그램 등 이름도 복잡한 긴급 통화 조치들이 줄줄이 나왔다. 연준은 최초로 증권 매입 범위를 정크본드를 포함한 채권 펀드까지 확대했다. 블룸버그는 "연준이 현재 시행 중인 채권 매입 규모는 이미 지난 금융위기 이후의 상황을 훨씬 능

가한다"라고 보도했다.[5]

그 후 몇 달 동안 연준의 대차대조표는 (4조에서 8조 달러로) 두 배가 되었다. 다른 중앙은행들도 연준의 선례를 따랐다. 리먼 파산 이후 수년 내내 이들은 더 많은 돈을 찍어냈다. 중앙은행들은 실업지원금, 재난지원금, 기업 지원금을 비롯해 코로나19로 인한 대규모 봉쇄조치 Great Lockdown에 따른 수많은 긴급 지출을 지원했다. 전시를 제외하고 정부들이 이렇게 많은 부채를 이토록 저렴하게 차입해 이만큼 빠르게 소비한 적은 단 한 번도 없었다. 어떤 정부도 경제 대부분을 폐쇄한 상태에서 국민의 소득을 유지하거나 심지어 늘려준 적은 없었다. 정말 세상이 뒤집힌 것이다.

돈을 찍어내고 공공지출을 뒷받침한 것은 새로운 경제학파의 현대통화이론Modern Monetary Theory이었다. 이 이론에 따르면 돈은 국가가 창출한 것이다. 돈의 본질을 파악하자 다수의 급진적 결론이 뒤를 이었다. 정부는 절대로 파산할 수 없다. 정부는 지출할 돈을 구하기 위해 세금을 올리거나 채권을 발행할 필요조차 없다. 그저 돈을 더 찍어내기만 하면 된다. 정부는 필요하면 내일 당장 국가 채무를 다 갚아버릴 수도 있다. 재정 적자는 문제가 아니라 오히려 치유책이었다. 현대통화이론에 따르면 정부 차입은 민간 저축으로 이어진다.

현대통화 이론가들은 이자를 가능한 한 낮게 유지해야 하는 '정책 변수'로 보는 입장을 견지한다. 중앙은행에서 자금을 받아 이루어지는 정부 지출은 '불평등, 빈곤, 경기 침체와 맞서 싸우기 위한 강력한 무기'이기 때문이다.[6] 무정부주의자 프루동은 바스티아와의 논쟁에서 이와 매우 비슷한 주장을 펼친 적이 있다. 이러한 통념들은 이론

대접은커녕 조롱거리가 되었다. 그러나 실제 정책에서는 대접이 달랐다. 마법의 돈나무는 마구 흔들어 돈을 따먹을 수 있는 유용한 대책이었다. 2020년 미국의 연방 재정 적자는 4조 달러를 찍었다. 연준이 새로 찍어낸 돈과 거의 맞먹는 수준의 금액이다.

┃ 다시 찾아든 '모든 것 거품' ┃

인구 전체가 봉쇄 거품 속으로 빨려 들어가 이리저리 흩어졌다. *사회적 거품, 지원 거품, 계급 거품, 여행 거품* 등 온갖 거품이 생겨났다. 길잡이는 금융 시장이었다. 월가의 대폭락 사태 후에는 훨씬 더 극적인 시장 과열 현상이 벌어져 물가를 유례없는 수준으로 끌어올렸다. 자산가격 거품이 갑자기 부풀어 올랐다. 주식과 채권, 부동산과 가계 재산, 암호화폐와 디지털아트, (슈퍼카와 스위스 시계 같은) 사치재와 반려동물(코카푸종 강아지는 한 마리에 5,000달러에 팔린다), 그리고 (야구와 포켓몬 트레이딩 카드 같은) 수집품까지 옮겨갔다. 이것이 바로 '모든 것 거품' 현상이다. 뉴욕에서 활동하는 펀드매니저이자 전직 월가 전략가인 리처드 번스타인Richard Bernstein은 (유동성 증가, 레버리지 상승, 시장 회전율, 새 이슈의 상승, 그리고 '시장 민주화'로 이루어진) '거품 체크리스트'를 내놓았다.[7] 거품 조건들은 모두 충족되었다.

미국 주식은 유례없는 가치로 거래되었다. 주택 가격이 부동산 거품 시절보다 더 빨리 상승했다. 가계의 부는 어느 때보다 더 빨리 상승해 정점을 찍을 기세였다. 그러나 초기 혼란 이후 국채 수익률은 역대 최저치까지 떨어졌다. 미국의 정크 본드 수익률 역시 역대 최저 수준까지 떨어졌다. 전 세계적으로 대략 18조 달러 규모의 채권 수익률이 제로 미만이었다. 유럽에서 고수익 채권으로 지정된 것들도 마이너스 수익률을 냈다. 버핏의 오랜 사업 파트너인 찰리 멍거Charlie Munger는 이러한 시장 광풍을 '세계 금융사를 통틀어 가장 극적인 사건'이라고 표현했다.[8] 그의 말은 과장이 아니었다.

현금은 미국 재난지원금에서 로빈후드마케츠에 개설된 수백만 개의 새 계좌로 흘러 들어갔다. 앱을 기반으로 한 이 증권거래소는 수수료 제로, 이자 2%의 마진 론과 옵션거래를 제공했고, 사용자들을 끌어들이기 위해 실리콘밸리의 기술과 라스베이거스에서 도박꾼을 잡아두는 기술을 접목시켰다. 초보 투기꾼들은 레딧에 개설된 월스트리트베츠WallStreetBets 온라인 주식 토론방에 모여들었다. 이곳에서 초보들은 자신을 '저능아', '자폐', '퇴물'이라 부른다. 월스트리트베츠의 대중은 투자 규범을 조롱했다. 이들은 전통적인 방식은 무시하고, '밈meme' 주식이나 '스통크stonk'(맹폭격이라는 의미로 월스트리트베츠 토론방에서 주식을 부르는 말—옮긴이)라는 신조어를 만들어 이를 찾아다녔다. 이들의 거래 좌우명은 '인생은 한 번뿐이다You Only Live Once이다'라는 의미의 욜로YOLO이다. 이들을 추진하는 힘은 탐욕뿐 아니라 포모 증후군FOMO, Fear of Missing Out(소외불안 증후군, 자신만 뒤처지거나 소외된 것 같은 두려움을 느끼는 증상—옮긴이)이라 일컬어지는 두려움이다. 여기서 끝을 모르고 성층권까지 치솟는 주식은 '무너mooner'라 불린다.

2020년 미국 주식 공모 당시, 닷컴 광풍의 절정기를 포함해 과거 어느 해보다 더 많은 돈이 모였다. 300년 전 남해회사 거품에 연루되었던 거품 기업 중에는 '어마어마한 수익 사업을 하지만 그게 뭔지는 아무도 모르는 회사'도 있었다. 이번에는 수십 개 백지수표 기관이 시장에 등장했다. 이 기관은 기업인수목적회사Special Purpose Acquisition Company(SPAC)라는 이름의 기업들로 전기자동차 기술, 우주여행, 하늘을 나는 택시, 대마초 농업 같은 투기 벤처기업과 '생산성과 안정성 향상을 위해 인간을 증강시키는' 사업체의 주식을 매입했다. 일부 SPAC 기업은 여느 거품 기업처럼 누가 보더라도 사기 업체였다. 이 중에는 상장 코드로 ('열나 웃겨LMFAO'라는 뜻의) 이모티콘을 쓰는 장난이나 치는 기업도 있었다.

밈 주식은 신기술에만 국한되지 않았다. 자폐적인 집단들은 (허츠같이) 파산한 기업과 (게임스톱과 AMC 엔터테인먼트 같은) 파산 직전 기업의 주가를 폭등시키기도 했다. 이들의 게임 전략은 스톡옵션과 마진론 레버리지 베팅을 이용해 월가의 숏셀링 세력short-seller(공매도라고도 한다. 주가 하락을 예상하고 미리 브로커에게서 주식을 끌어다 비싼 값에 판 뒤 이후 주가가 큰 폭으로 내리면 같은 주식을 갚는 방법으로 수익을 낸다—옮긴이)이 숏스퀴즈short squeeze(주가가 상승할 때, 숏셀링을 했던 투자자들이 손실을 줄이기 위해 다시 매수하는 것—옮긴이) 하도록 만드는 것이었다. 파산 위기에 몰린 전자 게임 판매점 게임스톱 주식 매수 열풍이 일어나며 2021년 1월 초 주당 20달러에 거래되던 주식 가격은 불과 몇 주후 480달러 넘게 치솟았다. 게임스톱 주식을 공매도했던 헤지펀드는 수십억 달러를 잃었다. 이것은 로빈후드마케츠에서 홍보하는 것처럼 금융의 민주화라기보다는 중우정치衆愚政治 혹은 떼법mob rule(다수의 어리석은 민중이 이끄는 정치—옮긴이)에 불과했다.

암호화폐도 이 광란의 사육제에 가담했다. 비트코인 가격은 (2020년

1월에서 2021년 4월 사이) 거의 10배 뛰었고, 비트코인 시장 시가총액은 최초로 1조 달러를 넘어섰다. 이러한 실적도 다른 무명 암호화폐에 비하면 아무것도 아니었다. 원래 비트코인의 코믹 버전으로 만들어졌던 도지코인Dogecoin은 가격이 거의 150배나 뛰었다. 도지코인의 코믹 버전인 시바이누Shiba Inu는 상승세가 훨씬 더 가팔랐다. '대체 불가능 토큰NFT'이라는 전자 형태로 거래되는 디지털 콜라주 작품 한 점은 크리스티 경매에서 6900만 달러에 팔렸다. 도지코인 이미지를 담고 있는 NFT 작품은 여러 조각으로 쪼개져 수억 달러가 매겨졌다. 이탈리아의 개념 미술가 한 사람은 여기서 더 나아가 '음(…) 아무것도 없는 well, nothing'으로 구성된 '비물질 조각'을 경매에 내놓았다.⁹ 부가 이 정도까지 가상으로 존재한 적은 한 번도 없다.

보스턴의 헤지펀드 매니저 세스 클라먼Seth Klarman은 극단적인 통화 정책으로 인해 투자업계에 극단적인 자기만족 풍조가 잔뜩 불었다고 진단했다. 그는 고객들에게 보내는 연말 편지에 다음과 같이 썼다.

> 저금리 개념이 계속되면서 투자자의 사고, 시장 예측, 물가상승 예측, 가치 모델, 레버리지 비율, 신용등급, 구매 능력 계량 분석, 주택 가격, 그리고 기업 행동 (…) 모든 것에 속임수가 있습니다. (…) 게다가 하향 변동성을 줄이고, 기업도산을 차단하고, 심판의 날을 지연시키는 이런 정책들 탓에 투자자들은 이제 리스크가 사라졌다고 믿게 되었습니다.¹⁰

버핏은 초고가치 평가를 초저금리가 뒷받침하고 있다는 데 동의했다. 오마하의 현인은 "기본적으로 이자율과 자산 가치 관계는 중력과

물질의 관계와 같다"라고 말했다.* 일단 중력이 제거되자 도지코인, NFT, 밈 주식과 다른 투기성 자산은 자유롭게 성층권까지 날아갈 수 있었다.

대규모 거품의 핵심에는 금융과 실세계 간의 괴리가 있다. 대니얼 디포는 로의 미시시피 체제를 가리켜 "그저 공기와 그림자로만 이루어진 상상이 불가한 종으로 (…) 실물에 대한 투기에 불과한 것이 실물의 역할과 기능을 하는 것처럼 둔갑시킨다"라고 묘사했다. 1928년, 취리히 은행가 소마리는 케인스에게 '외양과 실재 사이의 간극'이 주식 시장 폭락의 불길한 징후라고 경고했다. 코로나19의 시대, 트위터에서 '데이비 데이 트레이더Davey Day Trader'라는 이름으로 활동하면서 주식 투자로 인기를 끌던, 데이브 포트노이Dave Portnoy는 스크래블 게임(철자가 적힌 조각들로 낱말을 만드는 보드 게임—옮긴이)에 쓰이는 철자를 게임 주머니에서 골라 주식을 고르는 자기 모습을 찍은 비디오 영상을 올렸다. 포트노이는 트위터에 "좋은 소식은 제가 이게 조작이라는 것을 안다는 점이죠 (…) 주식 시장은 현실과 괴리되어 있어요. 다 피라미드 사기죠. 우리는 매트릭스에 살고 있습니다"라는 글을 올렸다.

루이스 캐럴이 상상했을 법한 이상한 금융의 나라라면 채권은 이자를 더해주는 것이 아니라 가져가고, 유니콘은 돈이 무성한 초원을 응시하며, 기업은 파산을 해야 가치가 올라갈 수도 있을 것이다. 교환에 쓰이지 못하는 돈의 가치가 치솟고, 중앙은행들이 돈을 찍어내 부

---

* 〈Warren Buffett Wants to Make You Happier, Smarter and Richer〉, 《Bloomberg》(2 May 2021). 3년 전, 버핏은 "시간이 지날수록 가치 평가에서 가장 중요한 항목은 누가 뭐래도 이자율이다. 이자율이 낮을 수밖에 없다면 (…) 돈을 더 투자할 가치가 있는 투자에서 어떤 수익이건 낼 수 있다. 탁월한 투자 대상은 언제나 정부 채권 수익이다"라고 논평했다.

를 창출하며, 정부 적자가 민간 저축을 창조하는 세계. 사실 캐럴은 이런 세계를 실제로 상상한 적이 있다. 잘 알려지지는 않았지만, 그의 소설《실비와 브루노Sylvie and Bruno》에 바로 이런 세상이 등장한다. 아웃랜드의 황제는 자기 백성의 부를 두 배로 불려주는 것이 소원이다. '새 화폐법'이 제출된다. 모든 주화와 지폐 가치를 두 배로 올리는 법이다. 황제의 고문 아웃랜드 교수는 "전에는 왜 아무도 이런 생각을 해보지 않았을까! 온 나라에 이토록 기쁨과 환희가 넘치는 걸 본 적이 없지. 아침부터 밤늦게까지 상점에 사람들이 그득해. 다들 온갖 물건을 사고 있다고!"라고 말한다.

《거울 나라의 앨리스》에서 캐럴은 종래의 가치를 거꾸로 뒤집는다. 달걀 두 개보다 한 개가 더 비싸고 "퍼프puff(투기 조장을 가리키는 말장난)의 가치는 1,000파운드다." 심지어 캐럴은 자신만의 암호 자기앞 수표까지 고안했다. 캐럴은 이 소설의 세계에서 시간과 게임을 벌인다. 매드해터Mad Hatter(《이상한 나라의 앨리스》에 나오는 모자 장수—옮긴이)의 티 파티에서는 시간이 멈춘다. 해터는 (음정에 맞지 않는 노래를 불러) '시간을 살해했다는' 비난을 받는다. 앨리스는 시간을 낭비했다는 비난을 받는다. 시간은 가치가 있다('1분에 1,000파운드다'). 시간의 화살은 되돌아간다. 왕의 전령사는 범죄를 저지르기도 전에 처벌을 받는다. 여왕은 바늘에 손가락을 찔릴 것을 예상하고 미리 소리를 지른다.《실비와 브루노》에서 채권은 돈을 빌리기 전에 상환해야 한다. 아웃랜드 교수는 시간을 거꾸로 돌리는 장치가 달린 시계를 소유하고 있다. 사건들이 일어나는 순서를 뒤집는 시계다.

캐럴은 시간의 가격이 무로 설정되거나 마이너스로 돌아서거나 중앙은행들이 돈을 무제한으로 찍어내면 금융이 무의미해진다는 사실을 알고 있었을 것이다. 월스트리트베츠 게시판의 '자폐아'들은 이러한 상황이 기막히게 흥미롭다고 생각했다. 클라먼 같은 진지한 투자자들만이 이러한 상황을 몹시 걱정스러워했다.

| 코로나 이행 |

프랑스 소설가 미셸 우엘벡Michel Houellebecq은 '시시한 바이러스' 따위로는 아무것도 바뀌지 않을 것이라 주장했다. 이 비관주의자는 프랑스 라디오에 출연해 "봉쇄 이후 우리가 깨어나는 세상은 신세계가 아닐 것이다. 그저 좀 더 나빠진 똑같은 세상일 뿐"이라고 말했다. 코로나19로 기존의 폐단들은 실제로 더 심해졌다. 금융계는 봉쇄에 대처하기 위해 돈을 더 찍어내고, 부채를 늘리고, 금리를 대폭 인하했다. 대기업이 번영하는 동안 중소기업들은 문을 닫았다. 빅테크Big Tech 기업들(구글, 아마존, 메타, 애플, 알파벳 같은 대형 IT 기업―옮긴이)이 독점한 이윤은 코로나로 인해 스크린 타임이 늘어나면서 더더욱 불어났다. 슈퍼 리치들은 더더욱 부자가 되었고 슈퍼요트를 탔고 우주여행을 떠났다. 노인들은 젊은이들을 희생시켜 계속 이득을 취했다. 주택은 더는 살 수 없는 자산이 되었다. 정부의 적자는 더욱 커졌다. 트럼프 대통령은 지나치게 솔직하게 말했다. "예산을 누가 신경이나 쓴답니까?" 국가는 그렇게 척척 나아갔다.

그러나 이렇게 가속화되던 경향도 이제 거의 막바지에 도달했다. 중국에서 코로나19는 주택 시장을 과열 상태로 몰아넣었다. 현시점에서 중국의 경제 활동 중 거의 3분의 1은 부동산 개발과 관련 있다. 중국의 주택 관련 주식은 GDP의 거의 네 배로 평가되었다. 시진핑 주석은 사태를 바로 잡기로 했다. 베이징 당국은 2020년 말까지 '3대 레드라인red line'(양보하지 않는 선—옮긴이)을 도입하겠다고 발표했다. 부동산 개발업자들의 레버리지 이용을 줄이려는 조치였다. 이듬해 여름, 중국 최대 개발업체 헝다그룹은 약 3,000억 달러 부채로 파산 위기에 몰렸다. 주택 가격은 폭락했다. '절대로 터지지 않는 거품'이 터졌다.

부동산 거품이 꺼지면 대개 디플레이션이 닥친다. 반면 서구에서 팬데믹은 인플레이션 돌풍을 몰고 왔다. 각국의 봉쇄 조치로 전 세계 공급망이 갑자기 끊어졌다. 봉쇄가 풀리자 미국을 비롯한 서구 국가들은 노동력이 부족해졌다. 그러자 임금이 상승하기 시작했다. 배럴당 유가는 2020년 4월 잠깐 하락한 이후 75달러를 넘어 계속 오르는 중이다. 천연가스 가격도 상승했다. 미국과 유럽에서는 새로 찍어 낸 돈이 족족 대중의 주머니로 들어가면서 화폐 공급량이 치솟았다. 2021년 초 이미 미국의 소비자물가가 연간 평균치 5%를 뛰어넘었는데도 연준은 물가상승이 일시적이라는 주장을 굽히지 않았다.

"금리 인상은 고려하고 있지 않습니다." 2020년 파월 연준 의장이 발표했다. 연준 부의장 리처드 클라리다Richard Clarida는 이렇게 덧붙였다. "세계 금융위기 이후, 중립금리(자연이율—옮긴이) 인하는 예측 전문가들과 금융 시장이 향후 몇 년간 지속되리라 예상하는 전 세계적 현상입니다." 그러나 금융에서 금리 방향보다 예측하기 어려운 것은 거의 없다.

채권 시장은 거의 수십 년에 한 번 정도만 변동할 만큼 안정적이다. 따라서 채권시장에 변화가 닥치면 전문가들은 충격을 받는다. 1899년, 에퀴터블 생명보험사 회장은 명망 높은 미국 금융가들에게 장기금리의 미래 경로에 대한 자문을 구했다. 당시 채권 금리는 수십 년째 내리막이었다. 월가의 현자들은 감소 추세가 지속되리라 예상했다. 이 보험사가 조언을 구한 전문가 69명 중 변화를 예측한 사람은 한 명도 없었다. 재무부 장관 라이먼 게이지Lyman Gage는 금리는 '영구 하락세'라는 입장을 견지했다.[11] 게이지의 생각은 틀렸다. 채권 강세 시장은 이미 끝나 있었다. 이듬해부터 수십 년 동안 국채 금리가 올랐다.

19세기 말에 시작된 채권 약세시장은 세계화 추세의 역전 시기와 일치했다. 1945년에 시작된 채권 약세시장은 미국 금리가 인위적으로 낮은 수준으로 유지되고 연준 은행들이 전쟁에 들어갈 돈을 대기 위해 미국 정부에 직접 대출을 해주었던 시기 이후에 나타났다. 전쟁이 끝나자 물가는 다시 맹렬히 오르기 시작했고 국채 금리도 이후 35년 동안 함께 올랐다. 이 두 시기와 코로나19 사태 간의 유사성은 쉽게 끌어낼 수 있다.

2021년 중반부, 잉글랜드 은행 수석경제학자 자리에서 내려온 홀데인은 리스크의 균형이 물가상승 쪽으로 기울었다고 경고했다. 그는 파티가 시작되면 술을 치우는 것이 중앙은행의 역할이라고 말했다. "술을 계속 붓다 보면 내일의 숙취가 악화된다"라고 덧붙였다. 당시 금융계는 이미 지나치게 많은 술을 들이부은 상태였다.[12] 세계화 추세가 역전되고 중국의 노동력이 감소하면서 물가상승은 가속화될 것이고 이를 막으려면 금리를 올려야 한다.[13] 보리오의 '획기적인 지진 파열', 즉 가파른 물가상승과 금융 및 무역 보호주의와 경기 정체의 유해한 결합은 이제 그리 멀리 있는 일이 아닌 듯 보인다.

| 진정한 금리(자연금리) |

케인스의 케임브리지대학 동료인 경제학자 데니스 로버트슨Dennis Robertson은 루이스 캐럴에 매료되었다. 그의 대중서 《돈Money》의 장마다 《이상한 나라의 앨리스》와 《거울 나라의 앨리스》 문구들이 고스란히 담겨 있다. 로버트슨은 케인스의 이자 이론이 체셔 고양이의 웃음처럼 실체가 없다고 생각했다.* 케인스와 달리 로버트슨은 이자가 필요하다고 믿었다.

차를 판매하는 상인들이 시장에 두려는 차의 양과 구매자들이 내려는 금액 사이의 형평을 보장하려면 뭔가가 필요하다. 그 뭔가가 바로 차에 매기는 일정한 가격이다. 마찬가지로 돈을 빌려주는 이들이 대출금을 시장에 내놓을 때 원하는 돈의 금액과 채무자들이 내려는 금액 사이의 형평을 보장하기 위해서도 뭔가가 필요하다. 그 뭔가가 바로 일정 비율의 이자, 즉 금리다.[14]

---

* 케인스는 사람들이 돈을 쓰지 않고 쌓아두는 이유가 앞으로 금리가 오르리라 예상하기 때문이라고 주장했다. 그는 "그러니까 (케인스에 따르면) 금리가 금리인 이유는 사람들이 금리가 딴 것이 되리라 예상하기 때문이라는 것이다. 그렇지 않다면 금리가 왜 금리인지 설명할 거리가 전혀 남아 있지 않다는 말밖에 안 된다. 금리를 분비한 원천 기관을 잘라냈는데도 어찌 된 영문인지 금리가 아직 존재한다니, 이게 고양이 없는 웃음이 아니고 무엇이겠는가"라고 썼다.

독일 중앙은행 총재였던 샤흐트가 '진정한 금리'라 불렀던 것은 실제 예금의 공급과 수요를 반영한다. 앞서 살펴본 대로 이 진정한 금리, 즉 자연금리는 인플레이션이나 디플레이션으로 직접 드러나지 않는다. 따라서 소비자물가지수 변동을 참고해 금리를 정하는 중앙은행은 스스로를 부도의 길로 몰아넣는 것이다. 문제는 자본은 제한되어 있는데 예금이 이전되는 수단, 즉 돈은 중앙은행에 의해 (명목화폐로) 그리고 시중 은행에 의해 (만년필 화폐(fountain-pen money, 신용화폐의 다른 말—옮긴이))로 무제한 창조될 수 있다는 사실에서 비롯된다. 결국 화폐 대출 금리는 예금과 분리되어버린다.

하이에크가 생각한 세상에서 화폐 발행 주체는 민간 은행이다. 민간 은행은 대중이 자기 은행의 돈을 쓰도록 서로 경쟁한다. 그는 그러면 좋은 돈이 나쁜 돈을 몰아내리라 예측했다. 지나치게 적은 이자를 제공하는 은행은 고객을 잃는다.[15] 암호화폐의 도래는 하이에크의 비전을 실현할 잠재력이 있다. 암호화폐는 이미 다양한 플랫폼에서 대출 대상이 되고 있다(그 플랫폼 중 하나는 스스로를 '컴파운드Compound'(컴파운드 인터레스트compound interest라고 하면 '복리'라는 뜻—옮긴이)라 부른다). 암호화폐 대출 이자는 수상쩍을 정도로 이율이 높다. 폰지 사기의 존재 가능성을 알리는 신호다. 암호화폐의 초기 역사는 이 화폐의 진정한 희소성과 관련된 부도덕한 행동과 불확실성을 특징으로 한다. 그렇지만 앞으로 암호화폐가 안전하고 거래에 효율적이며 공급이 제한된 화폐로 부상할 가능성이 없지 않다. 정부가 화폐 독점권을 포기할 의사가 전혀 없기 때문이다.

다른 선택지도 있다. 중앙은행은 자유분방한 암호화폐와 경쟁하기 위해 디지털 통화를 개발 중이다. 중앙은행의 디지털 통화는 자산 담보를 제공해주는 정부 채권 취득에 쓰일 수 있다. 이들이 발행하는 화폐를 경제의 추세 성장률을 넘지 않는 쪽으로 제한하기만 한다면 이 돈은 금만큼 유용할 수 있다.[16] 디지털 금본위제는 고전적 금본위제의 장점은 가지면서 단점은 더 적을 수 있다. 이 체제의 이점 하나는 중앙은행이 더는 적극적인 통화 정책을 펼 수 없게 된다는 점이다. 차입 비용은 실제 예금의 공급과 수요를 더욱 정확히 반영할 것이다. 이 자율은 시장의 보이지 않는 손의 안내를 받아 자연 수준을 찾게 될 것이다.

· 미주 ·

| 서론 |

1. *La Voix du peuple* 내 바스티아와 프루동 간의 서신 교환은 모두 로더릭 롱Roderick Long이 편집한 번역본을 참조했다. https://praxeology.net/FB-PJP-DOI-Intro.htm.

2. Letter 5, Proudhon to Bastiat.

3. Letter 7, Proudhon to Bastiat.

4. Letter9, Proudhon to Bastiat.

5. Letter 11, Proudhon to Bastiat.

6. Letter 7, Proudhon to Bastiat.

7. Letter 9, Proudhon to Bastiat.

8. Letter 12, Bastiat to Proudhon.

9. Letter 1, Bastiat to Proudhon.

10. Letter 4, Bastiat to Proudhon.

11. Letter 6, Bastiat to Proudhon.

12. Letter 14, Bastiat to Proudhon.

13. Letter 9, Proudhon to Bastiat.

14. Roderick Long's comment.

15. Letter 13, Proudhon to Bastiat.

16. 'What is Seen and What is Not Seen', Frederic Bastiat, from *Economic Sophisms* (Indianapolis: 2016), p. 403.

17. Henry Hazlitt, *Economics in One Lesson* (New York: 1979), p. 16.

18. Ibid., p. 17.

19. Ibid., p. 102.

20. Ibid., p. 114.

21. Ibid., p. 186.

22. Ibid., p. 195.

23. Federal Reserve Bank of Dallas, Working Paper No. 126(August 2012).

24. Introductory comments to Irving Fisher's *The Theory of Interest* (1930).

25. 굿하트와 프라단은 최근 저서 *The Great Demographic Reversal*(Cham,

Switzerland: 2020)에서 최근 수십 년간 일본이 겪은 가벼운 디플레이션의 원인은 인구 노화가 아니라 값싼 중국 수출품의 영향으로 일본 국내 제조업의 이윤이 깎였기 때문이라고 주장한다. 굿하트와 프라단은 중국 노동 인구 감소에 따라 이러한 디플레이션의 힘은 약화하고, 선진국 전역에서 소비자물가와 금리가 상승할 가능성이 있다고 믿는다.

26. 이 주장은 스웨덴 경제학자 빅셀의 매우 영향력 있는 책 *Interest and Prices*의 근거다.

27. Gustav Cassel, *The Nature and Necessity of Interest* (London: 1903), p. 95.

| 1장 |

1. Michael Hudson, 'Reconstructing the Origins of Interest-bearing Debt and the Logic of Clean Slates', in *Debt and Economic Renewal in the Ancient Near East*, eds. Michael Hudson and Marc van der Mieroop (Bethesda, Md: 2002), p. 11.

2. Van der Mieroop translates mas as sheep (see Marc van de Mieroop, 'The Invention of Interest: Sumerian Loans', in *The Origins of Value: The Financial Innovations that Created Modern Capital Markets*, eds. W. N. Goetzmann and K. G. Rouwenhorst (New York: 2005), p. 24.

3. Sidney Homer and Richard Sylla, *A History of Interest Rates*, 3rd edn (Hoboken, NJ: 1996), p. 18.

4. Ibid.

5. John Rae, *Statement of Some New Principles on the Subject of Political Economy, Exposing the Fallacies of the System of Free Trade, and of Some Other Doctrines Maintained in the 'Wealth of Nations'* (Boston, Mass: 1834), p. 194.

6. Irving Fisher, *The Theory of Interest: As Determined by Impatience to Spend Income and Opportunity to Invest It [1930], from The Works of Irving Fisher*, vol. IX, ed. William Barber (London: 1997), p. 193.

7. *Oxford English Dictionary* (1973) edn.

8. Cornelia Wunsch, 'Debt, Interest, Pledge and Forfeiture in Neo-Babylonian and Early Archaemenid Period: The Evidence from Private Archives', in *Debt and Economic Renewal in the Ancient Near East*, eds. Michael Hudson and Marc van der Mieroop (Bethesda, Md: 2002).

9. Mieroop, 'The Invention of Interest', p. 19.

10. Morris Silver, *Economic Structures of Antiquity* (Westport, Conn: 1995), p. 110.

11. Wunsch, 'Debt, Interest, Pledge'.

12. W. F. Leemans, *The Old-Babylonian Merchant: His Business and His Social Position* (Leiden: 1950), p. 3.

13. Marc van de Mieroop, *The Ancient Mesopotamian City* (Oxford: 1999), p. 179.

14. Alexander Waugh, *Time: From Micro-seconds to Millennia: The Search for the Right Time* (New York: 1999), p. 21.

15. Marc van der Mieroop, 'Old- Babylonian Interest Rates: Were They Annual?', in *Immigration and Emigration within the Ancient Near East*, eds. K. van Lerberghe and A. Schoors (Leuven: 1995).

16. Kazuo Muroi, 'Interest Calculations in Babylonian Mathematics: New Interpretations of VAT 8521 and VAT 8528', *Historia Scientiarum*, 1990.

17. Silver, *Economic Structures of Antiquity*, p. 114.

18. Ibid., p. 113.

19. Leemans, *Old-Babylonian Merchant*, p. 20.

20. Ibid., pp. 65~66.

21. 'In late third millennium Sumer, the wives of rulers made loans, owned sheep and participated in the clothing industry.' (Morris Silver, *Economic Structures of the Ancient Near East* (Totowa, NJ: 1986), p. 42.

22. Silver, *Economic Structures of Antiquity*, p. 110.

23. Ibid., p. 114.

24. Ibid., p. 110.

25. W. F. Leemans, 'The Rate of Interest in Old-Babylonian Times', *Revue internationale des droits de l'antiquité* (1950).

26. Leemans, *Old-Babylonian Merchant*, p. 105.

27. Gustave Glotz, *Ancient Greece at Work* (New York: 1926).

28. Marc van de Mieroop, *A History of the Ancient Near East* (Oxford: 2007), p. 282. Wunsch, 'Debt, Interest, Pledge', pp. 245~48도 보라.

29. Mieroop, 'Invention of Interest', p. 29를 보라.

30. Michael Hudson, *Killing the Host* (Petrolia: Ontario, 2015), p. 61. Steven Garfinkle, 'Shepherds, Merchants and Credit: Some Observations on Lending Practices in Ur III Mesopotamia', *Journal of the Economic and Social History of*

the *Orient*(2004)를 인용. 바빌론 사람들은 복리를 '시비앗 시비틴ṣibât ṣibtim' 이라고 불렀다. Kazuo Muroi, 'The Oldest Example of Compound Interest in Sumer', arXiv, 2015도 보라.

31. Richard Price, 'Observations on Reversionary Payments' [1783], from *The Works of Richard Price*, vol. V(London: 1816), p. 22. 영국 화학자 프레더릭 소디Frederick Soddy는 부채에 복리이자가 붙는 것은 물리학이 아니라 수학 법칙에 따른 것이라고 주장했다. 소디는 "복리 과정은 물리적으로 불가능하다. 시간이 지남에 따라 수학의 양인 무한대로 이어지기 때문이다"라고 결론 내렸다. Frederick Soddy, *Wealth, Virtual Wealth and Debt*(London: 1933) p. 79를 보라.

32. Thomas Divine, *Interest: An Historic and Analytical Study in Economics and Modern Ethics* (Milwaukee, Wisc: 1959), p. 19.

33. *Constitution of Athens, 2.2*, cited by Moses Finley, *Economy and Society in Ancient Greece* (London: 1981), p. 156.

34. "어떤 사람이 빚을 지고 있는데, 폭풍의 신 아다드가 밭을 침수시켜 농작물을 다 가져가거나 물이 부족해 밭에서 곡식이 자라지 않은 경우, 그해에 그는 채권자에게 곡식을 반환하지 않고, 계약 증서판을 수정해 이자도 지불하지 않는다." Robert Francis Harper, *The Code of Hammurabi, King of Babylon*(Chicago: 1904), p. 27.

35. Mieroop, 'Old-Babylonian Interest Rates', p. 362.

36. Silver, *Economic Structures of Antiquity*, p. 111.

37. Ibid.

38. Michael Hudson, 'How Interest Rates Were Set, 2500 bc to 10 ad: Máš, Tokos and Foenus as Metaphors for Interest Accruals', *Journal of the Economic and Social History of the Orient*, 2000: 132-61를 보라.

39. Paul Millett, *Lending and Borrowing in Ancient Athens* (Cambridge, 1991), p. 108. 이것은 Homer and Sylla, *History of Interest Rates*, p. 43도 참고했다.

40. Hudson, *How Interest Rates Were Set*. Mieroop, *Invention of Interest*도 보라. 기원전 88년 로마 집정관 술라는 최고 이율을 12%로 정했다. 12진법과 일치하는 숫자였다. Homer and Sylla, *History of Interest Rates*, p. 47.

41. Joan Robinson, 'The Rate of Interest', *Econometrica*, 19 (2)(1951), p. 93.

42. Karl Marx, *Capital*, vol. III, ed. Friedrich Engels (London: 1894), p. 246.

43. Homer and Sylla, *History of Interest Rates*, p. 58.

44. Chapter 9. Claudio Borio et al., 'Why So Low for So Long? A Long-term View of Real Interest Rates', BIS Working Papers no. 685(2017)를 보라.

45. Garfinkle, 'Shepherds, Merchants and Credit', p. 6. 보리 대출은 선물가격이 미래 현물가격보다 대폭 할인된 선물계약으로 볼 수 있다(이를 백워데이션backwardation이라고 한다).

46. Leemans, *Rate of Interest*에 따르면 아시리아 무역 식민지 카파도키아의 이자율은 15~40%로 다양했다. 바르기아스는 셰켈 대출에 대한 다양한 구바빌론 금리를 발견하는데, 연 5%에서 15%까지, 곡물 대출은 8.33%(12분의 1)에서 60%까지 다양하다. 심지어 불완전 수(7.5%)로 표현되는 이자율도 있다. Peter Vargyas, 'Babylonian Interest Rates: Weren't They Annual?', in *Studi sul vicino Oriente Antico: Dedicati alla memoria di Luigi Cagni, ed.,* Simonetta Graziani(Naples: 2000). 졸탄 차바이는 기원전 제1000년기에서만 20개 다른 이자율을 찾아냈다. Zoltan Csabai, 'Chronologische Aspekte der babylonischen Zinsen', in *Studies in Economic and Social History of the Ancient Near East in Memory of Peter Vargyas, ed.* Zoltan Csabai(Budapest: 2014), pp.811~23.

47. Wunsch, 'Debt, Interest, Pledge', p. 237.

48. Morris Silver, 'Modern Ancients', in *Commerce and Monetary Systems in the Ancient World: Means of Transmission and Cultural Interaction*, eds. R. Rollinger and C. Ulf (Stuttgart, 2004).

49. Leemans, 'Rate of Interest' Silver, *Economic Structures of Antiquity*, p. 105.

50. Thomas Mayer, *Frankfurter Allgemeine Zeitung*, 17 September 2016.

51. Thomas Piketty, *Capital in the Twenty-First Century* (Harvard: 2014), p. 80.

52. David Hume, 'Of Interest', *Selected Essays* (Oxford. 1993), p. 181. Chapter 9도 보라.

53. Homer and Sylla, *History of Interest Rates*, p. 38.

54. 흄이 Dio Cassius를 인용하며 직접 했던 말. *Selected Essays*(p.186). 흄은 그 효과가 일시적인 데 그쳤고, 티베리우스 황제 통치기에 이자는 다시 6%로 올랐다고 주장했다.

55. Hume, *Selected Essays*, p. 48.

56. Silver, 'Modern Ancients'.

57. Homer and Sylla, *History of Interest Rates*, p. 2.

58. Csabai, 'Chronologische Aspekte'.

59. 물물교환 신화에 대해서는 David Graeber, *Debt: The First 5,000 Years*(New York: 2011), pp.33~62를 보라.

60. William Goetzmann, *Money Changes Everything: How Finance Made Civilization Possible* (Princeton: 2016), p. 41.

61. Mieroop, *Ancient Mesopotamian City*, p. 187.

62. Nicholas Barbon, *A Discourse of Trade* (London: 1690), p. 31.

63. James Buchan, *John Law: A Scottish Adventurer of the Eighteenth Century* (London: 2018), p. 11.

64. Lionel Robbins, *A History of Economic Thought: The LSE Lectures* (Princeton: 1998), p. 102. G. S. L. Tucker, *Progress and Profits in British Economic Thought, 1690 – 1850* (Cambridge: 1960), p. 48도 보라.

65. Eugen von Bohm–Bawerk, *Capital and Interest: A Critical History of Economical Theory*, vol. I (South Holland: Ill., 1959), p. 27.

66. Fisher, *Theory of Interest, in Works*, IX, p. 3.

67. Joseph Schumpeter, *Theory of Economic Development: An Inquiry into Profits, Capital, Credit, Interest, and the Business Cycle* (New Brunswick, NJ: 1983), p. 198.

68. Cited by Jacques Le Goff, *Your Money or Your Life: Economy and Religion in the Middle Ages* (New York, 1986), p. x. Marx, Capital, ch. 36, pt 5도 보라.

| 2장 |

1. Thomas Divine, *Interest: An Historic and Analytical Study in Economics and Modern Ethics* (Milwaukee: Wisc., 1959), p.6. 이자를 뜻하는 다른 히브리어로는 mashsha(대출)와 tarbit(증가하다)가 있다.

2. 느헤미야서에 따르면 이자는 매달 100분의 1(연 12%)을 지급해야 했다. E. Neufeld, 'The Rate of Interest and the Text of Nehemiah 5.11', *Jewish Quarterly Review*, 44(3)(1954), p. 198.

3. Aristotle, *Politics*, in *Early Economic Thought: Selected Writings from Aristotle to Hume*, ed. Arthur E. Monroe (Mineola, NY: 2006), p. 20.

4. Paul Millett, *Lending and Borrowing in Ancient Athens* (Cambridge: 1991), p. 179.

5. Ibid., p. 193.

6. Ibid., p. 197.

7.   Ibid., p. 49.

8.   Divine, *Interest*, p. 25.

9.   Jacques Le Goff, *Your Money or Your Life: Economy and Religion in the Middle Ages* (New York, 2004), pp. 25~26.

10. Ibid., p. 29.

11. Arthur E. Monroe, *Early Economic Thought: Selected Writings from Aristotle to Hume* (Mineola, NY, 2006), p. 69.

12. Ibid., p. 76.

13. See Le Goff, *Your Money or Your Life*, pp. 30~39.

14. Lucius Seneca, *Epistle LXXXI*, *The Epistles of Seneca*에서 번역. Thomas Morrell(London: 1786 p.38. "배은망덕한 사람들은 대출로 인한 수익에는 이자가 없다고 가정하며 채권자의 당연한 요구보다 다소 더 많은 돈을 갚으며, 자신들이 위대한 일을 했다고 생각하면서 스스로를 속인다. 수익은 당연히 상환을 늦출수록 증가하지만, 상환이 늦어질수록 더 많은 것을 지불해야 한다. 대출로 수익을 얻고도 이자를 얹지 않고 상환하는 사람은 은혜를 모르는 사람이다."

15. Lucius Seneca, *On Benefits*, Bk 7, ed. Aubrey Stewart, Project Gutenberg, 2013.

16. Emily Wilson, *Seneca: A Life* (London, 2015), p. 131.

17. Anthony Grafton, *Leon Battista Alberti* (London: 2001), p. 184.

18. Fernand Braudel, *Civilization and Capitalism 15th–18th Century: The Wheels of Commerce* (London,1979), p. 580.

19. Ibid., p. 184.

20. See G. J. Whitrow, *Time in History: Views of Time from Prehistory to the Present Day* (New York, 1989), ch. 7 passim David Landes, Revolution in Time (Cambridge, 1983); Werner Sombart, *Der Bourgeois: zur Geistesgeschichte des Modernen Wirtschaftsmenschen* (Munich, 1920), p. 421.

21. Cited by Braudel, *Civilization and Capitalism*, p. 581.

22. Grafton, *Alberti*, p. 184.

23. Cited by Braudel, *Civilization and Capitalism*, p. 567.

24. Iris Origo, *The Merchant of Prato* (New York, 2020), p. 179.

25. Ibid., pp. 74~76.

26. Peter Spufford, *Power and Profit: The Merchant in Medieval Europe* (London: 2002), p. 40.

27. Gwen Seabourne, *Royal Regulation of Loans and Sales in Medieval*

England(Woodbridge: 2003), p.58. Peter Spufford는 "저금리는 저렴하게 자금을 조성할 수 있는 사람들에게는 대단히 유리했다"라고 썼다. *Power and Profit*, p.261.

28. Sidney Homer and Richard Sylla, *A History of Interest Rates*, 3rd edn (Hoboken, NJ: 1996), p.110.

29. R. H. Tawney, introduction to Thomas Wilson, *A Discourse Upon Usury* (London: 1925), p.132; M. M. Postan, *Medieval Trade and Finance* (Cambridge, 1973), p.11.

30. Reinhold C. Mueller, *The Venetian Money Market: Banks, Panics and the Public Debt, 1200–1500*(Baltimore, Md, 1997), p.142; Frank J. Swetz, *Capitalism and Arithmetic: The New Math of the 15th Century* (LaSalle, Ill.: 1987), p.287; James Aho, *Confessions and Bookkeeping: The Religious, Moral, and Rhetorical Roots of Modern Accounting* (Albany, NY: 2005), p.85.

31. Raymond de Roover, *The Rise and Decline of the Medici Bank, 1397–1494* (Cambridge, Mass.: 1963), p.102.

32. A. P. Usher, *The Early History of Deposit Banking in Mediterranean Europe* (New York: 1967), p.141.

33. Cited by Tawney, introduction to Wilson, *Discourse Upon Usury*, p.73.

34. Braudel, *Civilization and Capitalism*, p.565.

35. 크레이그 멀드류Craig Muldrew가 1998년 출간한 책 제목이기도 하다.

36. E. T. Powell, *The Evolution of the Money Market, 1385–1915: An Historical and Analytical Study of the Rise and Development of Finance as a Centralised, Coordinated Force* (London: 1966), p.52.

37. Tawney, introduction to Wilson, *Discourse Upon Usury*, p.23.

38. Peter Spufford, *Money and Its Use in Medieval Europe* (New York: 1989), p.260.

39. Le Goff, *Your Money or Your Life*, p.44.

40. Ibid., p.49

41. 윌리엄 페티 경은 *A Treatise of Taxes and Contributions*(London: 1662)에서 이렇게 이자를 정당화했다.

42. Divine, *Interest*, p.56.

43. Ibid., pp.83~84.

44. Ibid., p.88.

45. Ibid., p.170.

46. Thomas Wilson, *A Discourse Upon Usury* (London: 1925), p. 220.

47. Craig Muldrew, *The Economy of Obligation: The Culture of Credit and Social Relations in Early Modern England* (Basingstoke: 1998), p. 140.

48. Cited by Tawney, introduction to Wilson, *Discourse Upon Usury*, p. 155.

49. See Albert Hirschmann, *Rival Views of Market Society and Other Recent Essays* (New York: 1986), p. 50.

50. Albert Hirschmann, *The Passions and the Interests: Political Arguments for Capitalism before Its Triumph* [1977] (Princeton: 2013), p. 46. 인용문은 *Lord Shaftesbury's Characteristics* (1711)에서 가져왔다.

51. Adam Smith, *An Inquiry into The Nature and Causes of the Wealth of Nations* [1776] (London: 1875), bk IV, ch. 4, p. 400.

52. Muldrew, *Economy of Obligation* (p. 140). 멀드루는 16세기 영국 신용 네트워크에 관해 썼다. 하지만 앞서 보았듯이 다티니와 동료 이탈리아 상인들은 두 세기 전에도 나름대로 신용 네트워크가 있었다.

53. From A. R. J. Turgot, 'Reflections on the Formation and The Distribution of Riches' (1770), in *The Turgot Collection: Writings, Speeches, and Letters of Anne Robert Jacques Turgot, Baron de Laune*, ed. David Gordon (Auburn, Ala.: 2011), p. 63.

54. Le Goff, *Your Money or Your Life*, p. 93.

55. Walter Mischel, *The Marshmallow Test: Understanding Self-Control and How to Master It* (London: 2014), p. 17.

56. Ibid., pp. 44~45.

57. Ludwig von Mises, 'Human Action: The Rate of Interest', in *The Pure Time-Preference Theory of Interest*, ed. Jeffrey Herbener (Auburn, Ala: 2011), p. 67.

58. Irving Fisher, *The Theory of Interest: As Determined by Impatience to Spend Income and Opportunity to Invest It* [1930], from *The Works of Irving Fisher*, vol. IX, ed. William Barber (London: 1997), p. 535.

59. Jeffrey Herbener (ed.), *The Pure Time-Preference Theory of Interest* (Auburn, Ala: 2011), p. 25.

60. Gustav Cassel, *The Nature and Necessity of Interest* (London: 1903), p. 20.

61. Jeremy Bentham, *Defence of Usury* [1787] (London: 1816), p. 13.

62. Eugen von Bohm-Bawerk, *Capital and Interest: A Critical History of Economical Theory*, vol. I (South Holland: Ill.: 1959), p. 290.

63. Fisher, *Theory of Interest*, p. 52.

64. Ibid., p. 102.

65. Frank Fetter, 'Interest Theories, Old and New', *American Economic Review*, 4 (1), March 1914.

66. John Rae, *Statement of Some New Principles on the Subject of Political Economy* (Boston, Mas: 1834), p. 118.

67. Antoin E. Murphy, *John Law: Economic Theorist and Policy-Maker* (Oxford: 1997), p. 64.

68. *A Treatise against Usury presented to the High Court of Parliament*, Tawney, introduction to Wilson, *Discourse Upon Usury*, p. 42 인용.

69. Rae, *Statement of Some New Principles*, p. 119.

70. Cassel, *Nature and Necessity of Interest*, p. 54.

71. F. A. Hayek, 'Das intertemporale Gleichgewichtssystem der Preise und die Bewegungen des "Geldwertes"', *Welwirtschaftliches Archiv* 28. Translated as 'Intertemporal Price Equilibrium and Movements in the Value of Money' (1928).

| 3장 |

1. William Letwin, *The Origins of Scientific Economics: English Economic Thought, 1660 - 1776* (London: 1963), p. 4.

2. Gustav Cassel, *The Nature and Necessity of Interest* (London: 1903), p. 9.

3. Joyce Appleby, *Economic Thought and Ideology in Seventeenth-Century England* (Princeton: 1978), p. 88.

4. Cassel, *Nature and Necessity of Interest*, p. 10.

5. Thomas Culpeper, 'A Small Treatise Against Usury', reprinted in Josiah Child, *A New Discourse of Trade* [1692] (Glasgow: 1751), p. 232.

6. Culpeper, 'A Small Treatise Against Usury' (p. 182). 컬페퍼가 고리대금업자가 '돈으로 땅을 갖게' 된다고 썼을 때, 그는 고리대금업자가 이자를 받으며 토지를 빌려주기보다는 토지에 투자한다고 생각했다.

7. G. S. L. Tucker, *Progress and Profits in British Economic Thought, 1690 - 1850* (Cambridge: 1960), p. 41.

8. Josiah Child, *A New Discourse of Trade* (Glasgow: 1751), p. 14.

9. Sidney Homer and Richard Sylla, *A History of Interest Rates*, 3rd edn (Hoboken, NJ: 1996), pp. 125~29.

10. Child, *A New Discourse of Trade*, p. 6.

11. Ibid., p. 22.

12. Letwin, *Origins of Scientific Economics*, p.37.

13. Anon, *The Interest of Money Mistaken; or, A Treatise Proving That The Abatement of Interest is The Effect and Not The Cause of The Riches of A Nation* (London: 1668), p. 12.

14. 통계학자이자 초기 경제학자였던 페티 경은 한 걸음 더 나아가 "고리대는, 최소한, 빌린 돈으로 살 수도 있을 정도로 많은 토지에 대한 임대료이므로 담보는 당연하다"라고 말했다. Petty, *A Treatise of Taxes and Contributions* (London: 1662), p. 24.

15. Cassel, *Nature and Necessity of Interest*, p. 11.

16. Ibid., p. 12.

17. Appleby, *Economic Thought*, p. 92.

18. John Locke, *Some Considerations of the Consequences of the Lowering of Interest and the Raising of the Value of Money* [London: 1691], from *On Money*, vol. I, ed. Patrick Hyde Kelly (Oxford: 1991), p. 220.

19. Ibid., p. 212.

20. Ibid., p. 220.

21. Ibid., p. 296.

22. Ibid., p. 280.

23. Ibid., p. 270.

24. Anon, *The Interest of Money Mistaken*, p. 16.

25. Locke, *On Money*, I, p. 285.

26. Ibid., p. 279.

27. Thomas Divine, *Interest: An Historic and Analytical Study in Economics and Modern Ethics* (Milwaukee, Wisc: 1959), p. 91.

28. Tucker, *Progress and Profits*, p. 24.

29. 페티 경의 이자의 정의, 'Quantulumcunque Concerning Money' [1682], Cassel, *Nature and Necessity of Interest*, p. 15, fn에서 인용했다.

30. Dudley North, *Discourses upon Trade* (London: 1691), p. 2.

31. Locke, *On Money*, I, p. 293.

32. John Massie, *An Essay on the Governing Causes of the Natural Rate of Interest: Wherein the Sentiments of Sir William Petty and Mr. Locke, on That Head, are Considered* (London: 1750), p. 51.

33. Henry Thornton, 'An Enquiry into the Nature and Effects of the Paper Credit of Great Britain' [1802] (London: 1939), p. 212를 보라. 1811년 *Bullion Report*에 관한 연설에서 손턴은 고리법이 금리를 너무 낮게 유지했기 때문에 상품 가격이 차입 비용보다 더 빠르게 상승하고 있다고 말했다. 손턴은 은행 금리와 '자연금리'를 구별한다. 손턴의 통찰은 빅셀과 하이에크를 포함한 후대의 경제학자들에게 큰 영향을 미쳤다. 하이에크는 손턴의 *Paper Credit* (1939)판에 서문을 썼다.

34. 현대의 통화 경제학자들은 자연 이자율, 즉 r*에 대해 많이 이야기하지만, 그것을 확인할 수 있는지는 확실하지 않다. 굿하트와 프라단은 *The Great Demographic Reversal*에서 다음과 같이 썼다. "소위 관측 불가능한 요소 또는 칼만 필터 모델에서 생성된 r* 추정치는 r*의 경로와 잠재 성장 경로가 공통 요인인 생산성에 의해 결정된다고 가정하고 있다. 성장과 실질금리 사이의 연관에 대한 경험적 연구는 그러한 연관을 보여주지 않는다. (⋯) 따라서 추정치 자체도 의심스럽다."

35. Locke, *On Money*, I, p. 298.

| 4장 |

1. John Evelyn, *The Diary of John Evelyn*, vol. III (London: 1906), p. 308.

2. James Buchan, *John Law: A Scottish Adventurer of the Eighteenth Century* (London: 2018), p. 108.

3. Daniel Defoe, *Daniel Defoe: His Life, and Recently Discovered Writings: Extending from 1716 to 1729*, ed. William Lee (London: 1869), p. 189.

4. Joseph Schumpeter, *History of Economic Analysis* (New York: 1954), p. 295.

5. Ibid., p. 322.

6. John Law, *Oeuvres Completes*, vol. I, ed. Paul Harsin (Paris: 1934), p. 56.

7. 아버지 로는 스코틀랜드 귀족들을 위한 은행의 은행장이었다. 아버지 사후에는 어머니가 대출 사업을 이어받았다. Buchan, *John Law*, p.12.

8. Daniel Defoe, *Political and Economic Writings of Daniel Defoe*, vol. VI, ed. William R. Owens (London: 2000), p. 4.

9. Antoin E. Murphy, *John Law: EconomicTheorist and Policy-Maker*(Oxford: 1997), pp. 146~47.

10. James Buchan, 'Mississippi Dreaming', *New Left Review*, (March 1995)p. 210, 인용.

11. Buchan, *John Law*, p. 81.

12. Antoin E. Murphy, *Richard Cantillon, Entrepreneur and Economist*[1986] (Oxford: 2004), p. 129.

13. Adolphe Thiers, *The Mississippi Bubble: A Memoir of John Law*, trans. F. S. Fiske (New York: 1859), p. 86.

14. Louis de Rouvroy, duc de Saint-Simon, *Historical Memoirs of the Duc de Saint-Simon*, vol. III, ed. and trans. Lucy Norton (London: 1972), p. 257.

15. Ibid., p. 243.

16. Buchan, *John Law*, p. 8.

17. Edgar Faure, *La Banqueroute de Law: 17 Juillet 1720*(Paris: 1977), p. 248.

18. Ibid., p. 339.

19. Buchan, *John Law*, p. 155.

20. Murphy, *Richard Cantillon*, p. 99.

21. Ibid., p. 100.

22. Janet Gleeson, *The Moneymaker* (London: 2012), p. 153.

23. Figures from Andrew Davis, 'An Historical Study of Law's System', *Quarterly Journal of Economics* (April 1887).

24. Faure, *La Banqueroute de Law*, p. 334.

25. *Memoirs of the Duke de Saint-Simon, An Abridged Translation*, by Francis Arkwright (London: 1918), p. 257.

26. Murphy, *Richard Cantillon*, p. 131.

27. 벨데는 "로는 자신의 체제 금리를 2%를 목표로 설정했다"라고 썼다. 'John Law's System', *American Economic Review*, 97 (2)(2007).

28. Davis, 'An Historical Study of Law's System', p. 41.

29. Murphy, *Richard Cantillon*, p.135. 이 정도 규모의 바이백은 미지불 발행 증권의 17%에 해당한다.

30. Herbert Luthy, *La Banque Protestante en France: de la Révocation de l'Édit de*

Nantes à la Révolution (Paris: 1959), p. xx.

31. Sir James Steaurt, *An Inquiry into the Principles of Political Economy* [1767], vol. IV (Edinburgh: 1966), p.558.

32. John Philip Wood, *Memoirs of the Life of John Law of Lauriston: Including a Detailed Account of the Rise, Progress, and Termination of the Mississippi System* (Edinburgh: 1824), p. 66.

33. Buchan, *John Law*, p. 227.

34. Antoin E. Murphy, 'John Law: A Twenty-first-century Banker in the 18th Century?', *Fondazione Banco di Napoli Conference* (June 2017).

35. Philip Yorke, Earl of Hardwicke, *Miscellaneous State Papers from 1501 to 1726*, vol. II (London: 1778), p. 589.

36. James Buchan, 'Even Apple Can't Compare with Compagnie des Indes', *Financial Times* (14 August 2017).

37. 이 문단의 모든 세부 내용은 Murphy, *John Law: A Twenty-first-century Banker in the 18th Century?*에서 가져왔다.

38. Faure, *La Banqueroute de Law*, p. 250.

39. Ibid., p. 253.

40. Gleeson, *Moneymaker*, p. 121.

41. Faure, La Banqueroute de Law, pp. 239~40.

42. 금융 문제에서는 절대주의를 지향하는 로의 취향을 그의 진술에서도 찾아볼 수 있다. "왕은 항상 주권위원회보다 그것들(금융 문제)을 구제할 능력이 낫다. 주권위원회에서는 아무리 긴급한 사안이라도 과반수 표를 얻기 위해 오래도록 토론하며 시간을 끌기 때문이다. 혼자 행동하는 왕은 전체를 하나의 시각으로 축소할 수 있고, 외국인들의 신뢰마저 얻는 유일한 존재로서 왕국에 일반적인 신용을 줄 수 있다." John Law, *The Present State of the French Revenues and Trade, and of the Controversy betwixt the Parliament of Paris and Mr. Law* (London: 1720).

43. Earl of Hardwicke, *Miscellaneous State Papers*, II, p. 611.

44. Defoe, 'The Case of Mr Law, Truly Stated, [1721], in *Political and Economic Writings of Daniel Defoe*, VI, p. 199.

45. Buchan, *John Law*, p. 206.

46. Ibid., p. 208.

47. Earl J. Hamilton's comment in 'The Origin and Growth of the National Debt in

Western Europe', *American Economic Review* (May 1947), pp. 118~30.

48. Cited by Davis, 'An Historical Study of Law's System', p. 444.

49. Gleeson, *Moneymaker*, p. 160.

50. Richard Cantillon, *Essai Sur La Nature du Commerce en Général* [1755], trans. Henry Higgs (London, 1931), p. 323.

51. Ibid.

52. Earl J. Hamilton, 'Prices and Wages at Paris under John Law's System', *Quarterly Journal of Economics* (November 1936), pp. : 42~70.

53. Velde, 'John Law's System'.

54. Francois Velde, 'Government Equity and Money: John Law's System in 1720 France'(Federal Reserve Bank of Chicago: December 2003). 벨데는 소득 15배 거래가 미시시피 주식의 공정가치라고 믿었다.

55. James Buchan, *Frozen Desire* (London: 1997), pp. 110~11.

56. John Law, *Essay on A Land Bank*, ed. Antoin E. Murphy (London: 1994), p. 47.

57. Larry Neal, *The Rise of Financial Capitalism: International Capital Markets in the Age of Reason* (New York: 1990), pp. 82~83를 보라.

58. Velde, 'Government Equity and Money'.

59. Peter Garber, 'Famous First Bubbles', *Journal of Economic Perspectives*, 4 (2),\ (1990), p. 47.

60. William Goetzmann, *Money Changes Everything: How Finance Made Civilization Possible* (Princeton: 2016), p. 354.

61. Murphy, *John Law*, p. 325.

62. 머피와 전화로 나눈 대화(30 January 2018). 또 Murphy, *John Law: A Twenty-first-century Banker in the 18th Century?*, p. 12를 보라.

| 5장 |

1. T. S. Ashton, *Economic Fluctuations in England 1700 – 1800* (Oxford: 1959), p. 88.

2. Ibid., p. 98.

3. Violet Barbour, *Capitalism in Amsterdam in the Seventeenth Century* (Ann Arbor, Mich.: 1963), p. 123.

4. S. J. Loyd, *Tracts and Other Publications on Metallic and Paper Currency by Lord Overstone*, ed. J. R. McCulloch [1857] (London: 1972), p. 31.

5. Walter Bagehot, *The Collected Works of Walter Bagehot*, ed. Norman St John–Stevas, vol. X (London: 1978), p. 32.

6. Ibid., IX, p. 113.

7. Ibid., IX, p. 127.

8. Ibid., IX, p. 467.

9. Thomas Joplin, *Case for Parliamentary Inquiry into the Circumstances of the Panic* (London: 1835), reprinted in Forrest Capie and Geoffrey Wood, *The Lender of Last Resort* (London: 2007), p. 61.

10. L. S. Presnell, *Country Banking in the Industrial Revolution* (Oxford: 1956), p. 12.

11. Edward Chancellor, *Devil Take the Hindmost: A History of Financial Speculation* (New York: 1999), p. 119.

12. James Grant, *Bagehot: The Life and Times of the Greatest Victorian* (New York: 2019), p. xxviii fn.

13. Ibid., p. 167.

14. Bagehot, *Collected Works*, IX, p. 118.

15. Ibid., IX, pp. 273~74.

16. 풀라턴은 "사람들이 항상 1.5% 수익에 만족하지는 않을 것이다"라고 썼다. 배 젓은 위험 임계치를 2%로 반올림했다. 그는 사람을 조금 더 잘 읽었다. 그는 자신의 최초 저널리즘 글인 J.S. Mill의 *Principles of Political Economy* 서평에 서 풀라턴을 인용하고 비유한다. "경험에 따르면 돈의 이자가 2%일 때, 자본 은 집을 자주 옮기거나 충분한 수익을 산출하지 않는 어리석은 투기에 낭비 된다." Walter Bagehot, 'Art. II – Principles of Political Economy', *Prospective Review: A Quarterly Journal of Theology and Literature*, 4(1848), p. 497.

17. John Fullarton, *On the Regulation of Currencies: Being an Examination of the Principles, on which it is Proposed to Restrict, Within Certain Fixed Limits, the Future Issues on Credit of the Bank of England, and of the Other Banking Establishments Throughout the Country* (London: 1845), p. 170.

18. Ibid., p. 172.

19. Walter Bagehot, *Lombard Street: A Description of the Money Market* (London: 1873), in *Collected Works*, IX, p. 114.

20. Bagehot, *Collected Works*, IX, p. 300.

21. Sidney Homer and Richard Sylla, *A History of Interest Rates*, 3rd edn (Hoboken, NJ: 1996), p. 137.

22. Ibid., p. 125.

23. Joseph de la Vega, *Confusion de Confusiones: Portions Descriptive of the Amsterdam Stock Exchange* [1688] trans. Hermann Kellenbenz (Boston, Mass: 1957), p. 13. 베가는 유동성은 주식 시장 가격도 상승시킨다고 덧붙인다. "급 매도 가능성은 다른 주식 시장도 같은 배당금을 지급하지만, 특히 암스테르담 주식 시장 주가를 더 높이는 방식으로 가치를 높인다."

24. Bagehot, *Collected Works*, IX, pp. 116~17.

25. Homer and Sylla, *History of Interest Rates*, p.157.

26. J. R. Ward, *The Finance of Canal Building in Eighteenth-Century England* (London: 1974). 워드는 (지난 50년간 48개가 승인되었던 데 비해) 1790 년과 1794년 사이에 51개의 강 항법 및 운하법이 승인되었는데, 이는 콘솔의 수익률이 4% 이하로 떨어졌을 때였다는 점에 주목한다.

27. Thomas Tooke, *A History of Prices, and of the State of the Circulation, from 1793 to 1837*, vol. I [1838] (London: 1972), p. 271.

28. Henry Thornton, *An Enquiry into the Nature and Effects of the Paper Credit of Great Britain* [1802] (London, 1939), p. 212.

29. Homer and Sylla, *History of Interest Rates*, p. 191.

30. Sir John Clapham, *The Bank of England: A History, 1797–1914*, vol. II (Cambridge: 1966), p.11.

31. Ibid., II, p. 20.

32. Arthur Gayer et al., *The Growth and Fluctuation of the British Economy, 1790–1850: An Historical, Statistical, and Theoretical Study of Britain's Economic Development*, vol. I (Hassocks: 1975), p. 94.

33. Ibid., I, p. 97.

34. Tooke, *History of Prices*, I, p. 277.

35. Ibid., I, p. 305.

36. See Martin Hutchinson, 'The Bear's Lair: What Liverpool Could Teach Today's Fed', *True Blue Will Never Stain* (22 July 2019), www.tbwns.com.

37. 앤드루 오들리즈코Andrew Odlyzko는 "맥케이의 신문 기사를 읽어보면 그는 철 도 광풍에서 가장 열정적인 치어리더 중 한 명이었다. 당시 철도 광풍은 극단

적인 투자 활황 중 가장 규모가 크고 가장 파괴적인 에피소드다"라고 썼다.

38. Andrew Odlyzko, 'Collective Hallucinations and Inefficient Markets: The British Railway Mania of the 1840s', University of Minnesota, January 2010.

39. Grant, *Bagehot*, p. 32.

40. Ibid., p. 28.

41. Gayer et al., *Growth and Fluctuation*, I, p. 300. 오들리즈코는 당시 잉글랜드 은행이 금리를 내린 것이 아니라 그저 시장을 따른 것이라고 지적한다.

42. Grant, *Bagehot*, p. 31 fn.

43. 경제사학자들도 비슷한 결론을 내린다. "이지 머니의 장기화(1842~1845년)는 확실히 철도 호황을 부추기는 중요한 요인이었다. 그것은 단기 자본시장뿐만 아니라 장기 자본시장까지 뒤덮었다." Gayer et al., *Growth and Fluctuation*, I, p. 329를 보라.

44. Words of *The Times*' correspondent, 12 May 1866.

45. W. T. C. King, *History of the London Discount Market* (London: 1936), p. 243.

46. *The Times*, 11 May 1866.

47. David Kynaston, *The City of London, Volume I: A World of Its Own, 1815 − 1890* (London: 1994), p. 240.

48. Geoffrey Elliott, *The Mystery of Overend and Gurney: A Financial Scandal in Victorian London* (London: 2006), p. 2.

49. King, *London Discount Market*, p. 247.

50. *The Times*, 12 May 1866.

51. David Morer Evans, *Speculative Notes and Notes on Speculation, Ideal and Real* (London: 1864), p. 78.

52. *The Economist*, 7 May 1864.

53. Andrew Odlyzko, 'Bagehot's Giant Bubble Failure'. Working Paper, University of Minnesota, August 2019.

54. Karl Marx, *Capital*, vol. III, ed. Friedrich Engels (London: 1894), p. 535.

55. Bagehot, *Lombard Street*, in *Collected Works*, IX, p. 57.

56. John Mills, 'On Credit Cycles and the Origin of Commercial Panics', Manchester Statistical Society, 11 December 1867.

57. Sir Francis Baring, *Observations on the Establishment of the Bank of England and on the paper circulation of the country* [1797], reprinted in Forrest Capie and Geoffrey Wood, *The Lender of Last Resort* (London: 2007), p. 8.

58. Fullarton, *On the Regulation of Currencies*, p. 157.

59. Kynaston, *City of London*, I, p. 242.

60. *The Times*, 15 May 1866.

61. Cited by Bagehot, *Lombard Street, in Collected Works*, IX, p. 133.

62. Grant, *Bagehot*, p. 177

63. Ibid.

64. Ibid., p. xiv.

65. George Goschen, 'Two per Cent', *Edinburgh Review, or Critical Journal*, 127, (January – April 1868), pp. 248~49.

66. Bagehot, *Collected Works*, X, p. 423.

67. Leland Jenks, *The Migration of British Capital to 1875* (London: 1927), p. 292.

68. Grant, *Bagehot*, p. 262.

69. 콘솔 수익률은 1903년까지 2.75%로 정해져 있었고 그 이후로는 2.5%로 정해져 있었다.

70. Clapham, *The Bank of England*, II, p. 319.

71. Kynaston, *City of London*, I, p. 409.

72. Ibid., I, p. 422. 또 다른 동시대인 독일 경제학자 막스 바르트Max Wirth는 그 이후 위기를 무엇보다도 '투자자들의 소득을 감소시키고, 역사상 유례없는 금액으로 이자를 전환하고 감소시킨 주식 가격 상승' 탓으로 돌렸다. Max Wirth, 'The Crisis of 1890', *Journal of Political Economy*, 1 (2)(March 1893), p. 217.

73. Wirth, 'The Crisis of 1890', p. 218.

74. David Joslin, *A Century of Banking in Latin America: To Commemorate the Centenary in 1962 of the Bank of London & South America Limited*(London: 1963), p. 116. "이 나라는 1880년부터 10년 동안 금세기 이전의 모든 10년 동안 달성한 것보다 더 많은 발전을 이루었다."

75. Peter J. Cain and Anthony G. Hopkins, *British Imperialism: Innovation and Expansion, 1688 – 1914* (London: 1993), p. 293.

76. Clapham, *The Bank of England II*, p. 327. 존 클래팜John Clapham 경은 베어링이 '신중함의 경계'와 '명예의 경계'를 넘어 행동했다는 결론을 내렸다.

| 6장 |

1. Sidney Homer and Richard Sylla, *A History of Interest Rates*, 3rd edn (Hoboken, NJ: 1996), p. 344.

2. Matt Stoller, *Goliath: The 100-Year War between Monopoly Power and Democracy* (New York: 2019), p. 32.

3. James Grant, *The Forgotten Depression: 1921: The Crash That Cured Itself* (New York: 2014), p. 112.

4. Ibid., p. 200.

5. Ibid., p. 122.

6. Stoller, *Goliath*, p. 32.

7. 제노바 회의의 결의안 9호는 '외환 잔액 형태로 보유액을 유지하는, 금을 이용한 저축'을 허용했다. Jacques Rueff, *The Monetary Sin of the West* trans. Roger Glemet(New York: 1972), p. 22.

8. Ibid.

9. David Kynaston, *Till Time's Last Stand: A History of the Bank of England, 1694 – 2013* (London: 2017), p. 297.

10. Ibid., p. 312.

11. Ibid., p. 297.

12. Barry J. Eichengreen and Marc Flandreau, *The Gold Standard in Theory and History* (London: 1985), p. 215.

13. Knut Wicksell, *Interest and Prices* (London: 1936), p. 178.

14. David Kynaston, *The City of London, Volume III: Illusions of Gold, 1914 – 1945* (London: 1999), p. 80.

15. Murray Rothbard, *America's Great Depression* [1963] (Auburn, Ala: 2000), p. 155.

16. Benjamin McAlester Anderson, *Economics and the Public Welfare* [1949] (Indianapolis: 1979), p. 127. 이러한 공개 시장 운영으로 다음 12개월 동안 회원 은행 준비금은 17% 증가했다.

17. Ibid., p. 182.

18. Martin Fridson, *It Was a Very Good Year: Extraordinary Moments in Stock Market History* (New York: 1998), p. 50.

19. Anderson, *Economics and Public Welfare*, p. 147.

20. Fridson, *It Was a Very Good Year*, p. 64.

21. Ibid.

22. Anderson, *Economics and Public Welfare*, p. 209.

23. James Grant, *Money of the Mind: Borrowing and Lending in America from the Civil War to Michael Milken* (London: 1992), pp. 184~85.

24. Perry Mehrling, *The New Lombard Street: How the Fed Became the Dealer of Last Resort* (Princeton: 2011), pp. 41~42.

25. Irving Fisher, *Appreciation and Interest* [1896] (New York: 1908)를 보라.

26. Homer Hoyt, *One Hundred Years of Land Values in Chicago: The Relationship of the Growth of Chicago to the Rise of Its Land Values, 1830 – 1933* [1933] (Washington, DC: 2000)를 보라. 또한 Herbert D. Simpson, 'Real Estate Speculation and the Depression', *American Economic Review*, 23 (1), March 1933도 보라.

27. Barry Eichengreen, *Hall of Mirrors: The Great Depression, the Great Recession, and the Uses and Misuses of History* (New York: 2015), p. 26.

28. Liaquat Ahamed, *Lords of Finance: The Bankers Who Broke the World* (New York: 2009), p. 323.

29. Anderson, *Economics and Public Welfare*, p. 492.

30. Frederick Lewis Allen, *Only Yesterday: An Informal History of the 1920's* (New York: 1957), p. 292.

31. Benjamin Graham and David Dodds, *Security Analysis: Principles and Technique* [1940] (New York: 2009), p. 215.

32. Max Winkler, 'Paying the Piper', *North American Review*, 229 (1), January 1930, p. 49.

33. Anderson, *Economics and Public Welfare*, p. 152.

34. Ibid., p. 186.

35. Eichengreen, *Hall of Mirrors*, p.56.

36. Chancellor, *Devil Take the Hindmost*, p. 200.

37. Anderson, *Economics and Public Welfare*, pp. 178~79.

38. Ibid., p. 181.

39. C. A. Phillips, T. F. McManus and R. W. Nelson, *Banking and the Business Cycle: A Study of the Great Depression in the United States* (New York: 1937), p. 183.

40. Ahamed, *Lords of Finance*, p. 299.

41. Anderson, *Economics and Public Welfare*, p. 191.

42. Ibid., p. 184.

43. Ibid., p. 195. 또한 Ahamed, *Lords of Finance*, p. 318도 보라.

44. Allen, *Only Yesterday*, p. 290.

45. Ahamed, *Lords of Finance*, p. 318.

46. Ibid., p. 344.

47. Andrew Boyle, *Montagu Norman: A Biography* (New York: 1968), p.235.

48. Ahamed, *Lords of Finance*, p. 313.

49. Allan H. Meltzer, *A History of the Federal Reserve, 1913 – 1951*, vol. I (Chicago: 2003), p. 255 fn.

50. Charles Kindleberger's summary of Warburg's dilemma in *The World in Depression, 1929 – 1939* (Berkeley: 1973), p. 97을 보라.

51. Ahamed, *Lords of Finance*, p. 339.

52. No mention of this meeting is given in Keynes's Collected Writings or Robert Skidelsky's Keynes biography.

53. Felix Somary, *The Raven of Zürich: The Memoirs of Felix Somary* (London: 1986), p. 153.

54. John M. Keynes, 'Economic Articles and Correspondence: Investment and Editorial', in *The Collected Writings of John Maynard Keynes*, vol. XII (Cambridge: 1983), p. 11. 케인스는 대공황에서 큰 손실을 보았지만, 신용 사이클 투자가 무용하다는 생각을 바꾸지는 않았다. 1938년 5월 5일, 그는 'Post Mortem on Investment Policy' (5 May 1938)에서 다음과 같이 썼다. "나는 신용 사이클 투자의 주요 발명자였고 거의 20년에 걸쳐 세부적으로 견해가 갈린 당사자 다섯 명이 그런 투자를 시도하는 것을 지켜보았다. 많은 부침이 있었지만, 단 한 건도 성공하지 못했다." *Collected Writings*, XII, p. 100.

55. 하이에크가 말했듯이 이자율은 자본재 공급과 소비재 공급의 균형을 유지한다. F. A. Hayek, *Monetary Theory and the Trade Cycle*, trans. N. Kaldor and H. M. Croome (London: 1933), p. 75.

56. Oskar Morgenstern, *On the Accuracy of Economic Observations* (Princeton: 1973), p. 190.

57. 하이에크는 1925년 'The Monetary Policy of the United States after the Recovery from the 1920 Financial Crisis'라는 논문에서 물가 수준에 타기

틴 하는 연준 정책에 반대하며 상대 물가가 더 중요하다고 주장했다. 그는 미국 중앙은행을 '징후학'이라고 비난했다. F. A. Hayek, *Contra Keynes and Cambridge, in The Collected Works of F. A. Hayek*, vol.IX, ed. Bruce Caldwell(Chicago: 1995)에 소개. 그리고 F. A. Hayek, 'The Fate of the Gold Standard'[1932] in *Good Money, Part 1: The New World, in The Collected Works of F. A. Hayek*, vol.V, ed. Stephen Kresge(Chicago: 1999)를 보라.

58. 'Intertemporal Price Equilibrium and Movements in the Value of Money'(1928)에서 하이에크는 경제적 균형은 시간이 지남에 따라 소비자물가 하락을 낳는다고 썼다. "물가가 하락하지 않으면 필연적으로 공급과 수요의 평등이 일시적으로라도 붕괴한다." Reprinted in F. A. Hayek, *Money, Capital, and Fluctuations: Early Essays*(London: 1984).

59. 하이에크의 *Prices and Production* 서문에서 로빈스는 하이에크의 경제분석 연구소를 '1929년 봄, 미국의 경기 쇠퇴가 유럽에도 해로운 영향을 미치리라 예견했던 극소수 기관 중 하나'라고 평가했다. 그는 "통화 이론가 대부분은 물가 수준의 상대적 안정성은 해로운 통화 영향으로부터 자유로운 상태를 의미한다고 생각했기 때문에 대공황 이전 미국에서 작동하던 힘의 본질을 정확히 이해하는 데 완전히 실패한 것으로 보인다"라고 덧붙였다.

60. Gottfried Haberler, 'Money and the business cycle', in *The Austrian Theory of the Trade Cycle and Other Essays* (Auburn, Ala: 1997), p. 19.

61. F. A. Hayek, 'The "Paradox" of Saving', *Economica*, 32, May 1931를 보라.

62. Phillips et al., *Banking and the Business Cycle*, p. 201. "물가든 도매든 소매든, 생산이든 소득이든 간에, 안정화를 위해 신용 영향을 단일 지수로 유도하는 정책은 장기적으로 재앙을 낳는 예기치 못한 결과를 초래할 것이다."

63. Ibid., p. 176.

64. Ibid.

65. Dennis Robertson, 'How Do We Want Gold to Behave?', in *The International Gold Problem*(London: 1932), Phillips et al., *Banking and the Business Cycle*(pp. 186~87) 인용. 로버트슨은 1928년 *Money*에서 1920년대 노동 가격을 안정시키려는 연준 정책이 "생산성이 급속히 발전하는 시기에 대중을 착취했다는 비난을 피할 수 없다"라고 썼다.

66. Wilhelm Ropke, *Crises and Cycles* (London: 1936), p.150.

67. *International Currency Experience*, League of Nations, Economic, Financial and Transit Department (London: 1944), p. 106.

68. 연준의 역사학자 앨런 멜처Alan Meltzer는 연준 고위 관리들이 대출이 진정한 상업적 목적이나 투자를 위해 사용되었는지를 은행가들이 고려해야 한다고 주장하는 불건전한 '진성어음주의real bill doctrine'에 속았다고 비난하고 있다. Meltzer, *History of the Federal Reserve* I, ch.1 여기저기를 보라.

69. Milton Friedman and Anna Schwartz, *The Great Contraction 1929 – 1932* [1965] (Princeton: 2009), introduction.

70. Ben Bernanke, *Essays on the Great Depression* (Princeton: 2000), preface.

71. Charles Rist, *History of Monetary and Credit Theory: From John Law to the Present Day* (London: 1940), p. 184.

72. Wicksell, *Interest and Prices*, p. 2.

73. Alfred Marshall, *Official Papers* (Cambridge: 1926), p. 19.

74. F. A. Hayek, *Prices and Production and Other Works* (Auburn, Ala: 2008), p. 5.

75. Joseph Schumpeter, *Theory of Economic Development: An Inquiry into Profits, Capital, Credit, Interest, and the Business Cycle* (New Brunswick, NJ: 1983), p. 110.

76. Ropke, *Crises and Cycles*, p. 120.

77. F. A. Hayek, 'The Fate of the Gold Standard' (February 1932), reprinted in *Money, Capital, and Fluctuations: Early Essays* (London: 1984), p. 130.

78. 당시 연준 유일한 경제학자였던 아돌프 밀러 버클리 교수는 디플레이션이 '경제 건전성 회복에 필요한 조건'이라는 입장이었다. Grant, *The Forgotten Depression*, p. 95 인용.

79. Claudio Borio et al., 'The Cost of Deflations: A Historical Perspective', *BIS Quarterly Review* (March 2015), p. 39. See also Andrew Atkeson and Patrick J. Kehoe, 'Deflation and Depression: Is There an Empirical Link?' NBER Working Paper January 2004.

| 7장 |

1. Anna Schwartz, 'Why Financial Stability Depends on Price Stability', *Economic Affairs*, 15(4), Autumn 1995.

2. 1980년대 후반 낮은 인플레이션은 달러 대비 엔화 가치 상승, 임금 압박을 약화한 노동 시장 변화, 생산성 향상 등 여러 요인 때문이었다. 특히 생산성 향상

은 일본의 우수한 비즈니스 기술(종합 품질 관리 및 적시 재고 관리 등) 덕분이었다.

3. H. Bernard and J. Bisignano, 'Bubbles and Crashes: Hayek and Haberler Revisited', *Asset Price Bubbles: Implications for Monetary and Regulatory Policies*, 13 (2001), p. 15.

4. Y. Yamaguchi, 'Asset Prices and Monetary Policy: Japan's Experience', New Challenges for Monetary Policy, Symposium Sponsored by the Federal Reserve Bank of Kansas City, Jackson Hole, Wyoming, 26 – 29 August 1999.

5. 통화 공급은 1987년 중반까지 연평균 10% 이상 팽창하고 있었다. 민간 비금융 차입은 80년대 말까지 14% 가까이 증가했고 부동산 부문에 대한 대출은 매년 20%씩 증가했다.

6. 1989년 5월, 공식 할인율은 2.5%에서 3.25%로 인상되었다. 1989년과 1990년, 금리 인상의 모든 공식 발표는 일본은행의 인플레이션 예방 조치라고 선언했다. Kunio Okina et al., 'The Asset Price Bubble and Monetary Policy: Japan's Experience in the Late 1980s and the Lessons', *Monetary and Economic Studies*(Feb 2001)를 보라.

7. Edward Chancellor, *Devil Take the Hindmost: A History of Financial Speculation* (New York: 1999), pp. 317~18.

8. Yamaguchi, 'Asset Prices and Monetary Policy'.

9. Okina et al., 'The Asset Price Bubble', p. 433. "통화 긴축으로 전환하는 가장 정통적인 근거는 인플레이션 압력인데, 당시에는 물가가 극도로 안정적이어서 금리 인상의 근거가 약했다."

10. Ibid., p. 444.

11. Bernard and Bisignano, 'Bubbles and Crashes', p. 13.

12. A. Ahearne, J. Gagnon, J. Haltmaier and S. Kamin, 'Preventing Deflation: Lessons from Japan's Experience in the 1990s'(Federal Reserve International Finance Discussion Paper: June 2002), p. 20. 저자들에 따르면, "1991년에서 1995년 일본 통화 정책은 당시 경제 예상으로는 적절해 보였다. 그러나 실제 인플레이션과 성장 수치가 예상보다 약하게 나타나자 금리가 테일러 규칙에서 요구한 것보다 더 높게 올라갔듯이 통화 정책은 하방 리스크를 충분히 고려하지 못하고 있었다."

13. 이 견해에 따르면 일본은행은 거품 재인플레이션에 대한 두려움으로 경기가 침체된 후 뒤늦게 통화 정책을 완화했다. 일본은행은 또 디플레이션에 담

대하게 대처하지 못했다는 비난을 받고 있다. 예를 들어, 장기금리를 낮추기 위해 더 많이 노력할 수도 있었다. Ahearne et al., 'Preventing Deflation'. 또한 Athanasios Orphanides, 'Monetary Policy in Deflation: The Liquidity Trap in History and Practice'(Federal Reserve Board: Dec 2003)를 보라. 하지만 정책금리가 빠르게 내려가고 완만한 디플레이션이 1990년대 말에야 표면화되는 등, 일본은행이 과연 충분히 적극적으로 대응하지 않았는지는 분명하지 않다.

14. 슈워츠는 'Why Financial Stability Depends on Price Stability'에서 일본 거품경제 사례를 언급하지 않는다. 마찬가지로 버냉키 의장도 전미기업경제협회 뉴욕지부 강연 'Asset Price "Bubbles" and Monetary Policy'(2002)에서 중앙은행이 자산 가격 거품을 터뜨리기보다는 물가 안정에 초점을 맞춰야 한다고 주장하며 일본의 1980~1990년대 경험을 무시하고 있다.

15. Sidney Homer and Richard Sylla, *A History of Interest Rates*, 3rd edn (Hoboken, NJ: 1996), p. 385.

16. Ibid., p. 386.

17. Kenneth Rogoff, *The Curse of Cash: How Large-Denomination Bills Aid Crime and Tax Evasion and Constrain Monetary Policy* (Princeton: 2017), p. 119.

18. Robert Samuelson, *The Great Inflation and Its Aftermath: The Transformation of America's Economy, Politics, and Society* (New York: 2008), p. 128.

19. Ibid., p. 132.

20. 그린스펀은 1966년 'Gold and Economic Freedom'라는 제목의 논문에서 금본위제가 은행 시스템에서 유일하게 신뢰할 수 있는 균형 메커니즘을 제공했다고 썼다. 그는 1927년 연준의 느슨한 통화 정책에 대해 비판했다. "연준이 경제에 쏟아부은 과도한 대출이 주식 시장으로 흘러가며 환상적인 투기 호황을 불러일으켰다. 연준 관계자들은 뒤늦게 초과 적립금을 흡수하려고 시도했고 마침내 호황을 꺾는 데 성공했다. 그러나 너무 늦었다. 1929년 투기 불균형이 너무 압도적이다 보니 연준의 시도는 급격한 긴축과 기업 신뢰를 떨어뜨리는 결과만을 낳았다. 그 결과, 미국 경제는 무너져 내렸다." Alan Greenspan, 'Gold and Economic Freedom', *The Objectivist*(July 1966). Edward Chancellor, 'Alan's Bubble', *Prospect Magazine*(November 1999)도 보라.

21. 'Monetary Policy and Financial Stability: What Role in Prevention and Recovery?'(BIS Working Paper: January 2014)에서 보리오는 1990년대 초부터 진행된 세계 경제 통합이 인플레이션을 억제하면서 긍정적으로 공급 충격을 주었다고 말한다. 그의 설명에 따르면 "1995년부터 명백해진 구조적 생산

성 증가 추세의 결과, 연준은 어떤 신중한 입장에서 보았을 때도 경제 성장 증가에 훨씬 더 잘 적응할 수 있었다." Alan Greenspan, 'Risk and Uncertainty in Monetary Policy', *Meeting of the American Economic Associations*, 3 January 2004.

22. 버냉키는 2003년 3월 25일 연설에서 인플레이션 목표 타깃 프레임을 '제한적인 재량' 중 하나로 묘사했다. 목표는 중앙은행의 신뢰와 책임과 함께 인플레이션 기대치를 고정하고 통화 정책 결정 투명성을 제고하는 것이었다. 버냉키는 인플레이션 타깃 추구와 금융 안정 유지 사이에는 갈등이 없다고 보았다. 그는 인플레이션 통제가 성공적인 통화 정책의 핵심 요소라고 주장했다. Ben Bernanke, 'A Perspective on Inflation Targeting', the Annual Washington Policy Conference of the National Association of Business Economists(25 March 2003).

23. 잉글랜드 은행 총재 킹의 표현이었다. 2007년 킹은 목표 대비 인플레이션 평균 편차가 '마이너스 0.08%p'에 달한다고 말했다.

24. Greenspan, 'Risk and Uncertainty in Monetary Policy'.

25. Ben Bernanke, 'Monetary Policy and the State of The Economy', hearing before the Committee on Financial Services, US House of Representatives(2 March 2011).

26. 버냉키 총재는 저금리와 이에 따른 신용 호황을 미국 경제의 자산 가격 거품 및 기타 불균형(예를 들어 기록적으로 낮은 저축률과 치솟는 무역 적자)의 주요 원인으로 파악하기보다는 "관찰된 (신용과 자산 가격 사이) 상관관계 일부는 단순히 경제 호황기에 신용과 자산 가격 모두가 상승하는 경향을 반영하고 있을 수 있다"라고 말했다. Bernanke, 'Asset Price "Bubbles" and Monetary Policy'.

27. 버냉키는 2004년 12월 뉴욕 연준 연구원들이 발표한 논문을 그대로 반복하고 있다. 논문은 "최근 몇 년간 미국 주택 시장을 면밀하게 분석했지만 (…) 우려의 근거를 거의 찾지 못했다. 주택 가격의 급격한 상승은 주로 강한 시장 펀더멘털에 기인한다. (…) 주 차원에서 변동성의 상당 부분은 지역 거품보다는 펀더멘털 변화의 결과다"라고 한다. Jonathan McCarthy and Richard W. Peach, 'Are Home Prices the Next "Bubble"?', Federal Reserve Bank of New York(December 2004).

28. Philip Mirowski, *Never Let a Serious Crisis Go to Waste: How Neoliberalism Survived the Financial Meltdown* (London: 2013), p. 88에서 인용.

29. Estimate from Harvard economist Martin Feldstein.

30. Doug Noland, 'Inflation Accommodation', *Credit Bubble Bulletin*(20 May

2004)에서 인용. 2000년에 맥티어는 '모두가 손을 잡고 SUV를 산다면' 경제 문제는 해결될 것이라고 말했다.

31.　전국적으로 미국 주택 가격은 실질 기준과 가계 소득에 비해 장기 추세보다 표준 편차가 2 이상 높았다.

32.　John Lanchester, *I.O.U.: Why Everyone Owes Everyone and No One Can Pay* (New York: 2010).

33.　에릭 엔겐Eric Engen 등은 2015년 논문에서 "이들 [주택] 가격의 움직임은 금리, 실질 활동 및 기타 거시경제 요인의 변화와 근본적으로 무관한 것으로 추정된다"라고 말한다. Eric Engen et al., 'The Macroeconomic Effects of the Federal Reserve's Unconventional Monetary Policy', Federal Reserve Board(14 January 2015), p. 25.

34.　버나드 코놀리Bernard Connoly가 인용한 폴의 논평, 'The Fed: Grim Lessons from 2007', *Connoly Insight* (15 December 2015).

35.　세인트루이스 연준의 호닉 총재는 2010년 6월 3일 연설에서 2003~2004년에 금리가 너무 낮아서 주택과 신용 호황을 조성했다는 주장을 '강력하게 뒷받침하는 증거'가 있다고 말했다. "그렇게 낮은 금리는 차입과 부채를 축적하게 합니다. 게다가 낮은 금리는 특히 낮은 금리를 유지하겠다는 약속이 있을 때, 은행과 투자자들에게 유동성이 적고 리스크가 더 큰 자산에 투자하는 등의 수익률 추구를 '안전하다'라고 느끼게 했습니다." Thomas Hoenig, 'The High Cost of Exceptionally Low Rates', Bartlesville Federal Reserve Forum(3 Jun 2010).

36.　John B. Taylor, 'The Financial Crisis and the Policy Responses: An Empirical Analysis of What Went Wrong', NBER Working Paper(January 2009), p. 1. 테일러는 연준이 2002년과 2006년 사이에 테일러 규칙이 명시한 수준보다 훨씬 낮은 금리를 유지했다고 주장했다. 그는 아일랜드, 스페인과 같이 2000년대에 가장 큰 주택 호황(및 불황)을 겪었던 국가들이 테일러 규칙에서 가장 큰 편차를 보인다는 것을 발견했다. *Wall Street Journal*의 후속 기사에서 테일러는 세인트루이스 연준의 최근 연구를 인용해 "통화 정책이 주택 투자와 주택 가격에 상당한 영향을 미치며 2002~2004년 인지된 디플레이션 리스크를 피하려고 고안된 이지 머니 정책이 2004년과 2005년 주택 시장 호황이라는 결과를 낳았다"라고 썼다. 테일러는 "객관적으로 이 모든 증거에 따라 이지 머니 정책이 지나쳤고, 위기의 원인일 수 있다는 가능성을 인정해야 한다"라고 결론 지었다. John B. Taylor, 'The Fed and the Crisis: A Reply to Ben Bernanke', *Wall Street Journal*(10 January 2010).

37. Mancur Olson, *The Rise and Decline of Nations: Economic Growth, Stagflation, and Social Rigidities* (New Haven, Conn: 1982).

38. Jon Hilsenrath, 'Bernanke Challenged on Rates' Role in Bust', *Wall Street Journal* (14 January 2010).

39. Mirowski, *Never Let a Serious Crisis Go to Waste*, p. 189.

40. 'The Euro Zone — the World's Biggest Economic Problem', *The Economist* (23 October 2014).

41. 연준이 명시적으로 인플레이션을 목표로 하지는 않았지만, 일부 직원들은 이 정책을 지지했다. 1996년 7월 연방공개시장위원회 회의에서 옐런 의장은 연준이 공식적으로 2%의 인플레이션 타깃을 채택해야 한다고 제안했다. Brendan Brown, *A Global Monetary Plague: Asset Price Inflation and Federal Reserve Quantitative Easing* (London: 2015), p. 149.

42. 2014년 11월 구로다 일본은행 총재는 "2% 인플레이션 타기팅이 글로벌 스탠더드가 되었으며, 이는 경기변동에 따라 인플레이션의 변화를 감안해 디플레이션으로 빠지지 않도록 사전에 차단하는 경험적 지식의 결과다"라고 발표했다. Haruhiko Kuroda, 'Ensuring Achievement of the Price Stability Target of 2 Percent', speech at the Kisaragi-kai Meeting in Tokyo, Bank of Japan (5 November 2014), p. 13.

43. John Kay and Mervyn King, *Radical Uncertainty: Decision-making for an Unknowable Future* (London: 2020), p. 36.

44. Mervyn King, *The End of Alchemy: Money, Banking, and the Future of the Global Economy* (London: 2016), p. 175. 킹은 중앙은행들이 저축과 지출 사이의 균형 회복과 같은 목표를 지향하며 '경제를 새로운 균형으로 이끄는' 책임을 져야 한다고 말한다.

45. Paul Volcker with Christine Harper, *Keeping At It: The Quest for Sound Money and Good Government* (New York: 2018), p. 224.

46. Axel Leijonhufvud, 'Monetary Policy and Financial Stability', CEPR Policy Note (October 2007).

47. Mario Draghi, 'Introductory Statement to the Press Conference (with Q&A)', European Central Bank (2 October 2014).

48. Mario Draghi, 'Introductory Statement to the Press Conference (with Q&A)', European Central Bank (21 January 2016).

49. *Wall Street Journal* (26 January 2016).

50. 2014년 10월 일본은행 회의록에는 "추가적인 통화완화를 결정할 때, 디플레이션 극복에 대한 은행의 변함없는 의지를 전달하기 위해 이 맹세가 흔들리지 않았다는 것을 철저히 설명해야 했다"라고 명시되어 있다. 'Minutes of the Monetary Policy Meeting', Bank of Japan(31 October 2014), p.11.

51. Robin Harding, "'No limit' to Japan Easing, says Kuroda', *Financial Times*(2 February 2016).

52. 고인이 된 펠드스타인은 이렇게 말한다. "한 가지 가능한 설명은 그들(중앙은행가들)이 인플레이션 타깃을 2%로 설정하고 나서 해마다 그 타깃에 가까이 가지 못함으로써 야기되는 신뢰 상실을 우려한다는 것이다." 'The Deflation Bogeyman', Project Syndicate(28 February 2015).

53. Mario Draghi, 'The European Central Bank's Recent Monetary Policy Measures – Effectiveness and Challenges', European Central Bank(14 May 2015), p.4.

| 8장 |

1. Simon Ward, 'Global Industrial Recovery Following "Zarnowitz" Script', *Money Moves Markets*(13 November 2009).

2. Lawrence H. Summers, 'U.S. Economic Prospects: Secular Stagnation, Hysteresis, and the Zero Lower Bound', *Business Economics*, 49(2)(5 June 2014).

3. 2009년 1월부터 2014년 9월까지 연준의 대차대조표 성장은 미국의 명목 GDP 성장을 초과했다. Matthew Klecker, 'Risk and Return at the Zero Bound', *Klecker Capital Newsletter*(October 2014).

4. Alvin H. Hansen, 'Capital Goods and the Restoration of Purchasing Power', *Proceedings of the Academy of Political Science*, 16 (1)(April 1934).

5. John M. Keynes, 'Some Economic Consequences of a Declining Population' [1937], *Population and Development Review*, 4 (3)(September 1978), p.523.

6. George Terborgh, *The Bogey of Economic Maturity*(Chicago: 1950), p.225. 테르보르그는 "진짜 문제는 투자 부족이었고, 그 원인은 정부의 부당한 경제 개입이었다"라고 말했다.

7. Joseph A. Schumpeter, *Capitalism, Socialism and Democracy* [1942] (London:

2003), pp. 111~19.

8. Warren Buffett, 'Letter to Shareholders'(Berkshire Hathaway: February 2016). 버
    핏은 "240년 동안 미국이 안 된다는 쪽에 내기를 거는 것은 끔찍한 실수였고,
    지금도 때가 아니다"라고 썼다. BIS 연구원들은 "노령 인구는 저축을 덜 하고
    은퇴 자금 조달을 위해 더 많은 자본(및 기타 자원)을 요구한다"라는 사실을 발
    견했다.

9. Lukasz Rachel and Thomas D. Smith, 'Secular Drivers of the Global Real Interest
    Rate', Bank of England(December 2015).

10. Thomas Piketty, *Capital in the Twenty-First Century*, p. 80.

11. This point is made in 'Long- Term Interest Rates: A Survey', Council of
    Economic Advisers(July 2015).

12. Charles Goodhart and Manoj Pradhan, *The Great Demographic Reversal*
    (Cham, Switzerland: 2020)를 보라. 또한 Mikael Juselius et al., 'Can Demography
    Affect Inflation and Monetary Policy?', BIS Working Paper(February 2015)도 보
    라. The BIS researchers find that 'older populations save less and demand more
    capital (and other resources) to finance retirement.'

13. Agnieszka Gehringer and Thomas Mayer, 'Understanding Low Interest Rates',
    Flossbach von Storch Research Institute(23 October 2015).

14. William Gross, 'Privates Eye', PIMCO Insights(1 August 2010).

15. Summers, 'U.S. Economic Prospects'.

16. Jeremy Rifkin, *The Zero Marginal Cost Society: The Internet of Things, the
    Collaborative Commons, and the Eclipse of Capitalism* (New York: 2014).

17. Charles Bean et al., 'Low for So Long? Causes and Consequences of Persistently
    Low Interest Rates', International Center for Monetary and Banking
    Studies(ICMB), *VoxEU*(23 October 2015).

18. Robert J. Gordon, 'Is U.S. Economic Growth Over? Faltering Innovation
    Confronts the Six Headwinds', NBER Working Paper(August 2012), p. 14.

19. Joel Mokyr, 'Secular Stagnation? Not in Your Life', in *Secular Stagnation, Facts,
    Causes and Cures*, eds. C. Teulings and R. Baldwin (London: 2014).

20. William Bernstein, 'The Paradox of Wealth', *Financial Analysts Journal*, 69 (5)
    (September/October 2013).

21. Ben Bernanke, 'The Global Savings Glut and the U.S. Current Account Deficit',
    speech at the Sandbridge Lecture, Virginia Association of Economists(10 March

2005). '전 세계적 저축 과잉' 문제는 17장과 18장에서 다루고 있다.

22. John B. Taylor, 'The Financial Crisis and the Policy Responses: An Empirical Analysis of What Went Wrong', NBER Working Paper(January 2009). 배리 아이컨그린Barry Eichengreen은 글로벌 저축이 새 천 년 첫 15년 동안 GDP의 23~24%로 안정적으로 유지되었다고 말한다.

23. Barry Eichengreen, 'Secular Stagnation: A Review of the Issues', in *Secular Stagnation, Facts, Causes and Cures*, eds. C. Teulings and R. Baldwin (London: 2014).

24. 핸슨이 1930년대 말 세속적인 정체 가설을 상세히 설명했을 때, '쉬운 대출'에 대한 그의 이전 언급은 삭제되었다.

| 9장 |

1. David Hume, 'Of Interest', *Selected Essays* (Oxford: 1993), p. 181.

2. 흄의 금융 보수주의에 대해서는 Antoin E. Murphy, *The Genesis of Macroeconomics: New Ideas from Sir William Petty to Henry Thornton*(Oxford: 2008)을 보라.

3. Arthur C. Pigou, *The Veil of Money* [1949] (London: 1962), p. 25.

4. Philip Mirowski, *Never Let a Serious Crisis Go to Waste: How Neoliberalism Survived the Financial Meltdown* (London: 2013), p. 18.

5. Ben Bernanke, 'Chairman Bernanke's Press Conference'(18 September 2013), p. 14.

6. 보리오와 화이트는 논문에서 전 세계적으로 신용과 부동산 붐의 확산을 보고 "경제의 역동성에 관한 지배적인 시각의 패러다임 전환을 요구했다. 그러한 전환은 금융 요인과 금융 불균형을 경기변동 이해의 주변이 아닌 핵심으로 생각하게 될 것이다." Claudio Borio and William White, 'Whither Monetary and Financial Stability? The Implications of Evolving Policy Regimes', BIS Working Paper(Feb 2004)를 보라.

7. Claudio Borio, 'The Financial Cycle and Macroeconomics:What Have We Learnt?', BIS Working Paper(December 2012), p. 2.

8. Raghuram Rajan, *Fault Lines: How Hidden Fractures Still Threaten the World Economy* (Princeton: 2011), p. 104.

9. Agnieszka Gehringer and Thomas Mayer, 'Understanding Low Interest Rates', Flossbach von Storch Research Institute(23 October 2015).

10. Ibid., p. 1.

11. Claudio Borio, 'Central Banking Post-Crisis: What Compass for Uncharted Waters?', BIS Working Paper(September 2011), p. 4.

12. Claudio Borio, 'Persistent Unusually Low Interest Rates, Why? What Consequences?', Presentation to the 85th Annual General Meeting of the Bank for International Settlements(28 June 2015).

13. Borio, 'The Financial Cycle and Macroeconomics', p. 18.

14. Claudio Borio et al., 'Labour Reallocation and Productivity Dynamics: Financial Causes, Real Consequences', BIS Working Paper(December 2015), p.iii. 이 논문은 "애초에 느슨한 통화 정책이 잘못된 배분을 낳았기 때문에 이전 확장기 동안 발전된 자원의 잘못된 배분을 바로잡기에는 너무나 둔한 도구다"(p.26)라고 결론짓는다.

15. Claudio Borio and Boris Hofmann, 'Is Monetary Policy Less Effective When Interest Rates are Persistently Low?', BIS Working Paper(April 2017), pp. 17~18. 이 논문에 따르면 단기 금리가 제로 하한에 가까운 상태로 수익률 곡선이 평탄해질 때 은행의 대출 여력은 감소한다. 저자들은 이렇게 결론 짓는다. "지속적인 저금리가 순이자율과 은행 수익성을 압박할 때, 은행 수익성에 미치는 부정적인 영향은 결국 대출을 억제할 수 있다는 근거가 있다."

16. 저금리가 리스크 감소를 촉진한다는 근거로는 Tobias Adrian and Hyun Song Shin, 'Financial Intermediaries and Monetary Economics', Federal Reserve Bank of New York, Staff Report No. 398(May 2010), Emmanuel Farhi and Jean Tirole, 'Leverage and the Central Bankers' Put', *American Economic Review*, 99 (2) (1 May 2009), Leonardo Gambacorta, 'Monetary Policy and the Risk-taking Channel', BIS Quarterly Review(December 2009)를 보라.

17. Jack Ewing, 'Central Bankers, Worried about Bubbles, Rebuke Markets', *New York Times*(29 June 2014).

18. 이 논문에 따르면 수익률 곡선이 0 하한선에 가까운 단기금리로 평탄해지면 은행의 대출 여력이 감소한다. 그들은 다음과 같이 결론짓는다. "지속적인 저금리가 순이자 마진과 은행 수익성을 줄이고, 은행 수익성에 대한 부정적인 영향이 결국 대출을 억제할 수도 있다는 증거가 있다."

19. Borio, 'The Financial Cycle and Macroeconomics'.

20. Claudio Borio, 'The International Monetary and Financial System: Its Achilles Heel and What to Do About It', BIS Working Paper(August 2014), p. i.

21. Claudio Borio and Piti Disyatat, 'Unconventional Monetary Policies: An Appraisal, BIS Working Paper(November 2009), p.25. 이 논문에서 보리오와 디 야타트는 '(파격적인 통화 정책의) 주요 리스크는 틀림없이 너무 늦거나 너무 천천히 일어나는 출구 전략'으로, 이는 새로운 일련의 금융 불균형 또는 인플레이션 압력 축적을 초래하리라고 지적했다.

22. Ambrose Evans-Pritchard, 'US Interest Rate Rise Could Trigger Global Debt Crisis', *Daily Telegraph* (14 September 2015).

23. Claudio Borio, '*BIS Quarterly Review* September 2015 - Media Briefing'(11 September 2015).

| 10장 |

1. Joseph A. Schumpeter, *Capitalism, Socialism and Democracy* (New York: 1975), p. 83.

2. Arthur T. Hadley, 'The Relation between Interest and Profits', *Publications of the American Economic Association*, 9 (1)(January 1894), pp. 56~57.

3. Joseph A. Schumpeter, *Ten Great Economists: From Marx to Keynes* (Oxford: 1969), p. 162.

4. Joseph Schumpeter, *Theory of Economic Development: An Inquiry into Profits, Capital, Credit, Interest, and the Business Cycle* (New Brunswick, N: 1983), p. 210.

5. James Grant, 'Shot Clock for Capitalism', *Grant's Interest Rate Observer*, 31 (5) (8 March 2013).

6. James Grant, *Grant's Interest Rate Observer*, 33 (3)(20 February 2015).

7. David Cannadine, *Mellon: An American Life* (London: 2006), p. 441.

8. John M. Keynes, 'An Economic Analysis of Unemployment', University of Chicago, Harris Foundation Lectures(June 1931).

9. Paul Krugman, 'The Hangover Theory', *Slate*(3 December 1998).

10. Timothy Bresnahan and Daniel Raff, 'Intra- industry Heterogeneity and the Great Depression: The American Motor Vehicles Industry, 1929 – 1935',

Journal of Economic History, 51 (2)(June 1991), p. 331. 또한 Ricardo Caballero and Mohamad Hammour, 'The Cleansing Effects of Recessions', *American Economic Review*, 84(5)(December 1994), p. 1356~68도 보라.

11. Alexander Field, 'The Adversity/Hysteresis Effect:Depression-era Productivity Growth in the US Railroad Sector', in *The Rate and Direction of Inventive Activity Revisited*, eds. Josh Lerner and Scott Stern (Chicago: 2012), p. 604.

12. James Grant, *The Forgotten Depression 1921: The Crash That Cured Itself* (New York: 2014), p. 200.

13. Clement Juglar, *Des Crises Commerciales* (Paris: 1889), pp. 44~45.

14. Caballero and Hammour, 'Cleansing Effects of Recessions'.

15. Gita Gopinath, Sebnem Kalemli-Ozcan, Loukas Karabarbounis and Carolina Villegas-Sanchez, 'Low Interest Rates, Capital Flows and Declining Productivity in Southern Europe', *VoxEU* (28 September 2015).

16. Matteo Crosignani, Miguel Faria-e-Castro and Luis Fonseca, 'The (Unintended?) Consequences of the Largest Liquidity Injection Ever', *Finance and Economics Discussion Series*, Federal Reserve Board(January 2017). LTRO(장기대출 프로그램)의 의도하지 않은 결과는 미상환 유로존 국가 부채 (ECB 대출 담보 자격이 있는)의 만기를 단축하고 국내 국가 부채에 은행을 더욱 노출하는 것이었다.

17. Edward J. Kane, 'The High Cost of Incompletely Funding the FSLIC Shortage of Explicit Capital', *Journal of Economic Perspectives* (Fall 1989), p. 36~37.

18. Joe Peek and Eric S. Rosengren, 'Unnatural Selection: Perverse Incentives and the Misallocation of Credit in Japan', NBER Working Paper(April 2003).

19. Takeo Hoshi and Anil Kashyap, 'Will the U.S. and Europe Avoid a Lost Decade? Lessons from Japan's Postcrisis Experience', *IMF Economic Review*, 63(April 2015).

20. Viral Acharya et al., 'Whatever It Takes: The Real Effects of Unconventional Monetary Policy', SAFE Working Paper(2017).

21. *Grant's Interest Rate Observer* (12 February 2016).

22. Anousha Sakoui, 'Directors: When a Restructuring Comes Knocking at the Door', *Financial Times* (8 November 2010).

23. Jonathan Moules, 'Company Liquidations Hit Lowest since 2008', *Financial Times* (1 November 2013).

24. Eric Sylvers and Tom Fairless, 'A Specter is Haunting Europe's Recovery: Zombie Companies', *Wall Street Journal*(15 November 2017).

25. Andrew Lees, Macro Strategy News Review(26 November 2015).

26. 1472년 설립된 반카 몬테데이 파스키 디 시에나는 부실채권에 시달리다가 2017년 여름에 이탈리아 정부로부터 54억 유로를 지원받았다.

27. Muge Adalet McGowan et al., 'The Walking Dead? Zombie Firms and Productivity Performance in OECD Countries', OECD Working Paper(January 2017).

28. David Folkerts-Landau, 'The Dark Side of QE: Backdoor Socialization, Expropriated Savers and Asset Bubbles', *Deutsche Bank Research*(1 November 2016).

29. Hoshi and Kashyap, 'Will the U.S. and Europe Avoid a Lost Decade?'. 드라기조차도 유럽이 통화 정책에 의존하기보다는 더 많은 구조 개혁에 참여해야 한다고 불평했다. Claire Jones, 'Draghi Steps Up Call for Eurozone Reform to Cope with Ageing Crisis', *Financial Times*(9 June 2016)

30. Hoshi and Kashyap, 'Will the U.S. and Europe Avoid a Lost Decade?'.

31. William White, 'Ultra Easy Monetary Policy and the Law of Unintended Consequences', Federal Reserve Bank of Dallas, Working Paper 126(August 2012)를 보라.

32. Aileen Lee, 'Welcome to the Unicorn Club: Learning from Billion-dollar Startups', *TechCrunch*(2 November 2013).

33. Paul Glader, 'Will 2016 be the Year of the Unicorn Apocalypse in Silicon Valley?', *Forbes*(16 January 2016).

34. James Grant, 'Standing on a Box', *Grant's Interest Rate Observer*, 37 (7)(5 April 2019).

35. Dan Lyons, *Disrupted: My Misadventure in the Start-Up Bubble*(New York: 2017), p. 24.

36. Details of the Theranos story from John Carreyrou, *Bad Blood: Secrets and Lies in a Silicon Valley Startup* (London: 2019).

37. Hubert Horan, 'Uber's Path of Destruction', *American Affairs*, 3(2)(Summer 2019). 우버만이 손해를 내는 승차 공유 앱은 아니었다. 경쟁사인 리프트는 2019년 3월 상장 당시 9억 1100만 달러라는, 미국 스타트업이 IPO 전 12개월 동안 기록한 가장 큰 손실을 냈다. Grant, *Standing on a Box*.

38. Robert Cyran, 'WeWork Offers Convincing Case to Avoid Its IPO', *Reuters Breakingviews* (14 August 2019).

39. Dr Niccolo Caldararo, 'Unicorns Make Up Second Class of Zombie Companies', *Financial Times* (2 March 2018).

40. 이는 *Wall Street Journal* 기고란에 실린 마리-호세 크래비스의 견해다. 저자가 미국 최고의 사모펀드 남작 중 하나이자 저금리의 주요 수혜자 중 한 명인 헨리 크래비스와 결혼했다는 점을 감안할 때, 크래비스 여사는 새로운 기업이 성장하지 못한 잘못을 차마 통화 정책 탓으로 돌리지는 못했을 것이다. Marie-Josée Kravis, 'What's Killing Jobs and Stalling the Economy', *Wall Street Journal* (4 June 2016).

41. Chris Giles, 'Zombies Seen to Hold Back Recovery', *Financial Times* (13 November 2012).

42. Greg Ip, 'Robots aren't Destroying Enough Jobs', *Wall Street Journal* (10 May 2017). 정보기술혁신재단의 연구에 따르면 기술과 다른 힘들에 의한 일자리 창출과 파괴는 1850년 이후 가장 낮은 수준이었다.

43. Steven J. Davis and John Haltiwanger, 'Labor Market Fluidity and Economic Performance', NBER Working Paper (September 2014), p. 14. "노동 시장의 유동성 상실은 미국 경제가 최근 수십 년에 걸쳐 역동성과 대응력이 떨어졌다는 사실을 시사한다."(36쪽) 데이비스와 홀티웨인저는 노동 시장 '유동성' 하락을 통화 정책보다는 사업 규제 증가 탓으로 돌렸다.

44. 2017년 4분기에 시간당 생산량이 감소함에 따라 미국인들은 더 많은 시간을 일했다. Justin Lahart, 'America's Productivity Problem', *Wall Street Journal* (6 November 2019)

45. 리먼 파산 7년이 지난 다음, 미국의 설비 가동률은 1967년 이후 그 어느 때보다 낮았다.

46. Ryan Banerjee et al., '(Why) is Investment Weak?', BIS Quarterly Review (March 2015).

47. 경제분석국에 따르면 2007~2014년 미국 고정 자산 평균 연령은 10% 증가했다. Bureau of Economic Analysis, https://apps.bea.gov/iTable/index_FA.cfm.

48. 버냉키와 구르카나약의 초기 연구는 물리적 자본에 대한 투자와 근로자 1인당 생산량 증가율 사이의 강한 통계적 상관관계를 보여주었다. Phil Mullan, *Creative Destruction: How to Start an Economic Renaissance* (Bristol: 2017), p. 44에서 인용.

49. Richard Peach and Charles Steindel, 'Low Productivity Growth: The Capital Formation Link', Liberty Street Economics(26 June 2017). 저자들은 다음과 같이 결론짓는다. "물론 많은 요소가 노동 생산성 둔화에 이바지했다. (…) 그렇지만 데이터에 따르면 자본 형성이 한몫했으며 투자 지출의 약세가 계속되면 생산성 회복 가능성은 줄어든다."

50. 영국 중앙은행 분석에 따르면 금융위기 이후 영국 생산성 둔화의 3분의 1은 기업 간 자원 재분배 속도가 느리기 때문으로 밝혀졌다. Mullan, *Creative Destruction*, p.159.

51. Ibid., p.42. OECD는 "최신 기술을 채택하지 않는 기업들이 시장에서 살아남는 것이 상대적으로 쉬워졌다"라고 주장했다.

52. Ben Bernanke, 'The Fed's Shifting Perspective on the Economy and Its Implications for Monetary Policy', Brookings(8 August 2016).

53. Lukasz Rachel and Thomas D. Smith, 'Secular Drivers of the Global Real Interest Rate', Bank of England(December 2015).

54. Schumpeter, *Capitalism, Socialism and Democracy*, p. 82.

55. Mark Spitznagel, *The Dao of Capital: Austrian Investing in a Distorted World* (Hoboken, NJ: 2013), p. 42.

56. Jason Scott Johnston and Jonathan Klick, 'Fire Suppression Policy, Weather, and Western Wildland Fire Trends: An Empirical Analysis', in *Wildfire Policy: Law and Economics Perspectives*, eds. Dean Lueck and Karen M. Bradshaw (New York: 2012), pp. 158~77.

57. Ben Bernanke, *The Courage to Act: A Memoir of a Crisis and Its Aftermath* (New York: 2017), p. 308.

58. *Grant's Interest Rate Observer*(1 May 2015).

| 11장 |

1. 합병 전에 에디슨의 사업은 장거리 전기 전송에 더 효율적인 영국 특허 기술에 의해 도전을 받았다. William Bernstein, *The Delusion of Crowds*(New York: 2021), p.173를 보라.

2. Thomas William Lawson, *Frenzied Finance: The Story of Amalgamated* (New York: 1904), p. 61.

3. Louis D. Brandeis, *Other People's Money and How the Bankers Use It* (New York: 1914), pp. 17~18.

4. Sidney Homer and Richard Sylla, *A History of Interest Rates*, 3rd edn (Hoboken, NJ: 1996), ch. 16 passim를 보라.

5. Arthur T. Hadley, 'Interest and Profits', *The Annals of the American Academy of Political and Social* Science(4 November 1893), p. 342을 보라. 그리고 Arthur T. Hadley, 'The relation between interest and profits', *Publications of the American Economic Association*, 9 (1) (January 1894).

6. J. A. Hobson, *The Evolution of Modern Capitalism: A Study of Machine Production* [1894] (London: 1954), p. 190.

7. George Edwards, *The Evolution of Finance Capitalism* (London: 1938), p. 186.

8. Lawson, *Frenzied Finance*를 보라.

9. Ibid., p. 26.

10. Thorstein Veblen, *The Theory of Business Enterprise* (New York: 1965), pp. 82~83.

11. Rudolf Hilferding, *Finance Capital: A Study in the Latest Phase of Capitalist Development* [1910] (London: 2006), p. 6.

12. Brandeis, *Other People's Money*, p. 113.

13. Edwards, *Evolution of Finance Capitalism*, p. 182.

14. Ibid., p. 188.

15. Ibid., p. 177.

16. Hobson, *Evolution of Modern Capitalism*, p. 181.

17. Ibid., p. 172.

18. Vladimir Lenin, *Imperialism, the Highest Stage of Capitalism* [1917], in *Essential Works of Lenin*, ed. Henry Christman (New York: 1966), p. 225.

19. Ibid., p. 212.

20. Ibid., p. 250.

21. Jonathan Tepper and Denise Hearn, *The Myth of Capitalism: Monopolies and the Death of Competition* (Hoboken, NJ: 2019), p. 161.

22. Nabila Ahmed and Matt Robinson, 'Bankers Prep Credit Markets for Mega Deal', Bloomberg(16 September 2014).

23. Andrew R. Brownstein et al., 'Mergers and Acquisitions – 2016', Harvard Law School Forum on Corporate Governance(10 February 2016), https://corpgov.

law.harvard.edu/2016/02/10/.

24. 금융 데이터는 모건 스탠리가 제공했다.

25. 바슈롬을 인수하는 동안 밸리언트는 운영 비용을 75% 줄이겠다고 약속했다.

26. 맥킨지 출신이 운영하는 또 다른 회사 엔론과 마찬가지로 밸리언트 역시 복잡성의 모델로, 그랜트의 표현에 따르면 '금융화 시대의 금융 기업'이었다. 기업의 약품은 회사가 관리하는 전문 약국을 통해 대차대조표 외 품목으로 유통되었다. 피어슨은 투자자들에게 맞춤형 재무제표를 제시해 회사의 레버리지를 줄이고 수익을 늘렸다. 밸리언트는 상각과 같은 전통적인 회계 비용에서 투자자들의 관심을 다른 데로 돌렸을 뿐만 아니라 '애드 백add back'이라고 알려진 관행을 사용해 취득으로 인한 차익을 선취했다. Tracy Alloway, 'The Accounting Technique Valeant Used to Help It Buy Company After Company', Bloomberg(5 November 2015)을 보라.

27. Tepper and Hearn, *Myth of Capitalism*, p. 10.

28. Margaret C. Levenstein and Valerie Y. Suslow, 'Price-Fixing Hits Home: An Empirical Study of U.S. Price-Fixing Conspiracies', University of Michigan Working Paper(November 2015)를 보라. 이 논문은 1961년부터 2011년 사이 미국에서 발생한 500건 이상의 가격 담합 사례를 조사해 높은 금리는 기업 담합의 즉각적인 수익을 요구하기 때문에 실질금리가 높을 때 카르텔이 해체될 가능성이 더 크다는 사실을 발견했다.

29. Gustavo Grullon, Yelena Larkin and Roni Michaely, 'Are US Industries Becoming More Concentrated?', *Review of Finance*, 23 (4)(July 2019).

30. Christine Idzelis, 'Everything about Private Equity Reeks of Bubble. Party On!', *Institutional Investor*(22 July 2018)를 보라.

31. Nicholas Shaxson, *The Finance Curse: How Global Finance is Making Us All Poorer*(New York: 2019), pp. 251~52.

32. Peter Drucker, *The Essential Drucker*(Oxford: 2011), p. 18.

33. Luke Kawa, 'One Chart Shows Why the Buyback Bonanza Will Keep Going Despite Rising Yields,' Bloomberg (28 November 2016). 시티은행은 2012년부터 2016년 말 사이 기업 자본비용과 자본 수익률 사이의 '자금 조달 격차'를 평균 2~3%p로 추정했다.

34. Adrian Blundell-Wignall and Caroline Roulet, 'Long-Term Investment, The Cost of Capital and the Dividend and Buyback Puzzle', *OECD Journal: Financial Market Trends*(2013), p. 1, Agnieszka Gehringer and Thomas Mayer,

'It's the WACC, Stupid!', Flossbach von Storch Research Institute(13 February 2017). 저자들은 기업 투자는 상대적으로 일정한 가중 평균 자본비용(WACC)에 의지한다고 주장한다(모딜리아니-밀러Modigliani-Miller 정리가 시사하는 바와 같이). 게링거와 마이어는 459개 유로 지역 기업 연구를 바탕으로 ECB의 극단적인 조치에도 불구하고 최근 몇 년간 WACC는 크게 하락하지 않았다고 주장한다. 게링거와 마이어는 "이론과 경험적 분석 모두 중앙은행의 저금리 정책이 투자를 늘리는 데 효과적이지 않다고 시사한다"라고 썼다.

35. Rana Foroohar, *Makers and Takers: How Wall Street Destroyed Main Street* (New York: 2016), p. 11.

36. 로이터 통신이 상장기업 1,900개 사를 조사한 결과, 2010년 이래 총 바이백과 배당금이 자본 지출의 113%에 달하는 것으로 나타났다. Karen Brettell et al., 'As Stock Buybacks Reach Historic Levels, Signs that Corporate America is Undermining Itself', in *The Cannibalized Company(Part I)*, Reuters Special Report(16 November 2015).

37. J. W. Mason, 'Disgorge the Cash: The Disconnect between Corporate Borrowing and Investment', The Roosevelt Institute(25 February 2015). 제2차 세계대전 이후, 모든 추가 차입금은 약 50센트의 새로운 투자를 창출했다. 최근 수십 년 동안 1달러를 빌릴 때마다 투자는 10센트 이하로 떨어졌다.

38. Foroohar, *Makers and Takers*, p. 145에서 인용.

39. Transcripts of the Meeting of the Federal Open Market Committee(12 - 13 September 2012), pp. 178~79.

40. 자료는 Chuck Schumer and Bernie Sanders, 'Schumer and Sanders: Limit Corporate Stock Buybacks', *New York Times*(3 February 2019)에서 가져왔다. *The Atlantic*에 실린 한 논문에 따르면 지난 10년간 총 바이백은 6조 9000억 달러에 달했다. Nick Hanauer, 'Stock Buybacks are Killing the American Economy', *The Atlantic*(8 February 2015)

41. Ed Yardeni, cited by Karen Brettell and Timothy Aeppel, 'Buybacks Fueled by Cheap Credit Leave Workers Out of the Equation', in 'The Cannibalized Company (Part III)', Reuters Special Report(23 December 2015)에서 언급.

42. EPS 성장률은 GDP와 순이익 성장률과 관계된다.

43. Karen Brettell et al., 'Stock Buybacks Enrich the Bosses Even When Business Sags', in *The Cannibalized Company(Part II)*, Reuters Special Report(10 December 2015). 이 논문은 순이익이 감소하고 있는 상황에서 EPS를 끌어올

리기 위해 바이백을 이용한 건강보험사 휴마와 비즈니스 서비스 회사 제록스의 사례를 인용한다. 두말할 나위 없이, 두 경우 모두 EPS는 임원 보상 패키지를 위해 사용된 측정 기준이었다. 투자자 스탠리 드러켄밀러Stanley Druckenmiller는 2009년부터 2013년 사이 미국 기업들이 2조 달러를 추가로 빌려 2조 2000억 달러 규모의 주식을 환매했다고 밝혔다(Grant's Conference, 2015년 10월 20일). 소시에테 제너럴의 전략가인 앨버트 에드워즈Albert Edwards는 연간 약 6000억 달러의 순자본 감소와 지난 12개월간 6740억 달러 신규 기업차입 사이에서 밀접한 연관성을 보았다. *Global Strategy Weekly*, Société Générale(12 November 2015).

44. William Galston and Elaine Kamarck, 'More Builders and Fewer Traders: A Growth Strategy for the American Economy', Brookings Institute Paper(June 2015).

45. Greta Krippner, 'The Financialization of the American Economy', *SocioEconomic Review*(2005)에 따르면 비금융 회사의 총 현금흐름 대비 포트폴리오 소득 비율은 1960년대부터 2000년대 초반까지 다섯 배 증가했다. Greta Krippner, *Capitalizing on Crisis: The Political Origins of the Rise of Finance*(London: 2011)도 보라.

46. Jan Toporowski, *Why the World Economy Needs a Financial Crash and Other Critical Essays on Finance and Financial Economics* (London: 2010), p. 57.

47. 1986년에서 2002년 사이에 GM은 204억 달러어치의 주식을 환매했다. https://www.cnbc.com /2018/12/11/ investors-should-be-furious-3-stock-buybacks-that-went-horribly-wrong. html.

48. https://wolfstreet.com/2018/11/26/ gm-after-14-bn-share-buybacks-prepares-for-carmageddon-shift-to-evs-cuts-workers-closes-8-plants/.

49. Jesse Newman and Bob Tita, 'America's Farmers Turn to Bank of John Deere', *Wall Street Journal*(18 July 2017). 한 농업 경제학자는 *Wall Street Journal*에서 디어의 자금 조달은 "고통을 줄이고, 상처를 소독하고, 금융의 피를 맑게 하는 대신 고통을 연장하고, 잠재적으로 (농장의) 손실을 축적하고 있다"라고 말했다.

50. Brettell and Aeppel, 'Buybacks Fueled by Cheap Credit'.

51. Craig Moffett, 'AT&T and the Audacity of Debt', talk to Grant's Conference(New York: 9 October 2018).

52. Gianluca Benigno and Luca Fornaro, 'The Financial Resource Curse', *Scandinavian Journal of Economics*(30 December 2013).

53. David S. Landes, *The Wealth and Poverty of Nations: Why Some are So Rich and Some So Poor* (London: 1998), p. 172를 보라.

54. Stephen G. Cecchetti and Enisse Kharroubi, 'Why Does Financial Sector Growth Crowd Out Real Economic Growth?', BIS Working Paper(February 2015), p. 25.

55. Foroohar, *Makers and Takers*, p. 127.

56. *Global Financial Stability Report*(April 2017), *Getting the Policy Mix Right*, IMF(2017). S&P500 기업의 순 레버리지 비율은 2016년에 1.5를 넘어 2007년 보다 높았고 1999, 2000년과 같았다. 2016년 이자보상배율은 프라임 대출 금리가 2006년 수준 절반 수준인데도 10년 전과 같은 수준이었다.

57. Ibid., p. 9. 2012년과 2016년 사이에 52% 현금이 S&P500 기업의 금융 리스크 부담에 사용되었다. 최악의 분야는 의료보험(66.7%)과 소비재(69%)였다.

58. Craig Giammona, 'Kraft Heinz Plunges to Record Low on Writedown of Brands' Value', Bloomberg (21 February 2019). 그리고 Michael Rapoport, 'Has Kraft Heinz made $24 Billion since Merger or $6 billion? It Depends', *Wall Street Journal*(5 March 2019)를 보라.

59. Chris Bryant and Tara Lachapelle, 'The $7 Trillion Hazard That Lies Beneath the M&A Boom, Bloomberg(11 April 2017). 블룸버그는 2015, 2016년 기업 합병이 과거보다 (이자, 세금 미지급 및 감가상각 전 영업이익이 역사적 7~9배에 비해 11배) 더 많이 발생했으며, 이로 인해 향후 선의 상각 규모가 증가할 가능성이 있다고 지적했다.

60. Miriam Gottfried and Lillian Rizzo, 'Heavy Debt Crushed Owners of Toys "R" Us', *Wall Street Journal*(19 September 2017).

61. Lillian Rizzo, 'Sears, a Onetime Retail Giant, Now Banks on Bankruptcy', *Wall Street Journal*(15 October 2018)를 보라.

62. Michelle Celarier, 'Eddie Lampert Shattered Sears, Sullied his Reputation, and Lost Billions of Dollars. Or Did He?', *Institutional Investor*(3 December 2018). 기관투자가는 램퍼트의 헤지펀드가 시어스와 K마트에 투자 초기 몇 년간 벌어들인 운용 및 성과 수수료 추정에서 이 같은 수치에 도달했다. 헤지펀드 성과 수수료는 일반적으로 초기 수익이 나중에 손실로 바뀔 때 상환할 필요가 없다.

63. Roger Lowenstein, *Origins of the Crash: The Great Bubble and Its Undoing* (New York: 2004), p. 56을 보라.

64. GE의 환매 손실은 회사가 2018년 말에 자사주 매입에 얼마나 많은 돈을 썼는

지와 그 주식 가치를 비교하면 계산된다. Matt Egan, 'GE's $24 Billion Buyback Boondoggle', CNN Business(23 March 2018)을 보라. 또 Mitch Goldberg, 'Investors Should be Furious: 3 Blue-chip Stock Buybacks that Went Horribly Wrong', *CNBC.com*(11 December 2018)는 GE가 2018년 2분기와 3분기 사이 바이백에 총 460억 달러를 썼다고 한다. Jeff Immelt하의 GE 쇠퇴에 대해서는 Thomas Gryta and Ted Mann, 'GE Powered the American Century – Then it Burned Out', *Wall Street Journal*(14 December 2018)을 보라.

65. Francesco Guerrera, 'Welch Condemns Share Price Focus', *Financial Times*(12 March 2009).

| **12장** |

1. Brian Blackstone, 'Why the Swiss Central Bank's Stock is Up 150% in a Year', *Wall Street Journal*(12 January 2018).

2. J. B. Williams, *The Theory of Investment Value*(Cambridge, Mass: 1938), p. vii.

3. 이질적인 부동산 시장의 동조화는 자본의 흐름을 촉진하고 국가 이자율 간의 격차를 좁힌 세계화의 산물이었다. Joshua Aizenman and Yothin Jinjarak, 'Current Account Patterns and National Real Estate Markets', *Journal of Urban Economics*(May 2009)를 보라. 또 Bradford Case et al., 'Global Real Estate Markets – Cycles and Fundamentals', NBER Working Paper(February 2000)도 보라.

4. Nathan Brooker, 'How the Financial Crash Made our Cities Unaffordable', *Financial Times*(14 March 2018).

5. 'UBS Global Real Estate Bubble Index', UBS(27 September 2018).

6. ONS 데이터에 따르면 2008년과 2017년 사이 영국 주거용 토지 가치는 1조 5000억 파운드 증가한 반면, '토지에 덮인 자산' 가치는 2500억 파운드만 상승했다. 'The UK National Balance Sheet Estimates: 2019', Office for National Statistics(28 November 2019), https://www.ons.gov.uk/economy/nationalaccounts/uksectoraccounts/bulletins/nationalbalancesheet/2019.

7. Nick Rigillo, 'Denmark Faces "Out of Control" Housing Market', Bloomberg(21 July 2016). Moody's Analytics의 2015년 보고서는 양적완화가 유럽 전역의 주택 거품을 부채질하고 있다고 주장했다. Kate Allen, 'QE Feeding Europe

House Price Bubble, Says Study', *Financial Times* (20 July 2015).

8. '거짓말 대출'은 소득 증빙이 거의 혹은 전혀 필요하지 않은 주택담보대출이다. 대출자들은 단지 차입자의 말을 믿을 뿐이다. Alan Walks, 'Canada's Housing Bubble Story: Mortgage Securitization, the State, and the Global Financial Crisis', *International Journal of Urban and Regional Research* (January 2014). 2018년 캐나다 가계부채는 GDP의 100%로 미국보다 높았다. 주택담보대출자들은 차입자들에게 소득을 부풀리도록 유도했다고 알려진 '자영업 인정' 주택담보대출을 제공했고, 주택담보대출은 신탁과 신용조합에서 갈수록 더 많이 제공됐다. 주택담보대출 투자회사들은 증권화된 단기담보대출 풀을 인수했다. 주정부 지원을 받는 캐나다 모기지 및 주택공사는 자국 모기지의 많은 부분을 인수했다.

9. Walks, 'Canada's Housing Bubble Story', p. 275.

10. 'UBS Global Real Estate Bubble Index: For Housing Markets of Select Cities', UBS (2016). UBS에 따르면 2016년 밴쿠버의 소득 대비 가격 비율은 평균보다 거의 표준 편차가 3 높았다.

11. Josh Gordon, 'Vancouver's Housing Affordability Crisis: Cases, Consequences and Solutions', Simon Fraser University (May 2016), p. 5.

12. UBS에 따르면 호주 주택에 대한 외국인 수요는 2016년까지 3년 동안 세 배로 증가했다. 'UBS Global Real Estate Bubble Index' (2016).

13. According to the *12th Annual Demographia International Housing Affordability Survey* (January 2016).

14. *Ibid*. 여기서 거품은 가계 소득에 대한 오스트레일리아 주택 가격 역사적 평균보다 2 표준 편차 이상의 비율로 정의된다. Grantham, Mayo, Van Otterloo & Co. (GMO) LLC에서 가져옴.

15. Dr Edward Yardeni et al., 'Stock Market Indicators: Bull/Bear Ratios', Yardeni Research (17 February 2021), https://www.yardeni.com/pub/stmktbullbear.pdf. 2018년 초, 황소 대 곰 투자자 정보 비율은 5로, 1987년 주식 시장 붕괴 이전 이래로 가장 높은 수준이었다. 웰스파고/갤럽 투자자와 은퇴 낙관 지수 역시 닷컴 버블 이후 최고치를 기록했다. Rob Arnott, Bradford Cornell and Shane Shepherd, 'Yes, It's a Bubble. So What?', Research Affiliates (April 2018)를 보라.

16. 2017년 말 미국 증시는 유형 순자산 가치 9.7배라는 기록적인 가격에 거래되고 있다. 1년 후, 미국의 비금융 주식은 토빈의 q라고 알려진 평가척도에서 역사적 평균보다 약 3분의 2 이상 높았다. 토빈의 q는 주가를 처음부터 회사 건

설 비용에 비교한다. S&P500 기업의 10년 평균 수익 대비 평가액은 역사적 평균 수준의 두 배에 달했다(http://www.econ.yale.edu/~shiller/data.htm). 미국 증시 중위 주가 대비 판매 비율도 사상 어느 때보다 높았다. John P. Hussman, 'Why a 60‒65% Market Loss Would Be Run‒Of‒The‒Mill', Hussman Market Comment(May 2019).

17. Matt Egan, 'Market Milestone: This is the Longest Bull Run in History', CNN Business(22 August 2018), https://money.cnn.com/2018/08/22/investing/bull‒market‒longest‒stocks/index.html.

18. Figures from the University of Florida's Jay Ritter, cited in Rani Molla, 'Why Companies like Lyft and Uber are Going Public Without Having Profits', Vox.com(6 March 2019). 많은 2018년 IPO는 수익이나 제품이 부족한 바이오테크 기업이었다.

19. 2017년 1분기 테슬라는 2만 5,000대를 납품했는데, 제너럴모터스는 무려 70만대 가까이 납품했다. 그해 4월, 손실을 내던 테슬라는 매출의 일곱 배 이상에 해당하는 500억 달러 이상으로 평가되었다.

20. Vitaliy Katsenelson, 'Tesla's Stock Price Discounts Temporal Wormhole into the Future', Contrarian Edge(July 2020).

21. 캐나다 대마초 생산업체인 틸레이Tilray의 2017년 총매출은 2100만 달러 미만으로 아메리칸항공의 매출 426억 달러, 이익 13억 달러보다 적었다.

22. Nathaniel Popper, Digital Gold: Bitcoin and the Inside Story of the Misfits and Millionaires Trying to Reinvent Money (New York, 2015), pp. 20~21. Email from 'Satoshi Nakamoto' to fellow cypherpunk Adam Back.

23. Alison Sider and Stephanie Yang, 'Good News! You are a Bitcoin Millionaire. Bad News! You Forgot Your Password', *Wall Street Journal*(19 December 2017).

24. Daniel Shane, 'A Crypto Exchange May Have Lost $145 Million after its CEO Suddenly Died', CNN Business(5 February 2019).

25. Jon Sindreu, 'Bitcoin Buzz Inspires Joke Cryptocurrencies and Investors are Diving In', *Wall Street Journal*(17 January 2018).

26. Eric Lam, 'Hooters Franchisee Surges 41% on Crypto‒currency Rewards Program', Bloomberg(3 January 2018), Kevin Dugan, 'CEO of Porn Cryptocurrency Disappears with Investor Money', *New York Post*(8 January 2018). 노스캐롤라이나주 샬럿에 본사를 둔 후터스 프랜차이즈 업체 챈티클리어 주가는 블록체인 기반 고객 충성도 프로그램을 발표한 뒤 41% 상승했다.

27. 'This Family Bet All on Bitcoin', CNBC(17 October 2017), https://www.cnbc. com/2017/10/17/ this-family-bet-it-all-on-bitcoin. html.

28. Jesse Colombo, 'U.S. Household Wealth is Experiencing an Unsustainable Bubble', *Forbes* (24 August 2018).

29. Frederick Soddy, *Wealth, Virtual Wealth and Debt* (London: 1933), p. 73을 보라. 또한 William White, 'Measured Wealth, Real Wealth and the Illusion of Saving', keynote speech at the Irving Fisher Committee Conference on Measuring the Financial Position of the Household Sector, Basel(30 – 31 August 2006)도 보라. 화이트는 미래 소비 능력 향상이라는 로버트 머튼의 '진짜' 부에 대한 정의를 인용한다.

30. John Ruskin, *The Works of John Ruskin*, vol. I, eds. Sir Edward Cook and Alexander Wedderburn(Cambridge: 2010), p. 52.

31. Soddy, *Wealth, Virtual Wealth and Debt*, p. 30.

32. *The Wealth of Nations* 서문의 마지막 부분이다(p.19, 1875판).

33. John C. Edmunds, 'Securities: The New World Wealth Machine', *Foreign Policy* (Autumn 1996), p. 1~2를 보라.

34. Ben Bernanke, 'Aiding the Economy: What the Fed Did and Why', *Washington Post* (4 November 2010).

35. Tomohiko Taniguchi, 'Japan's Banks and the "Bubble Economy" of the Late 1980s', Center of International Studies, Princeton, No. 4(1993), p. 9에서 인용.

36. Christopher Wood, *The Bubble Economy: Japan's Extraordinary Speculative Boom of the '80s and the Dramatic Bust of the '90s* (Jakarta: 1993), p. 3을 보라.

37. 건설과 경제 연구소장 도쿠노스케 하세가와가 했던 말. Elaine Kurtenbach, 'Japanese are Facing Up to Land Inflation and Soaring Costs for Real Estate', *Washington Post* (21 April 1990)에서 인용.

38. Gerald Davis, *Managed by the Markets: How Finance Re-Shaped America* (Oxford: 2009), p. 5.

39. FIRE 부문은 1998년과 2008년 사이 미국 GDP 성장 기여도 14%에서 2010 년과 2015년 사이에는 3분의 1을 이바지했다. 2018년 FIRE 부문은 GDP에 20.5%를 이바지했다. https://www.bea.gov/data/gdp/gdp-industry.

40. Robin Greenwood and David Scharfstein, 'The Growth of Finance', *Journal of Economic Perspectives* (Spring 2013)을 보라. Thomas Philippon, 'Has the US Finance Industry Become Less Efficient? On the Theory and Measurement of

Financial Intermediation', *American Economic Review*(April 2015).

41. Anthony Deden at Grant's Conference(New York City: 9 October 2018)에서 언급.

42. Chris Brightman et al., 'Public Policy, Profits, and Populism', Research Affiliates(June 2017).

43. Virgil Jordan, 'Inflation as a Political Must', *American Affairs*(10 January 1948), p. 12.

44. Steve Holland, 'Trump Says U.S. Interest Rates Must Change as Fed Weighs Rate Hike', Reuters(5 September 2016).

45. Paul Singer, 'Faking It', reported by Zero Hedge(4 November 2014).

46. Peter Weir (director), *The Truman Show*, performances by Jim Carrey, Laura Linney, Noah Emmerich and Ed Harris (June 1998).

| 13장 |

1. Gustav Cassel, *The Nature and Necessity of Interest* (London: 1903), p. 38.

2. Eugen von Bohm-Bawerk, *Capital and Interest: A Critical History of Economical Theory*, vol. I (South Holland: Ill., 1959), p. 183.

3. Cassel, *Nature and Necessity of Interest*, p. 39.

4. Joseph Schumpeter, *Theory of Economic Development: An Inquiry into Profits, Capital, Credit, Interest, and the Business Cycle* (New Brunswick, NJ: 1983), pp. 201~203; Irving Fisher, *Elementary Principles of Economics* (New York: 1916), p. 371.

5. William Russell Easterly, *The Elusive Quest for Growth: Economists' Adventures and Misadventures in the Tropics* (Cambridge, Mass: 2002), p. 146.

6. Cassel, *Nature and Necessity of Interest*, pp. 146~148. 카셀은 1%와 2%의 이자 차이가 매우 중요하다고 썼다. 2% 이상의 소득은 자본소비로 두 배가 되기 어렵지만 1% 미만의 소득은 자본소비로 세 배가 된다.

7. 2005년 7월까지 미국 개인 저축률은 2.2%까지 떨어졌다. US Bureau of Economic Analysis, 'Personal Saving Rate [PSAVERT]', FRED, Federal Reserve Bank of St Louis, https://fred.stlouisfed.org/series/PSAVERT에서 발췌.

8. 2008년 3분기 개인 소비는 당시 GDP의 68%로 사상 최대치를 기록

했다. 10년 전에 비해 65% 늘어났다. US Bureau of Economic Analysis, 'Shares of Gross Domestic Product: Personal Consumption Expenditures [DPCERE1Q156NBEA]', FRED, Federal Reserve Bank of St Louis, https://fred.stlouisfed.org/series/DPCERE1Q156NBEA에서 발췌.

9. 2006년 미국 경상수지 적자는 GDP의 거의 6%에 달했다. Cletus C. Coughlin et al., 'How Dangerous is the U.S. Current Account Deficit?', Federal Reserve Bank of St Louis(1 April 2006).

10. 노무라 증권 경제학자 리처드 구Richard Koo가 만든 표현. Richard Koo, *The Holy Grail of Macroeconomics: Lessons from Japan's Great Recession*(Hoboken, NJ: 2009).

11. Atif Mian and Amir Sufi, *House of Debt: How They (and You) Caused the Great Recession, and How We Can Prevent It from Happen ing Again*(London: 2014) p. 36. 순자산 감소가 가장 큰 캘리포니아 네 개 카운티의 지출을 보면 2006년과 2009년 사이 소비자 지출이 30% 감소했지만, 순자산 붕괴가 없는 카운티는 소비자 지출의 초기 감소를 경험하지 않았다.

12. 리먼 파산 이후 10년 동안 미국 개인 저축은 가처분소득의 평균 7.2%로 1960년대와 1970년대의 평균 가계 저축보다 거의 40% 낮았다. Bureau of Economic Analysis, 'Personal Saving Rate [PSAVERT]'.

13. 그로스는 2012년 3월 자신의 뉴스레터에서 이자로 인한 가계 소득이 2008년 1조 4000억 달러에서 2011년 1조 달러로 줄었다고 밝혔다.

14. *Grant's Interest Rate Observer*, 30 (9)(4 May 2012).

15. 2016년 영국의 경상수지 적자는 기록적인 GDP의 5.2%였다. Craig Taylor, 'Balance of Payments, UK: Quarter 4 (Oct to Dec) and Annual 2016', Office for National Statistics(31 Mar 2017), https://www.ons.gov.uk/economy/nationalaccounts/balanceofpayments/bulletins/balanceofpayments/octtodecandannual2016.

16. 2009, 2010년에 가계 저축률은 10.7%였다. 2017년 영국 가계 저축률은 4.9%로 1963년 기록이 시작된 이래 가장 낮은 수준이었다. Michael Rizzo, 'Households (S.14): Households' Saving Ratio (Per Cent): Current Price: £m: SA', *UK Economic Accounts Time Series (UKEA)*, Office for National Statistics(22 December 2020), https://www.ons.gov.uk/economy/grossdomesticproductgdp/timeseries/dgd8/ukea.

17. Paul Gold, 'It's No Wonder Savers Have Decided to Spend Instead', *Financial*

Times (7 July 2017).

18. 캐나다 가계 저축률은 1981년부터 2018년까지 평균 7.25%였다. 2018년 3분기에는 0.80%로 사상 최저치를 기록했다. Statistics Canada data, 'Canada Household Saving Rate', Trading Economics, https://tradingeconomics.com/canada/personal-savings에서 인용.

19. Stephen Letts, 'Households are Now Spending More than They are Earning – and That's not Sustainable', ABC News (8 September 2018), https://www.abc.net.au/news/ 2018-09-09/households-are-about-to-spend-more-than-than-they-earn/10214552.

20. 'Household Savings Forecast (Indicator)', OECD Data, 2021.

21. Karen Petrou, 'Low Interest Rates are the Scourge of the Poor and Vulnerable', *Financial Times* (19 August 2019).

22. Daniel L. Thornton, 'The Efficacy of the FOMC's Zero Interest Rate Policy', Federal Reserve Bank of St Louis (September 2012).

23. Raghuram Rajan, 'A Step in the Dark: Unconventional Monetary Policy after the Crisis', Andrew Crockett Memorial Lecture, BIS (June 2013), p. 6.

24. Yves Mersch, 'Low Interest Rate Environment – An Economic, Legal and Social Analysis', speech at the ECB (27 October 2016)를 보라.

25. 2018년, 은행 예금은 독일 금융 자산의 43%로 2157억 유로에 상당한다. Orçun Kaya and Heike Mai, 'Why Do Elderly Germans Save? Mainly to Bequeath and to Hedge Longevity Risk', *Deutsche Bank Research* (5 March 2019)

26. Gernot Heller and Paul Carrel, 'ECB Policy Causing "Extraordinary Problems", says Germany's Schaeuble', Reuters (12 April 2016).

27. 2014년 유럽 연금 규제 기관은 금리가 장기간 낮게 유지되면 보험사의 4분의 1이 의무를 이행하지 못할 것이라고 경고했다. 이 문제는 감독기관이 보험사에 비현실적으로 높은 할인율('장기 선도 이자율')을 부채에 적용할 수 있도록 허용함으로써 단기적으로 완화되었다. 시장 할인율이 적용되었다면 유럽 보험 산업은 아마도 파산했을 것이다. Andy Lees, 'The Intertemporal Accounting Error', Macro Strategy Research (4 April 2016).

28. Patrick Jenkins, 'Germany's Life Assurers: The Next Crisis?', *Financial Times* (20 April 2015). 독일 생명보험사는 당시 10년물 채권 수익률이 0.14%에 불과할 때 3.2%의 보장 소득을 제공했다. 이 문제는 단기 10년 수명을 가진 자산의 부

채가 평균 20년까지 늘어나며 복잡해졌다.

29. Paul Arnold and Michael Shields, 'Former Zurich Insurance Boss Martin Senn Kills Himself', Reuters(30 May 2016). 로이터 통신은 "금융위기 이후 어려움을 겪고 있는 보험 부문에서 실적 목표를 달성하지 못한 것은 추가로 주식을 받을 기회를 놓쳤다는 것을 의미했다"라고 보도했다. 이는 취리히 고위 임원의 두 번째 자살로 이어졌다. 2013년 8월, 취리히 은행의 최고재무책임자 피에르 보티에 Pierre Wautier 도 자살했다.

30. 이 수치는 균형 잡힌 포트폴리오가 주식과 국채를 60대 40으로 나눈다고 가정한다. 미국 주식의 역사적 평균 수익률은 약 6%, 미국 국채는 약 2%였다. 이러한 자산 배분을 유지하기 위한 포트폴리오의 '리밸런싱'은 역사적으로 약간 더 많은 이익을 제공했다.

31. 2018년 말 보스턴 자금 관리자 GMO는 S&P500 연간 실질 수익률을 4.4%로 예측했다. 미국 국채 수익률이 예상 인플레이션과 대략 일치했기 때문에 실질 채권 수익률은 0에 가까울 것으로 예상할 수 있었다. 이러한 가정하에서, 60대 40 포트폴리오 수익률은 인플레이션을 감안한 후에 약 2.5%가 될 것이다.

32. Peter R. Fisher, 'Undoing Extraordinary Monetary Policy', Grant's Interest Rate Observer Spring 2017 Conference(15 March 2017), p. 5.

33. Mervyn King, *The End of Alchemy: Money, Banking, and the Future of the Global Economy* (New York: 2016), p. 48.

34. Ibid., p.11.

35. Cassel, *Nature and Necessity of Interest*, p. 147.

36. Philip Turner, 'Is the Long-Term Interest Rate a Policy Victim, a Policy Variable or a Policy Lodestar?', BIS Working Paper(December 2011), p. 11을 보라.

37. 예를 들어 위기 전 65세 남성이 연금에 10만 달러를 투자했을 때 월 650달러를 받을 수 있었다. 10년 후, 같은 금액으로는 한 달에 겨우 500달러를 벌었다. 'Annuity Rates and Trends', Immediate Annuities.com, https://www.immediateannuities.com/annuity-trends/에서 추정.

38. Farooq Hanif et al., 'The Coming Pensions Crisis: Recommendations for Keeping the Global Pensions System Afloat', Citi GPS(March 2016), p. 8에서 추정.

39. 2015년 9월, 영국 기업 연금의 총 적자는 3117억 파운드였다. 'PPF 7800 Index', Pension Protection Fund(30 September 2015), https://www.ppf.co.uk/sites/default/files/file-2018-11/ppf_7800_october_15.pdf.

40. Philip Bunn, Paul Mizen and Pawel Smietanka, 'Growing Pension Deficits and the Expenditure Decisions of UK Companies', Bank of England Staff Working Paper(February 2018). 은행 연구원들은 장기금리 하락이 연금 적자 증가의 주요 원인이라는 가설이 입증된다고 말한다. 그들은 또한 잉글랜드 은행 자산 매입(양적완화)과 연금 적자 규모 사이의 연관성을 발견했다.

41. Karen Brettell and Timothy Aeppel, 'Buybacks Fueled by Cheap Credit Leave Workers Out of the Equation', in 'The Cannibalized Company (Part III)', Reuters Special Report(23 December 2015).

42. Bunn et al., 'Growing Pensions Deficits and Expenditure Decisions of UK Companies'를 보라.

43. 그랜트가 지적한 대로 미국 최대 연기금은 평균 9.2%의 자산 증가에도 2014년 자금 조달 상태가 악화됐다.

44. 'Bull Market in Liabilities', *Grant's Interest Rate Observer*, 33 (20)(16 October 2015). 그랜트는 2013년 말 팀스터스 센트럴 스테이트를 포함한 124개의 복수 고용 연금이 3180억 달러의 집단 적자를 내고 있어 연금 자금의 약 50%가 부족하다고 지적한다. 이 제도들은 부채의 현재 가치를 계산하는 데 7.5%의 할인율을 적용하였다. 시장 할인율을 적용했다면 자금 조달 상황은 더욱 악화됐을 것이다.

45. Lees, 'The Intertemporal Accounting Error'.

46. Andrew Jack, 'Why are UK University Lecturers Going On Strike?', *Financial Times*(23 November 2019).

47. 2018년 8월, 푸에르토리코 금융 감독 관리 위원회는 2017년 5월 현재 영연방이 740억 달러 상당의 채권 부채와 490억 달러의 자금 없는 연금 부채를 가지고 있다고 보고했다. Hazel Bradford, 'Puerto Rico Has "catastrophic" Levels of Debt‐Report', *Pensions & Investments*(21 August 2018)

48. Brian Chappatta, 'Pension Funds Burn Cities as $1 Trillion Shortfall Set to Grow', Bloomberg(16 July 2015). 무디스는 제대로 계산하면 56개 미국 공공기관의 연금 적자가 총 1조 7000억 달러에 이를 것으로 추산했다. *Financial Times*(17 March 2015).

49. 이는 2009년 초 GM 재조직 사례로, 채권자들의 법적 주장이 우선시됨에도 UAW 회원들의 연금 수급권을 우선시했다. 2013년 디트로이트 파산에서도 연금 수급자들이 채권 보유자들보다 더 상황이 나았다. Darrell Preston, 'Making U.S. Pensions Honest about Returns Means Bigger Deficit',

Bloomberg(13 August 2015). 뉴저지는 세 개의 대규모 주 연금 기관에 75만 명의 현역 및 은퇴 회원을 보유하고 있으며, 580억 달러의 순 연금 부채가 있다. 가든 스테이트 연금은 계속 기금이 부족한데, 4년 만기 일반 의무 채권은 그 당시 겨우 1.2%의 수익률을 내고 있었다. James Grant, 'Gov. Alejandro Christie', *Grant's Interest Rate Observer*, 32(3)(7 February 2014).

50. Sophie Evans, 'Sir Philip Green Relaxes Aboard New £100m Superyacht Lionheart as First 20 BHS Stores Prepare to Close', *Daily Mirror*(18 July 2016).

51. 2015년, 미국 공적 연금의 평균 추정 수익률은 7.7%였다. 더 정확하게는 실질적으로 2%에 가깝거나 인플레이션을 감안해 4%에 가깝다고 예상할 수 있었다. Lees, 'The Intertemporal Accounting Error'를 보라.

52. 미국 공적 연금은 가치 부채에 평균 약 7.5%의 할인율을 적용했다. 미국 기업 연금제도는 4~4.5% 범위의 할인율을 사용했다. 당시 10년물 국채의 시장 수익률은 약 2%였다.

53. 'Bull Market in Liabilities'.

54. Macro Strategy의 Andy Lees의 보고서 제목이다(4 April 2016).

55. 예를 들어, 영국의 주 연금 수령 연령은 남성과 여성 모두 66세로 상승했다. 정부는 2026년에서 2028년 사이 국가 연금 연령을 66세에서 67세로 올리는 추가 인상을 계획하고 있다.

56. Tyler Cowen, 'Why Trump's Prosperous Supporters are Angry, Too', Bloomberg(19 July 2016).

57. Jessica Pressler, 'Michael Burry, Real-life Market Genius from *The Big Short*, Thinks Another Financial Crisis is Looming', *Intelligencer-New York Magazine*(28 December 2015).

58. BLS에 따르면 2017년 초 65세 이상 미국 인구 거의 5분의 1이 일하고 있다. 미국 은퇴자들이 더 나은 사회보장 혜택을 받은 이후 55년 동안 이 연령대의 인구 대비 고용 비율이 이보다 더 높았던 적이 없다. *Macro Strategy News Review*(12 July 2017)

59. Ben Steverman, 'World's Retirees Risk Running Out of Money a Decade before Death', Bloomberg(12 June 2019).

60. 'Financial Press Release', Willis Towers Watson(8 September 2015), https:// investors.willistowerswatson.com/ news-releases/news-release-details/top-global-pension-fund-assets-exceed-15-trillion.

61. Elaine Moore, 'UK Sells 50-year Bond at Record Low Rate', *Financial Times*(26

July 2016). 2016년 여름 영국 정부는 50년물 지수 연동 부채를 -1.32%의 실질 수익률로 팔았다. *Financial Times*에 따르면, "장기 지수 연동 채권은 인플레이션을 방지하고 미래의 지급 의무를 이행할 수 있는 자산에 투자하기를 열망하는 연기금과 보험사에 인기 있다."

62. 1990년대 후반과 2000년대 중반 금리 상승 이후 주식 시장은 하락했고, 이는 다시 기록적인 연금 적자를 낳았다.

63. Josephine Cumbo, 'Life Expectancy Shift "could cut pension deficits by £310bn"', *Financial Times*(3 May 2017). 2015년 이후 65세 남성과 여성의 기대 수명은 각각 4개월과 6개월 감소했다. PwC에 따르면 기대 수명 감소로 인해 영국 기업 연금 적자가 3100억 파운드 줄어들었다.

| 14장 |

1. Danielle Dimartino Booth, *Fed* Up (London: 2017), p. 114.

2. Walter Scheidel, *The Great Leveler: Violence and the History of Inequality from the Stone Age to the Twenty-First Century* (Princeton: 2018), p. 54.

3. Karl Marx, *Capital*, vol. III, ed. Friedrich Engels (London: 1894), p. 393.

4. Ibid., III, p. 596.

5. Introduction to Thomas Wilson, *A Discourse Upon Usury* (London, 1925), p. 121.

6. Marx, *Capital*, III, p. 382.

7. Irving Fisher, *The Theory of Interest: As Determined by Impatience to Spend Income and Opportunity to Invest It [1930], from The Works of Irving Fisher*, vol. IX, ed. William Barber (London, 1997), p.372.

8. Ludwig von Mises, 'Human Action: The Rate of Interest', in *The Pure Time-Preference Theory of Interest*, ed. Jeffrey Herbener (Auburn, Ala: 2011), p.79.

9. 케인스는 부자들이 '많은 것을 보유하려 하는 하위 중산층'보다 현금 보유가 적다는 것을 인정했다. Lionel Robbins, *A History of Economic Thought: The LSE Lectures*(Princeton: 1998), p. 315.

10. Thomas Divine, *Interest: An Historic and Analytical Study in Economics and Modern Ethics*(Milwaukee, Wisc: 1959), p. 190.

11. Sidney Homer and Richard Sylla, *A History of Interest Rates*, 3rd edn (Hoboken,

NJ: 1996), p. 118.

12. Ibid., p. 117.

13. Peter H. Lindert and Jeffrey G. Williamson, *Unequal Gains: American Growth and Inequality since 1700* (Princeton: 2017), pp. 138~39.

14. Scheidel, *Great Leveler*, p. 109.

15. Rachel Emma Silverman, 'As Banks Join, the Morgans, Rockefellers aren't On Board', *Wall Street Journal* (15 September 2000).

16. Jonathan Ponciano, 'Jeff Bezos Becomes the First Person Ever Worth $200 billion', *Forbes* (26 August 2020).

17. Lindert and Williamson, *Unequal Gains*, p. 260.

18. Ibid., p.139.

19. Michael Kumhof, Romain Rancière and Pablo Winant, 'Inequality, Leverage and Crises: The Case of Endogenous Default', IMF Working Paper (November 2013), p.12. 이 경제학자들은 미국 GDP에서 금융 부문이 차지하는 비중이 1920년 2.8%에서 1928년 4.3%로 거의 50% 증가했다고 추산한다. 같은 기간 GDP 대비 민간부문 부채는 두 배 가까이 늘었다. Thomas Piketty, *Capital in the Twenty-First Century* (Harvard: 2014), p. 24를 참조하라.

20. 피케티의 데이터에 따르면 1928년 GDP에서 상위 10분위 소득 점유율에서 자본 이득은 3%p를 차지했다. 이에 비해 2000년의 소득 상위 10분위는 2000년 5%, 2006, 2007년에는 4%의 자본 이득을 누렸다. 상위 1%의 재산 점유율은 1922년 40%에서 1929년 48%로 증가했다. Edward Wolff, *A Century of Wealth in America* (Cambridge, Mass: 2017), p. 677.

21. James K. Galbraith, *Inequality and Instability: A Study of the World Economy Just before the Great Crisis* (London: 2012), p. 13.

22. Ibid., p. 41.

23. Piketty, *Capital,* p.24. 1980년에 상위 10%는 미국 총소득의 35%를 벌었다.

24. See Dietrich Domanski et al., 'Wealth Inequality and Monetary Policy', *BIS Quarterly Review*, March 2016.

25. Robert Lenzner, 'The Top 25 Hedge Fund Managers Earn More Than All the 500 Top CEOs Together', *Forbes* (6 August 2013).

26. Scheidel, *Great Leveler*, p. 420.

27. Robert J. Gordon, *The Rise and Fall of American Growth: The U.S. Standard of Living since the Civil War* (Princeton: 2016), p. 616.

28. 1980년대 초 이래, 기술 프리미엄과 소득 상위 1%의 점유율은 같은 방향으로 움직였다. 그러나 기술 프리미엄 증가와 가계 부 움직임 사이의 관계는 1%의 소득 점유율과 가계 부의 관계만큼 밀접하지는 않다.

29. Scheidel, *Great Leveler*, p. 419.

30. Raghuram Rajan, *Fault Lines: How Hidden Fractures Still Threaten the World Economy* (Princeton: 2011), p. 31.

31. Piketty, *Capital*, p. 372.

32. Robert J. Gordon, 'Is U.S. Economic Growth Over? Faltering Innovation Confronts the Six Headwinds', NBER Working Paper(August 2012), p.17. 고든 은 1993년과 2008년 사이 연간 평균 실질 소득 증가율이 1.3%라고 말했다. 소 득 분배 상위 1%가 전체 소득의 절반 이상을 누렸고, 하위 99%의 연간 소득 증가율은 0.75%에 지나지 않았다. 고든은 불평등 증가가 미국의 경제 추세 성 장률을 0.5%p 조금 넘게 감소시켰다고 말했다.

33. Joseph E. Stiglitz, *The Price of Inequality: How Today's Divided Society Endangers Our Future* (New York: 2013).

34. Lukasz Rachel and Thomas D. Smith, 'Secular Drivers of the Global Real Interest Rate', Bank of England(December 2015), p. 20을 보라. 레이철과 스미스는 미국 의 불평등 증가로 추세 성장률이 0.8%p 감소했다고 주장한다.

35. Steve Randy Waldman, 'Inequality and Demand', Interfluidity(January 2013).

36. Wolff, *Century of Wealth*, p. 208.

37. World Inequality Database.

38. Wolff, *Century of Wealth*, p. 682. 2013년 미국의 지니계수는 0.871이었다(1에 가까울수록 모든 부를 한 사람이 소유한다는 의미). Scheidel, *Great Leveler*, p. 309 를 보라.

39. 상위 1%는 금융위기 당시 소득 점유율이 5%p가량 줄어들었지만(전체 소득 의 22.5%에서 17.5%로 감소), 곧 이 같은 손실을 대부분 만회했다.

40. Wolff, *Century of Wealth*, p. 29. 울프는 불평등 조치가 GDP 이익 점유율보다 는 주가와 고위 임원 보수를 견인하는 수익성과 더 강한 상관관계가 있다고 주장한다.

41. 2014년 월가의 보너스는 285억 달러에 달해 역대 세 번째로 높은 액수를 기록 했다.

42. Lenzner, 'The Top 25 Hedge Fund Managers'.

43. Scheidel, *Great Leveler*, p. 419. 1978년과 2012년 사이 미국 CEO 보수는 (불변

가격으로 측정할 때) 876% 증가하여 S&P500의 344%를 앞질렀다.

44. Ibid., p. 420.

45. Ben Protess and Michael Corkery, 'Just How Much Do the Top Private Equity Earners Make?', *New York Times*(10 December 2016). *New York Times*에 따르면 2015년 바이아웃 강도 남작의 중위 임금은 1억 3800만 달러인 데 비해 최고 은행가의 임금은 2300만 달러였다. 사모펀드 임원들에게는 '이자가 붙는다'는 이유로 수수료에 대해 낮은 세율을 매긴 것도 도움이 됐다. 이 보조금은 지난 10년간 총 1800억 달러로 추정된다.

46. Nouriel Roubini, 'Public Losses for Private Gain', *Guardian*(18 September 2008).

47. Piketty, *Capital*, p. 135, and Galbraith, *Inequality and Instability*, p. 4를 보라.

48. Anthony B. Atkinson, *Inequality: What Can Be Done?* (London: 2015), p. 5.

49. Martin Wolf, 'Lunch with the FT: Ben Bernanke', *Financial Times*(23 October 2015).

50. Wolff, *Century of Wealth*, p. 677.

51. 2014년 4월 JP모건의 경제학자들은 소비에 대한 '부의 효과'가 역사적으로 유지되던 3.8%에서 1.7%로 떨어졌다고 썼다. 한 설명에 따르면 부의 효과 감소는 할인율 하락으로 유발된 자본 이득이 기대 미래 소득 증가로 유발된 이익보다 소비에 미치는 영향이 적기 때문이다. 아마도 부자들이 이익은 환상이라고 이해했기 때문에 대부분 소비하지 않았으리라는 것이다.

52. James Grant, 'Sell the Painting', *Grant's Interest Rate Observer*(29 November 2013).

53. Jonathan Burgos and Netty Ismail, 'New York Apartments, Art Top Gold as Stores of Wealth, Says Fink', Bloomberg(21 April 2015).

54. 프랭크는 100만 파운드 이상 가치가 있는 런던의 주택과 아파트가 2010년 4월까지 21% 올랐다고 주장했다.

55. Judith Evans and Miles Johnson, 'Hedge Funds Short London Luxury Homes', *Financial Times*(8 February 2016).

56. Oliver Wainwright, 'Super-tall, Super-skinny, Super-expensive: The "pencil towers" of New York's Super Rich', *Guardian*(5 February 2019).

57. Peter Spufford, *Power and Profit: The Merchant in Medieval Europe* (London: 2002), p. 78.

58. Wainwright, 'Super-tall, Super-skinny'.

59. Katherine Clarke, 'L.A. Developers Have a Big Problem: Too Many New

Megamansions', *Wall Street Journal* (30 May 2019).

60. Rory Carroll, 'America's Costliest House: Developer Takes $500m Gamble on Bel Air Eyrie', *Guardian* (4 March 2018).

61. Tommaso Ebhardt, Andreas Cremer and Ola Kinnander, 'Ferrari Proves Recession Proof as Ultra-Luxury Sells Out: Cars', Bloomberg (14 September 2011).

62. Tom Huddleston Jr., 'Take a Look at the World's Most Expensive New Car — It Just Sold for $19 Million', CNBC.com (23 March 2019), https://www.cnbc.com/2019/03/22/take-a-look-bugattis-la-voiture-noire-car-just-sold-for-19-million.html.

63. Stephen Kahl, 'Vintage Porsches' 683% Gain Fuels Returns in Carmakers' Home', Bloomberg (9 July 2018).

64. Scheidel, *The Great Leveler*, p. 1. Piketty, *Capital*, p. 433.

65. Scheidel, *The Great Leveler*, pp. 420~21.

66. 2016년 초 옥스팜은 가장 부유한 62명이 세계 인구의 절반(36억 명)만큼의 부를 소유하고 있으며, 이들 소수의 부는 2010년 이후 44% 증가했다고 추산했다. Alex Whiting, 'Richest 62 People Own Same as Half World's Population — Oxfam', *Reuters* (18 January 2016).

67. 'Unemployment Rate', US Bureau of Labor Statistics, https://data.bls.gov/timeseries/LNS14000000.

68. Sara Murray, 'Nearly Half of U.S. Lives in Household Receiving Government Benefit', *Wall Street Journal* (5 October 2011).

69. Doug Noland, 'Delta One', *Credit Bubble Bulletin* (16 September 2011).

70. Wolff, *Century of Wealth*, p. 657. 미국 주택 시장은 2012년 이후 안정되었지만, 마이너스 자산에서 개인 주택의 비중은 여전히 높다.

71. 2006년 미국 주택 시장이 정점을 찍은 이후 5년 동안 1100만 채의 부동산이 압류되었다. ATTOM Staff, 'U.S. Foreclosure Activity Drops to 13-year Low in 2018', ATTOM Data Solutions (15 January 2019).

72. Wolff, *Century of Wealth*, pp. 658~659. 미국 가계 주식 보유율은 2001년 52%에서 2013년 46%까지 떨어졌다. 울프는 2013년 미국 중위 가구 재산의 3분의 2가 주택에 묶여 있다고 말한다.

73. *Ibid.*, p. 668. 2007년과 2013년 사이 47~64세 연령층의 중위 연금자산 순가치는 52% 감소했다.

74. Ibid., p. 652.

75. Ibid., p. 681.

76. 기업 이익은 2013년 미국 GDP에서 차지하는 비중 14.5%로 전후 최고치를 기록했다. Wolff, *Century of Wealth*, p.28.

77. Amir Rubin and Dan Segal, 'The Effect of Pay-for-Performance Compensation and Wealth Derived Income on the Growth - IncomeInequality Relation in the US' (1 July 2014).

78. 2018년 8월, 도이체방크는 지난 3년간 저임금 고용이 고임금 고용보다 대략 두 배 빠르게 증가했다고 강조했다. 빡빡한 노동 시장 환경에도 2018년 첫 달 동안 실제 시간당 소득은 0.2% 감소했다. 2018년 4분기 GDP 대비 직원 급여 및 복리후생 비율은 52.7%였다. 1960년과 2000년 사이에 급여와 복리후생은 55% 이하로 떨어진 적이 없다. Paul Kiernan, 'Despite Tight Job Market, Labor Force's Income is Squeezed', *Wall Street Journal* (23 February 2019)

79. Wolff, *Century of Wealth*, pp. 18~19. 울프는 2013년 하위 20%의 소득 점유율이 기록적인 최저 수준인 3.8%로 떨어졌다고 말했다.

80. Gerald F. Seib, 'Economic ScarsHelp Explain Bizarre 2016 Race', *Wall Street Journal* (30 May 2016).

81. 2016년 3월에 출판된 *Pew Research Center* 보고서에 따르면 주택, 식품, 의료 및 교통비가 지난 20년 동안 어느 때보다 미국 가족 예산에서 더 큰 부분을 차지한다. 'Household Expenditures and Income', The Pew Charitable Trust (30 March 2016), https://www.pewtrusts.org/en/research-and-analysis/issue-briefs/2016/03/household-expenditures-and-income.

82. 'Living Paycheck to Paycheck is a Way of Life for Majority of U.S. Workers, According to New CareerBuilder Survey', CareerBuilder (24 August 2017).

83. Wolff, *Century of Wealth*, p. 681.

84. 영국과 몇몇 유럽 국가에서 (개인 가처분 소득이 중위 소득보다 25% 높거나 낮은 것으로 정의되는) 중산층 공동화가 나타났지만, 독일과 캐나다에서는 덜 두드러졌다. Branco Milanović, *Global Inequality: A New Approach for the Age of Globalization* (London: 2018), p. 195를 보라.

85. 1970년과 2015년 사이 프랑스, 이탈리아, 스웨덴, 미국, 영국, 네덜란드에서 임금 점유율이 5%p 하락했다. 영국에서는 13%p 하락했다. Richard Dobbs et al., 'Poorer Than Their Parents? Flat or Falling Incomes in Advanced Economies', McKinsey Global Institute (July 2016).

86. Ibid를 보라. 이 계산은 세금과 정부 이전 이전의 소득에 대한 것이다.

87. 2017년 11월, 재정연구소Institute for Fiscal Studies, 이하 IFS는 2022년 영국의 실질 소득이 2008년보다 적으리라 예측했다. IFS는 "우리는 한 해뿐만 아니라 20년 동안 수익 성장을 잃을 위험에 처해 있다"라고 경고했다. Phillip Inman, 'UK Faces Two Decades of No Earnings Growth and More Austerity, Says IFS', *Guardian*(23 November 2017). 1년 전 IFS는 영국의 실질 임금이 2008년보다 2020년에 더 낮으리라 예측했는데, 이는 1810년 이후 전례가 없는 상황이다.

88. Joel Kotkin, *The Coming of Neo Feudalism: A Warning to the Global Mid dle Class*(New York: 2020), p. 8. 소득분배의 하위 20% 밖으로 이동할 확률은 1990 년대 23%에서 2011년 14%로 감소했다. Ray Dalio, 'Why and How Capitalism Needs to be Reformed', Part 1, LinkedIn Pulse(5 April 2019).

89. 2018년 퓨 리서치 센터의 연구에 따르면 선진국 거주자의 절반 이상이 다음 세대는 그들 자신보다 잘 살지 못할 것으로 예상한다. Kotkin, *The Coming of NeoFeudalism*, p. 8.

90. James Bullard, Carlos Garriga and Christopher J. Waller, 'Demographics, Redistribution, and Optimal Inflation', *Federal Reserve Bank of St Louis Review*, 94 (6)(November/December 2012).

91. Chris Brightman et al., 'Public Policy,Profits, and Populism', Research Affiliates, June 2017.

92. Justin Strehle and Richard Vedder, 'The Diminishing Returns of a College Degree', *Wall Street Journal*(4 Jun 2017). *Wall Street Journal*은 대학 임금 프리미엄에 대해 "인구통계 자료에 따르면 고졸자와 4년제 대졸자의 연평균 소득 격차는 1975년 1만 9,776달러에서 2000년 3만 2,900달러(2015년 기준)로 급격히 증가했지만 2015년에는 다시 2만 9,867달러로 떨어졌다"라고 말했다.

93. Stefan Lembo Stolba, 'Student Loan Debt Reaches Record High as Most Repayment is Paused', Experian(24 February 2021). 그리고 2014년 9월에 발표된 또 다른 Experian 연구에 따르면 미국의 학자금 대출 미상환 액수는 2008년 이후 84% 증가한 것으로 나타났다. Carrie Janot, 'Study Analyzes Student Loan Trends', Experian(26 September 2014). 10만 달러 이상 학자금 빚을 지고 있는 미국인 수는 2015년 8월까지 10년 동안 다섯 배로 증가했다. Zack Friedman, 'Student Loan Debt Statistics in 2019: A $1.5 Trillion Crisis', Forbes (25 February 2019), https://www.forbes.com/sites/zackfriedman/2019/02/25/student-loan-debt-statistics-2019/도 보라.

94. Josh Mitchell, 'Nearly 5 Million Americans in Default on Student Loans', *Wall Street Journal*(13 December 2017). 1년 이상 빚을 상환하지 못한 학자금 대출 연체자 수는 지난 4년 동안 두 배로 늘었다. 많은 채무불이행 학생들이 사립 대학을 졸업했다.

95. Wolff, *Century of Wealth*, p. 657. 주택 소유자 중 가장 젊은 집단은 주택 자산 52%를 잃은 반면, 가장 나이가 많은 집단은 19%만 잃었다. 주택담보대출 부채의 상대적 규모 차이 때문이다.

96. "프레디맥이 분석한 연방 및 업계 자료에 따르면, 대략 2000년 말부터 2017년 말까지 중위 주택 가격은 물가상승률 조정 후 21% 상승했지만, 중위 가구소득은 2% 증가했다." Christina Rexrode, 'Financial Crisis Yields a Generation of Renters', *Wall Street Journal*(27 July 2019).

97. Kotkin, *The Coming of Neo-Feudalism*, p. 6.

98. Rexrode, 'Financial Crisis Yields a Generation of Renters'. 전미부동산협회는 1981년부터 주택 구매자들의 평균 연령을 기록하기 시작했다.

99. Resolution Foundation에 따르면, 2018년 10년 전보다 약 세 배 더 많은 아이가 임대 부동산에서 살고 있었다. Kamal Ahmed, 'Up To a Third of Millennials "face renting their entire life"', BBC(17 April 2018).

100. Claer Barrett, 'Commercial Property Crash Fears Loom Large', *Financial Times*(13 November 2015). Oscar Williams-Grut, 'House Prices: Three Charts that Prove Only the Rich Can Afford to Buy Property in Britain', *Independent*(22 November 2015). Savills에 따르면 2015년 평균 최초 구매자는 5만 파운드 이상의 소득으로 상위 30%의 가구 안에 들었다.

101. Kate Allen and Jim Pickard, 'Help to Buy Has Pushed Up House Prices, Says Study', *Financial Times*(20 September 2015). Kate Allen, 'QE Feeding Europe House Price Bubble, Says Study', *Financial Times*(20 July 2015).

102. Jill Ward, 'The Only Solution to Britain's Housing Crisis May be a Crash', Bloomberg(10 April 2017).

103. John Ashmore, 'How Britain's Housing Market Has Created a Mobility Crisis', CapX(6 June 2019). 2000년과 2018년 사이에 새로운 일을 위해 이사하는 25~34세 사람들의 수는 40% 감소했다. 이러한 감소는 저금리 체제와 일치한다. 이 논문은 영국 정부의 'Help-to-Buy' 계획이 집값을 더욱 상승시키고, 영국의 이동성 위기를 더욱 악화시켰다고 주장한다.

104. Vivian Ho, 'The Californians Forced to Live in Cars and RVs', *Guardian*, 5

August 2019을 보라.

105. 젊은 여성들은 아이를 더 많이 갖고 싶다고 말했지만, 주택 비용을 감당할 수 없어 미국과 유럽 출산율은 최저치로 떨어졌다. Kotkin, *The Coming of NeoFeudalism*, p.8. 유럽 부흥 개발 은행은 집값이 10% 오르면 영국 주택 소유자의 출산율은 2.8% 증가하지만, 임대인의 출산율은 4.9% 감소한다고 밝혔다. 이는 출산율이 전반적으로 1.3% 감소하고, 연간 9,000명 가까이 감소하는 것을 의미한다. Gemma Tetlow, 'Rising House Prices Lift Birth Rates for Homeowners, Study Shows', *Financial Times*(11 April 2017). 금융위기 이후 10년 동안 기록적인 수의 젊은 영국인(18~44세)이 집을 떠나지 못하고 부모와 함께 살았다. 집을 살 수 없는 그들은 가정을 꾸리는 것도 꺼렸다. Ben Ramanauskas, 'Still Looking for Love? Blame the Planning System', CapX(14 February 2019).

106. 2015년에 태어난 평균적인 미국인은 78년 9개월을 살리라고 예상되었다. *Macro Strategy News Review*(9 December 2016).

107. 2000년과 2015년 사이 고졸 이하 학력 남성의 사망률은 두 배 증가했지만, 대학 교육을 받은 미국인의 사망률은 계속 하락했다. 앤 케이스Anne Case와 앵거스 디턴Angus Deaton은 사망률 증가의 원인을 세계화와 자동화라고 보았다. Shawn Donnan, '"Deaths of despair" Surge among US White Working Class', *Financial Times*(22 March 2017). Anne Case and Angus Deaton, *Deaths of Despair and the Future of Capitalism*(New Haven, Conn: 2020)도 보라.

108. Wolff, *Century of Wealth*, p. 680. 울프는 사망률 증가를 경제 불안 탓으로 돌렸다.

109. Satyajit Das, *The Age of Stagnation: Why Perpetual Growth is Unattainable and the Global Economy is in Peril* (Amherst, NY: 2016), p. 299.

110. Galbraith, *Inequality and Instability*, p. 290.

111. Wolff, *Century of Wealth*, p. 38.

112. Yves-André Istel, 'Behind the Inequality Cloud, Hope May Glimmer', *Financial Times*(1 January 2018). 이스텔은 '임박한' 금리 인상이 불평등 구름을 분산시켜주길 바랐다. 하지만 정작 미국 중앙은행은 이듬해부터 연준 자금 금리를 내리기 시작했다.

113. 'The Distributional Effects of Asset Purchases', *Bank of England Quarterly Bulletin*, 52(Third Quarter, 2012).

114. 스탠더드앤드푸어스Standard&Poor's, 이하 S&P는 영국 인구 상위 10%가 보유

한 금융 자산 비율이 2008년 56%에서 2015년 65%로 증가했다고 추산했다. 한편 가장 가난한 20%는 금융 자산 비율이 거의 절반으로 줄었다. 'QE And Economic Inequality: The U.K. Experience', Standard&Poor's Ratings Services(10 February 2016).

115. 달리오에 따르면, 1970년대 후반에서 2012년 사이 미국에서 가장 부유한 1%가 소유한 사적 자산 비율은 거의 두 배가 되었다. 상위 0.1%의 비율은 세 배가 되었고, 상위 0.01%인 1만 명 중 한 명은 부의 비율이 네 배가 되었다. Dalio, 'Why and How Capitalism Needs to be Reformed', Part 1, LinkedIn Pulse(5 April 2019).

116. Janet L. Yellen, 'What the Federal Reserve is Doing to Promote a Stronger Job Market', speech at the 2014 National Interagency Community Reinvestment Conference(31 March 2014).

117. Board of Governors of the Federal Reserve System (US), 'Commercial Bank Interest Rate on Credit Card Plans, All Accounts', retrieved from FRED, Federal Reserve Bank of St Louis, https://fred.stlouisfed.org/series/TERMCBCCALLNS를 보라.

118. Tim Lee, Jamie Lee and Kevin Coldiron, *The Rise of Carry: The Dangerous Consequences of Volatility Suppression and the New Financial Order of Decaying Growth and Recurring Crisis* (New York: 2020), p. 180.

119. Transcript of Chairman Bernanke's Press Conference, Federal Reserve(2 November 2011).

120. Christopher Cole, 'Volatility and the Allegory of the Prisoner's Dilemma: False Peace, Moral Hazard, and Shadow Convexity', Artemis Capital(October 2015), p. 4.

121. Scheidel, *The Great Leveler*, p. 425.

122. Bill Gross, PIMCO Newsletter, March 2012.

123. Mark Niquette, 'Dalio Says Capitalism's Income Inequality is a National Emergency', Bloomberg(8 April 2019).

124. Nick Hanauer, 'The Pitchforks are Coming ⋯ for Us Plutocrats', Politico, July/August 2014. 또한 Niquette, 'Dalio Says Capitalism's Income Inequality is National Emergency'도 보라.

125. Jordan Ellenberg, 'The Summer's Most Unread Book is⋯', *Wall Street Journal*(3 July 2014). 엘런버그는 피케티 책의 킨들 버전을 보니 독자 대부분은 서론조차

다 읽지 못했다고 썼다.

126. Piketty, *Capital*, p. 305.

127. Carlos Góes, 'Testing Piketty's Hypothesis on the Drivers of Income Inequality: Evidence from Panel VARs with Heterogeneous Dynamics', IMF Working Paper (Aug 2016), p. 10. 카를로스 고에즈Carlos Góes는 성장 대비 수익률에 대한 긍정적인 충격으로 인해 모든 나라의 4분의 3에서 상위 1%의 소득 점유율이 감소할 것으로 예상된다고 했다.

128. Lindert and Williamson, *Unequal Gains*, p. 139.

129. Rob Arnott, William J. Bernstein and Lillian Wu, 'The Myth of Dynastic Wealth: The Rich Get Poorer', *Cato Journal*, 35(3)(October 2015). 이 논문은 대부분의 부가 1세대 재산이며, 시간이 지남에 따라 가족 재산은 소멸된다고 주장한다.

130. Piketty, *Capital*, p. 172.

| 15장 |

1. Brendan Brown, *A Global Monetary Plague: Asset Price Inflation and Federal Reserve Quantitative Easing* (London: 2015), p. 133.

2. Arthur E. Monroe, *Early Economic Thought: Selected Writings from Aristotle to Hume* (Mineola, NY: 2006), p. 301.

3. Joseph Schumpeter, *History of Economic Analysis* (New York: 1954), pp. 300~302.

4. Monroe, *Early Economic Thought*, p. 304.

5. Ibid., p. 306.

6. Yueran Ma and Wilte Zijlstra, 'A New Take on Low Interest Rates and Risk Taking', *VoxEU*(7 March 2018).

7. 'It's Like Deja Vu All Over Again: The Ninth Inning of the High Yield Bubble', Ellington Management Group (12 November 2015).

8. Marco Di Maggio and Marcin Kacperczyk, 'The Unintended Consequences of the Zero Lower Bound Policy', *Journal of Financial Economics*, 123(1)(January 2017). 이 논문에 따르면, 머니마켓 펀드에서 2008~2013년 사이 약 1조 달러의 자산이 감소했다. MMF 자산 감소는 연준이 제로금리 정책이 상당 기간 유

지될 것이라는 지침(2009년 3월과 2011년 8월)을 내놓은 이후 가속화됐다. 저자들은 제로금리가 많은 머니 마켓 공급자들을 파산시켰지만, 일부는 더 많은 신용 위험을 감수하고 덜 다양한 포트폴리오를 보유함으로써 살아남았다고 주장한다.

9. Leslie Scism and Anupreeta Das, 'The Insurance Industry Has Been Turned Upside Down by Catastrophe Bonds', *Wall Street Journal* (8 August 2016). 2008~2016년 재난채권 총액은 세 배 이상 증가했지만, 2006년 이후 글로벌 재난 재보험 가격은 40% 이상 하락했다. 암트랙 같은 일부 기업은 보험사를 우회해 투자자들에게 직접 대재해 채권을 발행하고 있었다. 심지어 더 짧은 문서와 함께 제공되는 '대재해-라이트' 채권 범주도 있다.

10. Tim Lee, Jamie Lee and Kevin Coldiron, *The Rise of Carry: The Dangerous Consequences of Volatility Suppression and the New Financial Order of Decaying Growth and Recurring Crisis* (New York: 2020), p. 103.

11. Doug Noland, 'Favorable or Unfavorable', *Credit Bubble Bulletin* (4 March 2011).

12. Edward Altman and Brenda Kuehne, 'Defaults and Returns in the High-yield Bond Market: Third-quarter 2013 Review', *Journal of Financial Management* (August – December 2013.) 2015년, 영업 현금 흐름 대비 고수익 부채 평균비율(이자, 세금, 감가상각, 상각 전 수익)은 8로 1998년 이후 중위수인 3.7에 비해 높았다.

13. Edward Altman and Brenda Kuehne, 'Special Commentary: A Note on Credit Market Bubbles', *International Journal of Banking, Accounting and Finance*, 5 (4) (January 2015).

14. 2018년 1월 아일랜드의 금속과 유리 포장 기업 아다 그룹은 3억 5000만 달러 상당의 '슈퍼 PIK' 채권을 발행했는데, 이는 러시아 인형과 마찬가지로 이미 15억 유로 상당의 PIK 부채를 발행한, 또 다른 지주 회사가 발행한 것이다. 슈퍼 PIK가 조성한 자금은 주주들에게 직접 돌아가 마진 대출 역할을 했다. *Financial Times*에 따르면, 8.75%의 수익률로 책정된 아다의 슈퍼 PIK 발행은 엄청난 인기를 끌었다. Robert Smith, 'Hot Market Greets "Super PIK" Bonds Sold by Irish Billionaire', *Financial Times* (15 January 2018).

15. 바이아웃 기업은 2010년 3분기에 사상 최대인 400억 달러의 현금을 투자했다. Doug Noland, 'Rebalancing the World', *Credit Bubble Bulletin* (22 October 2010). 2011년 4월과 5월, 사모펀드들은 850억 달러 규모의 기업들을 매각

해 한 달여 앞으로 다가온 레버리지 바이아웃 처분 이전 분기 기록을 이미 넘어섰다. Doug Noland, 'Throwing Good Money after Bad', *Credit Bubble Bulletin*(27 May 2011).

16. 낮은 등급의 기업 부채일수록 채무불이행 가능성이 더 크고, 약한 계약들은 채무불이행 회복 수준이 더 낮을 것으로 예상한다. 2014년 4월, 고수익 시장의 베테랑 옵서버 마틴 프리슨Martin Fridson은 다음 경기 침체에서 정크 본드와 레버리지 대출의 채무불이행이 1조 5000억 달러가 넘으리라 예측했다. James Grant, 'Cataclysm tomorrow', *Grant's Interest Rate Observer*, 32(8)(18 April 2014)

17. 맥킨지에 따르면 2017년 말까지 미국 기업 부채 약 40%가 BBB 등급으로 평가되었는데, 1990년의 22%에서 큰 폭으로 증가했다. BBB 채권 발행 기업의 레버리지 비율은 금세기 초 1.7에서 3까지 육박했다. Susan Lund et al., 'Rising Corporate Debt: Peril or Promise', McKinsey(June 2018).

18. 금융위기 이후 10년이 지난 현재 BBB 등급 채권은 미국과 유럽 회사채 시장 절반 정도를 차지했다. William White, 'Fault Lines in the Pursuit of Financial Stability' Federal Reserve Bank of Dallas, Draft Paper(August 2019).

19. 미국 자동차 대출 시장 규제는 소비자 대출 과잉을 막기 위해 2011년에 설립된 정부기관인 소비자금융보호국의 책임이 되었다. 그 결과, 자동차 대출의 이용 가능성은 엄격하게 규제되지 않았다.

20. Mike Bird, 'Duration Risk: The Bomb Ticking Inside Today's Bond Market', *Wall Street Journal*(14 April 2016).

21. Samuel Hanson and Jeremy Stein, 'Monetary Policy and Long-Term Real Rates', Federal Reserve Board(July 2012). 이 논문에 따르면 금리가 하락할 때 은행의 증권 포트폴리오의 기간은 길어진다. 2014년까지 은행의 증권 보유 기간은 역사적인 최고치에 가까웠다. Esther George, 'Supervisory Frameworks and Monetary Policy', *Journal of Economic Dynamics and Control*, 49(December 2014)도 보라. 미국 소규모 시중 은행이 보유한 유가증권의 약 53%는 만기가 3년 이상(2005년의 37%)이었다. 이로 인해 금리가 갑자기 오르면 은행은 큰 손실에 노출되었다. 금리가 3%p 오르면 은행 증권 보유량의 20%가 시가 손실로 이어질 것으로 추정됐다. Christopher Cole, 'Volatility and the Allegory of the Prisoner's Dilemma: False Peace, Moral Hazard, and Shadow Convexity', Artemis Capital(October 2015), p. 15.

22. Claire Jones, 'Negative Rates Put Pressure on Central Banks to Take Risks',

Financial Times(18 April 2016).

23. Phil Kuntz, 'Negative- Yielding Bonds Jump to Almost $12 Trillion After Ebbing', Bloomberg(3 October 2016).

24. Wes Goodman and Garfield Clinton Reynolds, 'End is Nigh for Japan Yield as Investors Chase 40-Year Toward 0%', Bloomberg(17 June 2016).

25. Anchalee Worrachate and Anooja Debnath, 'It's Dangerous Out There in the Bond Market', Bloomberg(24 April 2016).

26. Kate Allen, 'Austria Sells Record Largest 3.5bn Century Bond', *Financial Times*(12 Sep 2017). 35억 유로의 오스트리아 차관은 유로존의 첫 100년 만기 신디케이트 채권 발행이었다(다른 100년 만기 채권 발행은 비공개로 진행되었다).

27. Christopher Whittall, 'The Very Long Bet: 100-year Bonds that Pay Peanuts', *Wall Street Journal*(11 May 2016).

28. Worrachate and Debnath, 'It's Dangerous Out There in the Bond Market'.

29. Gillian Tett, 'A Debt to History?', *Financial Times*(16 January 2015).

30. James Grant, 'Remember the Shell Union Oil 2½s of 1971', *Grant's Interest Rate Observer*, 34 (14)(15 July 2016).

31. Paul Singer, 'Investment Perspectives'(June 2016).

32. Oliver Renick and Liz McCormick, 'Greenspan Sees No Stock Excess, Warns of Bond Market Bubble', Bloomberg(31 July 2017). 주식 시장에 거품이 없다는 그 린스펀의 주장은 당시 S&P500 수익률이 10년물 인플레이션 조정 채권 수익 률보다 약 4%p 높았다는 관측에 근거했다.

33. John M. Keynes, *The General Theory of Employment, Interest and Money* [1936], in *The Collected Writings of John Maynard Keynes*, vol. VII (Cambridge: 1973), p. 167.

34. Daisy Maxey, 'The Safety and the Risk in Ultrashort Bond Funds', *Wall Street Journal*(8 August 2014). 초단기채권 펀드는 2008년 평균 8% 손실을 보았다. 그 러나 *Wall Street Journal*에 따르면 그 후에도 몇 년 동안 많은 유입이 있었고, 수입이 필요하지만 리스크를 이해하기 어려운 나이 든 투자자들 사이에서 인 기를 끌었다. 당시 초단기채권 펀드는 평균 0.7%의 수익률을 냈다.

35. Sam Fleming, 'Global Regulators Launch Inquiry into Leveraged Loans', *Financial Times*(6 March 2019).

36. 댈러스 연준(2016년)은 '비은행 중개' 미국 미상환 신용의 대략 3분의 2를 차 지한다고 추산했고, 금융 감독기관 국제기구인 금융안정위원회는 전 세계

적으로 약 45조 달러가 그림자 은행 상품에 투자된 것으로 추산했다. Alex Musatov and Michael Perez, 'Shadow Banking Reemerges, Posing Challenges to Banks and Regulators', *Dallas Fed Economic Letter*, 11(10)(July 2016). Caroline Binham, 'Shadow Banking Grows to More than $45tn Assets Globally', *Financial Times*(5 March 2018)도 보라.

37. Asjylyn Loder, 'Bond Exchange-traded Funds Pass $1 Trillion in Assets', *Wall Street Journal*(1 July 2019). 거래소 거래형 펀드는 15초마다 가치를 보고해야 하지만, 이들의 채권 보유량 중 일부는 몇 달씩이나 거래되지 않기도 했다.

38. *Grant's Interest Rate Observer*(13 June 2014)에 따르면 주요 국채 딜러들의 회사채 재고는 2007년 2000억 달러에서 2014년 약 500억 달러로 감소했다.

39. James Grant, 'Bonds of Debt', *Grant's Interest Rate Observer*, 32(19)(3 October 2014).

40. Robin Wigglesworth, 'Calm Needed after Third Avenue's Debacle', *Financial Times*(15 December 2015).

41. Robert Smith and Cynthia O'Murchu, 'H2O Asset Management: illiquid love', *Financial Times*(17 June 2019).

42. 그해 말, 스타 펀드매니저 닐 우드포드Neil Woodford가 고객들에게 일일 유동성을 제공하면서 비상장 증권(Level 3 Assets로 알려진)에 많은 투자를 한 것으로 드러나며 런던 금융계에서도 비슷한 문제가 불거졌다. 우드포드의 투자자들은 '게이트'(즉, 상환 중단)되었고 그의 펀드는 청산되었다.

43. QE1이 시작될 때 VIX는 80 이상으로 매우 높아졌다. 2010년 QE2가 시작될 때 VIX는 약 30이었다. 2012년 QE3가 시작되기 전에는 14였다.

44. James Grant, 'For the Repressed', *Grant's Interest Rate Observer*, 34 (8)(22 April 2016).

45. Joe Ciolli, 'A Pioneer of the Vix Says the Market is Looking at Volatility All Wrong', *Business Insider*(1 September 2017).

46. Miles Johnson, 'IMF Warns Volatility Products Loom as Next Big Market Shock', *Financial Times*(30 October 2017).

47. Jean Eaglesham, Sarah Krouse and Ben Eisen, 'Wall Street Re-engineers the CD – and Returns Suffer', *Wall Street Journal*(6 September 2016). 바클레이스에 따르면 구조화된 CD는 '저금리 환경의 지속적인 도전을 탐색하려는 고객, 투자자 및 유통업자의 요구를 충족시키기 위해' 설계되었다.

48. Frank Brosens, 'Has Volatility Reached a Permanently Low Plateau?',

Presentation at Grant's Conference(10 October 2017). 브로센스는 당시 시장 방향성 거래 전략의 총액이 1987년 폭락 이전 포트폴리오 보험의 총액과 대략 같다고 추산했다.

49. William Gross, 'Wounded Heart', PIMCO Insights(4 June 2013).

50. *Grant's Interest Rate Observer*(8 March 2013).

51. Cole, 'Volatility and the Allegory of the Prisoner's Dilemma', p. 6.

52. Jeremy Stein and Adi Sunderam, 'The Fed, the Bond Market and Gradualism in Monetary Policy', *Journal of Finance*(June 2018). 스타인과 선더람이 지적했듯이 통화 정책은 연준이 월가를, 월가가 연준을 비추는 거울의 게임이 되었다. 세기가 바뀐 후, 연방공개시장위원회 회의는 점차 잠재적인 시장 변동성에 관심을 두게 되었다. 연준의 금융 우려가 커지면서 연준 기금금리는 내림세를 보였다. 윌리엄 화이트는 연준이 ('계산된' 금리 인상으로) 의도의 신호를 줘서 금리를 인상하면서도 적극적으로 레버리지를 장려했다고 덧붙인다.

53. Michael Derby, 'A Fed Insider Warns of the Risk of Low Rates', *Wall Street Journal*(19 September 2016).

54. Tobias Adrian, Fabio Natalucci and Thomas Piontek, 'Sounding the Alarm on Leveraged Lending', IMF blog(15 November 2018).

55. Andrew Haldane, 'The Dog and the Frisbee', speech at the Federal Reserve Bank of Kansas City's 366th Economic Policy Symposium(31 August 2012), p. 8.

56. Claudio Borio, 'Macroprudential Policy and the Financial Cycle: Some Stylized Facts and Policy Suggestions', paper presented at the Rethinking Macro Policy II: First Steps and Early Lessons Conference at the IMF(16 - 17 April 2013).

57. *Grant's Interest Rate Observer*, 33 (16)(8 August 2015).

58. 2017년 7월 10일 연설에서 샘 우즈Sam Woods 영국 프루덴셜 규제청 최고경영자는 은행들이 파생상품과 스왑으로 규제 자본 양을 줄이고 있다고 불평했다. 그들은 또한 새로운 레버리지 비율 요구 사항으로 게임을 하고 규제를 피하려고 보유 기간을 조작하고, 유동 자산을 시장가치로 평가하지 않도록 허용하는 규칙을 최대한 활용하고 있다. Neil Unmack, 'Déjà Vu', *Reuters Breakingviews*(11 July 2017).

59. Andrew Haldane, 'Halfway up the Stairs', *Central Banking Journal*(5 August 2014), p. 4.

| 16장 |

1. Lawrence H. Summers, 'How to Stabilize the Housing Market', *Washington Post*(23 October 2011).

2. Lawrence H. Summers, comment on Twitter(22 August 2019).

3. Mark Carney, 'Remarks Given by Mark Carney, Governor of the Bank of England', Davos CBI British Business Leaders Lunch(24 January 2014), p. 2.

4. Bill Gross, Janus Newsletter(November 2015).

5. Kenneth Rogoff, *The Curse of Cash: How Large Denomination Bills Aid Crime and Tax Evasion and Constrain Monetary Policy*(Princeton: 2017), p. 115. 그로 스와는 달리 로고프는 제로금리에 문제가 없다고 본다.

6. William Gross, 'Wounded Heart', PIMCO Insights(4 June 2013).

7. Markus K. Brunnermeier and Yann Koby, 'The Reversal Interest Rate', NBER Working Paper(December 2018). 브루너마이어와 코비는 금리 하락이 은행의 증권 가치를 끌어올려 도움을 주는 동시에 순이자 마진을 줄여 피해를 준다고 주장한다. 양적완화가 사실상 '역전 금리'를 높이고, 저금리가 장기간 유지될 때 은행들의 고통이 더욱 크기에 역전 금리를 밀어 올린다는 것이다.

8. 피셔의 화폐량 이론에 따르면, 화폐의 속도가 떨어지면 가격 수준이 낮아진 다. 초저금리가 통화 속도를 줄인다면 그 효과는 디플레이션과 같다. 스탠퍼드 경제학자 존 코크레인John Cochrane은 다르게 추론해 이 결론에 도달했다. 그 는 금리가 하락하면 미지급 부채의 현재 가치가 증가하며, 부채의 가치를 높 이는 것이 디플레이션이라고 했다. 코크레인은 "실질금리가 높으면 부채 가치 가 낮아질 것이고, 따라서 긴축이 수반되지 않는다면 인플레이션이 발생할 것 이다"라고 결론지었다. 코크레인은 '신피셔주의자'다. 즉, 금리를 올리면 인플 레이션율이 상승하고, 그 역도 마찬가지라고 지지한다. 신피셔주의 주장의 핵 심은 '돈의 중립성'이다. 즉, 실질 이자율(실물 상품과 서비스로 표현되는 시간 의 가격)은 장기적으로 통화 정책의 영향을 받지 않는다. 실질금리가 궁극적으 로 통화 조건에 영향을 받지 않고, 이에 따라 실질금리에 인플레이션율을 더한 것이 명목금리라면 명목금리가 상승하면 궁극적으로 인플레이션률도 상승 해야 한다. John Cochrane, 'Lessons Learned', The Grumpy Economist blog(23 April 2016)를 보라. 세인트루이스 연준 총재 제임스 블러드 역시 Cato Institute 연설에서 코크레인의 신피셔주의 입장을 받아들이고 있다. 'Permazero', Cato Institute, 33rd Annual Monetary Conference(November 2015).

9. 2012년 1월 1차 점도표가 발표됐을 때 FOMC 중앙위원들의 2014년 말 FRB 금리 전망치는 0.8%였다. 그러나 그날이 왔을 때, 미국 정책금리는 제로 실효 하한에 머물렀다. 2012년 1월 FOMC 위원들의 정상 비율에 대한 중위 예측은 4.3%였다. 6년 후, 중위 전망치는 2.8%로 떨어졌다. 연준의 2% 인플레이션 가정을 감안할 때 FOMC의 실질 기준 정상 금리 전망치는 2.3%에서 0.8%가 되었다.

10. 'Meeting of the Federal Open Market Committee', Federal Reserve Board(14 December 2010).

11. 2008년 12월 연방공개시장위원회는 "일정 기간 예외적으로 낮은 수준의 연방기금금리를 보장한다"라고 밝혔다. 'FOMC Statement', Federal Reserve Board(16 December 2008).

12. Janet L. Yellen, 'Normalizing Monetary Policy: Prospects and Perspectives', speech at the New Normal Monetary Policy research conference sponsored by the Federal Reserve Bank of San Francisco, San Francisco(27 March 2015).

13. 연준의 대차대조표는 2008년 8월 이후 2년 동안 1조 4000억 달러 증가했다. 이에 비해 2012년 10월부터 2014년 10월까지는 1조 6000억 달러 증가했다.

14. Michael Derby, 'Volcker: Fed "at edge of its lawful and implied power"', *Wall Street Journal*(8 April 2008). For Bernanke's opinion, 'The Fed's Exit Strategy', *Wall Street Journal*(21 July 2009)도 보라.

15. 트리셰의 표현. Jean-Claude Trichet, 'Central Banking in the Crisis: Conceptual Convergence and Open Questions on Unconventional Monetary Policy', Per Jacobsson Lecture(October 2013)를 보라.

16. Brian Blackstone and David Wessel, 'Button-down Central Bank Bets it All', *Wall Street Journal*(8 January 2013).

17. James Grant, *Grant's Interest Rate Observer*, 32 (18)(19 September 2014).

18. Haruhiko Kuroda, 'Introduction of Quantitative and Qualitative Monetary Easing with a Negative Interest Rate', speech at the Kisaragi-kai Meeting in Tokyo(3 February 2016), p. 10.

19. Hugh Gaitskell, 'Four Monetary Heretics', in *What Everybody Wants to Know About Money: A Planned Outline of Monetary Problems*, ed. G. D. H. Cole(London: 1933). 이 에세이에는 더글러스 소령, 게셀, 소디에 대한 묘사가 담겨 있다. David Clark, 'Monetary Cranks', in *The New Palgrave Dictionary of Economics*, eds. Steven N. Durlauf and Lawrence E. Blume, 2nd edn

(Basingstoke: 2008), p. 699도 보라. 클라크는 전문 경제학 밖에서 온 '기인'들은 실업률이 높은 시기에 등장하며, 그들의 '재미있는 돈' 이야기는 이데올로기적인 안전밸브 역할을 한다고 한다. "만병통치약이 간단할수록, 선동꾼이 지지자를 모을 가능성은 크다."

20. Gaitskell, 'Four Monetary Heretics'.

21. Irving Fisher, *The Works of Irving Fisher*, vol.IX, ed. William Barber(London: 1997), p. 37와 Irving Fisher, *Booms and Depressions and Related Writings*, in *The Works of Irving Fisher*, vol.X, ed. William Barber(London: 1997)를 보라. 피셔는 경기 침체기에 구매자들은 기업이 자신감을 불어넣어주길 기다리지만, 기업은 구매자들이 확신하기 전까지는 돈을 빌리지 않을 것이라고 주장했다. 감가 화폐 혹은 '축적에 대한 세금'이 이 난국을 뚫고 '불황에서 가장 빠른 탈출구'를 제공했다.

22. 'Deranged Central Bankers Blowing Up the World', Burning Platform blog(15 February 2016). Christopher Cole, 'Volatility and the Allegory of the Prisoner's Dilemma: False Peace, Moral Hazard, and Shadow Convexity', Artemis Capital(October 2015).

23. Rogoff, *The Curse of Cash*, p. 178.

24. 대부분의 스페인과 포르투갈 모기지 대출이 고정된 유로화 금리가 마이너스가 된 후, 포르투갈 중앙은행 총재 코스타는 수천억 유로의 손실을 보게 된 은행들이 차입자들에게 이자를 지급해서는 안 된다고 말했다. Patricia Kowsmann and Jeannette Neumann, 'A Battle Brews over Negative Rates on Mortgages', *Wall Street Journal*(15 May 2016).

25. 독일 연방은행에 따르면 마이너스 금리로 인해 2015년 2480억 유로의 손실을 보았다. James Shotter and Claire Jones, 'Commerzbank Looks at Locking Up Spare Cash in Vaults', *Financial Times*(8 June 2016). 스웨덴 은행들은 예금에 대한 '캐시 번'cash burn(현금고갈—옮긴이)을 보고했다. 스칸디나비아 상업은행은 2015년 예금 보유 비용이 12억 스웨덴 크로나라고 주장했고, 한델스방켄은 2015년 첫 9개월 동안 예금에서 14억 2000만 스웨덴 크로나의 손실을 발표했다. Andy Lees, *Macro Strategy News Review*(11 January 2016).

26. 채권 수익률 추가 하락으로 보험사의 자본 적정성이 타격을 입었다. 네덜란드 보험사 델타 로이드는 2016년 규제 당국이 사용하는 할인율이 1%p 인하되면 자본 기반의 4분의 1이 감소할 것이라고 경고했다. *Wall Street Journal*에 따르면{Paul J. Davies, 'Negative rates and insurers: be afraid'(3 March 2016)} "보험사

의 결론은 특히 크고 구조적으로 부실한 독일과 일본 시장에서, 마이너스 금리가 더 퍼질수록 삶이 더 고통스러워진다는 것이다." 이보다 몇 달 전 알리안츠 CEO 올리버 바에테Oliver Baete는 *Der Spiegel*에서 "통화 정책의 부정적인 효과가 그 유용성을 분명히 넘어서는 지점에 가까워지고 있다"라며, 현재의 정책이 알리안츠와 그 고객들 그리고 더 큰 경제에 피해를 주고 있다고 덧붙였다. 알리안츠는 리스크를 줄이고 직원을 해고하며 불리한 상황에 대응했다. 'Allianz CEO Sees 10 More Years of Low Interest Rates', *Der Spiegel*, Reuters(15 January 2016).

27. 금융 시스템에서 주요 유동성 공급원인 레포 시장은 마이너스 금리로 인해 더 큰 피해를 입었다. 유럽에서 레포 시장은 2016년에 더 위축되었는데, 이는 부분적으로 마이너스 금리 정책으로 인한 문제와 ECB가 레포에 사용되는 고급 담보의 상당 부분을 매입했기 때문이다. Thomas Hale, 'Why is the European Repo Market under Pressure?', *Financial Times*(20 October 2016)

28. Andy Lees, Macro Strategy News Review(5 February 2016).

29. Niklas Magnusson, 'Negative Rates Fail to Spur Investment for Corporate Europe', Bloomberg(29 May 2016). 스웨덴 채권 수집회사 인트룸 유스티시아Intrum Justitia가 거의 1만 개의 유럽 기업을 대상으로 한 설문조사에서 대다수는 마이너스금리 정책에 따라 투자 계획을 변경하지 않은 것으로 나타났다. 인트룸은 "투자 계산에는 미래에 대한 가정이 포함된다"라고 썼다. "그 가정에는 미래의 안정과 번영에 대한 믿음이 포함되어야 한다. 아마도 마이너스 금리는 그 안정성을 전혀 나타내지 않을 것이다. 오히려 우리가 여전히 비상 상황이라는 것을 알려주지 않는가?"

30. Peter Levring and Frances Schwartzkopff, 'World's Longest Negative Rate Experiment Shows Perversions Ahead', Bloomberg(1 May 2016). 덴마크의 민간 투자는 지난 4년간 16% 감소했고 저축률은 26%(금리가 마이너스가 되기 전 20년 평균 수준보다 5%p 증가)로 상승했다. 연금제도 관리 기업 세임펜션의 고정소득 책임자 카스퍼 울레가드Kasper Ullegard는 블룸버그에 '마이너스 금리는 반생산적'이라고 말했다. 이 정책은 "미래 구매력을 보호하려고 사람들이 더 많이 저축하게 하고, 심지어 미래 수익과 리스크 투명성이 너무 낮기에, 리스크가 적은 자산을 선택하게 한다"라고 말했다. 기사는 대체 에너지 제공업체인 동 에너지가 현금 보유 비용을 줄이기 위해 6억 5000만 유로의 선순위 부채를 상환하기로 한 사례를 인용했다. 단스케 은행 역시 마이너스 금리로 부실 대출을 상환할 수 있었다고 보고했다.

31. Christian Wienberg, 'Negative Rates Hit Global Shipping Market', Bloomberg(8 May 2016).

32. Yuji Nakamura and Yuko Takeo, 'Japanese Stocks Plunge Amid Global Equity Selloff, Stronger Yen', Bloomberg(5 February 2016). 2016년 초 일본에 마이너스 금리가 등장한 후 엔화가 절상되고 은행주는 하락했는데, 이는 일반적으로 디플레이션의 시작과 관련된 시장 움직임이다. "시장은 마이너스 금리의 부정적인 측면을 보고 있다. 마이너스 금리는 금융 기관을 약화시키고, 경기부양 정책도 아니며 근본적으로 사람들에게 디플레이션 사고를 심고 있다"라고 신킨 자산 운용의 도쿄 수석 펀드매니저 준 카토는 말했다.

33. Jun Hongo and Miho Inada, 'Japanese Seeking a Place to Stash Cash Start Snapping Up Safes', Wall Street Journal(22 February 2016). 이 신문은 "중앙은행이 무엇을 하든 현금 금리가 항상 제로인 곳인 금고 수요가 높다. 금고에서 현금이 고갈되면 일본은행이 경제에서 돈을 더 활발하게 유통시키려는 움직임이 방해받을 수 있다"라고 보도했다.

34. 금융 정책의 한계에 대해서는 Jim Edwards, 'A Huge New Discovery in Economics: The Zero Bound is Absolute, After All', Business Insider(12 March 2016)을 보라.

35. David Hoag in 'Sub-Zero World: Not Much Positive About Negative Rates', Capital Group(23 May 2016), p. 3에서 언급.

36. 핑크는 "이러한 낮은 금리와 현재 마이너스 금리가 미래에 대한 투자자들의 저축과 계획 능력을 대신하고 있다는 데 충분한 관심을 쏟지 않고 있다"라고 썼다. Stephen Foley and Shawn Donnan, 'BlackRock's Larry Fink Warns Negative Rates Could Hit Spending', Financial Times(10 April 2016).

37. Paul Singer, Investment Perspectives(June 2016).

38. Robin Wigglesworth and Joel Lewin, 'Bill Gross Warns Over $10tn Negative-yield Bond Pile', Financial Times(10 June 2016).

39. Robert Farago, 'Not So Much a Supernova as Colliding Black Holes', letter to the Financial Times(13 June 2016).

40. Wigglesworth and Lewin, 'Bill Gross Warns Over $10tn Negative-yield Bond Pile'.

41. Maria Tadeo, 'Central Banks Make Global Economy Vulnerable, OECD's White Says', Bloomberg(9 February 2016).

42. Charles Goodhart, 'Do Not Ignore the Impact of Central Banks' Policies',

Financial Times(26 May 2016). 굿하트는 중앙은행 통화 정책이 전달 메커니즘, 즉 은행의 대출 행동을 고려하지 못했다고 말한다. "이렇듯 금융 마찰이 없는 세계에 대한 가정은 많은 거시경제 분석의 근본적인 약점이다."

43. William Poole, 'Negative Interest Rates Are a Dead End', *Wall Street Journal*(8 February 2016). 덴마크 복합기업 머스크의 닐스 앤더슨Nils Andersen 최고경영자는 블룸버그에서 정치인들이 필요한 개혁을 하지 않고, "낮은 경쟁력과 낮은 투자 수준을 가진 많은 나라가 직면하고 있는 경제 문제의 해결을 통화정책 입안자들에게 넘기고 있다"라고 말했다. Wienberg, 'Negative Rates Hit Global Shipping Market'를 보라.

44. Henry George, *Progress and Poverty, an Inquiry Into the Cause of Industrial Depressions and of Increase of Want with Increase of Wealth: The Remedy* (New York: 1923), p. 195.

45. Gustav Cassel, *The Nature and Necessity of Interest* (London: 1903), p. 109.

46. Irving Fisher, *The Theory of Interest: As Determined by Impatience to Spend Income and Opportunity to Invest It* [1930], from *The Works of Irving Fisher*, vol. IX, ed. William Barber (London: 1997), p. 78.

47. Ben Bernanke, 'Why Are Interest Rates So Low, Part 2: Secular Stagnation', Brookings(31 March 2015).

48. Axel Leijonhufvud, *On Keynesian Economics and the Economics of Keynes: A Study in Monetary Theory* (New York: 1968), p. 314.

49. Andrew Ward and David Oakley, 'Bankers Watch as Sweden Goes Negative', *Financial Times*(27 August 2009).

| 17장 |

1. 브렌단 브라운의 2015년 책 제목.

2. Patrizia Baudino et al., 'The Banking Crisis in Iceland', Financial Stability Institute, BIS(March 2020), p. 5.

3. 한 나라의 과잉 저축(즉, 투자 대비 저축 흑자)은 경상수지 흑자로 측정된다. 금융위기 이전 보유 외환은 누적 경상수지 흑자, 즉 '과잉 저축'보다 더 많이 증가했다. 2000년 1월부터 2008년 6월까지 19개 최대 보유국의 외환은 누적 경상수지 흑자보다 거의 1조 5000억 달러 증가했다. 이 차이 중 일부는 외국인

직접 투자와 투자 수익으로 설명할 수 있다.

4. Hyun Song Shin, 'Global Savings Glut or Global Banking Glut?', *VoxEU*, 20 December 2011.

5. Valentina Bruno and Hyun Song Shin, 'Capital Flows and the Risk-Taking Channel of Monetary Policy', NBER Working Paper(April 2013). 브루노와 신 은 VIX 지수에 의하면 연준의 금리 인하가 변동성을 줄였다고 주장한다. 금융 위기 이전 금융 변동성 감소는 미국 브로커-딜러들이 레버리지를 늘리고 글 로벌 은행들이 국경을 넘는 대출을 하도록 부추겼다. Hélène Rey, 'Dilemma not Trilemma: The Global Financial Cycle and Monetary Policy Independence', NBER Working Paper(May 2015 revised February 2018). Ouarda Merrouche and Erlend Nier, 'What Caused the Global Financial Crisis? Evidence on the Drivers of Financial Imbalances 1999 - 2007, IMF Working Paper(December 2010), p.28도 보라. 저자들에 따르면 "미국 금리에 비해 높은 국내 금리는 순자본유 입(경상수지 적자)과 관련이 있고, 낮은 금리는 유출과 관련이 있다." 이들은 지 역 통화 정책 기조보다는 자본 유입 강도가 위기 이전 OECD 국가 간 금융 불 균형(예금 대비 은행 신용으로 측정)을 결정하는 핵심 요인이었다고 결론짓는 다.

6. Claudio Borio and Piti Disyatat, 'Capital Flows and the Current Account: Taking Financing (More) Seriously', BIS Working Paper(October 2015). 경상수지는 순 자본 흐름의 척도이며, 보리오와 디샤탓은 총자본 흐름이 시스템 리스크를 분석하는 데 더 중요한 척도라고 주장한다. Claudio Borio and Piti Disyatat, 'Global Imbalances and the Financial Crisis: Link or No Link?', BIS Working Paper(May 2011)도 보라. 미국을 넘나드는 총자본 흐름은 2002년 1조 달러 미 만에서 2006년까지 2조 7500억 달러 이상으로 증가했다(BEA 데이터). 그해 미국 경상수지 적자는 총자본 흐름의 3분의 1에도 미치지 못했다.

7. Platon Monokroussos and Dimitrios D. Thomakos, 'Can Greece Be Saved? Current Account, Fiscal Imbalances and Competitiveness', Hellenic Observatory (June 2012). Pierre-Olivier Gourinchas and Maurice Obstfeld, 'Stories of the Twentieth Century for the Twenty-first', *American Economic Journal*, 4 (1) (January 2012)도 보라.

8. 2000년과 2006년 사이 유럽 신흥국의 주택담보대출은 매년 40% 이상 확대되 었다.

9. Adam Tooze, *Crashed: How a Decade of Financial Crises Changed the World*

(London: 2018), ch. 8 passim을 보라.

10. Rey, 'Dilemma not Trilemma'. 레이는 VIX 지표에 의하면 글로벌 유동성 주기가 미국 금융 시장의 변동성을 따른다는 것을 발견했다.

11. Doug Noland, 'Issues 2010', *Credit Bubble Bulletin*(8 January 2010). 2009년 한 해 동안 신흥 주식과 채권 펀드로 유입된 금액은 각각 645억 달러와 80억 달러였다.

12. Vincent Fernando, 'IMF: Dollar Carry-trade Creating Bubbles Around the World', *Business Insider*(9 November 2009).

13. Nouriel Roubini, 'Mother of all carry trades faces an inevitable bust', *Financial Times*(1 November 2009).

14. 2008년 이후, 신흥시장의 장기금리는 선진국의 채권 수익률과 더 많은 상관관계를 보였다. 뉴욕 연준에 따르면 10년물 미국 국채 수익률이 1%p 하락하면 신흥시장(현지 통화) 채권 수익률은 1.75%p 하락했다. Jeffrey Moore et al., 'Estimating the Impacts of the U.S. LSAPs on Emerging Market Economies' Local Currency Bond Markets', Federal Reserve Bank of New York, Staff Report No.595(January 2013).

15. 2010년 1분기 브라질 GDP는 전해 같은 기간에 비해 9% 증가했다. 같은 기간 말레이시아 경제는 10%, 대만 경제는 13% 성장했다. Doug Noland, 'Dysfunctional Markets', *Credit Bubble Bulletin*(14 May 2010), and 'Just the Facts', *Credit Bubble Bulletin*(21 May 2010).

16. Doug Noland, 'Rebalancing the World', *Credit Bubble Bulletin*(22 October 2010).

17. Rami Zurayk, 'Use Your Loaf: Why Food Prices were Crucial in the Arab Spring', *Guardian*(16 July 2011). 저자는 2010년 12월 튀니지 첫 시위가 빠르게 빵 폭동으로 격하되었다고 말한다.

18. Data from the UN Food and Agriculture Organization, http://www.fao.org/worldfoodsituation/foodpricesindex/en/.

19. 2010년 중국의 알루미늄, 납, 철강, 석탄, 철광석, 아연 등 여러 원자재 소비는 전 세계에서 40% 이상을 차지했다. 전 세계 구리 소비 점유율은 38%에 불과했지만, 한계 수요의 100% 이상을 차지하고 있었다.

20. Ronald McKinnon and Zhao Liu, 'Hot Money Flows, Commodity Price Cycles, and Financial Repression in the US and the People's Republic of China: The Consequences of Near Zero US Interest Rates', ADB Working Paper, Series on

Regional Economic Integration, No. 107 (January 2013), p. 6.

21. 2008년 이후 5년 동안 미국 외 달러 대출은 50% 증가해 2015년 총 8조 5000억 달러에 달했다. 2015년 신흥시장 차입국가들은 3조 달러 이상의 경화 부채를 지고 있다.

22. 신흥시장 현지 통화 부채 외인 보유액은 2008년 6500억 달러 미만에서 2013년 2조 5000억 달러로 증가했다.

23. Robert N. McCauley et al., 'Global Dollar Credit: Links to US Monetary Policy and Leverage', BIS Working Paper (January 2015).

24. 'Chapter VI: Understanding Globalization', 87th Annual Report: 1 (April 2016 – 31 March 2017), Bank for International Settlements (25 June 2017). Valentina Bruno and Hyun SongShin, 'Currency Depreciation and Emerging Market Corporate Distress', BIS Working Paper (October 2018)도 보라.

25. Doug Noland, 'Delta One', *Credit Bubble Bulletin* (16 September 2011). Noland refers to this *Wall Street Journal* article: John Lyons, 'Dark Side of Brazil's Rise', *Wall Street Journal* (13 September 2011).

26. Juan Pablo Spinetto and Peter Millard, 'Batista onBrink of $3.6 Billion Default as Talks Fail', Bloomberg (29 October 2013).

27. 블룸버그에 따르면 브라질 기업의 3분의 1이 수익의 절반 이상을 부채 상환에 쓰고 있었다.

28. Jonathan Watts, 'Brazil Opens Impeachment Proceedings against President Dilma Rousseff', *Guardian* (3 December 2015).

29. 'Turkey: Selected Issues', IMF Country Report No. 16/105 (April 2016), p. 40.

30. Benjamin Harvey and Taylan Bilgic, 'Turkish Yields Surge Most on Record as Protests Hit Lira, Stocks', Bloomberg (3 June 2013).

31. Ali Kucukgocmen and Behiye Selin Taner, 'Turkey's Erdogan Calls Interest Rates "mother of all evil" Lira Slides', Reuters (11 May 2018).

32. 2009년과 2013년 사이 튀르키예 은행의 상업 대출은 미국 달러로 평균 5%, 현지 통화로 평균 11%였다. 같은 기간 튀르키예 인플레이션율은 평균 8%, 연간 GDP 성장률은 평균 6%였다.

33. Georgi Kantchev, 'Building Boom Unravels, Deepening Turkey's Economic Crisis', *Wall Street Journal* (11 September 2018).

34. BIS가 계산한 시장 환율 미국 달러 GDP에서 부채가 차지하는 비율.

35. 평가 기관 무디스는 2005년과 2015년 사이 신흥시장 대외 부채가 신흥시장

GDP의 54%에 해당하는 3조 달러에서 8조 2000억 달러로 거의 세 배 증가했다고 밝혔다. Karin Strohecker, 'Emerging Market Debt Triples since 2005, Posing Threat, Moody's Says', Reuters(20 July 2016).

36. Bruno and Shin, 'Currency Depreciation and Emerging Market Corporate Distress'.

37. Valentina Bruno et al., 'Exchange Rates and the Working Capital Channel of Trade Fluctuations', *AEA Papers and Proceedings*, 108(May 2018). 발렌티나 브루노와 동료들은 이렇게 썼다. "공급망이 길어질수록 상당한 자금 조달이 필요하며, 이는 공급망의 길이에 따라 비선형적으로 증가한다." 이 논문은 이자율이 하락할 때 기업들은 더 많은 시간과 자본, 또는 그의 표현을 빌자면 더 '우회적인' 생산 방법을 사용할 것이라고 처음 제시했던 뵘바베르크의 말을 인용한다.

38. Yavuz Arslan et al., 'Globalisation and Deglobalisation in Emerging Market Economies: Facts and Trends', BIS Working Paper(December 2018), p. 21.

39. John. M. Keynes, 'National Self- sufficiency', Yale Review, 22 (4)(June 1933), p. 755~69.

40. Ben Bernanke, *The Courage to Act: A Memoir of a Crisis and Its Aftermath* (New York: 2017), p. 493.

41. Jerome H. Powell, 'Monetary Policy Influences on Global Financial Conditions and International Capital Flows', speech at Challenges for Monetary Policy and the GFSN in an Evolving Global Economy, Zurich(8 May 2018).

42. Claudio Borio, 'The International Monetary and Financial System: Its Achilles Heel and What to Do About It', BIS Working Paper(August 2014), p. 6.

43. Peter Coy, 'Taper Tantrums: Why Central Banking is Like Parenthood', Bloomberg(28 February 2014).

44. Borio, 'The International Monetary and Financial System: Its Achilles Heel and What to Do About It', p. 20.

45. Peter A. Thiel, 'The Optimistic Thought Experiment', Hoover Institution(29 Jan 2008). 티엘이 이 생각을 충분히 설명하지는 않지만, 많은 말을 덧붙일 수 있는 생각이다. 세계화의 초기는 대규모 외국 자본 흐름, 금리 하락, 금융 부문 확장, 주식 시장 거품 및 불평등 증가 등 최근의 경험과 공통점이 많다.

18장

1. Ronald McKinnon, *Money and Capital in Economic Development* (Washington, DC: 1973), ch. 7 passim를 보라.

2. Lien-sheng Yang, *Money and Credit in China: A Short History* (Cambridge: Mass., 1952), p. 95.

3. Lien-sheng Yang, *Money and Credit in China: A Short History* (Cambridge: Mass: 1952), pp. 95~96. 고대 메소포타미아와 마찬가지로 곡물 대출 이자는 화폐 대출 이자보다 훨씬 더 높았다. 당나라 시대 6~7개월 동안 곡물을 대출 하는 경우 50%의 이자가 붙었다.

4. Joseph Needham, *The Grand Titration: Science and Society in East and West* (London: 1969), p. 183.

5. Mark Elvin, *The Pattern of the Chinese Past: A Social and Economic Interpretation* (Stanford, Calif: 1973), p. 249에서 인용. 청나라가 무너진 후에 도 이와 비슷한 논평이 있었다. "중국인에게 부는 토지, 집, 가축, 그리고 모아 놓은 은을 의미했다. 상인은 돈을 더 벌면 땅과 집을 더 사고 은괴를 더 저장했 다. 중국 자본가들은 땅과 사업을 자본화해 증권 형태로 발행하는 일에 익숙 해지지 못했다." Charles Denby, 'The National Debt of China—Its Origin and its Security', *Annals of the American Academy of Political and Social Science*, 66(155)(July 1916), p. 55.

6. Elvin, *Pattern of the Chinese Past*, p. 161.

7. Alain Peyrefitte, *The Immobile Empire* (New York: 1992), p. 344.

8. Carl Walter and Fraser Howie, *Red Capitalism: The Fragile Financial Foundation of China's Extraordinary Rise* (Singapore: 2011), p. 3.

9. 2010년 10월 중국공상은행과 중국건설은행의 가치는 각각 2440억 달러와 2190억 달러로 평가되었다.

10. As measured by Deposit Money Bank Assets (St Louis Fed). World Bank, Deposit Money Bank Assets to GDP for China [DDDI02CNA156NWDB], retrieved from FRED, Federal Reserve Bank of St. Louis, https://fred.stlouisfed.org/series/DDDI02CNA156NWDB.

11. See Edward S. Shaw, *Financial Deepening in Economic Development* (New York: 1973), p.vii.

12. Robert G. King and Ross Levine, 'Finance and Growth: Schumpeter Might be

Right', *Quarterly Journal of Economics*, 108(3)(August 1993). 킹과 레빈은 "금융 서비스는 자본 축적률을 높이고 경제가 그 자본을 사용하는 효율을 향상시켜 경제 성장을 촉진시킨다"라고 결론지었다.

13. Ronald McKinnon and Zhao Liu, 'Hot Money Flows, Commodity Price Cycles, and Financial Repression in the US and the People's Republic of China: The Consequences of Near Zero US Interest Rates', ADB Working Paper, Series on Regional Economic Integration, No. 107(January 2013)를 보라.

14. 제임스 맥그리거James McGregor는 주룽지 중국 총리가 1995년 한국 방문 뒤, 보조금과 금융 우대를 통해 독점 재벌을 키운 한국 발전 모델을 1998년에서 2003년 사이 지지했다고 주장한다. James McGregor, *No Ancient Wisdom, No Followers: The Challenges of Chinese Authoritarian Capitalism* (Westport: Conn., 2012) 참조.

15. Joe Studwell, *How Asia Works: Success and Failure in the World's Most Dynamic Region* (New York: 2013), pp. 149~152. 한국 수출업체에 대한 은행 대출은 대체로 마이너스 실질금리를 적용했다.

16. Nicholas R. Lardy, 'Financial Repression in China', Peterson Institute for International Economics(September 2008), p. 4.

17. 1997년과 2013년 사이 세계 제조업에서 중국 점유율은 네 배 증가해 24%에 이르렀다. Stewart Paterson, *China, Trade and Power: Why the West's Economic Engagement Has Failed* (London: 2018) 참조.

18. Nicholas R. Lardy, *Sustaining China's Economic Growth after the Global Financial Crisis* (Washington, DC: 2012), p. 98.

19. 중국 외환 운용이 물가상승에 끼친 영향은 '멸균sterilization' 채권이라 알려진 중앙은행 채권 발행과 은행에 더 높은 자본 준비금을 유지하도록 강제하는 규제로 어느 정도 상쇄되었다.

20. 'Rate Gap Drives China Central Bank Money Operations', Business Recorder(12 January 2007).

21. Daniel H. Rosen and Logan Wright, 'Credit and Credibility: Risks to China's Economic Resilience', Center for Strategic and International Studies(3 October 2018)을 보라.

22. 'The Labour Share in G20 Economies', *OECD Report prepared for the G20 Employment Working Group* (February 2015), pp. 26~27 참고. 스탠다드차타드 은행의 스티븐 그린Stephen Green은 가계 가처분소득이 1992년에서 2008

년 사이 GDP 10% 포인트 떨어졌다고 추정한다. Stephen Green, 'China – Masterclass: Nick Lardy and the Consumption Thing', Standard Chartered(31 January 2012). GDP 소비 비중 하락의 4분의 3 정도는 이러한 가계 가처분소득의 감소 때문이었다.

23. Michael Pettis, *The Great Rebalancing: Trade, Conflict, and the Perilous Road Ahead for the World Economy* (Princeton: 2013), p. 85.

24. Michael Pettis, *The Great Rebalancing: Trade, Conflict, and the Perilous Road Ahead for the World Economy*(Princeton: 2013), p. 59. Guonan Ma and Wang Yi, 'China's High Saving Rate: Myth and Reality', BIS Working Paper(June 2010)도 참고. 이 논문은 1992년과 2007년 사이 비금융 기업 부문의 이자 지급이 GDP의 절반 이상을 차지하면서 기업 저축의 30% 증가에 이바지했음을 보여준다.

25. Ronald McKinnon, *The Unloved Dollar Standard: From Bretton Woods to the Rise of China* (New York: 2013), p. 204.

26. 정부 저축 증가분(1992~2008년)은 GDP의 8%에 달했으며 이는 이 기간 국민 총저축 증가율의 절반 이상을 차지한다. 이 비율은 토지 매각으로 인한 수익 증가와 정부 기관 투자 증가를 반영한다. 낮은 금리가 이런 정부 투자(저축)의 확대를 촉진했다.

27. 예를 들어, Claudio Borio and Piti Disyatat, 'Global Imbalances and the Financial Crisis: Link or No Link?', BIS Working Paper(May 2011)를 보라.

28. Thomas Orlik, *China: The Bubble That Never Pops* (New York: 2020), p. 78.

29. Ibid., p.27.

30. Rosen and Wright, 'Credit and Credibility' 참고. 중앙은행은 은행의 지급 준비율 요건도 낮췄다(이로써 은행의 대출 조건이 완화되었다).

31. Orlik, *China*, p. 85.

32. 이 추정치는 중국의 공식 보유 외환과 누적 경상수지 간의 차이에서 나온 것이다.

33. 중국 기업의 외화 부채(대부분 미국 달러)는 2008년 500억 달러에서 2013년 2250억 달러로 증가했다. Hyun Song Shin, 'The Second Phase of Global Liquidity and its Impact on Emerging Economies', in *Volatile Capital Flows in Korea: Current Policies and Future Responses*, eds. Hyun Song Shin, Hail Park, Kyuil Chung, Soyoung Kim and Chong Ju Choi(New York: 2014).

34. Charlene Chu, in a talk to Grant's Conference(New York: 21 Oct 2014), BIS

Data. 이보다 앞선 BIS 보고서에 따르면 중국에 대한 외화 대출은 2009년 2700억 달러에서 2013년 3월 8800억 달러로 증가했다. 대출의 8.5%에 해당하는 액수이다. Dong He and Robert N. McCauley, 'Transmitting Global Liquidity to East Asia: Policy Rates, Bond Yields, Currencies and Dollar Credit', BIS Working Paper(February 2014).

35. Orlik, *China*, p. 4.

36. Pettis, *The Great Rebalancing*, p. 68.

37. Peter Tasker, 'Japan and Then Some', *Newsweek*(1 December 2007).

38. 정부는 또 거래 수수료를 낮추고 1인당 허용되는 중개 계좌 수를 1개에서 20개로 늘렸다. BNP 파리바 은행은 상하이 증권거래소에서 거래되는 물량 5분의 1이 마진 론으로 자금을 조달했다고 추정했다. *Capital Returns: Investing through the Capital Cycle: A Money Manager's Reports 2002–15*, ed. Edward Chancellor(London: 2016), pp. 176~183 참고.

39. Bloomberg News, 'U.S. Dot-Com Bubble was Nothing Compared to Today's China Prices', Bloomberg(7 April 2015).

40. David Keohane, 'This is Nuts. Revive the A Shares, Benefit the People?', *Financial Times*(9 July 2015).

41. Orlik, *China*, p. 87.

42. Doug Noland, 'A Year in Reflation', *Credit Bubble Bulletin*(5 March 2010).

43. Doug Noland, 'Deficits and Private Sector Credit', *Credit Bubble Bulletin*(23 April 2010).

44. Yawen Chen and Nicholas Heath, 'China September Home Prices Rise at Record Rate, Stretching Affordability Further', Reuters(21 October 2016). 2016년 9월 신규 주택 대출은 전년 대비 76% 증가했다.

45. Jing Wu, Joseph Gyourko and Yongheng Deng, 'Evaluating the Risk of Chinese Housing Markets: What We Know and What We Need to Know', NBER Working Paper(July 2015).

46. 올리크가 2020년 출간한 *China: The Bubble that Never Pops*이라는 책의 부제다.

47. Julien Garran, 'Will China Inflate or Deflate the World?', Macro Strategy Research(14 September 2018).

48. Dinny McMahon, *China's Great Wall of Debt: Shadow Banks, Ghost Cities, Massive Loans, and the End of the Chinese Miracle* (New York: 2018), p. 127. Kenneth Rogoff and Yuanchen Yang, 'Has China's Housing Production

Peaked?', *China and the World Economy*, 21 (1) (2021), pp. 1~31.

49. Melissa Chan, 'China's Empty City', Al Jazeera (10 November 2009).

50. 중국의 종합경제정보 사이트인 Hexun.com (2010년 7월 15일)은 국가전력망공사State Grid가 주택 6500만 채가 지어진 사실을 발견했다고 주장했다.

51. Kaiji Chen and Yi Wen, 'The Great Housing Boom of China', Working Paper series, Federal Reserve Bank of St. Louis (August 2014). 세인트루이스 연준은 2013년 대도시(1선, 2선, 3선 도시)의 공실률을 22.4%로 추산했고, 소득 최상위 10분위 가정의 40%가 집 두 채를 소유하고 있다고 주장했다. 2018년 12월 청두 사우스웨스턴대학 교수이자 중국 가구 소득 조사 저자 리깐 교수가 추정한 바에 따르면 주택 21.4%에 해당하는 6400만 채의 주택이 비어 있었다. Kenji Kawase, Coco Liu and Nikki Sun, 'China's Housing Glut Casts Pall over the Economy', *Nikkei Asian Review* (13 February 2019)

52. Orlik, *China*, p. 24.

53. Mike Bir, 'The Trouble with a Bubble that Just Won't Burst', *Wall Street Journal* (16 July 2020). 프린스턴 및 광화경영대학원 연구는 중국 토지가격과 총요소생산성(노동 생산성뿐 아니라 노동자의 업무 능력, 자본투자 금액, 기술 등을 반영한 생산효율성 수치—옮긴이) 사이에 반비례 관계가 있음을 발견했다. 토지 호황 규모가 크고 담보대출이 많은 도시일수록 부동산에 주력하는 경향을 보였고 생산적인 기업들을 밀어내고 이들의 자금 조달 비용을 증가시키는 경향을 보였다.

54. Yin Zhongqing, former Deputy Director of the Finance and Economics Committee of the National People's Congress, cited by Gabriel Wildau, 'Chinese Top Official Warns Economy "Kidnapped" by Property Bubble', *Wall Street Journal* (10 August 2017).

55. Estimate of new homes sold to speculators by China Academy of Social Sciences, cited by Lingling Wei and Dominique Fong, 'China's Booming Housing Market Proves Impossible to Tame', *Wall Street Journal* (12 July 2017). Estimate of vacant property ownership from FT Confidential Research, cited in Tom Hancock and Gabriel Wildau, 'Chinese Property Boom Props Up Xi's Hopes for the Economy', *Financial Times* (18 October 2017).

56. Wade Shepard, *Ghost Cities of China: The Story of Cities without People in the World's Most Populated Country* (London: 2015), p. 180.

57. Evan Osnos, *Age of Ambition: Chasing Fortune, Truth, and Faith in the New*

China (New York: 2014), p. 236.

58. McMahon, *China's Great Wall of Debt*, p. 40.

59. Atif Ansar et al., 'Does Infrastructure Investment Lead to Economic Growth or Economic Fragility? Evidence from China', *Oxford Review of Economic Policy*, 32 (3)(Autumn 2016).

60. Joseph Needham, Wang Ling and Lu Gwei-Djen, *Science and Civilisation in China: Vol. IV, Physics and Physical Technology* (Cambridge: 1971), p. 149.

61. The Strategic Emerging Industries policy comprises 7 industrial sectors and 35 subsectors; McGregor, *No Ancient Wisdom*, p. 23을 보라. 또한 Barry Naughton, 'China's Economic Policy Today: The New State Activism', *Eurasian Geography and Economics*, 52 (3)(May 2011)도 보라.

62. McGregor, *No Ancient Wisdom*, p. 4.

63. Michael Pettis blog(26 February 2009).

64. 'Overcapacity in China', European Chamber of Commerce,(November 2009). 2008년 말 최대 6억 6000만 톤 생산 용량을 갖추었던 중국의 철강업 생산 수요는 2억 톤 감소했다. 그런데도 2009년 5800만 톤 생산 용량을 갖춘 새 철강 공장이 건설 중이었다.

65. Ibid. 또한 Usha C. V. Haley and George T. Haley, *Subsidies to Chinese Industry: State Capitalism, Business Strategy, and Trade Policy* (Oxford: 2013)도 보라.

66. Ana Swanson, 'How China Used More Cement in 3 Years than the U.S. did in the Entire 20th Century', *Washington Post*(24 March 2015). 홍콩에서 활동하는 분석가 툴록의 주장에 따르면 중국 인구 1인당 시멘트 소비량 1.7톤은 스페인의 최근 건설 호황 때의 소비량과 비슷했다. Gillem Tullock, 'China Long and Short: The Tyranny of Numbers', GMT Research(8 October 2014) 참고.

67. Sheng Hong and Zhao Nong, *Chinese Economics Research Series, Volume I: China's State-Owned Enterprises: Nature, Performance and Reform* (Singapore: 2013), introduction.

68. Gabriel Wildau, 'China's State-owned Zombie Economy', *Financial Times*(29 February 2016).

69. Orlik, *China*, p. 120.

70. Wildau, 'China's State-owned Zombie Economy'.

71. Orlik, *China*, p. 121.

72. Brian Spegele and John W. Miller, 'China Continues to Prop Up its Ailing Factories, Adding to Global Glut', *Wall Street Journal*(9 May 2016).

73. McMahon, *China's Great Wall of Debt*, p. 37.

74. Ibid., p. 59.

75. Data from 2016 and 2017. Jeff Desjardins, 'China's Staggering Demand for Commodities', Visual Capitalist(2 March 2018)를 보라. https://www. visualcapitalist.com/ chinas-staggering-demand-commodities/.

76. 'Total greenhouse gas emissions (kt of CO2 equivalent) – China', World Bank data, https://data.worldbank.org/indicator/EN.ATM.GHGT. KT.CE?locations=CN.

77. Henry Maxey, 'Dismantling the Deflation Machine', The *Ruffer Review*(January 2020), p. 13.

78. Janos Kornai, *The Socialist System: The Political Economy of Communism* [1992] (Oxford: 2007), p. 518.

79. Paul Krugman, 'The Myth of Asia's Miracle', *Foreign Affairs*, 73 (6)(November/ December 1994), p. 63.

80. US investor James Chanos of Kynikos Associates가 언급함. : Shiyin Chen, 'China on "treadmill to hell" Amid Bubble, Chanos Says', Bloomberg(7 April 2010).

81. Orlik, *China*, p. 3.

82. 2000년에서 2014년 사이 중국의 부채 누적액은 2조 1000억 달러에서 28조 2000억 달러로 늘었다. 대략 누적 투자액수 29조 달러 때문에 늘었다고 볼 수 있는 액수다. Ansar, et al., 'Does Infrastructure Investment Lead to Economic Growth or Economic Fragility?'.

83. Between 1997 and 2007, Spain's non-financial credit climbed from 159 to 251 percent of GDP.

84. Reported in Wolf Richter, 'Debt Boom in China Could Lead to "Financial Crisis," But Maybe Not Yet: New York Fed', Wolf Street(27 February 2017), https://wolfstreetcom/2017/02/27/credit-boom-in-china-to-financial-crisis-but-not-yet/.

85. Doug Noland, 'ThePerils of a Resurgent China Credit Boom', *Credit Bubble Bulletin*(14 October 2016).

86. Bloomberg News, 'China Hidden Local Government Debt is Half of GDP,

Goldman Says', Bloomberg(29 September 2021).

87. Andy Lees, *Macro Strategy News Report*(24 October 2017). 2017년 6월까지 12 개월 동안 이자 지불액은 명목 GDP 성장률을 8조 위안 초과했다. 리스는 새 신용의 거의 70%가 기존 이자를 갚는 데 필요했으리라 추산한다.

88. 페티스는 "대출자와 은행이 '성장'해 다시 지급 상환할 수 있게 해준 것은 심각 한 금융 억압이었지만, 이 성장은 주로 대출 상환의 실제 비용을 마이너스 실 질금리의 형태로 가계 예금자들에게 전가했기 때문에 발생했다"라고 썼다.

89. Walter and Howie, *Red Capitalism*, ch. 5.

90. Doug Noland, 'Pro-bubble', *Credit Bubble Bulletin*(24 April 2015).

91. Gabriel Wildau, 'Prominent China Debt Bear Warns of $6.8tn in Hidden Losses', *Financial Times*(16 August 2017). Paul Panckhurst, '"Massive Bailout" Needed in China, Banking Analyst Chu Says,' Bloomberg (23 May 2016)도 참 고. 2016년 10월, 매크로스트레티지의 앤디 리스는 금융 시스템의 숨겨진 손 실은 GDP 16%에서 24% 사이라고 말했다. 제이캐피털의 앤 스티븐슨 양Anne Stevenson-Yang은 (개인 이메일에서) 무수익 여신non-performing loans(이자가 연 체되고 원금 상환도 어려워 보이는 부실 채무—옮긴이)이 비금융권 부채의 약 20%, GDP 60%에 달하리라 추산했다.

92. Gabriel Wildau and Don Weinland, 'China Debt Load Reaches Record High as Risk to Economy Mounts', *Financial Times*(23 April 2016).

93. Bloomberg News, 'China Has a $1.2 Trillion Ponzi Finance Problem', Bloomberg(19 November 2015).

94. 페티스가 쓴 대로 "만일 중국 투자가 생산적이었다면, 즉 투자에서 오는 미래 이득의 가치가 비용과 맞먹거나 비용을 초과했다면, 투자 증가는 국채 비율의 일시적 상승을 초래했겠지만 이러한 증가는 곧 투자로 인한 성장이 관련 부채 이자 비용을 따라잡아 초과하면서 역전되었을 것이다. 그러나 과거 10년에서 15년 동안 중국 부채는 GDP 대비 치솟았을 뿐 아니라 상승세도 오히려 가속 화되었다." 'Why the Bezzle Matters to the Economy', China Financial Markets, Carnegie Endowment for International Peace(23 August 2021).

95. Orlik, *China*, p. 128.

96. McMahon, *China's Great Wall of Debt*, p. xix.

97. BIS data.

98. 원저우시의 비공식 신용 시스템에 대한 상세한 내용은 Kelle Tsai, *Back-Alley Banking: Private Entrepreneurs in China*(Ithaca, NY: 2002), ch.3 여기저기를 보라.

99. Lijian, 'Booming Shadow Banks Undermine the Economy', *Shanghai Daily*(31 October 2011)를 보라.

100. Chen Yufeng, Ye Zhipeng and Huang Guan, 'The Financial Crisis in Wenzhou: An Unanticipated Consequence of China's "four trillion yuan economic stimulus package"', *China: An International Journal*, 16 (1)(February 2018).

101. Jamil Anderlini, 'Chinese Property: A Lofty Ceiling', *Financial Times*(13 December 2011).

102. David Pierson, 'Shaky Underground Banking System Raises Fears in China', *Los Angeles Times*(14 October 2011).

103. Orlik, *China*, p. 45.

104. Yu Ran, 'Property Developer Going Underground', *China Daily*(19 September 2011).

105. YuRan, 'Farmers Allowed to Use Pigs, Cows as Collateral', *China Daily*(30 October 2012).

106. Bloomberg News, 'China Default Chain Reaction Threatens Products Worth 35% of GDP', Bloomberg(29 May 2016).

107. Yuan Yang and Gabriel Wildau, 'Chinese Banks Disguise Risky Loans as "Investments"', *Financial Times*(29 April 2016).

108. Bonnie Cao, Ye Xie and Saijel Kishan, 'Soros Says China's Economy Looks Like the U.S. before the Crisis', Bloomberg(20 April 2016).

109. Former Fitch China Bank analyst Charlene Chu, Bloomberg News, 'China Default Chain Reaction'에서 인용.

110. Wright and Rosen, 'Credit and Credibility', p. 29.

111. Zhao Hongmei, Lucy Hornby and Aileen Wang, 'China's Huaxia Bank Says Rogue Employee Sold Troubled Wealth Product', Reuters(2 December 2012). 또한 John Foley, 'Shades of Grey', *Reuters Breakingviews*(6 December 2012)도 보라.

112. Edward Chancellor and Mike Monnelly, 'Feeding the Dragon: Why China's Credit System Looks Vulnerable', GMO White Paper(January 2013).

113. Christopher Balding, 'Guest Post: Sizing Up NPL Risk in China', *Financial Times*(28 October 2015). 또한 Emily Perry and Florian Weltewitz, 'Wealth Management Products in China', *RBA Bulletin*, Reserve Bank of Australia(June 2015)도 보라.

114. Michael Pettis, 'What does Evergrande Mean for China?', *China Financial Markets* (20 September 2021).

115. Bloomberg News, 'China's Central Bank Chief Warns of "sudden, contagious and hazardous" Financial Risks', Bloomberg (4 November 2017).

116. Wright and Rosen, 'Credit and Credibility', p. 95.

117. Elias Glenn and Kevin Yao, 'ChinaCentral Bank Warns against "Minsky Moment" Due to Excessive Optimism', Reuters (18 October 2017).

118. Wright and Rosen, 'Credit and Credibility'. 바오샹은행은 2020년 여름 마침내 문을 닫았다. 2001년 산터우은행 파산 이후 최초의 중국 은행 도산이다.

119. 국제자금 투명성 감시기구 추산. 가짜 수입 송장을 통해 중국에서 유출된 불법 자본만 2015년 3430억 달러에 달하는 것으로 추산되었다. 'Trade-Related Illicit Financial Flows: Data by Country', Global Financial Integrity, https://gfintegrity.org/data-by-country/.

120. Doug Noland, 'Monetary Fiasco', *Credit Bubble Bulletin* (20 November 2015).

121. Wei Gu and Chuin-Wei Yap, 'China, Fighting Money Exodus, Squeezes Business', *Wall Street Journal* (8 March 2016).

122. Jamil Anderlini, Ben Bland, Gloria Cheung and Lucy Hornby, 'Chinese Billionaire Abducted from Hong Kong', *Financial Times* (31 January 2017).

123. Shaw, *Financial Deepening*, p. 15.

124. Anne O. Krueger, 'The Political Economy of the Rent-seeking Society', *American Economic Review*, 64 (3)(June 1974)를 보라.

125. Karl Marx, Capital, vol. III, ed. Friedrich Engels (London: 1894), p.362 fn.

126. John Kenneth Galbraith, *The Great Crash 1929* (London: 1993), pp. 152~53.

127. Yan Sun, *Corruption and Market in Contemporary China* (Ithaca, NY: 2018), p.75.

128. Andrew Wedeman, *Double Paradox: Rapid Growth and Rising Corruption in China* (Ithaca, NY: 2012), p. 115.

129. 2011년, 마카오 세입은 연간 40%씩 성장했다. 마카오 카지노들의 합산 회전율은 300억 달러에 근접했다. 승률 2.8%를 감안하면 총 회전율이 대략 1조 달러, 즉 중국 GDP의 6분의 1이었음을 시사한다. 그해 평균 베팅 규모는 홍콩달러로 3만 달러였다. (2011년 5월 16일 시티뱅크의 아시아 주식 담당 책임자와 저자의 대화).

130. Minxin Pei, *China's Crony Capitalism: The Dynamics of Regime Decay*

(Cambridge, Mass: 2016), pp. 21, 83 참고. 페이의 논평에 따르면 정치 권력의 경제적 가치가 상승하면서 관료 상납 뇌물 액수가 크게 늘었다. 2001년 이전 공직 매매 중위값이 120만 위안이었던 데 비해 2001년 이후 530만 위안으로 늘었다.

131. 이 점은 호주의 저널리스트 존 가넛John Garnaut이 2011년 '중국은 마피아 국가가 되어가고 있는가? Is China Becoming a Mafia State?'라는 제목으로 한 어느 발표에서 지적한 것이다. USC U.S.-China Institute(23 February 2011), https://www.youtube.com/watch?v=aa4oVHz32i4.

132. 우징리엔은 1987년에 총 임대료가 GDP의 20%를 차지했던 것으로 추산했으며, 1992년에는 32%로 증가한 것으로 추정하고 있다. *Wu Jinglian: Voice of Reform in China*, ed. Barry Naughton (Cambridge, Mass: 2013), p. 76.

133. Doug Noland, 'So Much for the Exit Strategy', *Credit Bubble Bulletin* (13 August 2010).

134. John Garnaut, *The Rise and Fall fo the House of Bo: How a Murder Exposed the Cracks in China's Leadership* (London: 2012), ch. 9. 전직 총리인 리펑과 주룽지, 그리고 장쩌민 주석의 가족이 모두 엄청난 부를 축적했다는 보도가 있었다. Richard McGregor, *The Party: The Secret World of China's Communist Rulers* (New York: 2010), p. 81.

135. Published by Peking University's Social Science Research Centre on 26 July 2014, Tulloch, 'China Long and Short'에서 인용.

136. Pei, *China's Crony Capitalism*, p. 260.

137. 헨리 샌더슨Henry Sanderson과 마이클 포시스Michael Forsythe, *China's Superbank: Debt, Oil and Influence – How China Development Bank is Rewriting the Rules of Finance* (Hoboken, NJ: 2013). 데이비드 굿먼David Goodman에 따르면 상하이 최대 개발업자 15명 중 12명은 중국공산당 관료의 자녀였다. David S. G. Goodman, 'The New Rich in China: Why There is no New Middle Class', *Journal of the Sydney University Arts Association*, 32(2010)

138. Victor Shih가 언급, '50 Million Chinese Left Homeless by Developers', *Sidney Morning Herald*(24 October 2011)를 보라.

139. Etienne Balazs, *Chinese Civilization and Bureaucracy: Variations on a Theme* (London: 1974), p. 53. 또한 Shmuel Noah Eisenstadt, *The Decline of Empires* (Englewood Cliffs, NJ: 1967), p. 115도 보라.

140. Barry Naughton, 'Loans, Firms, and Steel: Is the State Advancing at the Expense of the Private Sector?', *China Leadership Monitor*(2009) 참고. 사실 민간 부문

대비 국가의 성장은 글로벌 금융위기 전부터 명백히 나타났다. 이에 대한 설명은 Yasheng Huang, *Capitalism with Chinese Characteristics*(Cambridge: 2008) 참고.

141. Wright and Rosen, 'Credit and Credibility', p. 29.

142. 금융 억압은 중국인민은행이 중앙은행 지폐를 발행하는 비용을 낮춰주었다. 이렇게 발행한 중앙은행 지폐는 구매한 보유 외환 멸균에 쓰였다. 2010년 무렵 이렇게 발행한 통화는 약 4조 위안에 달했다. 저금리는 또한 외국 자본('핫머니')의 중국 유입을 줄일 목적도 있었다.

143. 'Principal Contradiction Facing Chinese Society has Evolved in New Era', *Xinhua News*(18 October 2017).

| 결론 |

1. M. Belen Sbrancia, 'Debt, Inflation and the Liquidation Effect', University of Maryland(August 2011).

2. 2007년에서 2018년 사이 GDP 대비 정부 부채는 미국에서 41%, 영국에서 45%, 유로존에서 32%, 일본에서는 62% 상승했다. 같은 기간 이 나라들의 총 비금융 부채는 각각 23%, 29%, 31%, 61% 증가했다. Charles Goodhart and Manoj Pradhan, *The Great Demographic Reversal*(Cham, Switzerland: 2020), p.167 참고.

3. Sidney Homer and Richard Sylla, *A History of Interest Rates*, 3rd edn (Hoboken, NJ: 1996), pp. 355~6.

4. Sarah Binder and Mark Spindel, *The Myth of Independence: How Congress Governs the Federal Reserve* (Princeton: 2017), p. 136.

5. 벨렌 스브랜시아Belen Sbrancia의 추정에 따르면 금융 억압으로 인해 영국 정부 부채는 (GDP 대비) 170%p 감소했다.

6. Russell Napier, 'Capital Management in an Age of Financial Repression', Orlock Advisors(6 September 2016).

7. Russell Napier, 'The Silent Revolution: How to Inflate Away Debt … with More Debt', Orlock Advisors(24 June 2020).

8. Carmen M. Reinhart et al., 'Financial Repression Redux', *IMF Finance & Development*, 48(1)(June 2011). 저자들은 이전 4년 동안 21개 선진국 실질금

리가 거의 2년에 동안 마이너스였다는 점을 지적한다.

9. Carmen M. Reinhart and Jacob F. Kirkegaard, 'Financial Repression: Then and Now', *VoxEU*(March 2012). 두 저자는 바젤 3의 규정에 따라 은행의 정부 부채 보유는 더 낮은 자본 요건을 요구한다고 말한다. 2008년 영국 은행들은 영국 정부 채권 보유액을 늘려야 했다.

10. Napier, 'Capital Management in an Age of Financial Repression'. 네이피어는 2008년 이후 프랑스와 포르투갈과 아일랜드와 헝가리에서 정부가 운영하는 연금이 시중 은행에 인수되었고 진술했다.

11. Ray Dalio, 'An In-Depth Look at Deleveragings', Bridgewater Associates(February 2012), p. 2.

12. Goodhart and Pradhan, *The Great Demographic Reversal*, pp. 165~77를 보라.

13. Raghuram Rajan, 'The Dangers of Endless Quantitative Easing,' Project Syndicate(2 August 2021).

14. Ian Brenner, *The End of the Free Market: Who Wins the War between States and Corporations?* (London: 2010), p. 53.

15. 서구에서는 위기의 여파로 정부 지출이 차지하는 비중이 높아짐에 따라 국가의 약진이 표면적으로도 드러났다. 미국과 영국에서는 GDP 대비 정부 지출의 증가는 오래가지 않았다. 반면 유로존과 일본은 GDP 대비 국가 비중이 위기 이전에 비해 높은 수준을 유지했다.

16. Gillian Tett, 'Markets Insight: US Mortgage Market Depends on State Support', *Financial Times*(25 April 2013). 질리언 텟Gillian Tett은 "국가의 이 정도 지원은 서구 세계 어디서도 유례가 없는 일이다"라고 썼다. 그는 "투자자들이 민간 투자[주택담보증권] 시장을 완전히 포기했으며, 정부가 유동화 시장의 거의 100%를 차지한다"라는 하원금융서비스위원회의 결과를 인용했다.

17. Adair Turner, *Between Debt and the Devil: Money, Credit, and Fixing Global Finance*(Oxford: 2016), p. 11. 다른 글에서 터너는 다음과 같이 쓰고 있다. "민간 신용의 양과 배당을 자유시장 세력에게 맡길 수 있다는 생각을 거부해야 한다."

18. ECB는 '장기특정대출프로그램targeted longer-term refinancing operations'을 도입했다. 이 프로그램에 '특정'이라는 말이 들어 있다는 사실 자체가 ECB가 신용의 방향을 지휘하려 들고 있었다는 사실을 드러낸다.

19. 처음에 ECB는 2차 시장(이미 발행된 유가증권이 투자자 간에 거래되는 유통시장—옮긴이)에서 기업 채권만 매수했지만, 나중에는 새로 발행되는 채권까지

사들이기 시작했다.

20. Gavin Jackson, 'Apple and McDonald's on BoE's Bond-buying List', *Financial Times* (12 September 2016).

21. Ambrose Evans-Pritchard, 'Italy's Rebellious Rulers Take Aim at Central Bank in Guerrilla War with Brussels', *Daily Telegraph* (21 June 2019). 에번스 프리처드는 "드라기가 지배한 이탈리아 은행은 2011년 베를루스코니 정권의 실각을 초래한 사건들에서 핵심적인 역할을 했다. 추정에 따르면 ECB는 채권 매입 스위치를 켰다 껐다 하면서 리스크 스프레드를 통제하고 베를루스코니를 압박했다. (…) 베를루스코니는 자신이 '쿠데타'의 제물이라고 말했다"라고 썼다.

22. 2010년, 일본은행은 일본 부동산 시장을 위해 부동산 투자신탁을 매입하기 시작했다. 나중에 일본은행은 도쿄증권거래소가 승인한 보수 및 투자 방침을 갖춘 기업의 주식만 매입하겠다고 발표했다. 일본은행의 상장지수펀드 매입은 시장가치 가중 TOPIX 지수보다 가격 가중 닛케이 평균 주가 지수에 포함된 주식들을 선호함으로써 이 지수들의 상대 실적을 왜곡했다. Sayuri Shirai, 'The Effectiveness of the Bank of Japan's Large-scale Stock-buying Programme', *VoxEU* (16 October 2018) 참고.

23. Leo Lewis and Lucy Colback, 'Japanese Stocks and the BoJ: A Study in Distortion', *Financial Times* (30 August 2016).

24. Andrew Haldane, 'How Low Can You Go?', Bank of England speech (18 September 2015).

25. Kenneth Rogoff, *The Curse of Cash: How Large-Denomination Bills Aid Crime and Tax Evasion and Constrain Monetary Policy* (Princeton: 2017), p. 4.

26. F. A. Hayek, *The Road to Serfdom, in The Collected Works of F. A. Hayek*, vol. II, ed. Bruce Caldwell (Chicago: 2007), p. 125.

27. Fyodor Dostoyevsky, *The House of the Dead: A Novel in Two Parts* [1860] (New York: 1915), p. 16.

28. '디지털 팬옵티콘'이라는 용어는 브렛 스콧Brett Scott이 사용했다. 'The War on Cash' (The Long and Short: 19 August 2016).

29. Hayek, *Road to Serfdom, in Collected Works*, II, p. 29.

30. Ibid., II, p. 73.

31. Ibid., II, p. 104.

32. Ibid., II, p. 137.

33. Ibid., II, p. 154.

34. Ibid., II, p. 90.
35. Ibid., II, p. 137.
36. Ibid., II, p. 215.
37. Ibid., II, p. 216.
38. Joseph A. Schumpeter, *Capitalism, Socialism and Democracy* [1942] (London: 2003), p. 131.
39. Ibid., p. 153.
40. James Grant, *Grant's Interest Rate Observer*, 37 (3)(8 February 2019).
41. Jonathan Tepper and Denise Hearn, *The Myth of Capitalism: Monopolies and the Death of Competition* (Hoboken, NJ: 2019).
42. 2008년, 이코노미스트 인텔리전스 유닛Economist Intelligence Unit은 수십 년간 지속된 세계 민주화 추세가 끝났다고 경고했다. Brenner, *The End of the Free Market*, p. 9. 2015년, 브루킹스 연구소에서 내놓은 'Is Democracy in Decline?' 이라는 제목의 보고서는 전 세계 민주주의가 몇 년에 걸쳐 후퇴해왔다는 사실을 적시했다. Robert Kagan, 'Is Democracy in Decline? The Weight of Geopolitics, Brookings(26 January 2015).
43. 조엘 코트킨Joel Kotkin은 미국과 유럽 전역과 호주와 뉴질랜드의 젊은이들이 민주주의에 대한 믿음을 잃어가고 있다고 주장했다. 유럽 청년들은 부모 세대의 세 배나 되는 비율로 민주주의가 실패하고 있다고 믿는 경향을 보였다. Joel Kotkin, *The Coming of Neo-Feudalism: A Warning to the Global Middle Class*(New York: 2020).
44. Martin Wolf, 'Negative Rates are Not the Fault of Central Banks', *Financial Times*(12 April 2016).
45. Wilhelm Ropke, *Crises and Cycles* (London: 1936), pp. 9~10.
46. *A Tiger by the Tail*은 인플레이션에 대한 하이에크의 글을 묶은 책으로 영국 경제문제연구소에서 출간되었다.
47. The Icelandic Central Bank, 'Ten Years Later – Iceland's Crisis and Recovery', *The Economy of Iceland*(2018), ch. 6.
48. Patrizia Baudino et al., 'The Banking Crisis in Iceland', The Financial Stability Institute, BIS(March 2020).
49. 'In subjects of great complexity'에서 하이에크는 "이론들은 반증하기 힘들다. (따라서) 열등한 경쟁이론을 제거하는 일도 논쟁 기술은 물론, 그 이론을 이용하는 사람의 설득력과 밀접하게 연관되다 보니 매우 느리게 진행될 것이

다. 어떤 이론이 더 옳으냐를 단번에 판단하는 실험이란 있을 수 없다"라고 썼다. *Studies in Philosophy, Politics and Economics*. Bruce Caldwell, *Hayek's Challenge*(Chicago: 2004), p. 370에서 인용.

50.   Hannes H. Gissurarson, 'Hayek in Iceland'(8 May 2021), https:// theconservative.online/article/ hayek-in-iceland.

| 후기 |

1.   Mervyn King, 'The World Turned Upside Down', Per Jacobsson Foundation(October 2019).

2.   헤지펀드 매니저 버니 아이퍼트Bernie Eifert가 고객에게 보낸 편지에 써놓은 논평을 리애나 오르Leanna Orr가 인용한 것. Leanna Orr, 'How to Lose a Billion Dollars without Really Trying', Institutional Investor(24 June 2020).

3.   Doug Noland, 'The Loss of Moneyness', *Credit Bubble Bulletin*(14 March 2020).

4.   Colby Smith and Robin Wigglesworth, 'US Treasuries: The Lessons from March's Market Meltdown', *Financial Times*(29 July 2020).

5.   Matthew Boesler, 'Federal Reserve's Balance Sheet Tops $5 Trillion for First Time', Bloomberg(26 March 2020).

6.   Stephanie Kelton, 'How We Think about the Deficit is Mostly Wrong', *New York Times*(5 October 2017).

7.   Richard Bernstein Advisors, 'Bubble? 5 of 5', Insights(June 2021).

8.   'This is "the most dramatic thing that's almost ever happened in the entire world history of finance", According to Warren Buffett's Sidekick', Marketwatch. com(15 December 2020), https://www.marketwatch.com/story/this-is-the-most-dramatic-thing-thats-almost-ever-happened-in-the-entire-world-history-of-finance-according-to-warren-buffetts-sidekick-11608061677.

9.   https://news.artnet.com/art-world/italian-artist-auctioned-off-invisible-sculpture-18300-literally-made-nothing-1976181.

10.   Seth Klarman, 2020 Year End Letter, The Baupost Group, LLC.

11.   J. B. Williams, *The Theory of Investment Value* (Cambridge, Mass: 1938), p. 274 를 보라.

12.   Kate Andrews, 'The True Cost of Cheap Money: An Interview with Andy

Haldane', *Spectator* (19 June 2021).

13. Charles Goodhart and Manoj Pradhan, *The Great Demographic Reversal* (Cham, Switzerland: 2020).

14. Dennis Robertson, 'Alternative Theories of Interest,' *Economic Journal*, 1937.

15. F. A. Hayek, *The Denationalisation of Money: An Analysis of the Theory and Practice of Concurrent Currencies* (London: 1976).

16. 이 제안은 도이치은행의 전 수석경제학자 토마스 마이어Thomas Mayer가 한 것이다. 'A Digital Euro to Save EMU', *VoxEU* (6 November 2019) 참고.

금리의 역습

초판 1쇄 발행 2023년 1월 11일 **초판 7쇄 발행** 2024년 5월 3일

지은이 에드워드 챈슬러
옮긴이 임상훈
펴낸이 최순영

출판1 본부장 한수미
와이즈 팀장 장보라
디자인 함지현

펴낸곳 ㈜위즈덤하우스 **출판등록** 2000년 5월 23일 제13-1071호
주소 서울특별시 마포구 양화로 19 합정오피스빌딩 17층
전화 02) 2179-5600 **홈페이지** www.wisdomhouse.co.kr

ISBN 979-11-6812-558-2 03320